漢語語文論集

向　熹　著

商務印書館
The Commercial Press

圖書在版編目（CIP）數據

漢語語文論集 / 向熹著. —— 北京: 商務印書館, 2024
ISBN 978-7-100-23523-5

Ⅰ. ①漢… Ⅱ. ①向… Ⅲ. ①漢語—語言學—文集
Ⅳ. ① H1-53

中國國家版本館 CIP 數據核字（2024）第 055707 號

漢語語文論集

向 熹 著

商 務 印 書 館 出 版
（北京王府井大街 36 號 郵政編碼 100710）
商 務 印 書 館 發 行
北京盛通印刷股份有限公司印刷
ISBN 978-7-100-23523-5

2024 年 12 月第 1 版　　　開本 880×1230 1/32
2024 年 12 月北京第 1 次印刷　　印張 24¹/₂

定價：125.00 元

目　録

文化詞語

文字音韻

語　法

方　言

書　序

紀　念 ✍✍✍

前　言

　　1954 年我在北大中文系本科畢業，留校作研究生，師從王力先生攻讀漢語史專業，開始學習寫語文學方面的學術論文。《〈説文〉閲讀一得》就是 1955 年寫的第一篇學年論文。1958 年我分配到四川大學中文系工作。半個多世紀裏在認真教學的基礎上，先後出版了《簡明漢語史》（上下冊）、《詩經語言研究》、《詩經譯注》、《漢語避諱研究》等專著和《詩經詞典》，并參與編寫出版了《簡明古漢語字典》《古漢語知識辭典》等辭書。發表的論文不多，除《〈詩經〉語文論集》已單獨出版外，其餘大都收集在這本《漢語語文論集》裏，内容涉及漢語史、漢語詞彙（包括文化詞語）、文字、語法、音韻、方言、序言和相關紀念性文章。分類排列，不依寫作先後，每篇末尾注明發表年代。

　　我認爲，高校教師應當把教學和科學研究結合起來，互相促進，不斷提高。我寫的東西大都是就教學中發現的問題發表一些看法，長長短短，實事求是。我的水平有限，創新無多，但態度是認真的。不同文章寫作的時間前後相隔幾十年，觀點和表述方式不免前後不一，有的我做了少量的補充或注釋。北京商務印書館郭威、逯琳琳同志對本書作了認真的編輯審查，糾正了其中一些錯誤，十分感謝。但遺漏的缺點錯誤仍然難免，誠懇地歡迎尊敬的讀者批評指正。

漢 語 史

漢語探源 [*]

漢族和漢語的名稱是漢朝以後才有的。漢族的前身是華夏族，是中原地區以炎黄族爲主體與其他部落、氏族、民族在歷史長河中不斷融合的結果。漢語某些最基本特點和要素可能遠在炎黄時代就開始具備，經歷多次融合、演變、充實、發展而逐漸完善。現在講漢語史多從商代開始，是因爲商代有成熟的甲骨文字，爲漢語史研究提供了可靠的資料，并非意味着商代是漢語的最早源頭。

一

中國古代文明的起源是多元的。近幾十年裏，長江流域發現了不少古老的文明遺址。表明早在六七千年前長江流域的農業、手工業就有很大發展，并且有了初步的城鄉分化。但是三代以下中華民族發展的主戰場在黄河流域。黄河流域的仰韶文化、大汶口文化、龍山文化與歷史上的黄帝、顓頊、帝嚳、唐堯、虞舜及夏、商等朝代可以相互印證。黄河流域是炎黄部族的發祥地，也是漢族和漢語最早的主要源頭所在。

* 原載《紀念王力先生百年誕辰學術論文集》，商務印書館，2002 年。

五千年前的炎黃兩族同出少典氏。《國語·晉語四》："昔少典娶于有蟜氏，生黃帝、炎帝。黃帝以姬水成，炎帝以姜水成。成而異德，故黃帝爲姬，炎帝爲姜。"黃帝姓姬，又稱軒轅氏。《大戴禮記·帝系》："少典産軒轅，是爲黃帝。"《帝王世紀》："黃帝，有熊氏，少典之子，姬姓也。生壽丘，長於姬水。"據《水經注·渭水上》："（渭水）東北流，與橫水合，……又西北，軒轅谷水注之，水出南山軒轅溪。南安姚瞻以爲黃帝生於天水，在上邽城東七十里軒轅谷。"上邽在今甘肅天水市西南。① 炎帝姓姜，又稱神農氏。《帝王世紀》："神農氏，姜姓也。母曰任姒。有蟜氏女安登爲少典妃，游華陽，有神龍首，感神而生炎帝，人身牛首，長於姜水，有聖德，以火德王，故號炎帝。"② 又《水經注·渭水中》："岐水又東逕姜氏城南，爲姜水。按《世本》，炎帝姜姓。"姜水即岐水，在今陝西省岐山縣西。炎帝生於此。後來炎帝族沿渭水東遷到達河南，黃帝族則渡黃河經山西到達河北，共同開發了中原地區。炎黃本同根同源，黃帝和炎帝却發生戰争。"炎帝欲侵陵諸侯，諸侯咸歸軒轅，軒轅乃……教熊羆貔貅貙虎，以與炎帝戰於阪泉之野，三戰然後得其志。"③ "炎帝無道，黃帝伐之涿鹿之野，血流漂杵，誅炎帝而兼其地，天下乃治。"④ 於是"天下有不順者，黃帝從而征之，平者去之，披山通道，未嘗寧居。東至于海，登丸山（在今山東臨

---

① 《水經注·渭水上》又引皇甫謐云："（黃帝）生壽丘，丘在魯東門北。"
② 《史記·五帝本紀》張守節《正義》引。
③ 《史記·五帝本紀》。
④ 漢賈誼《新書·益壤》。

朐縣）及岱宗（泰山）；西至于空桐（在今甘肅鎮原縣），登鷄頭（在今隴西）；南至于江，登熊湘（在今湖南岳陽市）；北逐葷粥，合符釜山（在今河北懷來縣）而邑子涿鹿之阿”。[①] 炎、黄兩族，在中原地區世爲婚姻，繁衍生息，勢力最强，成爲後來華夏民族的主體。中原地區炎黄族的語言也就成爲華夏語和漢語的主要來源。

　　生活在黄河中下游和淮河流域的有東夷諸族，包括蚩尤、少昊、太昊、萊夷、徐夷等，也是華夏和漢族的重要來源之一。“蚩尤作亂，不用帝命，於是黄帝乃徵師諸侯，與蚩尤戰於涿鹿之野，遂擒殺蚩尤。而諸侯咸尊軒轅爲天子，代神農氏是爲黄帝。”[②] 少昊是繼蚩尤之後的東方部落領袖。《逸周書·嘗麥解》：“黄帝執蚩尤，殺之于中冀，……乃命少昊清司馬鳥師以正五帝之官。”《左傳·昭公十七年》：“我高祖少皞摯之立也，鳳鳥適至，故紀於鳥，爲鳥師而鳥名。”少昊氏發展成爲東方大部落，以鳥爲圖騰，包括鳳鳥氏、玄鳥氏、伯趙氏、青鳥氏、丹鳥氏、祝鳩氏、鵙鳩氏、鳲鳩氏、爽鳩氏以及五雉、九扈等二十四個氏族。[③] 太昊氏，風姓，以龍爲圖騰。來源説法不一。《左傳·昭公十七年》：“太皞氏以龍紀，故爲龍師而龍名。”其活動範圍在豫東、魯西一帶。當時中原地區還有三苗、九黎等其他部落和氏族，有的遷往別處，有的留在原地，與炎黄族雜居，并逐漸融成一片。中原地區的主體居民炎黄族，亦不斷向別族吸收文化養分以豐富自己。例如作爲中華民族象

---

① 《史記·五帝本紀》。

② 同上。

③ 《左傳·昭公十七年》。

徵的動物就不是黄帝族的圖騰熊或炎帝族的圖騰牛，而是太昊族的圖騰龍。少昊族的“鳳”，後來也成爲高貴吉祥的象徵，一直流傳到現在。炎黄族的語言成爲中原地區人民的交際工具。炎黄語言也吸收別族語言中的有益成分以豐富自己。

二

從黄帝時期到周朝，經歷了唐、虞、夏、商等時代。我國古代學者大都認爲顓頊（高陽）、帝嚳（高辛）、堯、舜、禹等古聖先王以及夏、商、周三代都是黄帝後裔，炎黄子孫，屬於同一民族、同一文化的延續。顓頊是黄帝的孫，帝嚳是黄帝的曾孫，堯是黄帝的玄孫。《史記·五帝本紀》：“帝顓頊高陽者，黄帝之孫而昌意之子也。”“帝嚳高辛者，黄帝之曾孫也。……帝嚳娶陳鋒氏女，生放勛。”放勛就是帝堯。舜是黄帝八世孫。《史記·五帝本紀》：“顓頊父曰昌意，以至舜七世矣。”禹是黄帝的玄孫。《史記·夏本紀》：“禹者，黄帝之玄孫而帝顓頊之孫也。”商的始祖契，周的始祖后稷，都是帝嚳之子，黄帝的玄孫。《史記·殷本紀》：“殷契，母曰簡狄，有娀氏之女，爲帝嚳次妃。”《史記·周本紀》：“周后稷名棄，其母有邰氏女，曰姜原。姜原爲帝嚳元妃。”司馬遷作本紀，出於《大戴禮》《世本》諸書，不是他一人的見解。《國語·魯語上》：“故有虞氏禘黄帝而祖顓頊、郊堯而宗舜。夏后氏禘黄帝而祖顓頊、郊鯀而宗禹。商人禘嚳（舜）而祖契，郊冥而宗湯。周人禘嚳而郊稷，祖文王而宗武王。”商、周并以帝嚳爲禘祭始祖，是虞、夏、商、周均爲黄帝子孫。歐陽修謂"堯、舜、夏、商、周，皆同出於黄帝"。[①]這可以説是古代絶大多數人的共同觀點。

20 世紀以來，西方和中國的一些學者懷疑中國傳統的史學觀點。否定傳統的中國古史系統，認爲唐、虞、夏、商、周屬於不同的民族。徐中舒先生謂，仰韶文化爲虞夏民族的胡文化，匈奴、大夏、大月氏即夏的後裔。小屯文化即殷民族文化與夏文化是兩個不同系統的文化，是中國本土的漢文化。仰韶文化或夏文化在西方，它淵源於中亞、西亞，其遺物大部分屬於西方的。[②]果真如此，説漢族人民是華夏子孫就名不副實。1956—1957 年發掘的河南三門峽市陝州區廟底溝遺址和 1959—1960 年發掘的洛陽王灣遺址中，龍山文化層叠在仰韶文化層之上。1959 年開始發掘的河南偃師二里頭文化分早、中、晚三期，早期屬龍山文化，中期基本上接近商文化，後期爲商文化，可見自仰韶，經龍山，至小屯文化并無東西界限[③]，它們上下相承，無中斷，無更替，應是同一文化的直接延續。《史記·殷本紀》所列商王世系已從殷墟甲骨文得到證明，關於五帝的叙述亦當有所秉承。最近河南鄭州西山發現了面積達 3.4 萬平方米的仰韶文化晚期（公元前 3300—前 2200 年）古城遺址[④]，山西襄汾陶寺村發掘出古城遺址以及上萬座墓葬，陶器上有字，證明早在 4000 多年前的堯舜時期已經具有一定規模的國家政權形

---

① 《世本》卷首歐陽修《帝王世次圖序》。

② 徐中舒《再論小屯與仰韶》，《安陽發掘報告》1931 年第 3 期。

③ 鄭光《夏商文化是二元還是一元》，《考古與文物》2000 年第 3 期，37—38 頁。

④ 任世楠《中國史前城址考察》，《考古》1998 年第 1 期。

式。① 《尚書·堯典》記載，堯時已有分官職守，如禹平水土、稷管農業、共工管手工業、虞管林牧漁獵。《世本》："鯀作城郭。"《呂氏春秋·君守》："夏鯀作城。"看來是有事實根據的。相傳堯都平陽（今山西臨汾），舜都蒲阪（今山西永濟），禹都安邑（今山西運城，一説禹都陽城，在河南登封），都在晉南。顓頊都濮陽，帝嚳都偃師，在河南。龍山文化遺址遍及黃河流域，其中山西有170處，河南更爲稠密，唐、虞、夏、商的政治文化中心大抵都在包括晉南及河南全境的中原地區。而以炎黃語言爲基礎的中原地區的語言，源遠流長，成爲華夏語和漢語的基礎，也就再自然不過了。

三

夏商兩代，建立了奴隸制國家，但是黃河與長江中下游還没有完全脱離部落聯盟的殘餘影響。傳説夏禹時有萬國，商湯時有方國三千，周武王伐紂，八百諸侯會於孟津。趙誠《甲骨文簡明詞典》載商有方國名118個，實際遠不止這個數目。周王朝建立，采取三大措施加强統治，建立了相當完整的封建政權。首先是分封土地，確立周天子的最高統治權威。"溥天之下，莫非王土。率土之濱，莫非王臣。"② "天子作民父母，以爲天下王。"③ 王城千里之内爲王畿，由天子直接統治，土地分封給官員作采邑，全國則分封給

① 2000 年 6 月 4 日中央人民廣播電視臺廣播。
② 《詩·小雅·北山》。
③ 《書·洪範》。

同姓宗室、異姓親戚、功臣和前朝後裔爲諸侯國。"武王克殷，及（反）商，未及下車而封黄帝之後於薊，封帝堯之後於祝，封帝舜之後於陳，下車而封夏后氏之後於杞，投殷之後於宋。"① 封國有大小。"凡四海之内九州，州方千里，州建百里之國三十，七十里之國六十，五十里之國百有二十，凡二百一十國，名山大澤不以封，其餘以爲附庸閑田。"② 齊、晋等最初不過百里，後來不斷兼并周圍諸國，才變成帶甲百萬、兵車千乘的大國。天子、諸侯、卿大夫都實行宗法世襲制度。天子爲天下大宗，禮樂征伐自天子出。諸侯封國疆土、都城大小、軍隊數量、宗廟、儀仗、服飾、葬式等都有嚴格的等級規定。諸侯受天子號令，不敢違背。

其次是完善政府機構，嚴密國家法令。《禮記·明堂位》："有虞氏官五十，夏后氏官百，殷二百，周三百。"官職日益增多，分工日益細密。《周禮》天官冢宰，屬官 63；地官大司徒，屬官 78；春官大宗伯，屬官 70；夏官大司馬，屬官 70；秋官大司寇，屬官 66，五部共有官職 347 個。冬官司空早亡失，漢人以性質相近的《考工記》補之，有工種 30 個。六官各司其職。"冢宰掌邦治，統百官，均四海。司徒掌邦教，敷五典，擾兆民。宗伯掌邦禮，治神人，和上下。司馬掌邦政，統六師，平邦國。司寇掌邦禁，詰奸慝，刑暴亂。司空掌邦土，居四民，時地利。六卿分職，各率其屬，以倡九牧，阜成兆民。"③ 各部官司職員，總計不下數萬人。制

---

① 《禮記·樂記》。
② 《禮記·王制》。
③ 《僞古文尚書·周官》。

定墨（刻刺面額，染以墨色）、劓（割掉鼻子）、剕（一作刖，砍掉腳）、宫（割去生殖器）、大辟（殺頭）五類刑罰，條目繁多。"墨罰之屬千，劓罰之屬千，剕罰之屬五百，宫罰之屬三百，大辟之罰，其屬二百。五刑之屬，三千。"[1]一説爲"墨罪五百，劓罪五百，宫罪五百，刖罪五百，殺罪五百"。[2]這種刑罰只用來對付庶民和奴隸。刑不上大夫，統治階級不受它的約束。

再次是制禮作樂，加强思想統治。禮，廣義包括國家設官分職的規定，如《周禮》所載。狹義則是不同等級的人的行爲規範和儀式。《儀禮》十七篇，詳細記錄各種禮儀形式。"禮儀三百，威儀三千，待其人然後行"[3]够複雜的了。禮樂與刑政，目標一致，互相爲用。"禮以道其志，樂以和其聲，政以一其行，刑以防其奸，禮樂刑政，其極一也，所以同民心而出治道也。"[4]"禮樂不興，則刑罰不中，刑罰不中，則民無所措手足。"[5]從某種意義上説，禮可能更加重要。孔子説："爲政先禮，禮其政之本歟。"[6]

與此同時，周人已有比較自覺的民族觀念。西周開始用"華""夏""華夏"來代表中原地區乃至中國。"華夏"的範圍包括周王朝同姓（姬姓）諸侯，姜、任舅姓，黄、炎、堯、舜、禹的後裔封國以及商人，都是炎黄子孫。其中"夏"見於西周早期文獻。

---

① 《書·吕刑》。
② 《周禮·秋官·司刑》。
③ 《禮記·中庸》。
④ 《禮記·樂記》。
⑤ 《論語·子路》。
⑥ 《禮記·哀公問》。

如《書·君奭》："惟文王尚克修和我有夏。"《詩·周頌·思文》："無此疆爾界，陳常于時夏。""華""華夏"見於《左傳》。如《襄公四年》："獲戎失華，無乃不可乎。"《襄公二十六年》："楚失華夏，則析公之爲也。""諸華""諸夏"都指中原諸侯國，如《左傳·閔公元年》："諸夏親暱，不可棄也。"《襄公四年》："勞師於戎，而楚伐陳，必弗能救，是棄陳也，諸華必叛。"

爲什麼以"華夏"稱中國？《左傳·定公十年》"裔不謀夏，夷不亂華"，孔穎達《正義》："夏，大也。中國有禮儀之大，故稱夏；有服章之美，謂之華。華夏一也。"章太炎謂"華"指華山，"夏"指夏水。"諸華之名，固其民族初至之地而爲言。……神靈之胄，自西方來，以雍涼二州爲根本……就華山以定限，名其國土曰'華'。……'夏'之爲名，實因夏水而得。"[1] 何光岳以爲"華胥氏以花爲圖騰"。周滅商後，炎黄族與東夷大多數已在中原地區融合，稱爲華夏族，之後發展成爲漢族。[2] 任繼昉認爲"仰韶文化的廟底溝類型可能就是形成華族核心的人們的遺存，其主要特徵之一的花卉圖案彩陶可能就是華族得名的由來"。[3] 我認爲"華夏"的詞源義可能源于華山和夏水，但周代所以稱中國爲"華夏"則誠如孔穎達所説，是因爲中國有禮儀之大，章服之美，比周邊地區文明而先進。與"華夏"相對的是蠻、夷、戎、狄。東夷、南蠻、西戎、北狄，有時泛指外族。"蠻夷""夷狄""戎狄"亦常連用。

① 章太炎《中華民國解》。
② 何光岳《炎黄源流史》，江西教育出版社，1992年，551頁。
③ 任繼昉《"華夏"考源》，《傳統文化與現代化》1998年第4期。

如《書·費誓》："徂茲淮夷、徐戎并興。"《舜典》："蠻夷猾夏。"《詩·魯頌·閟宮》："戎狄是膺，荆舒是懲。"《左傳·成公二年》："蠻夷戎狄不式王命，淫湎毀常。"

張正明先生說："夷夏之稱始於西周，夷夏之辨嚴於春秋。"[①]西周末年，戎狄勢力强盛，公元前 770 年攻破西都，幽王被殺，西周滅亡。周平王東遷洛陽，是曰東周。春秋之際，狄人滅邢、滅溫。二侵衛，三伐晋，二伐鄭，二伐齊，二伐魯，一侵宋。西方的戎人亦伐凡伯，侵曹，伐楚。對華夏構成了嚴重威脅。於是華夏諸侯高舉尊王攘夷的旗幟，嚴格區別夷夏界限。認爲華夏是禮儀之邦，夷狄非我族類。如《左傳·閔公元年》："戎狄豺狼，不可厭也；諸夏親昵，不可棄也。"《論語·八佾》："夷狄之有君，不如諸夏之亡也。"對付夷狄，主要采取"用夏變夷"的政策。《孟子·滕文公上》："吾聞用夏變夷者，未聞變於夷者也。"就是用先進的華夏文化去同化四周落後的民族。語言上，形成了一種通行各地的雅言。《論語·述而》："子所雅言，《詩》《書》執禮，皆雅言也。"雅言就是夏言。《說文》："夏，中國之人也。""中國"即中原地區，指河南一帶，這裏曾是夏、商和東周的政治中心。雅言就是以中原語言爲基礎的華夏共同語。春秋時期，夷人多已華夏化，一些戎狄部落進入中原之後也開始華夏化了。《左傳·襄公十四年》載戎子駒支答晋范宣子說："我諸戎飲食衣服不與華同，贄幣不通，言語不達。"事實上戎子駒支的華語非常流暢而富有文采。當時入居中

---

① 張正明《先秦的民族結構、民族關係和民族思想》，《民族研究》1983 年第 5 期。

原的夷狄大都能以華語進行交際了。到了戰國時期，許多蠻人、吳人、越人都進入華夏的行列。華夏的構成由一元變成了多元，華夏語言也逐漸變成各族人民的共同語。李亞農先生說："當時各族間統治階層的混血已經變成了司空見慣的平常事；則夏、殷、周以及其他諸古老民族，由於雜居的結果，民間的大混血，自不必說了。甚至中原内部的戎狄，在春秋末期，亦已和諸夏各族雜居。……入戰國以後，我們既不見周人、殷人、夏人的區別，也不見中原内部還有戎狄的存在。各族通婚的結果，許許多多的民族的血統溶而爲一了。……至於語言，我們在前面已經看到，春秋時代還有不同於華語的越語，有些稍不同於華語的楚語，甚至有言語衣服都不與華同的姜戎；但在進入戰國以後，我們已經找不到列國語言不同的痕迹。從北而南，中華民族的共同的語言形成了。"[①] 李先生的話是符合歷史實際的。秦始皇統一中國，廢封建爲郡縣，實行"書同文"的政策，書面語言得到統一。漢承秦制，天下大體一統，漢族共同語於是名副其實地形成了。

四

　　文字是民族語言和民族文化的載體。文字給語言提供了固定的書面形式，使語言突破時間和空間的限制，能够傳之久遠。漢字是保證漢語穩定發展的重要因素。歷虞、夏、商、周，漢語由萌芽、

---

① 李亞農《欣然齋史論集·東周與西周》，834—836 頁。

形成到發展壯大，長盛不衰，一個極重要條件是很早就有了文字。漢字的產生可以追溯到炎黃時代。《韓非子·五蠹》："古者蒼頡之作書也，自環者謂之'私'，背'私'謂之'公'。公私之相背也，蒼頡固已知之矣。"《世本·作篇》、《吕氏春秋·君守》、李斯《倉頡篇》、《淮南子·本經》有類似的記載。許慎《説文解字叙》："黄帝之史倉頡，見鳥獸蹏迒之迹，知分理之可相别異也，初造書契。"書是書寫，契是契刻。商代以前書寫在簡牘上的文字無法保存下來。至今還可以看到的是契刻在陶器或甲骨上的文字。《荀子·解蔽》的説法有所不同："好書者衆矣，而倉頡獨傳者一也。"這是説，文字産生不衹一家。但倉頡至少做了一番文字整齊定型的工作，所以歷史把文字的首創權送給了他。

從考古發現看。20 世紀 50 年代陝西西安仰韶文化半坡遺址出土陶器中 110 多件有契刻符號。姜寨遺址出土刻有符號的陶器 130 多件。西安、臨潼等七個遺址發現契刻符號 270 個。[①] 仰韶文化從公元前 5000 年延續到公元前 3000 年，半坡和姜寨的契刻符號都是仰韶文化晚期的産物。20 世紀 40 年代發掘的馬家窑文化半山類型遺址出土陶器上有幾十個契刻符號，其年代約爲公元前 2600—前 2300 年。[②]1974—1980 年青海樂都柳灣公墓先後出土幾百件彩陶器上繪有簡單的幾何形符號，其年代約爲公元前 2200—前 2000

---

① 王志俊《關中地區仰韶文化刻劃符號綜述》，《考古與文物》1980 年第 3 期。

② 巴爾姆格倫《半山及馬廠隨葬陶器》，《中國古生物志》丁種第三號第一册。

年。①1984—1987 年發掘了河南舞陽縣賈湖村裴李崗文化遺址，其中"有的龜甲、骨器、石器上有契刻符號"，其年代下限約爲公元前 2400—前 2000 年。②1960 年前後及 1976—1978 年山東諸城前寨、莒縣陵陽河大汶口文化遺址出土陶器上有一些契刻符號，曾引起人們的很大興趣，其年代約爲公元前 2800—前 2400 年。③1953 年河南登封二里頭文化晚期（大約相當於夏末商初），發現了陶器文字。④

　　一些學者認爲半坡遺址、姜寨遺址、馬家窰遺址、柳灣遺址、舞陽賈湖遺址出土的契刻，都還祇是一種記事和用於標識的符號。⑤"當時的社會尚未出現階級和國家，文字產生的條件尚未成熟，所以，文字尚未出現，陶尊上的刻符其性質仍是符號而不是文字。""大汶口文化陶符形體很複雜，亦難以確定其音與義，因而也不是文字。"⑥有的先生肯定大汶口文化的陶器契刻是文字。唐蘭先生認爲大汶口陶器上的"這種文字已經規格化"。⑦于省吾先生肯定"這一時期是原始文字由發生而日趨發展的時期"。⑧我們同意唐、

———————

　　①　《青海樂都柳灣原始社会墓地反映出的主要問題》，《考古》1976 年第 6 期。
　　②　《河南舞陽賈湖新石器時代遺址第二至六次發掘簡報》，《文物》1989 年第 1 期。
　　③　《大汶口》，文物出版社，1974 年。又王樹明《談陵陽河與大朱村出土的陶尊"文字"》，《山東史前文化論文集》，齊魯書社，1986 年。
　　④　鄒衡《中國文明的誕生》，《文物》1987 年第 12 期。
　　⑤　參看經本植《從新石器時代晚期的考古文化論原始漢字的產生》，四川大學文學院漢語史研究所《漢語史研究集刊》第一輯，565—590 頁。
　　⑥　李先登《試論中國文字之起源》，《天津師大學報》1985 年第 4 期。
　　⑦　唐蘭《從大汶口文化的陶器文字看我國最早文化的年代》，《大汶口文化討論文集》，齊魯書社，1980 年。
　　⑧　于省吾《關於古文字研究的若干問題》，《文物》1973 年第 2 期。

于二先生的觀點，并認爲半坡、姜寨等地的陶器契刻也可以看作文字的萌芽。首先，文字產生是一個漫長的過程。"從考古上的仰韶文化到龍山文化時代，大概與歷史上的五帝相當。"① 堯、舜是五帝中的最後兩位。當時已開始具有國家政權的形式，具備產生文字的社會文化背景，山西襄汾陶寺村古城遺址發現的陶器上有字，表明從仰韶文化末到龍山文化時期，文字逐漸產生，和商代甲骨文先後相承，衹是無法保存下來罷了。其次，因爲陶器上的契刻多爲單個的形體，難以確定其音與義，就否定它的文字性質，也值得商榷。陶器上的符號，固然無法肯定其語音和意義，但有的形體重複出現，與後世文字有某種相似之處，又有什麼根據否定它與語音和意義有聯繫呢？我認爲，漢字的起源應從商代甲骨文上推至少一千年。

五

炎黃時期的語言是什麼模樣呢？這個問題也許很有趣，可惜無法圓滿回答。古音學家通過形聲字、異文、聲訓、先秦韻文，參照中古《切韻》系統、現代方言等比較研究重建周代聲韻系統，成績斐然。儘管在一些問題上學者見仁見智，很不統一。② 我認爲王力先生所擬上古雅言33個聲母，29個韻部（戰國時代30個韻部）③，

① 參見《中國文明起源座談紀要》，《考古》1989年第12期。
② 參見丁邦新《丁邦新語言學論文集》，商務印書館，1998年，13—29、33—40頁。
③ 王力先生《漢語語音史》，25—34頁。

比較切合周代語音實際。商代有甲骨文，可以窺見那時詞彙語法的大體面貌。商代語音研究困難得多。有幾位學者做了一些探索，都難以作出結論。應用上述材料和方法進行原始漢語研究顯然無濟於事。

印歐語言是屈折語，有豐富的詞的形態變化，用拼音文字。西方學者通過歷史比較法重建原始印歐語取得了較大成績。漢語是孤立語，以詞序和虛詞爲主要語法手段。漢藏語系各語言分離太久。炎黄的祖先華胥氏或有蟜氏生活在西北黄土高原。當炎黄族東遷中原時，一部分人留居原地，一部分人向西方遷徙，一部分人南下到達四川、西藏境内，成爲後來的羌、藏等少數民族。《說文》：“羌，西戎牧羊人也。”四川廣漢三星堆青銅器中的龍有頭似山羊者，可能就是遠古羌人在蜀地生活的反映。殷代羌人與商爲敵，卜辭中多有“逐羌”“伐羌”等記載，且每以羌人爲牲。羌、姜本同源。《後漢書·西羌傳》：“西羌之本……姜姓之别也。”甲骨文“姜”是羌人中的女性奴隸。[①]東遷的炎帝族以“姜”爲姓，與黄帝族逐漸融合爲後來的華夏族；西邊的羌人以“羌”爲族名，一直延續到現在。藏族唐代爲“吐蕃”，和羌族也同源。《舊唐書·吐蕃傳》：“吐蕃……本漢西羌……樊尼乃率衆西奔……於羌中建國。”藏語到公元 7 世紀纔有文字。[②]其他漢藏語言有文字的歷史更短。漢語和其他漢藏語言進行歷史比較，難度之大，可想而知。

---

① 徐中舒主編《甲骨文字典》，四川辭書出版社，2014 年，416、1301 頁。
② 藏文是公元 7 世紀圖彌三菩扎參照梵文字體創制的拼音文字，有 30 個輔音字母和 4 個元音符號。

儘管這樣，語言學家還是就漢藏語系做了不少比較研究的工作。梅耶指出，語言的歷史比較可以從三個不同的系統去考察，"這三個不同的系統就是：形態、語音和詞彙"。^①漢藏語比較研究的内容主要是語音和詞彙，尤其是基本詞彙的語音對應。俞敏教授的《漢藏同源字譜稿》^②收録了 600 個左右的漢藏同源字，按上古韻部分别進行比較，確定它們之間的對應關係。他的論文《漢藏兩族人和話同源探索》^③則是"從語言事實以外找材料來證明漢、藏兩種話是同源的。這種材料就是上古史"。邢公畹教授對漢臺語進行了比較研究。^④國外也有一些學者研究漢藏語。美國包擬古（Bodman）於 1980 年出版《原始漢語和漢藏語》^⑤，比較研究了漢藏語的 486 個詞。包氏認爲其中大多數詞是發生學上的關係，一部分詞是借用關係。^⑥

根據現有的材料，我們還不可能構擬出原始漢語的語音系統，但指出其某些特點也許是可以的：原始漢語語音以音節爲基礎，一個音節至少由一個聲母和韻母構成。聲母有清音、濁音，還有若干複輔音。衛藏、康、安多三個藏語方言都有複輔音聲母，漢藏語系其他的語言也大都有複輔音，如嘉戎語（屬於藏緬語族）東部卓基

---

① 〔法〕梅耶《歷史語言學中的比較方法》，科學出版社，1957 年，19 頁。
② 見《民族語文》1989 年第 1、2 期。
③ 《俞敏語言學論文集》，商務印書館，1995 年，262—278 頁。
④ 邢公畹《語言論集》，商務印書館，1983 年。《漢臺語比較手册》，商務印書館，1999 年。
⑤ 包擬古《原始漢語和漢藏語》，中華書局，1995 年。
⑥ 同上書，52 頁。

諾話有複輔音 227 個，西北部的草登話有複輔音 300 個，西部的二里崗話有複輔音 325 個，[①] 原始漢語也當有複輔音。上古和中古漢語韻母分陰、陽、入三類，陰聲韻不帶輔音韻尾，原始漢語可能陰聲字也帶輔音韻尾。因爲不少陰聲字和入聲字聲符相同，有的陰聲字在藏緬語的對音裏帶有輔音韻尾。原始漢語可能有聲調，來源於韻尾的不同變化。原始漢語總的詞彙量不大，但基本的詞如自然現象、動植物、器物名，稱謂詞、數詞、動詞、形容詞、代詞等多應是有的。詞彙發展也不平衡。原始漢語可能以詞序和虛詞爲主要語法手段。句子大都以主—賓—動爲詞序。修飾語可能放在被修飾語的後面。漢藏語系中有的語言有形態變化，如嘉戎語形態變化很豐富，原始漢語很可能也具有某些形態變化。

---

① 林向榮《嘉戎語研究》，四川民族出版社，1993 年。

研究漢語史的一些思考 [*]

一　教學簡況

1958 年我分配到四川大學中文系工作，1961 年秋開始爲本科生教漢語史課。當時先師王力先生的《漢語史稿》已經出版，教學方向是清楚的。但是我有一個想法：路要自己走，不能總是靠老師攙扶。經過認真考慮，我決定重新安排教學内容，自己編寫講義。到1965 年講義先後油印過四次。雛形略具，但很不充實。這年秋天四清運動開始，漢語史課停開，四川大學中文系師生全體下鄉搞"四清"，與農民同吃同住同勞動。1966 年回到川大，"文化大革命"已經開始，到處貼滿了大字報。不久我成爲"專政對象"，進了牛棚，每天勞動檢查，前途未卜，身心交瘁，無可奈何。直到 1978年，我由 38 歲變成 50 歲，頭上已銀絲初露。1980 年學校恢復正常，我纔又給研究生上漢語史課。講義經過多次改寫補充，於 1990年完成《簡明漢語史》書稿，1993 年由高等教育出版社出版。2002年到 2006 年，我對全書進行了修改補充。2010 年商務印書館出版修訂本，國家教委列爲普通高等教育"十一五"國家級規劃教材。

---

　　* 北京大學中文系學術講座，2010 年 10 月 10 日。

撰寫《簡明漢語史》，要求內容充實全面，體系完整科學，這是一個相當艱苦的歷程。幾十年來收集、整理、分析、補充有關材料，安排、調整、變換、確定全書結構體系，反反復復，費盡心思。當時沒有電腦，一字一句全靠手寫。家務繁雜，又沒有錢，資料必須到圖書館去抄錄。80年代國家設立社科研究基金，教研室有三人申請，就我一人學校領導沒有同意上報。在這種情況下，我不想半途而廢，橫下一條心，按既定計劃進行下去。環境可以折磨人，也可以鍛煉人。最後《簡明漢語史》總算完成并且出版了。

二 《簡明漢語史》

一部理想的漢語史應當全面、系統、準確地描述漢語語音、詞彙、語法在不同歷史發展階段的基本面貌及其特點，清晰地勾勒出幾千年來漢語發展的脉絡，總結漢語發展的規律。

撰寫《簡明漢語史》，我主觀上想朝上述方向努力，事實上很不容易做到。全書主要分語音史、詞彙史、語法史三編。各編按上古、中古、近代三大時期對漢語發展的歷史進行整體描述。另有"緒論"五節，講述漢語史研究的目的、意義和方法，研究依據，漢語發展和漢族社會，漢字和漢語發展史，漢語史分期等基本問題。"結論"二節總結漢語語音、詞彙、語法發展的特點和趨勢，講述漢語的光輝歷史和偉大前程。與主體三編互相呼應，構成一個比較完整的體系。編寫原則是實事求是，言必有據，不做過多的議論和憑空的推測。凡相同的內容，前文已經討論過的，後面即不再討論，以免重複。

上編：漢語語音史。三章，十八節。按上古、中古、近代三大時段討論漢語語音的發展。

首章四節分別討論上古漢語聲母系統、韻部系統、聲調系統，包括上古 28 個聲母，30 個韻部，212 個韻母及每個韻部所屬諧聲偏旁，舒促兩類四個聲調及上古各調類獨自押韻的例子；比較詳細地分析討論了上古聲、韻、調有關問題，簡要地介紹了諸家不同看法。包括古無輕唇音、古無舌上音、娘日歸泥、餘母、舌音和齒音、照二歸精、全濁聲母吐氣不吐氣、複輔音八個問題。

第二章七節，分別介紹了《廣韻》和中古漢語語音的聲、韻、調系統，包括 36 個聲母，由《廣韻》206 韻概括而成的 95 個韻部 140 個韻母、平上去入四個聲調；相當詳細地描述了上古漢語聲母系統、韻母系統、聲調系統如何發展成中古聲母系統、韻母系統和聲調系統。上古 30 個韻部，每部包括舒促兩類、開合、四等，總計 212 個韻母（陰聲韻母、陽聲韻母共 108 個，入聲韻母 104 個）。中古 95 個韻部總計 140 個韻母（《廣韻》206 韻，舉平以賅上去，陰聲、陽聲共計 61 個韻部 91 個韻母，入聲 34 個韻部 49 個韻母）。本書把上古 30 個韻部 212 個韻母發展到中古 95 個韻部 140 個韻母的歷史演變（包括《廣韻》的韻目、開合、等次、聲母、聲調、所屬韻字）一一列出，并用表格標明，讀者可以一目了然。

第三章七節，討論中古到近代漢語語音系統的發展及現代漢民族共同語標準音的最後形成。首先全面描述了《中原音韻》25 個聲母（幫、滂、明、非、微、端、透、泥、來、照、穿、審、日、支、哆、詩、兒、精、清、心、見、溪、曉、疑、影）、19 個韻部（東鐘、江陽、支思、齊微、魚模、皆來、真文、寒山、桓歡、先天、蕭豪、歌戈、家麻、車遮、庚清、尤侯、侵尋、監咸、廉纖）以及陰平、陽平、上聲、去聲四個聲調。《中原音韻》的聲母系統、韻母系統、聲調系統可以作爲近代漢語語音系統的代表。中古到近代漢語語音系統發展的特點是語音系統大大簡化。聲母系統由中古 36 個聲母變成近代 25 個聲母，韻母系統由中古 95 個韻部 140 個韻母變成近代 19 個韻部 46 個韻母；入聲消失，分別并入陰聲各韻；聲調仍是 4 個，但内容大有變化。平聲分爲陰平、陽平兩類；上聲濁音變去聲，清音仍讀上聲；去聲不變。本章對每一韻部和韻母，每一個字的聲、韻、調從中古到近代的變化途徑都一一列表顯示，沒有遺漏。從《中原音韻》到現代漢民族共同語，聲母系統、韻母系統繼續有所發展。聲母如 tɕ、tɕʻ、ɕ 產生，捲舌聲母進一步發展，疑、微兩母消失；韻母如陽聲韻尾 -m 消失，兒化韻産生；聲調調類未變，但入派三聲内容重新有所調整，全濁、次濁出現一些陰平聲字；等等。本書都有比較清楚的説明。

中編：漢語詞彙史。三章，十九節。按上古、中古、近代三大時段分別討論漢語詞彙的發展。内容包括單音詞、複音詞、同義詞、成語和諺語的發展等方面，而三章又各有其獨特的内容。

首章六節，首先討論了甲骨文所反映的商代詞彙。甲骨文能確認的字不過 1000 餘個。商代詞彙的特點是内容廣泛而數量有限。絕大多數是單音詞，一個詞往往有不同的寫法。有 500 個左右的基本單音詞一直存活在現代漢語裏，表現了強大的生命力。

　　上古詞彙，擇要討論天象、農作物、飲食、布帛服飾、旗幟、玉和玉器、意識形態、動詞、形容詞九個方面的單音詞。詞彙範圍太廣，不能全及，上述幾個方面衹是舉例性質。上古時代人與自然關係密切，古人十分注意天象。河南商丘發現四千年前的觀星台。《書·堯典》："曆象日月星辰，敬授人時。"《詩·豳風·七月》："七月流火，九月授衣。"火星是東方青龍七宿中的心宿第二星。已見於甲骨文。商人認爲火星升高是一年的起點，要舉行祭祀。如"丙寅卜，殼貞：其侑火？"（《甲》3083）《詩經》中除火星外，還能見到"箕、斗、定、昴、畢、參、牽牛、織女"等星名。《睡虎地秦墓竹簡》《淮南子·天文訓》已有二十八宿全名。即東方青龍七宿角、亢、氐、房、心、尾、箕，北方玄武七宿斗、牛、女、虛、危、室、壁，西方白虎七宿奎、婁、胃、昴、畢、觜、參，南方朱雀七宿井、鬼、柳、星、張、翼、軫。本章對上古漢語出現的多種結構的複音詞，單義詞、多義詞，本義、引申義、通假義，上古同義詞、上古成語諺語的産生和種種情況，都作了比較詳細的討論。

　　第二章討論中古漢語詞彙的發展。單音詞、複音詞兩節，着重討論新詞出現的情況，如"襯"（内衣）、"村"（村莊）、"等"（等候）、"添"（添加）、"瞎"（一目合、盲）、"含糊"（不清晰）、"丘八"（兵）、"研究"（探求）、"潦倒"（不振作）。本章有專節討論外族文化尤其是佛教文化對中古漢語詞彙的影響。漢民族本來就是多個部族融合的結果。上古漢語已有外來詞滲入。漢武帝派張騫通西域，到達大宛康居（今吉爾吉斯斯坦）、大夏（今阿富汗北部）。中西交通發達，漢代佛教傳入中國。東漢支讖、康孟祥、安世高等人開始把佛經翻譯成漢語。魏晉以後，佛教在中國廣爲傳播，更多譯成漢語的佛經（如三國吳支謙、後秦鳩摩羅什、唐玄奘等都是著名譯經家），對漢語產生了巨大影響，出現了大量與佛教有關的借詞、新詞和新義。本章列舉近150個例詞進行了詳細的闡述。非佛教詞語如"駱駝、橐駝"來自匈奴語 dada，"琥珀"來自突厥語 xubix，"葡萄"來自大宛語 bādaga，"八哥"來自阿拉伯語 babgha，"玻璃"來自波斯語 phatika，"西瓜"來自女真語 xeko。《新五代史·四夷附錄》："〔胡嶠〕始食西瓜，云契丹破回紇得此種。"西瓜傳入甚早，六朝叫"寒瓜"，也叫"綠沈瓜"。佛教詞語如"鉢"（patra）、"佛"（buddha）、"羅漢"（arhan）、"導師"（mayak 意譯）、"煩惱"（klesd 意譯）、"金剛"（vdjra 意譯）。"金剛"本指金剛石，佛教護法神手持金剛杵，因又稱佛教護法神，如"四大金剛"。

第三章除了討論近代新產生的單音詞、複音詞、詞義、成語諺語以外，重點討論了近代西方文化對漢語詞彙的巨大影響。1603年（明萬曆三十一年）荷蘭人偷襲澎湖，被擊退；1624 年（明天啓四年）荷蘭、西班牙侵占臺南、基隆，進而占領臺灣。以後葡萄牙占我澳門，英國占我香港。中國成爲西方殖民者宰割的對象。西方傳教士也大批來到中國，传教的同時，也向中國傳授了一些新的文化科學知識，中國一些知識分子向他們學習，開闊了眼界，活躍了思想。從 17 世紀到 20 世紀五四運動前，先後翻譯成中文的各種外語著作近 1000 種，從西洋語言和日語裏借入的新詞不下幾千個。

在相當程度上改變了漢語詞彙的面貌。本章以專節對此進行了比較詳細而全面的分析討論。最後本章還討論了五四運動以後漢語詞彙的發展。這是初版所沒有的。着重討論五個問題。① 現代漢語詞彙發展的基礎；② 現代漢語新詞新義的特點；③ 外來詞的引進和調整，外語音節詞素化；④ 普通話吸收方言的特點；⑤ 新詞規範化。

下編：漢語語法史。三章，二十一節。按上古、中古、近代三大時段討論漢語語法的發展。

首章第一節討論甲骨文所反映的商代語法面貌。包括 10 個詞類，6 種句子成分，14 種句型的介紹。接着分四節討論上古漢語詞類的發展。名詞可做主語、賓語、定語、謂語（其中有的是使動用法或意動用法）或狀語。動詞主要做謂語（有的是使動用法或爲動用法），有的可做狀語、定語、主語或賓語。形容詞可做定語、狀語、謂語（有的是使動用法或意動用法），一定條件下做主語或賓語。名詞、動詞、形容詞有種種密切的關係。數詞有表示大數、多位數、複數、約數、不定數、分數、倍數、序數等不同用法。分別討論了上古 199 個量詞、44 個代詞、168 個副詞、88 個介詞、150 個連詞、47 個助詞的不同用法。

本章分兩節詳細討論了上古漢語句法的發展。它們是 6 種句法成分，包括 10 種主語（施事、受事、判斷、描寫、陳述、比較、時間、方位、數量、複指），4 種謂語（聯合式、連動式、兼語式、主謂式），12 種賓語（受事、主體、存在、使動、意動、爲動、比較、結果、處所、數量、句子形式、雙賓語），11 種補語（結果、趨向、程度、處所、時間、數量、受事、施事、關係、比較、工

具），6 種定語（形容詞、名詞、代詞、數量詞、動詞、詞組），6
種狀語（副詞、形容詞和數詞、名詞、動詞、詞組、介詞結構）。
還有判斷句的 10 種句式及其引申意義，被動句的 11 種句式，賓語
前置的 7 種句式。并列、連貫、轉折、遞進、正反、選擇、比較 7
種聯合複句，因果、申説、假設、讓步 4 種偏正複句以及二重、多
重複句。每一詞類、句子成分或句型中往往包括各種不同的内容，
相當繁複多樣。

　　第二章討論中古漢語語法的發展，第三章討論近代漢語語法的
發展，包括各種詞類和句法的發展（以新産生的語法成分和語法結
構爲主），力求全面而詳盡。爲了做到系統全面，言必有據，光漢
語語法史一編總共用了例句 9128 個，可以算是洋洋大觀。

　　綜觀本書，《緒論》五節，闡述研究漢語發展史應作的各種準
備。語音史、詞彙史、語法史三編爲本書主幹，全面地描述上古、
中古、近代三大時段漢語語音、詞彙、語法發展的面貌及其特點。
《結論》二節總結漢語從古至今發展的規律，并闡述漢語光輝的歷
史，預見其更加偉大的前程。這樣本書就可以説有了一個比較完整
的體系。

三　漢語史分期和古音構擬

（一）漢語史分期

　　漢語史分期是爲了更好地瞭解漢語發展的階段性特點。學者對
漢語史分期標準不一，各有看法。

　　高本漢《中國音韻學研究》：① 太古漢語——《詩經》以前；② 上古漢語——《詩經》到東漢；③ 中古漢語——六朝至唐；④ 近古漢語——宋代；⑤ 老官話——元明。

　　王力先生《漢語史稿》分四期：① 公元 3 世紀五胡亂華以前爲上古期（公元 3、4 世紀爲過渡階段）；② 公元 4 世紀到 12 世紀（南宋前半）爲中古期（公元 12 到 13 世紀爲過渡階段）；③ 公元 13 世紀到 19 世紀（鴉片戰爭）爲近代期（1840 年鴉片戰爭到 1919 年五四運動爲過渡階段）；④20 世紀（五四運動以後）爲現代期。

　　呂叔湘先生《〈魏晉南北朝小說詞語匯釋〉序》："以語法和詞彙而論，秦漢以前是古代漢語，宋元以後是近代漢語。"又《〈近代漢語指代詞〉序》："以晚唐五代爲界，把漢語的歷史分成古代漢語和近代漢語兩個大的階段是比較合適的。"

　　周祖謨先生《漢語發展的歷史》："自南宋至五四爲近代期。"

　　潘允中《漢語語法史概要》："自宋元明清至鴉片戰爭以前，是漢語史的近代時期。"

　　胡明揚《近代漢語的上下限和分期問題》："上限不晚於隋唐五代，下限不晚於《紅樓夢》。"

　　劉堅《近代漢語讀本》："六朝時期翻譯佛經，譯經的文字就有不少白話成分。"該書選錄了 5 世紀至 16 世紀接近口語的作品。

　　我們同意王力先生的觀點，漢語史分期要根據漢語語音、詞彙、語法三方面綜合考慮，漢語史應分爲上古、中古、近代、現代四期。每一期又可分爲前、中、後三個階段。

　　① 上古期：商周秦漢（公元前 18—2 世紀）。前期商代，甲骨

文。中期周秦，《詩經》時代。後期漢代，開始有佛經翻譯。

②中古期：六朝至宋（公元3—12世紀），以《切韻》系統爲語音代表。前期六朝，中期唐，後期宋。

③近代期：元明清（公元13—20世紀初）。《中原音韻》系統爲語音代表。前期元。中期明，小說大量涌現；-m尾開始與-n尾合并；兒化韻出現。後期清，tɕ、tɕ‘、ɕ産生。

④現代期：五四運動到現在，漢民族共同完成并進一步推動漢語的發展。

（二）古音構擬

古音構擬，也叫"古音重建"。就是比較現代方言、親屬語言、韻書、韻圖或外語對音，根據已經確定的語音發展規律，擬定出這些方言或親屬語言的基礎語可能存在的古代形式。它的作用主要是幫助瞭解古代語音的結構系統及語音演變的規律，并不一定就是古代語音的真實面貌。古代漢語語音重建最早而且影響最大的是瑞典漢學家高本漢。他於1915—1917年寫成《中國音韻學研究》《詩經研究》等書，重建了中古音，對上古音也進行了一些構擬。《中國音韻學研究》由趙元任、李方桂、羅常培三位先生譯成中文，1945年出版。學者對古音構擬意見很不一致。無非表現在三個方面。

1. 聲母有無複輔音。高本漢、林語堂、嚴學宭等先生都認爲有複輔音。嚴氏《上古聲母系統研究》擬定上古複輔音208個，其中二合複輔音140個，三合複輔音64個，四合複輔音4個。他們的根據有二：一是諧聲偏旁。如kl——各kak，洛lak。二是漢藏語系中許多語言有複輔音。如嘉戎語有複輔音 201 個，其中三合複輔音 25 個。劉又辛、王力先生等對此進行了批評。王力先生説："諧聲偏旁在聲母方面變化多端，這樣去發現，複輔音就太多了。"我們根據沈兼士先生主編的《廣韻聲系》調查了《廣韻》中出現的形聲字，表明一個聲符構成的形聲字，大都不祇一個聲母，有的多達七八個聲母。所以我們贊成王力先生的看法，諧聲偏旁不能作爲古代漢語有複輔音的依據。至於親屬語言，漢藏語系各語言早在五六千年前（炎黃時期）即已分道揚鑣，關係遠不如印歐諸語言之間的關係那麼密切。充其量祇能作爲旁證。漢語本身找不到複輔音的充分證據，單靠漢藏語其他語言是無法證明上古漢語有複輔音的。有人還認爲漢語和印歐語有相通之處，可能同源呢，可信不可信？

2. 陰聲韻尾有無 -b、-d、-g 塞音韻尾。有的説有。根據之一是有的陰聲字和入聲字可以押韻，如《詩・邶風・式微》："式微式微，胡不歸？微君之故，胡爲乎中露？""故、露"魚鐸通韻。根據之二是同一聲符的字有的陰聲，有的入聲。如"肅"聲的字"蕭、蠨"在幽部，"肅、潚"在覺部。"卑"聲，"椑"pí 盛酒器，支部；bēi 柿子的一種，支部；bì 内棺，錫部，《廣韻》房益切。

3. 同一韻部是否祇有一個主要元音。有的説一個韻部可以有幾個不同的主要元音。鄭張尚芳先生《上古音 58 韻類諧聲表》把上古歌、月兩部古音分別擬爲：

歌部 1 ai　　　　　歌部 2 ei　　　　　歌部 3 oi

月部 1 ad［祭 ads］　月部 2 ed［祭 eds］　月部 3 od［祭 ods］

憑什麼説歌部有 a、e、o 三個不同的主要元音并帶有韻尾 i，月部有 ad、ed、od 三個韻母，祭韻變成 ads、eds、ods 了呢？尚芳先生没有説。從古詩用韻、韻書、現代方言中似乎都找不到證據。我認爲，科學結論應從材料歸納中得出，憑主觀想象把古音構擬成某種樣子，恐怕是大不可靠的。我們同意王力先生的觀點：上古音一部衹有一個主要元音，陰聲韻没有塞音韻尾。因爲先生所擬古音系統能够表明上古音系統中各韻部之間的關係，也能較好地説明上古到中古語音演變的脉絡。《詩經》時代没有韻書，詩人押韻全憑直覺。詩韻和諧，韻部之間大都不相雜厠，許多詩至今讀來仍朗朗上口。如果一個韻部包括幾個不同的元音，那還有什麼和諧可言？《詩經》也有異部相押的例子，前人有兩種説法。一是語音相近，可以合韻。段玉裁《六書音均表》："合韻以十七部分爲六類求之，同類爲近，異類爲遠。非同類而次第相附爲近，次第相隔爲遠。"段氏所分的古音六類是：一類：之。二類：蕭、幽、宵、魚。三類：蒸、侵、談。四類：東（冬）、陽、庚。五類：真、文、寒。六類：脂（微）、支、歌。江有誥《寄段茂堂先生書》説："近者可合，而遠者不可合也。"一是方言不同，語音變化。戴震《聲韻考》卷三："音有流變，一係乎地，一係乎時。係乎地者，在古音即非一讀。如'隅愚齵'《廣韻》入十虞，與侯幽通爲一部。'顒'亦從'禺'得聲，《廣韻》入三鐘，古與東冬通爲一韻。"有的字上古即有多音（一個聲符可以代幾個不同的語音），戴震和段玉裁的意見都是非常正確的，兩種情况都存在。

四 科研與教學

高校專業課程教學要有新意，教師必須有自己的學術思想和學術體系，不能照本宣科，人云亦云。爲了做到這一點，應當把教學和科研結合起來，通過科研提高教學質量，促進教學水平。幾十年來我在這方面做了一些努力，取得了一些成績。每當教學中碰到問題或理解不甚透徹，我就花上幾個星期甚至幾個月去鑽研，直到弄清楚爲止。漢語史包括語音史、詞彙史、語法史，上下數千年，涉及的面太廣，問題太多，這是很大的困難。我祇有加倍努力，別無捷徑可走。除了體育鍛煉必須堅持，一切不必要的游樂活動幾乎全部取消，一心撲在教學科研上。

爲了徹底弄清楚上古三十韻部的來龍去脉，我認真閱讀了宋明以來學者的古音學著作。宋代鄭庠分古音爲陽、支、先、虞、尤、覃六部，見於戴震《六書音均表序》，夏炘《詩古韻表二十二部集説》、鄒漢勛《五均論》也都提到。宋吳棫《韻補》第一個應用諧聲偏旁以求古音，分古音爲 9 類，未立韻部名稱。清初顧炎武《音學五書·音論中》離析《廣韻》，分古音爲 10 部。它們是：1. 東冬鐘江，2. 脂之微齊佳皆灰咍，3. 魚虞模侯，4. 真諄臻文殷元魂痕寒桓删山先仙，5. 蕭宵肴豪幽，6. 歌戈，7. 陽唐，8. 耕清青，9. 蒸登，10. 侵覃覃鹽添咸銜嚴凡。所謂"離析《廣韻》"，是指分支韻字半入之脂、半入歌戈，麻韻字半入歌戈、半入魚虞，庚韻字半入陽唐、半入耕清，尤韻字半入脂之、半入蕭宵。江永《古韻標準》分古音爲 13 部，就是把顧氏的 4、10 部一分爲二，又將尤侯幽單立爲一部。段玉裁《六書音均表》分古音爲 17 部，是分之、脂、支爲三部，尤、豪幽爲兩部，真臻先、諄文欣魂痕爲兩部。孔廣森分古音爲 18 部，把冬部從東鐘江獨立出來。戴震分古音爲九類 25 部，他把入聲獨立出來，以陰、陽、入相配。段氏認爲上古無去聲，中古去聲都是從其他三聲中變來的。又明陳第《毛詩古音考自序》："時有古今，地有南北，字有更革，音有轉移，亦勢所必至。"王國維《觀堂集林》卷八評價説："嘗謂自明以來，古韻學之發明有三：一爲連江陳氏古本音不同今韻之説，二爲戴氏陰陽二聲相配之説，三爲段氏古四聲不同今韻之説，而部目之分析其小者也。"江有誥《音學十書》分古音爲 21 部，韻目是之、幽、宵、侯、魚、歌、支、祭、元、文、真、耕、陽、東、冬、中、蒸、侵、談、葉、緝，仍然沒有把入聲韻部從陰聲韻部中完全獨立出來。黄侃分古音爲 28 部，韻目是：歌、灰、齊、模、侯、蕭、豪、咍、寒、痕、先、青、唐、東、冬、登、覃、添、曷、没、屑、錫、屋、鐸、沃、德、合、帖，都取自《廣韻》一、四等韻目。三十部中微部是從脂部分出來的。19 世紀湖南新化學者鄒漢勛《五均論》首先提出脂、灰兩部分立，脂部標目爲"脂皆"，自注云："古讀脂與皆同。"灰部包括灰微，自注云："古讀微與灰同。"日本大矢透《周代古音考》（1914 年）分古音爲 21 部，中有類（微）部和爾（脂）部，并排列了周代群書中的韻字。王力先生《上古韻部系統研究》進一步確定了脂、微兩部的劃分和韻字歸類。自宋至今，歷時九百餘年，古韻 30 部纔最後確定下來。我既佩服前輩學者勇於探索的毅力，也感到科學研究要想做出新成果實在不是容易的事。我們這一輩人站在多少代前輩學者的肩上，擁有現代化的研究手段，條件何等優越？即使科研上做出了一些成績，又有什麼值得驕傲？

　　我研究《詩經》最初是爲了深入掌握上古漢語第一手資料，尤其是上古音韻系統，爲撰寫《簡明漢語史》做準備。開頭想得很簡單，以爲按照楊伯峻先生《論語譯注》的做法，找幾個《詩經》注本，把書中出現的單字排列解釋一下，注上音就可以了。鑽研下去，纔知道遠不是那麼回事。《詩》的主題思想，《詩》的詞句，自漢以來諸家解説見仁見智，千差萬別。注釋研究《詩經》的著作數百種，要從中理出一個頭緒，求得一個統一的説法，非常不容易。《毛傳》是注釋《詩經》最早的書，去古未遠，有很大的權威性。鄭玄箋詩，自稱"宗毛爲主"，其實也有不少與《毛傳》不同的看法。唐孔穎達《毛詩正義》原則上疏不破注，同樣也有不同毛鄭的看法。宋代朱熹的《詩集傳》，清代以及現代研究《詩經》的著作，更多新解。就詞語釋義和詩句分析看，青出於藍者亦復不少。爲了把歷代詮釋《詩經》的精粹内容都彙集在《詩經詞典》裏，給讀者提供不同選擇的機會，我采取了"首出己見，擇要兼收"的辦法。一個詞，一個句子往往有很多種不同的解釋。語音也是這樣，從古至今，遠不是一對一的關係。"棧"是上古寒部崇母字，今音 zhàn。《廣韻》上聲産韻：士限切；又去聲諫韻：士諫切。有兩音。"蓋"是上古葉部見母字，今音 gài。《廣韻》有兩音，去聲泰韻：古太切；又入聲盍韻：古盍切。也有兩音。段玉裁説："此古合韻也。"依段玉裁的看法，上古就有兩音。爲此，我得多方搜集材料，分析比較，補充取捨，整理編排。有時爲了一個詞一個音翻來覆去，改了又改，花費幾天時間，傷透腦筋。這樣打磨了好幾年，於 1986 年出版了《詩經詞典》，1987 年出版了《詩經古今音手册》和《詩經語言研究》。1983 年應郭錫良先生之邀，我來北大中文系爲研究生講了幾個月《詩經》語言。《詩經語言研究》就是由講義修訂而成的。有關《詩經》的研究，使我增長了學識，積累了經驗，幫助我發現不少有關漢語史的研究材料以及如何使用這些材料，這對於漢語史教學以及編寫和修訂《簡明漢語史》大有好處。後來我又先後出了《詩經譯注》和《〈詩經〉語文論集》兩部書。在全面瞭解《詩經》的內容和有關問題上，更加深入了一步。高等教育出版社出版我譯注的《詩經》，2009 年獲"全國最美的書"稱號，2010 年在德國柏林萊比錫世界圖書評比中，又從 634 種參選圖書中脫穎而出，獲得 2010 年"世界最美的書"榮譽稱號。這都要歸功於高教社領導和設計師劉曉翔先生。曉翔先生的精美設計使本書形式典雅、質樸而不失創意。我的工作則是儘量做到解題正確而簡潔清晰；譯文緊扣原詩，體制整齊，韻律和諧，并帶有民歌風味；注釋直引原書以示譯文信而有征；詩後附有韻讀，標示韻脚和韻部，以證明《詩經》裏的詩原本韻律優美而且都可以歌唱。我的體會是，許多學術領域，祇要真正深入下去進行研究，往往是可以取得意想不到的成果的。這裏我將再次特別感謝郭錫良教授，他爲我審讀詞典書稿，提了許多寶貴的意見。先師王力先生還爲《詩經詞典》寫了序言，我永志不忘。

在做科研的過程中，我看過不少清代乾嘉學派的著作，很佩服他們能在古書中發現那麼多問題，并提出自己的獨立見解。他們是如何做到的呢？我向一位老先生請教，他告訴我：清代學者首先是從古書異文或歧解中發現問題的。我自己在科研實踐中也體會到，情況的確是這樣。比如王引之《經義述聞》第一條：

> 《乾》：“初九潛龍勿用。”惠氏定宇《周易述》曰：“大衍之數虛一不用，謂此爻也。”引荀爽注：“大衍之數五十，潛龍勿用，故用四十九。”……引之謹案：用者，施行也。勿用者，無所施行也。文言曰：“潛之爲言也，隱而未見，行而未成，是以君子弗用也。”正謂君子不施行也。孔穎達《正義》曰：“聖人雖有龍德於此，唯宜潛藏，勿可施用。”引張氏曰：“以道未可行，故稱勿用以誡之。”其説是也。……《師·上六》：“大君有命，開國承家，小人勿用。”《既濟·九三》：“高宗伐鬼方，三年克之，小人勿用。”《大有·九三》：“公用亨于天子，小人弗克。”《頤·六三》：“十年勿用。”《坎·六三》：“來之坎坎，險且枕，入於坎窞（dàn），勿用。”

王氏看到“潛龍勿用”有不同的解釋，加以比較，得出新的觀點，“用”應作“施行”講，并引其他例證加以證實。但他不先説自己觀點的由來，而是先批評惠氏的不對，讀者就容易誤會他的觀點是憑空想出來的。這種例子很多，足以證明觀點大都從比較研究中得來的。但像王氏這樣的大學者博覽群書，學而不厭，仕不忘學的精神實在值得我們學習和敬佩。

五　我的追求

不同的人有不同的人生追求。官員盼政績，商人盼利潤，農民盼豐收。司馬遷因爲李陵降敵而替他説好話，受了宮刑，"交手足，受木索，暴肌膚，受榜箠，幽於圜牆之中"，忍辱負重地活下去，就是爲了實現他的人生目標，完成《史記》的寫作，以"究天地之際，通古今之變，成一家之言"。他做到了，成爲中國歷史上最偉大的史學家。我是一位普通的教師，説得好聽一點是一位大學教授，没有什麽過人的才華，也没有司馬遷那樣的宏圖大志，但我有自己的人生追求。我的老師是大學者，我這一生學術上也應有所作爲。1957 年末反右派鬥争行將結束的時候，北大研究生舉行了一次"交心運動"。大家暢所欲言，無所顧忌。我在會上坦陳自己今生的目標是，當教師，寫十本書，發五十篇論文。第二天有某某同學貼大字報，批判我有嚴重的資産階級名利思想。五十年來，雖然生活一波三折，很不平坦，我一直没有放棄自己的目標，也許這就是我的人生終極追求。

如今我年近黄昏，書也出了幾本，祇是我追求的目標并没有完全達到，任務還没有圓滿完成。《簡明漢語史》算是我的重點著作，撰寫修訂的時間最長，花去的勞動心思最多，但仍有内容遺漏、文字錯誤和前後照應不周的地方。例如表示少數民族和外國的人和事物的字除"胡""洋"之外還有"番"，如"番兵、番官、番邦、番文、番書、番薯、番茄"等，書中完全没有提及。還有錯字，有的可以推過於電腦打印，有的則是因爲我的粗心而弄錯了。作爲國家級規劃教材，校讎不精，誤導讀者，著者應負完全責任。出版新書本是令人高興的事，發現錯誤，却令我感到惴惴不安起來。今後我也許還會寫一點什麽，祇要一息尚存，决不放棄。一位偉人説過："人是要有一點精神的。"我没有什麽能力，精神還是有一點的。

科學研究要做出好的成績不容易，要做出經得起歷史考驗的成績更不容易。而著作或文章中出現這樣那樣的錯誤往往在所難免。我自己寫東西就是這樣。年輕時不知天高地厚，自以爲是。年紀大了，逐漸體會到做學問不容易，誰也無法保證自己完全正確。學者之間，學派之間，觀點不同，更要求同存異。真理在哪一邊，要經過時間的考驗才能看出來。中央提出"百花齊放，百家争鳴"的方針無疑是非常正確的。是否也有個時間先後的問題？先要"齊放"，然後才好"争鳴"。任意亂放，打胡亂説，當然不好，在大的原則上必須分清是非。但在一般問題上就不必太糾纏，争個人的短長更没有意思。文化部蔡武部長説，中國歷史上流傳下來的著作總共約18萬册，現在我國每年出版新書却有20萬册。一年20萬册，10年就是200萬册。一個學者就算出幾十册書，又算得了什麽？何况書的水平有高低，質量有好壞。真正有價值的書長盛不衰，傳了幾千年，以後還會傳下去；有的則祇是曇花一現，很快就消亡了。竹林七賢中的向秀，只作了一首《思舊賦》，不過二十四句；爲《莊子》作注，《秋水》《至樂》二篇未完就死了。其注宋代已亡，惟散見於《經典釋文》中。但他是向姓中首屈一指的歷史文化名人。學者及其作品是否有價值，是否有生命力，歷史自有公論，不是一時之間個別人可以判定的。

　　現在中國語言學包括漢語史的研究正處於興盛時期，中青年學者已形成一個富有創造精神的強大群體，老年學者也在努力奮鬥。專書、專題、斷代史的漢語研究專著和文章不斷涌現，其中不少優秀之作。祇是漢語通史的撰寫略遜一籌。自 1957 年王力先生的開山巨著《漢語史稿》問世後，迄今已半個多世紀，只出版了一部孤零零的《簡明漢語史》，太冷清了。希望我國語言學者在這方面多花一點時間，早日改變這種局面。龔自珍詩說："落紅不是無情物，化作春泥更護花。"有朝一日漢語史許多鮮花盛開，《簡明漢語史》成爲落紅而化作春泥，那就真正萬紫千紅，形勢大好了。

繼續前進，精益求精

現在我們已進入中國特色社會主義的新時代，大步邁向世界舞臺的中心。漢語普通話不祇爲十四億中國人民所通用，世界各國人民也在學習漢語。學與時進，認真研究中國語言戰略，總結經驗，肯定成績，找出不足，明確方向，"獨上高樓，望盡天涯路"，很有必要。

中華文化光輝燦爛，經歷數千年延續至今，從無間斷，舉世無雙。漢語是漢族文化的載體和存在形式，同樣歷史悠久，舉世無雙。語言學者對古代和現代漢語的語音、詞彙、語法各個方面都作過大量研究，出版了許多著作，用功甚勤，成績卓著。學無止境，不少語言學問題也還有待進一步探索研究。

漢語詞彙數量巨大，古往今來，變化最爲迅速。現在中國大大小小的漢語詞典數百種，其中《漢語大詞典》規模最大，十二卷共收單音詞目二萬二千多個，複音詞目三十七萬條，可謂洋洋大觀。其實古今詞語還有許多沒有收進去。詞義的訓釋，由於有些古書難讀，也容易出現錯誤。例如"桓"，《漢語大字典》《漢語大詞典》都有"憂"義，例句是《逸周書·祭公》"允乃詔畢桓于黎民般"朱右曾注："桓，憂也。"但于鬯《香草校書》認爲畢桓是人名。華學誠教授據《清華漢簡》考證，畢桓是周穆王的大臣之一，古籍中找不到"桓"有"憂"義的例證。又《詩經·召南》"于嗟乎騶虞"中的"騶虞"，《毛傳》說是獸名，許慎《五經異議》說是官名。賈誼《新書》說"騶"是園林，"虞"是官名。何楷《詩經世本古義》認爲"騶"是御馬者，"虞"是管山林川澤者，并非一詞。衆說紛紜，莫衷一是。

現代漢語詞彙發展極快。自創詞和外譯詞之外，還有一種是舊詞新用。如"網蟲"本是蜘蛛的別稱，六朝就有了，現在借稱上網成癮的人，含有詼諧的意思。新詞産生本是適應社會發展的交際需要，勢不可當，但也有適當規範的必要。如傳統上稱不同領域的著名專家爲"大家"，現在報刊上又有"大咖"一詞，也是同樣的意思，有無必要？同一種治療前列腺的藥有"保列治、保列蘇、思克勃、非那雄"等不同的名稱，莫名其妙。網上稱不美的女子爲"恐龍"、長相不好的男子爲"青蛙"，帶有侮辱之意，更應規範。

漢語包括普通話和方言，這是同一語言中的不同層次，不能像某些西方學者那樣，把漢語和閩、粤等方言并列爲幾種語言。現在普通話通行全國，古代通行的有"雅言"。中國古代典籍，大都是用"雅言"寫的。"子所雅言，《詩》《書》執禮，皆雅言也。"（《論語·述而》）秦漢以來，除了南北朝和南宋等幾個時期，全中國都是統一的，政治文化中心都在黄河流域，形成雅言的基礎當是以洛陽一帶爲中心的中原方言。"《切韻》寫定之標準，乃用洛陽之舊音。"（陳寅恪語）方言通行於某一地區，現代漢語方言有北方話、吳、贛、湘、閩、粤、客家等幾個大區，大區之下又可分成若干小區。北方話區域最廣，影響最大，成爲現代漢語普通話的基礎方言。北京是元、明、清三朝和中華人民共和國首都，全國的政治文化中心，北京音被定爲普通話的標準音。其他方言都在中國南方。衆所周知，客家話是北方人南遷而形成的，帶有古代北方語音的特點。其實吳、贛、湘、閩、粵方言的形成也都是不同時期南遷的北人與當地原住民長期混居的結果。經歷千百年後，他們的子孫都已成爲漢人，其方音既具本地特色，又往往保存着古代漢語的某些因素。例如吳語聲母沒有捲舌音，閩音沒有輕唇音，老湘語保存濁音聲母，粵語保存塞音入聲韻尾 -p、-t、-k。詞彙上如揚雄《方言》卷十："崽者，子也。湘沅之會，凡言是子者謂之崽，若東齊言子矣。"今湘語仍叫兒子爲"崽"，雙峰有句俗話："養崽要供爺娘，作田要納公糧。"許慎《說文·馬部》："馬，怒也，武也。"饒炯《說文解字部首訂》："云怒也者，釋馬之情狀，云武也者，釋馬之用能。"今四川話說"馬起臉"指人面帶慍怒之色，正與《說文》的釋義合。現在我國學者編寫出版了各地方言詞典數十部，還出版了《漢語方言大詞典》，反映了全國各地的方言特點和某些風俗習慣，很有價值。各地有些方言詞已融入普通話，豐富了普通話詞彙，通行全國。但方言不能代替普通話，我也不同意現在中國有一種可以通行南方各地的南方普通話。在方言研究上，四川黃尚軍教授及其團隊把方言調查和民俗及非物質文化研究結合起來，頗有新意。黃君及其團隊三十年來，寒暑無間，撰成《四川方言與民俗》和"巴蜀非物質文化遺產系列叢書"十大冊，總計近千萬言，圖片近萬幅。圖文并茂，觀賞性和可讀性強，值得稱道。

　　漢語如此偉大而悠久，豈可無史？ 20 世紀 50 年代，王力先生出版了《漢語史稿》，全面闡述漢語的歷史發展，開創了漢語研究的新道路，有着重要的科學價值和歷史意義。六十年來，我國學者出版了幾種漢語斷代史和漢語通史，成績是肯定的，但還不够。長江後浪推前浪，學術上也應不斷前進。在新時期裏，新一輩學者站在前輩學者的肩膀上，定能再接再厲，撰寫出更加全面、系統、正確、科學的漢語史和其他語言學著作來，讓中華兒女更加熱愛祖國的語言，也讓全世界對優秀的中華文化存在形式有新的認識和感受。

詞　彙

王力先生對漢語詞彙研究的貢獻 *

王力先生學識博大精深，學貫中西。他教書育人大半個世紀，桃李滿天下；他寫了一千萬字的學術著作留給後人，他的學説教育影響了我國新一代語言學工作者。王力先生不愧是中國語言學的一代大師，他的名字是不朽的。

王力先生在語言學許多領域都有輝煌的成就。現在就先生在詞彙研究方面的貢獻談幾點體會。

一　理論上的精闢論述

先生在《新訓詁學》《理想的字典》《同源字論》等一系列論文裏，針對漢語詞彙，尤其是古漢語詞彙的研究以及詞典編纂上的問題，從理論上和方法上作了許多精闢的論述。這裏舉出幾點：

（一）强調語言的社會性

先生多次指出，語言是社會的產物，是全社會約定俗成的。語言裏的詞也有社會性，一個詞在一定的時代代表一定的意思，"詞

---

* 原載《古漢語研究》1991 年第 3 期。

的意思是被社會所制約的”①。具體表現在以下幾個方面：

第一，詞所表達的意義通常要在古書裏出現多次，而不會衹出現一次。如果詞的某個意義衹在某部書的一個地方出現，其他的地方都不出現，那麼這種意義是可懷疑的。有的意義衹在字書中出現，而在古人的著作中無以證實，那就更不可信。例如《説文》：“殿，擊聲也。”《廣雅·釋言》：“鄉，救也。”等等②。

第二，一個詞在同一個時代裏，意思不可能太複雜。“同一時代，同一個詞，有五個以上的義項是可疑的（通假義不在此例），有十個以上的義項幾乎是不可能的。”③語言詞彙所表達的應該都是經常的意義，而不是偏僻的意義，這樣才利於社會的交際。

第三，字典中一個字（詞）常常不衹一個意義，甚至有多到幾十個意義的。那是因爲字典包含了很長的時間的内容，它們并不是同時產生的，有時候它們的時代相差一二千年④。而且其中往往衹有少數意義是常用義，其他都是僻義。這些僻義除了方言和行業語之外，主要是那些過了時的意義還殘存在語言裏，或者在不自由的組合中出現，或者在仿古主義筆下出現。⑤

第四，個人不能創造語言，也不能創造詞義。當然語言巨匠們也能創造新詞，但是必須有舊的詞根（或詞素）作爲新詞的基

---

① 《關於古代漢語的學習和教學》，見《龍蟲並雕齋文集》第三冊，413—437 頁。

② 《訓詁學上的一些問題》，同上書，第一冊，328—344 頁。

③ 《詩經詞典序》。

④ 《新字義的產生》，見《龍蟲並雕齋文集》第三冊，6 頁。

⑤ 《訓詁學上的一些問題》，同上書，第一冊，328—344 頁。

礎，而且創造的新詞必須爲社會群衆所接受，不能憑空臆造[①]。古代語詞要按古代的詞義去理解，它們體現在古人的訓詁上，要尊重古訓。不能按現代人的觀念去創造詞義。例如“《詩經》的詞義，當以毛傳、鄭箋爲主；毛鄭不同者，當以朱熹爲斷”[②]。現在有的人却往往去“創造”一個意義，那不是創造語言，那叫望文生義[③]。

（二）强調詞彙研究的歷史觀點

先生指出：“無論研究詞彙史，還是編寫字典，歷史觀點都應該是重要的指導思想，重要的原則。”一個字什麼時代有什麼意義是不能弄錯的。一個字古代有的意義現代可能有；現代有而古代没有的意義就不能拿去解釋古書。同一個字，古今意義往往不同，不加辨別，以今釋古，往往發生錯誤。例如“羹”，上古是帶汁的肉，不是湯；“誣”，上古意義是“說謊”，不是誣蔑；“偷”，先秦的意義是“苟且”，不是“偷盗”。“嚇嚇”，舊《辭海》有一個義項：“驚恐人曰嚇。”引《莊子·秋水》：“今子欲以子之梁國而嚇我邪！”這就是大錯。因爲《莊子·秋水》裏的這個“嚇”，祇是“怒其聲”的意思。新的《辭海》删去這個義項，走到了極端。新《辭源》保存這個義項：“恐懼，嚇人。”引《素問·風論》：“心風之狀，多汗惡風，焦絶，善怒嚇。”鮑照《蕪城賦》：“饑鷹厲吻，

---

① 《訓詁學上的一些問題》，見《龍蟲並雕齋文集》第一册，328—344頁。
② 《詩經詞典序》。
③ 《談談學習古代漢語》，見《龍蟲並雕齋文集》第三册，401頁。

寒鴉嚇雛。"兩個例句也是錯誤的。其中的"嚇"仍是"怒其聲"
的意思。"嚇"作"恐嚇"講，時代甚晚。《漢語大字典》舉清翟灝
《通俗編·神鬼》引《啓顔錄》："唐有方姓者，好矜門第。人謂豐
邑公何相親，曰：'是再從伯父。'人大笑曰：'既是方相侄兒，祇
堪嚇鬼。'"算是較早的例子。這個觀點貫徹在王先生的全部著作
中。例如《説文》："耤，帝耤千畝也。"王先生指出：那是後起的
意義，農牧時代，一般耕作都叫作"耤"[1]。"聖"最初祇是通達事
理，後來纔引申爲聖人的"聖"，是全知全能的意思[2]。古代詞義跟
現代詞義有的"大不同"，有的"小不同"。兩者相較，特別要注
意"小不同"，因爲"大不同"大家都會注意，"小不同"往往被
忽略[3]。爲了讓學生建立歷史觀點，學會辨析古今詞義的差異，先
生主編的《古代漢語》在常用詞解釋中常常注明某些詞義是"後起
義"，這是一個非常切合實際的創舉。

　　從研究範圍看，清代學者着重研究漢以前的詞義，漢以後很
少涉及。先秦的字義幾乎成爲小學家唯一研究的對象。先生認爲
我們要把語言的歷史的每一個時代看作有同等的價值。漢以前的
古義固然值得研究，千百年後新起的意義也同樣值得研究。"對於
某一個語義，都應該研究它在何時産生，何時死亡。"[4]先生這個觀
點十分重要。解放以後，尤其是近十年裏，我國已經有一些學者對

---

[1] 《王力文集》第十一卷，495 頁。
[2] 同上書，503 頁。
[3] 《關於古代漢語的學習和教學》，見《龍蟲並雕齋文集》第三册，413—
437 頁。
[4] 《新訓詁學》，《龍蟲並雕齋文集》第一册，315—327 頁。

中古以後的詞彙語義進行了不少研究，發表了上百篇文章，出版了好幾部專書詞典。但是，總的來說，還是一個比較薄弱的環節。要達到先生提出的目標是十分艱巨的。舉例來說，"該"的本義是"軍中約"（見《說文》），作"應該"講是後起義。起於什麼時候呢？《古漢語常用字字典》祗注明："古代'該'沒有'應該'的意義。"新《辭海》收爲第一義，但是沒有舉例。新《辭源》舉了《西游記》中的例子，也嫌晚了些。先生據《新編五代史平話》"獲盜百餘人，皆該死"的話，把"應該"義的産生提前到了宋代。也許還可以更提前一些。

（三）關於"因聲求義"和"古音通假"

"因聲求義"是中國學者傳統上研究語義，探求語源的主要方法。清代王念孫說："就古音以求古義，引申觸類，不限形體。"[1] 段玉裁也說："學者之考字，因形以得其音，因音以得其義，治經莫重乎得義，得義莫切於得音。"[2] 王力先生給予這個學說以很高的評價，認爲"這個學說標志着中國語言學發展的一個新階段。它擺脫了文字形體上的束縛，把語音同詞義直接聯繫起來。這樣做，實際上是糾正了把文字看成是直接表示概念的唯心主義觀點"。[3] 但是先生同時着重指出，研究古代詞義必須有訓詁上的根據。決不能任意誇大"古音通假"的作用，不能濫用"古音通假"。王念孫、王

---

[1] 《廣雅疏證序》。

[2] 同上。

[3] 《訓詁學上的一些問題》，見《龍蟲並雕齋文集》第一冊，328—344 頁。

引之父子（還有段玉裁）治學嚴謹，他們不是簡單地把兩個聲音相同或相近的字擺在一起就下結論，而是引證了不少證據，舉了不少例子。這就使結論有了充分的科學根據，符合語言社會性的原則，而不是把結論建立在沙灘之上。先生自己也是這樣做的。他總是充分收集材料，從錯綜複雜的語言現象中，通過認真的分析和精確的考證而得出結論，因而具有不可辯駁的説服力。有的學者不是這樣，他們拋棄了清代樸學的優點，用不着別的證據，單靠語音通假就可以得出這樣那樣的結論；而且"往往喜歡把古音通假的範圍擴大到一切雙聲叠韻，這樣就讓穿鑿附會的人有廣闊的天地，能够左右逢源，隨心所欲"。① 有的人爲了追求新穎可喜的意見，大膽假設，然後以"雙聲叠韻""一聲之轉""聲近義通"之類的證據來助成其説，這是很成問題的。"一聲之轉"實際上就是兩字有雙聲關係，祇有在具有其他有力的證據的情況下纔可以助一臂之力。如果專靠語音的近似來證明，就等於没有證明。曾經有人認爲"楊朱"就是"莊周"，就是單純依靠語音通轉得出來的錯誤結論，因爲"楊莊"叠韻，"朱周"雙聲。大家知道，清代學者俞樾認爲《詩·魏風·伐檀》"胡取禾三百廛兮""胡取禾三百億兮""胡取禾三百囷兮"中的"廛""億""囷"是"纏""繶""捆"的假借，意思都是"束"。先生批評這是"濫用通假"②，因爲它找不到別的根據。新中國成立以後，一些學者在注釋《伐檀》時，仍然沿用俞説，就是刻意求新的思想在作怪。有人還認爲"億"是"庾"的

---

① 《訓詁學上的一些問題》，見《龍蟲並雕齋文集》第一册，328—344 頁。
② 同上。

假借，"三百億"就是"三百庚"，"庚"又通"斛"，等於十六斗，這就連雙聲叠韻也不要了。

（四）關於詞義的獨立性和詞義的發展

先生認爲，詞義是獨立存在的，不是由上下文決定的。當然詞在字典裏可以有幾個意義，而在一定的上下文裏祇出現一個意義。在這個意義上，可以說詞在上下文中纔真正體現了它的明確的價值。但是決不能說一定的上下文可以使詞產生原來沒有的某種意義。詞可以因文定義，却不能望文生義，讓上下文來決定詞義是錯誤的。[1] 詞義是不斷發展變化的。先生指出："從歷史上觀察詞義的變遷，我們應該有敏銳的眼光，任何細小的變化都不放過。"[2] 詞義演變的方式，除西洋語言學所說的"擴大、縮小、轉移"以外，漢語還有一種常見的方式，就是"忌諱法"。古代帝王的名諱以及人們所厭惡的事物，往往引起語言的變化。例如漢明帝名"莊"，以致"莊光"變成"嚴光"，"治裝"變成"治嚴"。商人諱"蝕、舌"同音，於是"豬舌"變成"豬利"，"牛舌"變成"牛利"。詞通常都是由本義引申出別的意義來，本義在先，引申義在後。理解詞義，最重要的是不能倒果爲因[3]。例如"低"，本義是"低頭"，動詞。"低昂"就是低頭和抬頭。高低的"低"是形容詞，漢以後纔產生。現在許多詞典往往把形容詞義作爲第一義，而把動詞義排

---

[1] 《訓詁學上的一些問題》，見《龍蟲並雕齋文集》第一册，328—344 頁。

[2] 《新訓詁學》，同上書，315—327 頁。

[3] 《字典問題雜談》，載《辭書研究》1983 年第 2 期。

在後面，或者不收動詞義，這就把"低"的詞義關係弄顛倒了。

　　先生關於詞彙詞義研究的精闢見解還很多，上面祇是略舉數端而已。這些見解都是針對漢語研究的實際情況而提出來的。直到現在還很有指導意義，值得我們認真學習。此外，早在四十年代，先生就提出了詞彙史和文化史綜合研究的課題。例如依《説文》所載，馬、牛、犬、豕的名目那樣繁多，可以證明畜牧時代對於家畜有詳細分別的必要。上古重農，所以稻麥的名稱特繁。祇須看買賣谷米另有"糴""糶"二字，就可知上古的農業重要到了什麼程度。古人蓄"須"，分爲"髭""須""髯"三字，在口上叫"髭"，在頤下叫"須"，在頰旁叫"髯"。現在大家都把鬍子剃得光光的，自然不需要分別，祇通稱爲"鬍子"就够了 ①。按照先生指引的方向去做，無疑可以寫一部很有價值的專書，甚至可能開創一個新的學術研究領域。

二　豐碩的研究成果

　　王力先生早期主要着重研究音韻學、語法學、詩律學，出版了大量專著。五十年代以後，在漢語詞彙的研究上同樣取得了累累碩果。

　　（一）先生 1958 年出版的《漢語史稿》，是漢語研究中一部劃時代的著作。它的下册論述漢語詞彙發展，開闢了漢語詞彙研究的

---

① 《新訓詁學》，《龍蟲並雕齋文集》第一册，315—327 頁。

新天地。

我國很早就有訓詁學，主要是研究古書的字義。清代學者在這方面取得很大的成績。但是他們有一個共同的毛病，厚古薄今。研究的範圍往往限於先秦；有的學者收集一些近代詞語，編成專書，如《恒言錄》《通俗編》之類，也祇能爲漢語詞彙史研究提供某些資料。王力先生的《漢語史稿》下册是我國第一部研究漢語詞彙歷史的書。書中列舉大量例子論述漢語基本詞彙的發展，鴉片戰爭以前漢語的借詞與譯詞，鴉片戰爭以後的新詞、同類詞和同源詞，古今詞義的異同，詞是怎樣變了意義的，概念是怎樣變了名稱的，成語與典故等八個方面的内容，向讀者提供了一幅漢語詞彙發展的歷史藍圖，許多内容非常精彩。八十年代先生改寫、擴大成爲《漢語詞彙史》。跟《漢語史稿》相比，篇幅增加了三倍，内容大大充實，呈現了嶄新的面貌。這反映了先生在科學研究中孜孜不倦、精益求精的寶貴精神。全書增加了《同源詞》和《滋生詞》兩章。原書《漢語悠久光榮的歷史》一章，擴充爲《漢語對日語的影響》《漢語對朝鮮語的影響》《漢語對越南語的影響》三章。古代中國的生產、文化水平在東方是最高的，日本、朝鮮、越南無不受中國的影響，許多漢文典籍傳入這些國家并且得到廣泛的傳播，漢語實際上成爲這些國家的第二國語。從王力先生所列的大量材料可以看出，很早以前在地球的東方實際上形成了一個以中國爲中心的漢語文化圈。祇是到了近代，由於中國封建統治者的腐朽，中國由先進變成了落後，這種情況纔起了根本的變化。現在我們的國家和民族正處在復興時期，漢語在世界上發生越來越大的影響，除中國大陸及臺灣、香港、澳門地區外，新加坡以及東南亞許多國家都有不少人使用漢語，并受中國傳統文化的影響。中國跟這些國家和地區，相互學習，相互促進，一個新的漢語文化區正在形成，無疑將對全世界產生舉足輕重的影響。

（二）"文革"期間，先生在十分困難的條件下編寫了《同源字典》，這是漢語詞源研究一部劃時代的著作，也是漢語詞彙研究推陳出新的典範。同源字實際上就是同源詞。我國詞源研究有悠久的歷史。東漢劉熙寫的《釋名》是我國最早的一部語源字典，至今還有參考的價值。劉氏以聲訓的辦法探求事物得名之由，認爲名稱與事物本身有某種必然的聯繫，大多數是主觀唯心主義的。清代學者段玉裁、王念孫對同源字也有一些精闢的見解。如《説文·魚部》"鰕"下段玉裁注："凡叚聲如瑕、鰕、騢等皆有赤色。"王念孫《廣雅疏證》卷一上："《説文》：'夸，奢也。从大，于聲。'《方言》：'于，大也。'誇、訏、芌并从于聲，其義同也（都有大義）。"又"郎之言良也。……良與郎，聲之侈弇耳。猶古者婦稱夫曰良，而今謂之郎也。"可惜材料零散，不成系統。章炳麟的《文始》是一部系統研究字源的書。但章氏是從文字出發而不是從語言出發。他以一千個原始字（《説文》中的獨體字）爲綱，依《説文》的字義加以解釋。這部書突破了字形的限制，從音義聯繫的觀點上得到了成功。缺點是，它所根據的原始字有的并不可靠，以字爲綱，受字形牽制；音韻通轉不嚴密，幾乎無所不包，有的字義相隔太遠，其實并無同源關係。這就難免使《文始》一書的科學價值受到影響。

先生的《同源字典》是以新的面貌出現的。這部書研究同源詞從語言出發，完全打破字形的限制。在確定同源關係時，堅持兩個原則：一是語音上必須同音或雙聲兼叠韻（雙聲包括鄰紐，叠韻包括鄰韻和對轉），不能單講雙聲或單講叠韻。一是意義上必須相同、相近或相關。所謂"相關"，是指兩個或幾個字雖然意義并不相同，却有種種聯繫，可以看出它們有同源的關係。在《漢語詞彙史》裏，先生把這類詞叫作"滋生詞"，從語義上把原詞和滋生詞的關係，分成"工具、對象、性質作用、共性、特指、行爲者、抽象、因果、現象、原料、比喻、形似、數目、色彩"十四類，并且列舉了 265 組例子分別加以說明，十分清楚而全面。如：

帚（笤帚）：掃（用笤帚掃除）——工具與行爲

輿（轎子）：舁（抬轎子）——對象與行爲

宜（應該）：誼（應該做的事）——性質與事物

沽（買賣）：賈（買賣人）——行爲與行爲者

紫（紫色）：茈（可染紫的草）——顏色與原料

雁（鴻雁）：鵝（家雁）——鵝形似雁

先生指出，確定同源詞和滋生詞的詞義關係必須依據古代訓詁，包括互訓、同訓、通訓、聲訓。例證不足，寧缺勿濫。全書收集同源字 3164 個，分成 1031 組，按古音次序排列，始於之部影母，終於談部心母。每字之下都引大量古訓爲證，有憑有據，信而有征，保證了全書的科學性。本來在語言三要素中，語音、語法各成系統，而詞彙由一個一個的詞組成，有如一盤散沙。《同源字典》以音統詞，各有部居，這就使幾千個同源詞（包括同義詞和滋生詞）有了系統。讀者從中不僅可以知道許多字的語源和種種詞義關係，而且可以瞭解古代漢語同源詞的全貌，具有很大的實用價值。

（三）《古漢語字典》爲漢語詞典的編寫提供了新的樣板。先生很早就有意編寫新型的字典。1945 年發表《理想的字典》，對我國古代字書編寫進行了總結，認爲許慎《說文解字》采用天然定義、屬中求別、由正知反、描寫、譬況等釋義方法，已爲後世詞典編寫打下了良好的基礎。試寫了《了一小字典》樣稿。新中國成立以後，先生又就詞典編寫問題作過許多論述。先生十分重視字典釋義的準確性，認爲字典是給大家立個典範，釋義要力求穩妥，現有詞典有的釋義不够準確。例如"肉"，新《辭源》釋爲"人體及動物的肌肉"。其實"肌"和"肉"不同義。《說文》："肉，胾肉，象形。"段玉裁注："人曰肌，鳥獸曰肉。"朱駿聲說："在物曰肉，在人曰肌。"可見"肉"本專指動物而言。義項劃分要有概括性。現有詞典中的義項許多可以合并。在多義詞中，本義應是第一義項。例如"樹"的本義是"種植"，動詞，而《辭源》以"木類總名"爲第一項；"箱"的本義是"車箱"，而《辭海》以"箱子"爲第一義。這些都不符合理想的字典的要求。字典必須舉例。先生引用法國《新小魯拉斯字典》卷頭語說："一部沒有例子的字典就是一具骷髏。"[1] 例句要舉最早出現這個意義的書，即首見書，我國字典本有這個優良傳統。先生于 80 年代編寫《古漢語字典》，貫徹了他的上述原則。這部書有八大特點：擴大了詞義的概括性；把僻義歸入

---

[1] 《字典問題雜談》，載《辭書研究》1983 年第 2 期。

備考欄；樹立歷史觀點；注意詞義的時代性；標明古韻部；在每部的前面先寫一篇部首總論；辨析同義詞；列舉一些同源詞[①]。跟以往的字典相較，《古漢語字典》可以說有着嶄新的面貌。可惜先生來不及完成全書就與世長辭了。繼續整理出版這部字典的任務，自然地落在北大中文系古代漢語教研室同志們的身上。我希望它能早日問世，這將是對我國辭書事業的一個重要貢獻。

此外，先生于 1981 年寫了《康熙字典音讀訂誤》一書（1988年中華書局出版），糾正了《康熙字典》中的注音錯誤五千多條。對於我們正確認識古代詞彙的音讀很有價值。這是部五十六萬字的大書，先生以八十高齡，祇花了一年時間就完成了。可以看出先生晚年仍然多麼勤奮地工作。

---

① 《〈古漢語字典〉序》，載《語文研究》1986 年第 2 期，1—10 頁。

陰陽五行觀念和漢語詞彙 [*]

任何一種民族文化思想總是不可避免地要在語言裏反映出來。陰陽和五行觀念本是我國古代人民對自然及其變化的直觀認識。戰國以後，陰陽家用來解釋社會的發展變化，形成我國一種重要的傳統文化思想而瀰漫於社會意識的各個領域，深入到社會生活的一切方面，中國人無不直接或間接受它的影響。反映在漢語裏，就是一些詞增加了特定的文化含義，一些本不相關的詞有了某種聯繫，還構成了一些新的詞語。

一

天上有時陽光燦爛，有時烏雲密布，古人管前一種情況叫作"昜"，後一種情況叫作"侌"。朱駿聲《説文通訓定聲·壯部第十八》"昜"字條下云："侌者，見雲不見日也；昜者，雲開而見日也。"加上"阜"旁成"陰""陽"。表示山南水北，或山北水南。《説文·𨸏部》："陰，暗也，水之南，山之北也。"《玉篇·阜部》："陽，山南水北也。"商代甲骨文没有"陰"字。雖有"昜"字，祇

———————————

* 原載《語言學論叢》第二十輯，1998 年。

作地名和族名用。周代"陰""陽"的意思逐漸多起來，《周易·繫辭》《説卦》已開始用來表示宇宙萬物間的兩大對立面。如：

> 一陰一陽之謂道。（《繫辭上》）
>
> 陰陽之義配日月，易簡之善配至德。（同上）
>
> 陰陽不測之謂神。（同上）
>
> 陰陽合德而剛柔有體。（《繫辭下》）
>
> 觀變於陰陽而立卦。（《説卦》）

又《老子》四十二章：

> 萬物負陰而抱陽，衝氣以爲和。

據此，梁啓超以爲"陰陽兩字相連屬成一名辭，表示無形無象之兩種對待的性質，蓋自孔子或老子始"。[①]戰國鄒衍"深觀陰陽消息而作怪迂之變，終始大聖之篇十余萬言"。（《史記·孟子荀卿列傳》）又"漢興，承秦滅學之後，景武之世，董仲舒治《公羊春秋》，始推陰陽，爲儒者宗。宣元之後，劉向治《穀梁春秋》，數其禍福，傅以《洪範》，與仲舒錯"。（《漢書·五行志上》）這樣陰陽觀念被用於人事禍福的推衍，并與"五行"觀念結合起來，帶有濃厚的神秘色彩。"陰陽"無處不在，"無物不是陰陽"（《朱子語

---

① 梁啓超《陰陽五行説之來歷》，見《古史辨》第五册，344頁。

類》卷六十五），"陰陽"二字的含義及其應用範圍極大地廣泛起
來。例如：

天爲陽，地爲陰。《禮記·郊特牲》："陰陽和而萬物得。"孔穎
達疏："陽，天也……陰，地也。"《素問·陰陽離合論》："天爲陽，
地爲陰。"

乾爲陽，坤爲陰。《易·繫辭下》："乾，陽物也；坤，陰物
也。"荀爽曰："陽物，天；陰物，地也。"晋范甯《穀梁傳序》："乾
綱絶紐。"楊士勛疏："乾爲陽，喻天子；坤爲陰，喻諸侯。"

日爲陽，月爲陰。《素問·六節藏象論》："日爲陽，月爲陰。"
《淮南子·天文》："日者，陽之主也……月者，陰之宗也。"桓寬
《鹽鐵論·非鞅》："故利於彼者必耗於此，猶陰陽之不并曜，晝夜
之有長短也。"

雷電爲陽，雨雪爲陰。《穀梁傳·隱公九年》："陰陽錯行。"范
甯集解："雷電，陽也；雨雪，陰也。"漢陸賈《新語·道基》："陽
生雷電，陰生雨雪。"

水爲陰，火爲陽。《素問·陰陽應象大論》："水爲陰，火爲
陽。"王冰注："水寒而静，故爲陰；火熱而燥，故爲陽。"漢班固
《白虎通·五行》："火者陽也，尊，故上；水者陰也，卑，故下。"

春夏爲陽，秋冬爲陰。《文選·張衡·西京賦》："夫人在陽時
則舒，在陰時則慘。"薛綜注："陽謂春夏，陰謂秋冬。"《朱子語
類》卷六："春夏是陽，秋冬是陰。"

十二辰，子寅辰午申戌爲陽，丑卯巳未酉亥爲陰。宋洪巽《暘
谷漫録》："子、寅、辰、午、申、戌俱陽，故取相屬之奇數以爲

名。鼠、虎、猴、狗五指而馬單蹄也。丑、卯、巳、未、酉、亥俱陰，故取相屬之偶數以爲名，牛、羊、鷄、猪皆四爪，兔兩爪，蛇兩舌也。"

晝爲陽，夜爲陰。《禮記·祭義》："日出於東，月生於西。陰陽長短，終始相巡，以致天下之和。"孔穎達疏："陰謂夜也，陽謂晝也。夏則陽長而陰短，冬則陽短而陰長，是陰陽長短。"《朱子語類》卷六十五："晝夜之間，晝陽而夜陰也。"

晦爲陰，明爲陽。《楚辭·九歌·大司命》："壹陰兮壹陽，衆莫知兮余所爲。"王逸注："陰，晦也；陽，明也。"曹植《洛神賦》："神光離合，乍陰乍陽。"李周翰注："言神之光彩，或明或暗。"

寒爲陰，暑（溫）爲陽。《楚辭·九辯》："四時遞來而卒歲兮，陰陽不可與儷偕。"王逸注："寒往暑來，難追逐也。"

以上是"陰""陽"二詞表示自然現象中的對立。

南爲陽，北爲陰。《韓非子·初見秦》："臣聞天下陰燕陽魏。"舊注："燕北，故曰陰；魏南，故曰陽。"

東爲陽，西爲陰。《素問·陰陽應象大論》："東方，陽也，陽者其精并於上……西方，陰也，陰者其精并於下。"

東南爲陽，西北爲陰。《素問·陰陽應象大論》："天不足西北，故西北方陰也……地不滿東南，故東南方陽也。"

左爲陽，右爲陰。《禮記·內則》："凡男拜，尚左手。……凡女拜，尚右手。"鄭玄注："左，陽；右，陰也。"

上爲陽，下爲陰。董仲舒《春秋繁露·陽尊陰卑》："諸在上者皆爲其下陽，諸在下者各爲其上陰。”

內爲陰，外爲陽。《左傳·僖公十五年》：“亂氣狡憤，陰血周作。”孔穎達疏：“外爲陽，內爲陰，血在膚內，故稱陰血。”《黃帝內經素問·金匱真言論》：“夫言人之陰陽，則外爲陽，內爲陰。”

正爲陽，反爲陰。宋蘇軾《四菩薩閣記》：“長安有故藏經龕，唐明皇帝所建，其門四達八版，皆吳道子畫，陽爲菩薩，陰爲天王。凡十有六軀。”顧炎武《日知錄》卷十一“錢面”條：“自昔以錢之有字處爲陰，無字處爲陽。”

以上是“陰”“陽”二詞表示方位之間的對立。

動物爲陽，植物爲陰。《禮記·郊特牲》：“鼎俎奇而籩豆偶，陰陽之義也。”孔穎達疏：“鼎俎奇者，以其盛牲體，牲體動物，動物屬陽，故其數奇。籩豆偶者，其實兼有植物，植物爲陰，故其數偶。”

毛羽爲陽，介鱗爲陰。羽指鳥類，毛指獸類，鱗指魚類，介指龜類。《淮南子·天文》：“毛羽者，飛行之類也，故屬於陽；介鱗者，蟄伏之類也，故屬於陰。”又特指龜的不同種類。《周禮·春官·卜師》：“凡卜，辨龜之上下、左右、陰陽，以授命龜者而詔相之。”鄭玄注：“陰，後弇也；陽，前弇也。”賈公彥疏：“前弇諸果，甲前長；後弇諸獵，甲後長。”

以上是“陰”“陽”二詞反映動物與植物或動物與動物之間的對立。

男爲陽，女爲陰。董仲舒《春秋繁露·循天之道》：“天地之陰陽當男女，人之男女當陰陽，陰陽亦可以謂男女，男女亦可以謂陰陽。"又《陽尊陰卑》："丈夫雖賤，皆爲陽；婦人雖貴，皆爲陰。"班固《白虎通·天地》："陽唱陰和，男行女隨也。"

牝爲陰，牡爲陽。《大戴禮記·易本命》："丘陵爲牡，谿谷爲牝。"王聘珍解詁："陽爲牡，吐氣者也；陰爲牝，含氣者也。"

腹爲陰，背爲陽。《黃帝内經素問·金匱真言論》："言人身之陰陽，則背爲陽，腹爲陰。"《靈樞經·經筋》："陽急則反折，陰急則俯不伸。"

藏（臟）爲陰，府（腑）爲陽。《黃帝内經素問·金匱真言論》："言人身之藏府中陰陽，則藏者爲陰，府者爲陽。肝、心、脾、肺、腎五藏皆爲陰，膽、胃、大腸、小腸、膀胱、三焦六府皆爲陽。"

筋骨爲陰，皮膚爲陽。《靈樞經·壽夭剛柔》："是故内有陰陽，外亦有陰陽。在内者，五臟爲陰，六腑爲陽；在外者，筋骨爲陰，皮膚爲陽。"

腰上爲陽。腰下爲陰。《靈樞經·陰陽系日月》："腰以上爲天，腰以下爲地，故天爲陽，地爲陰。"《春秋繁露·人副天數》："帶而上者盡爲陽，帶而下者盡爲陰。"

手爲陽，足爲陰。《靈樞經·陰陽系日月》："足之十二經脉以應十二月，月生於水，故在下者爲陰。手之十指以應十日，日生於火，故在上者爲陽。"

精（精液）爲陽，血（月經）爲陰。元王惲《玉堂嘉話》卷六："女子七七四十九而陰絶，男子八八六十四而陽絶，過此爲婚爲野合。"

血爲陰，氣爲陽。《朱子語類》卷六十五：“逐人身上，又各有這血氣，血陰而氣陽也。”

以上是“陰”“陽”二詞表示人體器官等的對立。

知覺爲陽，形體爲陰。《朱子語類》卷三：“知覺運動，陽之爲也。形體，陰之爲也。”

意爲陰，志爲陽。《朱子語類》卷五：“以意志兩字言，則志公而意私，志剛而意柔，志陽而意陰。”

情爲陰，性爲陽。《白虎通·情性》：“情性者何謂也？性者陽之施，情者陰之化也。”《説文·心部》：“情，人之陰氣有欲者。性，人之陽氣性善者也。”王充的説法與之相反。王充《論衡·本性》：“夫子政之言，謂性在身而不發，情接於物，形出於外，故謂之陽；性不發，不與物接，故謂之陰。夫如子政之言，乃謂情爲陽，性爲陰也。”

魂爲陽，魄爲陰。《淮南子·精神》：“其魄不抑，其魂不騰。”高誘注：“魄，陰神；魂，陽神。陰不沈抑，陽不飛騰，各守其宅也。”《説文·鬼部》：“魂，陽氣也。魄，陰神也。”《朱子語類》卷三：“仁父問：‘魂魄如何是陰陽？’曰：‘魂如火，魄如水。’”

鬼爲陰，神爲陽。《朱子語類》卷三：“鬼者，陰之靈；神者，陽之靈。”

以上是“陰”“陽”二詞表示意識、精神方面的對立。

君爲陽，臣爲陰。《楚辭·九章·涉江》：“陰陽易位，時不當兮。”王逸注：“陰，臣也；陽，君也。”明洪興祖補注：“陰陽易位，言君弱而臣强也。”《白虎通·五行》：“火陽，君之象也；水陰，臣之義也。"

　　父爲陽，子爲陰。《春秋繁露·基義》："父爲陽，子爲陰。"
《朱子語類》卷六十五："子者，父之陰。"

　　夫爲陽，妻爲陰。《禮記·郊特牲》："玄冕齋戒，鬼神陰陽
也。"孔穎達疏："鬼神陰陽也者，陰陽謂夫婦也。"《春秋繁露·基
義》："夫爲陽，妻爲陰。……陽爲夫而生之，陰爲婦而助之。"

　　以上是"陰""陽"二詞反映人際關係的某種對立。

　　凹爲陰，凸爲陽。明陶宗儀《輟耕録》卷十七："漢以來或用
陽識，其字凸，間有凹者，或用刀刻如鐫碑，蓋陰識難鑄，陽識易
爲決，非三代物也。"吳敬梓《儒林外史》二十一回："一方陰文圖
書，刻'牛浦之印'；一方陽文，刻'布衣'二字。"

　　顯爲陽，隱爲陰。《莊子·人間世》："始乎陽，常卒乎陰。"郭
嵩燾注："凡顯見謂之陽，隱伏謂之陰。"《大戴禮記·文王》："考
其陰陽，以觀其誠。"盧辯注："陰陽，猶隱顯也。"

　　動爲陽，靜爲陰。《鬼谷子·捭闔》："陽動而行，陰止而藏。
陽動而出，陰隨而入。"《黄帝内經素問·陰陽别論》："靜者爲陰，
動者爲陽。"《朱子語類》卷六十五："才動便是陽，才靜便是陰。"

　　剛爲陽，柔爲陰。《黄帝内經素問·陰陽應象大論》："審其陰
陽以别剛柔。"王冰注："陰曰柔，陽曰剛。"

　　奇爲陽，偶爲陰。《易·説卦》："參天兩地而倚數。"韓康
伯注："參，奇也；兩，耦也。七、九陽數，六、八陰數。"《白虎
通·嫁娶》："男三十而娶，女二十而嫁，陽數奇，陰數偶。"《漢
書·五行志上》："陽奇爲牡，陰耦爲妃。"

善爲陽，惡爲陰。《春秋繁露·王道通三》："惡之屬盡爲陰，善之屬盡爲陽。"

遲爲陰，速爲陽。《黃帝内經素問·陰陽別論》："所謂陰陽者……遲者爲陰，速者爲陽。"

體爲陰，用爲陽。《朱子語類》卷一："在陰陽言，則用在陽而體在陰，然動靜無端，陰陽無始，不可以分先後。"

氣爲陽，味爲陰。《黃帝内經素問·陰陽應象大論》："陽爲氣，陰爲味。……陰味出下竅，陽氣出上竅。"《類經》二卷第一注："氣無形而升，故爲陽；味有質而降，故爲陰。"

辛甘爲陽，酸苦爲陰。《黃帝内經素問·陰陽應象大論》："氣味辛甘發散爲陽，酸苦涌泄爲陰。"注："非唯氣味分陰陽，然辛甘酸苦之中復有陰陽殊氣爾。"

以上是"陰""陽"二詞表示事物性質狀態的對立。

律爲陽，呂爲陰。《國語·周語下》："律所以立均出度也。"韋昭注："律謂六律六呂也，陽爲律，陰爲呂。"《周禮·春官·大師》："大師，掌六律六同，以合陰陽之聲。陽聲：黃鐘、大蔟、姑洗、蕤賓、夷則、無射。陰聲：大呂、應鐘、南呂、函鐘、小呂、夾鐘。"賈公彦疏："六律左旋，六同右轉，以陰陽左右爲相合。"

有樂爲陽，無樂爲陰。《禮記·郊特牲》："饗禘有樂而食嘗無樂，陰陽之義也。"孔穎達疏："無樂爲陰，有樂爲陽，故云陰陽之義也。"

禮爲陰，樂爲陽。《禮記·郊特牲》："樂由陽來者也，禮由陰作者也，陰陽和而萬物得。"《白虎通·禮樂》："功成作樂，治定制禮。樂言作，禮言制何？樂者陽也，陽倡始，故言作。禮者陰也，陰制度于陽，故言制。樂象陽，禮法陰也。"

宗廟爲陽，社稷爲陰。《周禮·地官·牧人》："凡陽祀用騂牲毛之，陰祀用黝色毛之。"賈公彥疏："陰祀，祭地北郊及社稷也，并陽祀祭天於南郊及宗廟者，但天神與宗廟爲陽，地與社稷爲陰。"

鄉射飲酒禮爲陽，婚禮爲陰。《周禮·地官·大司徒》："二曰以陽禮教讓，則民不爭……三曰以陰禮教親，則民不怨。"鄭玄注："陽禮，謂鄉射飲酒之禮也；陰禮，謂男女之禮。"

朝祀爲陽，喪戎爲陰。《詩·小雅·裳裳者華》："左之左之，君子宜之；右之右之，君子有之。"《毛傳》："左，陽道，朝祀之事；右，陰道，喪戎之事。"

以上是"陰""陽"二詞表示音樂禮制方面的對立。

刑爲陰，德爲陽。《六韜·守國》："故發之以其陰，會之以其陽。"注："聖人乃發之以陰而爲兵刑，會之以陽而爲德澤。"《管子·四時》："陽爲德，陰爲刑。"《春秋繁露·王道通三》："陽爲德，陰爲刑，刑反德而順於德。"《大戴禮記·四代》："三德率行，乃有陰陽，陽曰德，陰曰刑。"《漢書·董仲舒傳》："天道之大者在陰陽，陽爲德，陰爲刑。"

仁爲陽，義爲陰。《楚辭·九歎·遠逝》："云服陰陽之正道兮。"王逸注："陽爲仁也，陰爲義也。"陸賈《新語·道基》："陽氣以仁生，陰節以義降。"

禮爲陽，智爲陰。《朱子語類》卷六："自陰陽上看下來，仁禮屬陽，義智屬陰；仁禮是用，義智是體。"

　　經爲陽，權爲陰。《春秋繁露·王道通三》："天以陰爲權，以陽爲經。陽出而南，陰出而北，經用於盛，權用於末。……先經而後權，貴陽而賤陰也。"

　　以上是"陰""陽"二詞表示政治意識之間的某種對立。

　　喜（樂）爲陽，怒（哀）爲陰。《莊子·人間世》："事若成，則必有陰陽之患。"張耿光注："陰，事未成時的憂懼；陽，事已成時的喜悦。"又《在宥》："人大喜邪，毗于陽；大怒邪，毗于陰。"俞樾《諸子平議》卷十八："喜屬陽，怒屬陰。故大喜則傷陽，大怒則傷陰。"《春秋繁露·人副天數》："乍哀乍樂，副陰陽也。"

　　開爲陽，合爲陰。《鬼谷子·捭闔》："捭之者，開也，言也，陽也；闔之者，閉也，默也，陰也。陰陽其和，終始其義。"

　　去爲陰，至爲陽。《黃帝內經素問·陰陽別論》："所謂陰陽者，去者爲陰，至者爲陽。"山東中醫學院校釋："此以脉搏之起落分陰陽，脉落爲去，脉起爲至。"

　　呼爲陽，吸爲陰。《朱子語類》卷六："以氣之呼吸言之，則呼爲陽，吸爲陰。吸便是收斂底意。"

　　生爲陽，殺爲陰。《楚辭·九歌·大司命》："乘清氣兮禦陰陽。"王逸注："陰主殺，陽主生。言司命常乘天清明之氣，御持萬民死生之命也。"《春秋繁露·王道通三》："陽氣愛而陰氣惡，陽氣生而陰氣殺。"

　　生時爲陽，死後爲陰。南朝宋劉峻《廣絕交論》："陽舒陰慘，生民大情。"今人羅國威注："陽，謂人生時也；陰，謂人死後也。"

唐唐珏妻張氏《答夫詩》之一："陰陽途自隔，聚散兩難心。"

以上是"陰""陽"二詞表示人的情緒、行爲、生死。

上述種種用"陰""陽"二詞來表示事物對立關係的例子，有的反映了事物矛盾的客觀存在，有科學的一面，所以能够永存不消，有的把陰陽觀念應用來解釋社會關係和意識形態，往往帶有很大的主觀性。爲什麽"禮"一定是"陰"？"仁"一定是"陽"？很難説有什麽客觀的標準。程頤説："陰爲小人，利爲不善，不可一概而論。夫陰助陽以成物者，君子也；其害陽者，小人也。"[①]劉邦、朱元璋原是"小人"，屬陰，後來當了皇帝，就屬陽。可見"陰""陽"二詞含義并不是固定不變的。語言上，"陰""陽"詞義内涵的廣泛延伸，導致"陰""陽"二字的意義非常複雜而豐富，外語裏很不容易找到相應的詞語來對譯，而漢語裏則以陰陽爲詞素構成了不少複音詞語。

二

"五行"是古人心目中構成物質世界的金、木、水、火、土五種元素。《書·洪範》："我聞在昔，鯀陻洪水，汨陳其五行。……五行，一曰水，二曰火，三曰木，四曰金，五曰土。"《尚書大傳》："水火者，百姓之所飲食也；金木者，百姓之所興作也；土者，萬物之所資生也，是爲人用。"《國語·魯語上》："地之五行，所以生殖

---

① 朱熹編《二程語録》卷十二。

也。”“五行”中土最尊。《春秋繁露·五行對》：“五行莫貴於土。”《白虎通·五行》：“土尊，尊者配天。”五行觀念產生於什麼時候？有幾種不同的説法。《史記·曆書》：“神農以前尚矣。蓋黄帝考定星曆，建立五行，起消息，正閏餘。”以爲五行觀念產生于黄帝時期。《書·洪範》載箕子語，謂上帝以“洪範九疇”賜禹，其中包括“五行”，是五行觀念產生于夏禹時期。郭沫若《中國古代社會研究》以爲：“（五行）這種觀念的起源，應該是起于殷代‘五方’或‘五祀’的崇拜。”劉節《洪範疏證》則認爲：“陰陽五行之説，起于戰國，盛於兩漢。”按：數字來源於手，手有五指，“五”是我國古代的基本計數單位。[①]商代已有“五臣”“五火”“五族”等詞語。甲骨文不見“金”字，也没有“五行”一詞。不過商代青銅器製造發達，青銅是用銅、鉛、錫按一定比例冶制而成的合金。冶金離不開火與木，農業生產離不開水與土；製造陶器的原料是土，而又離不開水與火。商人開始認識到金、木、水、火、土是構成萬物的五種基本元素，從而産生“五行”觀念，是完全可能的。到了周代，“五行”一詞已很常見。五行相勝相生的觀念亦已産生。所謂“五行相勝”是指火勝金，金勝木，木勝土，土勝水，水勝火。《左傳·昭公三十一年》：“火勝金，故弗克。”又《哀公九年》：“子，水位也……水勝火，伐姜則可。”《墨子·經下》：“五行毋常勝，説在宜（視其生克之宜）。”又《經説下》：“五合（五行相合），水

[①]　郭沫若《甲骨文字研究·釋五十》：“數源於手，古文一二三四作一二三三，此手指之形也。”章炳麟《太炎文録》卷二引劉師培語：“一二三四五，皆有古文，而六以上即無古文，此爲上古祇知五數之證。”

土火①，火離然（火離木而燃），火鑠金，火多也；金靡炭，金多也……"張子晋注："五行，金勝木，木勝土，土勝水，水勝火，火勝金，此其常也。然亦未可據爲定論，故曰五行弗常勝。"《睡虎地秦墓竹簡·日書（乙種）》已有整套"五行相勝"的記錄，即（次序略有調整）：

　　丙丁火，火勝金（七九貳）。丑巳金②，金勝木（八三貳）。未亥木，木勝土（八五貳）。戊己土，土勝水（八〇貳）。壬癸水，水勝火（八二貳）。

　　所謂"五行相生"是指土生金，金生水，水生木，木生火，火生土。這種觀念先秦亦已產生。春秋時秦白丙字乙。"丙，火也，剛日也。乙，木也，柔日也。名丙字乙者，取火生於木，又剛柔相濟也。"③鄭石癸字甲父。"癸，水也，柔日也。甲，木也，剛日也。名癸字甲者，取木生於水，又剛柔相濟也。"④楚公子壬夫字子辛。"壬，水也，剛日也。辛，金也，柔日也，名壬字辛者，取水生於金，又剛柔相濟也。"⑤

　　用陰陽五行學說來解釋人類歷史起于戰國時期的齊人鄒衍。他

---

① 孫詒讓《墨子閒詁》："疑當作木生火。"
② 整理者注："當爲酉丑巳金。"向熹按：似爲"巳丑金"之倒誤。
③ 王引之《經義述聞》卷二十三《春秋名字解詁下》。
④ 同上。
⑤ 同上。

認爲朝代的變遷都按五行相勝的原則終而復始。[1] 漢代董仲舒以五行相生解釋"治亂之源"。[2] 劉向《洪範論》發明《大傳》，著天人之應，強調"五行相生"，發展了鄒衍的學説[3]，所以唐封演《封氏聞見記·運次》説："自古帝王五運之次凡二説：鄒衍則以'五行相勝'爲義，劉向則以'五行相生'爲義。"

　　隨着五行學説的流行，漢語裏與"五行"相關的詞語大量涌現：

　　五辰　又作"五時"。《書·皋陶謨》："撫於五辰，庶績其凝。"孔穎達疏："五辰之時，即四時也。"《白虎通·五行》："土尊不任職，君不居部，故時有四也。"《呂氏春秋·任地》："五時見生而樹生，見死而穫死。"陳奇猷校釋："五時者，春、夏、秋、冬、季夏也。本書《十二紀》，春屬木，夏屬火，秋屬金，冬屬水，而于季夏之末別出中央土一節，是以木火金水土五行配屬春夏秋冬四季，即所謂五時也。"

　　五方　《禮記·王制》："五方之民，言語不通，嗜欲不同。"也叫"五位"。《醫宗金鑒·運氣要訣·主運歌》："五運五行御五位，

---

① 《史記·孟子荀卿列傳》："騶衍睹有國者益淫侈，不能尚德，若大雅整之于身，施及黎庶矣。乃深觀陰陽消息，而作怪迂之變，《終始》《大聖》之篇十餘萬言……稱引天地剖判以來，五德轉移，治各有宜，而符應若茲。"又《文選·左思·魏都賦》："察五德之所蒞"注引《七略》曰："鄒子有《終始五德》，從所不勝，木德繼之，金德次之，火德次之，水德次之。"

② 董仲舒《春秋繁露·五行對》："天有五行，木火土金水是也。木生火，火生土，土生金，金生水。"又《五行相生》："五行者，五官也，比相生而向相勝也。故爲治，逆之則亂，順之則治。"

③ 劉向《洪範五行傳》二卷，清王謨輯《漢魏遺書鈔·經翼》第一册。

五氣相生順令行。"注："五位者，東、南、中、西、北也。"

五候 五種氣候。即寒、暑（熱）、燥、濕、風。《黄帝内經素問·陰陽應象大論》："天有四時五行，以生長收藏，以生寒、暑、燥、濕、風。""東方生風，風生木。""南方生熱，熱生火。""中央生濕，濕生土。""西方生燥，燥生金。""北方生寒，寒生水。"

五度 《鶡冠子·天權》："下因地利，制以五行，左木、右金、前火、後水、中土，營軍陳士，不失其宜。五度既正，無事不舉。"《春秋繁露·五行之義》："木居左，金居右，火居前，水居後，土居中央。"

五日 《淮南子·天文》："甲乙寅卯，木也；丙丁巳午，火也；戊己四季，土也；庚辛申酉，金也；壬癸亥子，水也。"甲乙、丙丁、戊己、庚辛、壬癸爲十天干。子丑寅卯辰巳午未申酉戌亥十二地支，寅卯配木，申酉配金，辰巳午未合爲巳午配火，戌亥子丑合爲亥子配水，土尊兼配四季。

五帝 蔡邕《獨斷》："五方正神之別名，東方之神，其帝太昊，其神勾芒；南方之神，其帝神農，其神祝融；西方之神，其帝少昊，其神蓐收；北方之神，其帝顓頊，其神玄冥；中央之神，其帝黄帝，其神后土。"

五正 五方之神。《左傳·昭公二十九年》："社稷五祀，是尊是奉。木正曰勾芒，火正曰祝融，金正曰蓐收，水正曰玄冥，土正曰后土。"

五司 古代中央的五個政府部門。董仲舒《春秋繁露·五行相生》："東方者木，農之本，司農尚仁……南方者火也，本朝司馬尚智……中央者土，君官也，司營尚信……西方者金，大理司徒也，司徒尚義……北方者水，執法司寇也，司寇尚禮。"

五星　也叫"五佐""五緯"。《史記·天官書》："水、火、金、木、填星，此五星者，天之五佐。"張守節正義："言水、火、金、木、土五星佐天行德也。"劉向《説苑·辨物》："所謂五星者，一曰歲星，二曰熒惑，三曰鎮星，四曰太白，五曰辰星。"《太平御覽》卷五天部五引《尚書·考靈耀》："歲星木精，熒惑火精，鎮星土精，太白金精，辰星水精也。"

五蟲　也叫"五類"。《大戴禮記·曾子天圓》："毛蟲之精者曰麟，羽蟲之精者曰鳳，介蟲之精者曰龜，鱗蟲之精者曰龍，倮蟲之精者曰聖人。"《黄帝内經素問·五常政大論》："五類衰盛，各隨其氣之所宜也。"王冰注："天地之間，有生之物，凡此五類也。五，謂毛、羽、倮、介、鱗也。"

五祀　《禮記·月令》："孟冬之月……臘，先祖五祀。"鄭玄注："五祀，門、户、中霤（天窗）、灶、行也。"《白虎通·五行》："五祀者，何謂也？謂門、户、井、灶、中霤也。"《論衡·祭意》："五祀，報門、户、井、灶、室中霤之功。"

五兵　《漢書·吾丘壽王傳》："古者作五兵，非以相害，以禁暴討邪也。"顏師古注："五兵，謂矛戟弓劍戈。"[1]

---

[1]　"五兵"之名，諸家不同。《周禮·夏官·司兵》鄭玄注引鄭司農云："五兵者，戈、殳、戟、酋矛、夷矛。"《穀梁傳·莊公二十五年》："陳五兵五鼓。"范寧注："五兵，矛、戟、鉞、楯、弓矢。"《淮南子·時則》以矛、戟、劍、戈、鍛爲五兵。

五聲　《白虎通·禮樂》：“五聲者何謂也？宮、商、角、徵、羽。土謂宮，金謂商，木謂角，火謂徵，水謂羽。”

五音　司馬光《切韻指掌圖·辨字母次第例》：“以五音運之若四時，故始牙音，春之象也，其音角，其行木；次曰舌音，夏之象也，其音徵，其行火；次曰唇音，季夏之象也，其音宮，其行土；次曰齒音，秋之象也，其音商，其行金；次曰喉音，冬之象也，其音羽，其行水。所謂五音之出猶四時之運者此也。”

五色　《書·益稷》：“以五采彰施於五色，作服。”孫星衍疏：“五色，東方謂之青，南方謂之赤，西方謂之白，北方謂之黑。天謂之玄，地謂之黃。玄出于黑，故六者有黃無玄爲五也。”《管子·揆度》：“其在色者，青、黃、白、黑、赤也。”

五味　《左傳·昭公二十五年》：“氣爲五味。”杜預注：“酸、鹹、辛、苦、甘。”《靈樞經·五味》：“黃色宜甘，青色宜酸，黑色宜鹹，赤色宜苦，白色宜辛。”

五臭　《白虎通·五行》：“《月令》曰：東方其臭羶，南方其臭焦，中央其臭香，西方其臭腥，北方其臭朽。”《黃帝內經素問·金匱真言論》“羶”作“臊”，“朽”作“腐”。

五牲　也叫“五畜”。《左傳·昭公十一年》：“五牲不相爲用。”杜預注：“五牲，牛、羊、犬、豕、雞。”《靈樞經·五味》：“五畜：牛甘、犬酸、猪鹹、羊苦、雞辛。”

五穀　《孟子·滕文公上》：“樹藝五穀。”趙岐注：“五穀，謂稻、黍、稷、麥、菽也。”《初學記》卷二十七：“《周書》曰：凡禾，麥居東方，黍居南方，稻居中央，粟居西方，菽居北方。”

　　五果　《靈樞經·五味》：“五果：棗甘，李酸，栗鹹，杏苦，桃辛。”

　　五菜　《靈樞經·五味》：“葵甘，韭酸，藿鹹，薤苦，葱辛。”

　　五木　《論語·陽貨》“鑽燧改火”皇侃疏：“改火之木，隨五行之色而變也。榆柳色青，春是木，木色青，故春用榆柳也。棗杏色赤，夏是火，火色赤，故夏用棗杏也。桑柘色黄，季夏是土，土色黄，故季夏用桑柘也。柞楢色白，秋是金，金色白，故秋用柞楢也。槐檀色黑，冬是水，水色黑，故冬用槐檀也。”

　　五藏（臟）　《靈樞經·熱病》：“火者，心也。……水者腎也……木者肝也……金者肺也……土者脾也。”許慎《五經異義》：“今文《尚書》歐陽説：肝木也，心火也，脾土也，肺金也，腎水也。古《尚書》説：脾木也，肺火也，心土也，肝金也，腎水也。”五藏又與五常相配。《白虎通·情性》：“五藏者何也？謂肝、心、肺、腎、脾也。……肝仁、肺義、心禮、腎智、脾信也。”

　　五官　也叫“五竅”。《靈樞經·五閲五使》：“黄帝曰‘願聞五官。’岐伯曰：‘鼻者肺之官也，目者肝之官也，口唇者脾之官也，舌者心之官也，耳者腎之官也。’”《黄帝内經素問·金匱真言論》以目、耳、口、鼻、二陰爲“五竅”。

　　五事　《書·洪範》：“五事：一曰貌，二曰言，三曰視，四曰聽，五曰思。貌曰恭，言曰從，視曰明，聽曰聰，思曰睿。”

　　五體　《黄帝内經素問·陰陽應象大論》：“東方生風……在體爲筋。……南方生熱……在體爲脉。……中央生濕……在體爲肉。……西方生燥……在體爲皮毛。……北方生寒……在體爲骨。”

三國魏劉劭《人物志·九徵》：“其在體也，木骨，金筋，火氣，土肌，水血，五物之象也。”

　　五液　《黃帝內經素問·宣明五氣論》：“五藏化液：心爲汗，肺爲涕，肝爲淚，脾爲涎，腎爲唾，是謂五液。”

　　五神　指五臟的靈氣。《老子》六章：“谷神不死，是謂玄牝。”河上公注：“神謂五藏之神也。肝藏魂，肺藏魄，心藏神，腎藏精，脾藏志。”

　　五情　《黃帝內經素問·陰陽應象大論》：“天有四時五行，以生長收藏，以生寒暑燥濕風，人有五臟化五氣，以生喜怒悲憂恐。”

　　五常　也叫“五法”“五品”。《白虎通·情性》：“五常者何？謂仁、義、禮、智、信也。”《大戴禮記·盛德》：“均五政，齊五法，以禦四者。”盧辯注：“五法，謂仁、義、禮、智、信。”《漢書·王莽傳中》：“帥民承上，宣美風俗，五品乃訓。”顏師古注：“五品即五常，謂仁、義、禮、智、信。”

　　五經　班固《白虎通·五經》：“經所以有五何？經，常也，有五常之道，故曰五經。《樂》仁，《書》義，《禮》禮，《易》智，《詩》信也。”

　　五室　《周禮·考工記·匠人》：“五室，三四步，四三尺。”鄭玄注：“堂上爲五室，象五行也。……木室於東北，火室於東南，金室於西南，水室於西北，土室於中央。”

　　上述詞語所指包括方位、時間、季節、祭祀對象、動植物、兵器、聲音、音樂、人的內臟、器官、感覺、品性、精神、建築、典籍等等。古人通過五行觀念把它們聯繫在一起。例如《呂氏春秋》：

　　孟春之月……其日甲乙，其帝太皞，其神勾芒，其蟲鱗，其音角，律中太蔟，其數八，其味酸，其臭羶，其祀户，祭先脾，……天子居青陽左個，乘鸞輅；駕蒼龍，載青旂，衣青衣，服青玉，食麥與羊。(《孟春紀》)

　　孟夏之月……其日丙丁，其帝炎帝，其神祝融，其蟲羽，其音徵，律中仲呂，其數七，其味苦，其臭焦，其祀灶，祭先肺……天子居明堂左個，乘朱輅，駕赤駵，載赤旂，衣朱衣，服赤玉，食菽與鷄。(《孟夏紀》)

　　季夏之月……中央土，其日戊己，其帝黄帝，其神後土，其蟲倮，其音宫，律中黄鐘之宫，其數五，其味甘，其臭香，其祀中霤，祭先心，天子居太廟太室，乘大輅，駕黄駵，載黄旂，衣黄衣，服黄玉，食稷與牛。(《季夏紀》)

　　孟秋之月……其日庚辛，其帝少皞，其神蓐收，其蟲毛，其音商，律中夷則，其數九，其味辛，其臭腥，其祀門，祭先肝……天子居總章左個，乘戎路，駕白駱，載白旂，衣白衣，服白玉，食麻與犬。(《孟秋紀》)

　　孟冬之月……其日壬癸，其帝顓頊，其神玄冥，其蟲介，其音羽，律中應鐘，其數六，其味鹹，其臭朽，其祀行，祭先腎……天子居玄堂左個，乘玄輅，駕鐵驪，載玄旂，衣黑衣，服玄玉，食黍與彘。(《孟冬紀》)

　　《禮記·月令》《淮南子·時則》與《吕氏春秋》大體相同。祇是《淮南子》分别增加了“其位東方。盛德在木。其兵矛”“其位南方。盛德在火。其兵戟""其位中央。盛德在土。其兵劍""其位西方。盛德在金。其兵戈""其位北方。盛德在水。其兵鏦"等內容。又《黃帝內經素問·金匱真言論》：

> 東方青色，入通於肝，開竅於目……其味酸，其類草木，其畜雞，其穀麥；其應四時，上爲歲星……其音角，其數八，是以知病之在筋也，其臭臊。南方赤色，入通於心，開竅於耳……其味苦，其類火，其畜羊，其穀黍；其應四時，上爲熒惑星，是以知病之在脉也，其音徵，其數七，其臭焦。中央黃色，入通於脾，開竅於口……其味甘，其類土，其畜牛，其穀稷；其應四時，上爲鎮星，是以知病之在肉也；其音宮，其數五，其臭香。西方白色，入通於肺，開竅於鼻……其味辛，其類金，其畜馬，其穀稻；其應四時，上爲太白星，是以知病之在皮毛也；其音商，其數九，其臭腥。北方黑色，入通於腎，開竅于二陰……其味鹹，其類水，其畜彘，其穀豆；其應四時，上爲辰星，是以知病之在骨也；其音羽，其數六，其臭腐。

《漢書·天文志》、《白虎通義·五行》、應劭《風俗通義·聲音》等都有類似的敘述。這樣，五辰（時）、五方（位）、五候、五度、五日、五帝、五正、五司、五星、五蟲、五祀、五兵、五聲、五音、五色、五味、五臭、五牲（畜）、五穀、五果、五菜、五木、五藏（臟）、五官、五事、五體、五液、五神、五情、五常（法）、五經、五室等都通過"五行"聯繫起來，各有一定的位置，成爲一個特定的詞語群。見下表。

五行	木	火	土	金	水	（備注）
五辰 （五時）	春	夏	季夏	秋	冬	
五方 （五位）	東	南	中	西	北	
五候	風	熱（暑）	濕	燥	寒	
五度	左	前	中	右	後	
五日(天干) （地支）	甲乙 寅卯	丙丁 巳午	戊己 四季	庚申 申酉	壬癸 亥子	
五帝	太昊	炎帝	黃帝	少昊	顓頊	
五正	勾芒	祝融	后土	蓐收	玄冥	
五司	司農	司馬	司營	司徒	司寇	
五星	歲星 （木星）	熒惑 （火星）	鎮星 （土星）	太白 （金星）	辰星 （水星）	
五蟲	鱗（龍）	羽（鳳）	倮 （聖人）	毛（麟）	介（龜）	
五祀	戶	灶	中霤	門	行	
五兵	矛	戟	劍	戈	鏦	此依《淮南子·時則訓》
五聲	角	徵	宮	商	羽	
五音	牙	舌	唇	齒	喉[①]	
五色	青	亦	黃	白	黑（玄）	
五味	酸	苦	甘	辛	鹹	

---

① 《黃帝內經素問·陰陽應象大論》以"呼、笑、歌、哭、呻"爲五聲。

五行	木	火	土	金	水	（備注）
五臭	羶（臊）	焦	香	腥	朽（腐）①	
五牲（畜）	羊	鷄	牛	犬	彘（猪）	《吕氏春秋》
	犬	羊	牛	鷄	彘	《黄帝内經素問》
五穀	麥	黍	稻	粟	菽	
五果	李	杏	棗	桃	栗	
五菜	韭	薤	葵	葱	藿	
五木	榆柳	棗杏	桑柘	柞楢	槐檀	
五藏（臟）	脾	肺	心	肝	腎	《吕氏春秋》
	肝	心	脾	肺	腎	《黄帝内經素問》
五官（竅）	口	鼻	舌	目	耳	
五事	貌	視	思	言	聽	
五體	骨	氣	肌	筋	血	劉劭《人物志》
	筋	脉	肉	皮毛	骨	《黄帝内經素問》
五液	涎	涕	汗	淚	唾	
五神	志	魄	神	魂	精	
五情	喜	怒	悲	憂	恐	

———————

① 《黄帝内經素問·陰陽應象大論》“羶”爲“臊”，“朽”爲“腐”。

五行	木	火	土	金	水	（備注）
五常 （五法）	信	義	禮	仁	智	
五經	《詩》	《書》	《禮》	《樂》	《易》	
五室	木室	火室	土室	金室	水室	

圖表顯示，許多不同的事物稱謂，通過“五行”而有了某種聯繫。我們還可以舉出一些別的與“五行”有關的例子。周代王宮有五門。《周禮·天官·閽人》“閽人掌守王宮之中門之禁”，孫詒讓《正義》中《玉海·宮室》引《三禮義宗》云：“天子宮門有五，法五行，曰皋門，曰庫門，曰雉門，曰應門，曰路門。”周代爵位有公、侯、伯、子、男五等，法有五刑。班固《白虎通·爵》：“爵有五等，以法五行也。”又《五刑》：“刑所以五何？法五行也。”治國有五政。《孝經緯·鉤命決》：“春政不失，五穀孽；夏政不失，甘雨時；季夏政不失，地無菑；秋政不失，人民昌；冬政不失，少疾喪。五政不失，百穀稚熟，日月光明。”行軍作戰有“五陣”。《宋史·兵制》：“天地五行之數不過五，五陣之變，出於自然。”十二屬相亦與五行相配。王充《論衡·物勢》：“寅，木也，其禽虎也；戌，土也，其禽犬也；丑、未，亦土也，丑禽牛也，未禽羊也……亥，水也，其禽豕也；巳，火也，其禽蛇也；子亦水也，其禽鼠也；午亦火也，其禽馬也。……午，馬也；子，鼠也；酉，雞也；卯，兔也。……巳，蛇也。申，猴也。……鼠，水；獼猴，金也。”除龍以外，十二屬相中的動物都已齊備。其與五行相配的關係是：申猴、

酉雞屬金，寅虎、卯兔、辰龍屬木，子鼠、亥豕屬水，巳蛇、午馬屬火，丑牛、未羊、戌犬屬土。

不同事物與"五行"相配，帶有很大的主觀性，各家往往不同。以"五藏（臟）"爲例，今文《尚書》爲：肝木、心火、脾土、肺金、腎水。古文《尚書》爲：脾木、肺火、心土、肝金、腎水。《黃帝內經》與今文《尚書》同，而《呂氏春秋》《禮·月令》《淮南子·時則》與古文《尚書》同。"五畜"中《呂氏春秋》爲水彘、火雞、木羊、金犬、土牛，《黃帝內經素問》則爲水彘、火羊、木雞、金馬、土牛，而《論衡》所列十二屬相中羊與犬屬土，雞屬金。"五祀"中《呂氏春秋》《月令》均爲冬祀"行"（道路），而《淮南子》《白虎通》《論衡》爲冬祀井。《靈樞經·五閱五使》："口脣者，脾之官也。"口與脾相應，五行當屬木。而《論衡·言毒》："諺曰：衆口鑠金，口者火也，五行二曰火，五事二曰言，言與火直，故云鑠金。"以口屬火。

儘管如此，古人常用"五行"相生相勝來解釋某些社會現象。例如男子要和父母同住，女子必須外嫁，同姓不能通婚，《白虎通》都有解釋："男不離父母何法？法火不離木也。女離父母何法？法水流去金也……不娶同姓者何法？法五行異類乃相生也。"這種說法似是而非，古人却大都深信不疑。宋代學者洪邁認爲上古"九州"的次序就是按五行排列的。他說：

《禹貢》叙治水，以冀、兗、青、徐、揚、荆、豫、梁、雍爲次。考地理言之，豫居九州中，與兗、徐接境，何爲自徐之揚，顧以豫爲後乎？蓋禹順五行而治之耳。冀爲帝都，既在所先，而地居北方，實于五行爲水，水生木，木東方也，故次之以兗、青、徐；木生火，火南方也，故次之以揚、荊；火生土、土中央也，故次之以豫；土生金，金西方也，故終於梁、雍。所謂"彝倫攸叙"者此也。與鯀之汩陳五行，相去遠矣。此説予得之魏幾道。(《容齋隨筆》卷一"禹治水"條)

此説也許可以自圓。但《禹貢》出自周人之手，謂大禹治水即按五行次序爲九州命名，未必可信。漢代五行觀念發展爲迷信，認爲人的住宅方向也必須與宅主姓氏相配，才能趨吉避凶。《論衡·詰術》："宅有五音，姓有五聲，宅不宜其姓，姓與宅相賊，則疾病死亡。""五行之氣不相得，故五姓之宅，門有宜向，向得其宜，富貴吉昌。"《舊唐書·吕才傳》："言五姓者，謂宮、商、角、徵、羽等，天下萬物悉配屬之，行事吉凶，依此爲法。"如張姓五音屬商，五行屬金，宅忌向南，以南方屬火，火能克金。這種思想非常荒謬，但它在中國流傳了兩千餘年，成爲風水先生的吃飯衣鉢，至今仍有不少人相信。

三

在古代漢語複音詞的構成中，有不少反映了陰陽五行的觀念，某些事物的別稱尤其如此。

（一）"陰""陽"構成的複音詞。

"陰""陽"二字含義甚廣，漢語裏由它們構成了不少意義不同的複音詞。

日月高懸太空，分別給世界帶來白天和溫暖，黑夜和清幽。古人認爲日是陽的精華，月是陰的精華。《說文·日部》："日，實也，太陽之精，不虧。"《月部》："月，闕也，太陰之精。"故日又稱"太陽""陽宗""陽精""陽魂""陽烏""陽朱""陽曜"，月又稱"太陰""陰宗""陰精""陰魄""陰靈""陰兔""玄陰"，等等。如《漢書·元帝紀》："是以氛邪歲增，侵犯太陽。"《禮記·月令》"孟冬之月"孔穎達疏引蔡邕曰："日爲陽宗，月爲陰宗。"《顏氏家訓·歸心》："日爲陽精，月爲陰精。"《西游記》三十六回："陽魂之金散盡，陰魄之水盈輪。"李白《大獵賦》："陽烏沮色于朝日，陰兔喪精于明月。"阮籍《大人先生傳》："左朱陽以舉麾兮，右玄陰以建旗。"楊炯《盂蘭盆賦》："太陰望兮圓魄皎，閶闔開兮凉風娬。"明劉基《步虛詞》之四："東溟升陽曜，西海生陰靈。"

古人認爲陰陽消長變化而成四季。春天陽氣增長，陰氣漸消，爲"少陽"；夏天陽氣最盛，爲"太陽"；秋天陰氣增長，陽氣漸消，爲"少陰"；冬天陰氣最盛，爲"太陰"。蔡邕《獨斷》："秋爲少陰，其氣收成，祀之於門……春爲少陽，其氣始出生養，祀之於户……冬爲太陰，盛寒爲水，祀之于行……夏爲太陽，其氣長養，祀之於灶。"夏、冬又有"老陽""老陰"之稱。《朱子語類》卷一三七："《易》中祇有陰陽奇偶，便有四象：如春爲少陽，夏爲老陽，秋爲少陰，冬爲老陰。”奇數爲陽，偶數爲陰，故又稱九爲“老陽”，六爲“老陰”。柳宗元《與劉禹錫論易書》：“老陽數九，老陰數六。”“五方”與“五辰”相配。“少陽”又指東方，“少陰”指西方，“太陽”指南方，“太陰”指北方。張華《博物志》卷一：“東方少陽，日月所出……西方少陰，日月所入……南方太陽，土下水淺……北方太陰，土平廣深。”中醫把四時陰陽跟臟腑的經脉對應地聯繫起來，於是有了“少陽”“太陰”“陽明”“少陰”“太陰”“厥陰”等術語。“陰”指五臟和五臟的經脉，“陽”指六腑和六腑的經脉。《黄帝内經素問》：“逆春氣，則少陽不生，肝氣内變；逆夏氣，則太陽不長，心氣内洞；逆秋氣，則太陰不收，肺氣焦滿；逆冬氣，則少陰不藏，腎氣獨沉。”又《陰陽離合論》：“中身而上，名曰廣明；廣明之下，名曰太陰；太陰之前，名曰陽明……少陰之前，名曰厥陰。”六者又各分手、足，手少陰爲心的經脉，足少陰爲腎的經脉，手太陰爲肺的經脉，足太陰爲脾的經脉，手厥陰爲心包經脉，足厥陰爲肝的經脉。以上六者屬五臟，合稱“六陰”。手少陽爲三焦經脉，足少陽爲膽的經脉，手太陽爲小腸經脉，足太陽爲膀胱經脉，手陽明爲大腸經脉，足陽明爲胃的經脉。以上六者屬六腑，合稱“六陽”，其經脉都會集於人的頭部，後世遂稱人的頭爲“六陽”“六陽會首”“六陽魁首”“六陽首級”，多見於元明戲曲小説中。如明朱有敦《義勇辭金》四折：“將你那血瀝瀝六陽，浣了我明滉滉鋼刀。”元無名氏《度翠柳》二折：“恰才這清風過，怎了你那六陽會首。”康進之《李逵負荆》二折：“如今去杏花莊前，看誰輸六陽魁首。”明羅懋登《三寶太監西洋記演義》十二回：“我

輸了，我的六陽首級砍下來與你；你輸了，你的六陽首級砍下來
與我。"

春夏爲陽，"陽"可以代稱春夏，故春季又叫"陽春""陽
季""青陽""陽中"。《管子·地數》："陽春農事方作，令民毋
得築垣牆。"《南齊書·樂志》："陽季勾萌達，炎徂溽暑融。"《爾
雅·釋天》："春爲青陽。"《禮記·月令》"孟春之月"鄭玄注："春
爲陽中。"農曆正月又叫"孟陽"，二月又叫"仲陽"。《初學記》
卷三引梁元帝《纂要》："正月孟春，亦曰孟陽。……二月仲春，亦
曰仲陽。"春風又叫"陽風""陽吹"，春茶又叫"陽芽"，春官又
叫"陽官"。《初學記》卷三引梁元帝《纂要》："春曰青陽，風曰
陽風。"周必大《茶》詩："遠向溪邊尋活水，閑于竹裏試陽芽。"
夏季又叫"陽夏"，春夏之時叫"陽時"，夏季四月陽氣正盛，又
叫"正陽"。庾信《徵調曲》六首之六："正陽和氣萬類繁，君王道
合天地尊。"晉時避簡文帝后阿春諱，以"陽"代"春"，"陽秋"
代稱"春秋"。《晉書·王獻之傳》："陛下踐阼，陽秋尚富。""陽
秋"指年齡。孫盛有《晉陽秋》，檀道鸞有《續晉陽秋》，"陽秋"
指書名。《世說新語·賞譽》："褚季野皮裏陽秋。""陽秋"是褒貶
之意。秋冬爲陰，"陰"可以代稱秋冬。故秋季又叫"陰秋""陰
中"，秋冬季節又叫"陰時""陰期"。蟋蟀之類鳴於秋夜，又叫
"陰蟲"。顏延之《夏夜呈從兄散騎車長沙》詩："夜蟬當夏急，陰
蟲先秋聞。"古人命名考慮到陰陽對立而又互相依賴互相轉化的辯
證關係，故夏曆四月本屬陽而叫"陰月"，十月本屬陰而叫"陽
月"。《西京雜記》卷五："四月陽雖用事，而陽不獨存，此月純陽，

疑于無陰，故亦謂之陰月。……十月陰雖用事，而陰不孤立，此月純陰，疑于無陽，故謂之陽月。”

東南爲陽，東方又叫“陽方”，東南的天叫“陽天”，東南門叫“陽門”，南郊又叫“陽阯”，正南的方位叫“陽位”“正陽”。北京的前門，明代叫作“正陽門”，就是北京內城的正南門。向南的大路叫“陽路”。西北爲陰，故西方又叫“陰方”，西北又叫“陰隅”，北窗又叫“陰窗”“陰牖”，北風又叫“陰風”。杜甫《兩當縣吳十侍御江上宅》詩：“陰風千里來，吹汝江上宅。”范仲淹《岳陽樓記》：“陰風怒號，濁浪排空。”

男爲陽，女爲陰，故男子的生殖器官叫“陽具”“陽物”，男子生育機能叫“陽化”。《新唐書·李叔明傳》：“男子十六有爲人父之道，六十四絕陽化之理。”古代宮廷外的政事爲男子所專有，婦人不得參與，稱爲“陽政”；古代鄉飲酒禮祇有男子參加，稱爲“陽禮”。女人又叫“陰人”。葛洪《神仙傳·天門子》：“陰人所以著脂粉者，法金之白也。”女媧又叫“陰帝”。《淮南子·覽冥》：“於是女媧煉五色石以補蒼天。”高注：“女媧，陰帝，佐慮戲治者也。”婦女的教化稱“陰教”“陰化”。宮中妃嬪御見之事叫“陰事”，帝王對宮中婦女所發的教令叫“陰令”，婦女應遵循之禮或婚嫁之禮叫“陰禮”，婦女應遵守的道德教條叫“陰訓”。女的一方强，男的一方弱叫作“陰盛陽衰”，至今仍常見。

生爲陽，死爲陰。死後靈魂到了另一個世界，并未消失，這是中國傳統的迷信思想。佛家倡地獄輪回之説，跟中國原有的陰陽觀念結合起來，廣爲傳播。於是漢語裏産生了大批有關的詞語。人世叫“陽世”“陽間”。《西游記》九十一回：“回生陽世，開設水陸大會，超度陰魂。”袁枚《續齊諧·七盜索命》：“汝姑回陽間，一別妻孥可也。”活着的人叫“陽人”，人間的事物叫“陽類”，活人住的房屋叫“陽宅”，人活着的壽命叫“陽壽”“陽禄”“陽算”“陽數”，活着的人做好事叫“陽功”。人做善事或惡事，活着的時候就會有報應，叫“陽報”。人死後到了陰間，叫作“陰人”，也叫“陰鬼”。人死後靈魂到了陰間，叫作“陰魂”。人死後所到的世界叫“陰間”“陰世”“陰世間”“陰曹”“陰司”“陰冥”“陰界”“陰府”。陰間有君主掌管，叫“陰君”，即“閻羅王”。陰間的兵士叫“陰兵”。陰間也有法律叫“陰律”。活着的人做好事爲來世積德叫“陰德”“陰騭”，到陰間可以記功，叫“陰功”。壞人死後在陰間會受到譴責和懲罰，叫“陰譴”“陰譴”“陰罰”“陰誅”。此外迷信的人燒化給死人的紙屋叫“陰屋”，燒化的紙錢叫“陰錢”，寺廟中給死者登記的簿册叫“陰册”，請求鬼神受理的訴狀叫“陰狀”，人死以後的生日叫“陰生”“陰壽”。埋死人的墳墓或墓穴叫“陰宅”“陰堂”，墳地叫“陰地”“陰墟”。《易稽覽圖》：“陰宅以日奇，陽宅以月偶。”王梵志《前身有何罪》詩：“屍櫬陰地卧，知諸是誰家？”柳宗元《萬年縣丞柳君墓志》：“遂勒玄石，揩于陰堂。”曾鞏《金華縣君曾氏墓志銘》：“尚寵爾從，列銘陰墟。”這類例子，不勝枚舉。

天爲陽，地爲陰。故天又叫“陽體”，天神又叫“陽靈”，於南郊祭天及宗廟叫“陽祀”。地神又叫“陰祇”，於北郊祭地及社稷叫“陰祀”。左思《魏都賦》：“陽靈停曜於其表，陰祇濛霧於其里。"《周禮‧地官‧牧人》:"凡陽祀,用騂牲毛之;陰祀,用黝牲毛之。"鄭玄注:"陰祀祭地於北郊及社稷也。……陽祀祭天於南郊及宗廟。"賈公彥疏:"陽祀祭天於南郊及宗廟者,但天神與宗廟爲陽,地與社稷爲陰。"

火爲陽,水爲陰。故古代利用日光取火的凹面銅鏡叫"陽遂(燧)",月夜用以承接露水的盤子叫"陰燧"。《論衡‧率性》:"陽遂取火於天。"《搜神記》卷十三:"夫金之性一也,以五月丙午日中鑄爲陽燧,以十一月壬子夜半鑄爲陰燧。"注:"言丙午日鑄爲陽燧可取火,壬子夜鑄爲陰燧可取水。"又古人以爲月亮運行靠近畢星時天必下雨,故畢星又叫"陰星"。《詩‧小雅‧漸漸之石》:"月離于畢,俾滂沱矣。"《毛傳》:"畢,噣也,月離陰星則雨。"

奇數爲陽,偶數爲陰。九爲陽數之極。中國自漢代起,有九月九日登高的習俗。兩九相重,故稱"重九",又稱"重陽"。《西京雜記》:"三月上巳,九月重陽,士女游戲,就此祓禊登高。"唐朱慶餘《旅中過重陽》詩:"一歲重陽至,羈游在異鄉,登高思舊友,滿目是窮荒。"又天陽地陰,天有九重,故天亦稱"重陽"。《後漢書‧馬融傳》:"超荒忽,出重陽。"李賢注:"重陽,天也。"五月五日爲端午。[①]李匡義《資暇集‧端午》:"端,始也。謂五月初五日也。今人多書午字,其義無取焉。餘家元和中端五詔書并無作午

[①] 吳均《續齊諧記》、宗懍《荊楚歲時記》以爲源於紀念屈原,聞一多以爲源於吳越的龍圖崇拜活動,有人以爲源於五月五日爲惡日,有人以爲源於夏至之日。

字處。"《論衡·率性》:"五月丙午日中之時,消煉五石,鑄以爲器,磨礪生光,仰以向日,則火來至。"則字當作"午"。數字中的"五",干支中的"午"都屬陽,所以"端午"也叫"端陽"。元歐陽玄《漁家傲》詞:"五月都城猶衣裌,端陽蒲酒新開臘。"清孔尚任《桃花扇·鬧樹》:"節鬧端陽只一瞬,滿眼繁華,王謝少人問。"

由"陰""陽"兩字構成的複音詞可以有多個意義,它們大都與傳統的陰陽觀念有關。以"陽道""陰道"爲例。"陽道"既指對外的政事,又指朝事嘉慶之事,又指男性生殖器官或男子的精液;"陰道"既指柔順之道,又指臣子之道,又指死喪戎兵之事,又指陰間的政法,等等。

(二)與"五行"有關的詞素構成的複音詞

金、木、水、火、土于時辰、方位、顏色等各有所屬,有關詞素往往可以彼此代稱,以構成種種不同的複音詞。

1. 五行中的"木",於五辰爲春,五方爲東,五色爲青。"木"和"青"可以代稱春。故春天又叫"青陽""青春"。《爾雅·釋天》:"春曰青陽。"杜甫《聞官軍收河南河北》詩:"白日放歌須縱酒,青春作伴好還鄉。"春官又叫"木正""木官",爲五行官之一;又叫"青官",爲禮部的代稱。春風又叫"青風"。李端《送楊皋擢第歸江東》詩:"綠氣千檣暮,青風萬里春。""青"又可代稱東。東方又叫"青方""青土""青陸"。太子所居的東宮又叫"青宮""青闈"。東方司春之神叫"青帝""青皇""青后""青神""青祇""青靈"。五行家謂庖羲以木德王,故稱"木皇""木帝",也是管理春天的東方之帝。如晋王嘉《拾遺記》卷一"春皇庖犧"條："以木德稱王，故曰春皇……位居東方，以含養蠢化，叶于木德，其音附角，號曰木皇。"李商隱《隋宮守歲》詩："消息東郊木帝回，宮中行樂有新梅。"古代仙人東王公又叫"木公""木郎"。《太平廣記》卷一"木公"條："木公，亦云東王父，亦云東王公，蓋青陽之元氣，百物之先也。……昔漢初，小兒于道歌曰：'著青裙，入天門，揖金母，拜木公。'"唐吕崖《七言》詩一一三首之六十："坎男會遇逢金女，離女交騰嫁木郎。"（"坎男"，道家指汞，内丹家以爲人體内的陰精；"離女"，道家指鉛，内丹家以爲人體内的陽氣。）五臟中的肝，五畜中的鷄都屬木。故肝又叫"肝木"，肝氣又叫"木氣"，鷄又叫"木畜"。《紅樓夢》十回："脾土被肝木克制者，必定不思飲食，精神倦怠，四肢酸軟。"又八十三回："木氣不能疏達，勢必上侵脾土，飲食無味。"《禮記·月令》"孟春之月……食麥與羊"孔穎達疏："鷄爲木畜，羊爲火畜，牛爲土畜，犬爲金畜，豕爲水畜。"按孔疏據《黄帝内經素問》爲説，與《月令》不同。

"木母"，道家以爲汞的别稱。吴承恩《西游記》又以爲豬八戒的别稱。如二十二回："先將嬰兒姹女收，後把木母金公放。"七十六回回目："木母同降怪體真。"八十六回回目："木母助威征怪物。"黄蕭秋注釋説："道教稱汞爲木母。認爲'真汞生亥'，亥屬豬，所以後文的木母有時又指八戒。"按三國魏高堂隆《議臘用日》："木始於亥，盛於卯，終於未。"亥爲木始，十二屬爲豬，豬八戒爲豬的化身，故以"木母"代稱"八戒"。不懂陰陽五行和有關事物的關係，就很難瞭解這類稱謂。

　　2. 五行中的"火"，於五辰爲夏，五方爲南，五色爲赤、爲朱，火焰上騰爲炎。"火""炎""赤""朱"可以代稱夏。故夏季又叫"朱明""朱夏""朱辰""朱律""火天"。仲夏又叫"火正""朱仲"，夏末又叫"火老"。盛夏又叫"炎夏""炎天""朱火"。"炎""赤""火""朱"又可以代稱南。故南方又稱"炎土""炎方""赤后""赤位"。傳説中的南方之海稱"赤海"。《淮南子·地形》："流水就通而合于赤海。"高誘注："南方之海。"南方廣大地區稱"炎州""炎庭"。江淹《空青賦》："西海之草，炎州之煙。"北周《祀五帝於明堂樂歌·高明樂》："出温谷，過炎庭，跨西汜，過北溟。"南岳衡山，地處南方，又稱"火維"。韓愈《謁衡嶽遂宿嶽寺題門樓》詩："火維地荒足妖怪，天假神柄專其雄。"掌管南方之帝爲"赤帝"，南方之神爲"赤神""朱靈"。元無名氏《桃符記》四折："後請南方赤帝赤神，銜符佩劍，入吾水中。"唐王勃《拜南郊頌》："青帝鳴琴，朱靈會舞。"南風又叫"赤風"。康有爲《大同書》："朱霞降天，赤風煩熱者，其火焚之炎炎耶？"劉邦建立的漢朝、趙匡胤建立的宋朝都以火德王。因而"火""炎"可以代稱"漢""宋"。漢朝又稱"炎正""炎漢""炎劉""火正"。如《後漢書·光武帝紀贊》："炎正中微，大盜移國。"李賢注："漢以火德王，故曰炎正。"蕭統《文選序》："自炎漢中葉，厥途漸異。"趙岐《孟子題辭》："遭蒼姬之迄録，值炎劉之未奮。"謝靈運《撰征賦》："系烈山之洪緒，承火正之明光。"（南朝宋武帝劉裕爲漢高祖弟劉交之後，故云。）宋朝又叫"炎宋""火宋"。《宋史·樂志十》："於赫炎宋，十葉華耀。"俞樾《茶香室叢鈔·火宋》："元李冶《敬齋古今黈》云：予家舊蓄帖四十有五，一幅前有圖書印章十餘枚……有曰火宋米芾者。"傳說中的鳳凰爲羽蟲之長，羽蟲於五行屬火，火色赤。故鳳凰又叫"火鳳""火禽""火精""赤鳳"。李商隱《鏡檻》詩："撥弦驚火鳳，交扇拂天鵝。"明陳子龍《蕭史曲》："珠簾爲君開，火禽雙徘徊。"《初學記》卷三十引《孔演圖》曰："鳳，火精。"唐呂岩《七言》詩一一三首之五十一："火取南方赤鳳髓，水求北海黑龜精。"五畜中羊屬火，故羊又叫"火畜"。西藏首府拉薩，古名"邏些""邏娑"。相傳唐文成公主入藏後，認爲該地形似仰臥的羅刹女，臥馬湖是羅刹女的心臟。爲降魔壓邪，公主提出用五行中的火來滅魔。羊爲火畜，藏王令人民用白山羊馱土填平臥馬湖，名之爲"邏娑"，漢語就是"山羊城"的意思。[①]《黃帝內經素問》以五臟心屬火，故心又稱"心火"。《氣交變大論》："歲水太過，寒氣流行，邪害心火。"但後世中醫以"心火"指五臟煩熱、咽喉乾燥、口舌生瘡等人體內熱之症，不再用爲心的別稱。天干以丙丁屬火，故"丙丁"又爲火的代稱。蘇軾《思無邪齋贊》："化以丙丁，滋以河車。"《兒女英雄傳》四十回："餘不多及，閱後乞付丙丁。"

3. 五行中的"土"，於五方爲中央，五色爲黃，故土又稱"土黃"，大地又稱"黃輿"。《術數記遺》"五行算"北周甄鸞注："五行之法……白金生數四，土黃生數五。"前蜀杜光庭《羅天中級三

① 朱膚《我國四羊城》，載《地理知識》十期。

皇醮詞》：“伏以玄蓋上浮，黃輿下鎮。”地下或地下泉水稱“黃泉”。《左傳·隱公元年》：“不及黃泉，無相見也。”土制玩偶稱“黃胖”。葉紹翁《四朝聞見錄》戊：“用土爲偶，名曰黃胖。”中央之帝以土色得名爲“黃帝”，也叫“黃靈”“土帝”。《漢書·郊祀志下》：“中央帝黃靈。”俞正燮《癸巳存稿·六府非六天説》引《五行大義論》引《河圖》：“中央黃帝含樞紐，土帝也。”地神又名“黃祇”。張余慶《祀後土賦》：“據青野之雕阜，肅黃祇之神位。”五行與五方、五色相配，土居中央。金生水，木生火，而金與木都生土中，故土位至尊。土色黃，爲中央正色，心亦居五臟中央，“黃中”就成爲心或内心的代稱。漢蔡邕《司空楊秉碑》：“非黃中純白，窮達一致，其惡能立功立事？”天子居天下之中，也稱“黃中君”。清梁章鉅《稱謂錄》卷九“天子古稱”條：“《李密外傳》有術士稱帝爲黃中君。”五運中的土德又稱“黃德”“黃精”。《梁書·武帝紀上》：“黃德既謝、魏氏所以樂推。”《後漢書·李雲傳》：“高祖受命，至今三百六十四歲，君期一周，當有黃精代見。”李賢注：“黃精，謂魏氏將興也。”五行以土配天干戊己，後即以“戊己”代稱“土”。宋蘇軾《思無邪齋贊》：“培以戊己，耕以赤蛇。”至今陶瓷工人仍以“戊己”爲陶土的代稱。五行土數爲五，“五”即代稱土，并構成不同的複音詞。肥沃的土叫“五沃”，宜於種粟的上叫“五粟”，較深的土叫“五位”，較差的沙土叫“五沙”。《管子·地員》：“群土之長，是唯五粟……粟土之次曰五沃……沃土之次曰五位……剽土之次曰五沙。”五畜牛屬土，故牛又稱“土畜”。《魏書·禮志一》：“以國家繼黃帝之後，宜爲土德，故神獸如牛。牛，土畜。”五臟脾屬土，故脾又稱“脾土”。《黃帝內經素問·氣交變大論》：“歲木太過，風氣流行，脾土受邪。”五味中甘屬土，故甘味又叫“土味”。《白虎通·五行》：“土味所以甘何？中央者中和也，故甘。”

4. 五行中的“金”，於五辰爲秋，五方爲西，五色爲白、爲素，五音爲商，於是“金”“白”“素”“商”可以用爲秋的代稱。秋天又叫“金秋”“金商”“金素”“白藏”“素秋”“素律”“素商”“商素”“商秋”“商日”“商序”“高商”。八月又叫“仲商”，九月又叫“暮商”“季商”。《初學記》卷三引梁元帝《纂要》：“秋曰白藏，亦曰素秋、素商、高商……八月仲秋，亦曰仲商……九月……亦曰暮商、季商。”秋冬爲陰，秋天又叫“商陰”。《南齊書·樂志》：“商陰肅殺，萬寶咸亦遒。”秋風又叫“金風”“金飆”“金吹”“商風”“商飆”“商吹”“商信”“寒商”“素風”“素飆”。秋景又叫“素景”，秋意又叫“商意”，秋葉、秋花又叫“商葉”“商苑”，秋神又叫“金祇”“金神”等。秋天作物成熟，天高氣爽，同時秋風蕭瑟，萬物開始凋零。文人墨客，往往睹秋景以生情，借吟咏而抒懷。故古代文人作品中，秋的描寫特多，漢語言文學中，秋的代稱亦特多，其中不少是和陰陽五行觀念分不開的。

“金”“白”又可以代稱西。故西方又叫“金方”“西金”。唐王勃《晚秋游武擔山寺序》：“于時金方啓序，玉律驚秋。”唐黃韜《知白守黑賦》：“禀西金而成姿。”白虎爲西方之獸。《淮南子·天文》：“西方金也……其獸白虎。”故西方又稱“金虎”。唐呂溫《凌煙閣勛臣頌·劉夔公宏基》：“夔公崢嶸，金虎之精。”天干庚

辛屬金。《説文》："庚，位西方，象秋時萬物庚庚有實也。"故西方
又稱"庚金"。張居正《勅建五臺山大寶塔寺記》："於維慈氏，闡
教金庚，以般若智，濟度群生。"大意是佛氏慈悲，創建佛教於西
方，以大智慧，普渡衆生。西郊又稱"金郊"。《文選·張協·七
命》："將因氣以效殺，臨金郊而講師。"李善注："西方曰金，故
曰金郊也。"傍晚西方最亮的一顆星叫"金星"，西方色白，古又
叫"太白"，《雲笈七籤》卷六三："金者，太白之名。""木主生而
金主殺"[1]，古代星象家即以"太白"爲司秋、主兵之星。《漢書·天
文志》："太白曰西方秋金，義也，言也。"唐李淳風《乙巳占·太
白占》："太白主兵……用兵必占太白。"西方之神又叫"白帝""白
后""金精""金神"。神話中的西王母，又叫"金母""金女"。唐
韋渠牟《步虛詞十九首》之十五："西海辭金母，東方拜木公。"佛
在西方，因稱"金仙"。李白《與元丹丘方城寺談玄作》詩："朗悟
前後際，始知金仙妙。"王琦注："金仙，謂佛。""金"又可以代稱
五音中的"商"，故"商音"又叫"金音"。《晋書·律曆志》："金
音商，三分徵益一以生，其數七十二。"五畜犬屬金，五臟肺屬金，
故犬又叫"金畜"，肺又叫"金肺"。應劭《風俗通·祀典·殺狗
磔邑四門》："謹按《月令》：'九門磔禳以畢春氣。'……犬者，金
畜；禳者，却也。抑金使不害春之時所生，令萬物遂成其性。"《黃
帝内經素問·氣交變大論》："歲火太過，炎暑流行，金肺受邪。"
司馬氏代魏建立晋朝，五德以金代木，故晋王朝又叫"金家""金

---

① 見《春秋繁露·五行之義》。

行"。《晋書·郭璞傳》:"明皇天所以保祐金家,子愛陛下。"《文選·劉孝標·辨命論》:"自金行不競,天地板蕩。"李善注:"金行,謂晋也。"又道家稱鉛爲"金公"。"鉛"字或作"鈆"。李時珍《本草綱目·金石·鉛》:"鉛易沿流,故謂之鉛……神仙家析其字爲金公。"《西游記》則以"金公"爲孫悟空的代稱。如八十六回回目:"金公施法滅妖邪。"這與"五行"是分不開的。二十二回"後把木母金公放"黃肅秋注:"道教稱鉛爲金公,認爲'真鉛生庚'。庚辛爲金,地支申酉亦爲金,申屬猴,所以後文的金公有時又指悟空。"庚辛於五方爲西,五色爲白,故"白虎"(指二十八宿中的西方白虎七宿)又稱"庚虎"。唐吕岩《七言》一一三首之三十:"庚虎循環餐絳雪,甲龍天喬迸靈泉。"

　　5. 五行中的"水",於五辰爲冬,五方爲北,五色爲玄、爲黑。於是"玄""黑"可以代稱四季中的冬或五方中的北。冬季又叫"玄英""玄冬""玄序""玄律"。《爾雅·釋天》:"冬爲玄英。"《漢書·揚雄傳上》:"於是玄冬季月,天地隆烈。"顏師古注:"北方色黑。故曰玄冬。"應瑒《正情賦》:"清風厲於玄序,凉飆逝於中唐。"白居易《季冬薦獻太清宮詞文》:"今時惟玄律,節及季冬。"北方又叫"玄方""玄朔",北方的土地又叫"玄土""玄社""玄壤",北郊又叫"玄郊"。北方的天又叫"玄天",北方的海叫"玄海",北嶽恒山又叫"玄嶽"。北方之神叫作"玄天上帝""黑帝""黑后""黑精""黑神"。五畜猪屬水,又叫"水畜"。《淮南子·時則》"其畜彘"高誘注:"彘,水畜。"龜爲介蟲之長,亦屬水,其色玄,又叫"玄武""玄夫"。張衡《思玄賦》:"玄武縮于殼中兮，騰蛇蜿而自糾。”蘇軾《書艾宣畫·蓮龜》：“只應翡翠蘭苔上，獨見玄夫曝日時。”五臟腎屬水，又叫“腎水”。《黃帝內經素問·氣交變大論》：“歲土太過，雨濕流行，腎水受邪。”天干以庚辛屬金，五方爲西，壬癸屬水，五方爲北，於是“庚壬”爲西北方的代稱。蘇轍《卜居賦》：“昔先君相彭眉之間。爲歸全之宅，指其庚壬曰：‘此而兄弟之居也。’”“癸”又代稱水。婦女月經，男子精液都叫“天癸”。《黃帝內經素問·上古天真論》：“女子……二七而天癸至，任脉通，太衝脉盛，月事以時下，故有子。……丈夫二八腎氣盛，天癸至，精氣溢瀉，陰陽和，故能有子。”後世以“天癸”專指婦女月經。又稱“癸水”。南唐張泌《妝樓記·紅潮》：“紅潮，謂桃花癸水也，又名入月。”地支以子亥屬水爲北，己午屬火爲南，寅卯屬木爲東，申酉屬金爲西。因此“子午”可以代稱南北，“卯酉”可以代稱東西。《靈樞經·衛氣行》：“子午爲經，卯酉爲緯。”意即南北爲經，東西爲緯。《宋史·天文志一》：“南陽孔定制銅儀，有雙規，規正距子午以象天。”秦嶺山中一條長達六百六十里的峽谷，因是關中到漢中的南北通道，名爲“子午谷”。後世爲測量地球而假設的南北方向的綫也因此而叫“子午綫”。東和西、南和北是對立的方向，“卯酉”“子午”因此引申爲“對立、對頭”的意思。無名氏《劉知遠諸宮調》第二：“曾想他劣缺名目，向這瀫眉尖眼角上存住，神不知，天生是卯酉子午。”元無名氏《陳州糶米》二折：“恰便似火上澆油，我偏和那有勢力的官人每卯酉。”

　　上面所述的詞，離開陰陽五行思想，其構成理據往往很難瞭解。在發展中，有的因內容過於陳舊，逐漸消失，如"陽政""陽禮""陰教""陰禮"。有的內容雖然落後，在人們的意識中仍然存在，所以這些詞并未消失。如"陽間""陽世""陰間""陰魂""陰宅"。有的作爲行業術語，在一定範圍内廣泛應用，如"陽脉""陰脉""陽明""厥陰"。有的詞已進入漢語一般詞彙而爲人們所習用，如"太陽""金秋"。有的古今詞義起了變化。如"青春"本指春天，現在則指青年時期；"陰錯陽差"本是古代曆數術語，後世大都用來比喻因偶然的原因而造成差錯或引起誤會。總的說來，它們的出現增强了漢語詞彙的表達力，也反映了漢語詞彙的民族文化特點。它是促進漢語詞彙發展的因素之一，認真地進行清理和研究是十分必要的。

專書詞典與訓詁 [*]

　　詞典編寫離不開訓詁研究，專書詞典收集幷解釋專書中的詞，更離不開訓詁研究。下面我想就專書詞典的編寫及其可能遇到的某些訓詁問題進行一些討論。

一

　　我國詞典編寫歷史悠久，專書詞典却到 20 世紀 50 年代才開始出現。我國第一部專書詞典是楊伯峻先生的《論語詞典》，附於《論語譯注》之後，兩者交相爲用，出版於 1958 年。楊先生在《例言》中説明了本詞典收詞和釋義的基本原則："凡見於《論語》本書之詞，不論基本詞或者派生詞，習見義或者罕見義，一律載入。"這個原則同樣適用於其他專書詞典。《論語詞典》不足之處是過於簡略，字頭不注音，"基本詞之習見義，不加解釋"。1960 年楊先生出版《孟子譯注》，附有《孟子詞典》。1985 年出版《春秋左傳詞典》，體例與前兩種詞典相同，與楊先生的《春秋左傳注》交相爲用，但因篇幅大，單獨印行。我國第一部音義兼備的專

　　* 原載《昆明訓詁學年會論文》，1998 年。

書詞典大約要算 1986 年四川人民出版社出版的《詩經詞典》。這部
詞典收錄了《詩經》中出現的所有字和詞，解釋了書中出現的所有
詞義，詞義有歧解者采用"首出己見，擇要兼收"的方式。字典注
音兼注漢語拼音、反切、中古音（攝、呼、等、調、韻、聲）和上
古音（聲、韻），在海内外産生了較大影響。以後國内出版的專書
詞典多了起來。《周易》、《尚書》、《詩經》、《左傳》、三《禮》、《論
語》、《孟子》、《吕氏春秋》、《世説新語》、《水滸》、《金瓶梅》、《紅
樓夢》等都有專書詞典問世，而且有的書同時出版了幾種詞典，顯
得盛况空前。

　　這些專書詞典大約有三種類型。一是選釋型。不是收集并解
釋專書中出現的所有的詞，而是有選擇地解釋其中一些比較疑難
的詞語。如胡竹安先生的《水滸詞典》，《凡例》中明白指出："凡
姓名、地名、官職名（已作俗稱和易誤會者例外）、綽號（屬俗語
詞部分例外），以及其他一切專用名稱（非俗稱）都不在收詞範圍
内。""文言詞語，一般不收。""現代漢語中南北通用，較少方言色
彩者，一律不收。"這類詞典大體可以解決一般讀者遇到的語詞疑
難，簡明扼要，自有它的優點。但哪些詞該收，哪些可以不收，隨
意性較大，很難有一個統一的科學標準。以《水滸》爲例，胡竹安
先生的《水滸詞典》和李法白、劉鏡芙先生的《水滸語詞詞典》收
詞範圍就很有些不同。例如"毬"，從元代起用作男性生殖器的諱
稱，如"我小時候也養得好大毬"（24 回），《水滸詞典》不收，而
《水滸語詞詞典》收錄。"禮數"一詞，《水滸》有"禮節"義，如
"早晚禮數不到"（4 回）；又有"禮物"義，如"老子不曾有些禮

數到都頭家"（26 回）。《水滸詞典》收了，而《水滸語詞詞典》不收。在字頭"強"下面，《水滸詞典》收有"強梁、強媒硬保、強人、強賊、強敵"五條詞語（p342），《水滸語詞詞典》收有"強人、強似、強殺、強禁、強兵不壓主"五條（p282），兩書都收的祇有"強人"一條。也有詞語并不通俗而兩者都不收的。如"天罡星"，又簡稱"天罡"，指北斗七星的柄，道家以爲北斗叢星中三十六星之神，星命家以爲月内凶神，而《水滸》中用以比喻帶頭造反、危及宋王朝統治的梁山宋江等三十六位主要頭領。"地煞星"簡稱"煞星"，并非具體星名，而是泛指於人不利的災星，《水滸》中用以比喻梁山中相對次要的七十二位頭領。一般讀者未必能理解它們的真正含義，而兩部《水滸》詞典都不收這兩個詞。又如"丈夫"一詞。雖然現代南北通行，但不用於面稱。《水滸》中却有面稱的用法。如"只見老婆問道：'丈夫，你如何今日這般煩惱？'"（17 回）"賈氏娘子便道：'丈夫，我聽你説多時了。'"（61回）顯示了《水滸》語言的時代特點，兩部《水滸》詞典也都不收，表明這類專書詞典在如何確定收詞範圍上還缺乏科學的標準。

二是綜合型。這類專書詞典除了解釋專書中的主要詞語（不是所有），還收錄與之有關的知識、要籍、研究學者等内容。如張善文先生的《周易辭典》，《凡例》中説明其内容"包括《易》學常識、《易》派《易》例、經傳要語、《易》辭衍用、治《易》名家、《易》學要籍、別類參列等七類"。可以説這部辭典爲讀者提供了有關《易》學的多種知識，用功匪淺。但該辭典主體部分詞目只"含卦名、爻名、《十翼》篇名、經傳重要辭語等"，不以書中出現的字爲字頭，也不解釋書中出現的所有詞義。如果不是《周易》中句首出現的詞或詞義，往往無法查到。例如“龍、若、所、攸、躍、字”等字，《周易》中常見，因爲不在句首出現，沒有列爲字頭。有的字雖列爲字頭，但其中一些義項不在句首字出現，也就略而不收。“田”有“田獵”義，如“田無禽”“田獲三品”“田有禽，利執言”，這個意義的“田”出現在句首，《周易辭典》收了；“田”又有“田野”義，如“見龍在田”，因不在句首，這個意義就無法在字頭“田”下面找到。“天”作“上天”講，如“天行健”“天地交泰”“天尊地卑”等，出現在句首，辭典收錄了；“天”又指在人臉上或額頭上刺字的刑罰，即所謂“剠”，如“其人天且劓”（《睽》六三爻辭），因不在句首，這個意義在字頭“天”下面就見不到。從查閱詞義的角度看，這種編排方式不太理想。

　　三是全釋型。這類專書詞典收錄并解釋專書中所有的詞和詞義。《詩經詞典》《世說新語詞典》屬於這一類。其優點是可以提供專書詞彙的全貌，合乎實際，有利於漢語詞彙史研究，應當是今後專書詞典編寫的主要方向。

二

　　語文詞典收詞和釋義的範圍因編寫目的和規模大小不同而有差異，但都以常用詞和常見義爲主。例句可以自由選擇，以能準確解釋詞義爲原則。專書詞典所收限於書中出現的詞和義，就該書而言，則收詞和釋義都必須完備，所有詞義都不應遺漏，所有例句中的詞都應得到適當的解釋。一切詞典釋義都要求準確。專書詞典釋義的特點是既不能完全依文立義，要有概括性，也要照顧書中用例的特點。這就要求編寫者對該書訓詁有深入的研究，認真繼承前人的研究成果。主要有以下幾種情況：

（一）書中所用是詞的某一特定意義。例如"悔、咎、凶"都是多義詞，《周易》中常用其"災禍"義而有輕重之別。如《同人》上九："同人于郊，無悔。"《泰》九三："無平不陂，無往不復，艱貞無咎。"《臨》卦辭："元亨利貞，至于八月有凶。"高亨先生指出："《周易》所謂'咎'，比'悔'爲重，比'凶'爲輕。'悔'乃較小之困厄，'凶'乃巨大之禍殃，'咎'則較輕之災患也。"編寫《周易詞典》不能不注意這種區別。《水滸全傳》15回："只見一個莊客報説：'門前有個先生要見保正化齋糧。'"這裏的"先生"不是老師，而是道士，是宋元語言中特有的稱謂，編寫《水滸詞典》時自不應忽略。《詩·齊風·著》："充耳以青乎而。"《毛傳》："青，青玉。"此用借代義。《詩·豳風·鴟鴞》："徹彼桑土。"《毛傳》："桑土，桑根也。""土"作"根"講，通"杜"。此用通假義。《左傳·隱公七午》："以繼好息民。""息"者，使休息。此用使動義。《論語·公冶長》："邦有道不廢。"邢昺疏："若遇邦國有道則常得見用，在官不被廢棄。""廢"者，被廢棄。此用被動義。《論語·雍也》："堯舜其猶病諸。"何晏集解："堯舜至聖猶病其難。""病"者，以爲難，以爲困難。此用意動義。此種詞義應用上的特點，專書詞典都有必要一一指明。

（二）專有名詞如不太重要的人名或地名，一般詞典可以不收，專書詞典則不應遺漏。例如春秋時期樂丁、樂王鮒、樂徵、樂霄、樂桓子都是晋臣，樂大心、樂朱鉏、樂呂、樂舍、樂祁、樂得、樂喜、樂髡、樂裔、樂豫、樂舉、樂懼都是宋臣，樂耳、樂成爲鄭臣，樂伯爲楚臣，歷史上俱非著名人物。但見於《左傳》，故《春秋左傳詞典》一一列爲詞條，加以收錄。《世說新語·賢媛》：“群從兄弟則有封、胡、遏、末。”句中“封”是謝韶（謝萬子，官至車騎司馬）小字，“胡”是謝朗（官至東陽太守）小字，“遏”是謝玄（曾大敗苻堅于淝水，又見《文學》篇）小字，“末”是謝淵小字，[①] 作爲《世說新語》的專書詞典，列爲義項是必要的。地名亦復如此。如《春秋·昭公二十二年》：“大蒐於昌間。”“昌間”是春秋魯國一個小地名，在今山東泗水縣境，一般詞典可以不收，《春秋左傳詞典》則列爲詞條收進去了。

　　（三）異文訛字應加辨正。古書年代久遠，文字出現歧異和訛誤是常有的。專書詞典應在前人研究的基礎上加以辨正，不能避而不提。如《世說新語·排調》：“謝公始有東山之志，後嚴命屢臻，勢不獲已，始就桓公司馬。于時人有餉桓公藥草，中有遠志。公取以問謝：‘此藥又名小草，何一物而有二稱？’謝未即答。時郝隆在坐，應聲答曰：‘此甚易解。處則爲遠志，出則爲小草。’謝甚有愧色。桓公目謝而笑曰：‘郝參軍此過乃不惡，亦極有會。’”“此

---

① 《晋書·謝萬傳》：“謝氏尤彥秀者，稱封、胡、羯、末。封謂韶，胡謂朗，羯謂玄，末謂川，皆其小字也。”又《列女王凝之妻謝氏傳》：“封謂謝韶，胡謂謝朗，羯謂謝玄，末謂謝川，皆其小字也。”“遏”并作“羯”。“淵”作“川”，因避唐高祖李淵諱改。

過乃不惡",《太平御覽》《渚宮舊事》五作"此通乃不惡"。張永言先生主編本《世說新語辭典》作"通"。"通"有"闡述、闡發"義,已見本書,如《文學》:"謝看題,便各使四坐通。"故張本不再引《排調》此例。張萬起先生本《世說新語詞典》作"過",并爲之立"解釋"的義項。按釋"過"爲"解釋",不見他書,此似仍作"過失、失言"講。郝隆語含譏刺,于謝爲不敬,坐中人皆知,故桓溫説他失言而不算壞,藉以緩和氣氛。《書·禹貢》:"厥田惟中下,厥賦貞。""貞"字乃"下下"之誤。鄭玄注:"兗州賦下下。"金履祥《尚書注》:"'貞'字本'下下'字,古篆凡重字者或於上字下添二。兗賦下下,篆從下二,或誤作正,通爲貞。"不能從"貞"的本義去解釋。又《詩經》中"慘"作"憂愁不安"講,皆是"懆"字誤寫。如《陳風·月出》:"勞心慘兮。"《小雅·正月》:"憂心慘慘。"馬瑞辰《毛詩傳箋通釋》卷八指出:"魏晉間避武帝諱,凡從喿之字,多改從參,八分喿字多寫從条,形近易誤。"《尚書》和《詩經》的專書詞典特別指明這種情況是必要的。

(四)有些詞和詞義有時代特色,在不同專書中有時要作不同的解釋。例如"百姓"一詞,古今都有,春秋以前貴族有姓,且能作官,平民沒有這種權利。"百姓"指百官,不是平民。《書·堯典》:"九族既睦,平章百姓。"孔傳:"百姓,百官。"《詩·小雅·天保》:"群黎百姓。"《毛傳》:"百姓,百官族姓也。"戴震《毛鄭詩考證》:"韋昭《國語注》:'百姓,百官也。官有世功受氏姓也。'凡經傳言'百姓'皆此義。"到了春秋戰國,隨着社會的變動,平民可以有姓,"百姓"的含義也發生了變化。《論語·顏淵》:

“百姓足，君孰與不足，百姓不足，君孰與足？”句中的“百姓”指什麼呢？朱熹《論語集注》釋爲“民”，就是“庶民”，老百姓。齊沖天教授分析説：“百姓，這本是一個社會上層的概念，因爲下層的人本没有姓，給你一個姓就很有身份了。但是社會階層在不斷變化，到後來大家都有姓，‘百姓’就不稀罕了。所以，對這個概念也衹能看具體情況來理解。這裏的‘百姓’就可以看作是中上階層。”[1]頗有道理。而“魏明帝於宣武場上斷虎爪牙，縱百姓觀之”（《世説新語·雅量》），“兄弟不要殺害百姓”（《水滸全傳》91回），這兩句中的“百姓”就衹是平民、老百姓，而不是“百官族姓”了。又如“稽首”一詞，古今并存。古代“稽首”是一種最恭敬的禮節，叩頭至地，停留一會兒再起來。《周禮·春官·大祝》：“辨九拜：一曰稽首。”鄭玄注：“稽首，拜頭至地也。”賈公彥疏：“稽是稽留之義，頭至地多時，則爲稽首也。”下面幾個例句中的“稽首”都應作如此解。《詩·大雅·江漢》：“虎拜稽首。”《書·堯典》：“禹拜稽首。”《左傳·僖公五年》：“士蔿稽首而對。”《世説新語·規箴》：“房稽首曰：‘將恐今之視古，亦猶後之視今也。’”唐宋以後，道士舉手向人行禮，也叫“稽首”。《水滸全傳》10回：“那先生看了道：‘保正休怪，貧道稽首。’”《金瓶梅》29回：“神仙見西門慶長揖，稽首就坐。”句中“稽首”都是這個意思。

總之，編寫專書詞典，注意詞義的不同時代特點并一一標明，是十分必要的。

---

[1]　齊沖天《〈論語〉文白對照新注譯》，167頁。

三

　　理論上，古書中每一句話的意思都應是確定的，詞在句中祇應有一個意思。事實上并不如此。由於時代久遠，後人對古代作者的思想、作品的主題以及當時語言運用的環境和特點瞭解不同，古書中往往會出現這樣那樣的歧解，先秦作品尤其如此。這方面前輩學者做過研究考訂，訓詁上提出過不少精闢的見解。在編寫專書詞典時，應當好好繼承和利用這些有價值的遺產。例如《周易》首句卦辭："乾，元、亨、利、貞。"《文言》云："元者，善之長也；亨者，嘉之會也；利者，義之和也；貞者，事之幹也。"此據《左傳·襄公九年》爲釋。孔穎達《正義》引《子夏傳》云："元，始也；亨，通也；利，和也；貞，正也。"前人又或以"元、亨、利、貞"配春、夏、秋、冬四季。孫星衍《周易集解》引周氏曰："元、始也，於時配春，言萬物始生，得其元始之序，發育長養。亨，通也，於時配夏，夏以暢通，合其嘉美之道。利者，義也，於時配秋，秋以成實，得其利物之宜。貞者，正也，於時配冬，冬以物之終，納幹正之道。"《文言》和《子夏傳》于時最古，理應有最大的權威性。但以"元、亨、利、貞"爲四德讀《周易》，往往扞格難通。如《坤》卦辭云："元亨利牝馬之貞。"四字顯然不在平列的位置上。朱熹《周易本義》提出了不同解釋："元，大也；亨，通也；利，宜也；貞，正而固也。……言其占當得大通，而必利在正固，然後可以保其終也。"今人又有新的解釋。高亨先生說："元，大也；亨，即享祀之享；利，即利益之利；貞，即貞卜之貞也。……元亨利貞，猶言大享利占耳。"① 宋祚胤又謂："元亨，大通，十分順利，在《周易》中指中興事業十分順利。利貞，利以正，憑着正確得到好處。貞，正，這裏具體指天道循的正確。"② 這樣"元、亨、利、貞"四字中，"元"有"開始""長（zhǎng）""大"三個歧義；"亨"有"通達""順利""祭享"三個歧義；"利"有"和""宜""利益""憑……得到好處"四個歧義；"貞"有"正""正而固""貞卜"三個歧義。四字之間的語法關係也有不同的分析，還可以舉出一些別的説法。編寫《周易詞典》，簡單地選用一種説法是不够的。《論語·學而》："賢賢易色。"何晏《集解》引孔氏曰："言以好色之心好賢則善。"朱熹《集注》："賢人之賢而易其好色之心。"是以"易"爲"改變、改換"講。《漢書·李尋傳》顏師古注："易色，輕略於色，不貴之也。"是釋"易"爲"輕視"講。《廣雅·釋言》："易，如也。"王念孫《疏證》引其子王引之曰："《論語》'賢賢易色'易者如也，猶言好德如好色也。"是釋"易"爲"如同"。考《子罕》《衛靈公》篇又云："吾未見好德如好色者也。""好色"本人情之常，聖人并不反對。祇是也要有"賢賢"這種態度。王氏的解釋，從《論語》中找到了内證，看來是有説服力的。

對於這類歧解，專書詞典有一種處理辦法是，祇用其中一種解釋，不用別的説法。結果是讀者無從比較選擇，而同一個詞在不同詞典中往往有完全不同的兩種解釋。例如《論語·述而》："文

① 高亨《周易古經今注》，188 頁。
② 宋祚胤《宋祚胤論集》，58 頁。

莫吾猶人也。"朱熹《集注》:"莫,疑辭。"通常是在"文"字下逗開,"文"指文辭學術、文獻知識。全句意思就是:"文獻知識也許我和別人差不多。"楊伯峻先生《論語詞典》及李運益先生主編的《論語詞典》都用此說,分別釋"文"爲"文獻上的知識""文辭學術"。一種說法以"文莫"爲一詞,"黽勉,努力"之意。《漢語大詞典》①及《辭海》修訂本取此說。明楊慎《升庵經說·文莫解》:"《晋書》欒肇《論語駁》曰:'燕齊謂勉强爲文莫。'陳騤《雜識》云:'《方言》:侔莫,强也。凡勞而勉,若云努力者,謂之侔莫。'""文莫、黽勉、侔莫"當是一聲之轉。孔子評價自己還說:"發憤忘食,樂以忘憂,不知老之將至云爾。""若聖與仁,則吾豈敢。抑爲之不厭,誨人不倦,則可謂云爾已矣。"(均見《述而》)都與"文莫(黽勉)吾猶人也"的思想是一致的。可見專書詞典釋義,僅取一家之言并不是十分完美的做法。

就先秦典籍而言,我認爲釋義采取"首出己見,擇要兼收"的方式比較切合實用。首出己見,就是把自己認爲最正確的解釋首先列出,這樣可以清楚地表明自己的傾向;擇要兼收,是有選擇地收入不同的見解。我們在前面已經看到,古書解釋,見仁見智,要絕對肯定孰是孰非,專書詞典編寫者勢有不能。相反,將不同見解彙集一起,讓讀者比較選擇,可以滿足不同需要,專書詞典的編寫任務也就完成了。《詩經詞典》曾經這樣做過,後出轉精,相信今後別的同志定會做得更好一些。當然,如果原書歧義不多,編寫專書詞典也就不必采用擇要兼收的方式了。

---

① 《漢語大詞典》第六册,1529頁。

翻閱詞典想到的 *

　　由於工作關係，我經常翻閱詞典（或字典，下同）。年輕時期，有的書讀不懂，渴望有一部大的詞典能够幫助解決所碰到的問題。可是從 50 年代到 70 年代，主要祇能依靠《康熙字典》和舊《辭海》、舊《辭源》，不能完全滿足需要。中共十一屆三中全會以後，改革的春風吹遍了我國辭書的百花園，大大小小的辭書猶如雨後春笋，相繼出現，生機勃勃，欣欣向榮。可以毫不誇張地說，在辭書編纂上我們已成爲名副其實的泱泱大國了。新出版的辭書中，大部分是高水平的。尤其是川、鄂兩省所編《漢語大字典》和華東五省市所編《漢語大詞典》（以下簡稱《大字典》《大詞典》），規模空前巨大，内容極其豐富，雙峰并峙，震古鑠今，標志着我國詞典編寫進入了新的階段。這幾年裏我翻閱《大字典》和《大詞典》（前六卷）最爲頻繁，獲益匪淺，深爲七省市參與編寫的先生們所付出的辛勤勞動所感動，對他們表示由衷的感謝和敬意。

　　任何新生事物都不可能一出現就十全十美，白璧無瑕。《大字典》和《大詞典》也是如此。它們不可避免地還有這樣那樣的不足

<hr>

* 原載《辭書研究》第一期，1993 年。

之處，有待進一步修訂提高。

我在翻閱中略有一些體會和想法，這裏談一談收詞（或字，下同）和義項問題，請大家批評。

收詞範圍，不同詞典有着不同的要求。《大字典》和《大詞典》作爲我國巨型詞典的最高典範，收詞自然應當儘量完備。《大字典》收字 5.4 萬餘個，大體上包括了正統文獻中所有的字（個別有漏收的，如"攟"），超過了以往任何一部字典。但是出土的秦漢簡牘以及唐宋以後俗文學中的俗字，似乎還有一些未被《大字典》收進去。秦漢簡牘中有些字至今尚不認識，這可能是《大字典》未予收錄的原因。但有的祇要多下一些工夫，不難考證出來。如《馬王堆帛書》中的房中書《天下至道談》："姅樂之要，務在房久。"（66頁）"姅"當即"嬲"的簡體，"戲弄"之意；"房"當爲"厔"的別體，就是"遲"字，"厔久"意即"長久"。《居延漢簡》中"虇（蕉）"字多次出現，當即"燧"和"烽"的或體。如"虇（下以"～"代）火明天田"（308·30），"大～隊史延年守候塞尉奉□"（534·3013），"～隊"就是"燧隊"或"烽隊"，古代邊防報警用的煙火。白天舉火叫"燧"，夜間舉火叫"烽"。《說文·火部》："～，燧，候表也，邊有警則舉火。"《詩·邶風·簡兮》："日之方中，在前上處。"安徽阜陽雙古堆出土的竹簡《詩經》作"在朶上處"。"朶"爲"泉"的俗字，通假爲"前"。上述各字在《大字典》裏都查不到。有的字《大字典》已收，但缺書證，可以從簡牘補出。如"鿄"（下以"～"代）已見於《大字典》第六卷4208頁，引《集韻·脂韻》："鏼，黑金也，或作～。"缺書證。漢簡中此字不止一次出現。如《居延漢簡》："受七月除～金四□。"
（852·5）"甶"（下以"～"代）見於《大字典》第一卷 308 頁，引
《玉篇·甶部》"～，今作甾"。缺書證，漢簡中也不止一次出現，
如《居延漢簡》："食～寇踐朱庶廣德十一月。"（324·9）唐宋以來
通俗文學中保存的大量俗字，《大字典》沒有收錄的也不算太少。
如《敦煌變文集·伍子胥變文》："門門格立，抛車更伏。""抛"
乃"抛"的俗體。《韓擒虎話本》："一齊披旗大喊，索隋家兵士交
戰。""披"爲"簸"的俗體，搖動之意。這兩字都從《大字典》裏
查不到。藍立蓂《劉知遠諸宮調校注》書末附表列出該書出現的
俗字，我對照了一下，其中《大字典》未收的在 100 個以上。《大
詞典》收詞 37 萬條，就已出的前 6 卷看，其收詞的廣泛，的確爲
以往任何漢語詞典所望塵莫及。但是翻一翻中古以及近代作品，
尤其是通俗白話作品，就會發現還有一些詞《大詞典》沒有收進
去。如唐代高級武官的侍從叫"別奏"，《唐六典·兵部》："凡諸
軍鎮大使、副使以上，皆有傔人別奏以爲之使；大使三品以上，傔
二十五人，別奏十人。"金代內外三、四品以下官員的侍從叫"本
破"，《金史·儀衛志下》："凡內外官自親王以下，傔從各有名數
差等，而朱衣直省不與。其賤者……三曰本破，內外正四品以下
設之。"《劉知遠諸宮調》第十二："自言是經略在衙本破，倖實俺
兄和弟忍不過。"解釋和分辨是非叫"分雪"，《敦煌變文集·漢
將李陵變文》："火急西行自分雪，霸王固取莫摧（推）延。"（41
頁）《燕子賦》："終須兩家，對面分雪，但知臧否，然可斷決。"
（250 頁）鄉村也叫"深村"，劉敏中《中庵樂府·黑漆弩·村居

遣興》："高巾闊領深村住，不識我喚作傖父。"紀君祥《趙氏孤兒》二折："自從定朝野裏封侯拜相，唬得我深村裏罷職歸農。"家人團聚也叫"圓聚"，《劉知遠諸宮調》第十二："三翁道：'你夫妻圓聚，老漢死也快活。'"無名氏《黃花峪》三折："我今日尋着你個李幼奴，分付與你劉慶甫，你兩口兒歡喜重圓聚。"縫衣的針叫"折針"，《老乞大諺解》："別人東西休愛，別人折針也休拿。"《劉知遠諸宮調》第二："調（掉）下個折針也聞聲。"這類詞語并不太偏僻，可是《大詞典》裏查不到。如果包括現代作品裏的詞，《大詞典》應當補收的詞恐怕更要多得多。如稱吝嗇的人為"嗇家子"，當代幾位大作家的作品中都可以見到。李劼人《大波》："叫人看見，豈不疑心我是嗇家子？"（第二卷 385 頁）周立波《山鄉巨變·菊咬》："他們曉得菊咬筋是個嗇家子。"《大詞典》就沒有。要把所有遺收的字和詞都補收進去，當然是十分困難的事。但是《大詞典》已經有了很好的基礎，進一步完成增補修訂的任務是完全做得到的。

　　詞典要把每一個義項安排妥帖，難度極大。《大字典》和《大詞典》絕人部分做得非常好，編纂的先生們花費了極大的心血。但我在翻檢中感覺到，似乎還有一部分詞的義項收集還不够全面，尤其是中古以後產生的新詞義有不少遺收。例如"辦"中古有"拼"義，《敦煌變文集·伍子胥變文》："一死一進，唯努唯前，各辦殺心，終無退意。"范成大《冬日銅壺閣落成》詩："已辦霜鬢供歲籥，仍拼髀肉了征鞍。""辦"與"拼"同義對舉。"打"中古有"吃"義，如王梵志《不知愁大小》："道愁不愛食，面愁偏怕酒，剩打三五盞，愁應如屍走。”“剩打”就是多吃；寒山《詩三百三首》之一三九：“見佛不禮佛，逢僧不施僧，唯知打大爨，除此百無能。”蘇軾《豬肉頌》：“黃州好豬肉，價賤如泥土，貴者不能吃，貧者不解煮，早晨起來打兩碗，飽得自家君莫管。”“應”中古有“所有、全部”義，《敦煌變文集·葉净能詩》：“皇帝一見大笑，妃后共賀帝情，應內人驚笑不已。”宋李元弼《作邑自箴》卷一：“應簿書須用一樣好紙，擇能書人真楷題面。”“耍”近代又爲疑問代詞，相當於“啥”“什麼”。馮夢龍《山歌·老鼠》：“我裏個阿爹慌忙咳嗽，我裏個阿娘口裏開談，便話道：‘阿囡，耍響？’”“滿”又指“排行中最小的”。周立波小說《蓋滿爹》：“黎蓋平兄弟三人，他是老三，長輩叫他滿伢子。”周氏自注：“在這一帶地方，兄弟當中末尾的一個，通稱老滿。”《大字典》未收“滿”的此義。《大詞典》收“滿子”一詞，釋爲“最小的子女”，并引清張心泰《粵游小志》：“滿子者，嘉俗稱子女之最小者。……以稚子爲滿子，自五代時已然。”（六卷 57 頁）複音詞中，“中人”又有“婊子、妓女”義，元無名氏《還牢末》一折：“二嫂蕭娥，他原是個中人，棄舊從良。”李潛夫《灰闌記》二折：“大渾家：‘是員外娶的個不中人。’祇從：‘噯，敢是個中人？’大渾家：‘正是個中人。’”“平章”唐宋時又特指“議親、提親”，《敦煌變文集·伍子胥變文》：“臣聞秦穆公之女，年登二八，美麗過人……願王出敕，與太子平章。”“整理”近代有“掙扎”義，元無名氏《博望燒屯》二折：“他每都東歪西倒自長吁，他剛剛的整理的他那身軀。”又有“理論、講理”義，無名氏《盆兒鬼》三折：

"你還强嘴哩，到明日和你整理。"希望今後《大字典》和《大詞典》進行修訂時，能够全面吸收已有研究成果，把遺收了的義項都收進去。

詞典原則上不能隨文解義。事實上義項的確定離不開古書的注釋。既要很好地利用前人注釋古書的成果，又要使義項有概括性，能够適用於絕大多數例句，這是詞典編纂工作者極費斟酌的事情，我們也可以從中衡量出一部詞典質量的高低。《大字典》和《大詞典》在這方面做了非常深入而扎實的工作，絕大多數義項做到了準確、概括、簡明、通俗，在當代詞典中具有很高的水平。但個別地方也有值得考慮的。例如：

> 罙（武移切）深入；冒。也作"罙"《廣韻·支韻》："罙，深入也，冒也。"《詩·商頌·殷武》："撻彼殷武，奮伐荆楚，罙入其阻，裒荆之旅。"鄭玄箋："罙，冒也。……"（《大字典》第一卷303頁）

按《詩·商頌·殷武》"罙入其阻"，《毛傳》"罙，深也"意即深入；《鄭箋》"罙，冒也"意爲冒突。兩者本不相同。陳奐《詩毛氏傳疏》："鄭于字同毛，而義用三家。"《廣韻》兼錄毛鄭，不足爲怪。而《大字典》襲用《廣韻》，把"深入、冒"合爲一個義項，却不一定妥當。古書中這類同字而訓釋不同的情况不少，鄙意以爲如不能肯定哪一家絕對正確，不妨在釋義中分別指出。至於《大詞典》"罙"（第二卷，441頁）下完全略去這個義項，雖然没有了麻煩，讀者却無從檢索，恐怕也值得考慮。

> 平常　③猶言欠佳，變壞，清魏源《聖武記》卷九："且
> 官聲平常，交刑部治罪。"《紅樓夢》第五四回："想起來了，
> 我的記性竟平常了！"(《大詞典》第二卷 936 頁)

"欠佳"是不太好，"官聲欠佳"不至於"交刑部治罪"，所以《聖武記》中的"平常"釋爲"欠佳"，似嫌過輕。這裏也沒有"變壞"的意思。清代《霓裳續譜·女大思春》："小白：不要我，我頭上脚下，人才比誰平常嗎？"把其中的"平常"解成"變壞"就很不通。愚以爲上述例子中的"平常"都應釋爲"差"。詞義由中性變成貶義，在漢語詞彙史上并不十分罕見。

最後，根據語言社會性的要求，在同一時代，一個詞的意義不可能過於複雜。王力先生曾經指出："同一時代，同一個詞有五個以上的義項是可疑的（通假意義不在此例），有十個以上的義項幾乎是不可能的。"(《詩經詞典序》) 可是詞典裏有十個以上義項的非常普遍，有的多達三四十個義項。如《大字典》裏"上"有 41 個義項，"下"有 36 個義項，"子"有 38 個義項，"將"有 35 個義項等等，這是因爲包括了這些詞在不同時代産生的所有意義。如果《大字典》和《大詞典》能把每一個字（詞）的各個意義産生和消亡的時代一一指明，必將對廣大讀者閱讀古書，接受文化遺産提供莫大的幫助，這也是詞典真正科學性的最高體現。當然這不是少數辭書工作者在短期內所能做得到的，應是全國語言工作者努力的方

向。我們應當有這樣的雄心壯志。全國辭書工作者和語文工作者團結起來，并肩奮鬥，集思廣益，持之以恒，上述目的就一定能够達到，《大字典》和《大詞典》一定能够立於世界上最優秀最出色的少數幾部詞典之列而毫不遜色。

稱謂詞與《稱謂詞典》[*]

    人類社會用語言進行交際，彼此不能没有一定的稱呼，稱謂詞就是用來彼此稱呼的詞。稱謂詞是詞彙的一個重要組成部分，帶有濃厚的民族和時代的特徵。

    我國是文明之國，禮儀之邦。古代在社會交往中，人們十分在意稱呼是否恰當。不能用一般的人稱代詞"爾""汝"來稱呼對方，更不能直接稱呼對方長輩名字。《孟子·盡心下》："人能充無受'爾''汝'之實，無所往而不爲義也。"意即人要自尊，不讓別人用"爾""汝"來稱呼自己，擴而充之，就能令一切行爲都合乎正義。《世說新語·方正》："盧志於衆坐間陸士衡：'陸遜、陸抗是君何物？'答曰：'如卿于盧毓、盧珽。'士龍失色。既出户，謂兄曰：'何至如此？彼容不相知也。'士衡正色曰：'我父祖名播海内，寧有不知？鬼子敢爾！'議者疑二陸優劣，謝公以此定之。"盧毓、盧珽是盧志的祖父、父親，陸遜、陸抗是陸機兄弟的祖父、父親。盧志在大庭廣衆之中直呼陸氏兄弟的祖、父之名，很是無禮。陸機與之針鋒相對。謝安不責怪他，反而據此肯定陸機比乃弟陸雲優秀。現在的人當然不必像古人那樣過分計較稱謂，但在彼此稱呼上適當

    * 原載《四川大學學報》(哲學社會科學版)，2006 年第 4 期。

掌握分寸，還是必要的。

　　漢語歷史悠久，使用人口眾多，地域廣闊，方言複雜，漢語裏的稱謂詞反映了古往今來漢族各種各樣的人和人際關係，特別豐富而多彩。如"天子"（帝王）、"輔臣"（輔佐帝王的大臣）、"閹豎"（宦官）、"輿台"（古代十等人中兩個低賤等級的人），反映不同的身份等級；"嫡子"（正妻生的大兒子或作爲繼承人的兒子）、"支子"（嫡長子或繼承人之外的兒子）、"庶子"（嫡子以外的衆子，妾生的兒子）、"別子"（未能繼承父祖地位另立一宗的兒子），反映不同的宗法地位；"姑表"（兄弟的兒女和姊妹的兒女互稱）、"姨表"（母親的姐妹的兒女）、"舅父"（母親的兄弟）、"外舅"（岳父），反映不同的親戚關係；"僧師"（和尚）、"壇長"（主持道觀的道士）、"阿訇"（伊斯蘭教主持教儀、講授經典的人）、"牧師"（基督教新教大多數教派中的神職人員），反映不同的宗教信仰；"押司"（宋代辦理文書、獄訟的地方胥吏）、"梢公"（掌舵的船工）、"針筆匠"（在人皮膚上刺文字圖案的藝人）、"照相師"，反映不同的職業；"長子"（高個子）、"胖墩"、"衰老"、"刖跪"（受刖刑斷了足的人），反映不同的身態；"辯士"（能言善辯有口才的人）、"積年"（經驗豐富深知人情世故的人）、"能員"（能幹的官吏）、"强手"（技藝高超的人），反映不同的才能；"儒將"（有學問，有文人風度的將領）、"狂狷"（狂暴狡猾的人）、"貪豎"（貪婪的小人）、"賢達"（有才德有聲望的人），反映不同的品性；"皇胤"（皇帝的子孫後代）、"貴冑"（帝王或貴族的子孫）、"家生婢"（奴婢所生的婢女）、"花根子"（妓女的子女），反映不同的出身；"村嫗"

（鄉村婦女）、"邊民"（邊境地區的百姓）、"江叟"（江上的漁翁）、"山蠻"（南方山區的少數民族），反映不同的地域；"胡虜"（北方少數民族）、"蠻獠"（西南少數民族）、"戎隸"（奴隸身份的少數民族）、"倭寇"（14 至 16 世紀侵擾劫掠我國和朝鮮沿海地區的日本海盜），反映不同的民族；等等。有的稱謂所揭示的現實簡直令人驚心動魄，毛骨悚然。如宋莊季裕《雞肋編》卷中："唐初，賊朱粲以人爲糧……老瘦男子，廋詞謂之'饒把火'，婦人少艾者名爲'不羨羊'，小兒呼爲'和骨爛'，又通目爲'兩脚羊'。"清紀曉嵐《閱微草堂筆記》卷二："蓋前崇禎末，河南、山東大旱，蝗，草根木皮皆盡，乃以人爲糧，官吏弗能禁。婦女幼孩，反接鬻於市，謂之菜人。屠者買去，如刲羊豕。"

　　漢語稱謂詞來源和構成形式多種多樣。（1）本稱。有單音詞，也有多音詞。如"君"、"臣"、"婢"、"奴"、"士兵"、"水頭"（佛教寺院中管供水的僧人）、"把色"（宋元時爲戲曲歌唱者配樂的樂工）、"啖名客"（貪圖虛名的人）、"潑辣貨"（大膽任性無所顧忌的婦女）、"年家故吏"（前輩有同年或朋友關係的人）、"鬚眉男子"、"三對面先生"（說客、爲人游說別人的人）、"堂房叔伯兄弟"、"不帶頭巾男子漢"（有男子氣概的婦女）、"三愛村白肚子學生"（見識鄙陋没有學問的讀書人）。（2）喻稱。大都以具有某種相似特徵的物名稱人。如"桃花"、"豺狼"、"三脚貓"（對技藝懂一點不精通的人）、"瓷公鷄"（一毛不拔的吝嗇鬼）、"酒囊飯袋"、"游蜂浪蝶"（游冶好色的男子）、"銀樣鑞槍頭"（外表堂皇實際無能的人）、"水晶心肝玻璃人兒"（明察事理的人）。（3）代稱。多以與人有關的事物名代稱人。如"緇衲"（僧人）、"青衫"（被貶失意的官員），以服飾代人；"香閨"（女子）、"秦晉"（夫妻），以處所代人；"阮郎"（情郎）、"文君"（多情多才的女子），以專名代通名；"聖善"（母親）、"高明"（聰明睿智、學識技藝超群的人），以品性代人；"青絲"（年輕女子）、"鬚眉"（男子），以身體特徵代人；"三揖"（卿、大夫、士）、"搖鼓"（流動售貨的小販），以動作行爲代人；"台槐"（三公，槐樹是古代三公官署的標志）、"隼旗"（將帥，將帥旗幟畫鷹隼），以相關事物代人。（4）用事。多由歷史典故凝縮組合而成稱謂詞。如"東床"（女婿，語本《世說新語·雅量》）、"郢質"（知己，互相默契的人，語本《莊子·徐無鬼》）、"依劉客"（投靠權勢的人，語本《三國志·魏書·王粲傳》）、"鑿壁生"（貧窮刻苦的書生，語本《西京雜記》卷二）、"青藜學士"（博學的讀書人，語本晉王嘉《拾遺記》卷六）、"羊胃羊頭"（污濫的官吏，語本《後漢書·劉玄傳》）。（5）別稱。大都是古代官名之外另起的名稱。如御使別稱"憲臣"，翰林學士別稱"行内"，縣令別稱"邑侯"，縣尉別稱"北部"，中書令別稱"紫微公"，舉人別稱"孝廉公"。（6）隱稱。某些行業或社會集團利用諧音、拆字、歇後等手段造成外人不易瞭解的稱謂詞。如幫會成員稱"溜子"，幫會外的人稱"空子"，外公稱"明日"、丈夫稱"靈蓋"，婦女稱"金童玉"，窮人稱"七水通"，軍人稱"太上老"，瘋子稱"巽方太歲"，使女稱"躧手陳平"，奴才稱"女又十撇兒"。（7）省稱。也叫略稱，或簡稱，即把多音節詞省略爲雙音節詞。如"土劣"（土豪劣紳）、"高工"（高級工程師）、"大方"（大方之家）、"行軍"（行軍司馬）、"學政"（提督學政）、"掌珠"（掌上明珠）、"毛兵"（毛葫蘆兵）。（8）仿稱。依照某一固有名稱造成新的稱謂詞，往往帶有調侃的意味。如"好蛋"（仿"壞蛋"）、"洋蛋"（仿"土蛋"）、"窄人"（仿"闊人"）、"老中"（仿"老外"）、"家種"（仿"野種"）、"大老細"（仿"大老粗"）、"小哥小"（仿"大哥大"）。（9）方言。方言裏的稱謂詞自有特點，其中一些通過書面傳播，逐漸融入普通話。如"胡天兒"（説謊話的人，天津）、"花姐姐"（美麗年輕的女子，河北）、"結巴舌兒"（口吃的人，鄭州）、"强筋頭"（倔强固執的人，徐州）、"諞子"（巧言善辯的人，寧夏）、"鷄雜"（稽查、特務，武漢）、"親太公家"（祖父，貴州）、"裏手"（内行、做事有豐富經驗的人，湖南）、"灰灰兒"（曾孫、輩分極小的後人，安慶）、"癟三"（城市中無正當職業而以乞討或偷竊爲生的游民，上海）、"阿况"（哥哥，杭州）、"河弟兒"（老弟，温州）、"精脚"（精明的人，客家）、"散仔"（無正當職業的人，廣東）、"青盲牛"（文盲，福州）、"假獨龍"（有姐妹没有兄弟的男孩子，桂林）、"老坎"（土包子，吝嗇的人，四川）。（10）譯稱。國内少數民族語言和外國語言中的一些稱謂詞通過翻譯傳入漢語，爲漢語吸收，有的保存在書面語裏。如"孤塗"（兒子，匈奴語）、"檀越"（施主，梵語）、"摩敦"（母親，鮮卑語）、"阿多"（父親，回紇語）、"札野"（侍衛、侍從，女真語）、"按答"（朋友，蒙古語）、"毛拉"（伊斯蘭教學者、先生，伊斯蘭語）、"格格兒"（小姐，滿語）、"摩雅泰"（醫生，傣語）、"畢摩"（巫師，彝語）、"金珠瑪米"（解放軍，藏語）、"阿貴"（未婚男青年，瑶語）、"培"

（妹妹，侗語）、"胞波"（同胞、親戚，緬甸語）、"阿媽妮"（母親，朝鮮語）、"阿卡"（比自己年長的男子，維吾爾語）、"阿欽"（哥哥，鄂溫克語）、"密司"（小姐，英語）、"歐桑"（太太、已婚婦女，日語）。

　　不同稱謂詞可以表現説話者的不同態度和感情，亦有多種情況。（1）尊稱或敬稱。用含崇高尊貴義的詞語來稱呼對方以及與之有關的人以示尊敬。如 "寶眷"（別人的女性家屬）、"恩公"（對自己有恩的人）、"高鄰"（街坊鄰居）、"貴室"（對方的妻子）、"君侯"（中央或地方的高級長官）、"鈞座"（長官）、"良契"（朋友）、"令尊"（對方或別人的父親）、"明公"（權要長官）、"仁丈"（中老年男子）、"上仙"（道教修煉得道的人）、"聖僧"（有道行的僧人）、"盛綱"（別人的僕人）、"台駕"（對話人）、"太爺"（州府縣長官或官員的父親）、"頭翁"（官府衙役）、"仙長"（仙人或道士）、"賢昆玉"（對話人的哥哥和弟弟）、"尊翁"（對方的父親）、"差爺"（差役）、"團總"（鄉人尊稱團丁）、"師座"（師長）。有時也用處所名或下屬人員之名表示不敢直稱對方。如 "陛下"（帝王）、"殿下"（太子、諸侯王或皇后）、"閣下"（三公、宰相、郡守等官員和一般男子）、"足下"（長上或同輩的人）、"令郎君"（別人的兒子）、"麾下"（將帥）、"左右"（對話的人）。（2）美稱。用一些含美好義的詞來稱呼對方以及有關的人以示贊美。如 "阿嬌"（年輕女子）、"冰玉"（岳父和女婿）、"金昆"（別人的兄弟）、"麟孫"（別人的孫兒）、"仙令"（縣令）、"玉眷"（對話人的家屬）、"哲嗣"（別人的子孫）、"金嗓子"（歌唱得好的人）、"鳳凰使"（使臣）、"折桂郎"

（讀書人）、“白衣天使”（醫生、護士）、“乘龍快婿”（好女婿）、
“玉友金昆”（別人的兄弟）。（3）謙稱。用一些含卑下粗劣義的詞
來稱呼自己和自己的家人親友以示謙退。《老子》四十二章：“人
之所惡，唯孤寡、不穀，而王公以爲稱。”如“卑末”（男子謙稱自
己）、“鄙老”（老年人謙稱自己）、“敝友”（對人謙稱自己的朋友）、
“不肖”（說話人謙稱自己）、“草萊下士”（平庸的僕從，謙稱自
己）、“寡君”（大臣對異國人謙稱自己的君主）、“寡君之老”（諸侯
出使異國時謙稱自己）、“寒荆”（謙稱自己的妻子）、“愚母子”（母
親和兒子謙稱自己）、“賤室”（謙稱自己的妻子）、“劣婿”（謙稱自
己的女婿）、“末學”（文人謙稱自己）、“牛馬走”（謙稱自己爲牛馬
一樣被驅使奔走的人）、“僕”（男子謙稱自己）、“妾”（女子謙稱
自己）、“區區”（男子謙稱自己）、“犬子”（謙稱自己的兒子）、“忝
眷”（謙稱自己的家眷）、“土木”（謙稱自己爲無用的人）、“豚兒”
（謙稱自己的兒子）、“頑才”（才質愚鈍的人，謙稱自己）、“晚學”
（對前輩學者謙稱自己）、“矮子”（犬子，謙稱自己的兒子）、“微
妾”（婦女謙稱自己）、“猥瑣”（鄙陋卑微的人，男子謙稱自己）、
“下官”（官吏對上級或一般人謙稱自己）、“小頑”（謙稱自己年輕
的兒子）、“朽才”（謙稱自己）、“野賤”（鄉野賤民，謙稱自己）、
“愚生”（學生對老師謙稱自己）、“拙內”（謙稱自己的妻子）、“子
民”（百姓對當地長官謙稱自己）、“鰍生”（淺薄鄙陋的人，男子
謙稱自己）。與謙稱相反的是傲稱。說話者傲慢的態度，如“老子
們”（傲稱自己，不論男女長幼）、“爺們”（男子傲稱自己）。（4）
詈稱。多用一些不好的字眼來稱呼對方以表達不滿和憤怒感情。如

"賊驢"、"殺才"、"畜牲"、"挨刀的"、"烏男女"（卑劣無恥的人）、"臭溺貨"（沒有用的壞東西，詈稱對方）、"醃攢潑才"（卑劣的無賴）、"下作黃子"（卑劣下賤的傢伙）、"村弟子孩兒"（沒有教養的人）、"賊王八蛋子"（無恥的男子）。（5）蔑稱或憎稱。大都含有鄙視或憎惡的意思。如"棒子"（蔑稱窮人）、"醜寇"（憎稱敵人）、"毛賊"（蔑稱擾亂社會偷盜搶劫的人或敵人）、"熊包"（軟弱無能的人）、"差狗"（差役或警察）、"禿驢"（和尚）、"尖子貨"（出衆的人）、"老剝皮"（殘酷貪心的人）、"牛鼻子"（道士）、"吸血鬼"、"窮酸餓醋"（貧窮迂腐的書生，窮讀書人）、"丫頭片子"。有的則表現了剝削階級的偏見。如"鄉巴佬"、"泥脚杆"、"窮煞坯"、"煤黑子"、"山狗子"（蔑稱伐木工人）。（6）昵稱或愛稱，表示一種非常親愛的感情。如"阿寶"（兒子）、"肉兒"（非常親愛的人）、"卿卿"（親愛的人）、"子子"（昵稱幼兒）、"小乖乖"、"親達達"（情郎）、"情哥哥"、"心肝兒肉"。有的既是詈稱，又是昵稱，看不同對象而定；有時表達一種愛恨交加的感情。如"孽障"（昵稱兒女、佛家稱防礙修行的罪業）、"冤家"（有仇的人，昵稱兒女或親愛的人）、"砍腦殼的"（該死的人，詈稱，亦昵稱）。（7）諷稱。對所稱呼的人帶有譏諷的意思。如"饕餮仙"（諷稱貪慕塵俗名利不事净修的道士）、"文抄公"（抄襲別人文章的人）、"濕親家"（缺乏親情的親家）、"大脚色"（地位很高的人物）。（8）戲稱或謔稱，大都夾帶有調侃的意味。如"老愛"（戲稱愛人）、"八仙"（戲稱扛夫，扛夫多爲八人一組）、"四眼"（戴眼鏡的人）、"趙夫子"（善於打趣、任意編造的人）、"太座"（太太，戲稱妻子）、"聽長"（聽衆）、"啖

先生"（擅長閑聊的人）、"家中寶"（戲稱相貌平常或醜陋的妻子）、
"猢猻君子"（戲稱私塾教師）、"長期飯票"（丈夫）、"甩手大爺"
（不負責任的人）、"伸手大將軍"（乞丐，隨意向別人索要財物的
人）、"光禄寺大夫"（厨夫）等等。

　　不同稱謂詞產生于不同時代和不同地區。如"父、母、兄、
弟"，甲骨文裏就有了；"先生、弟子、黎民、百姓"，產生于先
秦；"僧、尼、道人、男兒"，產生于漢代；"冰人（媒人）、俘虜、
法官、流民"，始見于六朝；"父親、哥哥、東床（女婿）、冤家"，
產生于唐代；"奶奶、嫂嫂、教授、脚夫"，產生于宋代；"差役、
買辦、社長、叫花子"，產生于元明；"惡霸、販子、棒子（窮人）、
董事"產生于清代；"操哥、貧農、老闆、藍領"則是現代才產生
的詞。它們不僅產生的時代有古有今，地域有東有西，構成的方式
也各不相同，表達的感情更是千差萬別。在歷史的長河中，新的稱
謂詞不斷產生，許多舊的稱謂詞不再使用；有些詞的意義發生了變
化，衍生出各種新的用法，顯得十分複雜。

　　這種複雜性主要表現在以下兩個方面：

　　一是同一對象可以用多個不同的稱謂詞來稱呼。如"婿、婿
郎、婿甥、婿婿、女婿、女婿子、愛婿、半子、乘龍、乘龍佳婿、
乘龍嬌客、乘龍快婿、乘龍女婿、乘龍人、乘龍婿、高客、姑爺、
姑老爺、郎、郎把公、郎古子、郎家、郎君、郎婿、郎崽、郎子、
東床、東床佳婿、東床嬌客、東床姣婿、東床客、東床女婿、東
床人、東床坦腹、東床婿、坦床、坦腹、東坦"等40多個稱謂詞，
指的都是女兒的丈夫；"阿上、阿逸、比丘、比邱、比丘僧、苾芻、

和尚、和尚家、和尚子、缽盂精、出家人、出家師、毳客、毳衲、毳錫、大龍、大德、大德僧、道僧、高德、高德沙門、法徒、法子、梵僧、浮屠子、佛家弟子、佛門弟子、佛教徒、佛人、佛子、高座、掛褡、掛褡僧人、光光乍、光老、潔郎、淨侶、空侶、空桑、空門子、苦行僧、髡、髡夫、髡人、髡徒、衲、老衲、衲客、衲僧、衲僧家、衲師、廿三僧、僧家、僧侶、僧倫、僧人、僧師、僧屬、僧徒、僧衆、胡僧、高僧、男僧、貧僧、桑門、沙門、沙彌、沙屠、闍梨、禿、高禿、禿道人、禿丁、禿兒、禿沙門、禿士、禿頭、禿子、禿厮、禿孽障、禿奴、禿囚、禿驢、緇、名緇、緇褐、緇郎、緇林、緇流、緇侶、緇衲、緇袍、緇人、緇屬、緇禿、緇徒、緇錫、緇衣"等 100 多個稱謂詞,指的都是信奉佛教的僧人。這些稱謂詞産生於不同時代,表示説話者的不同立場、態度、感情和語氣,并非隨時可以互用。

二是同一個稱謂詞可以有多種含義。如"姐姐"一詞本指同父母而年紀比自己大的女子,在不同時期和方言中可以分別稱呼年輕婦女、妻妾或愛戀的女子、女兒、母親、伯母、祖母、女兒、比自己大的同輩婦女、年輕女僕、妓女等不同的人。"相公"本是對宰相的尊稱。後又可以分別稱呼長官、官員、官衙中主辦文書的胥吏、讀書人、家中的男主人、丈夫、年輕小輩男子、有專門知識的男子、店員或學徒、演旦角的男演員、男妓、上等妓女、天主教中次於神父的神職人員、扒竊別人隨身財物的小偷等不同的人。"律師"本指通曉佛教戒律的人。"能知佛法所作,善能解説,是名律師。"(《大般涅經》卷三)唐時又爲道士修行所得的稱號之一。清代則爲傳授法律知識的人，又指爲當事人在法律方面提供咨詢和服務的專業人員。"先生"可以稱呼先輩、先祖、父兄、退休的官員、年長有學問的人、老師、科舉時代的主試官、有專門知識技能的人、有特殊操行的人、文人、學者、文吏、商店裏管賬目文書的店員、帶學徒的師傅、醫生、卜卦看相的術士、道士、道姑、説書賣唱的藝人、丈夫、成年男子、某一行業中有代表性的男子、上等妓女（方言）。這些意義有的祇在歷史上某一時期出現，如今已經消亡；有的仍然在現代普通話中保留或在方言中保留。忽略稱謂詞及其意義的時代、地域特點和語義色彩，往往容易造成理解上的錯誤。

我們於 20 世紀 80 年代編寫了一部較大規模的《漢語稱謂辭典》，目的是收集古往今來漢語裏出現的所有稱謂詞語，詳盡地進行解釋，列舉必要的例句，給讀者提供一部完備而方便的有關工具書。辭典要求用漢語拼音方案給詞目注音。義項中除解釋詞義，還要分別注明稱謂詞的來源、構成形式和語義色彩。構成形式和來源有本稱、喻稱、代稱、用事、別稱、仿稱、方言、譯稱等分別，語義色彩則有專稱、敬稱、美稱、謙稱、詈稱、蔑稱或憎稱、昵稱或愛稱、諷稱、戲稱或謔稱等不同。舉例既要與義項相適用，又要照顧不同的時代。參加編寫的主要是俞理明、鐘如雄兩位教授。編寫工作 1987 年正式啓動。1997 年初稿完成後，發現了一些問題。於是進一步收集材料，對初稿補充修改，到 2000 年完成定稿，前後歷時 14 年。全書四百余萬字，共收詞目一萬餘條。這中間，俞理明教授最是堅韌不拔，十數年來勤勤懇懇，埋頭苦幹，從材料收集到初稿完成，他做的工作最多，貢獻最大，是這本辭典編寫的主力。鍾如雄教授亦用力不少，多有貢献。

2000 年某出版社社長看到《稱謂辭典》排印本，很感興趣。決定將它列入 2001 年重點出版計劃，并派編輯室主任作爲責任編輯，代表出版社和我們正式簽訂了 2001 年的出版合同。聽説出版社還向有關部門申請了一筆數目可觀的出版基金。我們把三校樣看完後，心裏很高興，以爲辭典就可面世，總算爲祖國的辭書事業做出了一點貢獻，也是奉送給新世紀的一份小小禮物。不意六年過去了，音訊渺無，出版合同成爲一紙空文。纔知道社長先生已于數年前光榮退休，編輯室主任也因成績顯著，升任要職，調往其他單位。但我們并不後悔。畢竟我們踏踏實實做了工作，得到了鍛煉，提高了認識，取得了成績。我是垂垂老矣，難有作爲。而俞、鍾二君都已由初出茅廬的年輕人成長爲卓有成就的教授，俞君更於幾年前評爲二級教授、博士生導師和學術帶頭人，著述甚豐，其中就有關於稱謂詞史的專書。當初編寫《漢語稱謂辭典》，而且堅持到底。我們相信金玉埋土，久亦生輝，真正有學術水平的著作總會有和讀者見面的一天。我希望《漢語稱謂辭典》的校樣不会丟失，畢竟這是我們十幾年心血換來的成果啊！

略談《周禮正義》和漢語詞彙史 *

　　《周禮》本名《周官》，大約成書于東周，系統記錄了我國上古時代的職官設置及其職掌。内分六官，共有職官（工）之名三百七十八個，其中遺缺十一個，實存三百六十七個。《天官》六十三，掌天下土地人民和宮廷生活；《地官》七十九（缺一），掌山林川澤、鄉邑田制；《春官》七十，掌祭祀禮樂；《夏官》七十（缺五），掌軍事田獵；《秋官》六十六（缺五），掌刑政殺伐；《冬官》早亡，漢人以性質相近的《考工記》補代，有工名三十，掌各種器物的製造及技術規範。全書職繁事富，是研究上古中國社會制度、名物的寶貴材料。與此同時，《周禮》全書四萬五千八百字，包括天文、地理、職官、物產、禽獸、家畜、田制、賦貢、道路、溝瀆、鄉邑、宮室、服飾、飲食、車輛、祭祀、卜筮、禮器、用具、樂舞、玉器、旗幟、兵器等類物名一千六百多個，加上成千個其他詞類的詞，涉及面極廣。而漢語詞彙史的任務是全面描寫漢語詞彙在不同歷史時期的使用面貌及其發展規律，主要建立在斷代和專書研究的基礎之上。因此，《周禮》乃是研究漢語詞彙史的重要語料來源之一。

---

　　*　原載《孫詒讓研究論文集》，2008 年。

《周禮》許多內容，到漢代變得不好懂了，後人更覺古奧，於是有注疏之書出。漢人開始爲《周禮》作注。東漢鄭玄《周禮注》最爲權威。唐代賈公彥《周禮注疏》亦負盛名。清代研究、注疏《周禮》的著作幾近百家，其中孫氏詒讓的《周禮正義》最爲傑出。孫詒讓（1848—1908），浙江瑞安人，幼承家學，天資穎悟，博聞廣識，精通典籍與文字、音韻、訓詁之學。他一生完成學術著作三十六種，在諸多領域都有建樹。他以一人之力完成《周禮正義》這部八十六卷、兩百多萬字的巨著，實在是一個了不起的成就。全書材料宏富，方法科學，認識深入，訓解精當，體例純正，組織嚴密，集《周禮》研究之大成，登清人注疏之巔峰。問世一百多年來，它一直大爲學人所推崇。我在這裏不是全面評價《周禮正義》，祇是就《正義》訓釋《周禮》詞語的內容及其特點談一些看法。

孫氏《正義》訓釋《周禮》詞語，概而言之，有以下十端：

一　描述古物形制

古代名物到了後世，有的形制或名稱起了變化，有的名存而物亡，不易理解，所以有進行詮釋的必要。

《冬官·輿人》："以其隧之半爲之較崇。""隧"是車廂深度，"較"是什麼？鄭玄注："較，兩輢上出式者。"孫氏《正義》引用《釋名》《毛傳》《說文》《古今注》及段玉裁、阮元等人的說法以後說：

今以先秦兩漢人所言者，反復考之，蓋周制庶人乘役車，方箱無較。士乘棧車以上皆有較，惟士車兩較出式上者，正方無飾，則有較而不重也。大夫以上所乘之車，則於較上更以銅爲飾，謂之曲銅鈎，其形圓句，邊緣捲曲，反出向外，故謂之軓。自前視之，則如角之句；自旁視之，則高出式上，如人之耳，故謂之車耳。凡車兩旁最下者爲輢，輢下附軫，象耳下垂，故又謂之輒。較在輢上，則象耳之上聳。是則車耳者，較輢之通名也。其較上更設曲銅鈎，向外反出，則是在較耳上重累爲之，斯謂之重較重耳矣。（13—3194、3195）①

這樣我們可以瞭解：古代車厢兩邊的檔板叫"輢"（yǐ），又叫"輒"（zhé）；車厢底部四面的橫木叫"軫"；車厢兩邊擋板上的橫木叫作"較"。大夫以上的車"較"上加設曲銅鈎以作裝飾，叫作"重較"，也叫"重耳"。其形如兩耳，因其向兩邊反出，又叫作"軓"（fǎn）。大夫以上的車纔有"重較"；士乘的車，有較而不設曲銅鈎，不是重較；庶人乘的車叫作役車，供勞役之用，沒有較②。這樣我們對古代"較"和"重較"的形制就比較清楚了。

《天官·屨人》："屨人掌王及后之服屨。爲赤舃、黑舃，赤繶、黄繶；青句，素屨，葛屨。"鄭玄注："屨自明矣，必連言服者，著

---

① 《周禮正義》，中華書局，1987 年十四冊本。短綫前爲冊數，短綫後爲頁碼。全文同此。
② 《周禮·春官·巾車》："大夫乘墨車，士乘棧車，庶人乘役車。"鄭玄注："役車，方箱，可載任器以共役。"

服各有屨也。複下曰舄，禪下曰屨。古人言屨以通於複，今世言屨以通於禪，俗易語反與？"（2—620）孫氏《正義》：

> 詒讓案：鄭謂周時本以複下曰舄，禪下曰屨。然此經"服屨"內兼有三舄，是複下亦通名屨也。《毛詩·齒風·狼跋》傳云："赤舄，人君之盛屨也。"又《小雅·車攻》傳云："金舄，達屨也。"此并古義之以屨通舄者也。至漢時俗語則無複舄名，而以屨爲複下之正稱。其禪下者，蓋別稱鞮。方言所云，即漢時語也。禪下者雖亦或稱屨，則以爲假借之通語，不爲正名，是與周時語正相反也。（2—623）

這是説，上古雙層底的鞋叫"舄"，單層底的鞋叫"屨"。但雙層底的鞋也可以叫"屨"，單層底的鞋則只叫"屨"，不能叫"舄"。到了漢代，俗語不再叫"舄"，雙層底的鞋叫"屨"；單層底的皮鞋叫"鞮"（dī），也可以叫"屨"，但不是正名。需要補充的是，漢時"屨"又通名"履"。《説文·屍部》："履，足所依也。"又："屨，履也。一曰鞮也。"段玉裁注："晋蔡謨曰：'今時所謂履者，自漢以前皆名屨。'""履"本訓踐，漢代用作名詞，代替"屨"的用法。漢代的"鞮"是皮製的鞋，故字從"革"。《説文·革部》："鞮，革履也。"至於現代通稱的"鞋"，則起於六朝。《玉篇》裏"鞋"是"鞵"的異體字。《顏氏家訓·治家》："籍其家産，麻鞋一屋。"孫氏《正義》依文釋義，故不及此。

二　闡釋官司職守

　　《周禮》所記六部三百七十八個職官（工）名稱，都是名物詞。其內涵如何，注疏或有不明者，孫氏一一闡釋，務求落實。如：

　　"鮑人"是製革工人。《考工記·鮑人》"鮑人之事"鄭玄注："鮑，故書或作鞄。"（13—3291）孫氏《正義》：

　　　　"鮑人之事"者，以事名工也。事謂柔治韋革之事。（13—3291）

　　"韗人"是製革製鼓和製鼓木的工人。《考工記·韗人》："韗人爲皋陶。"孫氏《正義》："《祭統》注釋韗爲韗磔皮革，明此工主治革以冒鼓，又兼爲鼓木。"（13—3296）

　　《考工記·車人》："車人爲車。"（14—3516）又"輪人爲輪"（13—3141），"輿人爲車"（13—3191），"輈人爲輈"（13—3205），似爲重複，其實各有分工。孫氏《正義》：

　　　　小車曲輈，此輈人所爲者是也。大車直轅，車人所爲者是也。散文則輈、轅亦通稱。王宗涑云："析言之，曲者爲輈，直者爲轅。小車曲輈，一木居中，兩服馬夾輈左右。任載車直轅，兩木分左右，一牛在兩轅中。"（13—3205）

又云：

> "車人爲車"者，王宗涑云："此車謂任載者。任載之車
> 有三：行澤者曰大車，行山者曰柏車，介乎行山、行澤間者
> 曰羊車。"詒讓案：此車人所爲三車，皆牛車，與輪人、輿人、
> 輈人三職所爲駟馬車不同。其制粗略，故輪、輿及輈以一工
> 爲之。"（14—3516）

同一職官（工）稱呼不一者，《正義》亦一一指明之。如"膳
夫""膳宰""宰夫"同是一官，主管君王飲食。《天官·叙官·膳
夫》孫氏《正義》：

> 膳夫，《燕禮》謂之膳宰，注云"膳宰，天子曰膳夫，掌
> 君飲食膳羞者"是也。胡匡衷云："膳宰亦通稱宰夫，如《左
> 傳》稱'膳宰屠蒯'，而《檀弓》云'蕢也，宰夫也'。《左
> 傳》稱'宰夫胹熊蹯不熟'，而《公羊傳》云'膳宰熊蹯不
> 熟'。是其確證。"（1—25）

"甸師""甸人"同一官名，負責供給野物。《天官·叙官》孫
氏《正義》：

> 甸師主田野之物，非取郊外距國二百里之甸地以爲名也。
> 《大祝職》及《燕禮》《大射儀》《公食大夫禮》《士喪禮》《文

王世子》《喪大記》《左成十年傳》《國語·周語》并謂之甸人。
（1—28）

我國歷代官制紛繁複雜，變化極大。孫氏《正義》的辨析，爲後人理解周代官職名稱及其職能，作出了難得的貢獻。

三　從多角度訓釋詞義

其中有引申義。如“宰”的本義是充當家奴的罪人，引申爲官吏的統稱。《天官·冢宰》孫氏《正義》：

> 《説文·宀部》云：“宰，辠人在屋下執事者。”引申之，凡官吏皆得稱宰。此經有大宰、小宰、宰夫、内宰、里宰，春秋卿大夫家臣采邑之長，亦多稱宰，則宰之名通於尊卑矣。……相官名宰，始于周代。（1—1）

“梁”的本義是橋梁，引申爲攔魚的堤壩。《天官·廠人》“掌以時廠爲梁”，孫氏《正義》：

> 蓋梁本爲橋梁，引申爲取魚之梁。魚梁，絶水爲之。……爲魚梁者，先以土石壅水使不流，而後於梁中開爲關空，使魚得從中出以入於筍。關空者，關與門關字同義。空、孔古今字。言于魚梁間爲門孔，可開閉，而後以筍承其孔以遮魚

也。（1—302）

"褻"的本義是平日家常穿的衣服，引申爲污穢的意思。褻器就是夜壺；反其意謂之清器，漢人也叫虎子。《天官·玉府》"掌王之……凡褻器"鄭玄注："褻器，清器，虎子之屬。"（2—459）孫氏《正義》：

> 《説文·衣部》云："褻，私服。"引申之，凡私褻之用器，亦謂之褻器。（2—461）

有比喻義。如《冬官·輪人》孫氏《正義》：

> 車輻大頭名股，蚤（車輻外端與車輞連接處的榫頭——引者注）爲小頭，對股言之，與人手爪相類，故以蚤爲名。（13—3147）

《正義》又引阮元云："古人命物，多就人身體名之，如牙、股、骹、胡、頸、踵、腹等皆是。"（13—3148）按車輪的外圍部分爲"牙"，車輻（車輪中連接轂和輞的直木條）近轂較粗的一端爲"股"，車輻近輞較細的一端爲"骹"，戈戟刃部曲而下垂的部分及車轅頸部爲"胡"，車轅前端持衡的部分爲"頸"，車轅後端與軫相接的部分爲"踵"，都是用比喻義。

有古義。《天官·鱉人》："祭祀共蠯（pí）、蠃（luó）、蚳

（chí）。”（1—306）“蠡”爲一種狹而長的蚌，“蠃”即是“螺”，“蚔”爲蟻卵，都是古義。鄭玄注：“蠃，螔蝓（yíyú）。鄭司農云：‘蠡，蛤也。’杜子春云：‘蠡，蚌也。蚔，蛾子。’”孫氏《正義》：

> 《爾雅·釋魚》：“蚹蠃，螔蝓。”郭注云：“即蝸牛也。”案：今語以水生者爲蠃，陸生者爲蝸牛，古人蓋無此分別。凡經典之言蚹蠃，言蠃，注家訓爲蝸爲蝸牛者，皆當爲水蠃。……綜校諸説，是修者爲蠡，爲蚌，圓者爲蜃，爲蛤，爲蜃，而蠡則其尤狹長者。先鄭以蠡爲蛤，散文通耳。……《爾雅·釋文》引《説文》“蛾”作“蟻”。……引《國語》云：“蟲舍蚔蠍”者，《魯語》里革語。韋注云：“蚔，蟻子也，可以爲醢。蠍，蝤蠐也，可以食。舍，不取也。”（1—307、308）

“蟻子”就是蟻卵，古人用以作醬。

有連綿詞。《天官·鼈人》：“掌取互物。”鄭司農云：“互物，謂有甲萳胡，龜鼈之屬。”（1—304）“萳胡”，《吕氏春秋·孟冬紀》高誘注作“漫胡”，《莊子·説劍》作“曼胡”，《釋名·釋飲食》作“漫沍”，皆上下密合之貌。《正義》：

> 萳胡、漫胡、曼胡、漫沍，皆形容之語，聲義并同。蓋介物皮甲周帀冢合，上下必相當也。（1—305）

四 探求詞的內部形式

詞的內部形式，即事物得名之由，孫氏《正義》於此亦頗用力。如：

《春官・大司樂》鄭注：“笙鏞以間。”（7—1731）孫氏《正義》引賈疏約鄭《書注》義云：

> 東方之樂謂之笙。笙，生也。東方生長之方，故名樂爲笙也。鏞者，西方之樂謂之鏞。庸，功也。西方物熟有成功。亦謂之頌，頌亦是頌其成也。（7—1738）

説明“笙”得名於“生”，“鏞”（大鐘）得名於“功”或“頌”。

《冬官・築氏》：“築氏爲削，長尺博寸，合六而成規。”鄭玄注：“今之書刀。”孫氏《正義》：

> 詒讓案：古作書，以削刻簡札，故謂之書刀。（13—3242）

説明“削”（書刀）得名于削刻簡札。

《地官・閭師》：“不樹者無椁。”鄭玄注：“椁，周棺也。”孫氏《正義》：

> 《檀弓》云：“棺周於衣，椁周於棺，土周於椁。”又云：“殷

人棺椁。"注云："椁，大也，以木爲之，言椁大於棺也。"《白虎通義·崩薨篇》云："椁之爲言廓，所以開廓辟土，無令迫棺也。"《釋名·釋喪制》云："椁，廓也，廓落在表之言也。"案：周棺者，謂周（環繞）棺之四圍，若上下則不周，故《檀弓》孔疏云"椁不周，下有茵，上有抗席"是也。（4—978、979、980）

可見"椁"得名於大、廓，外圍、外表之意。《天官·叙官》"酒人"鄭玄注："古者從坐男女，没入縣官爲奴；其少才知，以爲奚，今之侍史官婢。"孫氏《正義》：

> 秦漢時，通以國家爲縣官。《史記·李斯傳》云"十公主矵（zhé，同磔，分裂屍體的酷刑——引者注）死于杜，財物入于縣官"是也。《史記·周勃世家》司馬貞《索隱》云："縣官謂天子也。"所以謂國家爲縣官者，夏家王畿内名縣内，即國都也。王者官天下，故曰縣官。（1—33、34）

這説明天子所以又名縣官，是因爲夏朝王畿又名縣内。按：《禮記·王制》："天子之縣内，方百里之國九。"鄭玄注："縣内，夏時天子所居州界名也。"

五　辨析同義異詞

孫氏《正義》于此用功最勤，所獲甚多。其中有反映事物相

同而視角不同者。如"大寢""路寢"同物，"小寢""燕寢"同
物。《夏官‧大僕》："建路鼓于大寢之門外。"鄭玄注："大寢，路
寢也。"孫氏《正義》："《爾雅‧釋詁》云：'路，大也。'故路寢
亦謂之大寢，對燕寢謂小寢也。"（10—2498）《天官‧宮人》"宮
人掌王之六寢之脩"鄭玄注："六寢者，路寢一，小寢五。"孫氏
《正義》：

> 路寢，《大僕》謂之大寢；燕寢見《女御》，亦曰小寢者，
> 對大寢言之也。（2—417）

"路"與"大"同義，是"路寢"即"大寢"。小寢以燕息，就功能
言故爲"燕寢"，對"大寢"言即爲"小寢"。

"拊""搏拊""拊搏""撫拍""節""相""節鼓"都指古代同
一種打擊樂器。《春官‧大師》："大祭祀，帥瞽登歌，令奏擊拊。"
（7—1846、1847）孫氏《正義》：

> 參綜諸説，蓋此器以拊拍出音，故曰拊，曰搏拊，曰拊
> 搏，曰撫拍；以節和樂，故曰節；其中著以穗，故曰相；其形似
> 小鼓，故又曰節鼓。七者異名，實一物也。（7—1849）

"牽""餼"，都指古代供祭祀用的牲口。《天官‧宰夫》："賓
賜之饗牽。"鄭司農云："牽牲，牢可牽而行者。"（1—201）孫氏
《正義》：

《聘禮》："餼二牢陳于門西，北面東上。牛以西羊豕，豕西牛羊豕。"注云"餼，生也。牛羊在手牽之，豕束之"是也。以其可食則謂之餼，以其可牽而行則謂之牽，其實一也。（1—201、204）

有反映物體位置不同者。如"巢""窠"都指蟲鳥棲宿的處所。《秋官·薙蔟氏》："掌覆夭鳥之巢。"孫氏《正義》：

"掌覆夭鳥之巢"者，《説文·巢部》云："鳥在木上曰巢，在穴曰窠。"（12—2931）

有反映行爲對象不同者。"祀"特指祭天，"祭"特指祭地，"享"特指祀祭人鬼。《春官·大宗伯》："以禋祀祀昊天上帝。"孫氏《正義》：

詒讓案：《説文·示部》云："祀，祭無已也。"此經通例，天神云祀，地示云祭，人鬼云享。三者對文則異，散文亦通。（5—1297、1298）

有用途不同者。如"綍（紼）""引（紖）"都是大麻繩。"紼"用於牽引靈柩入墓穴，"引"用於牽引靈車。《地官·遂人》："及葬，帥而屬六綍。"鄭玄注："綍，舉棺索也。"（4—1141）孫氏《正義》：

　　綍與紼同。《白虎通義·崩薨篇》云："紼者，所以牽持棺者也。"《雜記》注云："綍引同耳。廟中曰綍，在途曰引。"《檀弓》："吊於葬者必執引，若從柩及壙皆執紼。"注云："車曰引，棺曰紼。"……統核諸經注，蓋"綍"與"引"同爲大索，以麻爲之。柩殯于廟時，則系于輇車，以備遷舉。及將葬，載柩于車時，亦以綍舉而載之。既至壙，又以綍系于輇車，舉而下窆也。析言之，則在廟在壙舉柩之索謂之綍，在道引車之索謂之引。引屬於柩車之軸，綍屬於輇車，其用不同。（4—1142）

　　有正名、別稱之分者。如天子的妾叫"女御"，別稱"御妻"。《天官·敘官》"女御"鄭玄注："《昏義》所謂御妻。"孫氏《正義》：

　　　　御妻又謂之妻，《曲禮》云："天子有妻有妾。"鄭彼注云："妻，八十一御妻，《周禮》謂之女御，以其御序于王之燕寢"是也。……《荀子·君子篇》云："天子無妻，告人無匹也。"然則女御者其正名，御妻者其別稱，不爲典要者也。（1—53）

　　有統稱、析稱或散文、對文之別者。有的詞統稱（散文）同義，析稱（對文）不同義。如："脯""脩"都是干肉，對文則"脯"是一般的干肉，"脩"是加香料特製的干肉。《天官·内饔》："凡掌共羞……"鄭玄注："脩，鍛脯也。"（1—275）孫氏《正義》：

統言之，"脩""脯"并爲干肉；析言之，則干肉之不鍛者爲"脯"，鍛者爲"脩"。故《腊人》注云："薄析曰脯，捶之而施薑桂曰鍛脩。"《廣雅·釋詁》云："鍛，椎也。"蓋取干脯雜薑桂椎搗之，是爲"鍛脩"，若《内則》"牛脩"是也。(1—275)

"筵""席"都是席子，對文則"筵"是竹席，長而墊下；"席"不限於竹制，短而鋪在筵上。《春官·叙官》："司几筵。"鄭注："筵亦席也。鋪陳曰筵，藉之曰席。"孫氏《正義》：

> 凡對文，則筵長席短，筵鋪陳于下，席在上，爲人所坐藉；散文則筵亦爲席，故本職云"掌五席"，實兼筵言之。(5—1253)

"倅""佐""貳"都有副義，析言則兵車之副爲"倅車"，田（田獵）車之副爲"佐車"，又兩者都可以稱"佐車"，也叫"貳車"。《夏官·田僕》："掌佐車之政。"鄭玄注："佐亦副。"孫氏《正義》：

> 此謂佐車爲木路之副，與戎僕、戎路之副爲倅車，道僕、象路之副爲貳車，各因事異名，義則同也。……倅、貳、佐皆有副義，分言之，則戎路之副曰倅車，田路之副曰佐車；通言之，則戎、田二路之副并得稱佐車。……佐車又通稱貳車。(10—2599、2600)

六 辨析同詞異義

一個詞在不同的上下文裏，有的意義不同。孫氏一一辨析，至爲精當。如：

《春官·大宗伯》："以禬禮哀圍敗。"鄭玄注："同盟者合會財貨，以更其所喪。"孫氏《正義》：

> 謂禬之義猶言合會也。禬、會聲類同。《小行人》"檜禬"注亦云："使鄰國合會財貨以與之。"（5—1347）

又《春官·神仕》："以禬國之凶荒。"鄭玄注："杜子春云：'禬，除也。'玄謂此禬讀如潰癰之潰。"（8—2232）孫氏《正義》：

> 鄭於此經及《庶氏》之禬，并云讀如潰，明其爲去災害之通語，與《大祝》六祈之禬爲祭祀之專名異也。（8—2234）

又《天官·女祝》："掌以時招、梗、禬、禳之事，以除疾殃。"鄭玄注："除災害曰禬。禬猶刮去也。"（2—563）孫氏《正義》：

> 依鄭義，經凡云禬者有三：此禬與《大祝》"六祈詛祝禬禜"之禬爲一，皆爲祭名（消災除病之祭——引者注）。《神仕》之禬則與《庶氏》之禬爲一，爲禬災害（消除災害——

引者注）之通語，其音讀如潰。《大宗伯》之禬則與《大行
人》《小行人》之禬爲一，爲會財救災之事，與祭祀之禬不相
涉也。（2—564）

孫氏分析《周禮》中"禬"有"聚合"（諸侯聚合財物以接濟鄰
國）、"消除災害的祭祀"、"消除災害"（與祭祀無關）三義。這無
疑是符合實際的。

　　"五穀"所包，有數説。《天官·疾醫》："以五味、五穀、五
藥養其病。"鄭玄注："五穀，麻黍稷麥豆也。"（2—326）孫氏《正
義》引程瑶田曰：

　　　綜計諸家言五穀者，《月令》曰"麻黍稷麥豆"，鄭據之
　　以注《疾醫》。《史記·天官書》、顏師古注《漢書·食貨志》、
　　盧辨《大戴禮》注，皆同。《素問·金匱真言論》："五方之穀，
　　曰麥黍稷稻豆。"鄭注《職方氏》之五種，曰"黍稷菽麥稻"。
　　《漢書·地理志》引《職方氏》師古注同。《管子·地員篇》
　　載五土所宜之種，曰"黍秫菽麥稻"。《淮南子·修務訓》"五
　　穀"，高注"菽麥黍稷稻"。《漢書·音義》，韋昭曰"五穀，
　　黍稷菽麥稻也"。自《金匱真言》以下，説并不異。而《五常
　　政大論》則又進麻爲木穀，至火穀，則麥黍互用。以上言五穀
　　者凡十二事，雖不能齊一，然皆有稷無粱。《楚辭·大招》"五
　　穀六仞，設菰粱只"。王逸注："五穀，稻稷麥豆麻也。菰粱，
　　蔣實，謂雕葫也。"王説亦爲有稷無粱。《周書》言五方之穀，

曰"麥黍稻粟菽"。粟，粱也。是爲有粱無稷。凡此皆秦漢後稷粱溷一之證也。（2—327）

孫氏的分析，對我們瞭解古代"五穀"的不同内容，大有益處。

"六牲"含義有二。《地官·牧人》："牧人掌牧六牲而阜蕃其物。"鄭玄注："六牲謂牛、馬、羊、豕、犬、鷄。"（3—914）《天官·膳夫》："膳用六牲。"鄭玄注："六牲馬、牛、羊、豕、犬、鷄也。"（1—236）孫氏《正義》：

> 王引之云："此六牲與《牧人》不同。《牧人》之六牲謂馬牛羊豕犬鷄，此六牲則牛羊豕犬雁魚也。……鄭未考《食醫》之文，故説之未確。"案王説是也。姜兆錫説同。此經所用者，生人膳食之六牲，牧人所掌者，鬼神祭祀之六牲也。馬尤爲大牲，不以供膳羞，惟大司馬喪祭奉之，明其不常用也。（1—237）

孫氏同意王引之説，指明在不同場合"六牲"所指不同，非常正確。

七　辨歧義，正失誤

《周禮》訓釋，多有歧義，《正義》深入辨析，擇善而從，不存門户之見，不掩前賢之美。如"厞"，先鄭訓爲"陳"，後鄭訓

“興”，孫氏《正義》取先鄭説。

《天官·司裘》：“大喪，廞（xīn）裘，飾皮車。”鄭玄注：“故書廞爲淫。鄭司農云：‘淫裘，陳裘也。’玄謂廞，興也，若《詩》之興，謂象似而作之。”（2—508）孫氏《正義》：

> 詒讓案：全經五篇，大喪言廞者十有六職：此司裘，廞裘也；司服，共廞衣服也；大司樂，涖廞樂器也；大師，帥瞽而廞也；小師，與廞也；眡瞭、笙師、鎛師、籥師，廞樂器也；典庸器，廞筍虡也；司幹，廞舞器也；巾車，飾遣車遂廞之行之也；車僕，廞革車也；司常，建廞車之旌也；司兵，廞五兵也；圉人，廞馬也。先鄭皆訓爲陳，後鄭皆訓爲興，謂作之。……凡器物之陳而不用者謂之廞，亦可謂之陳。……其用者則謂之陳，而不可謂之廞。（2—509）

孫氏采先鄭説。《春官·笙師》：“大喪，廞其樂器。”鄭玄注：“廞，興也，興謂作之。”孫氏《正義》曰：“此説非也，廞訓當爲陳。”（7—1899）按：孫説是。《漢語大字典》於此例從後鄭訓“廞”爲“興、作”，似不可取。

古人以爲“天圓地方”。《冬官·輈人》：“軫之方也，以象地也；蓋之圓也，以象天也。”孫氏《正義》批判説：

> 地形實圓，赤道贏而兩極微朒（nǜ，虧——引者注）。古渾天家言亦謂天地皆渾圓如丸。而經典并云地方者，《大戴禮

記・曾子天圓篇》：“曾子曰：‘如誠天圓而地方，則是四角之
不揜也。’參嘗聞之夫子曰：‘天道曰圓，地道曰方。’”是地方
自主道言之，其形體圓而不方，古人固知之矣。（13—3232）

“天圓地方”不合科學，却是中國古代一種普遍的觀念，曾子的話
未必是事實。孫氏則可以説是對“天圓地方”説作了巧妙的辯釋。

《天官・内饔》：“豕盲眡而交睫，腥。”鄭玄注：“交睫腥，腥
當爲星，聲之誤也。肉有如米者，似星。”（1—271）孫氏《正義》：

> 詒讓案：後鄭因此經腥爲豕病，而《庖人》“膏腥”注以
> 爲雞膏，二者不相當，故破腥爲星，而別爲之説。依許説，則
> 腥自爲豕生息肉之正字，不必改讀。但此經方言氣臭之不可食
> 者，不宜腥獨爲肉中有如米之名，鄭説殆非也。此腥實當讀如
> 字，《庖人》之“膏腥”，亦當依杜子春説訓爲豕膏。兩經文義
> 本相合，鄭歧而二之，遂滋曲説耳。（1—273）

八　明通假，正文字

《周禮》多用通假字和古字。有舊注讀作本字而孫氏《正義》
讀爲借字的。如《天官・内饔》：“羊泠毛而毳、羶。”（1—271）孫
氏《正義》：

洪頤煊云：“泠與零同，謂毛零落而又霾結。”……蓋凡畜病則細毛多零落，長毛雖存，而糾結不解。（1—272）

“泠”本水名，此借爲“零”。《地官·叙官》：“以佐王安擾邦國。”鄭玄注：“擾亦安也。”（3—641）孫氏《正義》：

擾者㹴（ráo）之借字，㹴訓馴，與安義近，此經又以安擾連文，故云亦安也。（3—642）

按：《説文》“擾，煩也”本無“安”義。“㹴，牛柔謹也。”即牛性柔順。《天官·宮人》：“宮人掌王六寢之脩。”孫氏《正義》：

《釋文》云：“脩，本亦作修。”案：修正字，經例用借字作脩。（2—417）

“脩”本義爲干肉。《説文·肉部》：“脩，脯也。”

也有鄭注以爲借字而當讀如本字者。如《冬官·梓人》：“張皮侯而棲鵠，則春以功。”鄭玄注：“春讀爲蠢。蠢，作也，出也。”（14—3397）孫氏《正義》：

孔廣森云：“春，當如字讀。”……金鶚云：“春以功，蓋大射在春。”……案：孔、金讀春如字，較鄭爲長。……凡諸侯三歲貢士，王與大射，及王每歲與群臣大射，皆於春行之。以

功者，凡射以中爲功。（14—3398）

《周禮》多用古字，注文例用今字，故書中古今字特多，孫氏一一指明之。如：

《天官·大宰》："祀大神示亦如之。"鄭玄注："大神祇謂天地。"孫氏《正義》：

> 此經皆借示爲祇，注皆作祇，亦經用古字，注用今字之例也。（1—147）

《天官·小宰》："以法掌祭祀、朝覲、會同、賓客之戒具。"鄭玄注："法，謂其禮法也。"孫氏《正義》：

> 注云"法，謂其禮法也"者，此亦注用今字作法也。（1—179）

《天官·獻人》："獻人掌以時獻爲梁。"鄭玄注："《月令》季冬'命漁師爲梁'。"孫氏《正義》：

> 《禮運》注引獻并作漁，古用假字，今用正字也。（1—300）

同篇"辨魚物，爲鱻薨，以共王膳羞"。鄭玄注："鮮，生也。

薨，乾也。"孫氏《正義》云：

> 槁、櫜字同，櫜正字，薨假字。……經作鱻注作鮮者，亦
> 經用古字，注用今字之例。（1—303）

《天官·瘍醫》："瘍醫掌腫瘍、潰瘍、金瘍、折瘍之祝藥劀殺
之齊。"鄭玄注："刮，刮去膿血。"孫氏《正義》：

> 詒讓案：鄭蓋謂劀（guā）、刮古今字，故經作劀，注并作
> 刮，亦經用古字，注用今字之例也。（2—334、335）

《地官·大司徒》："一曰媺宮室。"鄭玄注："美，善也。"（3—
748）孫氏《正義》：

> 經作媺注作美者，亦經用古字，注用今字之例也。（3—
> 748）

《地官·司虣》："禁其鬥囂者與其虣亂者。"孫氏《正義》：

> 虣，古暴字。《説文·本部》云："暴，疾有所趣也。"引
> 申爲暴戾字。暴亂，以暴作亂者。（4—1091）

《春官·世婦》："凡王后有擯事於婦人，則詔相。"鄭注："玄

謂拜，拜謝之也。"孫氏《正義》：

> 撵、拜古今字，經例用古字作撵，注例用今字作拜。（6—
> 1689）

異體字和俗字，孫氏亦多隨文指出。如《天官·膳夫》："食用六穀。"鄭玄注："六穀，稌、黍、稷、粱、麥、苽。苽，彫胡也。"（1—236）孫氏《正義》：

> 苽、菰，彫、蔽，胡、葫，字并同。（1—241）

按："彫胡"，又作"彫苽"（《説文》）、"蔽胡"（《淮南子·原道》高誘注）、"彫葫"（《楚辭·大招》王逸注），都指菰米，即茭草的實粒。

《天官·冪人》："冪人掌共巾冪。"鄭玄注："共巾可以覆物。"孫氏《正義》：

> 《國語·周語》云："淨其巾冪。"韋注云："巾冪所以覆尊彝也。"案：冪即冪之俗。（2—414）

《地官·大司徒》："六曰以俗教安，則民不愉。"鄭玄注："愉謂朝不謀夕。"（3—705）孫氏《正義》：

《説文·心部》："愉，薄也。"《公羊·桓七年》何注"則
民不愉"，《釋文》："本又作偷。"《詩》"他人是愉"，鄭箋：
"愉讀曰偷，偷，取也。"詒讓案：偷即愉之俗體，《説文》
所無。（3—708）

《考工記·總叙》："爍金以爲刃。"《釋文》："爍，義當作鑠。"
孫氏《正義》：

案，爍即鑠之俗。（13—3115）

九 釋語法，正句讀

《周禮》中的一些語法句讀問題，《正義》也有涉及。

有關於一詞兼類的。如《夏官·巫馬》："相醫而藥攻馬疾。"
孫氏《正義》：

《申鑒·俗嫌篇》云："藥者，療也。"以藥療馬疾，即謂
之藥，猶擊鼓即謂之鼓，動静義通也。（10—2625）

即"藥"與"鼓"兼有名詞和動詞的用法。

有關於被動句的。如《夏官·圉人》："圉人掌養馬芻牧之事，
以役圉師。"鄭玄注："役者，圉師使令焉。"孫氏《正義》：

　　《瞽矇》注云："役，爲之使。"圉師爲圉人之長，其職云

"掌教圉人養馬"，故圉人受其使令也。（10—2633）

"役圉師"即爲圉師所使令。

　　有關於使動句的。如《春官·大祝》："來瞽，令皋舞。"鄭玄

注："來、嘷者，皆謂呼之入。"孫氏《正義》引賈疏云：

　　瞽人言來，亦呼之乃入，皋舞，令呼亦來入，故鄭云來嘷

皆謂呼之入也。（8—2023）

"來嘷"即使瞽來。

　　有關於句讀的。如《天官·宰夫》："凡失財用、物辟名者，以

官刑詔冢宰而誅之。"鄭玄注："財，泉穀也。用，貨賄也。物，畜

獸也。辟名，詐爲書，以空作見，文書與實不相應也。"（1—197）

賈公彥疏："其人失財用物者，則詐爲文書，以空物作見在，文書

與實物不相應，是罪人也。"（1—199）鄭、賈并在"物"下斷句。

孫氏《正義》批評説：

　　案：鄭、賈以辟名通冢財、用、物三者爲文，亦未塙。竊

謂此文當讀"凡失財用"爲句，"物"屬下"辟名者"爲句。

此經凡掌械器、膳服、畜獸諸官，多云辨其名物。蓋異物則異

名，名與物必相應。若以鹽爲良，以惡爲美，則物與名違舛

不相應，所謂物辟名也。財失則不長，用失則不足，物辟名

則不善。上下文正相對。自鄭、賈以來，并失其句讀，而義亦
晦矣。（1—199）

十　正確闡釋古代風俗詞語

孫氏《正義》這方面的闡述，增強了本書的文化内涵。如：

《地官·鼓人》：“救日月，則詔王鼓。”鄭玄云：“救日月食，
王必親擊鼓者，聲大異。”（3—908）這是古代人民對天體運行缺
乏正確認識，認爲日蝕、月蝕是爲天狗所食，須鳴鼓以救之。孫氏
《正義》辨正説：

鄭意古以日月食爲天地之著異示威，故王親鼓，聲告其
異。案：日月之道，經緯同度則有掩食，但古曆家未有豫推日
月食之術，故《詩·大雅·十月之交》孔疏謂周魯曆無考日食
法。是必臨食始見，驚爲災異，故王親鼓以警衆，而後内外
吏民咸鼓，馘而救之。考日食用鼓之事見於《春秋》者，莊
二十五年、三十年，文十五年，經并云“日有食之，鼓用牲于
社”。《左》文十五年、昭十七年傳，并云“日有食之，天子
不舉，伐鼓于社；諸侯用幣于社，伐鼓于朝”。然則天子之禮，
王親擊鼓於大社也。《左傳》杜注云：“伐鼓于社，責群陰；伐
鼓于朝，退自責。”《公羊》莊二十五年傳云：“日食則曷爲鼓
用牲于社？求乎陰之道也。以朱絲縈社。”何注云：“社者，土
地之主也。月者，土地之精也。上繫于天而犯日，故鳴鼓而

攻之，脅其本也。"《白虎通義‧災變篇》云："日食必救之何？陰侵陽也。鼓用牲于社，社者衆陰之主，以朱絲縈之，鳴鼓攻之，以陽責陰也。"諸家説并謂擊鼓爲責陰，與鄭聲大異之義，亦互相成。……賈疏云："案莊二十五年《左氏傳》：'夏六月辛未朔，日有食之，鼓用牲于社，非常也。唯正月之朔，慝未作，日有食之，於是乎用幣于社，伐鼓于朝。'若然，此救日食用鼓，惟據夏四月陰氣未作，純陽用事，日又太陽之精，於正陽之月，被食爲災，故有救日食之法也。月似無救理。"（3—909、910）

這裏孫氏用天體運行的原理解釋了日食、月食，并對古代擊鼓以救日食的現象進行了分析，無疑是正確的。

《夏官‧戎右》："贊牛耳桃茢。"鄭玄注："玄謂尸盟者割牛耳取血，助爲之，及血在敦中，以桃茢拂之，又助之也。……桃，鬼所畏也。茢，苕帚，所以埽不祥。"（10—2579）鬼畏桃符，這是中國古代迷信傳説。孫氏《正義》解釋説：

　　《藝文類聚‧果部》引《莊子》云："插桃枝于户，連灰其下，童子入不畏，而鬼畏之。"《淮南子‧詮言訓》"羿死於桃棓"，許注云："棓，大杖，以桃木爲之。以擊殺羿，由是以來，鬼畏桃也。"宗懍《荆楚歲時記》云："桃者，五木之精，厭伏邪氣，制鬼魅。"是古有鬼畏桃之説。又《左》昭四年傳"桃弧棘矢以除其災"，孔疏引服虔云："桃，所以逃凶也。"《續漢書·禮儀志》云："周人木德，以桃爲梗，言氣相更也。"此説用桃之義與鄭異，而爲拂除不祥之意則同。（10—2580）

這就使讀者對有關桃符的風俗有了一個比較全面的瞭解。

此外，自鄭玄以來注釋家大都注意以今語釋古語。如《天官·亨人》鄭注："爨，今之灶。"（1—282）《春官·叙官》鄭注："典瑞，若今符璽郎。"（5—1254）《秋官·司民》鄭注："版，今户籍也。"（11—2833）

孫氏繼承了這一優良傳統，他的《周禮正義》也有很多以今語釋古語的例子。如《天官·叙官》"瘍醫"，孫氏《正義》："瘍醫者，若今之外科醫也。"（1—32）《地官·司虣》"搏而戮之"，孫氏《正義》："搏猶今言捕也。"（4—1092）《夏官·校人》"六廄成校"，孫氏《正義》："校者，六閑之總名，即馬棧也。"（10—2605、2606）《考工記·總叙》："鴝鵒不逾濟。"孫氏《正義》："鴝鵒，即今南方之八哥，北方所無。"（13—3117）《冬官·匠人》："竇，其崇三尺。"孫氏《正義》："案：竇若今陰溝。"（14—3506）這樣讀者更容易理解。

從上面的粗略叙述，可以看出孫氏《周禮正義》對研究上古漢語和瞭解《周禮》所反映的周代社會思想和風俗，都很有啓發意義。孫氏著作等身，成就是多方面的。他的書博大精深，囊括古今，方法科學而無拘文牽義之慮，博采衆長而無門户宗派之見，實事求是而不掠人之美，隨時代進步而不故步自封，不愧爲一代學術泰斗和後學楷模。在進入新世紀的今天，我們好好研究他的著作，學習他的治學精神，揚長避短，去粗取精，這也是繼承和發揚祖國優秀文化傳統的一個方面，是很有意義的。

再談詞義引申變化*

　　詞義發展是漢語詞彙發展的一個重要方面。幾千年裏漢語産生了無數新詞，也有大量舊詞死亡。與此同時，漢語詞彙普遍實現了多義化。新詞義不斷産生，同樣的詞可以傳達更爲豐富的信息内容，從而大大提高了漢語詞的表達能力，也符合語言的經濟原則。

　　中國傳統語言學家認爲，新詞義的産生和詞義變化主要是通過詞義引申來實現的。所謂"引申"，就是從詞的本來意義又派生出新的意義。本義和引申義之間有這樣那樣的聯繫。古時没有引申義的名稱，但已接觸到這個問題的實質。許慎《説文解字》主要講字的本義，偶然也涉及詞義引申。一個字大都代替一個單音詞。如卷五下《來部》："周所受瑞麥來麰。……天所來也，故爲行來之來。"段玉裁注："自天而降之麥，謂之來麰，亦單謂之來。因而凡物之至者皆謂之來。許意如是。……引申之義行，而本義廢矣。"意即"來麰"的"來"，得名於"天所來也"，故引申爲行來的"來"。唐代孔穎達《五經正義》不止一次談到詞義引申。如《左傳·昭公十四年》："楚子使然丹簡上國之兵於宗丘。"孔穎達《正義》："兵者，戰器之名，戰必令人執兵，因即名人爲兵也。"

　　*　原載《漢語史學報》第八輯，2009年，人大複印資料2010年第二期轉載。

五代徐鍇《説文解字繫傳》談到詞義引申的地方更多一些。如《説文・羽部》："翁，頸毛也。"徐鍇按："《爾雅》多謂草華莖細葉叢出爲翁苔，取名於此也。又謂老人爲'老翁'，言其頸毛白而彊短，若此鳥頸也。"《木部》："極，棟也。"徐鍇按："極，屋脊之棟也。今人謂高及甚爲'極'，義出於此。"

　　清代學者正式把由本義派生出來的意義定名爲"引申義"。江藩《經解入門》："字有義，義不一。有本義，有引申義，有通借義。"段玉裁等學者對詞義引申做了大量的分析闡明。如《説文・戉部》："戚，戉也。"段注："戚、鍼亦分二物，許則渾言之耳。戚之引申之義爲促迫，而古書用'戚'者，俗多改爲'慼'。試思'親戚'亦取切近爲言，非有異義也。……戚訓促迫，故又引申訓憂。《小明》'自詒伊戚'，傳曰：'戚，憂也。'"《我部》："我，施身自謂也。"段注："施者，旗貌。引申爲施捨者，取義於旗流下垂也。"《周禮・天官・獻人》："獻人掌以時獻爲梁。"孫詒讓《正義》："蓋梁本爲橋梁，引申爲取魚之梁。魚梁，絶水爲之……爲魚梁者，先以土石壅水使不流，而後於梁中開爲關空，使魚得從中出，以入於笱。"二十世紀西方語言學傳入中國，把詞義的發展變化概括爲擴大、縮小、轉移三種方式，其實都可以包含在詞義引申的研究範疇裏。

　　當代學者對詞義的引申變化從不同角度做過許多研究，取得了很好的成績。我在《簡明漢語史》中也討論過這個問題，語焉未詳，所以有繼續討論的必要。

　　詞的本義和引申義關係十分複雜，本文分爲32個小類進行討論。其中1—18類是詞義引申，詞性未變；19—32類是詞義引申，詞性也起了變化。

1. 本義和引申義所反映的事物有類似的形狀。如：

距　本義是鷄脚後面突出像脚趾的部分。《説文・足部》：“距，鷄距也。”《左傳・昭公二十五年》：“季氏介其鷄，郈氏爲之金距。”引申爲古代兵刃或釣鈎上的倒刺。漢李尤《武庫銘》：“搏噬爪牙，鋒距之先。”《淮南子・原道》：“夫臨江而釣，曠日而不能盈羅，雖有鈎箴芒距，微綸芳餌，加之以詹何，娟嬛之數，猶不能與網罟争得也。”

囷　古代圓形穀倉。《説文・口部》：“囷，廩之圜者。”《詩・魏風・伐檀》：“不稼不穡，胡取禾三百囷兮。”《鄭箋》：“圓者爲囷。”引申爲樣子像囷的事物。《山海經・中山經》：“又東五十里，曰少室之山，百草木成囷。”郝懿行《箋疏》：“蓋言草木屯聚如倉囷之形也。”

墉　本義是城墙。《説文・土部》：“墉，城垣也。”《詩・大雅・皇矣》：“以爾鈎援，與爾臨衝，以伐崇墉。”《毛傳》：“墉，城也。”引申爲高墙。城與墙都是用土、石、磚等築成的屏障或周邊。《詩・召南・行露》：“誰謂鼠無牙？何以穿我墉？”《毛傳》：“墉，墙也。”唐崔融《登東陽沈隱侯八咏樓》詩：“旦登西北樓，樓峻石墉厚。”

2. 本義和引申義有類似的性質。如：

淺　本義是不深。《説文・水部》：“淺，不深也。”段玉裁注：“按：不深曰淺，不廣亦曰淺。”《詩・邶風・匏有苦葉》：“深則厲，淺則揭。"引申爲淺薄，見識不廣。《荀子·修身》："多聞曰博，少聞曰淺。"《晋書·王豹傳》："敢以淺見，陳寫愚情。"

瘠　本義是瘦。《玉篇·疒部》："瘠，瘦也。"《禮記·曲禮上》："毁瘠不形，視聽不衰。"引申爲土質磽薄，不肥沃。《國語·魯語下》："昔聖王之處民也，擇瘠土而處之。"《荀子·富國》："田瘠以穢，則出實不半。"

賤　本義是價格低，不值錢。《説文·貝部》："賤，賈（價）少也。"《漢書·昭帝紀》："穀賤傷農。"杜甫《歲晏行》："去年米貴闕軍食，今年米賤大傷農。"引申爲地位低下。《玉篇·貝部》："賤，卑下也，不貴也。"《論語·里仁》："貧與賤，是人之所惡也。"韓愈《師説》："是故無貴無賤，無長無少，道之所存，師之所存也。"

3.本義和引申義有類似的功能或作用。如：

槍　古代的槍，指長柄上有尖尖的刺擊兵器。《説文·木部》："槍，距也。"朱駿聲《説文通訓定聲》："距人之械也。"《墨子·備城門》："槍二十枝。"《舊五代史·王彦章傳》："常持鐵槍，衝堅陷陣。"引申爲小口徑的發射子彈的武器。《清史稿·兵志》："後膛槍及開花炮子，試演均能如法。"

毁　本義是破壞。《説文·土部》："毁，缺也。"段玉裁注："缺者，器破也，因爲凡破之稱。"《商君書·修權》："中程者賞之，毁公者誅之。"引申爲誹謗、毁謗。就是無中生有，説別人的壞話，破壞別人的名譽。《莊子·盗跖》："好面譽人者，亦好背而毁之。"

4. 引申義是比喻義的固定。如：

煎、煎熬　本義是把鍋裏的食物燒乾、烹煮。《説文·火部》："煎，熬也。"《墨子·非樂上》："非以犓豢煎炙之味，以爲不甘也。"《世説新語·文學》："其在釜下燃，豆在釜中泣；本是同根生，相煎何太急。"《戰國策·魏策二》："齊桓公夜半不嗛，易牙乃煎敖燔炙，和調五味而進之。"比喻折磨，痛苦。《古詩爲焦仲卿妻作》："恐不任我意，逆以煎我懷。"杜甫《羌村》詩之二："蕭蕭北風勁，撫事煎百慮。"王逸《九思·怨上》："我心兮煎熬，惟是兮用憂。"馮夢龍《挂枝兒·阻雨》："只因那風和雨，使我煎熬。"《現代漢語詞典》："煎熬，動，比喻折磨：受盡煎熬。"

斗筲　鬥和筲都是容器。斗容十升，筲容十二升，容量都不大。"斗筲"連用，可以指斗和筲。桓寬《鹽鐵論·通有》："家無斗筲，鳴琴在室。"引申爲比喻器量狹小，見識短淺（的人）。《論語·子路》："子曰：'噫！斗筲之人，何足算也。'"

爪牙　"爪"是鳥獸的爪子，"牙"是牙齒。《荀子·勸學》："蚓無爪牙之利，筋骨之强。"爪和牙都是禽獸覓食的工具，也是搏擊自衛的武器，因用以比喻保衛國家的武臣。《詩·小雅·祈父》："祈父，予王之爪牙。"孔穎達《正義》："鳥用爪，獸用牙，以防衛自身。此人自謂王之爪牙，以鳥獸爲喻也。"又比喻某些派別或集團首領下面的追隨者。如《後漢書·竇憲傳》："憲既平匈奴，威名大盛，以耿夔、任尚等爲爪牙。"現代漢語裏，這個意義含有貶義，多用以比喻壞人的追隨者或幫兇。

5. 詞義擴大。就是擴大詞的應用範圍。邏輯上則是擴大概念外延，縮小内涵，即減少特徵。“江”“河”兩字由專指長江、黄河引申爲河流的通稱，是典型的例子。又如：

雛　本指小鷄。《説文·隹部》：“雛，鷄子也。”段玉裁注：“鷄子，鷄之小者也。”《淮南子·時則》：“以雛嘗黍。”高誘注：“雛，新鷄也。”擴大爲一切幼小的動植物或人。白居易《曉鶯》詩：“百鳥乳雛畢，秋燕獨蹉跎。”王士禎《游金陵城南諸刹記》：“雛松數株，殊失古意。”魯迅《爲了忘却的記念》：“慣於長夜過春時，挈婦將雛鬢有絲。”

豚　本指小猪。《説文·豕部》：“豚，小豕也。”《論語·陽貨》：“歸孔子豚。”詞義擴大指一切的猪。《孟子·梁惠王上》：“鷄豚狗彘之畜，不失其時。”陸游《游山西村》：“莫笑農家臘酒渾，豐年留客足鷄豚。”

姪　本來是女子稱兄弟的子女爲姪。《説文·女部》：“姪，兄之女也。”《爾雅·釋親》：“女子謂昆弟之子爲姪。”《儀禮·喪服》：“姪者何也？謂吾姑者，吾謂之姪。”漢代以後，詞義擴大，男子也稱兄弟或同輩親友的子女爲姪。《顔氏家訓·風操》：“案《爾雅》、《喪服》經、《左傳》姪名雖通男女，并是對姑之稱。晋世以來，始呼叔姪。今呼爲姪，於理爲勝也。”《史記·魏其武安侯列傳》：“蚡爲諸郎，未貴，往來侍酒魏其，跪起如子姪。”白居易《效陶潛體詩十六首》之九：“稚姪初學步，牽衣戲我前。”《紅樓夢》六回：“因他爹娘連吃的没有，天氣又冷，只得帶了你姪兒奔了你老來。”

6. 詞義縮小。就是縮小詞的應用範圍。邏輯上則是加深概念内涵，縮小外延，擴大特徵。如：

朕　第一人稱代詞：我。上古貴賤通用。《爾雅·釋詁下》：“朕，我也。”郭璞注：“古者貴賤皆自稱朕。”《楚辭·離騷》：“帝高陽之苗裔兮，朕皇考曰伯庸。”《孟子·萬章上》：“干戈，朕；琴，朕；弤，朕；二嫂使治朕棲。”從秦開始，“朕”祇作爲皇帝自稱，臣民不得擅用。《爾雅·釋詁下》：“朕，我也。”邢昺疏：“秦始皇二十六年，定爲至尊之稱，漢因不改，以迄於今。”《舊唐書·太宗紀》：“帝曰：‘朕方選天下之才，爲天下之務，委任責成，各盡其用。’”《三國演義》八十五回：“先主謂衆官曰：‘朕已托孤於丞相，令嗣子以父事之。’”

枚　作爲量詞，從上古到中古，用途都很廣泛。① 相當於“箇”。《玉篇·木部》：“枚，箇。”《墨子·備高臨》：“用弩無數，出人六十枚。”《世說新語·假譎》：“因下玉鏡臺一枚。”② 相當於“塊”。《墨子·備城門》：“二步積石，石重千鈞以上者五百枚。”蘇軾《與佛印禪若書》：“收得美石數百枚。”③ 相當於“枝”。《墨子·備城門》：“槍二十枚。”④ 相當於“株”。《後漢書·五行志四》：“（安帝元初）六年夏四月，沛國勃海大風，拔樹三萬餘枚。”⑤ 相當於“架”《世說新語·汰侈》：“乃命左右悉取珊瑚樹，有三尺、四尺，條幹絕世，光彩溢目者六七枚。”⑥ 相當於“件”。《史記·貨殖列傳》：“木器髹者千枚。”⑦ 相當於“條”。庾信《謝滕王賚巾啓》：“奉教垂賜鹿子巾一枚。”⑧ 長度單位。一分爲枚。《周禮·考工記·輪人》：“十分寸之一謂之枚，部尊一枚，弓鑿廣四枚，鑿上二枚，鑿下四枚。”按《現代漢語詞典》的説法：“枚，跟‘箇’相近，多用於形體小的東西。三枚獎章，不勝枚舉（無法一個一個地全舉出來）。”“枚”的使用範圍大大縮小了。

7. 詞義轉移。就是由一個意義變成了另外一個意義，而原義逐漸被別的詞所替代。王力先生舉了一個典型的例子，就是“脚”字，它的意義由“小腿”轉移到“身體最下部接觸地面的肢體”。又如：

趾　本義是脚。《爾雅·釋言》：“趾，足也。”郭璞注：“足，脚也。”《易·噬嗑》：“屨校滅趾，不行也。”陸德明《釋文》：“趾，足也。”《詩·豳風·七月》：“四之日舉趾。”《毛傳》：“四之日，周四月也，民無不舉足而耕矣。”漢代產生“脚趾”義。《易林·困之鼎》：“踝踵足傷，右趾病瘍。”《醫宗金鑒·正骨心法要旨·足五趾骨》：“趾者，足之指也。名以趾者，所以別於手也，俗名足節。”《徐霞客游記·游黃山日記》：“上百步雲梯，梯磴插天，足趾及腮。”現代漢語裏除“趾高氣揚”等慣用詞語外，“趾”的本義逐漸爲“脚”所代替了。

涕　本義是眼淚。《說文·水部》：“涕，泣也。”段玉裁注：“按：‘泣也’二字，當作‘目液也’三字，轉寫之誤也。”《玉篇·水部》：“目汁出曰涕。”《楚辭·離騷》：“長太息以掩涕兮，哀民生之多艱。”洪興祖補注：“掩涕，猶抆淚也。”諸葛亮《出師表》：“今當遠離，臨表涕零，不知所云。”漢代產生“鼻涕”義。《素問·解精微論》：“腦者，陰也；髓者，骨之充也，故腦滲爲涕。”王冰注：“鼻竅通腦，故腦滲爲涕，流於鼻中矣。”王褒《僮約》：“詞窮咋索，仡仡叩頭，兩手自搏，目淚下落，鼻涕長一

尺。"韓愈《寄皇甫湜》詩："拆書放床頭，涕與淚垂四。"於是
"涕"的本義"目中液"逐漸爲"淚"替代了。

8.引申義是特指原詞意義中的某一部分。如：

穴　本義是土穴、洞穴。《説文·穴部》："穴，土室也。"宋
玉《風賦》："枳句來巢，空穴來風。"中醫學中"穴"特指人體可
以進行針刺的部位，多是神經末梢密集或神經纖維經過之處。《素
問·氣穴論》："凡三百六十五穴，針之所由行也。"張機《傷寒
論·傷寒例第三》："凡治温病，可刺五十九穴。"

墨　本指繪畫寫字用的黑色顏料。《説文·土部》："墨，書墨
也。"古代特指五刑之一的墨刑，即在犯人臉上刺字，并染以黑色。
《周禮·秋官·司刑》："墨罪五百。"鄭玄注："墨，黥也。先刻其
面，以墨窒之。"又特指春秋戰國時期魯國墨翟和他所創造的墨家
學派。《韓非子·顯學》："故孔墨之後，儒分爲八，墨離爲三。"

9.意義變重。如：

諭　本義是告訴。《説文·言部》："諭，告也。"上下通用。
《淮南子·氾論》："教寡人以道者擊鼓，諭寡人以義者擊鐘，告寡
人以事者振鐸。"後來"諭"指上級對下級的文告或指示，特指皇
帝的詔令。意思就重了。《漢書·南粵王趙佗傳》："故使賈馳諭告
王朕意。"孔尚任《桃花扇·修札》："若肯發一手諭，必能退却。"
《紅樓夢》九十四回："老爺的諭，除了上墳燒紙，要有本家爺們
到他那裏去，不許接待。"《兒女英雄傳》三回："一面就在家信裏
諭知公子：無論中與不中，不必出京。"

賣　本義是出售貨物，拿貨物換錢。《説文·出部》："賣，出

物貨也。"《左傳·昭公二十四年》："取其玉，將賣之，則爲石。"《漢書·龔遂傳》："民有持刀劍者，使賣劍買牛，賣刀買犢。"此義古今通用。引申爲叛賣。爲了自己的利益而出賣祖國或親友，意思就重了。《史記·蘇秦列傳》："人有毀蘇秦者曰：左右賣國反復之臣也。"《漢書·酈商傳》："夫賣友者，謂見利而忘義也。"

10. 意義變輕。如：

病 本指病重。《説文·疒部》："病，疾加也。"《論語·子罕》："子疾病，子路使門人爲臣。"何晏集解："包曰：疾甚曰病。"《吕氏春秋·知節》："仲父之疾病矣。"引申爲一般的患病，生病，意義變輕了。《戰國策·趙策》："老臣病足，曾不能疾走。"《世説新語·方正》："韓康伯病，拄杖前庭消摇。"

執 本義是逮捕（罪人）。《説文·𠬟部》："執，捕罪人也。"《詩·大雅·常武》："鋪敦淮濆，仍執醜虜。"《左傳·僖公五年》："遂襲虞，滅之，執虞公。"引申爲用手握着，拿着。意義就輕了。《詩·邶風·擊鼓》："執子之手，與子偕老。"《世説新語·傷逝》："王亦不與語，直前哭，甚慟，不執末婢（謝琰小字）手而退。"《西游記》四回："（孫悟空）于執如意金箍棒，領衆出門。"

11. 意義變好。如：

驕傲 本指自以爲了不起，看不起別人。《楚辭·離騷》："保厥美以驕傲兮，日康娱以淫游。"王逸注："倨簡曰驕，侮慢曰傲。"《新唐書·劉彙傳》："又不能訓子，皆驕傲不度。"引申爲自豪，或值得自豪的人和事。魏巍《誰是最可愛的人》："我們以我們的祖國有這樣的英雄而驕傲。"毛澤東《在中國共產黨七屆二中全會上的講話》："如果這一步也值得驕傲，那是比較渺小的，更值得驕傲的還在後頭。"

　　乖　本義是違背，不和諧，不順利。《荀子·天論》："父子相疑，上下乖離。"《韓非子·亡徵》："內外乖者，可亡也。"元稹《遣悲懷》詩三首之一："謝公最小偏憐女，自嫁黔婁百事乖。"引申爲乖巧、機靈。李廓《上令狐舍人》詩："宿客嫌吟苦，乖童恨睡遲。"無名氏《百花亭》二折："卜兒上云：早是俺乖，倘或這妮子跟着王煥走了，可怎了也？"湖南方言"乖"又有漂亮的意思。周立波《山鄉巨變》一："伢子倒乖，臉模子儼像他媽媽。"詞義都由壞變好了。

　　12. 意義變壞。如：

　　龜　唐宋以前龜一直是長壽和吉祥的象徵，有很高的地位。《禮記·禮運》："麟、鳳、龜、龍，謂之四靈。"《三輔黃圖》："青龍、白虎、朱雀、玄武，天之四靈，以正四方。"高似孫《緯略》："玄武即龜之異名。龜，水族也，水屬北，其色黑，故曰玄。"《史記·龜策列傳》："龜者是天下之寶也。"漢代太子及諸王佩金印龜紐，高官印章都有龜形，因而後來人們把印章雅稱爲"龜"。唐代五品以上官員不僅要穿龜衣，還要帶龜袋或龜佩，死後可賜龜趺碑，以流芳百世。"龜鳳"比喻賢人，"龜鶴遐齡"美稱高壽。古人起名也喜歡用"龜"字。唐代有音樂家李龜年、詩人陸龜蒙、宰相崔從龜，文學家白行簡之子字阿龜。宋代有蘇總龜、彭龜年、楊龜山、劉應龜等名人。陸游號放翁，爲了表示自己的人格氣魄，又取號龜堂。元代統治者爲蒙古人，他們世居草原，以牧獵爲生，鷹犬爲伴，對龜没有什麼印象。元世祖忽必烈入主中原，龜的名譽就遭到了毁滅性的打擊。"玄武"被"錦雉"代替了，官印中用八思巴文和直紐三臺取代了漢文龜紐。更有甚者，龜成爲淫亂的象徵，用來比喻縱妻行娼、亂倫無耻的行爲。陶宗儀《南村輟耕録》卷二十八載有一首《敗壞子孫詩》中有"宅眷皆爲撑目兔，舍人總作縮頭龜"之句，并加注云："妻有外遇，龜喻其夫。"明代繼承元人的看法，教坊司伶人常戴緑頭巾，以别於士庶之服。郎瑛《七修類稿》卷二十八："妻有淫者爲緑頭巾。"妓院的老鴇叫"龜婆"，妓院中管理妓女的男子叫"龜頭"，妓院雜役叫"龜奴"或"龜子"，等等。於是，"龜"字就從受人尊敬的地位跌入淫亂污穢的深淵，很難翻身了。

13. 反向引申，引申義與本義意義相反。如：

落　本指樹葉凋零、掉落。《説文·艸部》："落，凡草曰零，木曰落。"《詩·衛風·氓》："桑之未落，其葉沃若。"比喻人死亡。《書·堯典》："帝乃殂落。"孔穎達疏："落者，若草木葉落也。"萬物終始相代，故"落"又有"開始"之義。《詩·周頌·訪落》："訪予落止，率時昭考。"《毛傳》："訪，謀。落，始。"《逸周書·文酌篇》："物無不落。"孔晁注："落，始也。"《爾雅·釋詁上》："落，始也。"郝懿行《義疏》："落本殞墜之義，故云'殂落'。此訓'始'者，始終代嬗，榮落互根，《易》之'消息'，《書》之'治亂'，其道胥然。"

躋　本義是登上、上升。《説文·足部》："躋，登也。"《爾雅·釋詁下》："躋，陞也。"《易·震》："躋於九陵。"孔穎達疏：

“躋，升也。”上升太高者容易墜落，於是引申爲下墜。《史記·宋微子世家》：“今女無故告予，顚躋，如之何其？”裴駰集解引馬融曰：“躋，猶墜也。”

　　受　本義是接受，得到。《廣雅·釋詁三》：“受，得也。”《書·大禹謨》：“滿招損，謙受益。”諸葛亮《出師表》：“受命以來，夙夜憂歎。”一方接受，另一方則須要付出。於是“受”又有“付予、授予”義。《説文·受部》：“受，相付也。”《左傳·成公十三年》：“畏君之威，而受命於吏。”韓愈《師説》：“師者，所以傳道、受業、解惑也。”這個意義後來寫作“授”。《説文·手部》：“授，予也。”段玉裁注：“手付之令其受也。”

　　養　本義是供養，供給長輩生活費用。《説文·食部》：“養，供養也。”《論語·爲政》：“今之孝者，是謂能養。”《戰國策·齊策》：“至老不嫁，以養父母。”長輩向晚輩索取供給也叫“養”，於是“養”反向引申爲“取”。《詩·周頌·酌》：“於鑠王師，遵養時晦。”《毛傳》：“養，取。”孔穎達《正義》：“率此師以取是暗昧之君。”《荀子·君子》：“論知所貴，則知所養矣。”王先謙集解引陳奐曰：“案：養，取也。知所養，知所取法也。”

　　14. 本義表示原料，引申義表示以之製成的成品。如：

　　葛　本爲植物名，其莖皮纖維可以織布。《説文·艸部》：“葛，絺綌艸也。”《詩·王風·采葛》：“彼采葛兮。”《毛傳》：“葛，所以爲絺綌也。”引申爲用葛纖維織成的布。《韓非子·外儲説左下》：“冬羔裘，夏葛衣。”杜甫《端午日賜衣》詩：“細葛含風軟，香羅叠雪輕。”

絲　本義是蠶絲，爲製作絲綢絹帛等織物的原料。《説文·絲部》：“絲，蠶所吐也。”聶夷中《咏田家》詩：“二月賣新絲，五月糶新穀。”引申爲絲織物，綢帛。晁錯《論貴粟疏》：“乘堅策肥，履絲曳縞。”《漢書·公孫弘傳》：“妾不衣絲。”

15. 以部分稱代全體。本義是人、物某一部分的名稱，引申義則指人、物全體。如：

手　本指人體上肢前端能拿東西的部分，也泛指人的上肢。《説文·手部》：“手，拳也。”段玉裁注：“今人舒之爲手，卷之爲拳，其實一也。”《論語·泰伯》：“曾子有疾，召門弟子曰：‘啓予足，啓予手。’”引申爲擅長某種技能的人或做某種事的人。《北史·崔季舒傳》：“鋭意研精，遂爲名手。”《初刻拍案驚奇》卷七：“刀斧手得旨，推出市曹斬訖。”《兒女英雄傳》二十三回：“一對儀仗，一雙鼓手，進門都排列兩邊。”

輪　本義是車輪，輪子。《説文·車部》：“輪，有輻曰輪，無輻曰輇。”《詩·魏風·伐檀》：“坎坎伐輪兮，寘之河之漘兮。”引申爲車。《公羊傳·僖公三十三年》：“晉人與姜戎要之殽而擊之，匹馬隻輪無反者。”王嘉《拾遺記·周穆王》：“又副以瑶華之輪十乘，隨王之後，以載其書也。”

16. 以事物名代稱與其有關者。如：

兵　本義是兵器，武器。《説文·収部》：“兵，械也。”段玉裁注：“械者，器之總名。”《論語·顔淵》：“子貢問政。子曰：‘足食，足兵，民信之矣。’”《荀子·議兵》：“古之兵，戈、矛、弓、矢而已矣。”引申爲持有兵器的人，士兵。《左傳·昭公十四年》：

"夏，楚子使燕丹簡上國之兵於宗丘，且撫其民。"孔穎達疏："戰必令人執兵，因即名人爲兵也。"杜甫《兵車行》："況復秦兵耐苦戰，被驅不異犬與鷄。"

緇　本義是黑色的帛。《説文·糸部》："緇，帛黑色也。"《儀禮·士冠禮》："緇帶素韠。"鄭玄注："緇帶，黑繒帶。"佛教徒穿緇布衣，因而"緇"又指代出家的佛教徒。楊衒之《洛陽伽藍記》卷一"胡統寺"："其資養緇流，從無比也。"洪邁《夷堅丙志·程佛子》："每歲必以正月十六日，設齋飯緇黃，名曰龍會齋。"黃：道士，道士黃冠。

黛　本義是古代婦女畫眉毛用的黑色顏料。《釋名·釋首飾》："黛，代也。滅眉毛去之，以此畫代其處也。"白居易《王昭君二首》詩之一："滿面胡沙滿鬢風，眉銷殘黛臉銷紅。"引申爲婦女眉毛的代稱。蕭繹《代舊姬有怨》詩："怨黛舒還斂，啼紅拭復垂。"吳易《滿江紅》詞："花月煙橫西子黛，魚龍沫噴鴟夷血。"

17. 詞義引申，時空移位。如：

聞　本義是聽見、聽到。《説文·耳部》："聞，知聞也。"段玉裁注："往曰聽，來曰聞。"《禮記·大學》："心不在焉，視而不見，聽而不聞。"引申爲嗅、嗅到。從耳朵移到鼻子。杜甫《大雲寺贊公房》詩："燈影照無睡，心清聞妙香。"蘇軾《題楊次公春蘭》詩："時聞風露香，蓬艾深不見。"《水滸全傳》二十九回："武松拿起來聞一聞。"

往　本義是由此至彼，去，到（某處）。空間位置移動。《説文·彳部》："往，之也。"《詩·小雅·采薇》："昔我往矣，楊柳依依。"《禮記·曲禮上》:"來而不往,非禮也。"引申爲過去,昔時。表示時間的移動。《論語·微子》:"往者不可諫,來者猶可追。"劉禹錫《西塞山懷古》詩:"人世幾回傷往事,山形依舊枕寒流。"又爲以後。《易·繫辭下》:"過此以往,未之或知也。"《顏氏家訓·風操》:"江南風俗,自兹已往,高秩者,通呼爲尊。"

18. 因果引申。本義和引申義有因果關係。如:

解 本義是剖開,分割動物或人的肢體。《莊子·養生主》:"庖丁爲文惠君解牛。"《楚辭·離騷》:"雖體解吾猶未變兮,豈余心之可懲。"引申爲離散、渙散,則是剖開、分割的結果。《禮記·檀弓下》:"苟無禮義忠信誠愨之心以涖之,雖固結之,民其不解乎?"《漢書·陳餘傳》:"今獨王陳,恐天下解也。"顏師古注:"解,謂離散其心也。"

仇(chóu) 古有仇敵義。《詩·秦風·無衣》:"豈曰無衣,與子同仇。"《鄭箋》:"怨耦曰仇。"《韓非子·孤憤》:"智法之士與當塗之人,不可兩存之仇也。"是仇敵則有怨有恨,因而引申爲"怨恨""仇恨"。諸葛亮《絕盟好議》:"今若加顯絕,仇我必深。"陳亮《戊申再上孝宗皇帝書》:"高宗皇帝於虜有父兄之仇。"

19. 本義表示有某種行爲的人,名詞;引申爲表示行爲,動詞。如:

牧 本義是放養牲畜的人。名詞。《説文·牛部》:"牧,養牛人也。"桂馥《説文解字義證》:"牧者,畜養之總名,非止牛馬也。"《詩·小雅·無羊》:"爾牧來思,何蓑何笠。"《左傳·昭公七年》:"馬有圉,牛有牧。"引申爲放養牲畜。動詞。《莊子·駢拇》：“臧與穀二人相與牧羊。”賈誼《過秦論》：“胡人不敢南下而牧馬，士不敢彎弓而報怨。”

醫　本義是治病的人，醫生。名詞。《説文·酉部》：“醫，治病工也……古者巫彭初作醫。”《左傳·定公十三年》：“三折肱爲良醫。”《論語·爲政》：“人而無恒，不可以作巫醫。”引申爲治病。動詞。韓愈《雜説》：“善醫者不視人之肥瘠，察其脉之病否而已矣。”聶夷中《咏田家》詩：“二月賣新絲，五月糶新穀。醫得眼前瘡，剜却心頭肉。”

20. 本義表示行爲，動詞；引申義表示有此行爲的人，名詞。如：

舂　本義是用杵臼搗去穀殼，舂米。動詞。《説文·臼部》：“舂，搗粟也。”《史記·淮南衡山列傳》：“一尺布，尚可縫，一斗粟，尚可舂，兄弟二人不能相容。”古詩《十五從軍征》：“舂穀持作飯，采葵持作羹。”引申爲被强迫從事舂米勞動的女奴隸，名詞。《墨子·天志下》：“丈夫以爲僕、圉、胥靡，婦人以爲舂、酋。”段成式《酉陽雜俎》前集卷八“黥”：“當黥者髡鉗爲城旦、舂。”

媵　本義是陪嫁。動詞。古諸侯嫁女，以侄娣從嫁叫作媵。《廣韻·證韻》：“媵，送女從嫁。”《公羊傳·莊公十九年》：“媵者何？諸侯娶一國，則二國往媵之，以侄娣從。”《新唐書·回鶻傳》：“主，榮王女也，始寧國下嫁，又以媵之。”引申爲陪嫁的人。名詞。《韓非子·外儲説左上》：“昔秦伯嫁其女於晋公子，令晋爲之飾裝，從文衣之媵七十人。”《資治通鑒·漢紀二十七》：“掖庭媵未充。”胡三省注：“媵，從嫁之女也。”

　　賈　本義是做買賣。動詞。《説文·貝部》："賈，市也。"段玉裁注："賈者，凡買賣之稱也。"《韓非子·五蠹》："長袖善舞，多錢善賈。"元好問《雁門道中書所見》詩："傾身營一飽，豈樂遠服賈。"引申義指做買賣的人，商人。名詞。桓寬《鹽鐵論·輕重》："籠天下鹽鐵諸利，以排富商大賈。"劉禹錫《賈客詞·引》："五方之賈，以財相雄，而鹽賈尤熾。"

　　21. 本義表示行爲的對象，名詞；引申義表示行爲，動詞。如：

　　俘　本義是俘虜，戰争中被擒獲的敵人。名詞。《説文·人部》："俘，軍所獲也。"《左傳·成公三年》："臣不才，不勝其任，以爲俘馘。"《孔子家語·相魯》："裔夷之俘，敢以兵亂之。"又爲動詞。戰争中擒獲、俘虜。《左傳·宣公二年》："俘二百五十人。"《明史·太祖紀一》："元將徹里不花憚不敢攻，而日俘良民以邀賞。"按"俘"字已見於甲骨文，兩義并存。

　　封　本義是帝王封賜給諸侯的土地。名詞。《説文·土部》："封，爵諸侯之土也。從之、從土、從寸，守其制度也。公侯百里，伯七十里，子男五十里。"《書·蔡仲之命》："往即乃封。"柳宗元《封建論》："德又大者，諸侯之列又就而聽命焉，以安其封。"引申爲動詞。帝王把土地分封給親屬或臣下作爲食邑。《戰國策·趙策》："而封之以膏腴之地。"《墨子·魯問》："請裂故吴之地方百里以封子。"

　　城　本義是都邑四周的墙垣，城墙。名詞。《説文·土部》："城，以盛民也。"《墨子·七患》："城者，所以自守也。"桓寬《鹽鐵論·和親》："築城以自守，設械以自備。"引申爲築城。動詞。《詩·小雅·出車》："王命南仲，往城於方。"《左傳·隱公元年》："夏四月，費伯帥師城郎。"又爲守城（後起）。動詞。《宋史·李庭芝傳》："（李）應庚發兩路兵城南城。"《金史·石盞女魯歡傳》："彼自救之不暇，安能及我？如此則鎭戎可城，而彼亦不敢來犯矣。"

22. 本義表示行爲，動詞；引申義表示對象，名詞。如：

囚　本義是關押，拘禁。動詞。《説文·囗部》："囚，繫也。從人在囗中。"《左傳·隱公十一年》："鄭人囚諸尹氏。"《史記·周本紀》："帝紂乃囚西伯於羑里。"引申爲被拘禁關押的人。名詞。《尉繚子·將理》："故善審囚之情，不極楚而囚之情畢矣。"白居易《歌舞》詩："豈知閭鄉獄，中有凍死囚。"

貢　本義是向君主或朝廷進獻物品。動詞。《説文·貝部》："貢，獻功也。"《廣雅·釋言》："貢，獻也。"《史記·五帝本紀》："各以其職來貢，不失厥宜。"《世説新語·排調》："德之休明，肅愼貢其楛矢。"引申爲貢品，進獻給君主或朝廷的物品。名詞。《左傳·僖公四年》："貢之不入，寡君之罪也。"王安石《乞制置三司條理》："畿外邦國，各以所有爲貢。"

賞　本義是賞賜，賜予。動詞。《説文·貝部》："賞，賜有功也。"《韓非子·有度》："刑過不避大臣，賞善不遺匹夫。"柳宗元《斷刑論》："夫聖人之爲賞罰者非他，所以懲勸者也。"引申爲賞賜的東西。名詞。《史記·李將軍列傳》："廣軍功自如，無賞。"《兒女英雄傳》三十六回："不想他不愛這個好看兒，叫我可有什麼法兒呢？他這分賞只好擱下來罷。"

23. 本義表示行爲，動詞；引申義表示結果，名詞。如：

坼　本義是裂開。動詞。《說文·土部》："坼（墲），裂也。"《易·解》："雷雨作而百果草木皆甲坼。"杜甫《登岳陽樓》詩："吳楚東南坼，乾坤日夜浮。"引申爲裂縫。名詞。《周禮·春官·占人》："史占墨，卜人占坼。"《管子·四時》："四政曰補缺塞坼。"周立波《山鄉巨變·山裏》："兩邊的田，都曬得過了白，開了坼。"

結　本義是打結，即在條狀的東西上打疙瘩。動詞。《說文·糸部》："結，締也。"《易·繫辭下》："上古結繩而治，後世聖人易之以書契。"《老子》二十七章："善結，無繩約而不可解。"引申爲結子，即用條狀的東西打成的疙瘩。名詞。《左傳·昭公十一年》："衣有襘，帶有結。"王充《論衡·實知》："天下事有不可知，猶結有不可解也。"劉翰《好事近》詞："東風吹盡去年愁，解放丁香結。"

釀　本義是釀造，即利用發酵來製造（酒、醋）。動詞。《說文·酉部》："釀，醞也。作酒曰釀。"王充《論衡·幸偶》："蒸穀爲飯，釀飯爲酒。"《齊民要術·造神麴并酒》："十月桑落初凍則收水釀者，爲上時春酒。"引申爲酒，是釀造的產物。名詞。《世說新語·賞譽》："劉尹云：見何次道飲酒，使人欲傾家釀。"蘇軾《出峽》詩："亦到龍馬溪，茅屋沽村釀。"《三國演義》七十回："成都佳釀極多，可將五十甕作三車裝，送到軍前與張將軍飲。"

24. 本義表示行爲，動詞；引申義表示工具、憑藉或原料，名詞。如：

斫　本義是用刀斧砍削。動詞。《說文·斤部》："斫，擊也。"

枚乘《七發》："龍門之桐，高百尺而無枝……使琴摯斫斬以爲琴。"杜荀鶴《山中寡婦》詩："時挑野菜和根煮，旋斫生柴帶葉燒。"引申爲斧刃，刀斧。名詞。《墨子·備穴》："以斧金爲斫。"王筠《說文句讀》："斫爲斤斧之通名。"

賕　本義是行賄或受賄。動詞。《說文·貝部》："賕，以財物枉法相謝也。"段玉裁注："賕，法當有罪而以財求免是曰賕，受之者亦曰賕。"《晋書·馮跋載記》："於是上下肅然，請賕路絶。"周密《齊東野語》卷一："官闇而吏賕，故冤不得直也。"引申爲用來買通別人的財物。名詞。《史記·滑稽列傳》："恐受賕枉法。"王安石《感事》："原田敗粟麥，欲訴嗟無賕。"

堊　本義是用白色的材料粉刷牆壁。動詞。《說文·土部》："堊，白塗也。"段玉裁注："以白物塗白之也。"《韓非子·說林上》："宫有堊，器有滌，則潔矣。"《北史·藝術傳》："（陸）法和乃還州，堊其城門。"引申爲白色的土。名詞。《莊子·徐無鬼》："匠石運斤成風，聽而斲之，盡堊而鼻不傷。"成玄英疏："堊者，白善土也。"司馬相如《子虛賦》："其土則丹青赭堊。"

25. 本義表示工具、憑藉或原料，名詞；引申義表示行爲，動詞。如：

斧　本義表示砍東西的工具，斧頭。《說文·斤部》："斧，所以斫也。"（從段注）《詩·陳風·墓門》："墓門有棘，斧以斯之。"《孟子·梁惠王上》："斧斤以時入山林，材木不可勝用也。"引申爲用斧子砍。動詞。曹操《苦寒行》："擔囊行取薪，斧冰持作糜。"《聊齋志異·小翠》："公怒，斧其門。"

觴　本義是盛滿酒的酒杯、酒器。名詞。《説文·角部》："觴，觶實曰觴，虚曰觶。"《韓非子·十過》："平公提觴而起，爲師曠壽。"杜甫《飲中八仙歌》："宗之瀟灑美少年，舉觴白眼望青天。"引申爲動詞。舉杯向人進酒或自飲。《韓非子·内儲説下》："晋平公觴客，少庶子進炙而髮繞之。"陶潛《連雨獨飲》詩："試酌百情遠，重觴忽忘天。"

綏　本義是登車時用作拉手的繩索。《説文·糸部》："綏，車中把也。"《左傳·哀公二年》："子良授大子綏而乘之。"孔穎達疏："綏者，挽以上車之索。"《論語·鄉黨》："升車必正立，執綏。"邢昺疏："言孔子升車之時，必正立執綏，所以爲安也。"綏用以保證升車安全，引申爲安。《左傳·昭公二十年》："以綏四方。"杜預注："綏，安也。"《漢書·叙傳上》："咏《南風》以爲綏。"顏師古注："綏，安也。"

塗　本義是泥巴。名詞。《説文新附·土部》："塗，泥也。"《韓非子·外儲説左上》："夫嬰兒相與戲也，以塵爲飯，以塗爲羹。"引申爲用泥塗抹。動詞。《韓非子·内儲説上》："人之塗其體，被濡衣而走火者，左三千人，右三千人。"李商隱《酬崔八早梅有贈兼示之作》詩："何處拂胸資蝶粉，幾時塗額藉蜂黄。"

26. 本義表示處所，名詞；引申義表示行動，動詞。如：

濱（瀕）　本義是水邊，靠近水的地方。《説文·頻部》："瀕，水厓，人所賓附，頻蹙不前而止。"《廣雅·釋丘》："濱，厓也。"《詩·召南·采蘋》："于以采蘋，南澗之濱。"《墨子·尚賢下》："是故昔者舜耕於歷山，陶於海濱。"引申爲動詞，靠近，接近。

《列子・説符》："人有濱河而居者，習於水。"《漢書・地理志》："瀕南山，近夏陽。"

　　徑　本義是小路。《説文・彳部》："徑，步道也。"段玉裁注："謂人及牛馬可步行而不容車也。"《論語・雍也》："有澹臺滅明者，行不由徑。"常建《題破山寺後禪院》詩："曲徑通幽處，禪房花木深。"引申爲走小路。動詞。《禮記・祭義》："壹舉足而不敢忘父母，是故道而不徑。"《史記・高祖本紀》："高祖被酒，夜徑澤中。"

　　27. 本義表示事物，名詞；引申義表示顏色或性質，形容詞。如：

　　丹　本義是朱砂，一種紅色礦物。名詞。《説文・丹部》："丹，巴越之赤石也。"《吕氏春秋・誠廉》："丹可磨也，而不可奪赤。"桓寬《鹽鐵論・本議》："隴蜀之丹漆旄羽。"引申爲朱紅色。形容詞。謝靈運《晚出西射堂》詩："曉霜楓葉丹，夕曛嵐氣陰。"王勃《滕王閣序》："飛閣流丹，下臨無地。"

　　駑　本義是劣馬，形質性能低下的馬。名詞。《玉篇・馬部》："駑，最下馬也。"《荀子・勸學》："駑馬十駕，功在不舍。"《齊民要術・養牛馬驢騾》："凡相馬之法，先除三羸五駑，乃相其餘。"引申義表示才能低劣。形容詞。《史記・廉頗藺相如列傳》："相如雖駑，獨畏廉將軍哉？"《漢書・公孫弘傳》："今臣愚駑，無汗馬之勞。"

　　藍　本義是一種蓼科草本植物，蓼藍。名詞。《説文・艸部》："藍，染青艸也。"《荀子・勸學》："青取之於藍而青於藍。"引申

爲藍色，像晴天天空一樣的顏色。形容詞。《論衡·本性》：“至惡
之質，不受藍朱變也。”《文心雕龍·情采》：“正采耀乎朱藍，間色
屏於紅紫。”湯顯祖《牡丹亭·榜下》：“黃門舊是齉門客，藍袍新
作紫袍仙。”

28. 本義表示顏色或性質特點，形容詞；引申義表示有此顏色
或性質的人，名詞。如：

青　本義是青色或藍色，像春季植物葉子那樣的顏色。形容
詞。《釋名·釋采帛》：“青，生也。象物生時色也。”《古詩十九
首》之二：“青青河畔草，鬱鬱園中柳。”李白《宣州謝朓樓餞別校
書叔雲》詩：“俱懷逸興壯思飛，欲上青天攬明月。”引申爲青色的
東西。名詞。《詩·齊風·著》：“充耳以青乎而。”（青：指青玉。）
《荀子·勸學》：“青取之於藍而勝於藍。”（青：指靛青。）杜甫《絕
句》：“江邊踏青罷，回首見旌旗。”（青：指青草。）《元典章·户
部·倉庫》：“即目正是青黃不接之際。”（青：指田裏的青苗。）

姝　本義是容貌美。形容詞。《説文·女部》：“姝，好也。”
《詩·邶風·静女》：“静女其姝，俟我於城隅。”《毛傳》：“姝，美
色也。”古樂府《上山采蘼蕪》：“新人雖云好，未若故人姝。”引申
爲美女。名詞。宋玉《登徒子好色賦》：“此郊之姝，華色含光。”
古樂府《陌上桑》：“使君遣吏往，問是誰家姝。”《聊齋志異·書
癡》：“下幾亭亭，宛然絕代之姝。”

隘　本義是狹隘，狹窄。形容詞。《詩·大雅·生民》：“誕寘
之隘巷，牛羊腓字之。”古樂府《相逢行》：“相逢狹路間，道隘不
容車。”引申爲險要的地方。名詞。左思《蜀都賦》：“一人守隘，

萬夫莫向。"吳曾《能改齋漫錄》卷九："蜀有劍門棧道之險，瞿塘三峽之隘。"

29. 本義表示性質狀態，形容詞；引申義表示有關的行爲，動詞。如：

賑　本義是富裕，財物充足。形容詞。《爾雅·釋言》："賑，富也。"張衡《西京賦》："鄉邑殷賑。"左思《蜀都賦》："爾乃邑居隱賑，夾江傍山。"引申爲以財物救濟。動詞。桓寬《鹽鐵論·力耕》："戰士以奉，飢民以賑。"《隋書·李密傳》："發粟以賑窮乏，遠近孰不歸附？"

肅　本義是恭敬，嚴肅認真。形容詞。《説文·聿部》："肅，持事振敬也。"《廣韻·屋韻》："肅，恭也，敬也。"《左傳·僖公二十三年》："其從者肅而寬，忠而能力。"杜預注："肅，敬也。"《莊子·則陽》："其慢若彼之甚也，見賢人若此其肅也。"引申爲恭敬地導引。動詞。《禮記·曲禮上》："主人肅客而入。"韓愈《汴州東西水門記序》："三月癸未，大合樂，設水嬉，會監軍軍司馬賓佐僚屬將校熊羆之士，肅四方之賓客以落之。"

30. 本義表示行爲，動詞；引申義爲與之有關的性質狀態，形容詞。如：

敗　本義是毀壞。動詞。《説文·攴部》："敗，毀也。"《爾雅·釋言》："敗，覆也。"郭璞注："謂毀覆。"《書·大禹謨》："侮慢自賢，反道敗德。"《呂氏春秋·尊師》："能全天之所生而勿敗之，是謂善學。"高誘注："敗，毀也。"引申爲破舊。宗懍《荆楚歲時記》："自爾厠中，著以敗衣，蓋爲此也。"陶潛《與子儼等疏》："余嘗感孺仲賢妻之言，敗絮自擁，何慚兒子?"韓愈《進學解》："牛溲馬勃，敗鼓之皮。"

催　本義是催促，促使其趨快行動。動詞。《説文·人部》："催，相擣也。"李密《陳情表》："郡縣逼迫，催臣上道。"杜甫《洗兵馬》詩："田家望望惜雨乾，布穀處處催春種。"催促就是促使其行動快速，故中古引申爲快速。干寶《搜神記》卷十七："甘子正熟，三人共食，致飽，乃懷二枚。聞空中語云：'催放雙甘，乃聽汝去。'"段成式《酉陽雜俎·禮異》："夫家領百餘人或十數人，隨其奢儉，挾車俱呼：'新娘子，催出來。'"

測　本義是測量深度。動詞。《説文·水部》："測，深所至也。"王筠《句讀》："深，動字，謂測之也。"《荀子·勸學》："譬之猶以指測河也。"《淮南子·原道》："高不可際，深不可測。"引申爲深。形容詞。《周禮·考工記·弓人》："漆欲測，絲欲沈。"孫詒讓《正義》："測當訓深。"《文明小史》二回："若不是屁股後頭挂着一根墨測黑的辮子，大家也疑心他是外國人了。"

31. 本義是事物名稱，名詞；引申義表示事物單位，名量詞。如：

貫　本義是古代穿銅錢的繩索。名詞。《説文》："貫，錢貝之貫。"《史記·平準書》："京師之錢累巨萬，貫朽而不可校。"引申爲名量詞，表示穿在繩子上的一千文錢。《魏書·李修傳》："食邑五百戶，賜錢一萬貫。"宋元話本《錯斬崔寧》："當下吃了午飯，丈人取出十五貫錢來，付與劉官人。"

株　本指露出地面的樹根、樹幹或樹椿。名詞。《説文·木部》："株，木根也。"徐鍇《繫傳》："入土曰根，在土上者曰株。"段玉裁注："株，今俗語云樁。"《韓非子·五蠹》："田中有株，兔走觸株，折頸而死。"引申爲量詞，表示草木的單位。《三國志·蜀書·諸葛亮傳》："成都有桑八百株，薄田十五頃。"柳宗元《柳州城西北隅種甘樹》詩："手種黃甘二百株，春來新葉遍城隅。"

32.本義表示行動，動詞；引申義爲動量詞。如：

遭　本義是遇到，碰到。動詞。《說文·辵部》："遭，遇也。"《詩·齊風·還》："子之還兮，遭我乎猺之間兮。"《左傳·昭公十年》："桓子授甲而如鮑氏，遭子良醉而騁。"引申爲量詞，相當於"周""回""次"。李德裕《登崖州城作》詩："青山似欲留人住，百匝千遭繞郡城。"陶岳《五代史補·王彥章八軍》："且共汝輩赤腳入棘針地走三五遭，汝等能乎?"《水滸全傳》七十四回："你相伴我去荆門鎮走了兩遭。"

過　本義是經過，度過。動詞。《說文·辵部》："過，度也。"《論語·季氏》："嘗獨立，鯉趨而過庭。"劉禹錫《酬樂天揚州初逢席上見贈》詩："沉舟側畔千帆過，病樹前頭萬木春。"引申爲量詞。相當於"遍""次"。《素問·玉版要論》："八風四時之勝，終而復始，逆行一過，不復可數。"葛洪《抱朴子·金丹》："鍊金內清酒中，約二百過出入即沸矣。"《敦煌變文集·伍子胥變文》："水底將頭百過窺，波上玉腕千回舉。"

或本義是名詞，引申義是動詞、形容詞、名量詞；或本義是動詞，引申義是名詞、形容詞、動量詞；或本義是形容詞，引申義是名詞、動詞。此外，實詞虛化，其實也是詞義引申、再引申的結果。那已經屬於語法研究的範圍，這裏不準備討論。

漢語詞義引申，是爲了增加詞的表達內容，擴大詞的表達功能，以適應不斷發展的社會交際需要。本義和引申義之間有這樣那樣的聯繫，容易引起人們的聯想，由本義引申出新的意義相當自然。前面所舉例子，大都如此。以下幾種情況，也可以導致詞義的引申變化。

1. 觀念習俗。某些傳統的觀念或習俗，已經深入人心，對漢語詞義的形成和應用往往會產生很大影響。如：

黃　這是一個顏色詞。《説文·黃部》：“黃，地之色也。”大概是像黃土那樣的顏色。《漢語大詞典》：“黃，像金子或成熟的杏子的顏色。”《現代漢語詞典》：“黃，像絲瓜花或向日葵的顏色。”都是采用比擬界定法。古代五行觀念以五色配五行、五方。東方爲木，其色青；南方爲火，其色赤；西方爲金，其色白；北方爲水，其色黑，中央爲土，其色黃。黃是中央正色，故引申爲“中、正確、不偏不倚”。揚雄《太玄·太玄文》：“黃不黃，何爲也？曰：小人失刑中也。”范望注：“黃，中也。不黃，故失中也。”天子居天下之中，服至尊之色。唐高祖武德初年規定，天子着黃袍，士庶人不得服。趙匡胤陳橋兵變，黃袍加身，就是宣布白己做了皇帝。燒給死人用的紙錢用黃色，因爲黃色代表地，人死了埋在地下。也單稱“黃”。清袁枚《新齊諧·地藏王接客》：“（裘南湖）性狂傲，三中副車不第，發怒，焚黃於伍相國祠，自訴不平。”

亡　本義是逃跑，逃亡。《戰國策·楚策》：“亡羊而補牢，未爲遲也。”本來古已有關於死的幾個不同名稱。《禮記·曲禮下》：

"天子死曰崩，諸侯曰薨，大夫曰卒，士曰不禄。"但古人諱言死，遂用逃亡委婉言之，"亡"就有了"死亡"的意義。《説文·亾部》："亾，逃也。"段玉裁注："亡之本義爲逃，今人但謂亡爲死，非也。引申之，則謂失爲亡，亦謂死爲亡。孝子不忍死其親，但疑親之出亡耳。"這樣死亡就成爲"亡"的常用義。《論語·雍也》："亡之，命矣夫。"《紅樓夢》二回："（林如海）只有一個三歲之子，又於去歲亡了。"現在死亡又有了新的婉稱"走"。《現代漢語詞典》："走，動，指人死（婉辭）：她還這麽年輕就走了。"

2. 用典。舊詞與新義本無關係，因爲使用典故，一些與原義本不相關的新義産生了。如：

坦　本是平坦、寬廣的意思。《易·履》："履道坦坦，幽人貞吉。"《論語·述而》："君子坦蕩蕩，小人常戚戚。"又爲"坦露"之意。《世説新語·雅量》載晋太傅郗鑒派門生到丞相王導家中選女婿。"門生歸，白郗曰：'王家諸郎亦皆可嘉，聞來覓婿，咸自矜持，唯有一郎在東床上坦腹卧，如不聞。'郗公云：'正此好。'訪之，乃是逸少，因嫁女與焉。"據此，後以"坦"代稱女婿，美稱爲"令坦"。陶貞懷《天雨花》二十一回："他是尚書令坦身。"崇彝《道咸以來朝野雜記》："劉位坦三年得三位令坦：喬松年、黄彭年、吳福年，并登清要。"也叫"坦床""坦腹""坦腹人"。江休復《鄰幾雜志》："曹佾，太尉長秋母弟，張貂耆之坦床。"沈受先《三元記·團圓》："今日裏大會姻親，喜坦腹自多佳興。"陶貞懷《天雨花》十八回："我這一生拘束如何過，怎做他家坦腹人。"

紅娘　本是中國古典文學作品中的人名。元稹《會真記》寫崔鶯鶯有婢女名叫紅娘。書生張珙使她通意於鶯鶯，終於促成了張生和崔鶯鶯的愛情結合。王實甫《西廂記》，亦寫崔、張婚戀事，進一步突出了紅娘在崔張婚姻上的作用，影響極大。自此以後，"紅娘"就不祇是人名，而引申爲助人結成美好姻緣的好心人或媒人；也指牽合不同部門合作辦事的人或單位。鄭德輝《㑇梅香》三折："正旦唱：并不曾十多口小紅娘。"魏秀仁《花月痕》四十四回："話說晚夕，癡珠嗒然獨坐，忽見簾子一掀，荷生紫滄便衣進來，笑道：'我充個紅娘，好不好呢。'"《語文研究》1988 年第 2 期《論新詞語》："紅娘，指男女雙方婚姻的撮合者，後來，也指幫助兩個企業或部門建立某種關係的人或單位。"

3. 省略（單音化）。漢語詞彙發展中，一方面，大量短語或句法結構詞彙化爲複合詞，這是主流。另一方面，一些複音詞爲求音節整齊，韻律和諧，往往省略其中的一個語素（或音節）而單音化并取得複音詞所有的意義。如：

先、生　先秦時期"先生"已是複合詞，且有多種意義。《論語·爲政》："有酒食，先生饌。"此指父兄。《禮記·玉藻》："見先生，從人而入。"此指老師。《孟子·告子下》："先生將何之？"此指年長的學者。"先生"省稱爲"先"和"生"，兩者單獨爲詞，都取得原先沒有的"先生"的意思。《史記·袁盎晁錯列傳》："學申商刑名於軹張恢先所。"裴駰集解引徐廣曰："先即先生。"《漢書·梅福傳》："夫叔孫先非不忠也。"顏師古注："先，猶言先生也。"《史記·儒林列傳》："言《尚書》自濟南伏生，言《禮》自魯高堂生。"司馬貞《索隱》："自漢以來，儒者皆號生，亦先生省字呼之耳。"

《漢書·高帝紀》："以魏地萬户封生。"顏師古注："生，猶言先生。"

象、牙　"象"是獸名，"牙"是牙齒。"象牙"是大象上腭的門牙。王褒《洞簫賦》："帶以象牙，掍其會合。""象牙"單音化而爲"象"爲"牙"，亦都有"象牙"的意思。《楚辭·離騷》："雜瑶象以爲車。"王逸注："象，象牙也。"《禮記·玉藻》："笏，天子以球玉，諸侯以象。"《新唐書·南蠻王傳下》："有横笛二……以牙爲之。"鮑照《代淮南王詩》："琉璃作盌牙作盤，金鼎玉匕合神丹。""牙"亦指象牙。

菁　原義是韭菜花。《説文·艸部》："菁，韭華也。"又爲水草。《史記·司馬相如列傳》："唼喋菁藻。"裴駰集解引郭璞云："菁，水草。"古代大頭菜叫"蔓菁"或"蕪菁"，省稱爲"菁"，於是"菁"又有"蔓菁"或"蕪菁"的意思。《周禮·天官·醢人》："昌本、麋臡、菁菹、鹿臡、茆菹。"鄭玄注："菁，蔓菁也。"這類例子不在少數，值得注意。

漪　《詩·魏風·伐檀》："河水清且漣猗。"《毛傳》："風行水成文曰漣。""猗"是語氣詞。"漣猗"不是詞，也不在同一個語法層次。《爾雅·釋水》："河水清且瀾漪。大波爲瀾，小波爲淪，直波爲徑。"顯然就是解釋《伐檀》詩的。依"漣"字類推，"猗"寫成"漪"，但仍作語詞講。漢石經作"兮"。《釋文》："漪一作猗。"六朝開始，"漣漪"詞彙化爲複音詞，表示風吹水形成的波紋。《廣韻·仙韻》："漣，漣漪，風動水貌。"左思《吳都賦》："剖巨蚌於回淵，濯明月於漣漪。"陸厥《奉答内兄希叔》："雖無田田葉，及爾泛漣漪。"也是在六朝，"漣漪"又單音化爲"漪"，義同

"漣漪"。《玉篇·水部》:"漪,波動貌。"《初學記》卷六:"風行水成文曰漣,水波如錦文曰漪。"駱賓王《秋日與群公宴序》:"泛清漪而散錦。"明袁宏道《叙邑氏家繩集》:"風值水而漪生,日薄山而嵐出。"

　　詞義引申是一個十分複雜的問題。許多詞有多個義位。這些義位之間,有的不一定是引申關係;就算是引申關係,又往往有不同的語義關係、不同的層次關係,或産生於不同的時代,它們之間的關係很不容易弄清楚。"黄",《漢語大詞典》《漢語大字典》"黄"下面都有一個意義:"事情失敗或計劃不能實現。"并引了兩個例句。《紅樓夢》八十回:"(薛蟠)又怕鬧黄了寶蟾之事,忙又趕來罵秋菱。"周立波《暴風驟雨》第二部十九:"怎麽説,杜善人也是不借,那門親事就這樣黄了。"而《現代漢語詞典》此義另立詞頭,表示與黄色的"黄"不是同一個詞。又"黄"有淫穢、色情義。據説是19世紀末美國《世界報》爲招徠讀者,擴大銷量,曾專門用黄顏色的版面刊載淫穢、色情的漫畫,後用"黄色"形容書刊、音像、圖片等有色情内容。也簡稱"黄",如"嚴防黄、賭、毒"。但是"黄"早有"枯黄""衰落"義。《詩·小雅·何草不黄》:"何草不黄,何日不行。"朱熹《集傳》:"草衰則黄。"由衰落引申爲腐朽、腐敗,也是很自然的,未必一定出自美國刊物。可見詞義引申還大有全面深入研究的必要。

漢語複音詞單音化舉例 [*]

  由單音走向複音是漢語詞彙發展的主要趨勢。這一趨勢遠在上古即已開始，經中古、近代以至現代漢語愈益明顯。複音詞占漢語詞彙的絕大多數，聯綿詞、重言詞、派生詞，各種複合詞形式多樣，紛繁複雜。與此同時，漢語詞彙發展還有一種相反的情況，即複音詞語單音化值得注意。

  複音詞語單音化，有的是兩字合音，造成新詞。更多的是單用複音詞的一字。或單用前一字，或單用後一字，或前後兩字都可單用。單用的字取得複音詞原有的意義，與複音詞同義并存，與一般新詞的產生是不一樣的。需要指出的是，只有一部分複音詞可以單用其中某一個字，不是所有複音詞都可以單用的。不同結構的複音詞單用一字的情況也大不相同，有的多些，有的很少。

一　合音造詞

  兩字合音，上一字聲母與下一字韻母拼合成一個新字。詞彙上就是造成一個單音詞。這種單音和複音可以互相轉化的情況，前輩

---

  * 原載《中國語言學》第六輯，2012 年。

學者已多有討論。宋沈括稱之爲"二字合爲一字"（《夢溪筆談》卷十五），宋鄭樵稱之爲"慢聲、急聲"（《通志·六書略·諧聲變體論》），清初顧炎武稱之爲"直言、長言"（《日知錄》卷三十二），清王念孫稱之爲"急言、徐言、單言、重言、合聲"（《廣雅疏證》卷七、卷十），清朱駿聲稱之爲"合音"（《説文通聲定聲·孚部》）。下面是一些例子：

不可——叵　不可以；不能够。《易·無妄》："象曰：無妄之藥，不可試也。""不可"合音爲"叵"。《説文新附》："叵，不可也。"徐灝注箋："叵者，不可之合聲。"《新唐書·尹愔傳》："吾門人多矣，尹子叵測也。"

丁寧——鉦　古代軍中一種用器，形似鈴，鳴以收軍。《左傳·宣公四年》："伯棼射王……著于丁寧。"杜預注："丁寧，鉦也。"《國語·吳語》："鳴鐘鼓、丁寧。"韋昭注："丁寧，鉦也。"《詩·小雅·采芑》："鉦人伐鼓。""丁""鉦"上古端、章音近，"令""鉦"耕部叠韻，"丁寧"合音爲"鉦"。王念孫《廣雅疏證》卷八上："鉦者，丁寧之合聲。"

扶搖——猋（飆）　旋風、暴風。《莊子·逍遥游》："鵬之徙于南冥也，水擊三千里，搏扶搖而上者九萬里。""扶搖"合音爲"飆"。司馬相如《上林賦》："陵驚風，歷駭飆。"《爾雅·釋天》："扶搖謂之猋。"徐灝《説文注箋》："飆者，扶搖之合聲也。"

而已——耳　語末助詞。相當於"罷了"。《易·序卦》："物不可以苟合而已。""而已"合音爲"耳"。《戰國策·齊策四》："狡兔有三窟，僅得免其死耳。"宋鄭樵《通志·六書略》："慢聲爲

'而已'，急聲爲'耳'。"

蒺藜——茨、薺　一年生草本植物，蔓生細葉、小黄花，子有刺。《易·困》："據于蒺藜。""蒺藜"合音爲"茨"爲"薺"。《詩·鄘風·牆有茨》："牆有茨，不可埽也。"《毛傳》："茨，蒺藜也。"《説文·艸部》："薺，蒺棃也。"引《詩》："牆有薺。"徐灝注箋："薺者，蒺藜之合聲。"

奈何——那、難　疑問代詞，怎樣，爲什麼。《書·召誥》："曷其奈何弗敬？"《禮記·曲禮下》："奈何去社稷也。""奈何"合音爲"那"爲"難（nuó）"。《左傳·宣公二年》："棄甲則那。"王引之《經傳釋詞》卷六："那者，奈何之合聲也。"又《左傳·昭公四年》："忠爲令德，其子弗能任，罪猶及之，難不慎也。"楊樹達《詞詮》："此（難）字讀如《左傳》'棄甲則那'之'那'，奈何也。"

何不——盍　爲什麼不。"何"是疑問代詞，"不"是否定副詞。《詩·唐風·山有樞》："子有酒食，何不日鼓瑟？""何不"合音爲"盍"。《論語·公冶長》："盍各言爾志？"楊樹達《詞詮》卷三："盍，反詰副詞，實爲'何不'二字之合聲。"

你們——您、恁　第二人稱代詞複數。南宋員興宗《采石戰勝錄》："官家差我犒賞你們。""你們"合音爲"您"，也寫作"恁"。《劉知遠諸宮調》第二："此人發迹，定和您也做官寮。"馬致遠《漢宮秋》三折："恁文武百官計議，怎生退了番兵。"同上二折："恁也丹墀裏頭，枉被金章紫綬。"吕叔湘先生説："'恁家'諸'你們'的合音是很合適的。"（《近代漢語指代詞·們和家》81頁）

狻猊——獅 "猊"亦作"麂"。猛獸名，即獅子。《爾雅·釋獸》："狻麂如虦貓，食虎豹。"《穆天子傳》："狻猊□野馬走五百里。""狻猊"合音爲"獅"。唐柳泌《玉清行》："獅麟威赫赫，鸞鳳影翩翩。"顧炎武《音論》卷下："《廣韻》：'狻猊，獅子。''狻猊'正切'獅'字。"

壽夢——乘 春秋吳國國君名。《左傳·襄公十年》："會吳子壽夢也。""壽夢"合音爲"乘"。《春秋·襄公十二年》："吳子乘卒。"朱駿聲《說文通訓定聲·孚部》："'壽夢'合音爲'乘'也。"

什麼——啥 疑問代詞，問事物。宋道原《景德傳燈錄》卷十："歸宗云：'汝見什麼道理？'""什麼"合音爲"啥"，也作"煞、嗄、耍"。如劉鶚《老殘游記》十四回："要這些船幹啥？"

之乎——諸 "之"代詞，"乎"語氣詞，"諸"兼詞，在句末。《左傳·僖公五年》："若晋取虞而明德以薦馨香，神其吐之乎？""之乎"合音爲"諸"。《禮記·檀弓》："文王之囿方七十里，有諸？"王引之《經傳釋詞》卷九："諸，'之乎'也。急言之曰'諸'，徐言之曰'之乎'。《禮記·檀弓》曰：'吾惡乎哭諸。'"

之於——諸 "之"代詞，"於"介詞，"諸"兼詞，在句中。《左傳·隱公七年》："戎伐之於楚丘以歸。""之於"合音爲"諸"。《列子·湯問》："投諸勃海之尾，隱土之北。"王念孫《廣雅疏證》："諸者，'之於'之合聲。"

之焉——旃 "之"代詞，"焉"語氣詞，"旃"兼詞，在句末。《穀梁傳·桓公二年》："取不成事之辭而加之焉。""之焉"合音爲"旃"。漢楊惲《報孫會宗書》："願勉旃，毋多談！"王念孫

《廣雅疏證》："旃者，'之焉'之合聲。故旃訓爲'之'，又訓爲'焉'。"

終葵——椎　短木棍，捶擊的器具。《周禮·考工記·玉人》："大圭長三尺，杼上，終葵首，天子服之。"鄭玄注："終葵，椎也。""終葵"合音爲"椎"。《説文·木部》："椎，擊也，齊謂之終葵。"朱駿聲《説文通訓定聲》："終葵之合音爲椎。"徐灝注箋："終葵之合聲爲椎，杼上，漸殺而上也。"孫詒讓《周禮正義》卷八十引惠士奇云："終葵爲椎，猶邾婁爲鄒，皆齊魯間俗語。"

邾婁——鄒　古國名，周代爲魯國附庸，後改名鄒，今山東省鄒縣。《公羊傳·隱公元年》："三月，公及邾婁，儀父盟于眜。"《禮記·檀弓上》："邾婁復之以矢，蓋自戰於升陘始也。""邾婁"合音爲"鄒"。《説文·邑部》："鄒，魯縣，古邾婁國，帝顓頊之後所封。"段玉裁注："周時或云鄒，或云邾婁者，語言緩急之殊也。"朱駿聲《説文通訓定聲·孚部》："漢鄒縣，今山東兗州府鄒縣。鄒者，邾婁之合音。戰國時穆公改號邾婁爲鄒，後爲楚所滅。"

早晚——咱　時候。元高文秀《黑旋風》三折："明日這早晚，他還不醒哩。""早晚"合音爲"咱（zán）"。明蘭陵笑笑生《金瓶梅詞話》三十五回："不知多咱來，只怕等不得他。"

自家——咱（zá）　第一人稱代詞，我。宋馬擴《茆齋自叙》卷二三："事已如此，自家這裏鬥口做甚？""自家"合音爲"咱"。《董西廂》卷一："教惺惺浪兒每都服咱。"吕叔湘先生説："從語言方面説，'咱'又恰好是'自家'的切音。"（《近代漢語指代詞·們和家》）

咱們——喒（zán）　人稱代詞，包括自己和對方。宋周密《癸辛雜記》續集卷下：“咱們祖上亦是宋民，流落在此。”合音爲“喒（昝、偺）”。元無名氏《鴛鴦被》二折：“喒兩個穩穩安安，兀的不快活殺。”明徐渭《南詞叙錄》：“‘咱們’兩字合呼爲‘喒’。”

二　聯綿詞單用

聯綿詞大都是由兩個音節構成的單純複音詞，是一個詞素。兩個音節之間有的有雙聲或叠韻的關係，有的没有。歷史上有的聯綿詞可以單用一字，即省去其中一個音節，以單音詞形式表達整個聯綿詞的意義。單用前一字或後一字都可以，甚至前後兩字都可單用。就詞性説，名詞最多，也有形容詞或動詞。外語音譯詞也當作聯綿詞看待。

貝多——貝　“貝多”也作“貝多羅”，梵語 pattra 音譯。樹名。古印度以貝多葉抄寫佛經，故又借稱佛經。唐張鼎《僧舍小池》詩：“貝多文字古，宜向此中翻。”“貝多”可單用“貝”。明徐渭《張太君六十詩》：“斷葱自昔俱成寸，翻貝從今總解禪。”

瓿甊——瓿　一種圓口深腹的小甕。漢揚雄《方言》卷五：“瓿甊，甖也。自關而西……其中者謂之瓿甊。”可單用“瓿”。《説文·瓦部》：“瓿，甂也。”清王筠《説文句讀》：“《方言》作瓿甊，許君不收‘甊’字者，二字叠韻，猶之‘部婁’，不必有專字，亦可單可複。”

蝙蝠——蝠　一種哺乳動物，夜間飛翔吃蚊蛾等昆蟲，能發出

超聲波引導飛行。漢焦贛《易林》卷一《小畜》："蝙蝠夜藏，不敢
晝行。"可單用"蝠"。宋李石《續博物志》卷十："燕避戊己，蝠
伏庚申。"

蟾蜍——蟾、蜍　蟾蜍即癩蛤蟆。《淮南子·精神訓》："日中
有踆烏，而月中有蟾蜍。"可單用"蟾"或"蜍"。元元好問《蟾
池》詩："小蟾徐行腹如鼓，大蟾張頤怒於虎。"宋真德秀《皇后閣
端午帖子》："欲知天錫無疆壽，認取仙蜍頷下書。"又借指月亮，
杜甫《八月十五夜月》詩之二："刁斗皆催曉，蟾蜍且自傾。"司馬
光《佇月亭》詩："孤蟾久未上，五馬不成歸。"

閶闔——閶　傳說中的天門，泛指門。《楚辭·離騷》："吾令
帝閽開關兮，倚閶闔而望予。"漢王逸注："閶闔，天門也。"《說
文·門部》："楚人名門曰閶闔。"可單用"閶"。清邱仙根《雜
詩》："欲將災異書，上籲通天閶。"

莖蕛——蕛　藥草名，即五味子。可單用"蕛"。《說文·艸
部》："蕛，莖蕛也。"清朱駿聲《說文通訓定聲》："莖蕛雙聲連
語，單呼曰蕛，縶呼曰莖蕛耳。"

銼（鑼）（cuòluó）——銼　小鍋。玄應《一切經音義》卷十六
引《聲類》："銼（鑼），小釜也。"《太平御覽》卷七五七引南朝
宋何承天《纂文》："秦人以鈷（鏵）爲銼（鑼）。"可單用"銼"。
清朱長孺《同馮定遠夜話》詩："銼冷但知吟好句，筇輕便欲禦
清風。"

玳瑁——玳　一種像龜的爬行動物，甲殼黃褐色，有黑斑，很
光滑，可作裝飾品。《淮南子·泰族訓》："瑤碧玉珠，翡翠玳瑁。"

可單用"玳"。唐宋之問《晏安樂公主宅》詩："玳梁翻賀燕，金埒倚晴虹。"

蝃蝀——蝀　虹。《詩·鄘風·蝃蝀》："蝃蝀在東，莫之敢指。"《毛傳》："蝃蝀，虹也。"可單用"蝀"。清毛奇齡《會稽倪孝子記傳序》："根雲作母，升氣成蝀。"

飣餖——飣　堆放在器皿中的瓜果。唐韓愈《南山詩》："或如臨食案，肴核紛飣餖。"可單用"飣"。宋王禹偁《寄陽喻長官》詩："庭戶萬重嵐氣盛，盤餐數飣藥苗香。"

杜鵑——鵑　鳥名，也叫子規。南朝宋鮑照《擬行路難十九首》之七："中有一鳥名杜鵑，言是古時蜀帝魂。"可單用"鵑"。宋張炎《祝英台近·與周草窗話舊》詞："幾回聽得啼鵑，不如歸去。"

髑髏（dúlóu）——髑　頭骨，特指死人的頭骨。《莊子·至樂》："莊子之楚，見空髑髏，髐然有形。"可單用"髑"。清李光地《芻者篇》："荒墟之髑，同氣者血相附焉，是死而生也。"

蜉蝣——蝣　一種生活在水中生命很短的昆蟲。《詩·曹風·蜉蝣》："蜉蝣之羽，衣裳楚楚。"可單用"蝣"。南朝梁陶弘景《水仙賦》："僉自安於蝣晷，緶無羨於鵠年。"

茯苓——苓　寄生在松樹根上的真菌，形狀像甘薯，可入藥。《淮南子·説山訓》："千年之松，下有茯苓。"可單用"苓"。宋謝枋得《賦松》："根頭更有千歲苓，知誰可語長生訣。"

蜚鴻——蜚（fěi）　古良馬名。漢東方朔《答孫驃騎難》："騏驥、綠耳、蜚鴻、驊騮，天下良馬也。"可單用"蜚"。宋趙子嵩

《繳申大元帥府狀》："惟大王函整六蜚，入朝九廟，則一切平定。"

姑蔑——蔑　春秋魯地名，故城在今山東泗水縣東。避魯隱公諱，單稱蔑。《春秋隱公元年》："三月，公及邾儀父盟于蔑。"惠棟《春秋左傳補注》："蔑本姑蔑。定十二年傳：'費人北，國人追之，敗諸姑蔑。'是也。隱公名息姑，而當時史官爲之諱也。"

蜾蠃——蜾　蟲名，即細腰蜂。《詩·小雅·小旻》："螟蛉有子，蜾蠃負之。"可單用"蜾"。明王思任《吳誠先句香齋詩序》："今之爲詩者，寄猥祝蜾，非不薰脩極力，而俗腸艾氣，出胎可憎。"

蝴蝶——蝶　昆蟲名，也作"胡蝶"。《莊子·齊物論》："昔者莊周夢爲胡蝶，栩栩然胡蝶也。"《搜神記》卷十二："麥之爲蝴蝶，由乎濕也。"可單用"蝶"。南朝齊謝朓《和王主簿季哲怨詩》："花叢亂數蝶，風簾入雙燕。"

琥珀——珀　古代松柏樹脂的化石，可作裝飾品或入藥。晉張華《博物志》卷四引《神仙傳》："松柏脂入地，千年化爲茯苓，茯苓化爲琥珀。"可單用"珀"。唐李朝威《柳氏傳》："錢塘君復出紅珀盤，貯以照夜璣。"

蝦蟆——蝦、蟆　青蛙和蟾蜍的統稱。唐韓愈《初南食貽元十八協律》詩："蛤即是蝦蟆，同實浪異名。"可單用"蝦"或"蟆"。唐盧仝《客謝蝦蟆》詩："揚州蝦蜆忽得便，腥臊臭穢逐我行。"唐韓愈《月蝕詩效玉川子作》："臣有一寸刃，可刓凶蟆腸。"

鶺鴒——鴒　一種小鳥，嘴尖尾長，飛時呈波狀，且飛且鳴，栖止時尾巴不斷搖動。漢東方朔《答客難》："譬若鶺鴒，飛且鳴矣。”可單用“鶃”。《北齊書·李渾傳附李繪》：“鶃有六翮，飛則沖天。”

吉貝——貝　梵語 karpasa 音譯，古指棉花和木棉。《梁書·諸夷傳·林邑國》：“吉貝者，樹名也。其華成時如鵝毳，抽其緒紡之以作布，潔白與紵布不殊。”可單用“貝”。明蘇伯衡《送王希暘編修使交趾》詩：“樂作聆銅鼓，衣更閱貝裘。”

桔槔——桔　桔槔是井上汲水的工具。《莊子·天運》：“子獨不見夫桔槔者乎，引之則俯，舍之則仰。”可單用“桔”，并引申爲“吊”義。《呂氏春秋·過理》：“雕柱而桔諸侯，不適也。”高誘注：“雕畫高柱，施桔槔於其端，舉諸侯而上下之。”

鷦鷯——鷦　一種小鳥，善於織巢。《莊子·逍遥游》：“鷦鷯巢于深林，不過一枝。”可單用“鷦”。明袁宏道《善哉行》：“鷃腹鷦枝，從吾所好。”

箘簬——箘　美竹，箭竹。漢劉向《説苑·正諫》：“荆文王得如黃之狗，箘簬之矰，以畋於雲夢。”可單用“箘”。《説文·竹部》：“箘，箘簬也。”清段玉裁注：“箘簬二字一竹名……古者絫呼曰箘簬……單呼曰箘。”

孔雀——孔　鳥名。頭上有羽冠，尾羽延長成扇狀，有五彩豔麗花紋。漢劉向《説苑·雜言》：“夫君子愛口，孔雀愛羽，虎豹愛爪，此皆所以治身法也。”可單用“孔”。《楚辭·九歌·少司命》：“孔蓋兮翠旍，登九天兮撫彗星。”又《七諫·謬諫》：“亂曰：鸞皇孔鳳，日以遠兮。”王逸注：“孔，孔雀也。”

錕鋙——錕　古時美鐵、美劍名。《列子·湯問》：“西戎獻錕錕之劍。"《集韻·魂韻》:"赤金謂之錕鋙。"可單用"錕"。明吳承恩《西游記》六回:"這件兵器,乃錕鋼摶煉的。"

琅玕——琅　形狀像珠的美玉或美石。《書·禹貢》:"厥貢惟球、琳、琅玕。"孔傳:"琅玕,石而似玉。"可單用"琅"。唐吳筠《游仙十六首》之十四:"玉山鬱嵯峨,琅海杳無岸。"

螻蛄——蛄　昆蟲名,也叫喇喇蛄,土狗子。漢王逸《九思·怨上》:"螻蛄兮鳴東,蟊蠡兮號西。"《古詩十九首》之十六:"凜凜歲雲暮,螻蛄夕鳴悲。"可單用"蛄"。唐李賀《宮娃歌》:"啼蛄吊月鈎欄下,屈膝銅鋪鎖阿甄。"又《昌谷》詩:"嘹嘹濕蛄聲,咽源驚濺起。"

駱駝——駝　一種反芻類哺乳動物,背上有峰,是沙漠地區主要的運載家畜。也作"橐駝"。《山海經·北山經》:"……其獸多橐駝。"《後漢書·梁慬傳》:"獲生口數千人,駱駝畜產數萬頭。"可單用"駝"。《後漢書·耿弇傳附耿恭》:"獲生口三千餘人,駝、驢、馬、牛、羊三萬七千頭。"

鸕鷀——鸕　水鳥名,也叫魚鷹、水老鴉。北齊顏之推《稽聖賦》:"黿鱉伏乎其陰,鸕鷀孕乎其口。"可單用"鸕"。東漢張衡《南都賦》:"鶄鷊鵁鸕。"李善注:"《蒼頡篇》:'鸕鷀似鶂而黑'。"

騄耳——騄　也作"騄駬",古良馬名。《竹書紀年》卷下:"八年春,北唐來賓,獻一驪馬,是生騄耳。"可單用"騄"。宋岳珂《宮詞》之十五:"驥騄雙馳挽六鈞,一枝花藥委紅塵。"

艨衝——艨　古戰船名。《釋名·釋船》:"外狹而長曰艨衝,以衝突敵船也。"可單用"艨"。唐李紳《渡西陵十六韻》:"獸逐銜波涌,龜艨噴棹輕。"

蠛蠓——蠓 一種黑色或褐色小蟲。宋玉《小言賦》:"憑蚋眥以顧盼,附蠛蠓而遨游。"可單用"蠓"。《列子·湯問》:"春夏之月,有蠓蚋者,因雨而生,見陽而死。"

蓂莢——蓂 古代傳說中的瑞草。晋張協《七命》:"悲蓂莢之朝落,悼望舒之夕缺。"可單用"蓂"。唐劉長卿《晦日陪辛大夫宴南亭》詩:"蓂草全無葉,梅花遍壓枝。"

苜蓿——苜 一種重要的牧草和綠肥植物,漢代由西域傳至中國。《史記·大宛列傳》:"俗嗜酒,馬嗜苜蓿。"可單用"苜"。唐韓愈等《城南聯句》:"萄苜從大漠,楓橚至南荆。"

蚍蜉——蚍 一種大螞蟻。唐韓愈《調張籍》詩:"蚍蜉撼大樹,可笑不自量。"可單用"蚍"。《新唐書·南詔傳》:"但蚍結蠅營,忸鹵剽小利,處處留屯。"

蟛蜞——蟛、蜞 也作"彭蜞"。一種小蟹。晋崔豹《古今注·魚蟲》:"蟛蜞,小蟹,生海邊泥中,食土。"《世說新語·紕漏》:"蔡師徒渡江,見彭蜞,大喜。"可單用"蟛"或"蜞"。唐韓愈等《城南聯句》:"驚魂見蛇蚓,觸鱟值蝦蟛。"明劉基《歌行·二鬼》:"生甲必龜貝,勿生蝓與蜞。"

蟛螖、蟛蚏——螖、蚏 一種小蟹。晋崔豹《古今注·魚蟲》:"蟛蚏,小蟹也。"干寶《搜神記》卷十三:"蟛螖,蟹也。嘗通夢於人,自稱長卿。"唐白居易《和微之春日投簡陽明洞天五十韻》詩:"鄉味珍蟛蚏,時鮮貴鷓鴣。"可單用"蚏"或"螖"。《晋書·夏統傳》：“幼孤貧，養親以孝聞……或至海邊，拘蝛、蟧以資養。”明馮夢龍《古今譚概》卷二十四：“忠懿（王）命自蝤蛑至蟢、蚏凡十餘種以進。（陶）穀曰：‘真所謂一蟹不如一蟹。’”

　　霹靂——霹　迅猛的雷聲。《文選·揚雄·羽獵賦》：“霹靂烈缺，吐火施鞭。”唐王維《老將行》：“漢兵奮迅如霹靂，虜騎崩騰畏蒺藜。”可單用“霹”。宋張君房《雲笈七籤》一一七《神仙感遇傳·葉遷韶》：“遷韶於階下大呼雷王一聲，時中旱，日光猛熾，便震霹一聲，人皆顛沛。”

　　葡萄——萄　也作“蒲陶”。一種落葉藤本植物，結球形或橢圓形水果，酸甜多汁。南朝梁何思澄《南苑逢美人》詩：“風卷葡萄帶，日照石榴裙。”可單用“萄”。唐韓愈等《城南聯句》：“萄苜從大漠，楓槠至南荊。”

　　鸂鶒——鶒　一種小的水鳥。《文選·左思·吳都賦》：“鸂鶒鷠鷄。”唐李善注引劉逵曰：“鸂鶒，水鳥也，色黃赤，有斑文。”可單用“鶒”。南朝梁沈約《郊居賦》：“秋鷺寒鶒，脩鵒短鳧。”

　　蟦蠐——蠐　金龜子的幼蟲，俗稱地蠶。《莊子·至樂》：“烏足之根爲蟦蠐。”唐陸德明《經典釋文》：“司馬本作‘蠐蟦’，云‘蝎’也。”可單用“蠐”。《孟子·滕文公下》：“井上有李，蠐食實者過半矣。”

　　伽藍——藍　佛寺。梵文 samgharama 的簡譯。北魏楊衒之《洛陽伽藍記·法雲寺》：“伽藍之內，花果蔚茂，芳草蔓合。”可單用“藍”。《董西廂》卷一：“蒲州之內，有寺曰普救，自則天崇浮圖教，出內府財，敕建僧藍，無麗於此。”

蜣螂（蜋）——蜣　屎殼郎。《爾雅·釋蟲》："蛣蜣，蜣蜋。"郭璞注："黑甲蟲，噉糞土。"可單用"蜣"。明孫承宗《歷朝忠義彙編序》："故其身如蜣蜋，無以自解。"

青蚨——蚨　一種昆蟲，子母不相離。古代傳說，以青蚨血塗在錢上，錢會自己飛回來。因以"青蚨"爲錢的代稱。唐寒山《詩》："囊裏無青蚨，篋中有黃絹。"可單用"蚨"。宋楊備《夢中作》詩："月俸蚨錢數甚微，不知從宦几時歸。"

蜻蜓——蜻　昆蟲名，六足四翼，身體細長。也作"蜻蛉"。《戰國策·楚策四》："王獨不見夫蜻蛉乎，六足四翼，飛翔乎天地之間。"可單用"蜻"。南朝梁丘遲《玉階春草》詩："雜葉半藏蜻，叢花未隱雀。"

蚯蚓——蚓　環節動物，生活於土壤中，也叫曲蟮。《禮記·月令》："孟夏之月……螻蟈鳴，蚯蚓出。"可單用"蚓"。晋葛洪《抱朴子·博喻》："鱉無耳而善聞，蚓無口而揚聲。"

鴝鵒——鵒　鳥名，即八哥。《淮南子·原道訓》："鴝鵒不過濟，貆渡汶而死。"可單用"鵒"。《太平御覽》卷九二三引《禮稽命徵》："孔子謂子夏曰：'群鵒至，非中國之鳥也。'"

氍毹——毹　毛毯之類。北魏楊衒之《洛陽伽藍記·聞義里》："王張大氍帳，方四十步，周迴以氍毹爲壁。"可單用"毹"。明許仲琳《封神演義》七十六回："只見懸花結綵，叠錦鋪毹。"明孔尚任《桃花扇·偵戲》："一片紅毹鋪地，此乃顧曲之所。"

鷫鸘——鸘　傳說中一種神鳥，可預告下雨。元耶律楚材《贈高善長一百韻》詩："年年旱作魃，未識舞鷫鸘。"可單用"鸘"。

明何孟春《餘冬序録摘抄·外篇》："山靈驚倒，星斗散亂舞群羯。"

　　闍黎（梨）——闍（shé）　梵文 acarya 的省譯。高僧，和尚。《梁書·侯景傳》："初言隱伏，久乃方驗，人并呼爲闍梨。"可單用"闍"。宋蘇軾《十八大阿羅漢頌序》："乃獲此奇勝，豈非希闍之遇也哉？"

　　芍藥——藥　多年生草本植物，花大而美麗，似牡丹，根可入藥。南朝梁江淹《別賦》："下有芍藥之詩，佳人之謌。"可單用"藥"。宋姜夔《揚州慢》詞："念橋邊紅藥，年年知爲誰生？"

　　驌驦（sùshuāng）——驌　古代良馬名。唐劉禹錫《洛中送崔司業使君扶侍赴唐山》詩："風鳴驌驦馬，日照老萊衣。"可單用"驌"。清憂患餘生《鄰女語》三回："果見最後一間馬槽上，吊著一匹白毛黄驌，高大倍於尋常。"

　　狻麑（suānní）——狻　也作"狻猊"。即獅子。《爾雅·釋獸》："狻麑如虦貓，食虎豹。"郭璞注："即師子也，出西域。"可單用"狻"。宋蘇軾《記所見開元寺吳道子畫佛滅度以答子由》詩："西方真人誰所見，衣被七寶從雙狻。"

　　璅蛣——蛣　蟹的一種，體内常有小蟹寄生。晉郭璞《江賦》："璅蛣腹蟹。"可單用"蛣"。晉葛洪《抱朴子·對俗》："川蟹不歸而蛣敗，桑樹見斷而蠹殄。"

　　螳螂——螳、螗　昆蟲名，益蟲。漢王逸《九思·哀歲》："巷有兮蚰蜒，邑多兮螳螂。"可單用"螳"或"螗"。宋梅堯臣《聚蚊》詩："蛛網徒爾施，螗斧詎能礫。"明馮夢龍《警世通言·李謫仙醉草嚇蠻書》："若螳怒是逞，鵝驕不遜，天兵一下，千里流血。"

町疃（tǐngtuǎn）——疃　屋旁空地。《詩·豳風·東山》：“町疃鹿場，熠燿宵行。”可單用“疃”。宋黄庭堅《觀祕閣蘇子美題壁詩》：“姑蘇麇鹿疃，風月在書堂。”

碔砆——碔　也作“珷玞”。似玉的美石。司馬相如《子虚賦》：“瑊玏玄厲，碝石碔砆。”可單用“碔”。清陳學洙《君子行》詩：“緇素既異染，碔瑜僅同形。”

蠨蛸（xiāoshāo）——蛸、蠨　長脚蜘蛛。《詩·豳風·東山》：“伊威在室，蠨蛸在户。”可單用“蛸”或“蠨”。南朝宋鮑照《幽蘭五首》之四：“眇眇蛸挂網，漠漠蠶弄絲。”宋蘇軾《示過并跋》：“姜龐不解歎蠨蝛。”

獬豸——豸（zhì）　古代傳説中的神獸。能辨曲直。《後漢書·輿服志下》：“獬豸神羊，能别曲直。”可單用“豸”。宋王溥《唐會要》卷六十一：“所欲彈事，不須先進狀，仍服豸冠。”

鵂鶹——鵂　貓頭鷹。唐韓愈《赴江陵途中寄贈三學士》詩：“白日屋檐下，雙鳴鬥鵂鶹。”可單用“鵂”。清陳夢雷《海門行》詩：“太陰壓城營頭流，殘角無聲聽泣鵂。”

玄枵——枵　天文學上十二星次之一。與十八宿中的女、虚、危三宿相配，义與十二辰中的子相配，又與占星術分野的齊相配。《左傳·襄公二十八年》：“歲在星紀，而淫于玄枵。”可單用“枵”。南朝宋謝朓《侍宴華光殿曲水》詩：“枵鶉列野，營絳分區。”

獯鬻（xūnyù）——獯　我國古代北方少數民族名。《孟子·梁惠王下》：“惟智者爲能以小事大，故大王事獯鬻，勾踐事吴。”

趙岐注："今匈奴也。"可單用"獯"。《新唐書·趙武光傳附吕元泰》："林胡數叛,獯虜内侵。"

蚰蜮——蜮　一作"伊威",地虱子。《詩·豳風·東山》："伊威在室,蠨蛸在户。"唐元稹《月三十韻》："西園筵蟠蜮,東壁射蚰蜮。"可單用"蜮"。清倪在田《北直棣·津沽》詩："幽薊難容豕,牻錄或賦蜮。"

瓔珞——瓔、珞　用珠玉串成的裝飾物。《南史·林邑國傳》:"其王者著法服,加瓔珞,如佛像之飾。"可單用"瓔"或"珞"。唐元稹《估客樂》:"鍮石打臂釧,糯米吹項瓔。"明袁宏道《侵曉見閨人禮懺》詩:"衣中珠珞千條重,定後爐煙一縷青。"

璵璠——璠　寶玉名。《左傳·定公五年》:"陽虎將以璵璠斂,仲梁懷弗與。"可單用"璠"。晉陸雲《答顧秀才詩》:"有斐君子,如圭如璠。"

鴛鴦——鴛　鳥名,雌雄相隨不離。《詩·小雅·鴛鴦》:"鴛鴦于飛,畢之羅之。"可單用"鴛"。宋張先《一叢花令》:"雙鴛池沼水溶溶,南北小橈通。"

吐谷渾（tǔyùhún）——渾　古鮮卑族的一支。本居遼東,後西遷至青海甘肅一帶。見《北史·吐谷渾傳》《通典·邊防天》。唐王昌齡《從軍行》詩:"前軍夜戰洮河北,已報生擒吐谷渾。"可單用"渾"。《新唐書·高適傳》:"渾隴武士飯糲米日不厭,而責死戰,其敗固宜。"

鷟鸑（yuèzhuó）——鷟、鸑　鳳凰別稱。《國語·周語上》:"周之興也,鷟鸑鳴於岐山。"可單用"鷟"或"鸑"。唐張説《握乾符頌》："鳴鸞改號，神龍中興。"宋梅堯臣《題三教圓通堂》詩："固亦辨殊土，麟鸞唯時堪。"

旃檀——檀 檀香。唐玄奘《大唐西域記·憍賞彌國》："親觀妙相，雕刻旃檀。"可單用"檀"。元周達觀《真臘風土記》："男女身上常塗香藥，以檀、麝等香合成。"

蜘蛛——蛛 一種節肢動物，能抽絲結網，捕食害蟲。漢揚雄《太玄·務》："蜘蛛之務，不如蠶之緰。"可單用"蛛"。宋孫覿《次韻王子欽》詩："蟻穿萬孔萃，蛛挂千絲擾。"

茱萸——茱 一種落葉小喬木。古代有重陽節佩茱萸囊、飲菊花酒以健身去邪的風俗。《西京雜記》卷三："九月九日，佩茱萸，食蓬餌，飲菊花酒，令人長壽。"可單用"茱"。秋瑾《九月感賦》："思親堂上茱初插，憶妹窗前句乍裁。"

贔屓（bìxì）——贔、屓 強壯有力，巨大。《文選·張衡·西京賦》："巨靈贔屓，高掌遠蹠。"李善注引薛綜曰："贔屓，強壯有力貌。"可單用"贔"或"屓"。北魏酈道元《水經注·漸江水》："贔響外發，未至橋數里，便聞其聲。"宋梅堯臣《寄題絳守園池》詩："蒼官屓槐朋在庭，風蟲日鳥聲嚶嚀。"

呫囁（chèniè）——呫 小語聲。《史記·魏其武安侯列傳》："今日長者爲壽，乃效女兒呫囁耳語。"可單用"呫"。明李夢陽《詩集自序》："行呫而坐歌，食咄而寢嗟，此唱而彼和。"

摴蒱（chūpú）——摴 古代一種賭博游戲。《晉書·后妃傳上·胡貴嬪》："帝嘗與之摴蒱，爭矢，遂傷上指。"可單用"摴"。五代李瀚《蒙求》詩："胡嬪爭摴，晉武傷指。"

愴怳（chuànghuǎng）——怳　也作“倉兄”。悲傷之意。《詩·大雅·桑柔》：“不殄心憂，倉兄填兮。”《楚辭·九辯》：“愴怳懭悢兮，去故而就新。”可單用“怳”。《楚辭·九歌·少司命》：“望美人兮未來，臨風怳兮浩歌。”

瘯蠡（cùluó）——瘯　疥癬之類的皮膚病。《左傳·桓公六年》：“謂其不疾瘯蠡也。”可單用“瘯”。唐皮日休《吳中苦雨因書一百韻寄魯望》：“手指既已胼，肌膚亦將瘯。”

駘蕩——駘（dài）　舒緩放縱。《莊子·天下》：“惜乎惠施之才，駘蕩而不得。”可單用“駘”。宋趙善扛《燭影搖紅·旴江有懷》：“舞絲千丈颭晴光，駘青春無際。”

殿屎（diànxī）——屎　呻吟。《詩·大雅·板》：“民之方殿屎，則莫我敢葵。”可單用“屎”。元王惲《送成耀卿尹溫縣》詩：“邑古仍卿采，民屎待尹蘇。”

忸怩——忸　羞愧，不好意思。《書·五子之歌》：“鬱陶乎予心，顏厚有忸怩。”可單用“忸”。南朝梁陶弘景《答虞中書書》：“迨及暇日，有事還童，不亦皎潔當年，而無忸前修也。”

憔悴——憔　疲困憂愁，顏色難看。《孟子·公孫丑上》：“民之憔悴於虐政，未有甚於此時者也。”可單用“憔”。《新唐書·裴漼傳》：“人心憔然，莫知所出。”元高安道《哨遍·皮匠説謊》：“走的筋舒力盡，憔的眼運頭低。”

惺憁（xīngsōng）——惺　明白，機巧。宋魏了翁《沁園春·許侍郎奕生日》詞：“天教百般如願，也應是，天眼惺憁。”可單用“惺”。明袁宏道《靳尚祠》詩：“骨讒猶可懺，舌惺豈不悔。”

譸張——譸（zhōu） 欺誑。《書·無逸》：“民無或胥譸張爲幻。”可單用“譸”。明胡應麟《少室山房筆叢·丹鉛新録一·五行》：“羯胡據中土，黃冠譸愚氓。”

迍邅（zhūnzhān）——迍 道路難行；困頓。漢蔡邕《述行賦》：“塗迍邅其蹇連，潦污滯而爲災。”晋左思《咏史八首》之七：“英雄有迍邅，由來自古昔。”可單用“迍”。《北史·薛世雄傳》：“時迍邅躓，良有命乎？”

斑斕——斑 色彩錯雜燦爛。晋王嘉《拾遺記·岱嶼山》：“玉梁之側，有斑斕自然雲霞龍鳳之狀。”可單用“斑”。《楚辭·離騷》：“紛總總其離合兮，斑陸離其上下。”

蟬鬢——蟬 古代婦女的一種髮式。晋崔豹《古今注·雜注》：“（魏文帝宮人）瓊樹乃製蟬鬢，縹眇如蟬翼，故曰蟬鬢。”梁元帝《登顏園故郭》詩：“妝成理蟬鬢，笑罷斂蛾眉。”清納蘭性德《浣溪沙》詞：“睡起惺忪强自支，緑傾蟬鬢下簾時，夜來愁損小腰肢。”可單用“蟬”。唐李賀《夜來樂》詩：“新客下馬故客去，緑蟬秀黛重拂梳。”宋孫光憲《浣溪沙》詞：“暖風遲日洗頭天，濕雲新斂未梳蟬。”

嗻嘘（chēzhē）——嗻 厲害，很。《京本通俗六小説·西山一窟鬼》：“又寫得算得，又是嗻嘘大官府第出身。”可單用“嗻”。《西廂記諸宮調》卷七：“隔窗促織兒泣新晴，小是小，叫得暢嗻。”

璀粲——璀 光彩鮮明。三國魏曹植《洛神賦》：“披羅衣之璀粲兮，珥瑶碧之華琚。”可單用“璀”。曹植《棄婦詩》：“丹華灼烈烈，璀彩有光榮。”

鬅鬆——鬅（鬔，péng）　頭髮散亂。宋趙叔向《肯綮錄·俚俗字義》：“謂人發亂曰鬅鬆。”可單用“鬅（鬔）”。明蘭陵笑笑生《金瓶梅詞話》二十三回：“婆娘先起來，穿上衣裳，鬔著頭走出來。”

倜儻（tìtǎng）——倜　卓異，灑脱。漢司馬遷《報任安書》：“唯倜儻非常之人稱焉。”可單用“倜”。《漢書·百官志一》：“故新汲令王隆作《小學漢官篇》，諸文倜説，較略不究。”

涊涊（tiǎnniǎn）——涊　污濁。《楚辭·九歌·惜賢》：“撥諂諛而匡邪兮，切涊涊之流俗。”可單用“涊”。唐劉禹錫《國學新修五經壁記》：“崩剝污蔑，涊然不鮮。”

陁靡（yǐmǐ）——陁　延綿不斷。漢司馬相如《子虛賦》：“其南則有平原廣澤，登降陁靡。”可單用“陁”。《清史稿·殷化行傳》：“山崖峻削，其南漸陁。”

鬙鬙（zhēngníng）——鬙　毛髮蓬亂的樣子。唐韓愈《征蜀聯句》：“怒鬚猶鬙鬙，斷臂仍瘰𤺊（luǒ qià）。”可單用“鬙”。傅尃《故園》詩：“清宵百感多哀思，吟罷還搔短髮鬙。”

閝閛（zhèngchuài）——閝、閛　“閝閛”有兩義：① 挣扎；勉強支撐。元無名氏《小屠孫》戲文十九出：“扶着杖子行，閝閛到家，却作區處。”可單作“閝”。明沈采《千金記·仰役》：“閝得今年當役過，重新再把人家做。”② 努力謀取。元關漢卿《竇娥冤》一折：“俺公公撞府沖州，閝閛的銅斗兒家緣百事有。”可單用“閛”。明施耐庵《水滸傳》十回：“你在那裏閛幾貫盤纏。”

三　偏正複合詞單用

　　偏正式複合詞前後兩個詞素有偏正關係，偏詞素制約正詞素，合起來表示一個新的概念。偏正式複合詞單用一字的例子也相當豐富。如：

　　白銀——白　銀子白色，故稱白銀。《南史·徐陵傳》："白銀難得，黃札易瞥。"可單用"白"。《古今小說》卷二十三："老尼遂取出黃白一包付生。"

　　白渠——白　漢代關中平原的人工灌溉渠道，即今涇惠渠。漢武帝太始二年（公元前95年）由白公開鑿，故稱"白渠"。《古詩源·鄭白渠歌》："田於何所，池陽谷口，鄭國在前，白渠起後。"可單用"白"。晋左思《吳都賦》："繞霤未足言其固，鄭、白未足語其豐。"

　　蒼鷹——蒼　老鷹毛色蒼，故稱蒼鷹。《戰國策·魏策四》："要離之刺慶忌也，蒼鷹擊於殿上。"可單用"蒼"。宋蘇軾《江城子·密州出獵》："左牽黃，右擎蒼。"傅榦注："黃，黃狗也。蒼，蒼鷹也。"

　　尺蠖——蠖（huò）　一種細長的蟲，屈伸而行，有似大拇指和中指量尺寸，故名。《易·繫辭下》："尺蠖之屈，以求信也。"可單用"蠖"。唐白居易《代書詩一百韻寄微之》："伸屈須看蠖，窮達莫問龜。"

　　赤子——赤　嬰兒，百姓。《書·康誥》："若保赤子，惟民其康乂。"可單用"赤"。清陳元龍《粵西舊無育嬰堂創建告成有作》:"聖治重仁育,保民如保赤。"

　　崇牙——崇　旌旗的齒狀邊飾。《禮記‧明堂位》:"殷之崇牙,周之璧翣。"可單用"崇"。《禮記‧檀弓上》:"設崇,殷也。"鄭玄注:"崇牙,旌旗飾也。"

　　鶉衣——鶉　破爛的衣服。杜甫《風疾舟中伏枕書懷》:"烏几重重縛,鶉衣寸寸針。"可單用"鶉"。明梅鼎祚《玉合記‧參成》:"北海鵬程終一奮,又何方食糗衣鶉。"

　　大護——護　也作"大濩",樂舞名,相傳爲成湯時作。《莊子‧天下》:"湯有《大濩》,文王有辟雍之樂,武王周公作《武》。"可單用"護"。漢董仲舒《春秋繁露‧楚莊王》:"湯之時,民樂其救之於患害也,故護。護者,救也。"

　　慈母——慈　古謂"父嚴母慈",因稱母爲"慈母"。唐孟郊《游子吟》:"慈母手中綫,游子身上衣。"可單用"慈"。宋王安石《寄虔州江陰二妹》詩:"庶云留汝車,慰我堂上慈。"

　　大夫——夫　大夫爲古代官職,位在卿之下,士之上。《論語‧衛靈公》:"居是邦也,事其大夫之賢者,友其士之仁者。"可單用"夫"。《禮記‧王制》:"夫圭田無征。"《晏子春秋‧問篇下》:"晏子聘于魯,魯昭公問曰:'夫儼然辱臨敝邑,竊甚嘉之。'"

　　刁斗——斗　古代行軍用具,銅質牛形有柄,白天用作炊具,晚上擊以巡更。《史記‧李將軍列傳》:"人人自便,不擊刁斗以自衛。"可單用"斗"。北周陸瓊《關山月》詩:"焚烽望別壘,擊斗宿危樓。"

豆腐——腐　一種食品，煮開豆漿後加入石膏或鹽鹵，使凝結成塊，壓去一部分水分而成。宋陸游《老學庵筆記》卷七："豆腐、面觔、牛乳之類，皆漬蜜食之。"可單用"腐"。清吳敬梓《儒林外史》二十八回："貧僧今日備個腐飯，屈三位坐坐。"

蛾眉——蛾　女子細長的眉毛。《詩·衛風·碩人》："螓首蛾眉，巧笑倩兮。"可單用"蛾"。宋蘇軾《乘舟過賈收水閣》詩："淚垢添丁面，貧低舉案蛾。"又指美女。李白《春日行》詩："三千雙蛾獻歌笑，撾鐘考鼓宮殿傾。"又指美麗的容貌。唐白居易《李夫人詩》："翠蛾仿佛平生貌，不似朝陽寢疾時。"

鴚（gē）鵝——鴚　野鵝，鴻雁。漢揚雄《方言》卷八："雁自關而東，謂之鴚鵝。"可單用"鴚"。明夏完淳《秋郊賦》："蒼鴚始征，六翮萬里。"

公主——主　帝王或諸侯的女兒。《史記·孫子吳起列傳》："田文既死，公叔爲相，尚魏公主。"可單用"主"。《後漢書·宋弘傳》："後弘被引見，帝令主坐屏風後。"

古體詩——古　古體詩與近體詩相對，包括古詩和古風。唐杜甫《暮冬送蘇四郎徯兵曹適桂州》詩："早作諸侯客，兼工古體詩。"可單用"古"。明胡應麟《詩藪·古體上》："歌至五、七言古，全不入樂矣。"

棺材——材　裝殮屍體的器具。北魏賈思勰《齊民要術》卷五："以爲棺材，勝於松柏。"可單用"材"。《紅樓夢》一一六回："我想好幾口材都要帶回去。"

龜袋——龜　唐武后時官員的一種龜形佩飾。《新唐書·輿服

志》：“其後三品以上龜袋飾以金，四品以銀，五品以銅。”可單用
“龜”。唐李白《對酒憶賀監詩序》：“一見余，呼余爲謫仙人，因
解金龜，換酒爲樂。”

何等——等　疑問代詞，什麼，怎樣。《史記·三王世家》：
“王夫人曰：‘陛下在，妾又何等可言者。’”可單用“等”。《後漢
書·禰衡傳》：“衡更熟視曰：‘死公，云等道。’”

何所——所　何處，在什麼地方。《國語·鄭語》：“王室多
故，余懼及焉，其何所可以逃死？”可單用“所”。《漢書·武五子
傳·燕刺王旦》：“間帝崩所病，立者誰子。”顏師古注：“因何病
而崩。”

黃金——黃　金子。《易·噬嗑》：“六五，噬乾肉，得黃金。”
可單用“黃”。《古今小說》卷二十三：“老尼遂取出黃白一包
付生。”

黃犬——黃　黃色的狗，指獵狗。《史記·李斯列傳》：“顧
謂其中子曰：‘吾欲與若復牽黃犬，俱出上蔡門逐狡兔，豈可得
乎？’”可單用“黃”。唐玄宗《停諸陵供奉鷹狗詔》：“豈飛蒼而
走黃，更備畋獵？”

黃鸝——鸝　鳥名，即黃鶯。南朝梁何遜《石頭答庾郎丹》
詩：“黃鸝隱葉飛，蛺蝶縈空戲。”可單用“鸝”。元虞集《次韻杜
德常博士萬歲山》詩：“秘閣沉沉便殿西，頻年立此聽春鸝。”

金城——金　堅固的城。《韓非子·用人》：“不謹蕭牆之患，
而固金城於遠境。”可單用“金”。唐沈佺期《從倖漢故青門應制》
詩：“何必金湯固，無如道德藩。”

鵾鶏——鵾（kūn）也作"鵾雞"。一種像鶴的大型水鳥。漢揚雄《太玄·裝》："鵾鶏朝飛踔于北，嚶嚶相和不輟食。"可單用"鵾"。唐劉禹錫《飛鳶操》："游鵾翔雁出其下，慶雲清景相迴旋。"

廩生——廩（lǐn）明清兩代由公家發給膳食的生員。《明史·選舉志一》："次者廩生年久充貢或選拔爲貢生。"可單用"廩"。清吳敬梓《儒林外史》五回："他家大老那宗筆下，怎得會補起廩來的？"

律詩——律 近體詩的一種，以八句爲定格，講究平仄和對仗。《新唐書·杜甫傳贊》："唐興……至宋之問、沈佺期等，研揣聲音，浮切不差，而號律詩。"可單用"律"。明王思任《李賀詩解序》："唐以律取士，猶今日之時文也。"

論語——論 儒家經典之一。《漢書·藝文志》："論語者，孔子應答弟子、時人及弟子相與言而接聞于夫子之語也。"可單稱《論》。《顏氏家訓·勉學》："多者或至《禮》《傳》，少者不失《詩》《論》。"

龍泉——龍 古代寶劍名。王充《論衡·率性》："棠谿魚腸之屬，龍泉太阿之輩，其本鋌，山中之恒鐵也。"可單用"龍"。唐施肩吾《贈邊將》詩："玉匣鎖龍鱗甲冷，金鈴襯鶻羽毛寒。"

幕府——幕 古代將帥或地方軍政長官的府署。《魏書·崔休傳》："幕府多事，辭訟盈幾。"可單用"幕"。蘇軾《謝館職啓》："是以一參賓幕，輒蹈危機。"

韍韐——韐 古代祭服中的赤黃色蔽膝。《詩·小雅·我行其野》：“靭輨有奭。”可單用“輨”。《儀禮·士喪禮》：“設輨帶、揖笏。”鄭玄注：“輨帶，靭輨緇帶。不言靭、緇者，省文也。”

馬勃——勃　一種菌類，可入藥。唐韓愈《進學解》：“玉札、丹砂、赤箭、青芝、牛溲、馬勃、敗鼓之皮，俱收并蓄。”可單用“勃”。明王世貞《宋詩選序》：“大醫不以參苓而損溲勃……力能善用之也。”溲，牛溲，車前草別稱。

南門——門　二十八宿中東方角宿的南北兩大星。即半人馬座的雲和星。《史記·天官書》：“亢爲疏廟，主疾，其南北兩大星爲南門。”可單用“門”。曹操《氣出唱》：“來者爲誰？赤松王喬，乃德旋之門。”黃節注：“門，謂南門星也。”

牛黃——黃　牛膽囊中的結石，是一種珍貴的中藥。《後漢書·延篤傳》：“大將軍梁冀遣客齎書詣京兆，并貨牛黃。”可單用“黃”。《宋史·宗澤傳》：“方時疫癘，牛飲其毒則結爲黃，今和氣橫流，牛安得黃？”

青蚨——蚨　錢的別稱。唐寒山《詩》之一二〇：“囊裏無青蚨，篋中有黃絹。”元高文秀《遇上皇》二折：“三位儒人休恐懼，我替還酒債出青蚨。”可單用“蚨”。明阮大鍼《燕子箋》八：“老兒你年老大，兩眼糊，終日波波能趁幾貫蚨？”

情人——情　戀人，相愛中的男女的一方。晉樂府《子夜四時歌二》：“情人不還臥，冶游步明月。”宋胡仔《苕溪漁隱叢話後集·山谷上》載《復齋漫錄》：“諺云：‘情人眼裏出西施。’又云：‘千里寄鵝毛，禮輕人意重。’皆鄙諺也。”可單用“情”。《歌謠》二卷九期載《廣西山歌》：“石板搭橋水浸過，情呀，你又有見斷又有行。"又云："我情去囉，我情去了幾時回？"

驅口——驅　也作"軀"。金元時稱被俘的漢人爲軀口。《新編五代史平話·漢上》："咱爺娘得恁地無見，將個妹妹嫁與一個事馬的軀口。"關漢卿《緋衣夢》二折："止不過傷了些浮財，損了些軀口。"可單用"軀"。元無名氏《劉弘嫁婢》一折："你道要女兒着錢贖個婢，要廝兒着鈔買一個軀。"

山魈——魈（xiāo）　傳説中的山林鬼怪。唐戴孚《廣異記·斑子》："山魈者，嶺南所在有之，獨足反踵，手足三歧。"可單用"魈"。明袁宏道《五泄二》："時夜己午，魈呼虎號之聲如在床几間。"

舍人——舍　宋元稱官家子弟爲"舍人"，相當於"少爺"。《元典章·刑部十四》："訪聞近者有不畏公法之人，詐爲貴勢子弟，稱曰舍人。"可單用"舍"。元武漢臣《玉壺春》二折："近日有個客人，姓甚，喚做甚舍。"

石灰——灰　由石灰石煅燒而成的白色硬塊，受潮化爲白色粉末。《後漢書·楊璇傳》："璇乃特製馬車數十乘，以排囊盛石灰于車上。"可單用"灰"。明李時珍《本草綱目·金石三》："石灰；所在近山處皆有之，燒青石爲灰也。"

廋人——廋（sōu）　周代負責養馬的官。《周禮·夏官·廋人》："廋人掌十有二閑之政教。"可單用"廋"。《儀禮·聘禮》："肦肉及廋車。"鄭玄注："廋，廋人。"肦，音bān，頒賜。

飅風——飅（sī）　疾風。《後漢書·馬融傳》："摩飅風，陵迅流，發櫂歌，縱水謳。"可單用"飅"。三國曹植《盤石篇》："一舉必千里，乘颶舉帆幢。”

湯池——湯　灌滿開水的護城河，形容難以逾越。《漢書·食貨志上》：“有石城十仞，湯池百步，帶甲百萬而亡粟，弗能守也。”可單用“湯”。南朝梁王融《永明九年策秀才文》：“金湯非粟而不守，水旱有待而無遷。”

彤管——彤　管身漆成紅色的筆。《詩·邶風·靜女》：“靜女其孌，貽我彤管。”鄭玄箋：“彤管，赤管筆也。”可單用“彤”。《文選·王融·三月三日曲水詩序》：“書笏珥彤，紀言事於仙室。”劉良注：“彤，赤管筆也。”

土司——土　元明清在少數民族地區授予少數民族首領世襲官職以統治該族人民的制度，也指被授予這種官職的人。《明史·職官志一》：“凡土司之官九級自從三品至從七品皆無歲禄。”可單用“土”。清魏源《聖武記》卷七：“至雍正初而有改土歸流之議……論者謂江外宜土不宜流，江内宜流不宜土。”

委貌（皃）——委　周代冠名，用帛絹製成。《儀禮·士冠禮》：“委貌，周道也。”漢班固《白虎通·紼冕》：“委皃者何謂也，周朝廷理政事、行道德之冠名。”可單用“委”。《荀子·哀公》：“魯哀公問於孔子曰：‘紳委章甫，有益於仁乎？’”楊倞注：“委，委皃，周之冠也。”

錫杖——錫　僧人所持禪杖，杖頭有鐵卷，振之錫錫作聲，因稱。晋竺僧度《答楊苕華書》：“且披袈裟，振錫杖，飲清流，咏波若。”可單用“錫”。唐李中《送紹明上人之毗陵》詩：“聽蟬離古寺，携錫上扁舟。”

鄉大夫——鄉　周代官名。《周禮·地官·鄉大夫》："鄉大夫之職，各掌其鄉之政教禁令。"可單用"鄉"。《儀禮·鄉飲酒禮》："鄉朝服而謀賓介。"鄭玄注："鄉，鄉人，謂鄉大夫。"

玄孫——玄　第五代孫。《爾雅·釋親》："曾孫之子爲玄孫。"可單用"玄"。宋劉克莊《滿江紅·慶柳齋元樞八十》詞："看畫盆，歲歲浴曾玄，添懷抱。"

嚴君、嚴父——嚴　父親。古謂父嚴母慈，因稱。晋潘尼《乘輿歌》："國事明王，家奉嚴君。"《晋書·夏侯湛傳》："受學于先載，納誨于嚴父慈母。"可單用"嚴"。蒲松齡《聊齋志異·小謝》："吾將速歸，用慰嚴慈。"

掖門——掖　古代宮殿正門兩旁之門。《漢書·高後紀》："章從勃請卒千人，入未央宮掖門。"可單用"掖"。唐韓愈《和席八十二韻》詩："絳闕銀河曙，東風右掖春。"

羽扇——羽　用長羽毛製的扇子。《太平御覽》卷七〇二引晋裴啓《語林》："諸葛武侯與宣王在渭濱將戰，武侯乘素輿，葛巾，白羽扇，指麾三軍。"可單用"羽"。宋岳珂《桯史》卷三："客或措一二辭不契其意，又弗答，然揮羽四視不止。"

曾孫——曾　孫子的兒子及以下的後輩。《詩·小雅·信南山》："畇畇原隰，曾孫田之。"可單用"曾"。三國魏韋誕《皇后親蠶頌》："美休祚於億載，豈百世之曾玄。"玄，玄孫。

赭衣——赭　古代囚犯所穿用黄土染成赭色的衣服。《荀子·正論》："殺，赭衣而不純。"可單用"赭"。北魏酈道元《水經注·温水》："漢魏流赭，咸爲其用。"

朱砂——朱　丹砂，煉汞的主要材料。元無名氏《硃砂擔》二折："苦奔波，枉生受……單只被幾顆硃砂送了我頭。"可單用"硃"。《三國演義》五十八回："又見馬超生得面如敷粉，唇若抹硃。"

四　其他複音詞單用

複音詞單用一字，以聯綿詞、偏正式複合詞數量較多，其他衹有少數例子。

（一）聯合式複合詞的單用

聯合式複合詞由兩個地位平等的單音詞素組成。這兩個單音詞素有的同義，有的不同義，構成複合詞產生新的完整意義，可以單用其中一字。如：

囹圄（língyǔ）——囹　牢獄，監獄。《韓非子·三守》："守司囹圄，禁制刑罰。"漢賈誼《過秦論中》："虛囹圄而免刑戮。"《禮記·月令》："（仲春之月）命有司省囹圄，去桎梏。"孔穎達疏："囹，牢也。圄，止也。所以止出入，皆罪人之所舍也。"漢蔡邕《獨斷》："四代獄之別名，唐虞曰士官……夏曰均台，周曰囹圄，漢曰獄。"可單用"囹"字。宋陸游《晚涼述懷》詩："屏醫却藥疾良已，破械空囹盜自消。"

紀綱——紀　"紀"者絲縷的頭緒，"綱"者提網的大繩。複合詞"紀綱"是多義詞，有"僕人"義。《南史·顧憲之傳》："梁祖與撲牙兵三千爲紀綱。”此義可單用“紀”。《紅樓夢》一一四回：“弟即修字數行煩尊紀帶去，便感激不盡了。”

警察——警　具有武裝性質的國家治安行政人員。梁啓超《滅國新法論》：“夫警察爲統治之要具，昔無今有。”可單用“警”字。老舍《我這一輩子》：“當了十年的差，我才升到頭等警，每月挣大洋九元。”

景仰——景　仰慕；佩服尊崇。語出《詩·小雅·車舝》：“高山仰止，景行行止。”合成景仰。《後漢書·劉愷傳》：“今愷景仰前修，有伯夷之節。”可單用“景”。南朝齊王《求自試表》：“竊景前修，敢蹈輕節。”

切磋——切　語出《詩·衛風·淇奧》：“如切如磋，如琢如磨。”“切”是加工骨器，“磋”是加工象牙。“切磋”複合成詞，引申爲學行上互相觀摩。《荀子·天論》：“若夫君臣之義，父子之親，夫婦之別，則日切磋而不舍也。”此義可以單用“切”。《漢書·賈誼傳》：“習與智長，故切而不媿。”

消息——消　音信；信息。漢蔡琰《悲憤詩》：“迎問其消息，輒復非鄉里。”《宋書·毛脩之傳》：“經年不忍問家消息。”可單用“消”。元關漢卿《救風塵》第三折：“兩頭往來，傳消寄信都是我。”柳亞子《憶費香曾表弟》詩：“問息尋消勞況瘁，履危處困想從容。”

（二）重言詞的單用

由兩個相同的音節構成的複音詞叫重言詞。歷史上它們有的最初衹以重言的形式出現，後來也可以單用一字。如：

恟恟——恟　滿懷憂愁的樣子。《詩·小雅·頍弁》："未見君子，憂心恟恟。"《毛傳》："恟恟，憂盛滿也。"《爾雅·釋訓》："恟恟，憂也。"可單用"恟"。清沈德潛《百一詩》："斯意當語誰，令我憂心恟。"

趻趻——趻（diē）　墜落的樣子。《後漢書·馬援傳》："仰視飛鳶，趻趻墮水中。"可單用"趻"。宋陸游《冬夜作短歌》："況如馬新息，萬里聽鳶趻。"按"趻"字不見於《説文》。《玉篇·足部》："趻（tiē），趻屜也。"意思是拖着鞋子走路。音義并異。

赳赳——赳（jiū）　威武的樣子。《詩·周南·兔罝》："赳赳武夫，公侯干城。"《毛傳》："赳赳，武貌。"《左傳·成公十二年》引《詩》同。《爾雅·釋訓》："赳赳，武也。"可單用"赳"。元佚名《狄青複奪衣襖車》一折："這紅抹額似火霞飄，金面具威風赳。"

踽踽——踽（jǔ）　孤獨的樣子，獨行的樣子。《詩·唐風·杕杜》："獨行踽踽，豈無他人，不如我同父。"《毛傳》："踽踽，無所親也。"《廣雅·釋訓》："踽踽，行也。"可單用"踽"。清和邦額《夜譚隨録·雜記》："方踽步間，大風驟起。"

騤騤——騤（kuí）　馬行强壯的樣子；馬行不息的樣子。《詩·小雅·采薇》："駕彼四牡，四牡騤騤。"《毛傳》："騤騤，强也。"宋嚴粲《詩緝》："四牡騤騤，凡四出，今皆以爲不息。"可單用"騤"。唐郤昂《岐邠涇寧四州八馬坊碑頌》："騤而翔，駊而走，如龍如彪。"

芊芊——芊（qiān）　茂盛的樣子；青翠的樣子。《列子·力命》："美哉國乎，鬱鬱芊芊。"宋玉《高唐賦》："仰視山巔，肅何芊芊。"李周翰注："芊芊，山色也。"可單用"芊"。宋高似孫《剡錄》卷一："佳山清湍，芊林古渡。"

闐闐——闐（tián） 聲勢盛大的樣子。《詩·小雅·采芑》："伐鼓淵淵，振旅闐闐。"《楚辭·九辯》："屬雷師之闐闐兮。"可單用"闐"。清單子廉《辛丑感事》詩："虎頭門峻千帆疾，羊驛城高萬騎闐。"按"闐"又作"填塞"講，與此異。

韡韡——韡（wěi） 鮮明美盛的樣子。《詩·小雅·常棣》："常棣之華，鄂不韡韡。"《毛傳》："韡韡，光明也。"可單用"韡"。宋王安石《祭沈文通文》："耀矣其光，韡矣其榮。"

（三）支配式複合詞的單用

支配式複合詞的兩個詞素有支配關係。合起來表示一個完整概念。祇有少數單用一字的例子。如：

牽牛——牛 星座名，又叫河鼓，俗稱牛郎星。也指牛郎織女神話故事中的人物。《詩·小雅·大東》："睆彼牽牛，不以服箱。"三國魏曹植《洛神賦》："歎匏瓜之無匹兮，咏牽牛之獨處。"可單用"牛"。晉潘嶽《西征賦》："儀景星于天漢，列牛女以雙峙。"唐杜甫《天河》詩："牛女年年渡，何曾風浪生。""女"指織女星。

司市——市 古代掌管市場治教政刑、量度禁令的官。《周禮·地官·序官》："司市，下大夫二人，上士四人，中士八人，下士十有六人。"可單用"市"。《禮記·王制》："命市納賈。"鄭玄注："市，典市者。"《尉繚子·武議》："夫市也者，百貨之官也。"

五　幾點討論

（一）單音詞的地位不可替代

無論複音詞在漢語詞彙中占有多麼大的優勢，單音詞衹有一個音節，便於語言表達的簡捷和錯綜變化，所以仍有强大的生命力，不可替代。名詞"天、地、山、水、牛、馬、猪、狗"，動詞"生、死、坐、走、吃、喝、看、聽"，形容詞"大、小、高、低、長、短、美、醜"等等單音詞，古今一致，廣泛運用。近代乃至現代新產生的單音詞也不在少數。《元素周期表》中110餘個名稱，如金屬元素"釩，鈦、鎂、鋰"，非金屬元素"硅、硼、碘、硒"，氣體元素"氫、氮、氯、氦"，還有同位素"氕（piē）、氘（dāo）、氚（chuān）"等等，都是單音詞。"單足以喻則單"，這些名稱詞義單一明確，采用單音詞的形式來表達是非常適合的。

複詞單用，可以彌補雙音詞在命句造詞上的某些不足，也表明單音詞的不可或缺。《後漢書·耿弇傳附耿恭》："獲生口三千餘人，駝驢馬牛羊三萬七千頭。""駱駝"單稱"駝"，與"驢馬牛羊"保持一致，讀來順口。晋葛洪《抱朴子·博喻》："鱉無耳而善聞，蚓無口而揚聲。"這是駢句，"蚯蚓"單稱"蚓"，正與"鱉"對。宋張炎《祝英台近》詞："幾回聽得啼鵑，不如歸去。"前一句的平仄應是"仄平平仄平平"。"杜鵑"單稱"鵑"正合平仄。

複詞單用，還有助於創造新的複音詞。"蟾蜍"單稱"蟾"，又可造成"蟾月、蟾光、蟾宮、蟾桂、蟾彩、蟾魄、蟾影"等大量新詞。"駱駝"單稱"駝"又可造成"明駝、官駝、駝峰、駝鈴、駝絨、駝囊、駝色、駝鹿"等大量複音詞。複音詞單音化,在新的基礎上又複音化,循環往復,促進了漢語詞彙的進一步發展。

複詞單用,不僅古代有,現代也有。以地名為例,臺灣、香港、澳門單稱"臺、港、澳",其他三十一個省級行政區除內蒙古外,其餘都有單稱或別稱。遼寧、吉林、黑龍江、江蘇、浙江、寧夏、青海、西藏、新疆、北京、天津十一省市又單稱"遼、吉、黑、蘇、浙、寧、青、藏、新、京、津";河北、山西、安徽、福建、江西、山東、河南、湖北、湖南、廣東、廣西、海南、上海、重慶十四省市又別稱"冀、晉、皖、閩、贛、魯、豫、鄂、湘、粵、桂、瓊、滬、渝"。五個省既有單稱又有別稱:四川單稱"川"又別稱"蜀",雲南單稱"雲"又別稱"滇",貴州單稱"貴"又別稱"黔",陝西單稱"陝"又別稱"秦",甘肅單稱"甘"又別稱"隴"。國名也常常單用,如日本、印度、巴基斯坦、緬甸、越南、柬埔寨、老撾、斯里蘭卡、俄羅斯、哈薩克斯坦、烏茲別克斯坦等分別單稱為"日、印、巴、緬、越、柬、老、斯、俄、哈、烏"。此類例子甚多,表明單音詞在任何時候都是十分重要的。

(二) 一字分音為二,二字合音為一

兩種情況,都很自然。究竟是哪種情況,要看出現的早晚。《史記·屈原賈生列傳》:"又安能以皓皓之白而蒙世俗之溫蠖乎?"王念孫謂"'溫蠖'即'污'之反語也"(《廣雅疏證》卷三)。但《左傳·宣公十五年》:"川澤納污。"《詩·周南·葛

覃》：“薄污我私。”“污”字早出，不是“温蠖”合音的結果。又
《詩·王風·中谷有蓷》：“中谷有蓷，暵其乾矣。”王念孫説：“蓷
者，茺蔚之合聲。”（《廣雅疏證》卷十上）考“蓷”爲“茺蔚”，見
陸德明《經典釋文》引《韓詩》説，時間晚出。“蓷”很難説是
“茺蔚”合音造成。又“巷”字已見於先秦。《詩·鄭風·丰》：“俟
我乎巷兮。”“胡同”一詞始見於元代。朱駿聲《説文通訓定聲·豐
部》：“‘胡同’合音爲‘巷’也。”是不對的。兩者不存在孳生的
關係。

（三）聯綿詞來源不一，有三種情況

第一種情況是，本爲兩個音節構成一個語素，即所謂“合兩
字之聲以成一事之意”。如“踟躕”，定母雙聲。徘徊不前，猶
豫不決。《詩·邶風·静女》：“搔首踟躕。”也寫作“踟蹰”“踟
躇”“踟跦”“踟伫”“躊躇”“峙踷”，意思并同。“逍遥”，也寫作
“消摇”，宵部叠韻。悠閑地走來走去，優游自得。《詩·鄭風·清
人》：“河上乎逍遥。”第二種情況是，兩字本可單用，各有意義。
古代常常連用，字形也有變化，就成了聯綿詞。如“匍匐”，并母
雙聲。古籍中也寫作“扶服”“扶伏”“蒲服”“蒲伏”。手足并行，
形容全力以赴。《詩·大雅·生民》：“誕實匍匐。”《邶風·谷風》：
“匍匐救之。”《説文》兩字各義：“匍，手行也。匐，伏地也。”段
玉裁注：“二篆可合用，可析言。”“窈窕”，幽宵准叠韻，文静美好
的樣子。《詩·周南·關雎》：“窈窕淑女。”《毛傳》：“窈窕，幽閑
也。”古人亦有分開解釋者。漢揚雄《方言》卷二：“秦晉之間，美

心爲窈，美狀爲窕。"第三種情況是語音"長言之"，一分爲二。如"摩娑"，歌部叠韻，又作"摩沙""摩莎""摩抄""没娑"。撫摸的意思，就是用手輕輕按着并來回移動。《釋名·釋姿容》："摩娑，猶末殺也，手上下之言也。"清王先謙《補徵》："今人讀'末殺'爲平聲，乃摩撫之意，其音即爲摩娑。"《後漢書·方術傳下·薊子訓》："與一老公共摩挲銅人。"唐王梵志《詩》三〇七首："長頭愛床坐，飽喫没娑肚。"考"摩"者摩擦，就是物體和物體緊密接觸，來回移動。已見於先秦。《易·繫辭下》："是故剛柔相摩，八卦相蕩。"《詩·衛風·淇奥》："如琢如磨。"唐陸德明《經典釋文》："磨，本又作摩。"引申爲撫摩。《陳書·徐陵傳》："寶志以手摩其頂。""摩挲"的意義與"摩"同，詞形亦由"摩"複音化變來。"挲"亦可單用。清蒲松齡《聊齋志異·黎氏》："謝四望無人，近身側，遽挲其腕。"時間已經晚出很久。"虼蚤"，跳蚤。也作"虼蜦""虼蟱""蠍蚤"。元無名氏《桃花女》一折"哈叭狗兒咬虼蚤，也有咬着時，也有咬不着時。"明吳承恩《西游記》四十二回："他會變蒼蠅、蚊子、虼蜦。"明陳全《雙調水仙子帶折桂令·嘲妓者楊虼蟱》曲："比蟻子身軀大，比虱子模樣小，因此上小名兒叫作虼蟱。"按"蚤"字已見於上古。《莊子·秋水》："鴟鵂夜撮蚤，察毫末。"漢焦贛《易林·坤之漸》："探懷得蚤，所願失道。""虼蚤"是近代才出現的聯綿詞，意義與"蚤"同。清翟灝《通俗篇》："楊慎載數九諺：'蚊蟲獨蚤出'……'虼'當爲'齕齧'之'齕'。此蟲務齧人，故呼'齕蚤'，猶以其善跳，呼'跳蚤'耳。"這樣"虼蚤"就是偏正式複合詞而不是聯綿詞。但"齕"

字《廣韻》下没切或胡結切，音 hé，與“齕”字音 gè 者不同。今存疑。

（四）偏正式複合詞包含偏正兩個詞素，偏詞素制約正詞素，有多種不同的情況

複合詞單用以偏正式爲最多，大都是保留偏詞素，省去正詞素。“白、黃、蒼、赤、赭、靺”表示顏色，單用以代稱“白銀、黃金、黃犬、蒼鷹、赤子、赭衣、靺韐”；“鶉、蛾、龜、委”表示形狀，單用以代稱“鶉衣、蛾眉、龜袋、委貌”；“硃、金、湯、羽”表示構成事物的原料，單用以代稱“硃砂、金城、湯池、羽扇”；“慈、嚴”表示心性，單用以代稱“慈母、嚴父”；“土”表示“地域”，單用以代稱“土司”；“曾、玄”表示次序，單用以代稱“曾孫、玄孫”。有的偏詞素不能顯示事物的特點，則單用正詞素以代稱整個偏正式複音詞。如以“夫”代稱“大夫”，以“蠖”代稱“尺蠖”，以“斗”代稱“刁斗”。有的偏正式複合詞是小類名加大類名，通常保留小類名以代稱整個複合詞。如單用“鬆、鴐、鵪、颶”以代稱“鬆髻、鴐鵝、鵪鷄、颶風”。

文化詞語

避諱與四川地名[*]

中國長期封建社會裏，君權至上，極端專制。臣下一切聽命于君，莫敢稍犯。表現在語言上就是避諱。帝王的名字，包括現用名、曾用名和死後名，臣下都不能直呼，也不能寫出，而要換成別的説法和寫成別的字。甚至和帝王名字同音的字也不能用，叫作避諱。避諱的結果往往造成某些人的姓名、地名、事物名以及其他詞語的改變，成爲社會因素影響語言應用的一個重要方面。

避諱是一朝一代的事。某朝當避之諱，上一朝不會避，下一朝不必避。某一朝爲避諱而改的字，後世大都改回原字，但也有沿用避諱所用字而不改的。四川一些市、縣的名稱就是因避諱而形成的，一直沿用至今。它們是：

内江　爲四川省东南部重鎮，工商業都很發達。北周天和二年置中江縣，隋避文帝父楊忠廟諱，改爲内江縣。《元和郡縣志》卷三十一："周武帝天和二年（567 年），于中江水濱置漢安戍，其年改爲中江縣，屬資中郡。隋文帝避廟諱，改爲内江縣。"又《郡縣釋名》四川卷上："隋文帝因父名忠，覽圖見江水自三堆而環繞至黄市，遂改中江爲内江。"1951 年以内江縣城區爲中心設内江市。

---

* 原載《文史雜志》1999 年第 2 期。

南溪 縣名（今爲宜賓市南溪區），在四川省南部，長江岸邊。南朝梁置南廣縣，隋避煬帝楊廣諱，改名南溪縣，沿用至今。《隋書·地理志上》：“南溪，梁置，曰南廣。……仁壽初，縣改名焉。”

彭山 縣名（今爲眉山市彭山區），在四川省樂山市北，岷江中游。西魏、隋時爲隆山縣，唐避玄宗李隆基諱，改爲彭山縣，沿用至今。《舊唐書·地理志四》：“彭山，漢武陽縣地。……隋改爲陵州隆山縣。先天元年（712年）改爲彭山也。”

中江 縣名，在四川省德陽市東南。隋時爲玄武縣，以城南有玄武山得名。北宋大中祥符五年（1012年）避始祖玄朗諱，改爲中江縣，沿用至今。《宋史·地理志》：“（潼川府中江，）隋玄武縣，大中祥符五年改。”

眉山 縣名（今爲市），在四川省樂山市北，宋代大文學家蘇洵、蘇軾、蘇轍父子的故鄉。南齊置齊通縣，隋開皇初改爲廣通縣。仁壽元年（601年）避煬帝諱，改爲通義縣。《舊唐書·地理志四》：“隋初爲廣通，尋改爲通義。”北宋初避太宗趙光義諱，又改爲眉山縣，沿用至今。《元豐九域志》卷七：“太平興國元年（976年），改通義縣爲眉山。”《宋史·地理志五》：“眉山，隋通義縣，太平興國初改。”

宜賓 在四川省南部，長江與岷江的匯合處，爲長江第一城，川南重鎮。漢爲安南縣，唐天寶元年（742年）改爲義賓縣，宋初避太宗諱，改爲宜賓縣。1951年設宜賓市。《元豐九域志》卷七：“太平興國元年，改義賓縣爲宜賓。”《大明一統名勝志·四川志》卷二十：“（宜賓縣）唐之義賓縣也，取其慕義來賓矣。宋開寶中改義爲宜，以避太宗諱云。"

富順 縣名，在四川省沱江下游。北周置富世縣，唐貞觀二十三年（649 年）避太宗李世民諱，改爲富義縣。《新唐書·地理志》："富義，本富世，……貞觀二十三年更名。"宋初避太宗趙光義諱，改爲富順監。《元豐九域志》卷七："乾德四年（966 年）以瀘州富義縣地，置富義監；太平興國元年改富順。"治平元年（1064 年）改置富順縣，沿用至今。

還有一種情況是因避諱而改的縣名，時過境遷，又改回原名。如：

閬中 縣名（今爲市），在四川省北部。秦代已置閬中縣。至隋代，避文帝父楊忠諱，改爲閬內，到了唐代，復爲閬中。《舊唐書·地理志四》："閬中，漢縣，屬巴郡。……閬水迂曲經郡三面，故曰閬中，隋爲閬內也。"此後"閬中"之名一直沿用至今。

略談《春秋》四諱[*]

《春秋》是中國歷史上一部重要典籍，也是儒家一部重要經書。先秦兩漢學者認爲《春秋》是孔子的作品。《孟子·滕文公下》："世道衰微，邪說暴行有作，臣弒其君者有之，子弒其父者有之，孔子懼，作《春秋》。"《史記·孔子世家》："子曰：'弗乎弗乎！君子病没世而名不稱焉，吾道不行矣，吾何以自見於後世哉？'乃因史記作《春秋》。"現代學者有兩種不同的意見。一種意見認爲，《春秋》是魯國原有的史書，與孔子毫無關係。錢玄同、顧頡剛先生說"《春秋》爲魯史官所記的朝報"，是"魯國底'斷爛朝報'，不但無所謂'微言大義'等等，并且是没有組織，没有體例，不成東西的史料而已"。[①]楊伯峻先生也說："孔子未曾修，更未曾作《春秋》。"[②]另一種意見認爲，《春秋》不是孔子所作，但經過孔子的加工整理。夏傳才先生指出："從《春秋》經文本身看，其文字的簡約，選詞斟句義例的一致，政治態度的鮮明和一致，也是對文字進行過統一加工才可以達到的；說孔子'筆削《春秋》'，是有一定

---

* 原載《文史雜志》2002 年第 4 期。

① 《古史辨》第一册，錢玄同《論（春秋）的性質書》、顧頡剛《答書》。257—278 頁。

② 楊伯峻《春秋左傳注·前言》。

道理的。"① 我們同意後一種意見。《春秋》是史書，它用魯國紀元，記載了自公元前 722 年至前 481 年共 242 年間魯國十二君和諸侯各國的大事；它通過"《春秋》筆法"，褒善貶惡，寄寓了孔子的政教思想和治國理念，所以又是儒家經書。

"諱"是《春秋》筆法之一。"諱"有避諱、隱諱兩義。《春秋》筆法用隱諱義，就是對某些歷史事實，略而不書，或采用曲筆掩飾真相。其内容可分爲四：就是"爲尊者諱，爲親者諱，爲賢者諱"② 以及爲國家諱。《春秋》文字簡古，一段只有寥寥數字，最長的一段不過四十五字，最短的只有一個字，并没有指明何者爲諱，何者爲不諱。四諱是從《左傳》《公羊傳》《穀梁傳》三部傳述《春秋》的著作中歸納出來的，共計 112 事。

爲尊者諱。首先是爲周王即周天子諱。周王爲天下共主，其地位至高無上，不容侵犯。孔子曰："天子者，與天地參，故德配天地，兼利萬物，與日月并明。"③ 凡有損周王尊嚴的事，《春秋》都加以隱諱。例如魯僖公二十八年，周王被晋侯召到晋國去開會。《春秋》記曰："天王狩于河陽。"與史實完全不符。爲什麼《春秋》要這樣記載呢？《穀梁傳》解釋説："全天王之行也。爲若將守（狩）而遇諸侯之朝也。爲天王諱也。"《史記·晋世家》也説："孔子讀史記至文公，曰：諸侯無召王。王狩河陽者，《春秋》諱之也。"原來《春秋》把周王被晋侯召去開會説成周王將要巡狩，恰巧碰上

① 夏傳才《十三經概論》251 頁。
② 《公羊傳·閔公元年》。
③ 《禮記·經解》。

諸侯來朝見，是故意爲周王隱諱。[①]諸侯爲一國之君，有損諸侯體面的事，《春秋》也要隱諱。例如魯國和鄭國狐壤之戰，魯隱公被鄭國俘虜。《春秋·隱公六年》記曰："鄭人來輸平。"只説鄭國人來改變和平盟約，完全不提兩國交戰的事，是爲了隱諱魯隱公被俘虜的事實。對此《公羊傳》解釋很清楚："狐壤之戰，隱公獲焉。然則何以不言戰？諱獲也。"魯文公六年，晋國强迫文公去朝見晋君，而且晋君自己不出面，只派大夫陽處父與文公訂立盟約。《春秋》記曰："及晋處父盟。"不提魯文公。對此，三《傳》都作了解釋。《左傳》説："適晋不書，諱之也。"《公羊傳》説："此晋陽處父也。何以不氏，諱與大夫盟也。"《穀梁傳》説："不言公，處父优也。爲公諱也。……何以不言公之如晋，所耻也。"原來晋國的行爲，使魯文公受了羞辱，所以《春秋》隱諱了文公去晋國的事實。

爲親者諱。就是對祖先或親人聲譽有損的事加以隱諱。例如魯桓公二年，宋督殺死宋國國君與夷和大夫孔閑。《春秋》記曰："宋督弑其君與夷及其大夫孔父。"《穀梁傳》説："孔，氏；父，字，謚也。或曰：其不稱名，蓋爲祖諱也。"因爲孔閑是孔子的祖先，所以《春秋》不稱他的名字。在三《傳》中，"爲親者諱"的例子比較少。

爲賢者諱。所謂賢者，是指那些對周王朝和國家作過貢獻的

---

① 這種寫法爲後世學者所沿用。如宋王明清《揮麈後録》卷四："逮二聖北狩，彭以無名位，獨得留内庭。"明明是宋徽宗和欽宗被金人俘虜到北方，却説成"二聖北狩"。

人。凡影響賢者聲譽的事，也要隱諱。例如魯莊公三十年，齊桓公攻取紀國鄣邑。《春秋》記曰："齊人降鄣。"爲什麼要這樣記載？《公羊傳》說："降之者何？取之也。取之則曷爲不言'取之'？爲桓公諱也。"又魯僖公十七年，齊國滅掉項國，《春秋》記曰："夏，滅項。"不書滅之者爲誰。對此《公羊傳》解釋說："孰滅之？齊滅之。曷爲不言齊滅之？爲桓公諱也。《春秋》爲賢者諱。……桓公嘗有繼絕存亡之功，故君子爲之諱也。"無故取人之邑，滅人之國，本應受到貶責；但齊桓公爲五霸之首，高舉"尊王攘夷"大旗，存亡繼絕，維護了周王朝名義上的統一和社會的安定，有莫大功勞。孔子曾稱賞說："齊桓公正而不譎。"[①] "管仲相桓公，霸諸侯，一匡天下，民到于今受其賜。"[②] 所以《春秋》要爲他的錯誤行爲隱諱。又魯莊公四年，齊襄公攻滅紀國。《春秋》記曰："紀侯大去其國。"對此《公羊傳》解釋說："大去者何？滅也。孰滅之？齊滅之。曷爲不言齊滅之？爲襄公諱也。《春秋》爲賢者諱。何賢乎襄公？復仇也。何仇爾？遠祖也。哀公亨乎周，紀侯譖之。"齊襄公本不是什麼賢君，與妹妹文姜私通，道德敗壞，鳥獸之行。《詩·齊風》之《南山》《甫田》《盧令》《敝笱》《載驅》都是諷刺他的詩篇。但齊國的祖先哀公因紀侯進讒而被周王烹殺，襄公爲祖先報仇滅掉紀國，《春秋》也就把他當作賢者而替他隱諱。

爲國家諱。國家的利益高於一切，國家的榮譽應當維護。春秋

---

① 《論語·憲問》。
② 同上。

鄭子産説：“苟利社稷，死生以之。”①譯成現代漢語就是：“如果對國家有利，生死都由它去。”孔子也説：“苟利國家，不求富貴。”②國君應與國家共存亡。《公羊傳》説：“國滅，君死之，正也。”③《春秋》記事，貫徹了這樣的精神。凡有損國家形象的壞事，如國君被辱、被殺、出奔、打敗仗、被外族入侵等都是國家的耻辱，《春秋》大都加以隱諱。例如魯成公十年冬，晋景公下葬，諸侯没有人去；魯成公秋天到了晋國，却被留下來爲晋景公送葬。這是魯國的耻辱，《春秋》于此事完全略而不記。《左傳》則説明了事實真相：“冬，葬晋景公，公送葬，諸侯莫在，魯人辱之，故不書，諱之也。”魯僖公即位以前出奔在國外，閔公死後纔回來。《春秋》記曰：“元年春王正月。”不記僖公即位。這也是隱諱國家的壞事。《左傳》説：“公出復入，不書，諱之也。諱國惡，禮也。”魯僖公二十二年，魯國在升陘被邾國打敗。《春秋》記曰：“及邾人戰于升陘。”誰與邾人戰，誰勝誰敗，都略而不記。這也是爲魯國打敗仗隱諱。《穀梁傳》説：“内諱敗，舉其可道者也。不言其人，以吾敗也。不言及之者，爲内諱也。”所謂“内諱”，就是隱諱本國的壞事。魯莊公十八年，戎狄進犯魯國濟水。《春秋》記曰：“夏，公追戎于濟西。”所記與事實相反。這是隱諱魯國被戎狄進攻的耻辱。《左傳》説：“不言其來，諱之也。”魯襄公七年，魯、晋、宋、陳、衛、曹、莒、邾等國在鄭國集會，鄭伯髡原也參加會議，但他來不

---

① 《左傳·昭公四年》。
② 《禮記·儒行》。
③ 《公羊傳·僖公六年》。

及與諸侯見面，就被他的大夫殺死。《春秋》却記曰："丙戌，卒于操。"不提鄭伯，也不説他是爲大夫所弒。因爲這是中原國家的醜事，所以要加以隱諱。《公羊傳》説："曷爲不言其大夫弒之？爲中國諱也。"

現代學者對《春秋》三《傳》有這樣那樣的説法。但我認爲，三《傳》所釋《春秋》四諱大體上還是可信的。

大家知道，孔子堅決主張維護封建等級和倫理關係，要求"君君、臣臣、父父、子子"，上下各守其分，反對臣下犯上作亂；主張維護周王的權威和周王朝的大一統，反對凌弱暴寡；主張維護華夏（此指中原諸侯各國）團結，反對夷狄侵略。因爲中國是禮儀之邦，而夷狄野蠻落後。"夷狄之有君，不如諸夏之亡也。"[①]《春秋》四諱所反映的思想内容與孔子完全一致。這也證明《春秋》經過孔子加工整理，儒家把它作爲經典之一是有道理的。"經"本來就是反映聖人思維理念的作品。當然，爲什麽對凡是有損"尊者、親者、賢者"尊嚴的事，甚或他們自己的錯誤行爲都要隱諱呢？孔子以爲通過這一辦法，周天子的權威可以得到維護，封建秩序可以不被破壞，人民生活可以保持安定。其實，這除了助長統治集團的驕矜、專橫、放縱與腐敗外，并沒有多大好處。三《傳》所舉四諱之例子，有的也很不恰當。像上文舉到的齊襄公，就完全算不上什麽賢者。與此同時，史書的基本要求是客觀真實，秉筆直書。孔子筆削《春秋》，依據政治需要和個人理念所定標準而隱略甚或歪曲歷

---

① 《論語·八佾》。

史真相，這種做法是完全不可取的。孔子生於魯襄公二十二年（公元前551年），歿於魯哀公十六年（公元前479年），《春秋》可以說是他撰寫的一部近代史和當代史。著名歷史學家徐中舒先生說："當代無信史。"[①] 徐先生說這話時當有所指，我們從《春秋》四諱的例子裏似乎可以得到旁證。

---

① 這是徐中舒先生在輔導學生時說的話，不見於《徐中舒歷史論文集》。

談談漢語避諱代稱 *

中國長期封建社會存在一種漢語避諱的禮制，就是不能直接説出或寫出帝王或父母尊長的名字，必須換成別的説法或寫成別的字。如果犯諱，特別是犯了皇帝的諱，就會招致嚴重後果。這種避諱禮制大約起源于周代，經漢魏六朝至唐宋而達到高峰，以後一直延續到清末。歷史上因避諱而改換的人名、地名以及事物名不少，給古書閱讀和古代漢語研究帶來影響，值得注意。

一　漢語避諱有多種方式，最常見的是用一個字（詞）代稱本名，包括語義代稱、語音代稱、文字代稱、綜合代稱等。

（一）語義代稱

就是用意義上與本名相同或相關的字代稱本名。古代學者認爲避諱代稱字必須與本名同義。《顏氏家訓·風操》篇："凡避諱者皆須得其同訓以代換之。"兩漢二十一位皇帝名諱都有一定的同訓代稱字。據《漢書》注引荀悦云，西漢十二帝的避諱代稱字是：高

＊　原載《文史雜志》2012 年第 3、4 期。

祖劉邦，"諱邦之字曰國"；高後呂雉，"諱雉之字曰野鷄"；惠帝劉盈，"諱盈之字曰滿"；文帝劉恒，"諱恒之字曰常"；景帝劉啓，"諱啓之字曰開"；武帝劉徹，"諱徹之字曰通"；昭帝劉弗陵，"諱弗之字曰不"；宣帝劉詢，"諱詢之字曰謀"；元帝劉奭，"諱奭之字曰盛"；成帝劉驁，"諱驁之字曰俊"；哀帝劉欣，"諱欣之字曰喜"；平帝劉衎，"諱衎之字曰樂"。

據《後漢書》注引伏侯《古今注》，東漢九帝名諱的代稱字是：光武帝劉秀，"諱秀之字曰茂"；明帝劉莊，"諱莊之字曰嚴"；章帝劉炟（dá），"諱炟之字曰著"；和帝劉肇，"諱肇之字曰始"；安帝劉祜，"諱祜之字曰福"；順帝劉保，"諱保之字曰守"；桓帝劉志，"諱志之字曰意"；靈帝劉宏，"諱宏之字曰大"；獻帝劉協，"諱協之字曰合"；除"炟"不見於古籍，其他都是比較常見的字。下面舉幾個例子。

避高祖劉邦諱，以"國"代稱"邦"。《説文》："邦，國也。""國，邦也。"互訓同義。《詩經》裏的"國風"先秦本稱"邦風"。上海博物館戰國楚簡所存《孔子詩論》第三簡"邦風丌內勿也"，第四簡"邦風是也"。漢代避諱改稱"國風"。《史記·屈原列傳》："《國風》好色而不淫，《小雅》怨誹而不亂。"秦代稱已歸附中央王朝的邊疆少數民族地區叫"屬邦"。《睡虎地秦墓竹簡·秦律十八種》："屬邦。道官……收人，必署其禀年月日，受衣未受，有妻毋有，受者以律續食衣之。屬邦。"漢代避諱稱爲"屬國"，管理屬國的官稱"典屬國"。《漢書·百官公卿表上》："典屬國，秦官掌蠻夷降者。武帝元狩三年昆邪王降，復增屬國，置都尉。"

避高后呂雉諱，以俗名"野雞"代稱"雉"。同物異名。《史記·封禪書》："野雞夜雊。"裴駰集解引如淳曰："野雞，雉也。呂后名雉，故曰野雞。"高承《事物紀原》卷十："野雞，即雉也。自漢呂后稱制，避其諱故也。……至唐高宗諱治，又帝小字雉奴，故相承避諱至今也。"宋陸游《雜題》詩之四："黍醅新壓野雞肥，茅店酣歌送落暉。"

避漢景帝諱，以"開"代稱"啓"。兩字同義。《說文》："啓，開也。"《左傳·哀公九年》："微子啓，帝乙之元子也。"漢避諱稱"微子開"。《史記·宋微子世家》："微子開者，殷帝乙之首子而帝紂之庶兄也。"司馬貞《索隱》："此名開者，避漢景帝諱也。"金星晨升於東方，又名"啓明"。《詩·小雅·大東》："東有啓明，西有長庚。"漢避諱稱"開明"。《大戴禮記·四代》："《詩》云：'東有開明。'"孔廣森《補注》："金星附日而見，昏曰長庚，晨曰開明。今《詩》字爲啓明，此記或漢避孝景諱改。"二十四節之一名"啓蟄"。《左傳·桓公五年》："凡祀，啓蟄而郊。"又名"驚蟄"。《逸周書·周月》："春三月，中氣，驚蟄，春分，清明。"漢避諱，稱"開蟄"，也稱"驚蟄"。《大戴禮記·衛將軍文子》："開蟄不殺，方長不折。"《漢書·律曆表》："中營室十四度驚蟄。"後世"啓蟄""開蟄"之名并廢而"驚蟄"存留至今。

魏晉以後，避諱代稱無定字，數量大增，情況也大大複雜起來。代稱字與本名既不一定"同訓"，也不一定同類。避曹操父曹嵩嫌諱，魏晉時北方人以"蔓菁"代稱"菘"。丘光庭《兼明

書》卷五："北人呼菘爲蔓菁，與南人不同者亦有由也。蓋鼎峙
之世，文軌不同，魏武之父諱嵩，故北人呼蔓菁，而江南不爲之
諱也。""菘"是白菜，"蔓菁"是蕪菁，即大頭菜，不是同一種蔬
菜。避南朝梁武帝蕭衍小字，以"絹"代稱"練"。《顏氏家訓·風
操》："梁武小名阿練，子孫皆呼練爲絹，乃謂銷練物爲銷絹物，
恐乖其義。"又周密《齊東野語》卷四："梁武帝小名阿練，子孫皆
呼練爲白絹。""練"是煮過的白色熟絹，"絹"是一種薄的絲織品，
用生絲織成，兩者工藝不同。避後趙高祖明帝石勒諱，以"彎"
代稱"馬勒"。《廣韻·德韻》"勒"字下引《鄴中記》："石虎諱
勒，呼馬勒爲彎。"又《太平御覽》卷三百五十八引北魏劉芳《毛
詩箋音義證》："彎是禦者所執者也，不得以彎爲勒。且舊語云馬
勒，不云彎，以勒爲彎者，蓋是北人避石勒名也。今南人皆云馬
勒，而以鞁爲彎，反覆推之，此爲明證。又《詩》稱'執彎如組'，
又曰'六彎在手'，以所執爲彎審矣。"馬勒是帶嚼子的馬籠頭，
彎是馬繮繩，都是禦馬之物，但不是一回事。《現代漢語詞典》：
"彎，駕馭牲口用的嚼子和繮繩。彎頭，彎。"似與古義不同。宋
避太祖趙匡胤之祖翼祖趙敬嫌諱，以"鴝"代稱"獍"。唐長孫無
忌等《唐律義疏·十惡·逆惡》："梟鴝其心，愛慕同盡。"曹漫之
等譯注："別本'鴝'作'獍'，應是原文。宋人避宋太祖祖名敬的
同音字諱改。"舊説，梟是貓頭鷹一類的鳥，生而食母。又南朝梁
任昉《述異記》卷上："獍之爲獸，狀如虎豹而小，始生，還食其
母。""梟獍"連用，比喻忘恩負義的惡人，古已有之。楊衒之《洛
陽伽藍記·永寧寺》："若兆者，蜂目豺聲，行窮梟獍，阻兵安忍，

賊害君親。"宋人改"獍"爲"鶂","鶂"是鳥，"獍"是獸，是不同類的動物。南唐避吳越武肅王錢鏐嫌諱，以"金櫻"代稱"石榴"。宋吳處厚《青箱雜記》卷二："錢武肅王諱鏐，至今吳越間謂石榴爲金櫻。"宋趙彥衛《雲麓漫鈔》卷九亦云："浙人避錢氏諱，改'鏐'爲'金'，果有石榴，呼曰金櫻。"按石榴果實球形，內包含許多種子，多汁而味酸甜；金櫻果實成梨形或橢圓形，有刺，成熟時呈橙黃色。兩者是不同的植物。可以看出，避諱代稱字和本名有的同義，有的不同義。同義關係并非語義代稱的必要條件。

（二）語音代稱

即以音同或音近的字代稱本名，與字義無關。漢語語音是發展的，所謂音同音近，隨時代而起變化。上古、中古、近代各有不同，古代同音的字現代不一定同音，現代同音的字古代不一定同音。這是大家都瞭解的。

1. 音同。有的是代稱字和本名聲、韻、調并同。東漢避光武帝劉秀叔父劉良諱，以"梁山"代稱"良山"。《方輿考證》卷十九："邑志云：'本名良山，因梁孝工游獵於此，故名梁山。'考縣本名壽良，因光武帝避叔諱改名壽張，則山之改'良'爲'梁'，以此。""良""梁"同音，《廣韻》并呂張切，陽韻開口三等來母平聲字。南朝宋范曄避父范泰諱，以"太"代"泰"。《後漢書·郭太傳》："郭太字宗林。"李賢注："范曄父名泰，故改爲此'太'。""泰""太"《廣韻》并他蓋切，泰韻開口一等透母去聲字。明避熹宗朱由校諱，改"校"爲"較"。《明史·禮制五·廟諱》："天啓元年正月從禮部奏，凡從點水加‘各’字者，俱改爲‘雒’，從木加‘交’字者，俱改爲‘較’。"清劉錫信《歷代諱名考・官制》："明熹宗諱由校，《明史・禮制》禮部奏俱改‘校’爲‘較’。"兩字《廣韻》并古孝切，效韻開口二等見母去聲字。

2. 有的聲母韻母相同而聲調不同。唐避武則天曌嫌諱，以"昭"代稱"照"。宋周密《齊東野語》卷四："武后諱曌，……以鮑照爲鮑昭，……劉思照爲思昭。"鍾嶸《詩品序》："照燭三才，暉麗萬有。"曹暉校異："照，《全梁文》《稗史》作‘昭’，爲襲唐人避武后諱改。""昭"宵韻平聲章母，"照"宵韻去聲章母。遼避太宗耶律德光偏諱，以"廣"代稱"光"。《舊五代史・范延光傳》："范延光字子瓌。"《遼史・太宗紀上》："范延廣以兵二萬屯遼州。"中華書局標點本《校勘記》："延廣，《新五代史》五一本傳作‘延光’，此避太宗德光名改。""光"，唐韻合口平聲見母，"廣"唐韻合口上聲見母。宋避太祖趙匡胤四世祖趙朓（追尊僖祖文皇帝）諱，以"眺（tiào）"代"朓（tiǎo）"，去平異調。沈括《夢溪筆談》卷二："予家藏《海陵王墓志》，謝眺文。"謝朓即南朝宋詩人謝朓，此避宋諱改。"眺"去聲，望也。"朓"平聲，晦而月見西方。金避海陵王完顏亮諱，以"良"代"亮"。《金史・百官志一》："正六品上曰中良大夫。"原注："天德（海陵王年號）作中亮。"中華書局標點本《校勘記》："按海陵名‘亮’，避諱甚嚴，絕無天德創制內侍稱中亮大夫之理，疑此處‘良’‘亮’二字顛倒，應正文作‘正六品上曰中亮大夫’，小注爲‘天德作中良’。""良""亮"平去異調。

3. 雙聲音近。漢避宣帝劉詢嫌諱，以"孫"代稱"詢"。《漢書·藝文志》："《孫卿子》三十篇。"顏師古注："本曰荀卿，避宣帝諱，故曰孫。"《後漢書·荀淑傳》："荀淑，……荀卿十一世孫也。"李賢注："卿名況……著書二十二篇，號《荀卿子》。避宣帝諱，故改曰'孫'也。"《四庫全書·子部·儒家類》："《荀子》二十卷，周荀況撰。況，趙人，嘗仕楚爲蘭陵令，亦曰荀卿。漢人或稱曰孫卿，則以宣帝諱詢，避嫌名也。""荀""孫"二字心母雙聲，真文韻近。五代避後梁敬祖朱茂琳偏嫌諱，以"武"代稱"戊"。《舊五代史·梁太祖紀三》：開平元年六月"癸卯司天監奏：日辰内有'戊'字，請改爲'武'。從之"。宋趙彥衛《雲麓漫鈔》卷九："'戊'字本作'茂'讀，亦以李唐諱，改云'武'。"清周榘《廿二史諱略》："敬祖諱茂，并避'戊'字……改戊己之'戊'爲'武'，改戊己校衛爲'武己校衛'，殷王太戊爲'太武'。'戊''武'音近，後人遂訛'戊'爲'務'，失其本音。""戊""武"明母雙聲，《廣韻》候麌異韻。北魏避獻文帝拓跋弘諱，以"洪"代稱"弘"。改洛陽弘光門爲"洪光門"。《晋書·馮跋載記》："跋升洪光門以觀變。"中華書局標點本《校勘記》："《慕容熙載記》'洪'作'弘'。按本當是'弘'字，避魏獻文帝拓跋弘諱改。"宋避太祖趙匡胤父趙弘殷諱，亦以"洪"代稱"弘"。《宋史·邊珝傳》："解褐祕書省校書郎，直洪文館。"中華書局標點本《校勘記》："按唐代于門下省置弘文館，五代沿置。此處'洪文館'原當作'弘文館'，蓋宋人避宋太祖父弘殷諱而改。""弘""洪"匣母雙聲，登東異韻。宋避光宗趙惇嫌諱，以

"端"代稱"敦"。《新五代史·吳世家》載吳大丞相南唐追尊義祖"徐溫字敦美",馬令《南唐書》卷八作"徐溫字端美"。又北宋大學者周敦頤避光宗嫌諱,亦改名"端頤"。杜范《杜清獻集》卷十九《黃灝傳》:"(灝)知德化縣,首興縣學,茸濂溪周端頤書堂。""敦""端"端母雙聲,魂桓異韻。

4. 疊韻音近。代稱字和本名韻母相同,聲母不同。唐避高祖之祖李虎諱,以"武"代稱"虎"。《晋書·劉聰載記》:"曜墜馬,中流矢,身被七創,討虜傅武以馬授曜。"中華書局標點本《校勘記》:"'武'本作'虎',唐修《晋書》避諱改。《通鑒》八八作'虎'。""虎""武"疊韻(模虞同用),匣微異聲。唐避高祖之父李昞嫌諱,以"景"代稱"炳"。《宋書·隱逸傳》:"宗炳字少文。"《梁書·宗夬傳》:"祖炳。"中華書局標點本《校勘記》:"'炳'字各本作'景',姚思廉避唐諱所改。""炳""景"疊韻(梗韻),幫見異聲。晋避文帝司馬昭諱,以"邵"代稱"昭"。《宋書·州郡志二》:"邵武子相,吳立曰昭武,晋武帝更名。"同書《州郡志三》:"邵陽男相,吳立曰昭陽,晋武改。"宋樂史《太平寰宇記》卷一百一十五:"邵陽縣,本漢如陵縣,後漢改曰昭陽,晋武帝改爲邵陽,居邵水之北。"清劉錫信《歷代諱名考》:"昭陵縣,後漢置昭陽,晋改邵陵、邵陽,避祖諱也。""昭""邵"章禪異聲。避遼太祖耶律阿保機原名億諱,以"翼"代稱"億"。《宋史·韓億傳》:"韓億字宗魏。"《遼史·聖宗紀八》:"宋遣韓翼、田承說來賀順天節。"中華書局標點本《校勘記》:"按翼原名億,因奉使遼廷,避太祖耶律億名,改'意',《遼史》又改

'翼'。"翼""億"叠韻（職韻），喻影異聲。

5. 聲韻并異而音近。晉避景帝司馬師諱，以"司"代稱"師"。杜佑《通典·職官十一》："初隗囂軍中嘗置軍師，至魏武帝，又置師官四人。晉避景帝諱，改爲軍司。凡諸軍皆置之以爲常員，所以節量諸宜，亦監軍之職也，而太尉軍司尤重。""司"之韻心母，"師"脂韻審母，聲韻俱近。唐避太宗李世民偏諱，以"事"代稱"世"。《南史·陶潛傳》："僶俛辭事，使汝幼而饑寒耳。"中華書局標點本《校勘記》："'辭事'，《宋書》（卷七十五）作'辭世'，此避唐諱改。""事"志韻床母，"世"祭韻審母，聲韻俱近。宋避太祖趙匡胤之父弘殷字玄朗諱，以"元"代"玄"。《新唐書·房玄齡傳》："房玄齡字喬，齊州臨淄人。"王令輯《十七史蒙求》卷五："元齡留杜，蕭何追曹。"宋寧宗慶元刊本《本草衍義》"玄"字下注云："犯聖祖諱，今改爲'元'。"清避聖祖康熙皇帝玄燁偏諱，亦以"元"代"玄"。梁章鉅《南省公餘錄》卷四"文字敬避"："《會典》中載，恭遇聖祖仁皇帝聖諱，上一字敬避作'元'字，如有偏旁及字全書者，俱於本字敬缺末筆。""玄"先韻匣母，"元"元韻疑母，聲韻亦近。

（三）文字代稱

就是變換或增減字的偏旁筆畫或改用別的字體以達到避諱代稱的目的，不關字音和字義。

1. 變換偏旁。魏晉間避魏武帝曹操諱，以"摻"代稱"操"。《呂氏春秋·古樂》："昔葛天氏之樂，三人操牛尾投足以歌八闋。"陳奇猷校釋引魏了翁《答張治書》："魏晉間避曹操諱改爲摻。"北齊避高祖高歡諱，以"勸"代稱"歡"。《魏書·爾朱彥伯傳》："張勸等掩襲世隆。"中華書局標點本《校勘記》："此傳和下《世隆傳》的'張勸'，當亦《魏書》避齊諱改，本名實是'歡'。"唐避太宗李世民偏諱，以"洩""絏"代稱"泄""紲"。《詩·邶風·雄雉》："泄泄其羽。"唐石經作"洩洩"。《論語·公冶長》："雖在縲絏之中，非其罪也。"阮元《校勘記》："字本作'紲'，唐人避太宗諱改作'絏'。"陸德明《釋文》作"紲"云："本今作絏。"張參《五經文字》："絏，本文從世，緣廟諱偏旁今經典并准式例變。"五代避梁太祖朱溫父朱誠諱，以"咸"代"成"。清吳任臣《十六國春秋·吳越八·成及傳》："成及，字弘濟，錢塘人……天寶初，避梁廟諱，改姓爲咸。"

2.增加偏旁筆畫。晋王羲之避曾祖王覽諱，以"攬"代稱"覽"。《蘭亭集序》："後之攬者亦將有感於斯文。"清何琇《樵香小記》卷上："《蘭亭序》'後之攬者'句，'攬'當爲'覽'。或云通用，或云誤筆，其實乃自避家諱，故加'扌'旁。右軍，覽之後也。"遼避興宗耶律宗真偏諱，以"崇"代稱"宗"。《遼史·聖宗紀七》："（開泰八年十月）戊子遣耶律繼崇、鄭玄瑕賀宋正旦。"中華書局標點本《校勘記》："繼崇，《長編》作'繼宗'。"蓋史臣避興宗諱，改"宗"爲"崇"。清代避孔子諱，以"邱"代稱"丘"。俞樾《茶香室續鈔》卷三引葉名灃《橋西雜記》："雍正三年奉上諭：孔子聖諱，理應回避，令九卿會議。九卿議：以凡系姓氏，俱加'阝'爲'邱'字；凡系地名，皆更易他名。"

3. 減省偏旁筆畫。晉避景帝司馬師諱，以"帥"代稱"師"。潘岳《藉田賦》："旬帥清畿。"李善注："《周禮》曰：'旬師掌帥其屬而耕耨王籍。'鄭玄曰：'師猶長也'，然'師'而爲'帥'者，避晉景帝諱也。"杜佑《通典·職官十二》："以景帝諱師，故改'太師'爲'太帥'。"避南朝宋尚書令傅亮父傅瑗諱，以"爰"代稱"瑗"。《南史·恩幸傳》："徐爰字長玉，南琅邪開陽人也。本名瑗。後以與傅亮父同名，亮啓改爲爰。"避南朝梁武帝蕭衍嫌諱，以"寅"代稱"演"。《南齊書·張岱傳》："兄太子中舍人寅。"中華書局標點本《校勘記》："寅，《宋書·張茂度傳》《張敷傳》并作'演'。此蓋子顯避梁武帝嫌名改。"避宋欽宗趙桓嫌諱，以"九"代稱"丸"。唐段成式《酉陽雜俎·酒食》："籠上牢丸，湯中牢丸。""牢丸"即湯丸。蘇軾《游博羅香積寺》："豈惟牢九薦古味，要使真一流天漿。"俞正燮《癸巳存稿》引《老學叢談》："牢九者，牢丸也。即蒸餅。宋諱'丸'字，去一點，相承已久。"避遼興宗耶律宗真偏諱，以"直"代稱"真"。洪皓《松漠紀聞》卷一："女真即古肅慎國也……五代時始稱女真。後唐明宗時嘗寇登州渤海，擊走之。其後避契丹諱，更爲女直，俗訛爲女質。"

4. 改用別體字。所謂別體字，指古文、籀文之類。晉避康帝司馬岳諱，以"嶽"代稱"岳"。《晉書·鄧嶽傳》："鄧嶽字伯山，陳郡人也。本名岳，以犯康帝諱，改爲'嶽'，後竟改名爲'岱'焉。"按《説文》："嶽，東岱，南霍、西華、北恒、中泰室。岳，古文，象高形。"南朝避梁武帝蕭衍嫌諱，以"衋"代稱"愆"。《南齊書·鬱林王紀贊》："十衋有一，無國不失。"《梁書·武帝紀中》：

"嬰瑿入罪，厥塗匪一。"清周廣業《經史避名匯考》卷十二："齊梁書'愆'皆作'瑿'。"《説文》："愆，過也。瑿，籀文。"宋明兩朝禁百姓用"天"字，以"茣（tiān）"代稱"天"。洪邁《容齋續筆》卷四："政和中，禁中外不許以'龍、天、君、王、帝、上、聖、皇'等爲名字。"明何孟春《餘冬録》卷一："正統十年《進士登科録》，凡'天'字皆作'茣'。云出内閣意。"葉盛《水東日記》也有相同的記載。《玉篇·艸部》："茣，古文天字。"避唐太宗李世民諱，"棄"字唐石經都作"棄"（去中間的"世"）。《説文》："棄，古文棄。"

二　魏晋以後，諱無定式，亦無定字，嫌名亦避，二名須諱，大大增加了避諱代稱的複雜性。

同一本名，避諱可以有兩個或多個不同的代稱字，可以同時用語義代稱、語音代稱或文字代稱。避諱代稱字大都是比較常用的字，但當它用作代稱字時，就往往有了特定的含義，或者成了新的構詞成分。兵曹從事"蜀郡任叡"（見常璩《華陽國志》卷八），避晋元帝司馬睿諱，改稱"任鋭"和"任明"，一人有三個名字。《晋書》卷五十七《羅尚傳》："尚乃使兵曹從事任鋭僞降。"又卷一百二十《李特傳》"益州從事任明説尚曰"。中華書局標點本《校勘記》："當以'叡'爲本名。按《通鑒》八五亦作'任叡'。"陳垣《史諱舉例》卷四："'鋭'取同音，'明'取同義也。"後趙太祖名石虎，唐高祖李淵的祖父名李虎。"虎"的避諱代稱字就有"鳳、獸、豹、彪、豵、貔、熊、騶虞、馬、龍、蛇、武、虔、符”14個之多。晋陸翔《鄴中記》：“銅爵、金鳳、冰井，三臺皆在鄴都北城西北隅。”按金鳳臺初名“金虎”，避石虎諱改“虎”作“鳳”。《隋書‧禮儀志二》：“蒼龍、朱雀、白獸、玄武。”中華書局標點本《校勘記》：“‘獸’應作‘虎’，唐人諱改。”《晋書‧王獻之傳》：“此郎亦管中窺豹，時見一班。”“豹”當作“虎”。《北史‧崔浩傳》：“所謂卞莊刺彪，兩得之勢也。”《魏書》“彪”作“虎”，此避唐諱改。《隋書‧煬帝紀下》：“莫非如豵如貔之勇。”“豵”當作“虎”，“如虎如貔”見《書‧牧誓》。《隋書‧禮儀志五》：“文貔伏軾。”“貔”當作“虎”，唐人諱改。《後漢書‧竇憲傳》李賢注引《史記‧周本紀》：“尚桓桓，如熊如羆。”《史記》原文作“如虎如羆”，李賢避唐諱改。《隋書‧高祖紀上》：“西方以騶虞。”“騶虞”當作“白虎”。趙彥衛《雲麓漫鈔》卷四：“漢人目溷器爲虎子……唐諱‘虎’，改爲‘馬’，今人云‘廁馬子’者是也。”現代仍稱“馬桶”。《後漢書‧孔僖傳》：“所謂畫龍不成，反爲狗者。”當作“畫虎不成”。王楙《野客叢書》卷三十：“蓋章懷太子避唐諱爾。”《晋書‧音樂志上》：“蛇豕放命。”《宋書‧樂志》作“虎兕放命”。唐人避“虎”，改爲“蛇豕”。以上所舉避“虎”之字皆動物名，“獸”爲通稱，“豹、彪、熊、騶虞”皆猛獸，“龍、鳳”乃神物，以之代稱“虎”是相配的；“豵、馬”猶爲差可；“蛇”則相去甚遠了。又《南史‧韋叡傳》：“且願兩武勿復私鬥。”“武”當作“虎”，兩虎相鬥必有一傷。“虎”“武”叠韻音近，又虎爲威武之獸，故“武”可代稱“虎”。《晋書‧慕容廆載記》：“北平西方虔。"當作"西方虔"。兩字形近,遂以"虔"代稱"虎"。李商隱《爲汝南公賀彗星不見復正殿表》:"臣獨限關河,坐縈符竹。""符竹"當作"虎竹",指用以發兵的虎符和徵調的竹使符。"虎符"作虎形,以"符"代"虎",即指虎符,這也是漢語複音詞單音化的一個例子。

皇帝如是二名,兩字須一一避諱,叫二名偏諱。唐太宗李世民是二名,"世"的代稱字有"代、系、時、日、事、嗣、俗、太、勢、政、中、祖"12個。《舊唐書·崔日用等傳贊》:"開元之代,多士盈庭。"《史記》有"三代系表"。白居易《畫竹歌并引》:"協律郎蕭悦善畫竹,舉時無倫。"王績《裴僕射宅咏妓》詩:"早時歌扇薄,今日舞衫長。"《南史·陶潛傳》:"傀俛辭事,使汝幼而饑寒耳。"《南史·袁湛傳》:"陳武帝長女永嗣公主。"《南史·徐勉傳》:"撥亂惟武,經俗以文。"《宋書·禮志五》:"《晋令》,王公之世子攝命治國。"中華書局本《校勘記》:"'世子',各本并作'太子',據《通典》《禮典》改。"《梁書·元帝紀》:"隨勢污隆。"《後漢書·王符傳》:"歷觀前政,貴人之用心也。"《南齊書·幸臣傳》:"宋大明世出身爲小史。"中華書局本《校勘記》:"'世',各本及《南史》并作'中'。"《後漢書·杜喬傳》李賢注引《續漢書》:"累祖吏二千石。"以上12例,均含"世"的代稱字。"民"的代稱字(詞)有"人、萌、士、臣、丁、氏、户、時、百姓、部"10個。唐郭湜《高力士外傳》:"俗阜人安,中外無事。"駱賓王《對策文三道》:"士農工商,四民各業,廢一不可。"《晋書·段灼傳》:"且夫士之歸仁,猶水之歸下。"《文苑英華》卷三八〇載沈約《臨川王子晋南侯子恪遷授詔》："子晋可左臣尚書。""臣"下注云："疑是'民'字，避唐諱。"《北史·北魏孝文帝紀》："緣路之丁復田租一歲。"劉向《説苑·善説》："晋獻公之時，東郭民有祖朝者。"向宗魯校注："《文選》注兩引'民'作'氏'，當由避唐諱。"《南史·劉凝之傳》："頓首稱僕，不爲百姓禮。"《舊唐書·職官志》："户部尚書一員。"《晋書·樂志下》："化若風行，時猶草偃。"《北史·周畿傳》："明元即位，爲左部尚書。"以上 10 例，均爲含"民"的代稱字（詞）。

　　與本名音同或音近的字叫作嫌名。同一本名可以有多個嫌名，都須避諱，叫作"嫌諱"。唐高祖李淵之父李昞，除正諱"昞"外，還有嫌名"丙、炳"。"昞"的代稱字有"景"和"明"。《晋書·安帝紀》："臨海太守辛景擊孫恩，斬之。""辛景"當作"辛昞"。《隋書·柳裘傳》："父明，太子舍人。""明"當作"昞"，并唐人諱改。"丙"的代稱字有"景"。"丙""景"叠韻。白居易《太湖石記》："石有大小，其數四等，以甲乙景丁品之。""炳"的代稱字有"秉"。"炳""秉"音同。李白《春夜宴桃李園序》："古人秉燭夜游，良以有也。"古作"炳燭"。陶潛《飲酒》："日没燭當炳。""炳"者，明也。"秉"者，持也。義異而并存。宋仁宗名趙禎。避正諱"禎"，以"祺"代稱。《宋史·禮制十五》："天禧初詔以大中祥符元年四月一日天書再降内中功德閣爲天禎節……尋以仁宗嫌名，改爲天祺節。"避仁宗趙禎嫌名"貞"的代稱字有"正""真"。《宋史·禮制五》："加上五嶽帝后號，……中曰'正明'。"石刻中嶽聖帝碑作"貞明"。吳曾《能改齋漫録·逸文》：

"唐太宗真觀十七年，以功臣圖形凌煙閣。"注："真字避仁宗嫌名改。"本名如是多義詞，還得按不同意義用不同的避諱代稱字。《宋史·禮制十一》："紹興二年十一月，禮部、太常寺言：淵聖皇帝御名（即欽宗趙桓）見於經傳義訓者，或以'威武'爲義，或以'迴旋'爲義，又爲'植立'之象，又爲亭郵表名，又爲圭名，又爲姓氏，又爲木名，當各以其義類求之。以'威武'爲義者，今欲讀曰'威'，以'迴旋'爲義者，今欲讀曰'旋'，以'植立'爲義者，今欲讀曰'植'。若姓氏之類，欲去木爲'亘'。"蘇洵《管仲論》："管仲相威公，霸諸侯，攘夷狄。"是以"威"代稱"桓"。宋光宗紹熙《禮部韻略》卷首附《淳熙重修文書式》載淳熙紹熙時應避舊諱、諸帝嫌名及廟諱共計252字。數量如此之多，每字代稱的情況又相當複雜，要完全掌握，正確應用，够麻煩的了，事實上也無法完全做到。

　　三　避諱本是一朝一代的事，某一朝代當避之諱，上一朝不會避，下一朝不必避。實際情況要複雜許多。

　　後代避諱往往追及前代，古代文獻中的字常常因此而被改動失真。與此同時，避諱代稱字的存留與消失也有不同的情況。

　　有避諱代稱字存留而本名消失的。孔子弟子有漆雕啓。《漢書·藝文志》："漆雕子十三篇。"顏師古曰："孔子弟子漆雕啓後。"漢避景帝諱，改"啓"爲"開"。《論語·公冶長》："子使漆雕開仕。"《史記·仲尼弟子列傳》："漆雕開字子開。"本名"漆雕啓”則湮没不見。東晉置宿豫縣。唐避代宗李豫諱，以“宿遷”代稱“宿豫”。李吉甫《元和郡縣志》卷十：“晉安帝立宿豫縣，……（肅宗）寶應元年，以犯代宗廟諱，改爲宿遷縣。”自後“宿豫”之名廢，而“宿遷”之名至今存留。傳說中月亮女神本爲“恒娥”。《淮南子·覽冥訓》：“弈請不死之藥於西王母，恒娥竊以奔月。”（清莊達吉云：“按姮娥諸本皆作‘恒’，唯《意林》作‘姮’。《文選》引此作‘常’。”）避漢文帝劉恒諱，改爲“常娥”，又類化爲“嫦娥”。李商隱《常娥》詩：“常娥應悔偷靈藥，碧海青天夜夜心。”毛澤東《蝶戀花》詞：“寂寞嫦娥舒廣袖，萬里長空且爲忠魂舞。”原名“恒娥”不再出現。前文討論過的“國風”“屬國”也屬這一類。

有本名保留而避諱代稱字消失的。漢避景帝諱以“開明”代稱“啓明”。後世仍稱金星爲“啓明”。“開明”是一個多義詞，古今并存，但魏晉以後不再有啓明星這一意義。“柷敔”是古代樂器，柷以起樂，敔以止樂。《書·益稷》：“下管鼗鼓，合止柷敔。”唐避哀帝李柷諱，以“肇敔”代稱“柷敔”。《舊唐書·哀帝紀下》：“哀皇帝諱柷，……（天祐元年九月，）中書奏：太常寺止敔兩字，‘敔’上字犯御名，請改曰‘肇’，從之。”但後世不稱“肇敔”，仍稱“柷敔”。《明史·周洪謨傳》：“笙鏞柷敔爲堂下之樂。”湖南武岡縣，晉置，梁避簡文帝蕭綱嫌諱，以“武強”代稱“武岡”。李吉甫《元和郡縣志》卷二十九：“（邵州武岡縣）梁天監元年，以太子諱綱，故爲武強。”自唐朝恢復“武岡”之名，“武強”遂廢。

有本名和代稱名都消失而另有新名的。唐代朗州，宋避聖祖玄朗偏諱，改名鼎州。宋王存等《元豐九域志》卷一："唐朗州……大中祥符五年改鼎州。"錢大昕《十駕齋養新錄》卷十一："（宋）大中祥符五年避聖祖諱，……改朗州曰鼎州。"宋以後"朗州""鼎州"并廢而爲"常德"所替代（即今湖南常德市）。一年二十四節氣之一"驚蟄"，最早見於《逸周書》。先秦又名"啓蟄"，見《左傳·桓公五年》。漢避景帝諱，改稱"開蟄"。魏晉以後，"啓蟄""開蟄"并廢，而"驚蟄"留存至今。

有本名與代稱詞都存在的。其中有的詞義色彩和用法上略有區別。漢避呂後諱，以"野鷄"代稱"雉"，至今兩者并存。但"野鷄"是口語詞，"雉"帶有文言色彩。皇帝所居之宮爲"禁中"。《史記·秦始皇本紀》："二世常居禁中，與高決諸事。"漢避元帝王皇后父名，改名"省中"。蔡邕《獨斷》上："禁中者，門户有禁，非侍御者不得入，故曰禁中，孝元皇后大司馬陽平侯名禁，當時避之，故曰省中。"後來"禁中""省中"并存，而義略別。《文選·左思·魏都賦》："禁台省中，連闥對廊。"李善注引荀欣曰："漢制，王所居曰禁中，諸公所居曰省中。""京師""京都"，都指國都、首都。《公羊傳·桓公九年》："京師者何？天子之居也。"晉避景帝司馬師諱，以"京都"代稱"京師"。《三國志·魏書·文帝紀》："黃初元年，……京都有事于太廟。"清錢大昕《廿二史考異·三國志一》："晉史臣避景帝諱，稱京師爲京都。"兩者都存留至今。晉避簡文帝后阿春諱，以"陽秋"代稱"春秋"，兩詞後世并存。1. 指孔子所編的《春秋》一書。宋范仲淹《近名論》："孔子作《春秋》，即名教之書也。"唐司空圖《華帥許國公德政碑》：

"雖乏潤色之功，夙慕《陽秋》之旨。" 2. 泛稱史書。唐劉知幾《史通·六家》："墨子曰：'吾見百國春秋。'蓋皆指此也。"宋梅堯臣《和錢深推官見寄》詩："無才不敢學陽秋，嗜酒時能問大酋。" 3. 褒貶。《晋書·褚裒傳》："季野有皮裏春秋。"《世說新語·賞譽》："褚季野皮裏陽秋，謂其裁中也。" 4. 年齡。《世說新語·方正》："天子富於春秋，萬機自諸侯出。"《晋書·王獻之傳》："陛下踐阼，陽秋尚富。"

還有亂用避諱代稱字而爲後世諺語提供創作材料的。古代正月十五日燃點花燈供百姓觀賞，叫作"放燈"。宋朝一田姓州官名登，自諱其名，以"放火"代稱"放燈"。陸游《老學庵筆記》卷五："田登作郡，自諱其名，觸者必怒，吏卒多被榜笞。於是舉州皆謂燈爲火。上元放燈，許人入州治游觀，吏人遂書榜揭于市曰：'本州依例放火三日。'"由此形成諺語"祇許州官放火，不許百姓點燈"，揭露了當政官僚的專橫和老百姓的無奈。這是田登之流所想不到的。

漢語避諱比較複雜，這篇文章祇就避諱代稱的幾種情況做一些探討，也許對閱讀古籍，瞭解古代漢語某些詞語的興衰替代有一點啓發，談得不對的地方請大家批評指正。

漫談中國歷史上的改姓[*]

中國歷史上的姓多達 6000 個，人口絕大多數是漢族。其中李、王、張、劉、陳五個大姓有三億五千萬人，占全國人口的 28%。先秦時期，姓、氏有別，姓代表有血緣關係的種族，數目有限。顧炎武說："言姓者本於五帝,見於春秋者得二十有二。"^① 按周代宗法制度，祖姓由嫡長子繼承，叫作"大宗"，其餘諸子爲"別子"，另行立氏，氏由其嫡長子繼承，叫作"小宗"。其他諸子又要立別的氏。姓所以別婚姻，同姓不婚。"氏所以別貴賤，貴者有氏，賤者有名無氏。"^② 氏的來源比較複雜。"或氏於號，或氏於謚，或氏於爵，或氏於國，或氏於官，或氏於字，或氏於居，或氏於事，或氏於職。"^③ 到了漢代，姓、氏不分，統稱姓氏。顧炎武說："姓氏之稱,自太史公始混而爲一。"^④ 一般地說，姓是固定的，子孫相傳，有的一直延續到現在。但歷史上改姓的事也常有發生。多數是政治上的原因，主要有以下幾種情況。

---

* 原載《文史雜志》2000 年第 2 期。
① 《日知錄》卷 23。
② 鄭樵《通志·氏族略》。
③ 應劭《風俗通義·姓氏》。
④ 《日知錄》卷 23。

一 少數民族改用漢姓

我國是個多民族國家，漢族人口多，文化生產水平較高，歷史上統治者多數是漢人。少數民族有的也用漢姓。如瑤族有 31 個漢姓，京族有 30 個漢姓，裕固族有 32 個漢姓。北朝、元、清的統治者是少數民族，其中個別開明的統治者主張講漢語，用漢姓。北魏孝文帝改鮮卑諸部 99 姓爲漢姓。[①] 洪邁説："魏孝文自代遷洛，欲大革胡俗，既自改拓跋爲元氏，而諸功臣舊族自代來者，以姓或重複，皆改之。"[②] 唐代大詩人元稹、元結，唐太宗的長孫皇后，宰相王珪，都是鮮卑後裔；安禄山、史思明都是營州雜種胡人。元代廉希憲，父爲維吾爾族人，其後人改姓廉。明朝蒙古族瓦剌部落首領也先的後人進入中原，即改爲乜（niè）姓。清代統治者爲滿族，民國以後大都改用漢姓，如愛新覺羅氏改姓金、鈕祜祿氏改姓郎、阿克堅氏改姓雷等。現代名人如作家端木蕻良，足球教練高豐文，京劇表演藝術家關肅霜，歌唱家胡松華，相聲大師侯寶林，語言學家羅常培，人民藝術家舒舍予（老舍）等都是滿人。著名歷史學家向達教授是土家族人，翦伯贊教授是維吾爾族人，京劇表演藝術家馬連良、相聲大師馬三立是回族人，著名作家和翻譯家蕭乾、京劇表演藝術家言少朋是蒙古族人，冼恒漢中將是壯族人，成都武侯祠名聯 "能攻心則反側自消，從古知兵非好戰；不審勢即寬嚴皆誤，

---

① 《魏書·官氏志》。
② 洪邁《容齋三筆》卷三。

後來治蜀要深思"的作者趙藩是白族人。他們都精通漢語,生活習俗與漢人無二,在不同領域造詣很深,爲中華民族的團結與發展做出了貢獻。

二 賜姓和貶姓

封建時代帝王權力至高無上,帝王的姓被看作國姓,至爲尊貴。宋人編的《百家姓》以趙姓爲首,而明人編的《皇明千家姓》則以朱姓爲首。古代帝王常賜姓文武功臣,以示恩寵,造成姓氏的改變。西漢人婁敬,高祖賜姓劉,《史記·劉敬列傳》《漢書·婁敬傳》所記是同一人。西漢大臣金日磾,本匈奴休屠王太子,歸漢後,武帝以休屠曾作金人祭天,賜姓金。[①] 隋人尉遲崇與突厥力戰死,文帝賜其子義臣姓楊。[②] 唐代賜姓特多。如李勣,本名徐世勣,李元紘本姓丙,高祖并賜姓李;李光進本河曲部落稽阿跌族人,李抱玉本姓安,李懷光本渤海靺鞨人姓茹,肅宗并賜姓李。李克用父李昌國本西突厥沙陀族人,名朱邪赤心,助唐鎮壓龐勛起義,懿宗賜姓名爲李昌國。與郭子儀齊名的李光弼本契丹人、大將軍李多祚本靺鞨酋長,中宗皆賜姓李。廣西瑤族李姓特多,據説大都是唐王朝賜姓的結果。趙保忠本西夏人,名李繼捧,宋太宗賜姓趙。鄭成功本名森,字大木,進兵臺灣,驅逐荷蘭侵略者,南明唐王賜姓朱名成功。後雖恢復本姓,至今臺灣及東南亞仍稱他爲

---

① 《漢書·金日磾傳贊》。
② 《隋書·楊義臣傳》。

"國姓爺"。

跟賜姓相反的是貶姓。封建統治者憑借政治權力，將某些叛逆者或表現不好的人逐出本姓，貶爲別姓以示懲罰，同樣會造成姓氏的改變。如東漢明德馬皇后，其先人馬何多曾陰謀刺殺武帝，事敗被誅，深爲忌諱，遂改其馬姓族人爲莽姓。① 三國吳將軍孫匡貽誤軍機，孫權責令其改姓丁，以別于孫氏家族，孫匡後人多未恢復祖姓。② 唐宗室新興王李晋與太平公主合謀叛亂，事敗被誅。玄宗改其族人爲厲姓。③ 被貶的姓往往含有惡義，愈演愈烈，幾近讅罵。南齊武帝以叛逆罪殺東巴王子蕭子響，并貶其姓爲蛸。④ 梁豫章王蕭綜逃奔魏，武帝貶其姓悖。⑤ 梁武陵王蕭紀謀反被誅，元帝貶其姓饕餮。⑥ 隋時楊玄感謀反被殺，煬帝貶其姓梟。⑦ 唐高宗廢王皇后和蕭良娣爲庶人，并貶王皇后姓蟒，蕭良娣姓梟。⑧ 武則天垂拱四年殺起兵謀反的越王李貞、琅琊王李沖，并貶二人及連坐的皇族大臣姓虺。⑨ 唐中宗時，成王李千里謀誅武三思，事敗被殺，并貶姓蝮。⑩ 唐玄宗先天二年竇懷貞畏罪自殺，朝廷戮其屍，并貶其

① 《漢書·武帝紀》注。
② 《三國志·孫匡傳》注。
③ 《萬姓統譜》。
④ 《南齊書·武十七王傳》。
⑤ 《梁書·豫章王綜傳》。
⑥ 《梁書·武陵王紀傳》。
⑦ 《隋書·楊玄感傳》。
⑧ 《舊唐書·高宗廢后王氏傳》。
⑨ 《舊唐書·則天皇后紀》。
⑩ 《舊唐書·太宗諸子傳》。

姓毒。① 以上"蛕、悖、饕餮、梟、蝮、虺、蝮、毒"都是含有貶義的字，以之爲姓，顯然是表示憎恨和侮辱，事過境遷，就都被廢棄，没有對漢族姓氏的發展産生太大的影響。

三　避諱改姓

在封建社會裏，帝王及其父祖的名字不可觸犯。臣下姓名如與帝王名字相同，就應改别的字。漢魏以後，避諱的制度越來越嚴格，皇后、太子等的名字也不能用，範圍擴大。《宋書·明帝紀》載："（明帝）多忌諱，言語文書有禍、敗、凶、喪及疑似之言應回避者數百千品，有犯必加罪戮。"清代盛行文字獄，其中不少就是因犯了清帝名諱而引起的。中國歷史上因避諱而改的姓有二十五姓。其中有的是後代避諱追改前人的姓。如戰國時期的思想家荀況，時人尊爲荀卿，所著之書爲《荀子》。漢避宣帝劉詢嫌諱，改爲孫卿。《史記·荀卿列傳》司馬貞《索隱》："後世亦謂之孫卿子者，避漢宣帝諱改也。"《漢書·藝文志》有《孫卿子》三十三篇。顔師古注："本曰荀卿，避宣帝諱，故曰孫。"《後漢書·孫淑傳》李賢注："荀卿子避宣帝諱，故改曰孫也。"荀況晚年任楚蘭陵令，地在今山東省蘭陵縣西南，該縣孫姓甚多，相傳皆荀況後裔。又漢避明帝劉莊諱，改莊姓爲嚴姓。鄭樵《通志·氏族略四》："嚴氏，羋姓，即楚莊王之後，以謚爲氏，因避後漢明帝諱，遂改爲嚴氏，

---

① 《舊唐書·竇懷貞傳》。

魏晉之際，有復本氏者，故有莊、嚴二氏行於世。"西漢景、武時期的辭賦家嚴忌、嚴助父子，與揚雄同時同鄉的成都逸民嚴君平，東漢光武時期的會稽高士嚴光，都本姓莊，史家避明帝諱而追改爲嚴姓。五代吳越王錢鏐，因鏐、劉同音，下令改劉姓爲金姓。宋林禹《吳越備史》："吳越避錢鏐名，改劉爲金。"《元史·儒學傳》："金履祥，……其先本劉氏，後避吳越錢武肅王嫌名，更爲金氏。"後晉高祖名石敬瑭，宋太祖趙匡胤的祖父名敬，避諱改敬姓爲文姓或苟姓。邵博《聞見後錄》卷二十一："文彥博本姓敬，其曾大父避石晉高祖諱，更姓文，至漢，復姓敬，入本朝，其大父避翼祖諱，又更姓文。"《宋史·文彥博傳》："其先本敬氏，以避晉高祖及宋翼祖諱改焉。"又高密《齊東野語》卷四："晉高祖諱敬塘，析敬字爲文氏、苟氏，至漢乃復舊；至本朝避翼祖諱，復析爲文、爲苟。"舉一個與四川人有關的例子。南宋避高宗趙構諱，四川一家姓勾（gōu）的人改成了幾個不同的姓。王明清《揮麈前錄》卷三："太上皇帝中興之初，蜀中有大族犯御名之嫌者，而游宦參差不齊，倉卒之間，各易其姓。仍其字而更其音者勾濤是也；加金字者，鉤光祖是也；加絲字者，絇紡是也；加草頭者，苟諶是也；改爲句者，句思是也；增而爲句龍者，如淵是也。繇是析爲數姓，累世之後，昏姻將不復別。文潞公自云：敬暉之後，以國初翼祖諱而改，今有苟氏子孫與文氏所云相同，蓋本一族，亦是杜於南北，失於相照，與此相類。"《齊東野語》卷四"避諱"條所載與此略同。所謂避犯御嫌名者，高宗名構，勾、構同音也。因避諱而改的姓，時過境遷，有的恢復原姓，有的沿用不改，增加了我國姓氏變化的複雜性。

四　避禍改姓

　　所謂避禍，有政治上的，也有思想上的。在階級社會裏，政治鬥爭激烈。統治者對於敵對勢力，往往不惜株連親屬，趕盡殺絕。有的人祇好改名換姓，遠走高飛，以求苟安。春秋時楚平王殺大臣伍奢，其子伍子胥逃奔吳國，子胥之子爲避追殺逃奔齊國，其後人去掉人旁，改爲五姓。《元和姓纂·六姥》：“五，本伍氏，避仇去人，氏焉。”三國時蜀有五梁，官至五官中郎將；晋時有五允，官至始興太守。戰國時游俠田光與燕太子丹合謀，派荆軻刺殺秦王政，失敗，田光自刎，其子孫避居他鄉，改爲光姓。《廣韻·唐韻》：“光，姓。田光之後，秦末子孫避地，以光爲氏，晋有樂安光逸。”漢宣帝太子太傅疎廣曾孫孟達避難改爲束姓。《晋書·束晳傳》：“束晳，字廣微，……漢太子太傅疎廣之後也。王莽末，廣曾孫孟達避難，自東海徙居沙鹿山南（今河北大名縣境内），因去疎之足，遂改姓焉。”三國魏大將張遼本姓聶，避仇改爲張姓。《三國志·魏志·張遼傳》：“張遼……本聶壹之後，以避怨變姓。”張遼後人世居馬邑（今山西朔州市朔城區），爲張姓大族。西晋文學家嵇康的先人本姓奚，避仇改爲嵇姓。《晋書·嵇康傳》：“嵇康字叔夜，……其先姓奚，會稽上虞（今浙江紹興市上虞區）人，以避怨徙焉。銍（今安徽宿州）有嵇山，家于其側，因而命氏。”宋代愛國名將岳飛封鄂王，爲奸臣秦檜以莫須有的罪名害死，其子岳霆、岳震逃難江南，不敢以岳爲姓，其子孫散居各地，在安徽黄梅的一支，改爲鄂姓。[1]另一部分將"岳"字上下顛倒爲"岊（yà）"姓，今遼寧省昌圖縣、安徽渦陽縣有此姓，傳爲岳飛之後人。太平天國滅亡後，名將陳玉成的後人爲避清政府的鎮壓追殺，隨母改姓李，爲李姓的一支。相傳諾貝爾科學獎獲得者李政道教授即陳玉成的後人。

有的改姓是由於思想上的原因。如五代南唐哀愉，官至禮部尚書，以"哀"字不吉利，中加一豎，改爲衷姓。《正字通·衣部》："衷，姓。漢哀章之後。哀愉仕唐，改姓衷。"自後哀、衷兩姓并行。明朝有衷貞志者，官至河南巡撫，亦以"哀"字不祥，改爲衷姓。我國南方多危姓，是以三危山名爲姓，唐末信州刺史危仔昌投奔錢鏐，錢鏐惡"危"字不祥，改爲元姓。

五　冒用他姓

歷史上有爲別人領養，或父死母嫁，即改隨養父或繼父而姓者。魏武帝曹操之父本姓夏侯，爲中常侍曹騰養子，改姓曹。曹嵩爲夏侯惇之叔父，太祖于惇爲從父兄弟。[2]北齊高隆之本姓徐，父幹爲姑婿高氏所養，遂改姓高，其後人爲高姓望族之一。[3]唐玄宗時期的著名宦官高力士本姓馮，由高延福收爲假子，即冒姓高氏。[4]楊思勖本姓蘇，爲內官楊氏所養，即冒姓楊。[5]南唐烈祖李昇

---

① 清陳廷煒《姓氏考略》。
② 《三國志·魏志·武帝紀》注引《曹瞞傳》及郭頒《世語》。
③ 《北齊書·高隆之傳》。
④ 《舊唐書·宦官傳》。
⑤ 同上。

少本微賤，爲徐温養子，即冒姓徐。迄爲南唐主，然後復姓李氏。[①]
五代北漢主劉繼元本姓何，其母乃北漢世祖劉旻女，嫁爲晋護聖營
卒薛釗妻，生子繼恩，後改適何氏，生繼元。何與其妻幷死，劉旻
以孝和帝（劉旻子承鈞）無子，乃以繼恩、繼元爲其養子，冒姓劉
氏。[②]宋代著名政治家、軍事家、《岳陽樓記》的作者范仲淹，兩歲
喪父，其母改適朱氏，因冒姓朱，及仲淹長大，知道了自家身世，
纔辭別母親，恢復本姓。[③]這類例子還很多，不必一一列舉了。

六　幾點想法

從上面的事實可以看出：

改姓使某些姓氏的範圍擴大或産生分化。如隨着北魏鮮卑叱李
氏改李姓，唐代許多功臣和少數民族被賜姓李，李姓人數大增，發
展成爲現在中國五個最大的姓氏之一。因避漢明帝諱，改莊姓爲嚴
姓，後世莊、嚴兩姓幷存，一分爲二。

改姓反映了中國各民族的密切關係和民族融合的趨向。漢族
本是由古代許多不同的民族和氏族融合而成的。北魏鮮卑99姓改
爲漢姓，則意味着當時北方一些少數民族在與漢族融合的道路上
又邁進一步。時至今日，鮮卑諸族完全與漢族融爲一體，已無法分
辨了。

---

① 《新五代史·南唐世家》。
② 《新五代史·東漢世家》。
③ 《宋史·范仲淹傳》。

　　賜姓和貶姓是封建統治者籠絡功臣、懲罰敵對勢力的手段，避諱改姓是封建皇權至高無上的表現，避禍改姓是弱者和敵人鬥爭的消極方法，都從一個側面反映了封建社會政治矛盾和思想鬥爭的狀況，值得仔細研究。

嫘祖雜説 *

黄帝是華夏民族的共同始祖，嫘祖是黄帝正妃，就是華夏人民的共同始祖母，至今已五千多年了。對於我們這位始祖母，古籍記載語焉不詳，我們的認識也相當模糊。

一　姓名

遠古時代，文字未備，名以音傳，寫在書面上往往大有分歧。嫘祖的名字至少有八種寫法。1. 雷祖。《山海經・海内經》："黄帝妻雷祖，生昌意。"2. 纍祖。《山海經・海内經》郭璞注引《世本》："黄帝娶于西陵氏之子，謂之纍祖，産青陽及昌意。"《廣韻・齊韻》注："黄帝娶西陵氏爲妃，名纍祖。"3. 嫘祖。《大戴禮記・帝系》："黄帝居軒轅之丘，娶于西陵氏之子，謂之嫘祖氏，産青陽及昌意。"《史記・五帝本紀》："黄帝居軒轅之丘，而娶於西陵之女，是爲嫘祖。嫘祖爲黄帝正妃。"4. 儽祖。《史記・五帝本紀》張守節《正義》："西陵，國名也。嫘，一作儽。"5. 絫祖。《漢書・古今人表》："絫祖，黄帝妃，生昌意。"6. 儽祖。宋羅泌《路史・后

* 原載《文史雜志》2001 年第 1 期。

紀五》："（黃帝）元妃西陵氏曰儽祖，……以其始蠶，故又祀先
蠶。"7.孆祖。《廣韻·脂韻》注："孆祖，黃帝妃，亦作嫘。"8.累
祖。宋王應麟《小學紺珠·氏族·黃帝四妃》："西陵氏累祖。"以
上"纍、嫘、儽、絫、儽、孆、累"，《集韻·脂韻》并倫追切，
"雷"《灰韻》盧回切。今音并爲 léi。現在都依《史記》寫作"嫘
祖"。按《集韻·脂韻》："嫘，姓也，黃帝娶於西陵氏之女，是
爲嫘祖。"又清郝懿行《山海經箋疏》："雷，姓也；祖，名也。西
陵氏姓方雷，故《晉語》云：青陽，方雷氏之甥也。"郝氏所引見
《國語·晋語四》韋昭注："方雷，西陵氏之姓。"據此，嫘祖本姓
"方雷"，省爲"雷"，"祖"是名。《世本》作"纍"，《漢書》作
"絫"則亦有由。《説文》："纍，綴得理也"，"絫，增也"。繅絲
成綫，織而成帛，縫而成衣，都是連綴而成條理。又增者積累。段
玉裁云："糸，細絲也。積細絲成繒，積坺土成牆，其理一也。"嫘
祖發明養蠶繅絲，織帛縫衣，所以以"纍"若"絫"爲姓。"累"
爲"纍"的後起字，寫成"嫘""儽"等字則是因爲人的姓名而
加"女"旁或"人"旁。此亦可見嫘祖發明養蠶繅絲的傳説其來
甚古。

二　嫘祖與先蠶

　　我國是發明養蠶繅絲最早的地方。20 世紀 50 年代浙江吳興錢
山漾遺址出土一些絹片和絲帶絲綫，經測定距今已四五千年。1926
年山西夏縣西陰村仰韶文化遺址發現一半割斷的繭殼，經鑒定爲

蠶繭，距今已五千餘年，正當炎黃時代。我國歷代帝王對采桑養蠶十分重視。相傳周代王后每年春天要到北郊祭祀先蠶（蠶神）。高承《事物紀原·禮祭郊祀·先蠶》："《周禮·內宰》詔王后蠶于北郊；齋戒享先蠶。"今《周禮·內宰》作"中春詔后帥外內命婦始蠶于北郊，以為祭服"。先蠶為誰？古有六說：1. 菀窳婦人、寓氏公主。《後漢書·禮儀志上》："祠先蠶，禮以少牢。"劉昭注引《漢舊儀》："今蠶神曰菀窳婦人、寓氏公主，凡二神。"《晉書·禮志上》："周禮王后帥內外命婦蠶於北郊。漢儀皇后親桑東郊苑中，蠶室祭蠶神曰苑窳婦人、寓氏公主，祠用少牢。"干寶《搜神記》卷十四："漢禮，皇后親采桑，祀蠶神，曰菀窳婦人、寓氏公主。公主者，女之尊稱也；菀窳婦人，先蠶者也。故今世或謂蠶為女兒者，是古之遺言也。"2. 黃帝。《隋書·禮儀志二》："後齊……每歲季春穀雨後吉日，使公卿以一太牢祀先蠶黃帝軒轅氏於壇上，無配，如祀先農。"3. 西陵氏，即黃帝元妃嫘祖。《隋書·禮儀志二》："後周制，皇后乘翠輅，率三妃、三妀、御媛、御婉、三公夫人、三孤內子至蠶所，以一太牢親祭進奠先蠶西陵氏神。"但嫘祖又是路神。宋王瓘《軒轅本紀》："帝周游行時，元妃嫘祖死於道，帝祭之以為祖神。"《集韻·脂韻》注："黃帝娶於西陵氏之女，是為嫘祖。嫘祖好遠游，死于道，後人祀以為行神。"按嫘祖是黃帝元妃，隨黃帝東征西討巡視四方，不得寧居，勞瘁以終，故黃帝祀之為神，非無事而遠出旅游也。4. 馬頭娘。清翟灝《通俗編·鬼神》引《原化記拾遺》載，古代高辛氏時，蜀中有蠶女，父為人劫走，只留所乘之馬。其母誓言：誰將父找回，即以女許配。

馬聞言即迅奔馳而去。旋父乘馬而歸。從此馬嘶鳴不肯飲食。父知其故，怒而殺之，曬皮於庭中。蠶女由此經過，爲馬皮卷上桑樹，化而爲蠶，遂奉爲蠶神，叫作馬頭娘。《搜神記》所記略同。這屬於六朝志怪小説一類，大約是由《荀子·賦》"此夫身女好而頭馬首"句演化而來。5.馬明王。宋無名氏《張協狀元》戲文十六齣："末：'不虧了口，我那神道威。'净：'睜眼作威。'丑：'怎比馬明王？'"錢南揚校注："馬明王，蠶種，即馬頭娘……通稱馬明王。明王乃神之通號。"6.三姑。元馬臻《村中書事》詩："村婦相逢還笑問，把蠶今歲是三姑？"明高啓《養蠶詞》："三姑祭後今年好，滿簇如雲繭成早。"以上奉爲蠶神者，除黄帝軒轅氏以外，都是女性。這是因爲自古采桑養蠶被看成婦女的專職。其中最有權威的是嫘祖。嫘祖爲黄帝元妃，典籍備載明白。仰韶文化遺址發現蠶繭，表明當時確實發明了養蠶繅絲。而所謂"苑窳婦人、寓氏公主""馬頭娘""馬明王""三姑"之類，祇是後世志怪傳説中的人物，并無史實依據，與嫘祖也沒有任何聯繫。所以元王禎《農書》説："嘗謂天駟爲蠶精，元妃西陵氏始蠶，實爲要典。若夫漢祭苑窳婦人、寓氏公主，蜀有蠶女馬頭娘，又有謂三姑爲蠶母者，此皆後世之謐典也。"（卷一）今四川鹽亭縣嫘祖鎮有嫘祖石像，高十餘米，依山鑿成，形態莊嚴大方，堪稱上乘。惟神像左邊塑一高大馬頭，右邊塑一碩大蠶子，把"馬頭娘"的故事與嫘祖連在一起，頗爲不倫。

三 籍貫

種種迹象表明，嫘祖的出生地似乎就是四川。

1. 嫘祖爲西陵氏之女。案《史記·五帝本紀》張守節《正義》："西陵，國名。"西陵究竟在何處，古書上没有詳細的記載。長江三峽有西陵峽，古西陵國或許與此有關。而《史記·五帝本紀》謂嫘祖二子"其一曰玄囂，是爲青陽。青陽降居江水。其二曰昌意，降居若水。昌意娶蜀山氏女"。按《説文·水部》："江水出蜀湔氏徼外岷山。"《水經》卷三十六："若水出蜀郡旄牛徼外，東南至故關爲若水也。"酈道元注："若水沿流間關蜀土，黄帝長子昌意，……降居斯水爲諸侯焉，娶蜀山氏女，生顓頊于若水之野。"這裏江水指的是岷江，若水指的是雅礱江，都在四川境内，則青陽、昌意的母親嫘祖當亦爲四川籍。

2. 巴蜀大地自古就有養蠶繅絲的傳統，也是孕育蠶桑能手的沃土。商代卜辭中"蜀"是方國名，相當於現在什麽地方，學者有山東泰安、山西西南、陝西南部、漢水上游、川西高原等不同的説法。我們比較相信林向教授的意見："殷墟卜辭中的蜀中心地區在成都平原。"（林向《巴蜀文化新論》57頁）《説文·蟲部》："蜀，葵中蠶也。从蟲，上目象蜀頭形，中象其身蜎蜎。《詩》曰：蜎蜎者蜀。""蜀"的字形很可能就是桑蠶的模樣。第一代蜀王教民種桑養蠶，所以叫"蠶叢"。四川茂縣疊溪有座蠶陵關，相傳蠶叢氏曾生活於此。漢代置有蠶陵縣，至今還矗立着"蠶陵重鎮"的石碑。

《説郛》卷80《諸集拾遺》引《稽聖集》云："蠶家女在綿竹縣塑女子像，被以馬皮，謂之馬頭娘廟。"前文《通俗篇》所引《原化記拾遺》、王禎《農書》提到的"蜀有蠶女"後來成爲"馬頭娘"（蠶神）者，其籍貫都在四川。

3. 四川鹽亭縣山清水秀，土地肥沃，自古爲蠶桑之鄉。境内有不少關於嫘祖的地名。如嫘村山、嫘祖坪、嫘祖穴、嫘軒宫、蠶絲山、絲織坪、織絹台、西陵寺、西陵埡等。據説還有唐代趙蕤撰寫的《嫘祖聖地碑》，記載嫘祖的事迹，説："黄帝元妃嫘祖，生於本邑嫘祖山，殁於衡陽道，遵囑葬於青龍之首，碑碣猶存，生前首創種桑養蠶之法，抽絲編絹之術。"縣中人士，言之鑿鑿。可惜原碑已毀，而縣志未載，舊籍無聞。學者認爲關於嫘祖故鄉的史實與傳説尚有待進一步深入研究。

文字音韻

《説文》閲讀一得[*]

一　研究《説文》的新課題

　　《説文解字》，東漢許慎作於公元 100 年（漢和帝時期），距離現在已經一千九百多年了。許氏根據"六書"的原則，系統地分析了漢字的結構，探求了每一個字的本義，成爲中國第一部系統的文字學著作，也是漢字第一部按部首編排起來的字典，加惠千古，功德無量。歷代以來，人們把《説文》看作研究漢字的經典，有關它的專書和論文不下數百種。《説文》家們在分析字形、解釋字義方面，對許氏有過不少的匡正，或者作了新的補充和發揮，不少人算得上許氏的諍臣益友。但《説文》既然是一部字書，後代學者也就多半從文字的角度來研究它^①，他們的工作往往限制在字形構造和字義的解釋上，如何從語言學（詞彙學，語義學，詞源學）的角度來研究《説文》，可以説還是一個新的課題，而這也是現代中國語言學家應該擔負起來的新任務。

　　對待《説文》，有兩種不正確的態度。一種是輕信古人，盲目

---

* 本文是作者 1955 年寫的碩士生學年論文，原載《語言學論叢》第一輯，1957 年。

① 當然也有從聲韻上進行研究的，如段玉裁的《六書音均表》。

崇拜，認爲許慎說的都是對的，清代和清代以前的學者抱這種態度的非常普遍。許多《說文》的研究者祇是跟着許慎跑，不敢獨抒己見，匡前人之所失，補前人之所不逮，他們的著作的價值，自然受到了一定的限制。但也有另外一種態度，他們過分强調了《說文》中的錯誤和缺點，而忘了這是一千九百多年前首創的著作，這種態度當然也是不正確的。正確的態度應該是歷史主義的態度，《說文》作者出生在一千九百多年以前，又沒有研究過地下發掘出來的甲骨文，有些地方現在看來不正確是毫不足怪的，而且也是可以原諒的。《說文》裏面有許多有價值的東西，它是研究漢語文字、語音、詞彙的寶藏，如何去粗取精，去僞存真，正是我們研究古書應該特別注意的事。

二　研究《說文》有什麽價值？

過去許多人既然祇是從文字的角度來研究《說文》，方法上又存在着問題，因此不能取得研究的最高成就，要正確地評價《說文》也是有困難的。今天在馬克思主義觀點方法的指導下，不僅能使我們在《說文》的研究上開闢一個新的天地，而且也祇有這樣才能正確地全面地評價《說文》。那麽，《說文》一書究竟有什麽價值呢？現在分三方面叙述於下：

（一）《說文》對於詞彙研究的價值

應該首先說明的是：字和詞不是一回事，字源和詞源也不是一回事，許多詞的來源和演變從文字上是得不到解釋的。譬如《說文》上說："而，須也"；"易，蜥易、蝘蜓、守宮也"。《說文》解釋的是字義，當然是對的，但如果認爲"然而""如此而已"的"而"是從"須"的意義演變來的，"交易""易如反掌"的易是從"蜥易"的意義演變來的，就未免荒誕可笑，因爲在這裏祇是文字上的假借，沒有意義上的聯繫。《說文》是字書，講的是字不是詞，因此，我們不能把它當作詞源學的著作來看待，這是一方面。另一方面，古代漢語基本上是單音節的，一個字代表的大體上也就是一個詞；而漢字又有表意的特點，除了假借字以外，從文字結構上去探求詞的本義，也是能够做到的。——當然，語言的自然物質是語音，文字不過是記錄語音的符號，因此我們必須從聲音出發，結合社會歷史發展去研究詞義的發展，纔不會望形生義，主觀武斷。解釋字的本義，往往引用古籍，以證明其言之有據。計《說文》引《易》引《書》15 例，引《詩》422 例，引《論語》35 例，可以看出，《說文》對於漢語詞彙的研究具有可貴的價值。

第一，從《說文》中，我們可以研究漢族人民發展的歷史在漢語詞彙中的反映。語言是人類社會交際的工具，"語言是與思惟（維）直接聯繫的，它把人類思惟（維）活動的結果，認識活動的成果，用詞及由詞組成的句子記載下來，鞏固下來，這樣使人類思惟（維）成爲可能了"。[1]人類社會不能沒有交際，要交際不能沒有語言，而社會的一切變革也就不能不在語言中留下它的痕迹。

---

[1] 《馬克思主義與語言學問題》，1950 年人民出版社版，23 頁。

"工業與農業的不斷發展，商業和運輸業的不斷發展，技術與科學的不斷發展，要求語言用工作需要的新的詞語充實自己的詞彙，并改進自己的語法構造。"[①] 由此可見語言詞彙的發展反映了社會的發展。我們一方面必須結合人民的歷史來研究語言發展的歷史，同樣，通過一個民族的語言（尤其是詞彙）來研究這個民族的發展歷史，也完全是可能的。當然單靠這種研究還非常不夠，這是用不着多說的。《說文》系統地探索了漢字的本義，其中許多也正是詞的本義，因此，從這本書的研究裏，也可以多少窺探到漢族人民數千年歷史發展的痕迹。我們可以舉一些例子來說明：

舟：船也，古者共鼓、貨狄[②]刳木爲舟，剡木爲楫，以濟不通。

車：輿輪之總名也，夏后時奚仲所造。

按"舟、車"二字，已見於甲骨文，可見遠在四千年前，中華民族的老祖先已經知道使用舟車爲水陸交通工具了。商朝人傳說自己的祖先相土發明牛車，舊傳黃帝作舟、車，從語言文字看來，這種傳說并不是毫無根據的。《說文》中所謂"刳木爲舟，剡木爲楫"的說法，也很合社會發展的原理。這裏還可以指出一點：通過語言文字來研究民間傳說也是很有趣的事情。例如：

---

① 《馬克思主義與語言學問題》，1950 年人民出版社版，9 頁。
② 共鼓、貨狄，黃帝堯舜时人。

酒：就也，……从水、酉，酉亦聲。……古者儀狄作酒醪，
禹嘗之而美，遂疏儀狄。

醙：縮生衣也。

釀：醖也。作酒曰釀。

酴：酒母也。

醪：汁滓酒也。

醇：不澆酒也（不摻水的酒）。

酎：三重醇酒也。

醨：濁酒也。

醴：酒一宿孰也。

以上酒名和有關酒的字共有九個，《説文》裏還有不少。"酒"字甲
骨文中已經有了，殷墟出土的銅器中酒器也很多；舊有殷人好酒的
傳説，《尚書·酒誥》就是周初統治者禁酒的禁令。可見遠在殷商，
中國人就已經知道釀酒。酒的原料是農產品，我們又可以由此看
出：中國農業在商代就已經有了很大的發展。

中國貨幣的發展，《説文》中也有很好的記載：

貝：海介蟲也。古者貨貝而寶龜，周而有泉，至秦廢貝行錢。[1]
漢語中許多有關財貨的字從"貝"，這就是因爲"貝"曾經作過
貨幣用。"貝"之所以作爲貨幣，有人認爲是因爲"貝"曾經作過
生產工具，出土文物中也的確有過貝制的農具；但也可能是因爲

---

[1] 《國語·周語》："周景王二十一年將鑄大錢。"可見春秋時候就以錢爲貨
幣了。

“貝”曾經是古人重要的裝飾品：賏（yīng），頸飾也；嬰，頸飾也，“朋”也是頸飾[①]，可見“貝”類在古代是裝飾品。雖然頸子上挂着一串貝殼，在現代人看來毫無意思，但是在講究裝飾的原始人看來，也許這是頂高貴華麗的呢。正因爲這樣，商代纔很寶貴它，拿它作爲交易的媒介。春秋以後貨幣用錢不用“貝”，也不再用作裝飾品，從此以後，“貝”就不怎麽貴重了。

輕：輕車也。（輕車是一種輕便的兵車。《周禮·春官·車僕》：“掌戎路之萃……輕車之萃。”鄭注：“輕車所以馳敵致師之車也。”）

輣：兵車也。

軘：兵車也。

幢：陷敶（陣）車也。

轈：兵高車加巢以望敵也。

庫：兵車藏也。

軳：兵車也。

矛：酋矛也，建於兵車，長二丈。

輩：若軍發車，百兩爲輩。

古代有車戰的記載，《左傳》曹劌論戰，是記載車戰的文章，《説文》中這些有關車戰的字，給我們提供了古代車戰有趣的材料。從

① 郭沫若《甲骨文字研究·釋朋》。

這些字裏我們可以想象古代兵車有多種，作戰的時候，一大隊一大隊地開上戰場，兵士們在車上挺着長矛，向敵人衝去，直到把敵人打敗爲止。

現代漢語裏，眼睛看不見叫作"瞎子"，"瞎"字始見於《玉篇》，《説文》中還没有，但古代對於瞎子還有更細致的分別。

瞍：童蒙也，一曰不明也。（有目無見曰瞍）
盲：目無牟子也。
瞽：目但有朕也。
瞍：無目也。

之所以有這樣不同的分別，是因爲不同的瞎子有不同的用處。《國語‧周語上》有這樣的記載："故天子聽政，使公卿至於列士獻詩，瞽獻曲，史獻書，師箴①，瞍賦，矇誦，……瞽史教誨，……而後王斟酌焉。"原來瞎子們負擔的任務還不輕呢。後代没有這種用處，統稱爲"瞎子"也就差不多了。

童：男有罪曰奴，奴曰童。
妾：有罪女子，給事之得接於君者。
奴：奴婢皆古之罪人也。
婢：女之卑者也。

---

① "師"也是瞎子，參看《論語‧衞靈公‧師冕見》節。

卒：隸人給事者衣爲卒。卒，衣有題識者。

僕：給事者。

這些字義的解釋，不一定完全正確，但是童、妾、奴、婢、卒、僕都是被壓迫者却可以看得很清楚。又"奴""農"雙聲，奴隸社會從事耕種的是奴隸。這些字給我們提供了奴隸社會階級對立的綫索。卒，後來專指兵卒，不指一般的奴僕。其實"卒"也是奴隸，奴隸不僅爲主人勞動，還要爲主人賣命，卒就是被送去當兵爲主人賣命的奴隸。

羊：祥也。（此爲聲訓）

羔：羊子也。

羜：五月生羔也。

䍮：六月生羔也。

羍：小羊也。

羜：羊未卒歲也。

羝：牡羊也。

羒：牡羊也。

牂：牝羊也。

羭：夏羊牝曰羭。

羖：夏羊牡曰羖。

羯：羊羖犗也。

羳：騬羊也。（閹了的羊）

羴：黃腹羊也。

關於羊的分別這麼詳細，不同的月份生下來的羊就有不同的名稱；不同性別、不同顏色的羊也都有不同的叫法。不僅"羊"類如此，其他家畜如猪、馬、牛也都如此。這是爲什麼呢？也許這正是反映了畜牧時代的情況，那時人民生活資料的主要來源是漁獵畜牧，家畜對他們特別重要，所以分別得特別詳細。到了現代，我們統稱爲大羊、小羊、公羊、母羊就可以了，但在畜牧民族看來，也許仍有仔細分別的必要。傳說有一個阿拉伯的民族，有上千種關於駱駝的名稱，情況與此正相仿佛。

古代生産水平很低，古人知識未開，對於風雨雷電水旱天災等自然現象無法解釋，不得不歸之於神的力量，於是神權观念隨之而生，迷信思想因之以起。他們不能不向神靈祭祀禱告，禳禍祈福，《説文》中關於祭祀的名稱特別多，也許正是這種情況的反映。又如《説文》中玉器的名稱很多。聯繫到"殷人寶珠玉"的說法，可見玉器是商人最重要的裝飾品。由此可見，《説文》一書也是我們研究社會史的重要資料之一。

第二，對於漢語詞彙發展規律的研究，《説文》也是重要的參考資料之一。上文說過，通過漢字結構去探索詞的本義在一定條件下是可能的，因此《説文》一書對於漢語詞源的研究以及對於詞義演變規律的研究也有很大的價值。從具體到抽象，從個別到一般，反映了語義演變的一般趨向，也反映了使用這一語言的人們思維的發展。這是因爲當人類思維還不發達的時候，還祇能認識比較具體的東西，而不能進行高度的抽象思維，他們所用的詞雖然一般也是經過概括的，但往往還不能把對象的某種屬性從對象中抽象出來。如"朱，赤心木"，指的是赤心的樹木，還沒有把"赤"這一屬性從木中抽象出來。人的思維能力越來越發達，抽象的能力也就越來越強，於是"朱"指的已不再是"赤心木"，而是顏色。"朱"從"赤心木"演變爲顏色，從語義學的觀點看來，就是詞義的演變引申。

大家知道：詞義的演變是按擴大、縮小、轉移的方式進行的。《説文》："江，江水，出蜀湔氐徼外崏山，入海。""河，河水，出焞煌塞外昆侖山，發原注海。"江、河本指長江、黃河，後來擴大指一般的河流，這是詞義的擴大。《説文》："金，五色金也，黃爲之長。"可見金本指金屬而言，現在則專指黃金。《説文》："鼠，穴蟲之總名也。"現在則專指老鼠，這是詞義的縮小。《説文》："錢：銚也。"錢本是田器，春秋以後用爲貨幣，"錢"就由田器變爲貨幣的名稱，更變而泛指一切的財貨。《説文》："童，男有辠（罪）曰奴，奴曰童。"可見本是有罪的奴隸，他們的地位極爲卑下。封建社會長幼尊卑的界限極嚴，幼年人地位很低，所以也叫"童"，後來這個意義漸占優勢，到了現代，童子專指少年而言，他們變成了人類未來的花朵，不再是有罪的奴隸了，這是詞義的轉移。在這裏，我們必須注意詞義演變和字形假借的嚴格區別，由一個意義引申爲另一個意義必須有事實的根據。例如"舊，鴟舊，舊留也"，今用爲新舊的"舊"；"了，㐫也，從子無臂"，今用爲"了解""終了"的了；"听，笑貌"，今用爲"聽"的簡體。我們一點也找不出它們在意義上的聯繫，因而也就不能説它們是同一個詞意義的引申或演變。

現代漢語中的量詞和介詞，大都是從名詞或動詞變來的。這是漢語詞彙發展的趨向，我們也可以從《説文》的研究中得到一些啓發。

　　"顆：小頭也。"引申之，凡小而圓的東西都叫"顆"。如"一顆珠子""一顆星星"。

　　"枝：木別生條也。"引申之，凡小而長的東西都稱"枝"，如"一枝筆""一枝步槍"。

　　"條：小枝也。"引申之，凡細而長的東西都稱"條"，如"一條扁擔""一條繩子""一條魚""一條板凳"。

　　"跟：足踵也。"引申爲跟隨之"跟"，如"我跟着他走"。"我想跟他研究一下"中的"跟"作介詞用，也是由動詞虛化來的。

　　"把：握也。"本來是動詞，虛化而成現代漢語"處置式"中的"把"。

在漢語語根的研究方面，《説文》也給我們提供了許多有趣的材料，如從"菐"得聲的許多字都有交接相通之意。①

---

　　① 當然，我們也不能絕對起來看，如"籍""寳"從"菐"得聲，并没有"交接"的意思。

"構：蓋也。"這是聲訓，《易·繫辭》"男女構精"，《淮南子·本經》"大構架①，興宮室"，高誘注云："構，連也。"皆有交接之義。

"遘：遇也，字亦作逅。"《書·金縢》"遘厲虐疾"，有交接之意。《釋文》："遘，遇也。"

"講：和解也。"即以言語調解使之相通的意思。

"覯：遇見也。"《詩·伐柯》："我覯之子。"

"購：以財有所求也。"

又如"無、沒、蔑、昧、滅、莫、冥、杳"這些字都是雙聲，而和"無"義有關；"孔、空、腔、筐、㪺"都是雙聲疊韻，而都有"空"義。如果能打破字形的限制，從聲音意義上去探求漢語語根，《說文》一書的確是供給我們研究的好資料。

《說文》又是我們研究同義詞的好資料。所謂同義詞，并不是兩個詞的意義完全相同，而祇是某些用法上的一致。因而同義詞并非任何場合下都可以互相替換，即使可以替換，也決不能維持很久，其中一個一定會被淘汰掉。如果這樣，那麼，《說文》中兩字互訓或數字循環爲訓的例子，固然不一定都是同義詞，但其中可以稱爲同義詞的也的確不少。這中間有的是方言和通語的關係，如"爛"和"腐"是同義詞，而"爛"爲河北趙衛之間的方言；有的是古今字的關係，如"龢"與"和"，"沾"與"添"，"聯"與

---

① 架，一作"駕"。

"連","堂"與"殿"都是。我們還可以看到有些詞古時并不是同義詞，由於詞義演變的影響，現在變成了同義詞。如"病"本是疾加的意思，《禮記》："曾子寢疾，病。"後來小毛病也叫病，疾和病變成了同義詞。《説文》："講，和解也"；"説，釋也，一曰談説。""講"和"説"意義本不相同，現在却變成了同義詞，如"説話""講話"，"演説""演講"意義都是一樣（湘語尤其如此）。當然，"講義"不能説成"説義"，"説服"不能説成"講服"，但同義詞本來就不是完全同義的呀。

從《説文》裏，我們還可以看到古漢語裏名詞和動詞的界限往往不是那麼清楚的，以後則有了不同的情況。有的在發展過程中寫成了不同的字形。如《説文》："禽，走獸總名。"獵取禽獸也叫"禽"。引申之，凡有所捕獲都叫"禽"，例如《左傳·僖公三十三年》："禽之以獻。"後來爲了區别，把"禽獲"之"禽"寫成"擒"，其實讀音上并没有分别。有時語音上有所改變，如《説文》："樂，五聲八音總名。"這是"音樂"的"樂"；音樂使人快樂，故快樂也叫"樂"。上古本一詞，後來却分化了。北京音"快樂"的"樂"念（lè），"音樂"的"樂"念（yuè）。有時聲調上有所改變，如《説文》："食，集眾米而成食也。"《周禮·地官》："治其糧與其食"，這是指吃的東西，是名詞；吃東西或給人東西吃也叫食，《詩·小雅·綿蠻》："飲之食之"，六朝以後，把給人東西吃的"食"讀成上聲。又如《説文》："處，止也。"停止下來叫作"處"，所止的地方也叫"處"，現在前者是動詞，念上聲，後者是名詞，念去聲，在先秦也没有這種區别。上述名詞和動詞的關係，可以作爲我們研究漢語詞類的參考。

（二）《説文》對於研究漢語語音發展的價值

漢字發展到《説文》時代，形聲字已經占了絕大多數。形聲字一半表義，一半表音，我們可以根據形聲字的聲符來研究漢語語音的歷史發展。《説文》既然把當時的漢字作了系統的整理和編排，也就給我們提供了研究漢語歷史語音的可貴資料。段玉裁研究了《説文》和先秦韻文，得出了同諧聲者必同部的結論。這樣，根據諧聲系統來研究漢語歷史語音，就更有可能了。關於這一點，可以從兩方面看：

第一，我們可以根據諧聲偏旁來研究先秦的語音結構和整個語音系統。清代學者對先秦古韻的分部也就是根據同諧聲者必同部的原則來分的。譬如我們知道"今"是侵部字，那麽凡從"今"得聲的字如"玲、芩、吟、含、棽、貪、衾、念、黔、岑、禽、飲、聆、諗、鈐、禽、金、稔"等都屬侵部，雖然現在念起來它們已經完全不同韻了。當然同諧聲偏旁的字先秦也有不同韻部的，如"乃"在之部而從乃得聲的字如"孕、扔、礽"等却在蒸部，但是從這一點，我們却正可以看出陰陽對轉的道理來。同一個字也可以出現在不同的韻部裏，如"令"爲耕部字，《詩經》中又常和真部相通，但這種現象是可以解釋的：一方面，諧聲系統的時代較《詩經》爲早，發展到《詩經》時代語音已經有了某些變化，有的產生了陰陽對轉（如能）；有的產生了旁轉（如"令"）。另一方面，先秦中國地域也許不大，但方音總歸存在，少數諧聲字不合通例也是不可避免的。

第二，我們還可以根據諧聲字來研究古今語音的變化。同一諧聲的字，在先秦該是同一韻部，後來却變成完全不同韻了。如從"且"得聲的字有"祖、苴、咀"，從"余"得聲的字有"徐、途、斜"，非獨不同主諧字的讀音，被諧字的讀音亦各不同，有的韻母變了，有的聲母變了，有的聲母和韻母都變了。此外，我們還可以從同一諧聲字在不同時代采取不同聲符的情況來研究這些聲符所屬韻部之間的聯繫。如"遘"和"逅"，"澂"和"澄"，"譌"和"訛"，"湛"和"沈"，都是所謂古今字，我們可以從這些字裏看出"冓"和"后"，"敳"和"登"，"爲"和"化"，"甚"和"尤"之間的關係和它們變化的方向。

（三）《説文》對於研究漢字發展的價值

《説文》系統整理了漢字并分析了漢字的結構，對於漢字的研究自是不可或缺的典籍。從《説文》的研究中，我們可以看出文字和語音的關係。文字是記録語音的符號，兩者之間并沒有必然的聯繫。因此，文字可以同音通假，有時幾個字可以遞相替換。下面是幾個典型的例子：

厭：飽也，足也。
厭：笮也（笮，迫也），一曰合也。
壓：壞也，一曰塞補。

今以"厭"代"猒"，以"壓"代"厭"，而"猒"的字形廢，
"壓"的本義亦廢。

> 气：雲气也。
>
> 汽：水涸也。或曰：泣下。从水，气聲。
>
> 氣：饋客芻米也。

今以"氣"代"气"，另造"餼"字代"氣"，"气"成了簡體字，
"汽"成了"氣"和"气"的異體，而其本義亦失。

上面的例子，是字形的替代，若從聲音方面看，彼此之間是并
沒有多大區別的。文字互相替代的結果，有的字意義改變了，有
的字本義消失了，但這些都是字形的改變，詞義本身并沒有多大
變化。

其次，我們也可以通過《說文》來研究漢字發展的規律。漢
字在殷商以前，以象形字爲主，甲骨文中就衹有少數的形聲字；發
展到秦漢，形聲字就占絕大多數了。整個漢字的發展有兩方面的
趨向：一方面，爲了書寫的方便，漢字筆畫日趨簡化，小篆比大篆
要簡單些，隸楷比篆文又更簡單。簡化的辦法有時是把筆畫或偏
旁減少，如"雧"簡寫成"集"，"曹"簡寫成"曹"；有時乾脆廢
除原字，另創一個簡單的新字，如以"粗"代"麤"，以"鮮"代
"鱻"。另一方面，文字記錄語言，要求清楚明確，恰如其分，使
人們在閱讀書面語言的時候，不致辨不清作者的原意。因此，隨着
詞類的分化或語音的變遷，往往以不同的形式來表現本來是同音的

字。如《説文》"爰，引也"，"援助"字當作"爰"，但因借"爰"
爲虛詞，所以另造"援"字以代"爰"；"何，儋（擔）也"，"擔
荷"字本作"何"，以"何"爲疑問代詞，故另以"荷"爲"擔荷"
字；"居"本訓"蹲"，但借爲"尻處"之"尻"，故另造"踞"爲
"蹲踞"之"踞"；"立""位"本一字，"位"字後造，專用作"位
置"之"位"；"卷""捲"本一字，後來"卷"字專用爲名詞，另
造"捲"字爲動詞；"嘗"本包括"嘗味"的意思，爲了區別詞義，
又造"嚐"字專用於"嘗味"；以上這些都是由簡向繁發展的例子。
一方面由簡向繁，另一方面由繁向簡，這是漢字發展中存在的矛
盾，也是漢字發展的規律。方塊字既然不是標音的，也就没有可能
解決這個矛盾。由此可見，漢語文字改革不僅爲目前的現實生活所
需要，而且也是漢字發展的必然趨勢。

總上所述，我們可以看出《説文》對於漢語詞彙和漢語語音發
展規律的研究、對於漢字發展的研究，都有它重要的意義。尤其是
第一方面，前人注意得還不够，這還有待今後語言學家做更多的
工作。

三 説文的不足

説文是一千八百年前的字書，解釋的是文字，我們自然不能以
今天的詞彙學或詞源學的觀點來要求它，但是祇就字形的分析和字
義的解釋上，它也存在着一些錯誤和缺點。尤其是在甲骨文發現以
後，我們更容易看出問題來。這方面，前人已經做過不少研究和校

勘的工作，這裏祇稍微舉幾個例子：

長：《説文》："久遠也，从兀从匕，亡聲，兀者高遠意也。"甲骨文作 𣄼，象髮長，根本不是形聲字。

家：《説文》："居也，从宀豭省聲。"甲骨文作 𠖔 從豕在宀下，與"牢"字同義，不是形聲字。

鳳：《説文》："神鳥也，……从鳥凡聲，鳳飛群鳥從以萬數，故以爲朋黨字。"按古"鳳""朋"本一字，"朋"又爲"貝朋"字，"朋黨"之義當由"貝朋"的意義引申而來，所謂"鳳飛群鳥從以萬數"，不過是主觀的想象。安陽殷墟婦好墓文物中有玉鳳一雙甚精美。

不：《説文》："鳥飛上翔不下來也，从一，一猶天也。"按甲骨文作 𠀎，象花下萼，假借爲否定副詞，與鳥飛無涉。

方：《説文》："并船也，象兩舟省總頭形。"按甲骨文作 𣅃 或 𠂤 或 方，非并船之形，顯然可見。

許氏解釋字義，有的講得很好，有的講得很武斷。如釋"方"爲并船之形，大概是根據《詩經》"方之舟之"的話來的，但先秦"方"字也有別的意義，如《書·湯誥》"誕告萬方"。"方"，邦也。又如《論語》"方六七十"，《考工記·輪人》"方者中矩"等等都和"并舟"的意思沒有聯繫，可見"并舟"之義，不一定是本義。爲什麼許氏會產生這樣的錯誤呢？因爲：

第一，象形字對於語言的表達，本來就很有限，犬馬牛羊還可以畫出來，但要分別它們的大小雌雄就很困難。日在草中爲"莫"（暮），在木上爲"杲"，在木下爲"杳"還可以勉強畫出來，但人物的行動就很難畫，至於思想感情和一切虛詞就根本没法畫。《説文》裏面的虛詞如："矣，語已詞也，从矢以聲。"語已詞爲什麽"从矢"呢？根本説不通，可見從字形來解釋字義，本來就有困難。

第二，漢字發展到甲骨文，已經是一種相當進化的文字，和它本來的面目相去已經很遠，從甲骨文到許慎時代又經過了一二千年，許氏根據的是小篆，和原來的字形相去更遠，根據一二千年後變了形的文字來探求它的本義，事實上存在着困難。《説文》中許多字義的解釋就不是本義而是別義或引申之義。如《説文》"行，人之步趨也"，這不是本義。金文"行"作 ，甲骨文作 ，羅振玉《增訂殷虚書契考釋》：" 象四達之衢，人所行也。"中空的地方就是人通行的道路。《吕氏春秋·下賢篇》："桃李之垂于行者，莫之援也；錐刀之遺於道者，莫之舉也。""行""道"對文，可見"行"就是"道路"。

第三，方法上許氏還不能從發展上看問題，不能區別詞義産生的時代性。如五行之説起於漢代，許氏却拿它來解釋字的本義，如"月，太陰之精也"；"日，太陽之精也"。這種以今附古的解釋，自然是不能令人滿意的。

在體例上，《説文》也存在着一些缺點。《説文》本是從字形的分析來解釋字義的，但這一原則許氏并没有貫徹下去，碰到解釋不通的地方就放棄了，而換用聲訓的方法來解釋字義。當然，從詞的角度看，聲訓打破了字形的限制，改從聲音出發，是有它的好處的；但同時，聲訓也不一定可靠，在同一時代，同音不同義的詞已經不少，何況許慎離造字時代的語音相差不知已經多遠了呢！如"水，准也"；"腹，厚也"；"任，符也"。[①] 就字的本義來說都是不可靠的。

此外《說文》在字義解釋上，有許多字是用兩字互訓或數字循環爲訓的辦法，這在邏輯上也是不合理的。

《說文》對部首的分列和一字的歸部，有時也不免錯亂。如"寶，珍也。"應當排在"貝"部，可是排在了"宀"部。"詞"字應當排在"言"部而排在"司"部。這些都是缺點。不過《說文》是開創的著作，不能做到盡善盡美，缺點在所難免，何況有些是後人傳抄的錯誤，我們更不能苛求許氏本人。

兩千多年來，研究《說文》的書很多，其中最著名的是清代段玉裁、桂馥、朱駿聲、王筠四家。四家各有所長，對於許氏的解釋做過許多可貴的匡正、補充和發揮的工作，尤其在詞義的解釋上，如段注《說文解字》、朱氏《說文通訓定聲》，許多地方見解非常精闢，引証材料也非常豐富，給我們研究《說文》提供了極大的便利。他們的見解有些地方也還有問題，但科學的發展本來就是不斷前進的，百尺竿頭更進一步，正有待於中國現代語言學家的努力。

---

① 徐鍇《說文繫傳》改爲"保也"。

說 "屋"*

一

"屋"是漢語裏的一個常用詞，一般作"房舍、房屋"講①。《廣雅·釋宮》："屋，舍也。"《説文·尸部》："屋，居也，从尸，尸，所主也。一曰，尸象屋形。从至，至，所至止。屋、室皆从至。"《群經正字》："詳許君弟一義，屋乃幄屋之本字，第二義乃是室屋之屋，故《説文》別無幄字，經典實有以屋爲帷幄之義。"②徐灝《説文解字注箋》："蓋屋即古幄字，相承增巾旁。"據此，《古代漢語》認爲"屋，本義爲帷幕，後代寫作幄"。③今按許君唯釋"屋"爲"居"，并無兩義。段玉裁説："凡尸皆得訓主，屋从尸者，人爲屋主也。"④朱駿聲則以爲"尸象人側形"⑤。"屋"從人從至，即人所止居之處，與"尸"象屋形，爲人所止居，義實相同。不過"屋"

---

  * 原載《詞典研究叢刊》第 9 輯，1988 年。

  ① 《辭海》"屋"的第一個義項是"房子、房間"，《辭源》"屋"的第一個義項是"房屋、居舍"。

  ② 轉引自《中文大辭典》第十册，4268 頁"屋"字注。

  ③ 《古代漢語》第二册，658 頁。

  ④ 《説文解字》第八篇上《尸部》"屋"字注。

  ⑤ 《説文通訓定聲·需部第八》"屋"字注。

的本義既不是"帷幄"，也不是"房屋、房舍"，而是"房屋的覆蓋部分"，就是屋頂，"屋"的其他意義都由此派生出來。這是我們所要討論的內容。

二

"屋"的本義是屋頂，《説文》中多有例證，段玉裁的解釋最爲明確。

《尸部》"屋"字下段注："屋者，室之覆也，引申之，凡覆于上者皆曰屋。天子車有黃屋，《詩》箋：'屋，小帳也。'"

《广部》："廣，殿之大屋也。"段注："覆乎上者曰屋，無四壁而上有大覆蓋，其所通者宏遠矣，是曰廣。"

《宀部》："宸，屋宇也。"段注："屋者，以宮室上覆言之，宸謂屋邊。"

《雨部》："屚，屋穿水下也。从雨在尸下，尸者屋也。"段注："《尸部》'屋'下云：'尸象屋形，會意。'"

"屋"字不見於甲骨金文。先秦典籍裏，"屋"作"屋頂"講的例子不在少數。例如：

① 誰謂雀無角？何以穿我屋？（《詩·召南·行露》）

② 亟其乘屋，其始播百穀。（《豳風·七月》）

③ 瞻烏爰止，于誰之屋？（《小雅·正月》）

④ 徹我牆屋，田卒污萊。（《十月之交》）

⑤ 相在爾室，尚不愧于屋漏。(《大雅·抑》)

例①《行露》二章"何以穿我屋"與三章"何以穿我墉"爲互文。"屋"指屋頂，"墉"指四壁，總稱房屋，這是詩人用詞之妙。若"屋"指房屋，已包括四壁在內，和"墉"不在同一個詞義層次了。例②"亟其乘屋"《毛傳》："乘，升也。"《鄭箋》："七月定星將中，急當治野廬之屋。"按古時建廬舍于田野，蓋以茅草，屋頂每年要進行翻修，所以《毛傳》釋"乘"爲"升"，《鄭箋》說"當治野廬之屋"。"屋"者屋頂，如指房屋，"野廬之屋"就不成詞。例③烏鳥所集，正在屋頂，這裏的"屋"也用本義。例④"牆"與"屋"并列，"牆"指四壁，"屋"指屋頂，合起來就是房屋。例⑤"屋漏"有兩說：《釋名·釋宮室》："西北隅曰屋漏。《禮》每有親死者，輒徹屋之西北隅薪以爨灶煮沐，供諸喪用。時若值雨則漏，遂以名之也。"劉熙以"屋"的本義說"屋漏"，屋頂抽去所蓋草薪，所以"值雨則漏"。又《鄭箋》："屋，小帳也。漏，隱也。"與劉熙說異。兩者孰是孰非，郭璞已經說"其義未詳"。[①]後人恐怕更難說清楚了。

⑥ 大室屋壞。(《春秋·文公十三年》)

⑦ 是以清廟茅屋，……昭其儉也。(《左傳·桓公二年》)

⑧ 叔孫所館者，雖一日，必葺其牆屋。(《左傳·昭公二十三年》)

---

① 《爾雅·釋宮》"西北隅謂之屋漏"郭注。

例⑥"室"與"屋"并言,《穀梁傳》范甯《集解》:"屋者,主於覆蓋,明廟不都壞。"就是大室的屋頂壞了,而不是整個大室都壞。范氏的解釋文從理順。孔穎達疏以爲"天子之廟,上爲重屋"。楊伯峻先生據此解釋説:"大室之制爲二層,屋上有屋,古謂之重屋。此言屋壞,意謂其上之屋壞,非全壞了。"[1] 按《周禮·考工記·匠人》:"殷人重屋,堂修七尋,堂崇三尺,四阿重屋。"孫詒讓《正義》引孔廣森説:"殷人始爲重檐,故以重屋名。"孫氏又説:"《左傳》孔疏謂廟上拔起爲重屋,深得其制。"可見"重屋"乃是古代宮殿上常見的兩層屋檐,不是《説文》所謂"樓,重屋也"的兩層樓房,更無法斷定"大室屋壞"是太廟的上層屋壞了。例⑦"清廟茅屋"杜注:"以茅飾屋,著儉也。"孔穎達疏:"屋之覆蓋,或草或瓦。"這裏的"屋"也是指屋的上覆部分。"清廟茅屋"就是清廟以茅草蓋頂。例⑧"茸其牆屋"與《十月之交》"徹我牆屋"同例,"牆"指四壁,"屋"指屋頂,合稱房屋。

⑨ 雍人舉羊,升屋自中,中屋南面刲羊,血流于前,乃降。(《禮記·雜記下》)

⑩ 及其死也,升屋而號,告曰:皋某復。(《禮記·禮運》)

⑪ 小臣復,……皆升自東榮,中屋履危,北面三號,卷衣投于前。(《禮記·喪大記》)

---

① 楊伯峻先生《春秋左傳注》第二冊,593頁。

例 ⑨ 記述宗廟初成，殺羊以釁的過程。羊要在屋頂上去宰殺。孔穎達疏："今謂屋者，謂室之在上之覆也。前云'升屋'，下云'乃降'，與《喪大記》'復者升屋'其文正同。"句中兩"屋"字都是指屋頂。例 ⑩ 是記述古代招魂的習俗，當人剛死之際，要派人上屋頂去呼喊他的名字，招回他的魂魄。"升屋"與《七月》"亟其乘屋"中的"乘屋"同，"屋"指屋頂部分。例 ⑪ 也是記載古代招魂的儀式。《鄭注》："復，招魂復魄也。"孔穎達疏："中屋者，當屋東西之中央；履危者，踐履屋棟上高危之處而復也。""屋"爲屋頂，與前諸例同。

⑫ 諸灶必爲屏，火突高出屋四尺，慎無敢失火。(《墨子·號令》)

⑬ 其親死，列尸弗斂，登屋窺井。(《墨子·非儒下》)

⑭ 雖然，夫折大木，蜚大屋者，唯我能也。《莊子·秋水》)

⑮ 鳥次兮屋上，水周兮堂下。(《楚辭·九歌·國殤》)

例 ⑫ "火突"是安裝在屋頂上的煙囪，"屋"即屋頂，煙囪必須高出屋頂四尺，以免失火。例 ⑬ 批判了儒家於人死後登屋招魂的迷信做法，"登屋"就是《禮運》的"升屋而號"（見例 ⑩），"屋"指屋頂。例 ⑭ "大屋"是使動結構，風能使大屋頂飛起來，却無法使下面的牆壁飛起來，所以這裏的"大屋"是指大的屋頂。例 ⑮ "屋上"與"堂下"對舉，"屋上"指屋頂之上，是鳥所停集的地方。

⑯ 舜作室，築牆茨屋。(《淮南子·脩務》)

⑰ 秦軍鼓譟勒兵，武安屋瓦盡振。(《史記·廉頗藺相如列傳》)

⑱ 有鶡雀飛止丞相府屋上。(《漢書·黄霸傳》)

例 ⑯ "室" 指房屋，動詞用 "作"；"牆" 指四壁，動詞用 "築"，"屋" 指屋頂，動詞用 "茨"（用草蓋）。三者分別很清楚。例 ⑰ "屋瓦" 連用，瓦蓋在屋頂上，"屋" 指屋頂無疑。例 ⑱ "府" 者府第，就是達官貴族住的高大房屋。"府""屋" 并出，表明兩者不同，"屋" 指屋頂。全句意思是鶡雀飛到丞相府的屋頂上。上述 "屋" 字，前人往往不加注釋，因爲人們對於 "屋" 的本義已經不十分清楚，而把它們解釋爲 "房屋" 似乎也講得通，其實祇有按它的本義去理解纔是準確的。

三

"屋" 由本義 "房屋的覆蓋部分" 引申出了幾個不同的意義。一是泛指房屋。這種用法很早就有了，例如：

① 佌佌彼有屋，蔌蔌方有穀。(《詩·小雅·正月》)

② 宣子謂軼曰："矢及君屋，死之。"(《左傳·襄公二十三年》)

③ 富潤屋，德潤身，身廣體胖。(《禮記·禮運》)

例①“虰彼有屋”指小人富有屋室，與君子無禄相對照。例②“矢及君屋”就遠近距離説，矢從旁射，可以及於房屋的任何部分，不一定是屋頂。例③富有則内多金玉錢帛，外多裝飾，房屋也就得到潤澤。這是一種比喻的説法，“屋”當然不是單指屋頂部分。戰國以前，“房屋”的意義大都用“宫”“室”來表示。如《詩·鄘風·定之方中》“作于楚宫”“作于楚室”，《書·泰誓》“惟宫室台榭陂池侈服以殘害于爾萬姓”，《易·繫辭下》“上古穴居而野處，後世聖人易之以宫室”，等等。其中“宫”“室”都是泛指房屋。“屋”的“房屋、房舍”義産生後，與“宫”“室”成爲同義詞。秦漢以後，“屋”的“房屋”義得到了極爲廣泛的發展，於是與“宫”“室”重新分工。“室”多指房屋内部，“宫”指帝王的住房，“屋”則泛指房屋，本義“屋頂”反而逐漸不用了。

由“房屋、房舍”義又引申出“帳幕”義來。帳幕以布製成，四合象屋。例如：

④又必多爲屋（一作幄）、幕、鼎、鼓、幾、梴、壼、監、戈、劍、羽、旄、齒、革，寢而埋之。（《墨子·節葬下》）

這個意義也寫作“幄”。如《周禮·天官·幕人》：“掌帷、幕、幄、帟、綬之事。”鄭注：“帷幕皆以布爲之，四合象宫室曰幄。”《春秋》三《傳》中房屋義用“屋”，帳幕義用“幄”，分别甚嚴。《詩經》無“幄”字，其中“屋”也不作“帳幕”講。《大雅·抑》“尚不愧于屋漏”，鄭玄釋“屋”爲“小帳”。有的學者據此以爲“屋”

的本義是"帷幄"。但依《釋名》，"屋漏"的"屋"正當作"屋頂"講。博學如郭璞尚且"其義未詳"，後人恐怕更無法斷定了。

二是作"以屋覆蓋"講，動詞。例如：

①天子大社，必受霜露風雨，以達天地之氣也，是故喪國之社屋之，不受天陽也。(《禮記·郊特牲》)

②竇入門四五尺，爲其門上瓦屋，毋令水潦能入門中。(《墨子·備突》)

例①意思是天子之社是露天的，以便接受風霜雨露，通達天地之氣，生成萬物；亡國之社必須以屋覆蓋，使之與陽氣隔絕。《穀梁傳·哀公四年》："其屋，亡國之社不得上達也。""屋"的用法相同。例②"其門上瓦屋"意思是門上要以瓦屋覆蓋，以防雨水流入，這個用法比較少見。

三是泛指覆蓋的東西。可以指倉蓋、覆棺的錦或席、車蓋、帽頂等。例如：

①《説文·广部》："庾，倉無屋者。"段注："無屋，無上覆者也。"

此例"屋"指倉蓋，"庾"就是無蓋的倉。《詩·小雅·楚茨》："我倉既盈，我庾維億。"《毛傳》："露積曰庾。"馬瑞辰《通釋》："庾，蓋即今俗所謂囷者，其形圓，以席爲之，但露其上，故傳以

'露積'釋之,《三蒼》《説文》并以爲'倉無屋者',即謂其無上覆也。"與段注説同。

　　② 諸侯行而死於館,……緇布裳帷,素錦以爲屋而行。(《禮記·雜記上》)

　　③ 士輤(qiàn),葦席以爲屋,蒲席以爲裳帷。(同上)

　　④ 畢塗屋。(同上《喪大記》)

以上"屋"指覆棺的錦或席。例② "緇布帷裳,素錦以爲屋",指諸侯柩車上的裝飾,四周圍以黑色布幔,棺上覆以素錦。《鄭注》:"緇布裳帷,圍棺者也。……屋,其中小帳襯覆棺者。"例③ "葦席以爲屋,蒲席以爲裳帷",指士的柩車上的裝飾是上面覆以葦席,四周圍以蒲席。可見蓋棺的"屋"可以是絲織品,也可以是葦席。鄭氏釋"屋"爲"小帳",當是就其形制而言,《説文·巾部》"帳"字下段注:"小帳曰斗帳,形如覆斗也。"例④ "屋"也是棺上覆蓋之物。《鄭注》:"屋,殯上覆如屋者也。"但所指不詳。

　　⑤ 紀信乘黃屋,車傳左纛。(《史記·項羽本紀》)

　　⑥ 往使尉陀,令尉陀去黃屋稱制。(《漢書·陸賈傳》)

以上"屋"指車蓋。例⑤《史記正義》引李斐説:"天子車以黃繒爲蓋裏。"例⑥顏師古注:"黃屋,謂車上之蓋也。"蔡邕《獨斷下》:"黃屋者,蓋以黃爲裏。"這個意思也寫作"幄"。如《晋書‧夏侯諶傳》："被朱佩紫，耀金帶白，坐而論道者，又充路盈寢，黃幄玉階之內，飽其尺牘矣。"

⑦ 江左時，野人已著帽，人士亦往往而然，但其頂圓耳。後乃高其屋云。(《晋書‧輿服志》)

這裏的"屋"指帽頂，這個用法後出，并且沒有得到進一步的發展。

<h2 style="text-align:center">四</h2>

歸納前面的討論，我們可以把"屋"的意義發展列成下表：

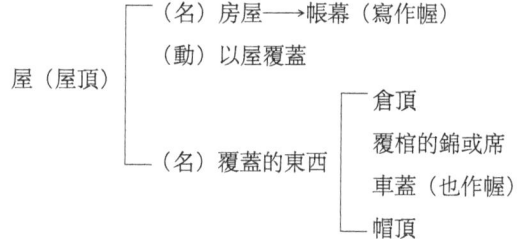

此外，"屋"又是古代土地制度的區劃單位。《周禮‧地官‧小司徒》："考夫屋。"《鄭注》："夫三爲屋，屋三爲井。"又《漢書‧食貨志上》："六尺爲步，步百爲畝，畝百爲夫，夫三爲屋，屋三爲井，井方一里，是爲九夫。"這是政治上人爲的規定，不是詞義自然引申的結果，這裏不詳細討論。

《漢語大字典》小議 *

　　《漢語大字典》（以下簡稱《大字典》）經川、鄂兩省三百多位專家學者十餘年的辛勤編寫，從 1986 年起一至五卷先後出版發行了。這部字典的特點是：收字最多，計單字五萬六千多個，比《康熙字典》多九千個；在繼承前人研究成果的基礎上注意吸收今人研究的新成果；注重形音義的密切配合，盡可能歷史地、正確地反映漢字形音義的發展；在楷書單字條目下收列了有代表性的甲骨文、金文、小篆和隸書形體，并簡要説明其結構的演變；盡可能地注出每個字的現代讀音；并收列了中古的反切，標注了上古的韻部；注重收列常用字和生僻字的所有義項，并適當地收錄複音詞的詞素義。它已達到我國字典編寫的最高水平，是我國語文工作者的良師益友，它的問世是我國文化事業中的一大盛事。但是編寫這樣一部巨大的工具書，難免有千慮一失之處。本文就翻檢一至五卷所見到的，略舉一二，以就教于方家。

---
　　* 原載《古漢語研究》1990 年第 1 期。

一

釋義有不太準確和遺漏的地方。如:

> 昴, 星名, 二十八宿之一, 西方白虎七宿的第四宿。有星四顆。也稱"髦頭(旄頭)"。(第二卷 1503 頁)

按"昴宿"是一個小的星團, 用小型望遠鏡可以看到六七十顆星, 用大型望遠鏡可以看到六七百顆乃至兩千多顆星。肉眼可以看到的有七顆星, 湖南人叫作"麻南七姊妹"。其中六顆較亮, 一顆稍次, 所以古人有昴宿七星和昴宿六星的不同説法。《書·堯典》"日短星昴", 孔傳:"昴, 白虎之中星, 亦以七星并見。"《詩·召南·小星》"維參與昴",《正義》引《元命苞》:"昴, 六星。"《史記·天官書》"昴曰髦頭, 胡星也", 張守節《正義》:"六星明與大星等, 大水且至, 其兵大起, 摇動若跳躍者, 胡兵大起, 一星不見, 皆兵之憂也。"《辭海·日部》:"昴, 有星四顆。"《大字典》因之, 不知何據。

> 捋　①以指輕輕摘取; 采。《説文》:"捋, 取易也。"《廣韻·末韻》:"捋, 手捋也, 取也, 摩也。或作乎。"《詩·周南·芣苢》:"采采芣苢, 薄言捋之。"毛傳"捋, 取也。"……茅盾《春蠶》:"老通寶和阿四的談話打斷, 都出去捋葉。"(第

三卷 1885 頁）

按"捋"的本義是"以手握住東西向一端抹取"，不是"以指輕輕摘取"。"采"和"捋"都可以取得東西，故《毛傳》訓爲"取"，并不表明"采、捋、取"三字同義。《説文》訓爲"取易"，是因爲成把成把地捋取，比一片一片地采摘更易見效。《説文》釋義，多本《毛傳》，間有不同，這是一個例子。芣苢即車前草，古人認爲車前子可以治婦女不孕，故采集之。戴震《詩經補注》："一手持其穗，一手捋取之也。車前之用在子，故捋之。"車前子比油菜子還細得多，是無法"以指輕輕摘取"的。桑葉也可以成把地捋取。《詩·大雅·桑柔》："菀彼桑柔，其下侯旬，捋采其劉。"孔穎達疏："及其捋而采之，其枝之葉劉然爆爍而稀疏。"也表明"捋"和"采"是兩種不同的動作。

作 ⑳量詞。表示動量，相當於"次"。《孟子·公孫丑上》："由湯至於武丁，賢聖之君六七作，天下歸殷久矣。"（第一卷 135 頁）

按《孟子》趙岐注："從湯以下，賢聖之君六七興。"朱熹集注："作，起也。"這裏的"作"是動詞，作"興起"講。句意是"從成湯到武丁，賢聖的國君興起過六七次"。《易·乾·文言》："聖人作而萬物覩。"又《繫辭下》："神農氏作。"《論衡·佚文》："周秦之際，諸子并作。"這些句中的"作"，意思與《孟子》并同。先秦語法，動量的表示一般不用量詞，"作"字更沒有用作動量詞的。《大字典》采用楊伯峻先生的説法（見《孟子譯注》上册60頁），不妥。

　　炙　燒烤。《説文·火部》："炙，炙肉也。从肉在火上。"《釋名·釋飲食》："炙，炙也，炙於火上也。"《詩·小雅·瓠葉》："有兔斯首，燔之炙也（按'也'當作'之'）。"毛傳："炕火曰炙。"（第三卷 2192 頁）

按"燒"與"烤"不同，燒在火中，烤在火外。"燔"是燒，"炙"是烤。段玉裁《毛詩小箋》："《説文》：'炕，乾也。'炕火謂乾之於火。……燔與火相著，炙與火相離。""炙"不得釋爲"燒烤"。載"炙"字之次頁，注"炕"亦有"燒烤"義，同樣不確。

　　的　（二）dí 副詞 1、確實：實在。《三國志·魏志·崔林傳》："餘國各遣子來朝，間使連屬，林恐所遣或非真的。"（第四卷 2645 頁）

按"的"作"確實、實在"講，有形容詞、副詞兩種詞性。副詞只做狀語，不能做謂語。例中"真的"連用，在句中做謂語，是形容詞。又如沈端《五福降中天》詞："他時恨悵，却月凌風，信音難的。"《朱子全書·孟子》："須看他一部書，句句的確，有必然之效，方是。""的"都不是副詞。

穋　同"穆"，播種遲而成熟早的穀物。（第四卷 2630 頁）

穜　① 先種後熟。（第四卷 2633 頁）

按《詩·七月·釋文》："先種後熟曰重，後種先熟曰穋。""穜（重）"和"穋（穆）"在文中位置相同，詞性相同。"穆（穋）"爲"播種遲而成熟早的穀物"，是名詞，"穜（重）"就應是"播種早而成熟遲的穀物"，釋爲"先種後熟"，兩字釋義失去照應。

垢　① 污穢，粘著在物體上的髒東西。《説文·土部》："垢，濁也。"《韓非子·大體》："不吹毛而求小疵，不洗垢而察難知。"……③ 污穢，骯髒的東西。《玉篇·土部》："垢，不潔也。"《韓非子·大體》："不洗垢而察難知。"《禮記·內則》："冠帶垢，和灰請嗽（按當作"漱"）；衣裳垢，和灰請澣。"（第一卷 440 頁）

按義項①"粘著在物體上的髒東西"與義項③"骯髒的東西"意義上并無不同，都引《韓非子·大體》爲例，何以要分兩個義項？③"洗垢"的"垢"指骯髒的東西，名詞；"冠帶垢""衣裳垢"指骯髒，形容詞。放在同一個義項裏似乎不妥。

仁　缺義項"第二人稱的禮貌稱呼"。（第一卷 107 頁）

按"仁"可以作第二人稱禮貌式稱呼。如支讖譯《忳真陀羅所問如來三昧經》："阿闍貰復報語仛真陀羅：'仁所作功德，願分我少所，令我得其功德。'"康僧會譯《六度集經》："（四美人謂彌蘭：）妾等四人，給仁使役，晚息夙興，惟命所之，願無他游。"竺佛念譯《出曜經》："佛告比丘：'汝等何不如蜂采華？……如仁所行，何不如是行？'"南朝梁何遜《贈族人秫陵兄弟》："若能遺酌我，稱首當屬仁。"

便　缺"借貸"義。（第一卷157頁）

按中古"便"可作"借貸"講。如王梵志《村頭語戶主》詩："村頭語戶主，鄉頭無處得。在縣用紙多，從吾相便貸。"《敦煌資料》第一輯載《酉年曹茂晟便豆契》："酉年三月一日，下部落百姓曹茂晟爲無種子，遂於僧海清處便豆壹碩捌斗。"《斯坦因劫經錄》六八二九四號《悉董薩部落百姓張和子便麥契》："卯年四月一日，悉董薩部落張和子爲無種子，於今永康寺常住處取楍離價，便麥壹番馱。"

慚（慙）、愧　兩字都缺"感激"義（第四卷2344，2341，1329頁）

按中古"慚""愧"有"感激"義，蔣禮鴻、江蘭生先生已論述。如《搜神記》卷二十："其夜，夢一人烏衣，從百許人來謝云：'僕是蟻中之王，不慎墮江，慚君濟活。若有急難，當見告語。'"

江淹《別賦》:"乃有劍客慚恩,少年報士。"《敦煌變文集·捉季布傳文》:"但言季布心頑硬,不慚聖德背皇恩。"杜甫《羌村三首》之三:"請爲父老歌,艱難愧深情。"陸龜蒙《自遣詩三十首》之三:"雪下孤村淅淅鳴,病魂無睡灑來清。心搖祇待東窗曉,長愧寒鷄第一聲。"《敦煌變文集·王昭君變文》:"到家蕃裏重,長媿漢家恩。"例子甚多。

二

有少數例句不足以説明義項。例如:

口　②泛指言論、語言。《詩·小雅·十月之交》:"黽勉從事,不敢告勞。無罪無辜,讒口囂囂。"清黃遵憲《雜感》:"我手寫我口,古豈能拘牽?"

⑧進出的通道。《説苑·談叢》:"口者,關也。"(第一卷566頁)

按"讒口"是讒人之口,并非泛指言論、語言。讒人之口,肆無忌憚,顛倒黑白,所以説"讒口囂囂"。《離騷》"衆女嫉余之蛾眉兮,謠諑謂余以善淫"。語意與此近似。"讒口"也見於別的書,如《後漢書·劉陶傳》:"秦之將亡,正諫者誅,諛進者賞,嘉言結於忠舌,國命出於讒口。""舌"與"口"相對,指忠臣之舌和讒人之口。"我手寫我口"意即用我手裏的筆寫出我口裏要説的話。這種"借代"的修辭法，詩歌裏應用很多。如果一一設立義項，就不勝其煩。義項⑧引《説苑・談叢》不全面，原文是："口者關也，舌者機也，出言不當，四馬不能追也。口者關也，舌者兵也，出言不當，反自傷也。"這明顯是比喻用法，不應直接把"口"釋爲"進出的通道"。

> 嗌（二）ài，嗌，咽喉塞住。《莊子・庚桑楚》："兒子終日嗥而嗌不嗄，和之至也。"陸德明釋文："而嗌，李音厄，謂喧也。"（第一卷 670 頁）

按《庚桑楚》下文接着説："終日握而手不掜，共其德也；終日視而目不瞚（瞬），偏不在外也。""手"和"目"是名詞，"嗌"也當是名詞，指咽喉。《釋文》："嗌，崔云：'喉也。'司馬云：'咽也。'"李氏的解釋顯然是錯誤的。《老子》五十五章作"終日嗥而不嗄"。"嗄"，声音嘶啞。

> 瞎 xiā ②目盲。《集韻・鎋韻》："瞎，目盲也。"《世説新語・排調》："盲人騎瞎馬，夜半臨深池。"（第四卷 2507 頁）

按"瞎馬"的"瞎"不是雙目失明，而是一隻眼瞎。把這段話引全一點："桓南郡（玄）與殷荆州（仲堪）語次……次夏作危語……殷有一參軍在坐，云：'盲人騎瞎馬，夜半臨深池。'殷曰：'咄咄逼人！'仲堪眇目故也。"劉孝標注引《中興書》："仲堪父嘗疾患經時，仲堪衣不解帶數年，自分劑湯藥，誤以藥手拭淚，遂眇一目。"眇一目"就是一目失明。《三國志·魏書·陳思王植傳》注引《魏略》:"丁掾(晏)好士也,即使其兩目盲,尚當與女,何況但眇?"《玉篇》:"瞎,一目合也。"引申爲一目失明,與"眇"同義。《資治通鑒·晋穆帝永和十一年》:"洪嘗戲之曰:'吾聞瞎兒一淚,信乎?'"胡三省注:"瞎,一目盲也。"殷仲堪眇目,參軍以一目失明的馬相比,所以仲堪覺得"咄咄逼人"。從情理上看,如果人和馬都是全盲,騎且不能,"夜半臨深池"更無從説起。馬瞎一目,人又全盲,半夜三更走近深池,自然危險。

> 腳　同"脚"。《説文·肉部》:"腳,脛也。从肉,郤聲。"……《晋書·陶潛傳》:"(王)弘要之還州,問其所乘,答云:素有腳氣,向乘籃輿,亦足自反。"(第三卷2098頁)
> 脚　①人和動物的行走器官。《墨子·明鬼下》:"羊起而觸之,折其脚。"……(第三卷2075頁)

按"脚"是"腳"的俗字。本義是"脛",即小腿。引申爲"人和動物的行走器官",是漢末三國時期的事(參看吳金華《脚有足義始於漢末》,載《中國語文》1986年4期)。《大字典》所引《墨子·明鬼下》的"脚"正是"小腿"的意思。而且字當作"腳",不作"脚"。相反,《陶潛傳》所謂"腳氣",據傳統的説法乃是一種因腎虚挾風濕而發的病。病狀是兩足浮腫,足趾間有水疱滲液,自小腿上達腰際。這裏的"脚",應指整個下肢,而不僅是小腿。兩字例句應換過來。

内　②通"訥（nè）"。遲鈍。《論語·子路》："剛、毅、木、訥近仁。"（第一卷97頁）

按《論語》字不作"内"，不能證明"内"與"訥"通。少數例句時代似嫌過晚。如：

本　⑳量詞。用於書籍薄册。如兩本帳、一本經。《清朝野史大觀·清朝藝苑·馬世琪繳白卷》："一本白卷交還你，狀元歸去馬如飛。"（第二卷1151頁）

按量詞"本"表示書籍簿册，中古就有了。如《全梁文》卷七十一梁釋僧祐文："祐見菩薩地經一本。"唐趙璘《因話錄》卷四："有一本虞永興手寫《尚書》，此猶在否？"李商隱《韓碑》："願書萬本誦萬過，口角流沫右手胝。"《朱子語類》卷十八："有訟田者，契數十本，中間一段作僞。"關漢卿《蝴蝶夢》第三折："母親，家中有一本《論語》，賣了替父親買些紙錢。"《初刻拍案驚奇》卷九："這本話乃是元朝大德年間的事。"《大字典》舉的是晚清例句，太晚了些。

柁　同"舵"，控制船艦等行駛方向的裝置。唐劉禹錫《楚望賦》："亦有輕舟，軒輊泛浮。柁綸往復，馴鷗相逐。"（第二卷579頁）

按控制船隻行駛方向的"柁"，漢代就有了。劉熙《釋名·釋船》："其尾曰柁，柁，拕（拖）也，在後見拕（拖）曳也；且弼正船使順流，不使他戾也。"

　　吃　③吞咽食物飲料。《紅樓》第六十二回："方吃了半盞茶，只聽外頭咭咭呱呱，一群丫頭，笑着進來。"（第一卷579頁）

按"吃"表示吞咽食物飲料。始見於唐代。如《敦煌變文集·茶酒論》："茶吃只是胃（胃）疼，多吃令人患肚。"《茶酒論》"喫""吃"兩字并用。《水滸傳》《金瓶梅》都用"吃"字。如《水滸傳》第五回："飯便不要吃，有酒再將些來吃。"《金瓶梅》三十三回："春梅姐姐，你挐筯兒與哥哥，教他吃寡酒？"

三

《大字典》兼注現代音、中古音和上古音。上古音只注韻部，而且限於《説文》和《説文新附》出現的字，是謹慎的態度。上古韻部的確定和字的歸部，主要根據韻文和諧聲字。有的也參考在《廣韻》裏出現的情況。《大字典》在古音歸部上似欠統一。下面兩組例子，條件相同，《廣韻》都有去、入兩聲，《大字典》的處理却不相同：

甲組　上古歸入聲韻部：

囿

入屋：于六切，園囿。

去宥：于救切，苑有垣。

職部（1.718）[1]

帼

入麥：古獲切，婦人喪服。

去隊：古對切，婦人喪服。

職部（1.752）

勠

入屋：力竹切，并力。

去宥：力救切，并力。

平尤：力求切，并力。

沃部（1.379）

濯

入覺：直角切，瀚濯。

去效：直教切[2]，浣衣。

藥部（2.1775）

搏

入鐸：匹各切，擊也。

又：補各切，擊也。

去遇：方遇切，擊也。

---

[1] 小數點前的數字指《大字典》卷數，後面的數字指頁碼，下同。

[2] 《大字典》失收直教切。

鐸部（3.1931）

嬅

入麥：呼麥切，徽嬅乖違。

去卦：胡卦切，徽畫乖違。

錫部（2.1082）

劊

入末：古活切，斷也。

去泰：古外切，斷也。

月部（1.359）

礩

入質：之日切，柱下石也。

去至：脂利切，柱下石。

質部（4.2463）

乙組　上古歸陰聲韻部：

悈

入職：紀力切，急也。

去怪：古拜切，飾（飭）也。

之部（3.2302）

僇

入屋：力竹切，癡行。

去宥：力救切，癡行貌。

幽部（1.215）

告

入沃：古沃切，告上曰告，發下曰誥。

去號：古到切，報也。

幽部（1.589）

瞀

入覺：莫角切，目不明也。

去候：莫候切，瞀瞀。

候部（4.2504）

借

入昔：資昔切，假借也。

去禡：子夜切，假借也。

魚部（1.171）

射

入昔：食亦切，《世本》曰：逢蒙作射。

去禡：神夜切，射弓也。

魚部（1.507）

債

入麥：莊革切，負財。

去卦：側賣切，徵財。

支部（1.2017）

"債"爲"責"的後起字，"責"聲的"嘖（1.672）、幘（1.1751）、積（2.1074）"等字《大字典》都歸入聲錫部。

坒

入質：毗必切，相連。

去至：毗至切，地相次比也。

脂部（1.422）

尉

入物：紆物切，所以申繒也。

去未：于胃切，所以申繒也。

微部（1.508）

其中"僇"和"勠"聲符和反切完全相同，一歸陰聲，一歸入聲。"告"字《詩經》裏衹和入聲字相押。如《衛風·考槃》三章"陸、軸、宿、告"韻，《大雅·既醉》三章"俶、告"韻，而《大字典》歸入陰聲幽部。

"至"，《大字典》歸陰聲脂部（四卷 28143），《詩經》裏衹與質部字相押。如《豳風·東山》三章"垤、室、窒、至"韻，《小雅·杕杜》四章"至、恤"韻，《蓼莪》三章"恤、至"韻。"至"聲的字，《大字典》大都歸質部，如"垤"（二卷 438 頁）、"室"（二卷 925 頁）、"窒"（四卷 2728 頁）。"銍"亦至聲，《說文》："到也，從二至。"段玉裁注："會意，至亦聲。"《大字典》却歸之部（四卷 2816 頁）。

"戾"，《詩經》與質部字相押。如《大雅·抑》一章"疾、戾"韻。《廣韻》有入、去兩聲。入聲屑韻："戾，練結切，罪也……"去聲霽韻："戾，郎計切，乖也……罪也。"《大字典》歸陰聲脂部（四卷 2258 頁）。"唳"從"戾"聲。《廣韻》反切及其歸韻與

"戾"全同，而《大字典》"喉"歸陰聲支部（一卷 646 頁）。

"卜"，《大字典》歸上古入聲屋部（一卷 91 頁）。從"卜"得聲的"朴"（二卷 1154 頁）、"扑"（三卷 1827 頁）也屬屋部。"仆"從"卜"聲，《廣韻》有入、去兩聲四音。入聲德韻：蒲北切，倒也；去聲候韻：匹候切，倒也；去聲宥韻：敷救切，前倒；去聲遇韻：芳遇切，僵仆。《大字典》"仆"歸陰聲幽部（一卷 108），與"卜"及其他"卜"聲字異類。

按照段玉裁"古無去聲"的學說，去聲字是後起的。王力先生認爲上古入聲分長、短（也包括音的高低）兩類，中古長入 -p、-t、-k 輔音韻尾缺落，變成去聲，短入保存 -p、-t、-k 輔音韻尾，仍是入聲。《廣韻》裏這些字保存去、入兩種反切，反映了入聲長音向去聲轉變的事實。如果依照王先生的學說，把上述《廣韻》裏兼有入、去兩聲而不具平、上聲的字都歸上古入聲韻部，問題就迎刃而解了。又如：

"夅"聲的字，《大字典》"桻"（二卷 1203 頁）、"䛫"（三卷 1614 頁）、"絳"（五卷 3395 頁）歸上古陽聲冬部，而"篈"（五卷 2969 頁）歸東部。

"誇"，《大字典》歸上古魚部（一卷 526 頁），而"誇"聲的"荂"歸元部（五卷 3201 頁）。

我們也看不出有什麼理由要把同聲符的字歸入不同的韻部。

中古反切根據《廣韻》《集韻》比較好辦。但要全面反映中古音面貌，并不容易。例如：

瀕，《集韻》卑民切，平真幫。（三卷 1783 頁）

這和現代北京音是一致的。但《集韻》真韻"瀕"有兩音："卑民切、水厓也。"又："毗賓切,《説文》:水厓,人所賓附,頻蹙不前而止。"《廣韻》引《説文》作"顮",符真切。今湖南雙峰"瀕"仍讀濁音 23 bin,與"毗賓""符真"合。《大字典》不收"毗賓切",似不足以反映中古音的實際情況。

四

《大字典》文字錯誤頗多,略舉數例:

一卷 451 頁"域　④墓地,《詩·唐風·葛生》:'葛生蒙棘,斂蔓于域。'鄭玄箋:'域,塋域也。'"按"鄭玄箋"當作"毛傳"。

二卷 865 頁"舞,《説文》:'舞,樂也。用足相背,从舛,舞聲。'"按"舞聲"當作"無聲"。

二卷 1384 頁"殄通'腆',善。《詩·邶風·新台》:'燕婉之求,籧除不鮮。'"按"除"當作"篨"。

三卷 2198 頁"怠"字下引《詩》"籩豆大防"。按"防"當作"房"。

三卷 1749 頁"澗　山間的水溝。《詩·召南·采繁》……。"按"繁"當作"蘩"。

三卷 2139 頁"欬　咳嗽;唉氣。"按"唉氣"費解,似當作"逆氣"。

四卷 2346 頁"惕　《説文》:'傷,憂也,从心,殤省聲。'"按"傷"當作"惕"。

四卷 2372 頁 "懼　jué《廣韻》具钁切……。"按 "懼" 當作 "懼"。

四卷 2635 頁 "穠　①花木繁盛貌·《詩·召南·何彼襛矣》：'何彼襛矣，唐棣之華。'毛傳：'穠，猶戎戎也。'"按《召南》詩及傳三 "穠" 字并當作 "襛"。

三卷 2114 頁 "膊　①切熟肉切了再煮。"按似當作 "熟肉切了再煮"。"切" 字衍。

一卷 66 頁 "博　②《楚辭·離騷》：'思九州之博大兮，豈是其有女。'"按當作 "豈唯是其有女"，缺 "唯" 字。

一卷 451 頁 "堅《詩·大雅·生民》：'實發實秀，實堅實好。'孔穎達疏：'其粒皆堅。'"按當作 "其粒實皆堅成"。缺 "實" "成" 二字。

三卷 1690 頁 "湑　①濾去的酒渣滓。"按當作 "濾去酒的渣滓"，"的酒" 二字倒誤。《詩·小雅·伐木》："有酒湑我，無酒酤我"，"飲此湑矣"。朱熹《集傳》："湑，亦釃也。"陳奐《傳疏》："滲去其汁滓者謂之湑。"

"曼" 字在 "又" 部（一卷 399 頁）和 "日" 部（二卷 1512 頁）重出，義項亦不同。

總的説來，《大字典》的編寫質量是高水平的。前文所舉，不過白璧微瑕，無損於它的巨大成就和價值。

簡化漢字大有必要[*]

中華人民共和國成立以來的半個世紀裏，文字改革工作取得了重要成績。革命元老吳玉章先生任中國文字改革委員會首任主任，上通中央，下聯學界，領導强而有力，爲文改工作付出了辛勤勞動，立下了汗馬功勞。早在 1949 年 10 月，吳老就指出："漢字的整理和簡化，也應當是我們研究的目標之一。"①1952 年 7 月吳老又説："本委員會的工作是來研究和適當進行中國文字改革的工作。在目前應當着重研究漢字的簡化。"②1955 年 4 月吳老又指出："在漢字拼音化以前，首先適當地整理和簡化現在的文字，使它盡可能減少在教學、閱讀、書寫和使用上的困難，就有迫切的需要。漢字的簡化是漢字改革的第一步。"③同年 10 月，吳老在全國文字改革會議的報告中傳達了毛主席的指示："漢字的拼音化需要做許多準備工作，在實現拼音化以前，必須簡化漢字，以利目前的應用。"文字改革委員會於 1955 年擬定了《漢字簡化方案》，1956 年經國務院全體會議通過。1964 年文字改革委員會編印了《簡化字總表》。《總表》

　＊　原載《愛國重教務實求真》，四川大學出版社，1998 年。
　①　吳玉章《在中國文字改革協會成立大會上的開幕詞》。
　②　吳玉章《在中國文字改革研究委員會成立會上的講話》。
　③　吳玉章《關於漢字簡化問題》。

分三個部分：第一表，不作簡化偏旁用的簡化字，共計 352 個；第二表，可作簡化偏旁用的簡化字和簡化偏旁，共收簡化字 132 個，簡化偏旁 14 個；第三表，用第二表所列簡化字和簡化偏旁得出來的簡化字，共計 1753 個；另外還有從異體字整理出來、習慣上也叫簡化字的 39 個。以上共計 2290 個簡化字，都取得了標準漢字的資格，在報紙、刊物、書籍印刷和課堂教學上廣泛應用，爲我國開展掃盲教育，提高中小學教學水平以及改變書面用字的混亂局面作出了重要貢獻。實踐證明，簡化漢字完全能夠適應現代漢語表達的需要，已爲中國廣大人民所接受，《總表》的制定和推行是成功的。儘管如此，迄今學術界對簡化漢字還存在着不同的意見，理論上有再討論的必要。

一種意見認爲，漢字應當早日廢除，迅速改用拼音文字。他們說，隨着信息時代的到來，"如果現在不采用拼音書寫系統，則炎黃子孫後代將會因爲無法迎頭趕上現代化而埋怨我們這一代人"。[1]

按照這種觀點，漢字應當立即廢除，推行簡化漢字完全是多餘的。我們不同意這種觀點。這種觀點至少忽略了以下兩個重要的事實。首先，中國幅員廣闊，漢語方言複雜，除北方話以外，吳、湘、贛、客家、粵、閩等方言之間，語音差別極大，詞彙也有不同，往往互相聽不懂。儘管半個世紀裏，我國大力推廣普通話，并且取得很大成績，各地方言仍然會長期存在下去，成爲當地人民習

---

① 美籍華裔學者吳文超《中國語文政策芻議》，轉引自陳垣《把漢字問題的研究推向新的高度——在"漢字問題學術討論會"開幕式上的講話》。

用的交際工具，顯現各自的地方特色。漢字的優點是表意性强，一個漢字代表一個或幾個漢語語素，它的讀音可以因不同地域、不同時代而不同。用漢字寫的文章，全國都可以讀懂。在方言複雜的中國，漢字正好跨越了方言的阻礙，爲全國人民的交際和交流思想提供方便，這是拼音文字所做不到的。

其次，語音方面，印歐語是多音節語，漢語以單音節爲主。漢語一個音節，往往可以代表幾個完全不同的意義。書面上寫成不同的字，這些意義容易區別。如 dí 這個音節，分別代表 "狄"（我國古代稱北方民族）、"的"（真實、實在）、"敵"（敵人、仇敵）、"笛"（一種橫吹的竹制管樂器）、"迪"（開導）、"糴"（買進糧食）、"荻"（像蘆葦的植物）、"滌"（洗滌）、"嘀"（嘀咕）、"翟"（長尾野鷄）、"嫡"（宗法制度下家庭中的正支）、"蹢"（蹄子）、"鏑"（箭頭）等不同意義，讀者從不同的字形裏容易分辨清楚。如果是拼音文字，同一音節中包含這麼多各不相同的意義，理解起來就困難了。不僅如此，漢語還有聲調。普通話有四個聲調，方言聲調更複雜。[①] 漢語聲調有辨義作用。例如普通話 huī、huí、huǐ、huì 四個聲調，"灰、恢、撝、揮、暉、輝、徽" 是陰平 huī，"回、洄、茴" 是陽平 huí，"悔、毀、烠" 是上聲 huǐ，"匯、會、慧、惠、晦、誨、穢、賄、諱、繪" 是去聲 huì。"包袱、保傅、抱負、報復" 拼音都是 baofu，"咕咚、古董、股東、鼓動" 拼音都是 gudong，"交班、膠板、脚板、攪拌、叫板" 拼音都是 jiaoban。因爲寫成了不同的

---

① 吳語、閩語有 7 個聲調，湘語有 5 個聲調，客家話有 6 個聲調，粵語有 9 個聲調。

漢字，讀音聲調有別，意思清清楚楚。如果用拼音文字而不標明聲調，這些意思就會混淆難分。就算加上這樣那樣的聲調符號，使字形變得相當複雜，同樣不易辨別詞義。總之廢除漢字，改用拼音文字的辦法是行不通的，至少在現階段是如此。

漢字能否適應信息時代的需要呢？回答應該是肯定的。事實證明，隨着各種漢字編碼的發明與應用，漢字在電腦編排中完全不成問題，而且隨着方法的越發改進，輸入的速度會進一步提高。方塊漢字一點不會影響中國穩步地進入信息社會。不采用拼音文字，中國就不能趕上現代化，顯然沒有根據。

另一種觀點是反對漢字改革，主張繼續使用繁體字，不使用簡化字。他們認爲"漢字難學難認遠非定論，文字對民族來説，無所謂難易"。又説："學習漢字是打開中華民族文化寶庫的金鑰匙，是掌握和運用這種文化的唯一不可缺少的工具。"又説："文字的發展趨勢不是簡化。推行手寫簡化字破壞了文字的一貫傳承性，割斷了歷史和文化，使得現代中國人在文化上孤陋寡聞。"[①]

這種觀點同樣是不能接受的。

漢字是漢族人民使用的工具。漢字要不要簡化，首先應從漢字的實際和漢族人民的要求出發。漢字筆畫太繁，二十畫以上的字不少，如："鷟"（傳説中鳳凰一類的鳥）、"鸝"（黃鸝）、"瀲"（水滿波動貌）、"籲"（呼喊）、"麤"（粗造）、"齾"（齒缺）等字多達三十畫以上。有的繁體字筆畫不易確定，如："肅、黽、鼎、龜"等字，

---

① 畢可生《漢字應否改革——文字改革的社會考察》，載《漢字文化》第18期。

年輕人能準確數出它們是多少筆畫的恐怕不多。有的字不祇一種寫法，如"飆"（疾風）又寫作"飈"或"飇"，"叠"（重叠）又寫作"疊"或"疉"，"裸"（没有遮蓋）又寫作"躶"或"臝"，"丁當"又寫作"叮噹"或"玎璫"，"逶迤"（曲折綿延）又寫作"逶池""逶迆""逶蛇""逶移""委移"。否認漢字難認難寫，顯然不符合事實。我國有幾億青少年，還有成億識字不多或根本不識字的成年人，要求他們在較短的時間裏掌握成千上萬個繁體字，實在太難了。推行簡化字，筆畫少了，不僅書寫方便一些，還可節約時間。試比較以下一些偏旁：

糸 6	纟 3	言 7	讠 2	見 7	见 4
車 7	车 4	貝 7	贝 4	金 8	钅 5
門 8	门 3	魚 11	鱼 8	長 8	长 4
鳥 11	鸟 5	韋 9	韦 4	麥 11	麦 7
頁 9	页 6	黽 13	黾 8	風 9	风 4
齊 14	齐 6	飛 9	飞 3	齒 15	齿 8
食 9	饣 3	龍 16	龙 5	鬥 10	斗 4
龜 16	龟 7				

以上 22 個偏旁，繁體共計 220 畫，簡化以後爲 107 畫，少了一半。可見實行漢字簡化，整理漢字，歸并那些重複的異體字，乃是符合歷史潮流、人民需要，有利於普及文化教育，迅速提高我中華民族的文化科學水平的大好事，没有理由加以反對。

　　認爲"推行手寫簡化字破壞了文字的一貫傳承性，割斷了歷史和文化"。這也值得商榷。漢字發展的歷史有兩種并存的趨勢。一是繁化。大都在原字的基礎上加上偏旁以造成新的形聲字，主要目的是區別字義。例如"莫"的本義是傍晚，借用做無定代詞或否定副詞後，加"日"旁作"暮"表示本義。"要"的本義是指人體的腰部，借用作"要不要"的"要"後，加"月"旁作"腰"表示本義。"須"的本義是面毛，即鬍子，借用作"須要"的"須"後，加"彡"旁作"鬚"表示本義。"尊"的本義是酒器，《説文·酋部》："尊，酒器也。"後專用於"尊重""尊貴"等意義，加"木"或"缶"旁作"樽"或"罇"以表示本義。青蛙的幼蟲本作"科斗"，寫作"蝌蚪"以表示其爲蟲類。因爲類化作用而床上安床的情況也是有的，如"韮"（韭）、"樑"（梁），但比較少。一是簡化。這是漢字發展的主要趨勢，目的是便於書寫。從篆文到隸書到楷書，不祇是字體變化，也是漢字逐漸簡化的過程。書寫簡化字從古就有。漢魏六朝碑刻、唐五代敦煌寫本、宋元以來的俗文學中，都出現了大量俗字，其中不少就是簡化字。《總表》所列簡化字，有幾百個采用了歷代沿用的俗字。簡化的方法，也是繼承前人慣用的方法："盖、龟、黾、门、寿、斋"是減少筆畫、保留原字輪廓；"办、边、断、凤、过、怀、坚、刘、乱、罗、蛮、难、劝、枣"是用簡單筆畫代替原字偏旁；"独、飞、声、籴、枭"是保留原字的一部分，省去其餘部分；"从、个、弃、礼、无、与、云、灾"是采用古體字；"灯、迁、园、钟"是改變原字的聲符；"蚕、当、旧、尽、灵、尘、灶"是抛開原字，別造簡體；"体、圣、沟"是借用別的字形①；"为、实"是采用草書楷化；等等。不同的是，以前這些簡化字祇算俗字，不登大雅之堂。《總表》則賦予它們以法定漢字的資格，有了明確的規範，範圍也有所擴大。《總表》所列簡化字祇是傳統字體的繼承和發展，并沒有破壞漢字的一貫傳承性。

漢字是漢族傳統文化的載體。古代華夏民族各種物質和精神文化的痕迹往往在漢字中有所反映，有些學者進行了研究，出版了專著，這是很好的事。大量中國傳統文化典籍永遠存在，漢字繁體也不會消失，從事各種傳統學術文化研究的學者們都可以長期研究下去。研究傳統文化與推行簡化字并不矛盾。前者是少數學者應做的事，後者是廣大人民的需要，我們不能要求全中國人民都去研究傳統文化。何況中國傳統文化範圍極廣，舉凡歷史上遺留下來的各種物質和精神方面的遺產，如建築、雕刻、制度、器具、服飾、典籍、宗教、風俗、思想等都可以包括在傳統文化之內，漢字不過其中一端而已。擔心漢字簡化會影響人們去打開中國傳統文化的金鑰匙，我看大可不必。

還有一種說法是，港、澳、臺地區以及海外華人大都認識繁體字，推行簡化字會影響中國大陸和港、澳、臺地區以及海外的文化交流。這種顧慮也是不必要的。當然實行漢字改革首先是從十二億中國人民的需要出發，但海外華人學習和掌握簡化字也并不困難。

---

① "体"本音 bèn，"笨"的別體。《廣韻·混韻》："体，粗貌，又劣也。"借作"體"的簡化字。"圣"，本音 kū，義同"掘"。《說文·土部》："圣，汝穎之間謂致力於地曰圣。"借作"聖"的簡化字。"沟"，本義爲水聲。《康熙字典·水部》："沟，《篇韻》古侯切，音勾，水聲。"借作"溝"的簡化字。

他們同樣覺得繁體字難學難寫，要求簡化。新加坡是使用漢字的國家，原來也有許多奇形怪狀的簡體字，70 年代新加坡官方以中國的簡化字爲標準，頒行《簡體字總表》，漢字字形得到了規範，與中國取得了一致。香港已回歸祖國，澳門即將回歸祖國，推行簡化字當不成問題。日本也用簡化字，只是和簡化漢字不大相同，如"沢"（澤）、"仏"（佛）、"伝"（傳）、"浜"（濱）。臺灣官方不承認簡化字，簡化字却十分流行，"臺灣"二字，正式出版物中也有寫作"台湾"的。大陸用簡化字出版的報刊書籍，臺灣知識分子照樣能够讀懂。如果漢字文化區的國家和地區政府共同研究，在漢字簡化問題上尋求到一個妥善的解决辦法，對於促進漢字區的文化交流和發展將是大有好處的。

總之，老一輩學者努力制定《簡化字總表》完全必要，推行效果很好，應當繼續，任何反對的理由都是站不住脚的。

《廣韻》入聲韻同非入聲韻中的重出字 *

所謂重出字，是指在《廣韻》的不同韻裏重複出現的字。寫這個材料的目的是想弄清楚《廣韻》入聲韻裏究竟有哪些字在陰聲和陽聲韻裏重出，它們之間關係如何，反映了漢語語音的什麼歷史變化。

一

《廣韻》共收二萬六千一百九十四字。重出字在四千以上。有的字在兩個韻裏重出，有的字在三四個甚至更多的韻裏重出。

重出字和反切所標的又音都反映一字多音的現象。兩者有時是一致的。如"囿"在屋、宥兩韻重出，屋韻有于六、于救兩切，宥韻有于救、于目兩切。屋韻"囿"字的正音，就是宥韻"囿"字的又音；而宥韻的正音則是屋韻反切的又音。"透"字在候、屋兩韻重出，候韻爲他候切又書育切，屋韻爲式竹切又他豆切。屋韻"透"字的正音就是候韻反切的又音，而候韻的正音就是屋韻反切的又音，雖然兩韻所用反切的上下字并不相同。重出字也有同反切

* 原載《漢語論叢》，《四川大學學報叢刊》第 22 輯，1983 年。

所標又音不一致的地方。例如"丂"在燭、遇兩韻重出，"喝"在曷、夬兩韻重出，反切裏并沒有注出又音。相反，有些字反切注有又音，當在某韻，實際上該韻并沒有重出這些字。例如沃韻"瑁"字爲莫沃切又莫代切，而代韻并未重出"瑁"字；昔韻"借"字爲資昔切又資賜切，依又音當在寘韻，而寘韻并未重出"借"字；燭韻"贖"字爲神蜀切，又音樹，依又音當在遇韻，而遇韻未收"贖"字。這類例子很多，表明《廣韻》重出字的收錄并不完全取決於反切的有無又音。

從字義上看，重出字主要有三種情況。第一種情況是，重出字語音雖異，意義并無不同，《廣韻》的解釋也一樣。例如"笈"在四個韻裏重出：其立切，在緝韻；其輒切，在葉韻；楚洽切，在洽韻；巨業切，在業韻。意思都是"負書箱"。"蛻"也在四個韻裏重出：弋雪切，在薛韻；舒芮切，在祭韻；他外切，在泰韻；湯臥切，在過韻。意思都指蛇、蟬等脫皮。有的重出字《廣韻》雖然用了不同的解釋語，實際上意思并沒有什麼不同。例如"載"，蒲八切，在末韻，釋爲"將行祭名"；又蒲蓋切，在泰韻，釋爲"祭道神"，指的是同一種祭祀。"蠓"，莫紅切，在東韻，釋爲"蠛蠓，似蚊"；又莫孔切，在董韻，釋爲"《列子》曰：蠛蠓生朽壤之上，因雨而生，覩陽而死。《莊子》謂之醯雞"。指的是同一種昆蟲。

第二種情況是，重出字反映了詞義或詞性的區別。例如"菿"，竹角切，在覺韻，釋爲"《説文》云：草大也"。又都導切，在號韻，釋爲"大也"。"草大"和"大"是本義和引申義的區別。"淙"，藏宗切，在冬韻，釋爲"水聲"；又士江切，在江韻，釋爲

"水流貌"。這是象聲和繪景的區別。"渢"，方戎切，在東韻，教也（上化下曰渢）；又方鳳切，在送韻，諷刺（下刺上曰渢）。這是上下的區別。"借"，資昔切，在昔韻，假借也（取於人曰借）；又子夜切，在禡韻，假借也（予人曰借）。這是彼此的區別。下面的例子則是重出字表示詞性的區別。例如"畜"，許竹切，在屋韻，養也；又丑救切，在宥韻，六畜。飼養牲口叫"畜"，所飼養的牲口也叫"畜"，這是名詞和動詞的區別。"涓"，於決切，在屑韻，火光也；又古玄切，在先韻，明也。這是名詞和形容詞的區別。"空"，苦紅切，在東韻，空虛；又苦貢切，在送韻，空缺。這是形容詞和動詞的區別。"語"，魚巨切，在語韻，論也（說話）。又牛倨切，在御韻，說也，告也（以話告人）。這是不及物動詞和及物動詞的區別。

第三種情況是，重出字之間意義迥然不同，代表兩個并不相關的詞，只是字形相同而已。例如"釭"，古紅切，在東韻，車釭，《說文》曰："車轂中鐵也。"又古雙切，在江韻，燈也。車轂中鐵和燈是兩種毫不相干的東西。"万"，無販切，在願韻，十千。這是"萬"的簡寫。又莫北切，在德韻，虜複姓。這是外來詞的音譯，與十千的"萬"無關。"咀"，乙鎋切，在鎋韻，相呼聲；又慈呂切，在語韻，咀嚼。"藐"，莫角切，在覺韻，紫草；又亡沼切，在小韻，藐遠也。這些重出字之間意義上都沒有聯繫。

重出字的産生，有語音、語義、文字三個方面的原因。

語音方面，從上古到中古，漢語語音起了很大的變化。這種變化在各地方言裏很不平衡。同一個音，甲地變了，乙地可能還沒有變；甲地這樣變化，乙地可能那樣變化。六朝學者根據師承和自己的方言所製造的反切，自然也就各有不同。舉例來說，按照王力先生的理論，上古入聲分長短兩類，"長入到了中古變爲去聲（不再收 -p、-t、-k），短入仍舊是入聲"①。這種變化在方言裏就不會完全一致。有的入聲字在甲方言裏已經變成去聲，在乙方言裏可能仍讀入聲。這樣，同一個字就可能製造出陰、入兩個或幾個不同的反切來。《切韻》兼顧古今方國之音，往往將這些反切并加收錄。《廣韻》繼承《切韻》的系統，這就形成了《廣韻》入聲和陰聲韻中的許多重出字。就橫的方面看，這些重出字正好反映了方言的差別。慧琳在《一切經音義》中就指出過這一點：

　　打　《廣韻》德冷切，在梗韻；又都挺切，在迥韻。《音義》卷八："打，德耿反。……陸法言云：都挺反，吳音，今不取也。"

　　貓　《廣韻》莫交切，在肴韻：又武瀌切，在宵韻，與"苗"同音。《音義》卷十一："貓，莫包反；江外吳音以爲苗字，今不取。"

　　訾　《廣韻》即移切，在支韻；又將此切，在紙韻。《音義》卷四十五："訾，紫移反；吳音，子爾反。"

　　厭　《廣韻》於琰切，在琰韻；又於葉切，在葉韻。《音義》卷四十六："厭，伊琰反；山東音，伊葉反。"

---

① 王力先生《漢語史稿》上册 65 頁、87 頁。

按照慧琳的看法，迥韻的"打"，宵韻的"貓"，紙韻的"砦"，葉韻的"厭"，都是《切韻》作者收集的方音。關於這一點，《廣韻》本身也有說明。如"跑"在肴韻，薄交切，足跑地也；又在覺韻，蒲角切，秦人言蹴。可見蒲角切乃是秦音。

有些重出字反映了上古音陰陽對轉的關係。例如"掠"，《廣韻》離灼切，在藥韻；又力讓切，在漾韻，這是鐸、陽兩部對轉。"縢"，徒得切，在德韻；又徒登切，在登韻，這是職、蒸兩部對轉。"焌"，倉聿切，在術韻；又子峻切，在稕韻，這是文、物兩部對轉。

還有少數重出字反映了其他語音變化的情況。例如"浩"，皓韻，胡老切。浩瀚，大水貌。又合韻，古沓切。浩亹，地名。按上古"浩"屬幽部，乃陰聲字。"浩亹"的"浩"，韻尾受"亹"字聲母 m 的同化而讀成 -p，合韻的"浩"即據同化的結果作音[1]。

語義方面，有些字上古祇有一個讀音，由於意義或詞性的變化，讀成了不同的語音和聲調。《廣韻》同時收錄，成爲重出字。例如美好的"好"在皓韻（呼晧切），愛好的"好"在號韻（呼到切）；種子的"種"在腫韻（之隴切），種植的"種"在用韻（之用切）；醜惡的"惡"在鐸韻（烏各切），厭惡的"惡"在暮韻（烏路切）；隱藏的"藏"在唐韻（昨郎切），庫藏的"藏"在宕韻（徂浪切）。這些字由於詞義、詞性、讀音都起了分化，它們已由一個詞變成了兩個詞。

文字方面，由於種種原因，某些本不同形的字寫成了同形。

---

① 參看張永言《〈水經注〉中語言史料點滴》，載《中國語文》1983 年第 2 期，132 頁。

《廣韻》把這些字收集在不同的韻裏成爲重出字。例如"汃"，普八切，在黠韻，西極水名；又府巾切，在真韻。兩韻相差極遠。按《説文》："汃，西極之水也。从水，八聲。《爾雅》曰：西至汃國。"今《爾雅·釋地》作"邠"，《釋文》云："或作豳。"可見"汃"很可能是從水，分省聲。故《廣韻》音爲府巾切。但黠韻的"汃"却是讀"八"的本音，上古爲入聲物部字。"栝"，古活切，在末韻，木名，同"檜"；又忝韻，他玷切，炊灶木。音義都相去很遠。原來陽聲"栝"字之"舌"徐鍇、朱駿聲都以爲"甜"省聲[1]，段玉裁以爲"丙"（他念切）的隸變轉訛[2]；入聲"栝"字之"舌"，《説文》本作"昏"，屬入聲月部，與陽聲的"栝"不是同一個來源。又如"魼"在盍韻（吐盍切）和魚韻（去魚切）重出，兩音相去很遠。原來也有不同的來源。陰聲的"去"來源於甲文的𠙴，從大從口，表示把嘴張大的意思；入聲的"去"來源於甲文的𠫑（也寫作𠫑），象器皿上有蓋[3]。楷書把兩個形體混而爲一，《廣韻》仍保存着兩個不同的讀音，在陰聲和入聲韻中重出。還有個別的字由於印刷錯誤，與別的字同形了。例如虞韻"趜"（其俱切，走顧之貌），遵義黎氏古逸叢書覆宋重修本《廣韻》以及海鹽張氏涉園藏宋巾箱本《廣韻》都誤作"趰"，與錫韻"趰"（他歷切，跳貌）同形，但張氏澤存堂本《廣韻》仍作"趜"，這當然不能算作重出字。

---

① 見徐鍇《説文繫傳》、朱駿聲《説文通訓定聲》。
② 見段玉裁《説文解字》第六篇上。
③ 參看裘錫圭《談談古文字資料對古漢語研究的重要性》，載《中國語文》1979 年第 6 期，438 頁。

二

　　《廣韻》以入聲同陽聲相配。入聲屋、沃、燭、覺、藥、鐸、陌、麥、昔、錫、職、德十二韻收韻尾 -k，與收鼻音韻尾 -ŋ 的陽聲韻相配。入聲質、術、櫛、物、迄、月、沒、曷、末、黠、鎋、屑、薛十三韻收韻尾 -t，與收鼻音韻尾 -n 的陽聲韻相配。入聲緝、合、盍、葉、帖、洽、狎、業、乏九韻收韻尾 -p，與收鼻音韻尾 -m 的陽聲韻相配。從音理上看，這種搭配是整齊而合理的。但是從清代以來，許多學者對此有不同的看法。例如章炳麟認爲《廣韻》入聲韻依理應配陰聲，其所以與陽聲相配，祇是因爲入聲韻的數目恰好與陽聲韻相等[①]。黃侃《〈廣韻〉聲勢及對轉表》[②] 則以入聲兼承陰聲和陽聲。黃侃的學說是有道理的。《廣韻》重出字也證明入聲和陰聲、陽聲韻有相承的關係。

　　《廣韻》入聲韻同陰聲、陽聲韻共有重出字 427 組，1036 字。其中入聲韻和陰聲韻重出的有 347 組，入聲韻和陽聲韻重出的有 80 組。這些重山字不僅大部分反映了上古入聲韻的發展，也反映了《廣韻》陰陽入三聲相配的關係。

　　下面按《廣韻》次序分別列舉并討論入聲同陰聲、陽聲韻中的重出字。

---

① 見章炳麟《菿漢微言》。
② 見《黃侃論學雜著》，280—289 頁。

（一）屋韻

重出字五十八組，一百四十一字，都在陰聲韻裏，即：

咮　入屋：之六切，呼鷄聲，亦作味。

　　平尤：職流切，呼鷄聲。又音祝。

繆　入屋：莫六切，《禮記》有繆公，姓也。又靡幼切。

　　平尤：莫浮切，絲千累。

　　平幽：武彪切，《詩傳》云：綢繆猶纏綿也。

　　去幼：靡幼切，紕繆，又姓。

妯　入屋：直六切，妯娌。

　　平尤：丑鳩切。《詩》曰：憂心且妯。妯，動也，悼也。

璹　入屋：殊六切，玉名。

　　上有：殖酉切，玉名。又音孰。

鷈（鴟）　入屋：居六切，鳥名。

　　上有：其九切，鳥名，似鳩，有冠。

栯　入屋：於六切，栯李。又音有。俗作棛。

　　上有：云九切，木名，服之不妬。又於六切。

㔻　入屋：子六切，終也。（據《鉅宋廣韻》）

　　去宥：疾僦切，㔻殄。又子六切。

柚　入屋：直六切，杼柚，機具。又由舊切。

　　去宥：余救切，似橘而大。

僇　入屋：力竹切，癅行。又音溜。

　　去宥：力救切，癅行貌。

勠　入屋：力竹切，勠力，并力也。又音留。

　　平尤：力求切，并力也。又力逐切。

　　去宥：力救切，并力。又力竹切。

宿　入屋：息逐切，素也，大也，舍也。

　　去宥：息救切，星宿，亦宿留。

畜　入屋：許竹切，養也，《説文》曰：田畜也。

　　去宥：丑救切，六畜。又許宥，許六，丑六三切。

祝　入屋：之六切，巫祝，又太祝令，官名。……亦音呪。

　　去宥：職救切，《説文》曰：祭主贊詞。又音粥。

復　入屋：房六切，返也，重也。

　　去宥：扶富切，又也，返也，往來也，安也，白也，苦也。

　　　　又音服。

複　入屋：房六切，織複，卷繒者。

　　去宥：扶富切，機持繒者。

複　入屋：方六切，重衣。

　　去宥：扶富切，重複。

鍑　入屋：方六切，《説文》云：釜而人口者。或作鍢，又

　　　　音富。

　　去宥：方副切，釜而大口，一曰小釜。

瘦　入屋：房六切，《音譜》云：病重發也。

　　去宥：扶富切，再病。

　　又：敷救切，病重發也。

覆　入屋：芳福切，反覆。又敗也，倒也，審也。又敷救切。

入德：匹北切。

去宥：敷救切，蓋也。又敷六切。

又：扶富切，伏兵曰覆。

囿　入屋：于六切，園囿。又于救切。

去宥：于救切，《説文》曰：苑有垣，一曰：禽獸曰囿。又
　　于目切。

福　入屋：方六切，德也，祐也。

去宥：敷救切，衣一福，今作副。

副　入屋：芳福切，剖也。又敷救切。

入職：芳逼切，析也。《禮》云：爲天子削瓜者副之，巾
　　以絺。

去宥：敷救切，貳也，佐也。

輻　入屋：方六切，車輻。

去宥：方副切，輻輳，競聚。又音福。

菖　入屋：芳福 切，菖蘆，草名。又音富。

去宥：方副切，《爾雅》曰：菖菖。大葉白華，根如指，
　　白，可食。《詩》云：富采其菖。菖音福。

髻　入屋：芳福切，《廣雅》曰：假髻也。

去宥：敷救切，假髻。又敷六切。

伏　入屋：房六切，匿藏也，伺也，隱也，歷也。

去宥：扶富切，鳥菢子。又音服。

暴　入屋：蒲木切，日乾也。

去號：薄報切，侵暴，猝也，急也，又晞也。

曝　入屋：蒲木切，俗。

　　去號：薄報切，曝乾，俗。

瀑　入屋：蒲木切，瀑布，水流下也。

　　去號：薄報切，瀑雨。

鸔　入屋：博木切，烏鸔，水鳥似鶂而短頸，腹翅紫白，背上
　　　　　綠色。又音剥。

　　入沃：博沃切。鸔，烏鸔，水鳥名。

　　入覺：北角切，烏鸔鳥。又博沃切。

　　去號：薄報切，鳥名。又博木切。

朴　入屋：莫卜切，朴桑。

　　平豪：都牢切，木心。

薩　入屋：莫卜切，毒草。

　　上晧：武道切，毒草。又地名，又亡毒切[1]。

墺　入屋：於六切，墺壤。

　　去號：烏到切，四墺，四方土。又於六切。

懊　入屋：於六切，貪也，愛也。又音奥。

　　上晧：烏晧切，懊惱。

　　去號：烏到切，懊悔。

澳　入屋：於六切，隈也，水內曰澳。

　　去號：烏到切，澳深，又水名。

燠　入屋：於六切，熱也。又音奥。

――――――――――

[1]　按"亡毒切"當在沃韻，沃韻無此字。

　　　上晧：烏晧切，甚熱。又音鬱。

　　　去號：烏到切，燠釜，以水添釜。

腜　入屋：於六切，鳥胃。

　　　上晧：烏晧切，藏肉。又烏到切。

　　　去號：烏到切，藏肉，《埤蒼》云：鳥胃也。

隩　入屋：於六切，同澳。水内曰澳。又音奧。

　　　去號：烏到切，《說文》曰：水隈崖也。

瞁　入屋：許竹切，細視。

　　　去號：莫報切，低目細視。

翛　入屋：式竹切，飛疾之貌。又音蕭。

　　　平蕭：蘇彫切，翛翛，飛羽聲。

摍　入屋：所六切，擊聲。

　　　又：息逐切，擊也。

　　　平蕭：蘇彫切，擊也，又把也。

　　　上篠：先鳥切，打也。

　　　去嘯：蘇弔切，打也。

橚　入屋：息逐切，木長貌。

　　　平蕭：蘇彫切，橚椮，樹長貌。

潚　入屋：息逐切，深清也，亦姓，漢有潚河。

　　　平蕭：蘇彫切，水名。

蟏　入屋：息逐切，蟏蛸，俗呼喜子。《詩》曰：蟏蛸在户。又
　　　　音蕭。

　　　平蕭：蘇彫切，蟏蛸蟲，一名長蚑，出崔豹《古今注》。

飍　入屋：所六切，風聲。

　　又：息逐切，風聲。

　　平蕭：蘇彫切，涼風。

礵　入屋：息逐切，黑砥石。又音篠。

　　上篠：先鳥切，黑砥石也。又思六切。

蓼　入屋：力竹切，蓼薮，《詩》傳云：蓼，長大貌。

　　上篠：盧鳥切，辛菜。

謏　入屋：所六切，小也。又蘇了切。

　　上厚：蘇後切，謏詶，誘辭。

　　上篠：先鳥切，謏，誘爲善也，又小也。

　　去候：蘇奏切，謏，南謏，怒言也。

涑　入屋：桑谷切，水名，在河東。

　　入燭：相玉切，水名，在河東。又蘇侯切。

　　入昔：七迹切，水名，在北。

　　平侯：速侯切，潄也。

透　入屋：式竹切，驚也。又他豆切。

　　去候：他候切，跳也。又書育切。

嗽　入屋：桑穀切，吮也。

　　入覺：所角切，同“欶”，口噏也。

　　去候：蘇奏切，同“瘶”，欬瘶。

殼　入屋：空穀切，未燒瓦。

　　平尤：甫鳩切，未燒瓦器。

　　去候：苦候切，《説文》曰：未燒瓦器也。

噢　入屋：於六切，噢咿，悲也。

　　上麌：於武切，噢咻，病聲。

裺　入屋：莫卜切，轑上絲也。

　　平模：莫胡切，車衡上衣。

鶩　入屋：莫卜切，鳧屬。

　　去遇：亡遇切，鳥名。又音目。

罜　入屋，徒谷切，罜麗魚罟。

　　去遇：之戍切，小罟。

蔟　入屋：千木切，蠶蔟。又千候切。

　　去候：倉奏切，太蔟，律名。

樸　入屋：博木切，棫樸，叢木。又音僕。樸樕，小木也。

　　又：蒲木切，《爾雅》云：樸樕，心。又音卜。

　　入覺：匹角切。木素。

　　平模：薄胡切，樸劖，縣名，在武威。

以上重出字來源於上古幽覺藥職屋等部。上古覺部短入三等[①]和部分一等字歸《廣韻》屋韻[②]，長入一等歸去聲號韻，三等歸去聲宥韻[③]。覺部字"墺、懊、澳、燠、隩"等字在屋韻與號韻重出，"柚、瘳、勠、宿、畜、祝、復、椱、複、鍑、覆"等字在屋韻和宥韻重

---

① 上古沒有四等之名，而有四等之實，所以不妨稱等。見《漢語史稿》上冊，85 頁注①。

② 覺部一等短入歸屋韻的字，《漢語史稿》不收。

③ 見《漢語史稿》上冊，85 頁。三等歸宥韻的字，《漢語史稿》未收。

出，同上古覺部一三等的演變相合。又上古職部短入三等合口歸
《廣韻》屋韻，長入三等合口歸去聲宥韻[1]。職部字"畐、副、福、
輻、伏"等字在屋韻和宥韻重出，與職部的演變相合。上古屋部
短入一等歸《廣韻》屋韻，長入一等歸去聲候韻[2]，"嗽、蔟"等字
在屋韻和候韻重出，與屋部的演變相合。"妯"，是上古覺部三等
字，《廣韻》入屋韻，"妯"從"由"聲，"由"入《廣韻》尤韻，故
"妯"又讀陰聲，在尤韻重出。"梄"從"有"聲，在《廣韻》有
韻，但從"有"聲的"畐"爲入聲字，歸屋韻，故"梄"又在屋韻
重出。上古幽覺兩部主要元音相同，陰入對轉，"肅"是覺部字，
而從"肅"聲的字或入宥部（如"蕭、蛸"）。上古覺部三等歸《廣
韻》屋韻，幽部三等歸《廣韻》尤、有、宥韻，四等舌齒音歸蕭、
篠、嘯韻，也相對應。"櫹、潚、礐、摍、蓼、脩、蟏、謏"等字既
歸《廣韻》屋韻，又分別在蕭、篠、嘯韻重出，"繆、璗、鳥、斁"
等字既歸屋韻，又分別在尤、有、宥韻重出，正反映了上古幽、覺
兩部的密切關係。上古藥部字"暴、曝、瀑、鸏"等在《廣韻》屋
韻和號韻重出，則是不規則的。

（二）沃韻

重出字十組，二十三字，都是陰入重出，即：

媢　入沃：莫沃切，夫妬婦。

　　　上皓：武道切，夫妬婦也。

① 《漢語史稿》上册，84 頁。
② 同上。

　　　　去號：莫報切，夫姤婦。出《說文》。

　　　　去至：弭二切，夫姤婦。又音冒。

楣　入沃：莫沃切，門樞橫梁。

　　　　去號：莫報切，《說文》曰：門樞之橫梁。

瑁　入沃：莫沃切，瑇瑁。又莫代切。

　　　　去號：莫報切，圭名，天子所執。

　　　　去隊：莫佩切，瑇瑁。又莫沃切。

告　入沃：古沃切，告上曰告，發下曰誥。

　　　　去號：古到切，報也。《說文》作告，又音梏。

邿　入沃：古沃切，國名。

　　　　去號：古到切，國名，在濟陰。

纛　入沃：徒沃切，左纛。又徒號切。

　　　　去號：徒到切，左纛，以犛牛尾爲之，大如斗，系于左騑
　　　　　　　馬軛上。

祰　入沃：古沃切，《說文》云：告祭也。

　　　　上晧：苦浩切，禱也。《說文》曰：告祭也。

歊　入沃：火酷切，氣出貌。又音囂。

　　　　平宵：許嬌切，熱氣。《說文》曰：歊歊，氣出貌。

鱟　入沃：烏酷切，魚名，又音候。

　　　　去候：胡遘切，郭璞注《山海經》云：形如車，文青黑色，
　　　　　　　十二足，長五六尺，似蟹。

瑇　入沃：徒沃切，瑇瑁，又音代。

　　　　去代：徒耐切，瑇瑁……

以上十組，除"歊"是宵部字外，其餘上古都是覺部字，上古覺部一等短入歸《廣韻》沃韻，長入歸去聲號韻[①]，"媚、椙、瑁、告、郜、纛"等六字在《廣韻》沃韻和號韻重出，與覺部一等的演變規律合。"袴"在沃、晧兩韻重出，聲調稍異，韻母的對應是一樣的。"歊、鸞、璹"的重出不大規則。

（三）燭韻

重出字六組，十五字。其中陰入重出三組，陽入重出三組，即：

足　入燭：即玉切，《爾雅》云：趾足也，又滿也，止也，從口止。又將喻切。

　　去遇：子句切，足添物也，本音入聲。

亍　入燭：丑玉切，彳亍。

　　去遇：中句切，步止也。

襡　入燭：市玉切，短衣。又大口切。

　　上厚：徒口切，短衣。

　　又：當口切，衣袖，又音蜀。

　　去候：都豆切，衣袖。又時燭切。

挶　入燭：居玉切，兩手共梏。又己奉切。

　　上腫：居悚切，兩手共械。《周禮》曰：上罪梏挶而桎。

歜　入燭：尺玉切，怒氣，亦人名。

① 《漢語史稿》上冊，85頁。

上感: 徂感切, 昌蒲菹。

絭　入燭: 居玉切, 纕臂繩也。又居願切。

去願: 去願切, 束腰繩也。

去線: 居倦切, 連弩三十絭共一臂。

上古屋部短入三等合口歸《廣韻》燭韻, 長入三等合口入《廣韻》去聲遇韻[1]。"足、丁"是上古屋部字, 在《廣韻》燭、遇兩韻重出, 與屋部三等的演變合。"襡"從"蜀"聲, 爲三等字, 《廣韻》入燭韻。但"獨"亦從"蜀"聲, 則在屋韻一等。侯、屋兩部同類, 陰入對轉, 故"襡"又在候、厚兩韻重出。"奉"上古屬東部, 在《廣韻》鍾、燭兩韻重出, 既合屋、東對轉的關係, 又合《廣韻》入聲配陽聲的體系。"絭、歇"的重出關係不詳。

（四）覺韻

重出二十六組, 六十二字。其中陰入重出二十五組, 陽入重出一組, 即:

爆　入覺: 北角切, 火烈。又北教切。

入鐸: 補各切, 迫於火也。

去效: 北教切, 火裂。又音駁。

皃（貌、貃）　入覺: 莫角切, 貌人類狀。貃,《說文》同上。
　　　　　　　　　　貌, 籀文。

去效: 莫教切, 儀貌。

---

[1]《漢語史稿》上冊, 84頁。

斀　入覺：於角切，燭蔽。

去用：居用切，又九容切。

較　入覺：古岳切，車箱。又直也，略也。又古孝切。

去效：古孝切，不等。又音角。

樂　入覺：五角切，音樂。《周禮》有六樂：雲門，咸池，大
韶，大夏，大濩，大武。

入鐸：盧各切，喜樂。又五角、五教二切。

去效：五教切，好也。又岳、洛二音。

笶　入覺：於角切，小篇。

去效：於教切，竹節。又於角切。

槊　入覺：所角切，纖也。又長臂貌。又音消。

去效：所教切，木上小。

平宵：相邀切，長貌。又色交、色角二切。

濯　入覺：直角切，澣濯。

去效：直教切，浣衣。又直角切。

鸅　入覺：直角切，白鸅鳥。

去效：都教切，鸅雉。今白雉也。

掉　入覺：女角切，正也。又杖弔切。

上篠：徒了切，搖尾，又動。

去嘯：徒弔切，振也，搖也。又徒了切。

嬥　入覺：直角切，直好貌。

上篠：徒了切，嬥嬥，往來貌。《韓詩》云：嬥歌，巴人
歌也。

去嘯：徒吊切，孎嬈不仁。又徒了切。

箾　入覺：所角切，《說文》曰：以竿擊人，又舞者所執。又蘇
　　　　彫切。

　　平蕭：蘇彫切，舞箾，《說文》云：以竿擊人也。又音朔。

藐　入覺：莫角切，紫草。

　　上小：亡沼切，《字書》：藐遠。又亡角切。

滈　入覺：許角切，水貌。

　　上晧：胡老切，水名，在京兆。

眊　入覺：莫角切，目少精。

　　去號：莫報切，目少睛。

菿　入覺：竹角切，《說文》云：草大也。本音到，又陟孝切。

　　去號：都導切，大也。

瞀　入覺：莫角切，目不明也。

　　去候：莫候切，瞉瞀。

鷇　入覺：竹角切，鳥生子能自食。

　　去候：都豆切，鳥口，或作噣。又丁救切。

　　去宥：陟救切，同“噣”，鳥口。又鬥、卓二音。

跑　入覺：蒲角切，秦人言蹴。

　　平肴：薄交切，足跑地也。

颮　入覺：匹角切，颮颮紛紛，衆多貌。

　　平肴：薄交切，風聲。

鞄　入覺：匹角切，攻皮之工。

　　平肴：薄交切，鞄皮，《說文》云：柔革工也。

上巧：蒲巧切，柔革名。

觓　入覺：蒲角切，同“觓”，瓜觓也。

　　平肴：薄交切，似瓠，可爲飲器。

骲　入覺：蒲角切，骲箭。

　　上巧：薄巧切，骨鏃。

　　去效：防教切，手擊。

覺　入覺：古岳切，曉也，大也，明也，寤也，知也。

　　去效：古孝切，睡覺。又音角。

澩　入覺：士角切，山夏有水，冬無水。

　　　又：胡覺切，澗泉。

　　上巧：下巧切，動水聲。《説文》音學。

數　入覺：所角切，頻數。

　　上麌：所矩切，《説文》：計也。又所句、所角二切。

　　去遇：色句切，算數，《周禮》有九數。

按上古藥部二等短入歸《廣韻》覺韻，長入歸去聲效韻①。“爆，皃（貌）、較、樂、斞、濯、鷳”等字在覺、效兩韻重出，與藥部二等的演變合。又上古宵、藥兩部同類，陰入對轉。宵部《廣韻》歸豪、肴、宵、蕭四韻（舉平以賅上去），藥部長入與之合流。藥部字“掉、燿、藐”等字分別在覺韻與篠、嘯、蕭、小四韻重出，宵部字“滈、眊”等字分別在覺韻與晧、號兩韻重出，反映了宵、藥兩部的關係。上古幽覺兩部同類，陰入對轉。幽部二等歸《廣韻》肴、

---

① 《漢語史稿》上册，86頁。

巧、效韻，覺部二等短入歸覺韻，長入歸去聲效韻[①]。幽部字"鞄、
颮、泡、麭"，覺部字"覺、泵"分別在《廣韻》覺韻與肴、巧、
效韻重出，反映了上古幽覺兩部的密切關係，也反映了《廣韻》入
聲覺韻與陰聲肴、巧、效韻有相承的關係。"喝、瞀、數"的重出
不是很規則。"鼙"在覺、用兩韻中出現，是上古東覺陽入旁對轉。

（五）質韻

重出字十六組，四十一字。其中陰入重出字十五組，陽入重出
字一組，即：

秘　入質：鄙密切，柄也。

　　　　又：毗必切，偶也。

　　　去至：兵媚切，戟柄，《左傳》有鍼秘。

泌　入質：毗必切，水浹流。又必媚切。

　　　　又：鄙密切，泌㳽，水流。

　　　去至：兵媚切，泉貌。

邲　入質：房密切，地名。

　　　　又：毗必切，地名，在鄭。又美貌。

　　　去至：兵媚切，好貌。

鉍　入質：鄙密切，矛柄。

　　　去至：兵媚切，鉍同秘，戟柄。

質　入質：之日切，樸也，主也，信也，平也，謹也，正也，

---

① 如"斁"字，《漢語史稿》未列。

又姓……又音致。

去至：陟利切，交質，又物相贅。又之日切。

懫　入質：之日切，止也。

去至：陟利切，止也。

礩　入質：之日切，柱下石也。

去至：脂利切，柱下石。又音質。

歏（歚）　入質：於筆切，貪也。

去至：乙冀切，貪也。

去志：歚，於記切，貪也。

颲　入質：力質切，颲颲，暴風。

去至：力至切，烈風，《説文》音栗。

率　入質：所律切，循也，領也，將也，用也，行也。《説文》
曰：捕鳥畢也，象絲網，上下其竿柄也。

去至：所類切，鳥網也。

帥　入質：所律切，佩巾，又將帥。亦姓。本姓師，晋景帝諱，
改爲帥氏晋有尚書郎帥昺，又所類切。

去至：所類切，將帥也。曹憲《文字指歸》云：佩巾也。
又所率切。

暨　入質：居乙切，姓也，吴尚書暨豔。又衆、既二音。

入迄：居乞切 ①，姓也，吴有尚書暨豔。

去至：其冀切，及也，至也，與也。

---

① 《廣韻》諸本并作“居乙切”，據陳澧《切韻考》改。

去未：居豢切，諸暨縣，在越州。又其冀切。

比　入質：毗必切，比次。又毗、妣、鼻三音。

　　平脂：房脂切，和也，并也。又匕、鼻、邲三音。

　　上旨：卑履切，校也，并也。

　　去至：毗至切，近也，又阿黨也。又房脂、必履、扶必
　　　　　三切。

　　　又：必至切，近也，并也。

坒　入質：毗必切，相連。

　　去至：毗至切，地相次坒也。亦音邲。

惄（𢛒）　入質：𢛒，人質切，枕巾也。

　　去震：惄，而振切，枕巾。

銍　入質：人質切，到也。

　　平之：止而切，到也，又如一也。

按上古質部三等短入歸《廣韻》質韻，三等長入歸去聲至韻。物
部四等開口短入亦歸《廣韻》質韻，長入亦歸至韻①。質部字"柲、
泌、邲、鉍、質、懫、礩、劼（劼）"等和物部字"率、帥、曁"
在《廣韻》質、至兩韻重出，與質部三等、物部四等的演變相合。
又上古脂、質兩部同類，陰入對轉，脂部字"比"在脂、旨、至、
質四韻重出，"坒"在質、至兩韻重出，反映了上古脂質兩部的關
係，也反映《廣韻》質韻當與脂、旨、至三韻相承。"𢛒"與"惄"
袛是同一個字的兩種寫法。它在震、質兩韻重出，正合《廣韻》入

---

① 《漢語史稿》上册，86頁。

聲與陽聲相配的體系。"銍"的重出關係不詳。

（六）術韻

重出字五組，十四字。其中陰入重出四組，陽入重出一組，即：

出　入術：赤律切，進也，見也，遠也。又赤季切。

　　去至：尺類切。又昌律切。

誶　入術：慈卹切，讓也。

　　去至：雖遂切，言也，《詩》云：歌以誶止。

　　去隊：蘇内切，告也。

膟（膞）　入術：呂卹切，腸間脂，《說文》曰：血祭肉也。

　　　　　　　又作膞。

　　去至：力遂切，膞，血祭，《說文》音律。

崒　入術：子聿切，崒律，聲也。

　　去夬：倉夬切，啐也。

　　去隊：七内切，嘗入口。又先對切。

　　　又：蘇内切，送酒聲。

焌　入術：倉聿切，火燒，亦火滅也。

　　去稕：子峻切，然火。

　　去慁：子寸切，然火。《周禮》云：遂歈其焌。

按上古物部四等合口舌齒音短入歸《廣韻》術韻，長入歸去聲至韻[1]。物部字"出、誶、膟"在《廣韻》術、至兩韻重出，符合物部

---

[1] 《漢語史稿》上冊，88頁。

上述演變規律。"焌"術、稕兩韻重出，與《廣韻》入聲配陽聲的體系一致。物部字"崒"在夬、隊兩韻重出的關係不詳。

（七）物韻

重出字十三組，二十九字。其中陰入重出十一組，陽入重出二組，即：

佛　入物：符弗切，佛鬱。

　　去未：扶涕切，佛愾。又扶物切。

茀　入物：敷勿切，草多。

　　去未：方味切，同"苃"。毛萇《詩傳》曰：蔽苃，小貌。

髴　入物：分勿切，婦人首飾。

　　　又：敷勿切，髣髴。亦作仿佛。

　　去未：芳未切，髣髴。

颭　入物：王勿切，風聲。

　　去未：于貴切，大風。

尉　入物：紆物切，《說文》作尉，從尸（yí，安平也），又持火，所以申繒也。亦姓。

　　去未：於胃切，候也。《說文》作尉，云從上案下也，從尸又持火，所以申繒也。又紆物切。

熨　入物：紆物切，火展帛也。《說文》本作尉。

　　去未：於胃切，"尉"俗字。

蔚　入物：紆物切，草名，又曰無子荵也。亦州名。

　　去未：於胃切，芃蔚。

芾　入物：分勿切，草木盛也。

　　去未：方味切，毛萇《詩傳》曰：蔽芾，小貌。

　　去泰：博蓋切，小貌。又方味切。

仿　入物：文弗切，離也。又武粉切。

　　上吻：武粉切，離也。又武弗切。

不　入物：分勿切，與"弗"同。又府鳩、方久二切。

　　平尤：甫鳩切，弗也。又姓。

　　上有：方久切，弗也。……又甫鳩、甫救二切。

刜　入物：九勿切，剞刜，曲刀。又九月切。

　　去祭：居衛切，剞刜，斷割也。

祓　入物：敷勿切，除災求福，亦潔也。又音廢。

　　去廢：方肺切，除惡祭也。又敷物切。

菀　入物：紆物切，藥草。又音苑。

　　上阮：於阮切，紫菀，藥名，又菀，茂木也。又姓。《左
　　　　　傳》齊大夫菀何忌。

按上古物部三等合口脣喉音短入歸《廣韻》物韻，長入歸去聲未韻[1]。物部字"怫、芾、髴、尉、蔚、熨"等在《廣韻》物、未兩韻重出，與物部三等合口脣喉音的變化相合。"芾"上古本屬月部。但借爲"芾"字，《廣韻》與"芾"同音，重出的情況亦與"芾"同。"仿"在物、吻兩韻重出，合乎上古文、物對轉的關係，也合乎《廣韻》入聲與陽聲相配的體系。"不"上古本之部字，故《廣

---

① 《漢語史稿》上册，88頁。

韻》入尤、有兩韻。因爲與"弗"字雙聲，又都是否定副詞，而讀成"弗"字的音。故"不"在物韻與尤、有韻重出，屬於另一種情況。"菀"從宛聲，上古屬寒部，《廣韻》歸阮韻，合乎寒部發展的規律。但"菀"上古即可與物部字"鬱"相假，故又在物韻重出。"刜、袚"重出的關係不詳。

（八）迄韻

重出字有"乞、暨、契"三組。"暨"字已見前質韻，"契"將見於屑韻，此處不重複。

乞　入迄：乞，去訖切，求也。《説文》本作气，音氣，今作乞取之乞。

　　去未：气，去既切，與人物也。《説文》曰：雲氣也。今作乞。又去訖切。

按上古物部三等開口短入歸《廣韻》迄韻，長入歸去聲未韻[1]，物部字"乞"在《廣韻》迄、未兩韻重出，正與物部三等開口的演變相合。

（九）月韻

重出字十組，三十一字。陰入重出九組，陽入重出一組，即：

橃　入月：房越切，木橃，《説文》曰：海中大船也。

　　去廢：方肺切，木似柚也。

---

[1] 《漢語史稿》上册，88頁。

茷　入月：房越切，茷茂貌。

　　去廢：符廢切，草葉多也。又方大切。

　　去泰：博蓋切，草木葉多。

訐　入月：居竭切，面斥人以言。《論語》注云：訐，謂攻發人
　　　　　陰私也。

　　入薛：居列切，訐發人私。

　　去祭：居例切，持人短。又居列切。

揭　入月：居竭切，揭起，《説文》曰：高舉也。

　　又：其謁切，同搩，擔搩物也。本亦作揭。

　　入薛：居列切，揭起。

　　又：渠列切，高舉。又揭、訐二音。

　　又：丘竭切，又去謁切，高舉也，又擔也。

　　去祭：去例切，褰衣渡水，由膝已下曰揭。

蹶　入月：居月切，失脚，又走也，速也，嘉也。《説文》僵
　　　　　也，一曰跳也，亦作躨。又音橜。

　　入薛：紀劣切，有所犯災。又居月、居衞二切。

　　去祭：居衞切，行急遽貌。《曲禮》曰：足無蹶。又居
　　　　　月切。

鱖　入月：居月切，魚名。

　　去祭：居衞切，魚名。大口細鱗，有斑文，一曰鮅魚也。

蟦　入月：王伐切，暴乾。

　　去祭：于歲切，曬乾。

璏　入月：王伐切，劍鼻玉。

去祭：于歲切，劍鼻。王莽碎玉劍璏。

又：直例切，劍鼻玉也。

噦　入月：於月切，逆氣。又乙劣切。

入薛：乙劣切，逆氣。

去泰：呼會切，鳥聲。

闕　入月：於歇切，《爾雅》云：太歲在卯曰單閼。又於葛、於連二切。

入曷：烏葛切，止也，塞也。又於連切。

平先：烏前切，閼氏，單于適妻也。氏音支。

平仙：於乾切，閼氏，單于妻。又音過。

以上都屬上古月部字。按月部三等短入開口喉音、合口脣喉音歸《廣韻》月韻，長入脣音歸去聲廢韻，舌齒音歸祭韻[1]。"橇、茷"二字在月、廢兩韻重出，"訐、揭、蹶、鱥、贅、璏"六字在月、祭兩韻重出，與月部三等字的演變相合。"闕"是月部字，故《廣韻》入曷、月兩韻。"閼氏"是一個外語音譯詞，比較晚起。但《韓非子》書中董閼于又作董安于，可能"閼"字上古已有陽聲韻一讀，故在先韻重出。"噦"在去聲和入聲韻中音義全異，比較特別。

（十）没韻

重出字九組，十九字。陰入重出五組，陽入重出四組，即：

字　入没：蒲没切，星也，又怪氣。

---

① 《漢語史稿》上冊，86頁。

　　　去隊：蒲昧切，星也。又蒲没切。

悖　入没：蒲没切，逆也。又音背。

　　　去隊：蒲昧切，心亂。又蒲没切。

誖　入没：蒲没切，言亂。

　　　去隊：蒲昧切，言亂。又補内、蒲没二切。

　　　又：補妹切，亂也。

倅　入没：臧没切，百人爲倅。《周禮》作卒。

　　　去隊：七内切，副也。

悴　入没：他骨切，悴忽，不悵也。《説文》：肆也。

　　　去隊：他内切，肆也。又他没切。

頢　入没：苦骨切，白禿。

　　　上混：苦本切，禿頭。又口没切。

殟　入没：烏没切，心悶。

　　　平魂：烏渾切，病也。

搵　入没：烏没切，手撩物貌。

　　　上吻：於粉切，没也。

醢　入没：烏没切，醢酵，大香。

　　　平文：於云切，香也。

按上古物部合口一等字短入歸《廣韻》没韻，長入歸去聲隊韻。物部字“誖、悖、誖、倅、悴”在没、隊兩韻重出，與物部合口一等字的演變合。物部字“頢”在没、混兩韻重出，文部字“殟”在没、魂兩韻重出，合乎《廣韻》入聲與陽聲相承的體系，也與上古文、物兩部對轉的關係相合。又“昷”聲的字，三等文韻有“熅、氲、緼、蕴"等字，吻韻有"韫、福、醖"等字，一等魂韻有"温、殟、輼"等字，故"撾"在没、吻兩韻重出，"緼"在没、文兩韻重出，都不是偶然的。

（十一）曷韻

重出字十四組，三十四字。陰入重出九組，陽入重出五組，即：

匃　入曷：古達切，乞也，亦作丏。又音蓋。

　　去泰：古太切，乞也。

癩　入曷：盧達切，疥癩。又音賴。

　　去泰：落蓋切，疾也，《説文》作癘，惡疾也，今爲疫癘字。

汏　入曷：他達切，汏過。

　　去泰：他蓋切，太過也。

　　又：徒蓋切，濤汏，《説文》曰：淅灡也。

鶡　入曷：苦曷切，鶡鴟。

　　去泰：苦蓋切，鶡鴟鳥。又音渴。

羯　入曷：許葛切，犬臭氣。

　　去泰：呼艾切，同"欬"，食臭。

靄　入曷：烏葛切，雲狀。又於蓋切。

　　去泰：於蓋切，雲狀。又於葛切。

糲　入曷：盧達切，麤糲。

　　去泰：落蓋切，麤米。又力達切。

　　去祭：力制切，麤也。又力達切。

喝　入曷：許葛切，同"歘"，訶也。

　　去夬：於犗切，嘶聲。

餲　入曷：烏葛切，食傷臭。又於介、於罽二切。

　　去祭：於罽切，又於葛、於介二切。

　　去夬：於犗切，飯臭。又於罽切。

笪　入曷：當割切，竹籤。

　　上旱：多旱切，持也，笞也。

　　去翰：得按切，笞也。

狚　入曷：當割切，猲狚，獸名，似狼而赤，出《山海經》。

　　上旱：多旱切，猲狚，獸。

　　去翰：得按切，猲狚，獸名，似狼。

頞　入曷：五割切，無髮。

　　平寒：許幹切，顙頞，大面貌。

　　去翰：五旰切，頭無發也。

囋　入曷：才割切，嘈囋，鼓聲。或作啐。

　　去翰：徂贊切，譏囋，嘲也。又才葛切。

籆　入曷：桑割切，筥籆，桃枝，竹也。

　　上旱：蘇旱切，筥籆，桃枝，竹名。

按上古月部開口一等短入歸《廣韻》曷韻，長入歸去聲泰韻[1]。月部字"鞨、羯、靄、汰、癩、糲"等在曷、泰兩韻并出，與月部一等開口的演變相合。"頞、笪、狚、囋、籆"分別在曷韻與寒、旱、

---

[1] 《漢語史稿》上冊，86頁。

翰韻重出，反映了上古寒、月對轉的關係，也合乎《廣韻》陽入相配的體系。《廣韻》曷韻及祭、夬兩韻并來源於上古月部，"喝、餲"爲月部字，在《廣韻》曷韻和祭、夬韻重出，正是證明這幾個字有着共同的來源。

（十二）末韻

重出字十四組，三十三字。其中陰入重出十組，陽入重出四組，即：

載　入末：蒲撥切，將行祭名。

　　去泰：蒲蓋切，祭道神。又蒲葛切。

劀　入末：古活切，斷也。

　　去泰：古外切，《説文》曰：斷也。

檜　入末：古活切，木名，柏葉松身。

　　去泰：古外切，柏葉松身。

膾　入末：烏括切，《方言》云：可憎也。或作獪又烏外切。

　　去泰：烏外切，婦人名也。

髻　入末：户括切，似組束髮。

　　去泰：古外切，同膾，五采束髮。……《詩》："膾弁如星。"

濊　入末：呼括切，水聲。

　　去泰：呼會切，《説文》曰：水多貌。又烏會切。

　　又：烏外切，汪濊，深廣。又呼會切。

　　去廢：於廢切，濊貊，夫餘國名。或作穢貊。又汪濊，又烏外切。

役　入末：丁括切，役裯，縣名。又都外切。

　　去泰：丁外切，役裯，縣名，在馮翊；又役，及也。丁

　　　　外切。

鬟　入末：姊末切。

　　上旱：作旱切，款貌。

　　去翰：則旰切，髮光澤也。

婉　入末：烏括切，小嫵媚也。

　　上阮：於阮切，乖也，又嫵媚也。

　　去換：烏貫切，婉眗，大目。

睉　入末：烏括切，目深黑貌。

　　去至：女利切，目深貌。又一活切。

瞥　入末：普活切，目瞥眛不明貌。

　　去未：扶沸切，目不明，或作眜。

眜　入末：莫撥切，遠視。又不正視。又莫拜切。

　　去怪：莫拜切，眜眼，久視。

栝　入末：古活切，同“檜”，木名，柏葉松身。見《書》。

　　上忝：他玷切，《説文》云：炊灶木也。

銛　入末：古活切，《説文》曰：斷也。

　　平鹽：息廉切，銛利也。

　　上忝：他玷切，取也，又銛屬。又音纖。

按上古月部一等合口短入歸《廣韻》末韻，長入歸去聲泰韻 [①]。月部

_____

① 王力先生《漢語史稿》上冊 65 頁、87 頁。

字"載、劊、檜、燴、鬠、濊、祋"在《廣韻》末、泰重出，與月部一等合口的演變相合。末韻的"栝、銛"兩字從舌聲，本作昏，上古屬月部；鹽、忝韻的"栝、銛"兩字從"甜"省聲（徐鍇、朱駿聲説），或從丙聲（他念切）而隸變轉訛（段玉裁説），上古爲談部字。兩者來源既殊，音義亦異，它們的重出，衹是字形偶合而已。"鬠"在末、翰兩韻重出，反映了上古寒月對轉的關係，也與《廣韻》陽入相承的體系合。"盌"字上古似本有入聲一讀，見前"菀"字，故在月、阮兩韻重出，爲月寒對轉。"肕、曹"等的重出關係不詳。

（十三）黠韻

重出字十組，二十六字。其中陰入重出六組，陽入重出四組，即：

矸　入黠：古黠切，礚矸，小石。

　　去怪：古拜切，硬也。

殺　入黠：所八切，殺命，《説文》：戮也。

　　去怪：所拜切，殺害，又疾也，猛也。亦降殺。《周禮》注云：殺，衰小之也。又所八切。

稭　入黠：古黠切，《説文》曰：禾稿去其皮，祭天以爲席也。

　　平皆：古諧切，同"藁"，麻稭。又古八切。

扒　入黠：博拔切，破聲。

　　去怪：博怪切，拔也，《詩》云：勿剪勿扒。案本亦作拜。

蒅　入黠：所八切，菈莄。

去祭：所例切，椒鎩。又所八切。

鎩 入黠：所八切，鳥羽病，又長刃矛也。

去祭：所例切，矛戟類。又所戒切。

去怪：所拜切，翦翮。《説文》曰：鈹有鐔也。又所八切。

髺 入黠：格八切，禿髺也。

平删：可顔切，鬜禿貌。

平山：苦閑切，鬜禿貌。又苦八切。

婠 入黠：烏八切。

平桓：一丸切，德好貌。又古旦切。

去换：古玩切，好貌。

帴 入黠：所八切，二幅。

平先：則前切，小兒藉也。

平寒：昨幹切，帔也。

上獮：即淺切，狹也。

去翰：蘇旰切，二幅。《説文》：帬也。

汃 入黠：普八切，西極水名。

平真：府巾切，西方極遠之國。

按上古月部二等開口短入一部分字，質部一等短入字歸《廣韻》黠韻，月部二等長入和質部一等長入字歸去聲怪韻[①]。月部字“矿、殺”、質部字“扒”在《廣韻》黠、怪兩韻重出，與月部二等、質部一等的演變合。“稭”上古屬脂部，在皆、黠兩韻重出，反映了

① 《漢語史稿》上册，86—87頁。

脂、質兩部陰入對轉的關係。"菝、錣"爲月部字。祭韻來自月部。
兩字在黠、祭兩韻重出，是月部字短入和長入分化的結果。"婠、
髝、幰"上古屬寒部，月、寒陽入對轉，故三字重出，反映了寒、
月兩部的對轉關係，祇是等的對應不大一致。"汃"字似從"分"
省聲，故在真韻；又從"八"字爲本音，故在黠韻重出。已見前。

（十四）鎋韻

重出字兩組，四字，都是陰入重出。即，

轄　入鎋：胡瞎切，《說文》：車聲也。一曰：轄，鍵也。

　　去泰：苦蓋切，車聲。

妠　入鎋：女刮切，婠妠，小貌，肥貌。

　　去勘：奴紺切，取也。

按"轄"從害聲，上古屬月部。《廣韻》鎋、泰兩韻并由月部變來，
"害"字即在泰韻。故"轄"在泰、鎋兩韻重出，祇是一個字的語
音分化。"妠"字音義全異，它們的重出，祇是字形偶合。

（十五）屑韻

重出字二十九組，七十五字。其中陰入重出二十六組，陽入重
出三組，即：

閉　入屑：方結切，闔也，塞也。俗作閜，又博計切。

　　去霽：博計切，掩閉，《說文》曰：闔門也。

戾　入屑：練結切，罪也，曲也。

　　去霽：郎計切，乖也，待也，利也，立也，罪也，來也，

　　　　　至也，定也。又很戾。

　　又：他汁切。輡車。

唳　入屑：練結切，嘍唳，鳥聲。

　　去霽：郎計切，鶴鳴曰唳。

捩　入屑：練結切，拗捩，出《玉篇》。

　　去霽：郎計切，琵琶撥也。

綟　入屑：練結切，麻綟。

　　去霽：郎計切，草色衣也。

鼣　入屑：練結切，綟色也。

　　去霽：郎計切，綠色，又綟名，或作綟。又云：弼也。

切　入屑：千結切，割也，刻也，近也，迫也，義也。《説
　　　　　文》：折也。

　　去霽：七計切，眾也。又千結切。

攃　入屑：莫結切，攃揳，不方正也。

　　又鎋：莫鎋切，打攃。

　　去霽：莫計切，裁也。

栔　入屑：苦結切，《爾雅》云：栔、滅、殄，絕也。

　　去齊：苦計切，刻也。

契　入屑：苦結切，契闊。又苦計切。

　　入薛：私列切，卨……殷祖也，或作偰，又作契。

　　入迄：去訖切，契丹，夷名，出《字林》。

　　去霽：苦計切，契約。又苦結切。

窫　入屑：烏結切，靜也。又音齾。

去霽：於計切，安也，静也。

懘（懘） 入屑：徒結切，懘懘，不自安也。

去霽：懘，特計切，極也。又耻厲切。

去祭：懘，丑例切，困劣。

去夬：懘，丑犗切，極也，劣也。又懘疥。

墆 入屑：徒結切，貯也，止也。

去霽：特計切，墆貯也，又墆翳，隱蔽貌。又徒結切。

揥 入屑：徒結切，捎取。

去霽：特計切，取也。

又：都計切，撮取。

去泰：當蓋切，槌也。

鬣 入屑：子結切，《説文》曰：束髮少小也。

入薛：姊列切，《説文》曰：束髮少小也。

去霽：子計切，婦人束小髻也。又音祭、音節。

去祭：子例切，露髻。又音霽。

蜺 入屑：五結切，寒蜩。又音倪。

平齊：五稽切，似蟬而小。

袣 入屑：五結切，裗袣。

平齊：五稽切，衣裗謂之袣也。又妍啓切。

上薺：研啓切，裗袣，袿衣飾也。

霓 入屑：五結切，虹。又音倪。

去霽：五計切，虹。又音倪。

平齊：五稽切，雌虹。又五結、五繫二切。

駃 入屑：古穴切，駃騠，良馬，生七日超母也。

　　去夬：苦夬切，駃馬，日行千里。

觖 入屑：古穴切，觖望，怨望也。又羌瑞切。

　　去寘：窺瑞切，望也。又音決。

趀 入屑：趀，昨結切，傍出前也。

　　入質：趀，居質切，走意。

　　上語：趀，慈呂切，邪出前也。又前結切。

瞇（膌） 入屑：莫結切，汗面。

　　平支：武移切，膌汗，面貌。又莫結切。

荎 入屑：徒結切，刺榆。又音治。

　　平脂：直尼切，《爾雅》云：藬荎，今之刺榆也。

鶗（鵶） 入屑：徒結切，鳥名。

　　平脂：處脂切，同"鴟"。

湀 入屑：苦穴切：《爾雅》云：湀辟，流川。又湀、圭二音。

　　平齊：苦圭切，泉水通川。又古比切。

　　上旨：求癸切，泉出也。《說文》曰：湀辟，深水處也。

　　　又：居誄切，通流。

騤 入屑：古穴切，《爾雅》：馬回毛在背曰騤騱，騱音光，亦
　　　作騤騱。

　　平脂：渠追切，強也，盛也，又馬行貌。

焆 入屑：於決切，火光也。

　　入薛：於列切，煙氣。

　　平先：古玄切，明也。

咽 入屑：烏結切，哽咽。

平先：烏前切，咽喉。

去霰：於甸切，同"嚥"，吞也。

䍐 入屑：胡匣切，牛狠。

上獮：去演切，牛狠不從引也。

按上古質、月、錫三部的四等字短入都歸《廣韻》屑韻，長入歸去聲霰韻[1]。質部字"閉、戾、唳、捩、緁、切"等，月部字"攭、㓞、契、奊、憏、㙃、黻"，錫部字"蜆、祝、霓"，都在《廣韻》屑、霰兩韻重出，與質、月、錫三部四等字的演變合。"焆、咽"在先、屑重出，與《廣韻》入承陽聲的體系合。"駃、觖、瞷（膈）、莖、鵐、溪、騤、䍐"等字的重出關係不詳。

（十六）薛韻

重出字三十九組，九十一字。其中陰入重出三十五組，陽入重出四組，即：

潎 入薛：芳滅切，漂潎。又匹蔽切。

去祭：匹蔽切，魚游水也。

鷩 入薛：并列切，水名，在群㧽。

去祭：必袂切，縣名，在群㧽。又音鱉。

鷩 入薛：并列切，雉屬，似山雞而小。《周禮》：有鷩冕。

去祭：必袂切，《爾雅》曰：鷩雉。郭璞云：似山雞而小冠。

---

① 《漢語史稿》上册，85、87 頁。

栵　入薛：良薛切，細栗，《爾雅》云：栵，栭。今江東呼爲栭
　　　　栗，楚呼爲茅栗也。

　　去祭：力制切，栭栗。又音列。

冽　入薛：良薛切，水清也，潔也。

　　去祭：力制切，清水。又音列。

稠　入薛：良薛切，《説文》曰：黍穰也。

　　去祭：力制切，黍穰。

鴷（劽）　入薛：良薛切，次第馳馬。

　　去祭：劽，力制切，同"驪"，馬馳。

鮤　入薛：良薛切，刀魚也。一名鱴刀，今鮆魚也。

　　去祭：力制切，魚名。又音列。

腏　入薛：陟劣切，骨間髓也。

　　入末：丁括切，挑取骨間肉也。

　　去祭：陟衛切，同"餟"，又皮腏著也。

畷　入薛：陟劣切，田間道。又竹芮切。

　　去祭：陟衛切，《禮》注云：井田間道。《吳都賦》云：畛畷
　　　　無數。又張劣切。

綴　入薛：陟劣切，連補也。又竹芮切。

　　去祭：陟衛切，連綴。又丁劣切。

醊　入薛：陟劣切，醊，連祭也。

　　去祭：陟衛切，祭也。

輟　入薛：陟劣切，止也；已也。

　　去祭：陟衛切，車小缺也。

餟　入薛：陟劣切，祭酹也。又竹芮切。

　　去祭：陟衛切，《説文》曰：祭酹也。司馬禎曰：《漢書》作醊。字通。

啜　入薛：陟劣切，言多不正。

　　又：昌悦切，茹也。

　　又：殊雪切，《説文》曰嘗也，《爾雅》曰茹也，《禮》曰：啜菽飲水。

　　去祭：陟衛切，嘗也。

　　又：嘗芮切，嘗也。又臣劣切。

䱟　入薛：丑列切，䱟魵。

　　去祭：丑例切，魵也。又丑列切。

晢　入薛：旨熱切，光也。

　　去祭：征例切，星光也。亦作"晣"。又音折。

晢（晣）入薛：晣，旨熱切，目明。

　　去祭：晢，征例切，目光也。又丑世切。

　　又：丑例切，瞥也。

靳　入薛：旨熱切，靼俗字，柔皮。

　　去祭：征例切，刀鞞。

瘛　入薛：昌列切，瘛瘲，小兒病。又昌制切。

　　去祭：尺制切，小兒驚。

　　去霽：胡計切，小兒病。又尺制切。

掣　入薛：昌劣切，挽也。又昌制切。

　　去祭：尺制切，掣曳。又尺折切。

説　入薛：失爇切，告也。《釋名》曰：説者，述也，宣述人意
　　　　也。又悦、税二音。
　　又：弋雪切，姓，傅説之後。
　　去祭：舒芮切，説誘。

蜹　入薛：如劣切，蚊蜹。又如鋭切。
　　去祭：而鋭切，蚊蜹。又音爇。
　　又：以芮切，毒蟲。又而税切。

蕝　入薛：子悦切，束茅表位。又子芮切。
　　去祭：子芮切，束茅表位。又子悦切。

脆　入薛：七絶切，耎而易破。
　　去祭：此芮切，同“脆”，《説文》曰。小耎易斷也。又七
　　　　劣切。

泄　入薛：私列切，漏泄也，歇也。亦作洩。又姓。《左傳》鄭
　　　　大夫洩駕。又余制切。
　　去祭：余制切，水名，在九江。又音薛。

愒　入薛：丘竭切，息也。
　　去祭：去例切，《爾雅》貪也，《説文》息也。
　　去泰：苦蓋切，貪也。《公羊傳》云：不及時而葬曰愒。
　　　　愒，急也。

偈　入薛：渠列切，武也。
　　去祭：其憩切，偈句。

拽　入薛：羊列切，亦作“抴”，挖也。又余世切。
　　去祭：余制切，數也。

蜕　入薛：弋雪切，蟬去皮也。又他臥、他外、舒芮三切。

　　去祭：舒芮切，蜕皮。又他臥切，又他外切。

　　去泰：他外切，蛇易皮。又音稅。

　　去過：湯臥切，蛇去皮。

脟　入薛：力輟切，脅肉。

　　上獮：力兗切，割也。

讞　入薛：魚列切，正獄。《説文》作𤝐。

　　上獮：魚蹇切，議獄。

𤝐　入薛：魚列切，同"讞"。

　　去願：許建切，進也。《禮》云：大曰龔𤝐。又姓。

列　入薛：良薛切，行次也，位序也，又陳也，布也。

　　平虞：陟輸切，列殺。

折　入薛：常列切，斷而猶連也。

　　又：旨熱切，拗折，……又常列切。

　　平齊：杜奚切，《禮記》云：吉事欲其折折爾，謂安舒貌。

鏫（鏊）　入薛：鏫，私列切，田器。

　　入緝：鏊，之入切，《廣雅》云：羊筐也。

　　去至：鏊，脂利切，田器，《説文》曰：羊筐也，端有鐵。

　　　　又先列切。

娧　入薛：弋雪切，姚娧，美好，又他會切。

　　去泰：他外切。好貌。

蝃　入薛：職悦切，蜘蛛。

　　去霽：都計切，同"蝃"，蝃蝀，見《詩》。

準　入薛：職悦切，應劭云：準頵，權準也，李斐云：準，鼻也。又章允切。

上準：之尹切，均也，平也，度也，又樂器名。……

按上古月部三等舌齒脣音短入歸《廣韻》薛韻，長入歸去聲祭韻①。"澈、鷩、鷩、栵、洌、利、駕（馰）、鴷、腏、畷、綴、醊、輟、餟、啜、鵽、晢、晳（晰）、靳、挈、說、蚋、脆、泄、抴、愒、偈、蛻"等字是上古月部字，它們在《廣韻》月、祭兩韻重出，與月部的演變相合。"脺"是上古月部字，"獻、讞"是寒部字，它們的重出，反映了月、寒兩部的對轉關係，也與《廣韻》仙、獮、線、薛四韻陽入相承的關係合。薛韻的"銍"從執聲，至、緝兩韻的"銍"從執聲，本不同音，《說文》亦無"銍"字。但《廣韻》至韻"銍"釋爲田器，又引《說文》釋爲"羊箠"，則兩字混而爲一，段玉裁并據《廣韻》，于《說文·金部》補"銍"字，改《廣韻》的"銍"爲"銍"，兩字就更加混而不分了。《廣韻》薛、泰兩韻都來自上古月部。"兌"聲的字，薛韻有"說、悦、蛻"等，泰韻有"兌、說、帨"等字，"蛻、銳"則在祭、泰兩韻重出。故"娧"在薛、泰兩韻重出，也是字音分化的結果。"列、折、蜶、準"的重出關係不詳。

（十七）藥韻

重出字二十組，五十四字。陰入重出十八組，陽入重出二

---

①　《漢語史稿》上册，86—87 頁。

組，即：

約　入藥：於略切，約束，又儉也，少也。又姓。《韓子》有古
　　　　賢者約續。又於笑切。

　　去笑：於笑切，又於略切。

瞗　入藥：以灼切，曤瞗，視貌。

　　去笑：弋照切，同"覜"。

覜　入藥：以灼切，視不定也。

　　去笑：弋照切，視誤也。

爝　入藥：即略切，炬火，《莊子》云：日月出矣，而爝火不
　　　　息。又音嚼。

　　又：在爵切，炬火。

　　去笑：子肖切：火。

皭　入藥：在爵切，靖也。《埤蒼》曰：白色也。

　　去笑：子肖切，白色。

杓　入藥：市若切，杯杓。

　　平宵：甫遙切，北斗柄星。《天文志》云：一至四爲魁，五
　　　　至七爲杓。又音漂。

　　又：撫招切，北斗柄星。

蹻　入藥：居勺切，走蹻蹻貌。

　　又：其虐切，舉足高。又居勺切。

　　平宵：去遙切，舉足高。

　　又：巨嬌切，驕也，慢也。又巨虐切。

燋　入藥：即略切，火未然也。

平宵：即消切，傷火，《説文》曰：所以然持火也。

爍　入藥：之若也，痛也。

上篠：都了切，垂心。

芍　入藥：市若切，芍藥。蕭該云：芍藥，香草，可和食，芍，

張略切；又芍陂，在淮南，七削切；又蓮芍，縣名，

在馮翊，之若切；又薍芘，草名，胡了切。

又：七雀切，陂名，在壽春。

又：張略切，芍藥，香草。

上篠：胡了切，薍芘草，又市若切。

繳　入藥：之若切，矰繳，《説文》作繴，生絲縷也。

入麥：下革切，衣繳，衣領中骨，又音酌。

上篠：古了切，纏也，又音酌。

鼩　入藥：之若切，鼠屬。

又：即略切，鼠似兔而小也。

去效：北教切，鼠屬，能飛，食虎豹，出胡地。又音酌。

若　入藥：而灼切，如也，順也，汝也，辭也。又杜若，香草。

亦姓。

平麻：人賒切，蜀地名，出《巴中記》。又惹、弱二音。

上馬：人者切，乾草。又般若，出釋典。又虜複姓。

婼　入藥：丑略切，叔孫婼，魯大夫，《説文》曰：不順也。

平麻：人賒切，婼羌，西域國名。

平支：汝移切，《前漢西域傳》有婼羌。

惹　入藥：而灼切，諵惹。

上馬：人者切，亂也。

著　入藥：張略切，服衣於身。又直略、張豫二切。

　　　又：直略切，附也。

　　平魚：直魚切，《爾雅》云：太歲在戊曰著雍。又直略、陟
　　　　　慮、陟略三切。

　　上語：丁呂切，著任。又張慮切、直略切。

　　去御：陟慮切，明也，處也，立也，補也，成也，定也。
　　　　　又張略、長略二切。

釀　入藥：其虐切，合錢飲酒。

　　平魚：強魚切，合錢飲酒。又巨略切。

　　去御：其釀切，斂錢飲酒。又音渠，又其虐切。

掠　入藥：離灼切，抄掠，劫人財物。

　　去漾：力讓切，笞也，奪也，取也，治也。

縛　入藥：符钁切，系也。

　　去過：符卧切。（無釋義）

皭　入藥：昌約切，大脣，户皭貌，魚偃切。

　　上軫：宜引切，大脣。

按上古藥部三等短入歸《廣韻》藥韻，長入歸去聲笑韻[1]。藥部字
"約、瞲、覝、爍、皭"在《廣韻》藥、笑兩韻重出，與藥部三等
的演變相合。又上古宵、藥兩部同類對轉，《廣韻》宵、笑元音相
同，效、篠元音亦相近，其中的字大都來源於上古宵、藥兩部。

----

① 《漢語史稿》上册，86頁。

"杓、蹻、燋"在《廣韻》藥、宵兩韻重出,"灼、芍、繳"在藥、篠兩韻重出,"鸙"在藥、效兩韻重出,都反映了上古宵、藥兩部的對應關係。又上古鐸部三等短入歸《廣韻》藥韻,長入歸去聲御韻[①],"著、醵"爲上古鐸部字,在《廣韻》藥韻和魚、語、御韻重出,合乎鐸部三等字的演變以及魚鐸兩部的對轉關係。"掠"從"京"聲,爲陽部字,"掠"在《廣韻》陽、藥兩韻重出,反映了上古陽、鐸兩部的對轉關係。與《廣韻》陽入相承的體系合。"若、婼、惹"爲上古鐸部三等字,《廣韻》入藥韻。但魚鐸對轉,魚部二等字入麻韻。故此三字在麻韻重出,亦非偶然。"縛、礴"二字的重出關係不詳。

(十八)鐸韻

重出字十八組,四十四字,都是陰入重出,即:

度　入鐸:徒落切,度量也。又音渡。

　　去暮:徒故切,法度。又姓,出後漢荆州刺史度尚。又徒
　　　　　各切。

作　入鐸:則落切,爲也,起也,行也,役也,始也,生也。
　　　　　又姓,漢有涿郡太守作顯。

　　去暮:臧祚切,造也。

　　去箇:則箇切,造也。本臧洛切。

厝　入鐸:倉各切,礪石。

---

① 《漢語史稿》上册,83頁。

去暮：倉故切，置也。

錯　入鐸：倉各切，鑢別名，又雜也，摩也。《詩》傳云。東西
　　　　爲交，邪行爲錯。《説文》云：金塗也。

　　去暮：倉故切，金塗。又姓，宋太宰之後。又千各切。

䐗　入鐸：在各切，楚人相謁食麥饘曰䐗也。

　　去暮：昨誤切，相謁食也。

秨　入鐸：在各切，禾稼動搖。

　　去暮：昨誤切，禾稼貌。又音昨。

濩　入鐸：胡郭切，《説文》曰：雨流霤下貌。

　　入陌：一虢切，濩澤縣在澤州。又音護。

　　去暮：胡誤切，布濩。

擭　入鐸：胡郭切，柞擭，阱淺則施之。

　　入陌：一虢切，手取也。

　　去暮：胡誤切，布擭，猶分解也。

惡　入鐸：烏各切，不善也，《説文》曰：過也。又烏故切。

　　去暮：烏路切，憎惡也。又烏各切。

　　平模：哀都切，安也。

簿　入鐸：傍各切，蠶具。

　　上姥：裴古切，簿籍，又車駕次第爲鹵簿。

膜　入鐸：慕各切，肉膜。

　　平模：莫胡切，膜拜，胡禮拜也。

摸　入鐸：慕各切，摸捼。又莫胡切。

　　平模：莫胡切，以手摸也。亦作摹，又音莫。

搏　入鐸：匹各切，擊也。

　　　又：補各切，手擊。

　　去遇：方遇切，擊也。又布莫切。

轉　入鐸：補各切，車下索也。

　　去候：蒲候切，尻衣。

檴　入鐸：胡郭切，檴落，木名。

　　去禡：胡化切，亦木名。又胡郭切。

笮　入鐸：在各切，竹索，西南夷尋之以渡水。

　　入陌：側佰切，矢箙。又屋上版，又迫也。又姓，吳有笮
　　　　　融。亦作筰。

　　去禡：側駕切，笮酒器也。

縒　入鐸：倉各切，縒綜，亂也。

　　上哿：蘇可切，鮮潔貌也。又楚宜切。

　　平支：楚宜切，參縒也。

嗃　入鐸：火酷切，嚴厲貌。《易》云：家人嗃嗃。

　　去效：呼教切，犬嗥。又呼各切。

　　平肴：許交切，嗃聲，恚也。

按以上十八組，除"縒、嗃"以外，都是鐸部字。鐸部一等短入歸
《廣韻》鐸韻，長入歸去聲暮韻。"度、作、厝、錯、飵、柞、澉、
擭、惡"等字在《廣韻》鐸、暮兩韻重出，合乎鐸部一等字的演
變規律。《廣韻》模、姥、暮韻母全同，故"簿、膜、摸"的重出，
同樣符合鐸部一等的演變。又上古鐸部二等長入歸《廣韻》禡韻，
"檴、笮"的重出，表明它們是由鐸部分化而來。"搏"字的重出則

反映了魚鐸兩部的對轉關係。"轉、縒、嗃"的重出關係不詳。

(十九)陌韻

重出字十二組，三十字。其中陰入重出十組，陽入重出二組。即：

怕　入陌：普伯切，憺怕，静也。

　　去禡：普駕切，怕懼。

咋　入陌：鋤陌切，吙咋，多聲。

　　入麥：側革切，大聲。

　　去禡：側駕切，咋語聲。

唬　入陌：古伯切，鳥啼。

　　去禡：呼訝切，虎聲。

嚇　入陌：呼格切，怒也。

　　去禡：呼訝切，笑聲。又呼格切。

啞　入陌：烏格切，笑聲。

　　入麥：於革切，笑聲。

　　上馬：烏下切，不言也。又乙革切。

　　去禡：衣嫁切，啞啞，鳥聲。

潲　入陌：側伯切，遮水。

　　入麥：山責切，《説文》曰，所以攦水也。

　　去暮：倉故切，甕水。

韄（韄）　入陌：乙白切，佩刀飾。

　　　又：一虢切，刀飾，把中皮也。

去暮：鏝，胡誤切，佩刀飾也。

諎 入陌：側伯切，大聲，亦作唶。

去過：千過切，諎磨。

皕 入陌：普伯切，亦打。出《蜀都賦》。又胡了切，又莫百切。

上篠：胡了切，明也。

矗 入陌：普伯切，疾也，又音赴。

去遇：芳遇切，急疾也。

栅 入陌：測戟切，村栅。《説文》曰：豎編木。

入麥：楚革切，豎木立栅，又村栅。

去諫：所晏切，籬栅。又叉革切。

嚗 入陌：宜戟切，《説文》云：呻也。

平銜：五銜切，呻吟。

按上古鐸部二等短入歸《廣韻》陌韻，長入歸去聲禡韻[1]。鐸部字"怕、咋、唬、嚇、啞"在《廣韻》陌、禡兩韻重出，與鐸部二等的演變相合。上古鐸部一等長入歸《廣韻》暮韻，鐸部字"湝、鏝（鏝）"在《廣韻》陌、暮兩韻重出，也符合鐸部字的分化。"栅"從"册"聲（據《説文》），上古屬錫部，《廣韻》歸陌、麥兩韻，當是入聲字。但朱駿聲以爲當從"删"省聲，故又歸諫韻。類似的字還有"狦、跚、珊、姍"等。"矗"爲鐸部字，在陌、遇兩韻重出，反映了魚鐸兩部的對轉關係。"皕、諎、嚗"的重出關係不詳。

---

[1] 《漢語史稿》上册，83頁。

（二十）麥韻

重出字十一組，二十五字。其中陰入重出九組，陽入重出二
組，即：

畫 入麥：胡麥切，計策也，分也。又胡卦切。

　　去卦：胡卦切，《釋名》曰：畫，挂也，以五色挂物象也。
　　　　　俗作畫。又胡麥切。

纄 入麥：呼麥切，微纄，乖違。

　　去卦：胡卦切，纄微，乖違。

債 入麥：側革切，負財。

　　去卦：側賣切，徵財。

呃 入麥：於革切，呃喔，烏聲。

　　去怪：烏界切，不平聲。

阨 入麥：於革切，限也，礙也。又危也，迫也，塞也。

　　去卦：烏懈切，阻塞，又阨陜，山形，或與隘同。

幗 入麥：古獲切，婦人喪冠。

　　去隊：古對切，婦人喪冠。又古獲切。

憒 入麥：古獲切，悖也。

　　去隊：古對切，恨也。

愬 入麥：山責切，驚懼貌。又音素。

　　去暮：桑故切，譖也。《說文》同"訴"，告也。

鱯 入麥：胡麥切，魚名。

　　去暮：胡誤切，魚名。

去禡：胡化切，魚名，似鮎，白大。

鷵　入麥：五革切，鵁鷵。又音堅。

　　平耕：口莖切，雗渠，鳥名。

　　平先：古賢切，鵁鷵，鳥名。又五革、五堅二切。

　　又：五堅切，鵁鷵也。又古賢、五革二切。

扩　入麥：尼戹切，疾也。

　　平陽：士莊切，病也。又女戹切。

按上古錫部一等短入歸《廣韻》麥韻，長入歸去聲卦韻①。錫部字"畫、繣、債"的重出正與此合。上古職部一等短入部分字歸麥韻（如"革、麥"）②，長入部分字歸怪韻（如"背"），"國"聲的字，在麥韻的有"蟈、膕、摑、漍、嘓"等，在隊韻的有"菌"，故"幗、㥁"在麥、隊兩韻重出，并非偶然。"鷵"在麥、耕兩韻重出，與《廣韻》入承陽聲的體系合。"鷵"又在先韻重出，則又反映了 -ng 尾與 -n 尾有某種相通的迹象。"愬、呃、阨、鱳、扩"的重出關係不詳。

（二十一）昔韻

重出字十一組，二十六字，都是陰入重出，即：

易　入昔：羊益切，變易。又始也，改也，奪也，轉也，亦水
　　　　　名……又姓。

　　去寘：以豉切，難易也，簡易也。

① 《漢語史稿》上冊，84頁。
② 《漢語史稿》作不規則的變化處理。

積　入昔：資昔切，聚也。又資賜切。

　　去寘：子智切，委積也。又子昔切。

刺　入昔：七迹切，穿也。又七四切。

　　去寘：七賜切，針刺。《爾雅》曰：刺，殺也。《釋名》曰：
書姓名於奏白曰刺。

射　入昔：食亦切，《世本》曰：逄蒙作射。又姓。

　　去昔：羊益切，無射，九月律。

　　去禡：神夜切，射弓也。《周禮》有五射：白矢、參遠、剡
注、讓尺、井儀。又姓……

　　　又：羊謝切，僕射。

麝　入昔：食赤切，麝香也。又食夜切。

　　去禡：神夜切，獸名。《爾雅》曰：麝父麔足。又華山之陰
多麝。

炙　入昔：之石切，《說文》曰：炮肉也。從肉在火上。

　　去禡：之夜切，炙肉。《周書》曰：黄帝始燔肉爲炙。又之
石切。

藉　入昔：秦昔切，狼藉。又姓，《左傳》晋大夫藉談。又慈
夜切。

　　去禡：慈夜切，以蘭茅藉地。又慈亦切。

借　入昔：資昔切，假借也。又資夜切。

　　去禡：子夜切，假借。又將昔切。

斁　入昔：羊益切，猒也。

　　去暮：徒故切，猒也，一曰終也。《詩》云：服三無斁。又

音亦。

又：當故切，同"殬"，敗也。

滷　入昔：昌石切，鹵滷。

入錫：徒歷切，鹹也。

上姥：郎古切，鹹滷。

謚　入昔：伊昔切，笑貌。

去至：神至切，同"謚"。易名。又申也。《説文》作諡。

又音益。

按上古錫部三等短入歸《廣韻》昔韻，長入歸去聲寘韻[1]。"易、積、刺"上古爲錫部字，在《廣韻》昔、寘兩韻重出，與錫部三等字的演變合。又上古鐸部四等短入歸《廣韻》昔韻，長入歸去聲禡韻。"射、麝、炙、藉、借"是上古鐸部字，在《廣韻》昔、禡兩韻重出，與鐸部四等的演變合。"斁、滷、謚"三字的重出關係不詳。

（二十二）錫韻

重出字十七組，四十字。其中陰入重出十五組，陽入重出二組，即：

溺　入錫：奴歷切，溺水。古作伃。又音弱。又姓也。

入藥：而灼切，水名，出龍道山，其水不勝鴻毛。又奴歷切。

---

① 《漢語史稿》上册，85頁。

去嘯：奴弔切，尿，小便也，或作溺。

敫　入錫：古歷切，敬也。

入藥：以灼切，光景流貌。

去嘯：古弔切，歌也。

擊（撽）　入錫：苦擊切，傍擊。

去嘯：苦弔切，旁擊，亦作撽。

激　入錫：古歷切，疾波。又姓。《淮南王傳》有激章。

去嘯：古弔切，水急。又古歷切。

獥　入錫：古歷切，狼子。

又：胡狄切，狼子。又音叫，音激。

去嘯：古弔切，狼子。

鷑　入錫：古歷切，鳥名，似烏。

入錫：胡狄切，鳥似烏，蒼白色。

去嘯：古弔切，《爾雅》云：鷑，鵙鵙，似烏而蒼白色。

弔　入錫：都歷切，至也。又音釣。

去嘯：多嘯切，弔生曰唁，弔死曰弔。又音的。

迅　入錫：都歷切，至也。

去嘯：多嘯切，至也。又音的。

寥　入錫：郎擊切，寂寥無人。又深也。又音聊。

平蕭：落蕭切，空也，又寂寥也，寥廓也。

筄　入錫：徒歷切，盛種器也。

平蕭：吐彫切，苗也。

轚　入錫：古歷切，舟車。

去霽：古詣切，舟中互序而行也。

酈　入錫：郎擊切，縣名，在南陽，亦姓。又力知切。

　　　平支：呂支切，魯地名。又音歷。

椑　入錫：扶歷切，大棺。

　　　入昔：房益切，棺也。

　　　平支：府移切，木名，似柿。《荆州記》曰：宜都出大椑。

　　　平齊：部迷切，圓榼，《漢書》云：美酒一椑。

薪　入錫：先擊切，薪蓂，大薺。

　　　平支：息移切，葴薪草，似燕麥。

瞛　入錫：瞛，他歷切，失意視貌。

　　　平尤：瞛，丑鳩切，失意視貌。

蓂　入錫：莫狄切，薪蓂。

　　　平青：莫經切，蓂莢，堯時生於庭，隨月彫榮。

覭　入錫：莫狄切，小貌。

　　　平青：莫經切，小見也。又《爾雅》曰：覭髳，茀離也。
　　　　　　又莫的切。

按上古藥部四等短入歸《廣韻》錫韻，長入歸去聲嘯韻[1]。藥部字
"溺、敫、擊、徼、激、驚、弔"等在《廣韻》錫、嘯兩韻重出，
與錫部四等字的演變合。上古幽覺兩部同類對轉。幽部四等歸《廣
韻》蕭韻，覺部四等短入歸《廣韻》錫韻，蕭錫兩韻亦相配，"寥、
筱"在錫、蕭兩韻重出，正反映了這兩韻的相承關係。又上古錫部

---

[1] 《漢語史稿》上册，86頁。

四等短入歸《廣韻》錫韻，長入歸去聲霽韻。錫部字“鼙”在錫、霽兩韻重出，與錫部四等的演變合。支、錫兩部同類對轉，支部字“鄽、椑”、錫部字“菥”同在《廣韻》錫、支兩韻重出，反映了上古支錫兩部及《廣韻》支錫兩韻的密切關係。“蓂、覭”并從“冥”聲，是上古耕部字，它們在《廣韻》青、錫兩韻重出，與《廣韻》入承陽聲的體系合，也反映上古耕、錫兩部的對轉關係。“䁾”字的重出關係不詳。

（二十三）職韻

重出字十七組，三十四字，都是陰入重出，即：

織　入職：之翼切，組織，《說文》曰：作布帛總名。

　　去志：職吏切，織文，錦綺屬。又音職。

識　入職：賞職切，《說文》云：常也，一曰知也。

　　去志：職吏切，標識。見《禮》，本音式。

食　入職：乘力切，飲食。……又用也，僞也，亦姓。

　　去志：羊吏切，人名，漢有酈食其。又音蝕。

埴　入職：常職切，黏土。

　　去志：昌志切，黏土。

揎　入職：常職切，拄杖曰揎。

　　去志：直吏切，揎投。

植　入職：常職切，種植也，立志也，置也。

　　去志：直吏切，種也。又市力切。

廙　入職：與職切，敬也。又音異。

去志：羊吏切，恭也，敬也。

洫　入職：與職切，水名，出密縣大隗山。

去志：羊吏切，水名，在河南密縣，出《文字音義》。

亟　入職：紀力切，急也，疾也，趣也。又音氣。

去志：去吏切，數也，遽也。又紀力切。

嶷　入職：魚力切，《說文》曰：小兒有知也。引《詩》云：克岐克嶷。

去志：魚記切，嶪嶷，無聞見也。

嶷　入職：魚力切，岐嶷，《詩》曰：克岐克嶷。

平之：語其切，九嶷，山名，亦作疑。

𪊧　入職：魚力切，𪊧岳，角貌。

平之：語其切，𪊧𪊧，獸角貌。

薿　入職：魚力切，茂盛。

上止：魚紀切，草盛貌。又魚力切。

醷　入職：於力切，濁漿。

上止：於擬切，梅漿。

懝　入職：魚力切，有所識也。

去代：五溉切，騃也。

械　入職：紀力切，急也。又音戒。

去怪：古拜切，飾也。《司馬法》曰：有虞氏械於中國。

洫　入職：況逼切，靜也。

去至：火季切，靜也。《詩》云：閟宮有洫。又火逼切。

上列十七組，除"洫"以外，都是職部字。上古職部三等短入歸

《廣韻》職韻，長入歸去聲志韻[1]。“織、識、食、埴、揰、植、亟、嶷”等字在《廣韻》職、志兩韻并出，與職部三等的演變正合。又上古之職兩部同類對轉，《廣韻》之、止、志韻母全同。“嶷、鬒”在職、之兩韻重出，“薿、醷”在職、止兩韻重出，反映了上古之、職兩部的密切關係，也表明《廣韻》入聲職韻當與陰聲之、止、志韻相承。又上古職部一等長入歸《廣韻》去聲代韻，二等歸去聲怪韻。“儗”在職、代兩韻重出，“惐”在職、怪兩韻重出，同樣反映了職部語音的分化。“侐”從“血”聲，上古屬質部。《詩·文王有聲》“築城伊淢”《釋文》“淢”本又作“侐”，是“侐”可通“淢”，故在《廣韻》職、至兩韻重出。

（二十四）德韻

重出字十四組，三十四字。陰入重出十二組，陽入重出二組，即：

塞　入德：蘇則切，滿也，窒也，隔也。又蘇載切。

　　去代：先代切，邊塞。又蘇則切。

㥶　入德：蘇則切，實也。《書》曰：剛而㥶。

　　去代：先代切，寬也，實也。

劾　入德：胡得切，推窮罪人也。

　　去代：胡槩切，推劾。

潩　入德：昨則切，《博雅》云：潩，測也。

---

① 《漢語史稿》上册，84 頁。

　　　　去代：昨代切，測也。

踣　入德：蒲北切，斃也，倒也。又作仆。

　　　　去候：匹候切，同"仆"，倒也。

趭　入德：蒲北切，僵也。又孚豆切。

　　　　去候：匹候切，僵也。

　　　　去遇：芳遇切，僵也。《説文》音匐。

仆　入德：蒲北切，倒也。

　　　　去候：匹候切，倒也。又匐、覆二音。

　　　　去宥：敷救切，前倒。

　　　　去遇：芳遇切，僵仆，《説文》曰：頓也。

殕　入德：愛黑切，殰殕。

　　　　上有：方久切，物敗也。

　　　　上麌：芳武切，食上生白毛。

菩　入德：蒲北切，草名。又音蒲。

　　　　上有：房九切，香草。又步乃切。

　　　　平模：薄胡切，梵言菩提，漢言王道。

餩　入德：餩，愛黑切，噎聲。

　　　　去夬：餩，於犗切，通食氣也。

寨　入德：蘇則切，安也。

　　　　去夬：犲夬切，羊棲宿處。

冒　入德：莫北切，幹也。又莫報切。

　　　　去號：莫報切，覆也，涉也。又莫北切。

螣　入德：徒得切，螣蛇。

平登：徒登切，螣蛇，或曰食禾蟲。

上寢：直稔切，螣蛇。

萬　入德：莫北切，虜複姓，北齊特進萬俟普。

去願：無販切，十千，又虜三字姓。

按上古職部一等短入歸《廣韻》德韻，長入歸去聲代韻[①]。"塞、塞、劾、溉"在《廣韻》德、代兩韻重出，與職部一等字演變合。上古之、職兩部同類，陰入對轉。之部一等脣音歸《廣韻》侯、厚、候韻，三等歸尤、有、宥韻。與職部一三等相對應。"踣、仆"等在《廣韻》德、候兩韻重出，"殕、菩"在德、有兩韻重出，反映了之、職兩部的對轉關係。又上古職、蒸兩部陽入對轉，"螣"從"朕"聲，屬蒸部；《詩·大田》"螣""賊"爲韻，屬職部。是"螣"在上古即有陽入兩讀。《廣韻》中"螣"在德、登兩韻重出，反映了上古職蒸兩部的關係，也符合《廣韻》入聲與陽聲相配的體系。"餩、塞、冒、萬"的重出關係不詳。

（二十五）緝韻

重出字三組，六字。陰入重出二組，陽入重出一組，即：

酓　入緝：羊入切，多貌。

上止：魚紀切，盛也。

墊　入緝：之入切，《字統》云：至也。

去至：脂利切，至也。

霵　入緝：陟立切，小濕。《鉅宋廣韻》作"水濕"。

去栝：都念切，早霜寒。

以上三組重出字都是不規則的。

（二十六）合韻

重出字十五組，三十六字。其中陽入重出十三組，陰入重出二組，即：

踏　入合：徂合切，止也。又才含切。

平覃：昨含切，止也。

鄌　入合：徂合切，亭名，在貝丘。

平覃：昨含切，亭名。

雥　入合：子答切，羊腌。

平覃：作含切，羊腌。

趨　入合：七合切，走也，赴會也。

平覃：倉含切，趨趨。

嬠　入合：七合切，婪嬠。

平覃：倉含切，《玉篇》云：婪嬠也。

上感：七感切，《說文》：婪也。

媕　入合：烏合切，女有心媕媕也。

平覃：烏含切，媕娿不決。

上琰：衣儉切，女有心媕媕也。

庵　入合：烏合切，庵低又屋。

　　　平覃：烏含切，小草舍也。

嘈　入合：子荅切，蚊蟲嘈人。

　　　上感：七感切，銜也。又子盍切。

罨　入合：烏合切，覆蓋也。又烏敢切。

　　　上感：烏感切，魚網。

妠　入合：奴荅切，始妠，聚物。

　　　去勘：奴紺切，取也。

㑲　入合：五合切，偌㑲。

　　　入盍：五盍切，偈㑲，不著事也。

　　　去勘：五紺切，偈㑲。

罨　入合：烏合切，網。又一劫切。

　　　入業：於業切，魚網。又烏合切。

　　　上琰：衣儉切，鳥網。又於劫、烏合二切。

㬎　入合：五合切，日中見絲。

　　　上銑：呼典切，眾明也，微妙也，從日中見絲。

浩　入合：古沓切，浩亹，地名。

　　　上皓：胡老切，浩汗，大水貌，又姓……

戻　入合：古沓切，閉戶曰戻。

　　　　又：口荅切，閉戶聲。

　　　入盍：胡臘切，《纂文》云：姓也。

　　　去禡：丘倨切，閉也。又口荅切。

以上"踏、䣜、䐢、妗、妠、庵、嘈、妠、㑲"等重出字符合《廣韻》覃、感、勘、合相配的體系。"罨"的重出反映了上古談、葉

兩部的對轉關係。"浩"的重出關係已見前。"虘"的重出關係與
"鮏"字同。"㬠"聲的字，"濕"在緝部，"顯"在寒部，"㬠"在
合、銑兩韻重出，可能上古就有兩音。

（二十七）盍韻

重出字四組，九字。陽入重出二組，陰入重出二組。即：

盒　入盍：安盍切，《説文》云：覆蓋也。

　　平覃：烏含切，《説文》曰：覆蓋也。

傝　入盍：吐盍切，傝𥝤，亦傝𦒅，儜劣。又傝儓，不謹貌。

　　去勘：他紺切，傝儑，不自安。又吐盍切。

蓋　入盍：古盍切，姓也，漢有蓋寬饒。

　　　又：胡臘切，苦蓋。

　　去泰：古太切，覆也，掩也。《通俗文》曰：張帛也。

鮏　入盍：吐盍切，同"鰈"，比目魚別名。

　　平魚：去魚切，比目魚。又他合切。

以上四組重出字語音上的配合都不規則，意義却都是相同或者相關
的。"鮏"在陰聲和入聲中重出來源不同，已見前。

（二十八）葉韻

重出字九組，二十二字，都是陽入重出，即：

厭　入葉：於葉切，厭伏，亦惡夢。又於琰切。

　　上琰：於琰切，厭魅也。又於豔切。

　　去豔：於豔切，《論語》曰：食不厭精。

壓　入葉：於葉切，女字。

　　平鹽：一鹽切，和靜。

　　去豔：於豔切，壓嫈，美女。

擪　入葉：於葉切，持也，指按也。

　　上琰：於琰切，持也。又一牒切。

魘　入葉：於葉切，惡夢。又於琰切。

　　上琰：於琰切，睡中魘也。又於協切。

姑　入葉：叱涉切，輕薄。

　　平鹽：處占切，姑妗，輕薄貌。又尺涉切。

旍　入葉：於葉切，掩光名。

　　上琰：衣儉切，掩光。又於葉切。

詀　入葉：叱涉切，詀讘，細語。

　　平添：丁兼切，轉語。

　　平咸：竹鹹切，詀諵，語聲。又尺涉切。

　　去陷：仾陷切，被誑。

疌　入葉：疾葉切，速也，亟也。

　　上感：子感切。速也。

喦　入葉：而涉切，多言。

　　平咸：五咸切，嚴也，又嶯喦，山高貌。亦地名。

以上"厭、壓、擪、魘、姑、喦"等的重出是符合《廣韻》鹽、琰、豔、葉陽入相承的體系的，"詀""疌"的重出反映了上古談葉對轉的關係。

（二十九）帖韻

重出字七組，十六字，都是陽入重出，即：

幝　入帖：他協切，衣領。

　　　入葉：陟葉切，《說文》曰：衣領耑也。

　　　平添：丁兼切，衣領。又丁頰切。

裧　入帖：丁愜切，衣領。

　　　平添：丁兼切，同"幝"，衣領。

竀　入帖：丁愜切，下也。

　　　去㮇：都念切，窮也。《說文》曰：屋傾下也。

墊　入帖：徒協切，地名，在巴中。

　　　去㮇：都念切，下也，又墊江，在巴陵。又徒協切。

娎　入帖：苦協切。得志娎娎。又呼協切。

　　　　又：呼牒切，少氣貌。

　　　上琰：虛檢切，娎姈，性不端良。又棄葉切，少氣也。

埝　入帖：奴協切，陷聲。

　　　去㮇：都念切，下也。

惗　入帖：奴協切，相憶。

　　　去綫：私箭切，思惗。

以上"幝、裧、竀、墊、埝"五字的重出關係符合《廣韻》添、忝、㮇、帖陽入相配的體系。"娎"等的重出也都在 -m 尾的陽聲韻範圍之內。

（三十）洽狎業乏四韻

洽、狎、業、乏四韻共計重出字八組，二十二字。陽入重出五組，陰入重出三組。即：

譀　入狎：呼甲切，誇誕。

　　去鑑：許鑑切，譀謞謞。

　　去闞：下瞰切，誇誕。《東觀漢記》曰：雖誇譀猶令人熱。

　　　　　又呼甲切。

腌　入業：於業切，鹽漬魚也。

　　入葉：於輒切，鹽醃魚。

　　平嚴：於嚴切，同"醃"，鹽漬魚也。

脅　入業：虛業切，胸脅。

　　去釅：許欠切，妨也。

拔　入業：去劫切，挹也。

　　平之：去其切，把也。

　　　又：丘之切，挹也。

胠　入業：去劫切，胠篋，見《莊子》。

　　平魚：去魚切，腋下，又《胠篋》，《莊子》篇名。

　　去御：丘倨切，脅也。又去魚切。

呿　入業：去劫切，臥聲。又音去。

　　平戈：丘伽切，張口貌。

　　去御：丘倨切，臥聲。

泛　入乏：房法切，水聲。又孚梵切。

去梵:孚梵切,同"汎",浮貌。

妜　入乏:房法切,好貌。

又:起法切,好貌。

去梵:孚梵切,好貌。

以上八組重出字,"譀、腌、脅、泛、妜"是在相應的入聲和陽聲韻裏重出,與《廣韻》陽入相配的體系合。"呿、肤"的重出同前述"鮚"字。"祛"的重出關係不詳。

綜上所述,《廣韻》入聲同非入聲韻的 427 組重出字中,完全合乎上古入聲分化規律的有 206 組,占 48%;反映上古陰入對轉、陽入對轉或其他關係的有 157 組,占 37%;重出關係還不清楚的有 66 組,占 15%。因此,認爲《廣韻》重出字絕大部分反映了漢語語音分化和韻部對應的情況,大概是没有什麽問題的。

關於複輔音的思考[*]

20世紀國際音標傳入中國，漢語語音描寫有了科學的方法，這對於漢語古音構擬和漢語語音史研究有着非常重要的意義。上古音構擬牽涉許多問題，情况複雜，學者見仁見智，很不一致。其中一個焦點是，上古漢語有没有複輔音。

高本漢、林語堂、董同龢、李方桂、嚴學宭等先生認爲上古漢語有複輔音。主要根據有兩個。第一個根據是諧聲字。諧聲偏旁跟它所構成的諧聲字往往有不同的聲母。這種現象過去用聲母通轉來解釋，有時説不清楚。用複輔音來解釋，就方便多了。高本漢以"各"聲爲例，提出複輔音變化的三種可能^①：

A　各 klak　：　洛 lak

B　各 kak　：　洛 klak

C　各 klak　：　洛 glak

高氏認爲其中的 C 式擬音最爲可取，并用這種方式構擬了 gl-、kl-、gʻl-、kʻl-、ŋl-、xl-、tʻl-、sl-、çl-、bl-、pl-、pʻl-、ml-、xm-、tʻn-、sn-、ʈn-、çn-、kʻs- 等 19 個複輔音。^②

───────────────

* 　原載《繼往開來的語言學發展之路》，2008 年。

① 　高本漢《漢語詞類》。

② 　轉引自王力先生《漢語語音史》，24 頁。

第二個根據是漢藏語系的一些語言有複輔音。如藏語有100多個複輔音，彝語有6個複輔音，羌語有24個複輔音，苗語、僮語也有一些複輔音。漢語和它們有親屬關係，上古漢語不應沒有複輔音。據此，嚴學宭教授爲上古漢語擬定了208個複輔音，其中二合輔音140個、三合輔音64個、四合輔音4個，包括hkt、xmk、xknd、xsdt等相當奇怪的複輔音。[①]

另一些學者對上古有否複輔音持懷疑的態度。王力先生說：

> 他（高本漢）在上古聲母系統中擬測出一系列的複輔音，那也是根據諧聲來揣測的。例如"各"聲有路，他就猜想上古有複輔音kl-和gl-。由此類推，他擬定了xm-、xi-、fl-、sf-、sn-等。他不知道諧聲偏旁在聲母方面變化多端。這樣去發現，複輔音就太多了。[②]

王先生又說：

> 上古漢語有没有複輔音？這是尚未解決的問題。從諧聲系統來看，似乎有複輔音，但是，現代漢語爲什麼没有複輔音的痕迹。人們常常舉"不律爲筆"爲例，但是"不律爲筆"只是一種合音，正如"如是爲爾""而已爲耳""不可爲叵"一樣，

① 嚴學宭《上古聲母系統研究》，載《江漢學報》1962年第7期。
② 王力先生《漢語史稿》上册，68頁。

我們不能以此證明"筆"的上古音就是［pliet］。[1]

我贊成王力先生的觀點："上古漢語有没有複輔音？這是尚未解決的問題。"要解決這個問題有必要進行全面深入的研究。王力先生在上古音構擬中不擬複輔音，是一種謹慎的態度。

首先，就諧聲字來説，由同一諧聲偏旁構成的諧聲字，有的比較簡單，諧聲偏旁聲母與諧聲字相同。如"某"聲的字"媒、腜、謀、楳"都是明母，"因"聲的字"茵、駰、絪、氤、恩、烟、咽"都是影母。

有的諧聲偏旁構成的不止一個，但其聲母同類。如"高"聲的字，包括了牙喉音"見、溪、曉、匣"四個聲母。"膏、縞、槁"是見母，"槁[2]、敲、犒"是溪母，"歊、熇、蒿"是曉母，"毫、豪、鎬"是匣母。

有的諧聲偏旁構成的諧聲字，不僅聲母不同，而且聲類也不相同。如諧聲偏旁"各"是見母字，由"各"構成的諧聲字，聲母包括見、溪、匣、來、明五個聲母。"胳閣格骼"是見母（高本漢擬爲 kl-），"洛烙絡駱雒賂路露"是來母（高本漢擬爲 gl-），"貉狢"是匣母（高本漢擬爲 g'l-），"客恪"是溪母（高本漢擬爲 k'l-），"額額"是疑母（高本漢擬爲 ŋl-）。"貉"又爲明母字。《説文·豸

部》："貉。北方豸穜。从豸，各聲。"《廣韻‧陌韻》："莫白切。北方獸。"

諧聲偏旁"僉"是清母字。由"僉"構成的諧聲字包括牙喉舌齒音見、溪、群、疑、曉、定、來、精、清、心、莊、初等十二個不同的聲母。如"劍"是見母，居欠切；"廞"是溪母，丘嚴切；"儉"是群母，巨險切；"臉"是疑母，魚㕖切；"險"是曉母，虛檢切；"霖"是精母，子廉切；"籤"是清母，七廉切；"憸"是心母，息廉切；"顩"是定母，直稔切；"斂"是來母，力驗切；"齡"是莊母，側鹹切；"鹻"是初母，初檻切，又是疑母，《集韻》魚㕖切。由"僉"所構成的諧聲字聲母如此複雜，有什麼變化的條件，這是用複輔音無法解釋清楚的。

在我看來，構成諧聲字的原則是諧聲偏旁與諧聲字韻部必須大體相同，而對諧聲偏旁與諧聲字的聲母則沒有太嚴格的要求。聲母相同的固然很多，諧聲偏旁與諧聲字聲母不同但屬同一類的也不少（如"高"聲的字），還有許多同聲符的字不僅聲母不同，連聲類也很不同（如"僉"聲的字），它們未必是複輔音分化的結果。

再說漢語親屬語言。漢語是漢藏語系中重要的一員，比較漢藏語系親屬語言，有助於深入瞭解上古漢語的語音面貌。但漢藏語系是孤立語，各親屬語言獨立發展在五千年以上，親屬關係遠沒有印歐諸語言那麼密切。

據史載，遠古時期炎黃兩帝同出少典氏。炎帝姓姜，又稱神農氏；黃帝姓姬，又稱軒轅氏。他們原都生活在西北黃土高原，即今甘肅、陝西一帶。五千多年前，炎帝族沿渭水流域向東發展到達今河南，黄帝族從今陝西東渡黄河，經山西到達今河北。兩族本來同根同源，也鬧矛盾；他們共同開發了中原地區，在那裏世代相傳，繁衍生息，發展成爲後來華夏民族的主體。當時生活在黄河中下游和淮河流域的東夷諸族，包括蚩尤、少昊、太昊、萊夷、徐夷等，經過不斷的鬥争交流，逐漸與炎黄族融合，成爲華夏族的重要一員。從顓頊、帝嚳、唐、虞、夏、商以至周代，一脉相承，華夏民族日益壯大，遍及整個黄河流域中下游，其語言也獨立發展成爲整個華夏地區的共同交際工具。

當炎黄兩族東遷中原時，一部分人向西遷徙，一部分人南下四川、西藏，成爲後來的羌、藏、彝等少數民族。五千年來他們也在獨立發展自己民族的文化和語言。不同的是，漢族人口最多，早在三千年前，已經有了比較成熟的文字，積累有極其豐富的文化典籍，而其他民族發展相對緩慢。以藏語爲例，公元七世紀纔有文字，其他少數民族語言有文字的歷史更短一些。總的看來，漢藏語系各民族獨立發展的歷史如此久遠，其語言各有特點是很自然的。就複輔音來説，如果漢語本身没有提供充分的證據，僅僅因爲某些親屬語言有複輔音，就斷定上古漢語也一定有，甚至把親屬語言中的複輔音加在一起，算作上古漢語的複輔音，那是很值得懷疑的。[1]

我并不否定遠古漢語裏可能有複輔音，只是現在研究不够，許多東西有如霧裏看花，没有真正弄清楚，所以我在《簡明漢語史》

[1] 參看拙文《漢語探源》，載《紀念王力先生百年誕辰學術論文集》，387—394頁。

的上古聲母系統裹没有構擬複輔音。

　　古音構擬的主要目的在於幫助瞭解古代語音的結構系統以及古音演變的規律。音韻學家見仁見智，各抒己見，百家争鳴，追求真理，這是很正常的現象。而有人以權威自居，以是否承認上古漢語有複輔音爲標準，將中國音韻學家和音韻學著作分爲"主流"和"旁支别流"兩類。并指定某某人、某某著作是"主流"（當然包括此人自己），其餘都是"旁支别流"。尤有甚者，無端點名攻擊前輩學者"畏諧聲字如蛇蠍"[①]，章黄學派"根本不是語言學"[②]。我認爲這種態度不僅輕率而且輕浮，一個真正的學者不應當是這個樣子的。

---

① 見梅祖麟《有中國特色的漢語歷史音韻學》。
② 同上。

语 法

《水滸》中的"把"字句、"將"字句和"被"字句[*]

一 《水滸》中的"把"字句和"將"字句

《水滸》中的"把"和"將",都有三種用法:(一)作動詞用;(二)用於工具語;(三)用於處置式。

(一)"把"和"將"作動詞用

"把"字作爲動詞,可以分成四組:

1. 把持、把守的意思。如:

如今泊子裏把住了。(15·216)[①]

他們把着村口。(42·681)

解珍解寶守把山前第一關。(51·839)

2. 把酒、把盞的意思。如:

你可把一巡酒。(30·462)

把了接風酒。(41·665)

———————

* 原載《語言學論叢》第二輯,1958 年。本文所用的《水滸》本子是人民文學出版社出版的《水滸全傳》。

① 第一個數字表示回數,第二個數字表示頁數。下同。

把了盞，相讓坐了。(10·150)

3. 給予的意思。如：

把與四人將去分了。(31·480)

一向不曾把得與你。(21·314)

朱仝自輳些錢物把與閻婆。(22·331)

4. 當"拿"字講。如：

帶進後園，把來一刀殺了。(3·44)

寧可把我們去解官請賞。(2·30)

肉便再把二斤來吃。(23·343)

"將"字作爲動詞，可以分成兩組：

1. 帶領、帶引的意思。如：

却將步軍下山，分作十隊誘敵。(57·954)

先生何不將帶幾個人去？ (42·683)

將引軍馬出城。(66·1125)

2. 當"拿"字講。如：

你左右將到村裏去賣。(16·234)

吳學究又入去稟一遭，將了鑰匙出來。(59·990)

將著書簡，引領高俅，逕到學士府內。(2·17)

以上"把"字的1至3組意思，"將"字的1組意思，和工具語或處置式中的"將"和"把"沒有語義上的聯系。在本文中不準備討論。至於4組的"把"和2組的"將"，却和工具語處置式中的"將"和"把"有密切的聯系，後者正是由前者虛化來的。《水滸》中，4組的"把"字出現了九十餘次，2組的"將"字出現了一百三十餘次，可見當時口語中"將"和"把"作爲動詞用還是普遍的。這和現代普通話固然不同，和《西游記》《紅樓夢》等書也不同，這是《水滸》語言的特點。

（二）"把"和"將"用於工具語

"把"和"將"用於工具語，有時動詞性還很强，但是和正式動詞也有不同，因爲在這種句子裏必須還有主要的動詞，"把""將"及其賓語在句中祗是作爲修飾性短語而出現的。《水滸》中"把"和"將"都可用於工具語，但兩者地位并不相同，"把"字用於工具語共達二百七十餘次，"將"字祗四十餘次，不及"把"字的六分之一。下面是"把"和"將"用於工具語的一些例子：

1. 叫莊客把鑰匙來開門。（49·807）

   張順選了四尾大的，把柳條來穿了。（38·609）

   且把船來救我們三個。（37·583）

   那假太尉只把手指。（59·989）

2. 朱富當夜煮熟了肉，切做大塊，將藥來拌了。（43·704）

   趙得將火把來神厨内照一照。（42·675）

   又揀肥羊煮了三個，將大盒子盛了。（2·31）

   又將索子綑縛衆人。（17·248）

從意義上看，"將"和"把"用於工具語或者用於處置式，似乎并沒有區別。試看下面幾組例子：

第一組，"把"字用於處置式，"將"字用於工具語：

（那人）便將手把武松頭髮揪起來。（32・497）

把白勝押到廳前便將索子綑了。（18・258）

就大牢裏把宋江戴宗兩個匾紥起，又將膠水刷了頭髮。（40・644）

第二組，“將”字用於處置式，“把”字用於工具語：

他和强人做一路，把蒙汗藥將俺們麻翻了。（17・241）

吴用便把手將髭鬚一摸。（19・282）

把一條鐵索將盧員外鎖在房門背後。（62・1053）

軍士把鎗將秦明妻子首級挑起。（34・538）

第三組，“把”和“將”都用於工具語：

把言語調戲你，又將手摸着你胸前？（46・762）

就把索子綁了……便將索子捆了。（18・258）

被那廝把蒙汗藥都麻翻了，又將索子細縛衆人。（17・248）

第四組，“將”和“把”都用於處置式：

（林沖）把氈笠子戴上，將葫蘆裏冷酒都吃盡了。（10・156）

便把熟鷄來擨了，將注子裏好酒篩下。（28・441）

這李逵不省得，例先把竹笆簑提起了，將那一艙活魚都走了。（38・605）

下面的句子裏，主要動詞後面不帶賓語，如果把“把”和“將”所帶的賓語移到主要動詞後面去，也是講得通的。從意義上看，這類“把”和“將”更接近於工具語。

就地下把水噴噀。（39・616）

一夥人圍定一個大漢，把鐵瓜鎚在那裏使。（54・901）

朱仝依舊把地板蓋上，還將供床壓了。(22·330)

宋江親自把酒澆奠。(114·1719)

現代漢語裏，處置式用"把"，工具語用"拿"，兩者截然不混，《水滸》中工具語處置式所用的虛詞沒有這種分別，碰到意義上有兩可情形的時候，我們就很難分別到底是工具語還是處置式了。從這裏我們可以看出一個事實，工具語和處置式具有相同的來源，都來源於連動式。

（三）"把"和"將"用於處置式

現代北京口語裏，處置式只用"把"字，"將"字只在書面語中出現。《水滸》中，處置式用"把"字的出現了1070餘次，用"將"字的出現了220次，約爲"把"字的五分之一，可見早在十四世紀的《水滸》語言中，"把"字用於處置式的地位已經占了絕對優勢。[①]

在分析處置式以前，我們應該説明一點：所謂處置式，并不一定是表示對於賓語所代表的事物的一種處置。第一，有些處置式中的動詞祇是一種精神行爲或語言行爲，很難説有什麽處置作用。如：

我把娘子十分錯愛。(45·739)

把武松似爺娘一般敬重。(30·460)

却把心腹衷曲之事告訴。(72·1222)

---

① 研究一下《西游記》《儒林外史》和《紅樓夢》，就可以看出"把"字在這些書裏用於處置式的也占有同樣的優勢。

　　第二，像下面一類句子，“將”字有“使令”之意；主要動詞所代表的動作是賓語所發出來的，因而不能是對賓語的什麼處置。如：

　　　　將大小將校依令如此而行。(60・1002)

　　　　權將軍士歇息。(81・1333)

　　　　將那一艙活魚都走了。(38・605)

但是就大多數例子的情況看，處置式的動作的確是對賓語的一種處置。因此，我們仍然可以把這種結構叫作處置式。下面我們來分析一下《水滸》中的處置式的結構，爲了方便，在舉例的時候，没有把帶“把”和帶“將”的例子分開。

　　1. 謂語的修飾成分或補足成分

　　處置式中的謂語可以是不帶任何修飾成分和補足成分的簡單動詞，這是初期處置式的特色。《水滸》中這類例子雖然并不十分普遍，但也出現了二十餘次，在一定程度上保存了初期處置式的特色。如：

　　　　這箇潑皮强奪洒家的刀，又把俺打。(12・181)

　　　　只顧把他們打。(16・232)

　　　　把良人調戲。(3・113)

　　　　故意不把船開。(55・926)

這類處置式賓語被提到前面去了，後面只剩下一個孤零零的動詞，就不免有些頭重脚輕，音節上顯得極不調和，因此在發展中慢慢地被淘汰，《紅樓夢》裏已很少見，現代漢語裏就幾乎完全不用了。

　　處置式的謂語也可以是動詞性的固定詞組。如：

把林沖橫推倒拽。（7·120）

把宋江面南背北，將戴宗面北背南。（40·645）

這類處置式是沒有辦法把賓語還原到動詞後面去的，不僅因爲賓語放到後面去會使結構臃腫，更重要的是這樣一來，意義根本不通。因此，如果說謂語爲簡單動詞（不帶任何補足成分）這種初期處置式的特色在現代漢語中已被淘汰了的話，謂語爲固定詞組的處置式却是現代漢語中普遍存在着的。把賓語提到前面去，恰好解決了賓語位置無法安排的矛盾，這是促使現代漢語中處置式發展的原因之一。

現代漢語中還有一種表示反問的處置式，如"多喝了又把我怎麼樣？"（《紅樓夢》三十九回）。這種以疑問詞"怎麼樣"等作爲謂語的形式，在《水滸》中完全沒有，可見這是比較後起的。

2.動詞的修飾成分

（1）現代漢語中的處置式，動詞不能直接受否定副詞"不"的修飾，如果是否定的處置式，就把否定副詞"不"加在"把"前面。《水滸》中否定副詞"不"絕大部分也是置於"把"字前面的，如"故意不把船開"（55·926），只有五六個例子緊接在動詞前面。如：

教把走妖魔一節，休說與外人知道。（2·15）

林沖每日和智深吃酒，把這件事不記心了。（7·118）

州官見雨足，把這信賞錢不在意了。（94·1512）

《水滸》中處置式出現了一千三百次以上，這類否定副詞"不"緊接在動詞前面的處置式却祇有五六個例子，可見這種結構雖然并不是絕對不能用，但是用得很不普遍，到現代漢語中就根本不用了。

（2）動詞前雖然很少直接受否定副詞的修飾，却可以受其他副詞成分的修飾。值得注意的是：有的副詞的位置既可以緊接在動詞前面，也可以在"把"前面。如：

> 石秀將這擔柴也都准折了。（44·722）

> 我也把甲馬拴在他腿上。（53·874）

現代漢語裏，副詞"都"限制事物的範圍，所指事物的名稱只出現在它的前面；如果這一事物的名稱在句中是賓語，就必須用"把"字提到前面去，"都"仍然緊接在名詞後面，這是應用處置式的條件之一。但在《水滸》中，并不完全如此，"都"所指的事物如果是賓語，"都"仍然可以放在它的前面。如：

> 俺已都分付了衆人。（36·573）

> 被石秀都剝了衣裳。（45·746）

> 這黑大漢在此搶魚，都趕散了漁船。（38·606）

有時賓語提到前面去了，但"都"字仍然可以放在它的前面。下面的例子中，"都"不是指主語"他"或"他們"的範圍，而是指"把"字後的賓語的範圍：

> 他如今都把白楊樹木砍伐去了。（48·795）

> 我們都把包裹內金銀財帛衣服等項盡數與你。（37·585）

當然我們應該指明一點，這種"都"在"把"前面的例子并不多見，絕大多數仍然是在賓語後面的。另外，有的副詞在現代漢語中祇用於"把"字之前，《水滸》中也可以後置，如"把船便放攏來到岸邊"（37·583），這些現象都說明在《水滸》的語言裏，副詞在處置式中的位置是比較自由的。

（3）動詞前面既可以加數詞“一”，也可以加“祇一”。現代漢語中不大用“祇一”，《水滸》中却以“祇一”最爲常見，單用“一”字的反而較少。如：

　　把那桌子祇一拍，濺那老人一臉熱汁。(53·878)

　　將張保匹頭祇一提，一交攧翻在地。(44·719)

（4）動詞前面也可以有介賓結構作爲修飾語，這些介賓結構有表示方式的，有表示關係的，也有表示方向處所的。如：

　　把魯智深用活結頭使索子綁了。(17·246)

　　把説過的話對戴宗一一説知。(81·1341)

　　把那燭燈望東扯。(48·794)

　　秦明自把軍馬從左邊趲向山坡後去。(55·920)

　　把這二人就路邊結果了性命。(79·1309)

介詞“在”（或“於”）及其賓語在處置式的結構中，一般在動詞後面，但是如果動詞後面有別的賓語，或者謂語是固定性詞組時，則仍置於動詞前面。如：

　　把兩隻爪在地下略按一按。(23·346)

　　教就把軍馬在這箇平原曠野之地，列成陣勢。(109·1636)

（5）有時被提前的賓語，并不緊接在支配它的動詞前面，中間被別的動詞隔開了。最常見的是“來”和“去”，如：

　　且把他來綑做箇粽子。(19·275)

　　把馬去系在緑楊樹上。(5·85)

這類“來”“去”表示動作的意義非常輕，譬如第一例中的“來”，就并不表示"由彼至此"的動作，當然它們還是動詞，但的確有點虛化的傾向。有時候，賓語甚至可以和支配它的動詞隔得很遠，如：

> 水軍頭領李俊等，將糧食船隻，須謹慎提防，陸續運到軍前接濟。（107・1617）

> 我們把馬疋都教人看守在這村裏。（19・273）

　　3.動詞的後加成分

　　（1）謂詞可以是使成式，或帶助詞，或帶數量賓語，這類處置式在《水滸》中應用很普遍，我們只舉幾個例子：

> 將那株綠楊樹帶根拔起。（7・112）

> 還把龍香燒着，（1・5）

> 楊志先把弓虛扯一扯，（13・189）

> 把馬打上兩柳條，（5・86）

一例動詞帶結果補語（使成式），二例動詞帶時體助詞，三、四例帶數量賓語；前三例賓語可以還原到動詞後面去，第四例却不能够還原，可見處置式的結構，有它發展的必然條件。

　　（2）動詞後面帶有處所補語。如：

> 把包裹行李都提在後屋内。（36・570）

> 武松把樸刀倚在門邊。（31・475）

這類例子中的賓語，也是不能够還原到動詞後面去的，譬如把第二句説成"武松倚樸刀在門邊"就非常別扭。現代漢語裏，這類動詞後面帶有介賓結構（在……）的處所補語的時候，都必須把賓語提到前面去，《水滸》中却不一定把賓語提到前面去，如：

噴那毒氣在洪太尉臉上。(1·5)

武松踏住蔣門神在地下。(30·458)

叫小嘍囉扛抬過許多財物在廳上。(20·293)

（3）動詞後面帶有"得"及其補語成分，這時賓語不能還原到動詞的後面去，這在《水滸》中很常見。如：

把款狀都改得輕了。(12·182)

把陸虞侯家打得粉碎。(7·116)

這類句子在現代漢語中賓語也是不能還原到動詞後面去的。不過《水滸》中賓語可以在"得"的前面或後面出現，如"却也安排得那廝好"（31·476），"宋江連夜攻城得緊"（69·1175）。這一點可以這樣說明：在近代漢語發展中，動詞和助詞"得"的關係以及"得"和後面的補足成分之間的關係越來越密切，《水滸》代表了早期白話的情况，因此動詞和"得"之間，或"得"和補足成分之間，還可以插入賓語，後來賓語逐漸被排斥，另用"把"（或"將"）字把賓語提到前面去，成爲解決矛盾的辦法。這是處置式在現代漢語中發展的又一原因。

（4）動詞帶有雙賓語的時候，都留在動詞後面，有時會顯得贅累，因此往往用"將"和"把"把其中的一個提到前面去，構成處置式。如：

我爹娘當初把我嫁王押司。(45·744)

我回來多把利物賞你。(74·1243)

此外還有本爲連動式，用"把"（或"將"）把前一個動詞的賓語提到前面，兩個動詞結合在一起，後面的賓語仍然保留着。這種情況在第二個動詞是"爲"字時更爲常見。如：

> 我和你把人馬分爲兩路。（57·955）

> 祇把宋江封爲先鋒使。（84·1393）

有時候，被"把"（或"將"）提到前面的不是賓語而是賓語的附加語，賓語仍然留在動詞後面。如：

> 可將兩根鎗去了鎗頭。（13·187）

> 自把頭上拔下一把頭髮。（12·180）

> 把春台揩抹了灰塵。（6·96）

有時候，被"把"和"將"提到前面去的祇是句中的其他成分，賓語則仍然留在動詞後面。這類句子形式上是處置式，實際上"把"和"將"似乎祇是起了一種處所介詞的作用。如：

> 府尹將我臉上刺下迭配州字樣。（17·250）

> 宋江大笑，却把這打劫生辰綱金銀一事直説到劉唐寄書，將金子謝我。（35·546）

> 宋江把袖子裏摸時，手内棗核三個，袖裏帕子包着天書。（42·680）

一例中的"將"可以作"在"字講，二例中的"把"可以作"從"字講，三例中的"把"可以作"往"字講。這類句子已經遠遠超出了處置式的範圍，在現代漢語中已經完全被淘汰了。

有時候，動詞補語前面加上數量的"一個"（或簡省作"個"），使成式就變成了動賓結構。如：

> 把馬勒個定。（54·834）

> 把那店主人打個跟蹌。（32·495）

這類句子形式上雖然是動賓結構，意義上賓語仍然是補足性的。例如，第一例，如果没有"個"就是使成式，賓語完全可以還原到動詞後面去，現在加上一個"個"字，使成式變成了動賓結構，賓語就再不能在動詞後面出現了，這對處置式成了必然的結構，這又是處置式發展的條件之一。

4.特別的處置式

《水滸》中有一種有"把"或"將"的句子，不僅意義上不表示什麼處置，結構上也顯得特別。像下面的句子裏，動詞和"把"字所帶的賓語并没有關係：

> 毛太公教把他兩箇使的鋼叉并一包贓物，扛抬了許多打碎的傢火什物。（49·808）
> 寨後西北上不知那裏將許多糧米，有百十輛車子。（70·1186）
> 將近日先鋒所得州縣，見今缺的府縣官員，盡已下該部速行推補，勒限起程。（98·1540）

以上三例中，"把"或"將"及其賓語應該和句中的哪一個動詞相應呢？我們看不出來。嚴格説來，這種句子本身就不怎麼合於規範，在漢語的發展中自然没有發展的餘地。在早期白話裏，我們還看到一種没有動詞的處置式，如："我把你少打的潑物"（《西游記》二十二回）。這種處置式是用來罵人的，説話者本來想對某人做某種處置，但是没有説出來。《西游記》和《紅樓夢》裏這類句子都不少，但《水滸》中却没有這種例子。

5."把"和"將"的省略

處置式用"把"或"將"把賓語提到動詞前而去，這個"將"

或 "把" 就是處置式的標志，没有它就不成其爲處置式。不過在幾個處置式并列在一起的時候，"把"（或 "將"）可以祇在第一小句中出現，後面幾個小句中的 "把"（或 "將"）可以省去。如：

> 將御書丹詔放在中間，金銀牌面放在左邊，紅綠錦緞放在右邊，御酒表裏亦放於前。（82・1351）

凡是意義由上下文看得清楚時，句子的成分就可以省略，處置式也是這樣，這或者可以算作漢語精練的特色之一吧。

二　水滸中的 "被" 字句

《水滸》中的 "被" 字句，從結構上或者從意義上都可以分成兩大類。第一類表示意義上的被動關係，受動者置於句首以主語的形式出現；第二類并不表示被動關係，受動者（如果有的話）仍然置於動詞後面，以賓語的形式出現，"被" 字實際上起着副詞的作用。

《水滸》中除 "被" 字之外，還有一個 "吃" 字，也表示被動關係："被" 字出現了近千次，"吃" 字却祇有一百多次，可見 "被" 字占着絶對的優勢。但在意義上，用 "吃" 或用 "被" 似乎没有分别，當然這兩個字的動詞意義是完全不同的。

（一）表被動關係的被字句

從關係語方面看，這類句子可以分爲兩類：一類是帶關係語的，出現最普遍；一類是不帶關係語的。後一種情況水滸中出現了八十餘次，例如：

這遭必被擒捉。(42・676)

二哥哥吃打壞了。(5・58)

今日也吃拿了。(17・246)

這類不帶關係語的被動式，動詞多是單音節的。有人認爲關係語必須出現是漢語被動句的特點，這類沒有關係語的被動式祇是中古漢語用法的殘留，這種看法值得商榷。首先，這類被動式裏的動詞雖然大部分是單音節詞，但也有不少是雙音節詞或爲動補結構的，和中古"被害""被遇"等"被"字祇和單音詞結合的情況不同。其次，"吃"字用於被動式是後起的，《水滸》中"吃"字用來表被動關係但沒有關係語的也有三十餘次，這不能說也是中古用法的殘留。可見《水滸》中的被動式，關係語是可以不出現的。

從賓語出現的情況看，也可以分爲兩類：一類是受動者以主語身份出現，動詞後面不再帶別的賓語（數量賓語除外）；一類是動詞後面還帶有賓語。

1. 不帶賓語的被動句

（1）謂語祇是一個簡單的動詞，沒有任何補足成分。如：

吃他笑。(58・979)

這遭必被擒捉。(42・676)

被村夫耻辱。(11・163)

（2）動詞可以帶數量賓語、助詞以及各種補足成分，在《水滸》中很是普遍，略舉數例於下：

小弟被他又痛打一頓。(30・467)

早被軍士趕上。(95・1516)

我昨日一時間倉卒被你這廝瞞過了。（40・643）

被燕青去任原左脇下穿將過去。（74・1247）

那幾箇幫閑……被那大漢一拳一個都打的東倒西歪。

（44・719）

這一類被動結構，在現代漢語中也是非常普遍的。

（3）動詞前面，可以有副詞、量詞、介賓結構等修飾成分，也可以間有別的動詞甚至句子形式。如：

這婦人正被直丟在大酒缸裏。（29・454）

那趙能正走到廟前，被松樹根衹一絆，一交攧在地下。

（42・681）

小張乙急待向前奪時，被李逵一指一交。（38・602）

那人……被武松不管他，拖了過來。（26・414）

李逵被那人在水裏揪扯，浸得眼白。（38・608）

被他額角上打中一石子。（70・1181）

一例動詞前面有副詞"直"來修飾它。二例動詞前有數詞"衹一"，動詞後面必然還有一個表示結果的句子，語意才算完全，像第三例那樣，看起來就像沒有完似的，這種句子在《水滸》中并不多見。四例"被武松不管他"似乎是一個否定的被動式，其實和主語相應的是動詞"拖"，"不管他"衹是插入中間的一個修飾性短語；被動式的動詞和關係語中間絶不能插入否定副詞"不"，《水滸》中沒有例外。① 三十七回有這樣一個例子："三個……正待要去投宿，却

---

① 《西游記》《紅樓夢》和《儒林外史》等書中也沒有例外。

被他那裏不肯相容。”這似乎是例外，其實“不肯相容”的反面是“肯相容”，而不是“相容”，否定副詞“不”是修飾“肯”的，和動詞“相容”不發生直接關係，可見連這個例外也不能成立。最後兩例，動詞之前有處所修飾語，這裏不打算討論了。

（4）有些被動句，謂語是一個固定詞組。如：

十二三個賭賻的……被李逵指東打西，指南打北。（38·602）

這閻婆惜被那張三小意兒百依百順，輕憐重惜，賣俏迎奸。

（21·312）

這類被字句的特點是我們没有辦法把它們改成主動句，但這類句子并不多見，在《水滸》中祇有少數幾個例子，現代漢語中也是不大用的。

2.帶賓語的被動句

這裏又有兩種情況：一是動詞前面有主語，賓語是主語所有或主語的一部分；一是受動者以主語身份出現，但又在動詞後面重複出現，或者用代詞加以複指。分別叙述如下：

（1）賓語是主語的一部分或爲主語所領有，這類被動式在現代漢語中也還是存在着的。如：

我……被這兩個賊男女縛了雙手。（65·1109）

何濤……已被割了兩個耳朵。（24·294）

兩三個土兵跌倒在龍塀裏，被樹根鈎住了衣服。（42·676）

一、二例賓語是主語的一部分，三例賓語所代表的事物是主語所領有的。此外有一些句子，主語和賓語的關係看起來不明顯，但細細考察，還是可以看出其中的領屬關係的。如：

　　　　閏大刀也吃劫了寨也。(66‧1127)

　　　　我這裏被他片時連打了一十五員大將。(70‧1185)

　　(2)主語是受動者，但在動詞後面重出，或有代詞加以複指。如：

　　　　這廝夜來赤條條地睡在靈官廟裏，被我們拿了這廝。(14‧206)

　　　　(張壽)領救兵二萬前來，被林沖等殺其主將張壽。(105‧1606)

　　　　雷橫……被我賺他打你前門。(18‧266)

一、二例主語又在動詞後面以賓語形式重複出現，三例主語"雷橫"是受動者，賓語後面又以"他"字複指。

　　前述兩類被動式，既然動詞後面還有賓語，就可以用"將"或"把"把賓語提到前面去，於是處置式和被動式就結合起來了。如：

　　　　那人又飛起腳來踢，被李逵直把頭按將下去。(38‧606)

　　　　丘岳不曾提防，被他趕上，祇一刀把丘岳砍下船去。(80‧1326)

這種被動式和處置式的結合，一般是被字在前，"把"或"將"在後，"被"字在後，"把"字在前的祇是偶然出現，《水滸全傳》僅僅在九十五回裏有一個例子：

　　　　早把魯智深、武松、劉唐打翻，北軍趕上，也被活捉去了。

　　　　(95‧1518)

這個句子裏，似乎被捉去的是"北軍"，其實不然，是魯智深、武松、劉唐被"北軍"捉去了，因爲關係語沒有出現，語意弄得非常模糊。

　　3.複雜的被動式

　　《水滸》中有一類被動式，形式非常複雜，試看下面兩個例子：

在先敝寺十分好個去處，田莊又廣，僧衆極多，祇被廊下那幾個老和尚吃酒撒潑，將錢養女，長老禁約他們不得，又把長老排告了出去，因此把寺來都廢了。（6·96）

（王義）因爲帶將一個女兒名喚玉嬌枝同行，却被本州賀太守，原是蔡太師門人，那廝爲官貪濫，非理害民，一日因來廟裏行香，不想正見了玉嬌枝有些顏色，累次着人來說，要娶他爲妾。（58·978）

這類句子的特點是：關係語後面帶了一長串句子，用來説明關係語的情況，叙述關係語的行爲，和主語相呼應的動詞却被遠遠拋在後面。如第一例關係語是"廊下那幾個老和尚"本要緊接"把寺來都廢了"，中間却叙述了老和尚許多情況；第二例關係語"賀太守"後面本應緊接"累次着人來說"，可是中間夾了一長串對于賀太守的叙述，使人們不容易看出和主語相呼應的動詞，句子結構也顯得特別臃腫渙散。應該指出：這類句子不能認爲是漢語中規範的被動式，在發展中也必然沒有它們的前途。

（二）非被動關係的被字句

這類句子仍然是"主—動—賓"的詞序，和一般的主動句一樣，祇是句首加上一個"被"字。和正常的被動句不同，它們并沒有被動的意思，動詞前面的不是受動者，受動者仍然在動詞後而以賓語的形式出現。這裏"被"字往往表示一種不幸或意外的情況，我們很難說它們是介詞，看起來倒像是起了一種副詞的作用。如：

被你殺了四箇猛虎，如今山寨裏又添的兩箇活虎上山。（44·712）

今日五更被我起來張時，看見果然是這賊禿戴頂頭巾，從家裏出去。（45·743）

被原告人執定要小人如此招做故放，以此問得重了。（51·844）

被強人兩月之內便集聚了二萬餘人，打破鄰近上津縣、竹山縣、鄖鄉縣三箇城池。（105·1602）

俺見這厮們慳恪，被俺捲了若干金銀器，撒開他。（57·950）

一例還可以改成被動關係"四個猛虎被你殺了"，其他幾句却根本無法改成被動關係，或者改變之後，句子的整個意義都變了。從意義上看，一例雖然不表示不幸，但是一人殺了四個猛虎，却的確是一件出人意料的事；其他四句則確是表示不幸的事情或情況的。真正的被動句，主語是受動者，動詞必然是個外動詞，內動詞和表示存在一類的動詞都不能構成被動式。但是不表示被動關係的被字句都不受這個限制，不僅內動詞、存在動詞可以用，繫詞和形容詞也可以用，"被"字在這裏往往有說明理由和解釋原因的作用。如：

祇是一時間不小心被他走了。（51·344）

却被村裏有箇親戚，在下處說些家務，因此擔閣了些。（18·264）

却被呼延灼陣裏，都是連環馬，官軍馬帶馬甲，人披鐵鎧。（55·922）

　　本要跳過來殺公人，却被店內人多，不敢下手。（62·1054）
這類不表示被動關係的被字句到現在已經完全被淘汰了，被動式的
形式得到了統一，這也顯示出了漢語語法結構的日趨完善。

關於"他"的上古用法 [*]

  《中國語文》1964 年第 3 期洪誠先生的《王力〈漢語史稿〉語法部分商榷》説:"'他'字没有變成第三身代詞以前,單用時祇指事物,不指人,意義作'别的'解,不作'别人'解。如果要用它表示'别人','人'字就非用不可。祇有'他人'才有'别人'的意思,光一個'他'字没有'别人'的意思。"我們粗略地考察了先秦的一些語言材料,覺得事情并不像洪先生説的那樣。"他"在上古單用時不僅可以指事物,也可以指人。例如:

    豈伊異人,兄弟匪他。(《詩經·小雅·頍弁》)
    蕭同叔子非他,寡君之母也。(《左傳》成公二年)
    孟子曰:"然,不可以他求者也。"(《孟子·滕文公》上)

上面所舉的例子裏,"他"雖然不是第三人稱代詞而是旁指代詞,意思却都是指人而不是指事物。如果聯繫上下文來看,第一例"兄弟匪他",意思是"(參加宴會的)都是兄弟而不是别人",第二例"蕭同叔子非他",意思是"蕭同叔子不是别人"。第三例"不可

---

  * 原載《中國語文》1965 年第 3 期。

以他求者也”，楊伯峻先生翻譯爲“嗯！這是不能够求於別人的”。（見《孟子譯注》上册，115頁）我以爲很正確。這三處的“他”字都祇能作“別人”解，不能作“別的”解。可見“他”轉變爲第三人稱代詞比較遲，并不像洪先生說的那樣，是因爲“他”在上古單用時没有指人的意思。洪先生批評王力先生“没有認清‘他’字在上古的意義”，未必是恰當的。

論《馬氏文通》的句法研究[*]

馬建忠的《馬氏文通》（下稱《文通》）系統劃分了漢語詞類，研究了漢語句法規律，在我國傳統語言學（小學）的基礎上開創了語法研究的新天地，使漢語語法開始成爲一門獨立的學科。它的許多分析和結論至今仍爲我們所繼承。《文通》仍然是一部漢語語法研究的重要典籍。本文想就《文通》在句法研究上取得的成就和問題進行一些討論，以便向方家請教。

一

《文通》指出主語和謂語是句子的主要成分，并開始應用了主謂二分的析句方法。主語叫作“起詞”，謂語叫作“語詞”。它説：“凡句讀必有起、語兩詞，……蓋意非兩端不明，而句非兩詞不成。”（0.2 界説十三）“凡句讀之成，必有起詞、語詞。”（5.13.1）^①《文通》開創的句讀二分法，我們至今仍然采用。

什麼叫起詞？《文通》説：“凡以言所爲語之事物者曰起詞。”

＊　原載《三峽學刊》第 2、3 期合刊，1994 年。

① 　本文引文都見呂叔湘、王海棻先生所編《馬氏文通讀本》，引文注明該書章節。

（0.2 界説十二）"言其行之所自發者曰起詞。"（5.0）拿現在的話説，主語（起詞）是表示謂語（語詞）所陳述的事物。在動詞句裏，則是行爲的發動者。"句也讀也，皆所以語或動或靜之情也，所謂語詞也。而動靜之情，不能不有所從發者。其所從發者，起詞也。然則起詞者非他，即所發動靜之情之事物也。"（10.1）

被動句裏，起詞不是"行之所自發者"，該如何看呢？《文通》以轉換句子結構和動詞性質來處理。句中有"爲"字時，把它轉換成判斷句。如《漢書·霍光傳》："衞太子爲江充所敗。"（5.3.1〔299〕）①《文通》的分析是"'敗'，外動也，'江充'其起詞，'所'字指'衞太子'，而爲'敗'之止詞。故'江充所敗'實爲一讀，今蒙'爲'字爲斷，猶云'衞太子爲江充所敗之人'，意與'衞太子敗于江充'無異。如此，'江充所敗'乃'爲'之表詞耳。"被動句中没有"爲"字時，《文通》認爲外動字轉化爲受動意義，起詞就可以表受動。"凡外動字之止詞變爲起詞，是即外動字之轉爲受動矣。"（7.2.4）這種説法很勉强，因爲漢語裏的被動意義主要通過"爲、見、被、於"等語法手段來表示，動詞本身并無外動、受動之分。馬氏自己也説："同一字可爲外動與受動"（5.3.3〔373〕），"同一外動字也，介以'於'字，則轉爲受動字矣。"（5.3.3〔338〕）《文通》還提到另外一種情況："句讀内有同指一名以爲主次，爲賓次或爲偏次，往往冠其名於句讀之上，一若起詞者然，避重名也。"（10.1.8）如"子路，人告之以有過則喜"。（〔67〕）這句話的

---

① 方括號中的編號即《馬氏文通讀本》的例句編號，下同。

意思就是"人告子路以有過，則子路喜"。句首"子路"既是"告"
的對象，又是"喜"的發動者。馬氏説"一猶起詞者然"，大約傾
向於看成主語。後來有的學者肯定馬氏的觀點，有的學者則看成外
位語。其實主語和謂語的關係不只一端。朱德熙先生説："主語所
指的事物跟動詞表現的動作之間的關係是各種各樣的。有的主語指
事物是動作的發動者，即所謂施事；有的是受動詞影響的事物，即
所謂受事；有的是施事、受事的另一方，可以稱爲'與事'；有的
是動作憑藉的工具，有的表示動作發出的時間和處所。"[①] 把上述置
於句首的句子成分統一看成主語，分析句子時比較簡便，理論上也
是講得通的。

　　哪些詞語可以充當起詞呢？《文通》指出："凡句讀各有起詞，
爲起詞者，名、代、頓、讀皆習見焉。"（10.1）"爲起詞者，名字與
代字固已；而頓與讀之用於名字者，其爲起詞亦習見也。"（10.1）
又"散動有用於起詞者"。（5.14.1）《文通》還指出，代詞"其"
和"者"作起詞各有特點。"'其'爲讀之起詞而居主次。"（2.2.6）
"'者'字煞讀，義若起詞。"（2.3.3）如《論語·學而》："有子曰：
其爲人也，孝弟而好犯上者鮮矣，不好犯上而好作亂者，未之有
也。"——"'其爲人也'第二爲讀，'其'代字，起詞也。'孝弟
而好犯上者'第三爲讀，'者'代字，起詞也。'不好犯上而好作
亂者'第五爲讀，'者'代字，其起詞也。"（10.1〔3〕）馬氏指明
"其"祇做讀的起詞而不能做句的起詞，"者"字結構中的"者"意

---

① 朱德熙《語法講義》，95 頁。

義上指行爲發動者，觀察是相當細緻的。但是"者"的位置常在讀末，與一般起詞常居語詞之前者不同，所以現代學者都不把它看成主語。

什麼是語詞？《文通》説："凡以言起詞所有之動静者曰語詞。"（0.2 界説十三）現在語法學者説謂語是陳述主語的句子成分，和《文通》的界説并没有什麼太大的分歧。在句讀中，語詞更不可缺少。"語詞則起詞所爲語也，無語詞是無句讀矣。"（5.13.1）《文通》中的語詞有廣義和狹義兩種含義。廣義的語詞對起詞而言，包括動詞及其有關的附帶成分。"凡曰語詞，則動字與其所系者皆舉焉。"（10.5.2）形容詞謂語、名詞謂語也包括在内。例如《孟子・梁惠王上》："彼奪其民時。"（0.2〔43〕）《文通》的分析是："'彼'起詞，指暴君也。'奪民時'其語詞也。"語詞指整個動賓詞組。狹義的語詞僅指謂語中的主要動詞。"字之爲語詞者，動字居多。""若語詞之爲外動者，概有止詞以續之。"（0.2）"所謂坐動者，即句讀之語詞也。"（10.2.3）"外動字或爲語詞，或爲散動，其止詞必位其後。"（10.3）例如《孟子・梁惠王下》："民惟恐王之不好勇也。"（0.2〔38〕）《文通》分析説："'民'起詞，'恐'其語詞。所恐者何？非第曰'王'也，乃'王之不好勇'也，故以'王不好勇'一讀爲'恐'之止詞。"語詞僅指動詞"恐"，不包括它的賓語。現在學者講語法，"謂語"也有廣義、狹義之分，可以説是繼承了《文通》的傳統觀點。

形容詞、名詞做謂語，表示描寫或判斷，《文通》特稱爲"表詞"，以區别於動詞謂語。它説："動字之爲語詞，凡以言起詞之

行也。若語詞言起詞之何似、何若，狀其已然之情者，當以靜字
爲主。靜字後乎起詞而用作語詞，所以斷言爲何如也。惟靜字爲
語詞，則名曰表詞。"（0.2 界說十六）"表詞者，所以決事物之靜境
也。"（4.4）充當表詞的不衹形容詞。"名字與頓、豆，皆可爲表詞
也。"（4.4.1）還有"散動用如表詞者"。（5.14.2）如《孟子・梁惠
王上》："庠者，養也；校者，教也；序者，射也。"（5.14.2〔1265〕）
"養、教、射"都是動詞而在句中爲表詞。《左傳・宣公十二年》：
"夫武，禁暴、戢兵、保大、定功、安民、和衆、豐財者也。"——
"'武'一起詞，下七動字與其出詞各爲一頓，同爲表詞也。"
（10.2.5〔130〕）《文通》指出這類句子還有一個特點，就是"靜字
而爲表詞，必置起詞之後……其句讀之起詞，名、代、頓、讀無論
也"。（4.4.1）總之，表詞衹是語詞的一個分類，"言語詞，則内動、
外動、受動與凡爲表詞者皆賅焉"。（10.2）它們的關係可如下表：

語　詞	
語　詞	表　詞
動詞、動詞與其所係者充當	靜、散動、名、代、頓、讀充當

　　表示判斷的句子，有的在起、表兩詞之間加係詞；有的
不加係詞，而在句末加助詞；有的既加係詞，又加助詞。係
詞，《文通》叫"斷辭"或"決詞"。"凡以表決斷口氣，概以
'是''非''爲''即''乃'諸字參於起、表兩詞之間，故諸字名
'斷辭'。或無斷辭，則以助字煞之，或兩者兼用焉亦可。斷詞，
一曰決詞。"（4.4.2）從《文通》所引例證歸納，古代漢語的判斷句
可得以下十式，就是：

（1）"A，B 也"式。如《左傳·昭公十四年》："叔向，古之遺愛也。"（4.4.2〔290〕）

（2）"A 者，B 也"式。如《莊子·秋水》："無形者，數之所不能分也，不可圍者，數之所不能窮也。"（4.4.1〔293〕）

（3）"A 者，B 者也"式。如《孟子·離婁下》："大人者，不失其赤子之心者也。"（9）

（4）"A，B 者也"式。如《史記·平原君列傳》："公等碌碌，所謂因人成事者也。"

（5）"A 者，B"式。如《史記·魏其列傳》："天下者，高祖天下。"

（6）"A 爲（即、乃、非）B"式。如《左傳·僖公二十八年》："師直爲壯，曲爲老。"（4.4.2〔278〕）《史記·項羽本紀》："梁父即楚將項燕。"（〔282〕）《史記·李斯列傳》："夫斯乃上蔡布衣。"《莊子·秋水》："子非魚，安知魚之樂。"

（7）"A（者），惟 B"式。如《左傳·襄公二年》："免寡人，惟二三子。"《孟子·公孫丑下》："知其罪者，惟孔距心。"

（8）"A 是（乃、非）B 也"式。如《史記·刺客列傳》："此必是豫讓也。"（4.4.2〔314〕）《莊子·大宗師》："善吾生者，乃所以善吾死也。"（4.4.2〔318〕）《孟子·離婁上》："故曰城郭不完，兵甲不多，非國之災也；田野不辟，貨財不聚，非國之害也。"（9.1.2〔87〕）

（9）"惟 A 爲 B"式。如《禮記·中庸》："唯天下至誠爲能盡其性。"（4.4.2〔284〕）

（10）"A，B" 式。《論語·先進》："德行，顏淵、閔子騫、冉
伯牛、仲弓。言語，宰我、子貢。政事，冉有、季路。文學，子
游、子夏。"（10.2.5〔132〕）

判斷句的起詞和表詞可以是詞，也可以是詞組和句子形式，
《文通》舉例相當詳盡，不必一一討論了。

二

句子的次要成分附屬於主語和謂語兩個主要成分。《文通》討
論了止詞、轉詞、司詞和加詞，大致相當於現代的賓語、補語、同
位語等。

止詞，主要指受事賓語。"凡名、代之字，後於動字而爲行之
所及者曰止詞。"（0.2 界說十六）哪些詞語可以充當止詞？《文通》
說："爲止詞者，不外名、代、頓、讀而已。"（10.3）又："散動直
承坐動，與止詞無異。"（5.14）例如《左傳·襄公三十一年》："不
敢輸幣，亦不敢暴露。"——"'敢'，坐動，散動'輸''暴露'直
記所敢之事。"（5.13.2.2〔1115〕）按"敢"是能願動詞（助動詞）。
對於這類結構，現代語法學者有三種看法：朱德熙、張壽康先生認
爲能願動詞（助動詞）是謂語動詞，它後面的動詞或形容詞是賓
語。這是繼承《文通》的觀點。王力、黎錦熙、胡裕樹、黃伯榮等
先生認爲能願動詞是狀語，它後面的動詞和形容詞是中心語。《暫
擬漢語教學語法系統簡述》認爲能願動詞和後面的動詞合在一起成
爲合成謂語。

　　《文通》認爲 "言告" 類動詞後面可以有兩個止詞，一個指人，一個指事物。"'教''告''言''示'諸動字有兩止詞，一記所記之人，一記所語之事。先人後事，無介詞以繫者常也。"（5.2.1）黎錦熙先生開始叫雙賓語，指人的是間接賓語，位置一般在前，指事物的是直接賓語，位置一般在後。

　　還有，《文通》沒有 "兼語式" 這一概念，古漢語的兼語結構都歸入讀爲止詞一類。如《左傳·宣公十二年》："孤不天，不能事君，使君懷怒以及敝邑，孤之罪也。"（10.6.3〔525〕）《史記·張釋之列傳》："卑之，毋甚高論，令今可施行也。"——"此使令之讀，繫於動詞之後，若爲其止詞者然。"（〔529〕）《文通》把兼語句列爲一組，説 "若爲其止詞者然"，"亦可附志於此"。可見馬氏已看出這類結構和一般的止詞并不完全相同，祇是沒有另立名稱而已。

　　轉詞，《文通》管止詞以外的動詞其他連帶成分叫作 "轉詞"。及物動詞，不及物動詞都可以有轉詞。"外動行之及於外者，不止一端。止詞之外，更有因而轉及別端者，爲其所轉及者曰轉詞。"（5.1）"内動之行，雖不徑達乎外，至其行之效有所於歸者，則爲轉詞。"（5.4.6）《文通》認爲，轉詞可以指人、處所、時間、價值、度量等；位置可以在動詞後，也可以在動詞前。轉詞可以帶介詞，在動詞後面，相當於補語，在動詞前則與狀語相當。不帶介詞時，動詞後面表人的名詞爲轉詞，表事物的名詞爲止詞。這類轉詞就是間接賓語，位於止詞之前。《文通》説："轉詞指人，或爲代字，或爲名而字无過多者，是先諸止詞而無庸介焉。"（5.1.2）如 "遺之牛羊""與之天下""饋孔子蒸豚""與人規矩" 等，都是轉詞先於止詞。

轉詞和止詞不是固定不變，而是可以互相轉化。從《文通》可以歸納出以下四種變式：（以 A 代轉詞，B 代止詞）

（1）“動 BA”式。如《史記・廉頗藺相如列傳》：“請奉盆缻秦王以相娛樂。”（5.1.2〔72〕）“盆缻”，止詞，在前；“秦王”，轉詞，在後。

（2）“以 A 動 B”式。如《孟子・萬章上》：“天子不能以天下與人。”（5.1.4〔78〕）止詞“天下”前加介詞“以”，移置動詞之前，成爲轉詞，相當於現在所訴處置式。“人”在動詞後面則由轉詞變爲止詞。

（3）“動 B 以 A”式。如《史記・司馬相如列傳》：“故遣信使曉諭百姓以發卒之事。”（5.1.4〔88〕）“百姓”本轉詞，現在變成止詞，而“發卒之事”加上介詞“以”，由止詞變成轉詞。

（4）“動 B 於 A”式。如《孟子・告子下》：“故天將降大任於是人也。”（5.1.1〔10〕）轉詞“是人”介以“於”字，置於止詞“大任”之後。

以上事實表明，早在一百多年前，馬氏已看到漢語同義句句式相互轉換的關係。

前面談到，《文通》認爲在“言告”類動詞後面，指人和事物的兩個名詞都是止詞，而“給予”類動詞後面，却一個是轉詞，一個是止詞。於是結構完全相同的句子，《文通》却有兩種不同的分析：“后稷教民稼穡。”（5.1.2〔150〕）——“‘教’字後兩止詞，‘民’者，所教之人也，‘稼穡’者，所教之事也。”“子噲不得與人燕。"(5.1.2〔28〕)——"'人',名也,'與'字之轉詞,今先于'燕';'燕','與'之止詞也。""民"與"人"都指人,而一爲止詞,一爲轉詞。馬氏這種處理,大約是受拉丁語法的影響。拉丁語祇有"言告"類動詞後面可以有兩個受格賓語。"給予"類動詞後面祇能有一個受格賓語,一個與格賓語①。黎錦熙先生根據漢語的詞本身并無格變的實際,把兩類動詞後面表人和事物的詞語都叫"賓語"②,一直沿用至今。

司詞,《文通》有兩個不同的含義:一指介詞賓語。"凡名,代諸字爲介字所司者曰司詞。"(0.2 界說二十二)一是形容後面的詞、詞組或介詞結構,叫作"象静司詞",大致相當於現在所謂的形容詞補語。《文通》說:"象静後之司詞,猶動詞後之止詞,所以足其意也。"(4.2.7)如"業精于勤,荒于嬉"。(〔161〕)"于勤""于嬉"是司詞。不過像"言寡尤,行寡悔"(〔128〕)、"叟不遠千里而來"(〔136〕)中的"尤""悔""千里",《文通》認爲是司詞,現在却都看成賓語。其中"千里"是意動賓語,《文通》中還没有"使動""意動"的名稱。馬氏不把這類成分看作止詞而以爲司詞,大約因爲"寡""遠"是静字,拉丁語中它們祇用屬格而不用賓格表示。《文通》中有些地方自己說法不一,往往是模仿西方語法的結果。

加詞,《文通》也有兩個不同的含義。一個指介詞結構。"介詞與其司詞,統曰加詞,所以加於句讀以足起語諸詞之意。"(0.2

---

① 吕叔湘、王海棻《馬氏文通讀本》,19頁。
② 黎錦熙《新著國語文法》第四章,34—35頁。

界説二十二）"間有介詞與其司詞繫於內動字而爲加詞者，則先後無常。"（0.2）繫於語詞的加詞，與轉詞没有什麽區别。一個指同位語和一些别的結構。"凡名、代、動、静諸字所指一，而無動字以爲聯屬者曰加詞。"（3.4.3）《文通》列舉了"加詞"的六種情況：（1）官銜勛戚諸加詞先後乎人名者（3.4.3.1）。（2）諸詞相加所稱雖同，而先後殊時者（3.4.3.2）。這兩種加語就是指的同位語。如"右丞相陳平患之"（〔319〕），"右丞相"是"陳平"的加詞，即同位語。（3）約指、逐指代字加於名、代諸字之後，以爲總括之解者（3.4.3.3）。所謂逐指、約指代字是指"皆、俱、各、家家"等詞語。楊樹達先生《刊誤》已指出它們不是代詞，在句中也不是同位語，不能稱爲加詞。（4）先提一事而後分陳者（3.4.3.4）。如"晋有三不殆：險而多馬，齊楚多難"。（〔355〕）這是分合式複句，不是同位語。（5）起詞、止詞後凡繫讀以爲解者（3.4.3.6）。如"它小渠披山通道者，不可勝言"。（〔349〕）"披山通道者"是申釋"它小渠"的，今人有的稱爲後置定語，不是同位語。（6）動字、名字歷陳所事，後續代字從爲總結者（3.4.3.6）。如"墮肢體，黜聰明，離形去知，同于大道，此謂坐忘"。（〔355〕）"此"字統指前四項，跟（4）一樣，這也是分合式複句，（4）是先合後分，（6）是先分後合，不是同位語。這些都表明，《文通》在術語運用上，概念不够統一。

　　《文通》中没有定語的名稱。但在"偏次"裏説："凡數名連用，而意有偏正者，則正者後置，謂之正次；而偏者先置，謂之偏次。"（3.2）這裏的"偏次"就是指名詞性定語。偏次之用（3.2.1），

"有以言正次之屬者"，"有以言所有之度數者"，"有以言其形似者"，"有以言其地者"，"有以言其時者"，正是分別討論名詞定語的各種意義關係。代詞和動詞也可用於偏次。如"諸生以時習禮其家"（0.3）——"'其'代字而居偏次。""燕趙自古多感慨悲歌之士。"（5.14.4〔1301〕）——"'感慨悲歌'，皆在偏次。"形容詞做定語，《文通》沒有專門的名稱，袛說"猶偏次然"（4.2.1）。黎錦熙先生《新著國語文法》稱爲"形容性附加語"，王力先生《中國現代語法》、呂叔湘先生《中國文法要略》都稱"加語"。解放後初中《漢語》分句子成分爲主、謂、賓、補、定、狀六類，開始有定語的名稱，并把修飾名詞的名詞、代詞、形容詞都叫作定語。

"狀語"的名稱，《文通》已經有了，指的是由兩個以上的字構成的、表時間或處所的詞語。"凡狀字或名字，集至兩字或三四字以記時、記處者，往往自成一頓，無所名也，名之曰狀語。"（10.5.4）現在講狀語，是指修飾謂語以表達程度、範圍、狀態、方式、語氣等的句子成分，可以是由副詞充當，也可能由其他詞語充當，與《文通》中的"狀語"不是一回事。副詞或其他詞語修飾謂語，《文通》只稱"狀字"。如《孟子·梁惠王上》："天油然作雲，沛然下雨，則苗勃然興之矣。"（6.1.1〔1〕）——"'油然'者狀字也，所以肖'作雲'之狀，故先之。'沛然'以狀'下雨'，'勃然'以狀苗之'興'起，故皆先焉。"《文通》的"狀字"還可以修飾名詞、代詞、詞組或句子形式。"不惟此也，名字、代字、頓也、讀也皆爲狀焉。"（6.14）如《孟子·離婁上》："視天下悅而歸己，猶草芥也。"（〔17〕）——"'草芥'名字也，'猶'字狀之。"

但《文通》又説："至'如''若'等字，雖爲狀字，而其用與動字無異，亦可列入同動字也。"（5.7.3）馬氏已認識到這幾個字跟其他狀字不同。采取了騎牆的態度，現在的語法書把"猶、如、若"等字一律看作動詞。至於名詞、動詞做狀語，《文通》叫作"狀字假借"。如"庶民子來"（6.2.1〔47〕）——"'子'名字，先乎動字而成狀字。""且方其時，上使立誅之則已。"（6.2.3〔72〕）——"'立'，動字也，今假以狀'誅'字而先焉。"其中所謂"狀字"，即指狀語。可以説，有關狀語的各種用法，《文通》實際上都已經討論到了。

三

"句讀"的名稱，很早就有了。漢何休《公羊傳解詁序》："是以講誦師言至於百萬，猶有不解，時加讓嘲辭，援引他經，失其句讀。"就是批評儒生們讀不斷經書的句讀。南朝梁劉勰《文心雕龍·章句》："句者局也。局言者，聯字以分疆。"這是第一個給句下定義的。譯成現代漢語就是：句是分界，給語言分界，即把一個一個的字聯結起來成爲各有界限的單位。宋元人開始區分句和讀。《增韻》："句讀，同經成文，語絕處謂之句，語未絕而點分之以便誦咏謂之讀。"《文通》從結構和意義上給句讀下定義并將兩者區別開來：

凡有起詞語詞而辭意未全者曰讀。（10.6）

凡有起詞語詞而辭意已全者曰句。（10.9）

這兩個定義，前一半從結構上説，兩者都有起、語兩詞；後一半從意義上説，兩者有辭意已全未全之分。

但句和讀在形式上也不是没有區別。《文通》説："讀有讀之式，有讀之用。讀之式有二，曰記曰位。"（10.6）讀有區別於句的三種標記，亦即三個特點：（1）接讀代字是讀的標記之一。凡有接讀代字"其""者""所"的結構是讀。如《莊子·秋水》："此其比萬物也，不似毫末之在於馬體乎？"——"'其'接'此'字，讀之起詞。"（10.6.1.1〔384〕)《莊子·秋水》："無形者，數之所不能分也。"——"起詞之讀有'者'字，語詞之讀有'所'字。"（同上〔380〕）（2）起、語兩詞之間參以"之"字的是讀。如《孟子·梁惠王下》："吾之不遇魯侯，天也。"（10.6.1.2〔398〕）"吾之不遇魯侯"是讀爲起詞，中參"之"字。（3）前有連字"若""即""雖""縱""以""爲"等的是讀。如《左傳·隱公十一年》："寡人若朝于薛，不敢與諸任齒。"（同上〔406〕）"寡人若朝于薛"爲讀，有連字"若"。

位置上，讀常在句前。也有三種情況：（1）讀先乎句，而有助字"也""矣""焉""哉""乎""耶"爲殿。如《戰國策·楚策》："今妾自知有身矣，而人莫知。"（10.6.2.1〔424〕）讀有"矣"字爲殿。（2）讀先乎句，而有起詞爲聯。如《史記·吕后本紀》："太尉尚恐不勝諸吕，未敢訟言誅之。"（10.6.2.2〔437〕）"太尉"爲讀的起詞，也爲句"未敢訟言誅之"的起詞。（3）讀先乎句，而無起詞爲聯。如《左傳・僖公十五年》：“出因其資，入用其寵，飢食其粟。”（10.6.2.3〔683〕）“出”“入”“飢”各自爲讀而先於句，都無起詞。

讀的用途，《文通》歸納爲三點：（1）用如名字，充當句子的起詞、止詞或轉詞。（10.6.3）如《孟子・滕文公下》：“鳥獸之害人者消。”（〔496〕）“鳥獸之害人者”一讀，爲起詞。《論語・八佾》：“孰謂鄹人之子知禮乎。”（〔509〕）“鄹人之子知禮”一讀，爲止詞。《孟子・梁惠王上》：“王無異于百姓之以王爲愛也。”（〔536〕）“百姓之以王爲愛”一讀，介以“於”字爲轉詞。（2）用如静字，充當句子的表詞。如《論語・述而》：“我非生而知之者。”（〔561〕）“生而知之者”一讀，爲表詞。（3）用如狀字，用以記處、記時、記容。“容之所包者廣，凡言及舉止、比較、情景、緣因，與夫擬議、設想之情狀者，胥賅焉。”（10.6.3.3）如《左傳・昭公二十五年》：“諸臣僞劫君者，而負罪以出，君止。”（〔604〕）——“‘僞劫君者’，記飾似之容也。”《史記・陸賈列傳》：“以好時土地善，可以家焉。”（〔616〕）“以好時土地善”一讀，記原因。如果用現代語法觀點加以歸納，《文通》所説的“讀”包括以下三種情況：（1）含有“其”“者”“所”的詞組；（2）充當句子成分的主謂結構；（3）主從複句中的從句。讀并不等於複句中的分句。

關於句，《文通》説：“句之爲句，似可分爲兩類：一則與讀相聯，一則舍讀獨立者。”（10.7）《文通》談到了複句的内容，但没有複句的概念，而是以句讀相聯進行解釋。所謂“與讀相聯者”，指的是以下四種情況：（1）句子成分中含有“其”“者”“所”

詞組的單句。(2)句子成分中含有主謂詞組的單句。(3)單句中除"其""者""所"詞組,主謂詞組以外的部分。如《孟子·梁惠王上》:"寡人之于國也,盡心焉耳矣。"(7.2.6〔213〕)"盡心焉耳矣"爲句。(4)主從複句中的主句。如《漢書·樊噲傳》:"微樊噲奔入營,譙讓項羽,沛公幾殆。"(10.6.3.3〔625〕)"微樊噲奔入營,譙讓項羽"爲讀,"沛公幾殆"爲句。所謂"舍讀而獨立者",《文通》也列舉了六種情況:(1)排句而意無軒輊者。(10.7.2.1)指并列複句中的各個分句。如《論語·公冶長》:"朽木不可雕也,糞土之牆不可圬也。"(〔638〕)"朽木……""糞土……"各爲一句。(2)叠句而意別淺深者。(10.7.2.2)指遞進複句中的各個分句。如《左傳·隱公元年》:"蔓草猶不可除,況君之寵弟乎?"(〔672〕)"蔓草……""君之寵弟"爲兩句。《文通》分析説:"況字後所有語詞隱寓者,十而有九,然辭意盡達矣,不謂之句可乎?"(3)兩商之名。(10.7.2.3)指選擇句的各個分句。如韓愈《論變法事宜狀》:"百姓寧爲私家載物取錢五文,不爲官家載物取十文錢也。"(〔700〕)"百姓寧爲……""不爲官家……"是兩句。(4)正反之句。(10.7.2.4)指轉折複句中的各個分句。如《史記·秦始皇本紀》:"秦無亡矢遺鏃之費,而天下諸侯已困矣。"(〔704〕)"秦無……""天下……"意思相反,分爲兩句。我們從《文通》別的地方還可以看到兩種舍讀而獨立之句。(5)雙扇之句。(10.1)指兩個主謂詞組構成的緊縮句。如《論語·學而》:"君子務本,本立而道生。"(〔3〕)"君子務本"爲句,"本立而道生"爲雙扇之句。(6)句子成分中不包含"其""者""所"詞組和主謂詞組的單句。如

《左傳·隱公元年》：“鄭武公、莊公爲平王卿士。”（10.1〔2〕）《孟子·滕文公上》：“春秋，天子之事也。”（10.1〔4〕）例子很多，無庸一一列舉。

　　《文通》在句、讀研究上的問題，主要是界限不清，自亂體例。如《論語·學而》：“君子食無求飽，居無求安。”論“讀”一節中引爲“讀先乎句，而有起詞爲聯”之例（10.6.2.2〔436〕），“君子食無求飽”是讀；論“句”一節中又引爲排句之例（10.7.2〔636〕），“君子食無求飽”是句。《文通》在《漢書·張敞傳》“朝庭宜有明言曰”下說：“對所言則爲句，對全節則爲讀。”（10.7.1）這就等於承認劃分句、讀没有確定的標準。又如《文通》不止一次說：句、讀都有起詞和語詞。但《論語·衛靈公》：“立，則見其參於前也；在輿，則見其倚於衡也，夫然後行。”（10.6.2.3〔44〕）《文通》分析說：“‘立’‘在’之前，皆無起詞，而‘立’‘在’二字先乎句而各自爲讀。”則又表明讀不必有起詞。可見《文通》在句讀劃分上還缺乏嚴格的界限。但是《文通》全面探討了句、讀的構成特點，并且廣泛涉及各類複句的内容，使後人的研究有了參照，草創之功是不可磨滅的。

四

　　《文通》特别注意古代漢語的某些特殊句法，舉例和分析往往相當詳盡。有關句子成分的省略和倒裝的論述就是如此。

　　1. 省略。《文通》說：“凡句、讀之成，必有起詞、語詞。”

（5.13.1）事實上，起詞常常省略，語詞有時也可以省略。

"起詞之隱見，一以上下之辭氣爲定。"（5.13.1）《文通》歸納起詞可省或本無起詞的情況，有以下七種：（1）議事論道之句讀，起詞可省。（10.1.1）如《論語·學而》："道千乘之國，敬事而信，節用而愛人，使民以時。"（〔97〕）——"四單句皆無起詞，蓋泛論治國，起詞即治國之人也。"《文通》并指出："此則華文所獨也。泰西古今方言，凡句讀未有無起詞者。"（2）對語之句，起詞可省。（10.1.2）如《論語·公冶長》："子曰：'忠矣。'曰：'仁矣乎？'曰：'未知，焉得仁。'"（〔16〕）——"'忠矣''仁矣乎'皆對語答問之句，起詞在上，故本句可删。"（3）命戒之句，起詞可省。（10.1.3）如《論語·雍也》："子曰：'毋，以與爾鄰里鄉黨乎！'"（〔24〕）——"此禁止之辭，'與者'何人，不明言，其實猶對語者然。"（4）句的起詞蒙讀省。（10.1.4）如《左傳·襄公四年》："昔周辛甲之爲太史也，命百官官箴王闕。"（〔35〕）——"一讀一句，'周辛甲'蒙讀而爲下句之起詞。"（5）文勢直貫時，句讀起詞蒙前省。（10.1.5）如《禮記·大學》："身有所忿懥，則不得其正；有所恐懼，則不得其正；有所好樂，則不得其正；有所憂患，則不和其正。"（〔49〕）——"共計四讀四句，皆以'身'爲起詞，而'身'祇見於首句，後則不復見矣。"（6）無屬動詞，本無起詞。（10.1.5）如《公羊傳·隱公九年》："三月癸酉，大雨震電。"（5.9〔93〕）——"雨、電皆無變也，然莫識變之所由起，故無起詞。"（7）"有""無"兩字用以決事之有無者，亦惟有止詞而無起詞。（7.5.1）如《論語·里仁》："蓋有之矣。"（〔772〕）——"'之'指

前文，‘有’者，決辭也。”《禮記·大學》：“其家不可教而能教人
者，無之。”（〔770〕）——“‘之’字所以指前讀也……惟有止詞而
無起詞也。”

　　語詞是句讀中最重要的成分。“無語詞是無句讀矣。”（5.13.1）
但在兩種情況下也可以省略。（1）蒙上省略。“排行句讀，坐動同
者，一見而已，下句可省。”（10.2.3）如《莊子·庚桑楚》：“蹍市
人之足，則辭以放驁，兄則以嫗，大親則已矣。”（〔117〕）——“第
一讀與第一句全，後兩句兩讀，删去動字‘蹍’‘辭’，不删爲‘蹍
兄之足，則辭以嫗；蹍大親之足，則不辭矣’。”[①]（2）比擬句讀，凡
所與比者，其語詞可省。（10.2.4）如《漢書·陳湯傳》：“夫犬馬有
勞于人，尚加帷蓋之報，況國之功臣者乎？”（〔120〕）——“猶云
‘況國之功臣，其應得之報當何若哉？’”還有一種所謂“探下省
略”，《文通》沒有談到，大約是因爲這種現象在古漢語中不太普
遍的緣故。

　　2. 倒裝。主語在前，謂語在後，動詞在前，賓語在後，這是漢
語一般的詞序。在一定條件下這些詞序可以變換，叫作倒裝。我國
學者對詞語倒裝現象早有發現。如《詩·周南·汝墳》：“既見君
子，不我遐棄。”孔穎達疏：“‘不我遐棄’，猶雲不遐棄我，古之
人語多倒。”但祇有《文通》才全面討論了各種句子成分倒裝的情
況和條件。

　　主謂的倒裝。《文通》指出：“語詞後而起詞先者，常也。”

---

　　① 陳鼓應《莊子今注今譯》此數句譯文爲：“踩了街道上人的脚，就陪罪説
自己放肆，兄長踩了弟弟就憐惜愛撫，父母至親踩了就無須謝過。”似與原義不符。

（10.2）有兩種情況，主謂往往倒裝。一是"咏歎語詞，率先起詞"。（10.2.1）即感歎句的謂語常置於主語之前。如《論語·泰伯》："大哉！堯之爲君也。"二是疑問代詞"何"充當表語，有時置於主語之前。（10.2.2）如《論語·子路》："何哉，爾所謂達者？"

　　賓語的倒裝。《文通》說："止詞先乎動字者，倒文也。"（10.3.4）綜合《文通》所析，古漢語中有十二種賓語倒裝的情況：（1）否定句的代詞賓語置於動詞之前。（10.3.2）如《莊子·齊物論》："我勝若，若不吾勝，我果是也，而果非也邪？"（〔219〕）（2）主語爲否定代詞，代詞賓語置於動詞之前。（10.3.2.1）如《國語·齊語》："故天下小國諸侯既許桓公，莫之敢背。"（〔221〕）（3）否定句的非代詞賓語也可置於動詞之前。（10.3.2.2）如《左傳·昭公二十四年》："老夫其國家不能恤，敢及王室？"（〔225〕）（4）肯定句代詞賓語也可置於動詞之前。（同上）如《書·君牙》："今命爾予翼，作肱股心膂。"（〔230〕）——"'予翼'者，'翼予'也。"（5）疑問代詞做賓語，置於動詞前。（10.3.3）如《論語·子路》："子將奚先？"（〔232〕）（6）疑問代詞做介詞賓語，置於介詞前。（10.3.3）如《公羊傳·宣公六年》："春虿曷爲出乎闉？"（〔233〕）——"'曷爲'者，'爲何'也。'曷'先介字，亦詢問代字也。"（7）否定句賓語置於動詞前，以"之"字複指。（7.1.4.3）如《論語·公冶長》："子曰：'吾斯之未能信。'"（〔72〕）——"'斯'先置而間以'之'字。"（8）肯定句賓語前置，以"之"或"是"複指。（7.1.4.3）如《論語·先進》："吾以子爲異之問，曾由與求之問。"（〔76〕）（9）賓語前置，"之"字複指，句前加

“惟”，成爲“惟……之（是）……”的格式。如《論語·爲政》：
“父母唯其疾之憂。”（〔77〕）（10）介詞賓語置於介詞前，以“之”
複指。（7.1.4.3）如《論語·先進》：“非夫人之爲慟，而誰爲？”
（〔104〕）——“‘爲’，介字也，‘夫人’其司詞也。猶云‘非爲夫
人慟而爲誰’也。”（11）賓語前置，句首加“惟”，動詞前加“之
爲”。（7.1.4.3）如《孟子·告子上》：“惟弈秋之爲聽。”（〔78〕）
（12）賓語移置句首，動詞後用代詞複指。《文通》説：“外動字之
止詞而爲意之所重者，率先弁諸句首。其外動字之無弗辭者，則其
後加代字以重指焉。”（10.3.1）如《論語·公冶長》：“聖人，吾不
得而見之矣。”（〔143〕）——“‘見’字後加‘之’字，以指句首之
‘聖人’。‘不得’兩字雖有弗辭，而‘聖人’非其止詞也。”可以
説古漢語賓語倒裝的種種情況，《文通》已經列舉無遺，後人的研
究，超出這個範圍的并不太多。

五

　　《文通》還相當詳盡地分析了某些古漢語句法結構，往往能
給人以啓迪。對“以爲”連用的分析就是如此。《文通》説：“‘以
爲’二字，經籍習見，其‘爲’字或爲斷詞，或爲動字。”（5.2.3）
在“同次”（3.4.2.4）、“表詞”（4.4.4）、“外動字與止詞”（5.2.3）、
“詢問代字”（2.4.3.4）、“‘以’字之用”（7.3.3；7.3.8）、介字“爲”
（7.5.1；7.5.4）等章節裏分別進行了討論。綜合《文通》的分析和
舉例，“以爲”連用可得十式，各式又往往含有這樣那樣的不同語

義關係。

（1）"以 A 爲 B"式。其中又包含至少七種語義關係。《史記·信陵君列傳》："市人皆以嬴爲小人，而以公子爲長者能下士也。"（5.2.3〔187〕）"以嬴爲小人"、"以公子爲長者"，可譯成"認爲嬴是小人"、"認爲公子是長者"。《漢書·馮唐傳》："景帝立，以唐爲楚相。"（3.4.2.4〔302〕）"以唐爲楚相"可譯作"使馮唐擔任楚相"。《後漢書·梁後紀》："夫陽以博施爲德，陰以不專爲義。"（4.4.4〔349〕）"以博施爲德"、"以不專爲義"可譯作"把博施當作德"、"把不專當作義"。《史紀·大宛列傳》："以銀爲錢，錢如其王面。"（4.4.4〔368〕）"以銀爲錢"，可譯作"用銀鑄成錢"。韓愈《原道》："是故以之爲已則順而祥；以之爲人，則愛而公；以之爲心，則和而平；以之爲天下國家，無所處而不當。"四個"以之爲……"可譯作"用道來治理……"。《史記·陸賈列傳》："陳平用其計，乃以五百金爲絳侯壽。"（5.2.3〔186〕）"用五百金爲絳侯壽"可譯作"用五百金助（替）絳侯祝壽"。《史記·萬石君列傳》："徒其家長安中戚里，以姊爲美人故也。"（5.2.3〔188〕）"以姊爲美人故"，可譯作"因爲姐姐是美人的緣故"。"以"，介詞，"爲美人故"是"以"的司詞，兩者并不配套。

（2）"A 以爲 B"式。"以"的賓語 A 移到前面。如《漢書·陳湯傳》："大夏之西，以爲强漢不能臣也。"（10.3.1〔188〕）"以"的賓語"大夏之西"移置於前。意即"認爲大夏之西是强漢不能臣服的"。《史記·萬石君列傳》："不敢令萬石君知以爲常。"（4.4.4〔343〕）——"'以爲常'者，以不令知之事爲常也。"

（3）"A以爲B"式。"以"的賓語A移到主語B（……）的前面，如《論語·季氏》："夫顓臾，昔者先王以爲東盟主。"（10.1.8〔66〕）"顓臾"本是"以"的賓語，移到句首，"一若起詞者然"。現在通常把這類前置的詞語當作主語。

（4）"B以A爲"式。"爲"的賓語B移到"以"的前面。B爲疑問代詞時，這類句式常見。如《孟子·離妻上》："恭儉豈可以聲音笑貌爲哉？"（4.4.4〔367〕）等於說"豈可以聲音笑貌即作爲恭儉哉"。《莊子·逍遥游》："奚以之九萬里而南爲"。《吕氏春秋·異寶》："今我何以子之千金劍爲？"（2.4.3.4〔631〕）等於說"今我以子之千金劍爲何"。

（5）"以（A）爲B"式。"以"的賓語承前省去，"以"又有不同的含義。《孟子·滕文公下》："非其道，則一簞食不可受於人；如其道，則舜受堯天下不以爲泰，子以爲泰乎？"（4.4.4〔336〕）"以"作"認爲"講，其賓語"受天下"蒙上文省。"不以爲泰"意即"不認爲受天下是過分"。《莊子·逍遥游》："之人也，之德也，將磅礴萬物以爲一，世蕲乎亂，孰弊弊焉以天下爲事。"（7.5.1〔446〕）"磅礴"，混同的意思。"以"作"把"講。"以爲一"就是把萬物合爲一體，"以"的賓語"萬物"蒙上文省。

（6）"B以（A）爲"式。"以"的賓語A蒙上文省，"爲"的賓語乃是疑問代詞，移置"以"前。如《論語·子路》："誦《詩》三百，授之以政，不達，使于四方，不能專對，雖多，亦奚以爲？"（2.4.4〔661〕）"奚以爲"意即"以誦《詩》爲何"。

（7）"（以）A爲B"式。"以"蒙上文省。如《漢書·張敞

傳》："天下必以陛下爲不忘功德，而朝臣爲知禮。"（4.4.4〔354〕）
"朝臣爲知禮"即"以朝臣爲知禮"。

（8）"以 A（爲）B"式。"爲"字省去。如《史記·張釋之列傳》："陛下以絳侯周勃何如人也。"（7.3.8〔343〕）等於説"陛下以絳侯周勃爲何如人也"。又《蕭相國世家》："高祖以蕭何功最盛。"（〔344〕）等於説"高祖以蕭何功爲最盛"。

（9）"以（A 爲）B"式。"以"的賓語 A 和"爲"字都被省去。如《戰國策·齊策》："臣之妻私臣，臣之妾畏臣，臣之客欲有求於臣，皆以美于徐公。"（7.3.8〔342〕）"皆以美于徐公"等於説"皆以臣爲美于徐公"。

（10）"以爲"式。或爲複合詞，或兩字本不相關。如《漢書·司馬遷傳》："僕以爲戴盆何以望天。"（4.4.4〔360〕）"以爲"是複合詞，作"認爲"講。韓愈《荆潭唱和詩序》："非性能好這，則無暇以爲。"（4.4〔371〕）"以"是連詞，"爲"是動詞，省賓語"詩"。《莊子·人間世》："彼亦直寄焉，以爲不知者詬厲也。"（5.2.3〔190〕）"以"，連詞，作"因而"講，"爲"作"被"講，"以爲不知己者詬厲"等於説"因而被不知己者詬厲"。

以上（1）式"以 A 爲 B"是正例；（2）（3）（4）式變換 A 或 B 的位置，大都是爲了强調某一成分而將它提到前面；（5）（7）（8）（9）式是省略其中某一成分；（6）式既有省略，又有位移。（10）式中的"以爲"可以是複合詞，也可以是兩字的偶然組合。有關"以爲"的各種句例，《文通》大體上已包括齊備，馬氏在材料蒐集上是下了功夫的。

六

　　《文通》是參照西方語法而創作的。作者說："斯書也，因西文已有之規矩，於經籍中求其所同所不同者，曲證繁引以確知華文義例之所在。"(《文通・後序》) 書中扞格難通，自相矛盾以及引例錯誤的地方勢所難免，後學者實事求是地加以批評是必要的。目的在於使我們的研究更加深入，瞭解更加全面。前修未密，後出轉精，這正是科學發展的自然過程。最重要的是《文通》第一次構建了漢語語法的大框架，有許多創見，至今仍然正確，并爲後輩學者所繼承。就句法說，它討論了句子的主要成分和次要成分，應用比較、歸納、證實等方法，論述了漢語句法規律，尤其詳細論述了不同於西方語言和現代漢語的古代漢語句法特點，如起詞、語詞的省略，語詞、止詞的倒裝，表詞句、被動句、比較句的多種形式等，可以說是發前人所未發。《文通》注意從結構和用法上劃分句讀，雖然界限仍有些糾葛不清，但他的見解已遠遠超出前人水平，則是肯定的。此外，《文通》旁徵博引，廣爲搜羅，彙集了極爲豐富的例證。馬氏說："此書爲古今特創之書，凡屬創見者，未可徒托空言，必確有證據，而後能見信於人。"(《文通・例言》) 全書引例句 7031 條（成段的引文不算在內），證明馬氏的話是實在的，并爲後學者的進一步研究提供了方便。如"以爲"連用，《文通》先後共引例 70 個。可以綜合歸納成十種格式，可謂齊備。總的說來，《文通》在漢語語法學史上的確建立了不朽的功績，應當大書而特書。潘重規先生說：“研究國學，其途徑應取建設而不尚破壞。以國人治國學，尤應寄以愛護之深情，其精者昌明之，闕者辨別之，不得以抨擊古人爲能事也。”① 我很同意潘先生的觀點，研究《文通》同樣應有這樣的態度。讀過一些文章，略有感觸，所以把潘先生的話引在這裏。

---

① 《中國歷代詩經學序》，《中國歷代詩經學》，林葉蓮著，臺灣學生書局出版。

古代漢語教學語法體系芻議 *

　　古代漢語教學已有四十餘年的經驗，出版教材近三十種，大都有語法方面的内容。由於没有統一的教學語法體系，各家在術語應用、詞類劃分以及句法結構的分析處理上多有差異，往往給古代漢語教學帶來不便。

　　1989 年第一届全國古漢語研討會和 1992 年第二届研討會上，有的學者已提出建立古代漢語教學語法體系的要求，1994 年 9 月第三届全國古漢語研討會上，這種要求更爲强烈。建立古代漢語教學語法體系是古代漢語學界一件大事。這個體系要有科學性，即真實地反映古代漢語語法全貌；又要有實用性，即適合古漢語語法教學的需要。要求甚高，問題不少。但只要經過大家充分討論，群策群力，集思廣益，就一定能够很好地完成任務。下面談談我的看法，以就教于方家。

一

　　古代漢語教學語法體系是共時性的。這裏所謂古代漢語是指

* 原載《中國語文》1996 年第 1 期。

以先秦口語爲基礎的上古書面語以及後代作家仿古作品中的語言，也就是通常所説的文言。古代漢語跟現代漢語是同一個語言的不同發展階段，不是兩個不同的語言。它們的差别主要表現在語音、詞彙上。古代漢語以書面的形式出現，古今語音上的差别，人們不容易感覺到；古今詞彙差别最爲明顯。大量古詞已經死亡或被新詞所代替，許多詞的意義發生了變化。而語法的穩固性最大。數千年來，漢語語法的變化不大。主語在謂語前面，修飾語在被修飾語前面，動詞在賓語前面，數千年依然如此。虚詞也比較穩固。"之""於""與""以""而""雖""則""若""如"等字，直到今天還在書面語言中廣泛應用，有的在口語裏還没有替代的詞。當然也有一些發展變化。建立古代漢語教學語法體系在注意古代漢語語法特點的同時，必須和現代漢語接軌，把古今漢語語法對立起來是不妥當的。

現代漢語早在 1956 年就制訂了《暫擬漢語教學語法系統》（以下簡稱《暫擬》），確定了現代漢語名詞、動詞、形容詞、數詞、量詞、代詞、副詞、介詞、連詞、助詞、嘆詞十一個詞類，主語、謂語、定語、狀語、賓語、補語等句子成分以及雙部句和單部句、單句和複句的構成。1984 年人民教育出版社中學語文室編寫出版《中學語法教學系統提要》（以下簡稱《提要》），對《暫擬》系統作了重要的修正。增加"語素"的概念，把它作爲五級語言單位中最小的單位；增加句群的内容，把前後銜接連貫，有一個明確的中心意思的一組句子包括在教學語法的範圍之内；擴大了"短語"的内容，把實詞和實詞、虚詞和實詞的組合合爲一類，不再區分詞組和結構；用層次分析法替代了中心詞分析法，吸收了結構主義語法在析句方法上的長處。這些都爲古代漢語教學語法體系的建立提供了可資借鑒的寶貴經驗。例如名詞、代詞、動詞、形容詞、數詞、副詞、介詞、連詞、嘆詞等詞類劃分，主語、謂語、賓語、定語、狀語、補語六種句子成分，古今并無不同；句子分爲單句和複句，單句又分主謂句和非主謂句，複句又分并列、承接、遞進、選擇、轉折、因果、假設、條件等類，也都古今一致。我們完全可以把現代漢語有關的語法術語和分類應用於古代漢語教學語法體系中。這樣做，有利於古代漢語語法的教學，便於學生掌握，看不出有什麼不好的副作用。當然，古代漢語語法畢竟有自己的特點，不從古漢語語法的實際出發，完全套用現代漢語語法，同樣是不對的。

二

古代漢語詞類系統中，某些詞類的分合歸屬，詞的兼類活用，學者還有不同的看法。

助詞　《暫擬》把現代漢語助詞分爲結構助詞、時態助詞、語氣助詞三類。古代漢語没有時態助詞。現代學者有三種處理辦法：一是取消助詞。《馬氏文通》中的"助字（詞）"，只限於"也、矣、已、爾、耳、焉、者、乎、哉、耶、歟、諸、夫"等表示語氣的詞，通常被看作結構助詞的"之"歸入介詞，[①]"者"和"所"歸

---

① 楊樹達《高等國文法》把"之"歸入連詞。

入代詞。王力先生主編的《古代漢語》繼承《文通》的觀點，把
"也、矣"等稱爲語氣詞，取消助詞的名稱。二是保留助詞，下分
結構助詞和語氣助詞（簡稱語氣詞）兩類。三是助詞和語氣詞分爲
兩類，多一個虛詞詞類。古代偏正短語和主謂短語中的"之"跟現
代漢語中的"的"用法相當。章炳麟説："今凡言'之'者，音變
如丁茲切，俗或作'的'。"① "的"是結構助詞，大家沒有疑問，古
代漢語完全可以把"之"作相同的處理。介詞的作用是把詞或詞組
介紹給動詞或形容詞以表示某種語法和意義關係。偏正短語和主謂
短語之間的"之"不符合這個定義，與其他介詞的用法不同，很難
歸爲一類。還有一些在句中出現的詞，并無實義。如"歲聿其莫"
（《詩·唐風·蟋蟀》）中的"聿"，"日云莫矣，寡君須矣"（《左
傳·成公十二年》）中的"云"，"故先王聖人安爲之立中制節，一
使足以成文理"（《荀子·禮論》）中的"安"，或表示某種語氣，或
起調和音節的作用，都應歸入助詞一類。

擬聲詞　漢語裏有些模擬聲音的詞，《提要》單獨列爲一個詞
類。② 古代漢語中這類詞不少，可以充當各種句子成分。例如：

① 伐木丁丁，鳥鳴嚶嚶。（《詩·小雅·伐木》）

② 鞉鼓淵淵，嘒嘒管聲。（《詩·商頌·那》）

③ 砉然響然，奏刀騞然。（《莊子·養生主》）

④ 璆鏘鳴兮琳琅。（《楚辭·九歌·東皇太一》）

---

① 章炳麟《新方言》一。

② 管燮初《西周金文語法研究》把嘆詞和擬聲詞合爲一類，叫作象聲詞。

例①“丁丁”“嚶嚶”做補語；例②“淵淵”做謂語，“嘒嘒”做定語；例③“弅然”、例④“鏘”做狀語，它們的用法跟形容詞別無二致，只是意義上一爲繪景，一爲擬聲而已。在古代漢語教學體系中它們可以歸入形容詞，似無另立一個詞類的必要。

量詞　現在出的古漢語書中，有的沒有量詞，與《馬氏文通》一致；[①] 有的有量詞。考先秦時期，漢語已有相當數量的量詞出現。度量衡量詞有“寸、尺、丈、步、武、仞、常、里（以上度），勺、合、升、斗、豆、斛、區、鐘（以上量），兩、斤、鈞、鎰、石、鼓（以上衡），畝、成、圻、同（以上面積）”；個體量詞有“本、個、匹、品、張、編”；集體量詞有“秉、廣、戶、家、旅、耦、乘、束、雙、伍、行”；等等。漢代名量詞數量更多，動量詞“遍、過、下”等也開始産生。如：

⑤ 誦三遍而請習之。(《説苑·敬慎》)

⑥ 八風四時之勝，終而複始，逆行一過，不復可數。(《素問·玉版要論》)

⑦ 還到臨穎巨陵亭，從者擊亭卒數下。(《風俗通義·窮通》)

從實際出發，古代漢語教學語法體系把量詞獨立爲一個詞類是適當的。

---

① 楊樹達《高等國文法》沒有量詞。郭錫良等《古代漢語》說：“實詞可以分成名詞、動詞、形容詞、數詞等類。”（上冊，276 頁）未提及量詞。

第三人稱代詞　《馬氏文通》在代字章的"所爲語者"（即第三人稱代詞）一節中列舉了"彼、夫、其、他、伊、渠"六字，没有"之"。而"他""伊""渠"乃是"後世俗文假用"。"之""其"并列爲指名代字中的指前文者，既可用於人，也可用於物。[①]楊樹達《高等國文法》把"之""其"列爲指示代名詞，而不是人稱代名詞。吕叔湘先生指出："嚴格説，文言没有第三身指稱詞。'之''其''彼'三字都是從指示詞轉變過來的。"[②]郭錫良教授同樣認爲，"先秦還没有真正的第三人稱代詞"。[③]吕、郭的説法是有根據的。"之"衹做賓語，"其"一般做定語，語法功能不全。作爲人稱代詞，它們也可以用於第一人稱和第二人稱。如：

⑧　今也父兄百官不我足也，恐其不能盡於大事。（《孟子·滕文公上》）

⑨　子必來，我受其無咎。（《左傳·昭公三十一年》）

⑩　老臣以媪爲長安君計短也，故以爲其愛不若燕後。（《戰國策·趙策》）

⑪　子見南子，子路不説。夫子矢之口："予所否者，天厭之！天厭之！"（《論語·雍也》）

⑫　吾將殺子，直兵將推之，曲兵將勾之。（《新

①　吕叔湘、王海棻《馬氏文通讀本》，90—91頁。

②　吕叔湘《中國文法要略》，154頁。

③　郭錫良《漢語第三人稱代詞的起源和發展》，載《語言學論叢》第六輯，商務印書館，1980年。

序・義勇》)

例⑧"其"用於第一人稱，可譯爲"我"。例⑨"其"用於第二人稱，可譯爲"你"，"我受其無咎"就是"我保你不會遭禍"；例⑩"其"也用於第二人稱，可譯爲"您的"；例⑪"之"用於第一人稱，"天厭之"可譯爲"老天厭棄我"。例⑫兩個"之"用於第二人稱，可譯爲"你"。可見"之""其"作爲人稱代詞，用法也不太固定。但是，古代漢語教學語法體系仍然可以像多數古漢語語法書那樣，把"之""其"列爲第三人稱代詞。因爲它們用於第三人稱比第一、二人稱要普遍得多，可以分別譯作"他"或"他的"。同一個詞兼有指示代詞和人稱代詞的用法是漢語語法所容許的。

　　副詞歸類　副詞是用在動詞、形容詞前頭，充當狀語，表示程度、範圍、時間、頻率、情貌、語氣等的詞。《馬氏文通》有狀字一類，歸入實字，它的範圍與副詞并不完全相當。王力先生認爲"副詞和實詞接近"。①《暫擬》和《提要》把副詞歸入虛詞。古代漢語教學語法體系似可作同樣處理。副詞主要用做狀語，是一種句子成分，和其他虛詞不同。但它不做主語、謂語和定語，不跟名詞結合，除否定副詞外一般不單獨回答問題，跟實詞不同。副詞是一個封閉性詞類，可以一個一個地討論它的用法。所以古漢語教學語法體系把副詞歸入虛詞是適當的。有的語法書認爲副詞可以做謂

---

① 王力《中國語法理論》上冊，24頁。

語。① 如"甚矣，吾衰也"（《論語·述而》）、"我欲言之久矣"（《史記·李斯列傳》）中的"甚"和"久"。其實這裏的"甚"和"久"應當看作形容詞，屬詞的兼類現象。如果副詞可做謂語，就和實詞的界限相混了。

兼類詞和詞類活用　漢語没有形態變化，古人并没有明確的詞類觀念。上古漢語以單音詞爲主，詞的兼類現象是存在的。例如"歌"是動詞，作"歌唱"講；又是名詞，作"詩歌"講。"貴"是名詞，作"高官、高位"講；又是形容詞，作"貴重、美好"講（"和爲貴"）。有的詞還可以身兼多個詞類。如"實"是名詞，作"財富""果實""事實"講；又是形容詞，作"堅實""誠實""真實"講；又是動詞，作"充實"講；又是副詞，作"實在、確實"講。《説文》："實，富也。从宀，从貫。"依許慎的説法，"實"的本義是富裕，貨貝充滿屋内的意思。從詞義上我們可以分析其中哪個是本義，哪個是引申義，但作爲一個常用詞，"實"這些不同詞類的用法在先秦典籍中同樣普遍存在，很難説哪幾種是臨時的用法。詞類活用是首先認定"某個詞屬於某一類詞比較固定，各類詞在句子中充當什麼成分也有一定的分工"，祇是在一定的語言環境裏臨時用作别的詞類。現在的古代漢語語法書裏大都講了"名詞、動詞、形容詞的使動用法"，"名詞、形容詞的意動用法"，"名詞用如動詞"，"名詞用作狀語"等詞類活用，有的還講了"爲動用法"。如《史記·陳涉世家》："等死，死國可乎？""死國"就是爲

---

① 康瑞琮《古代漢語語法》，遼寧人民出版社，219頁。

國而死，算"爲動用法"。詞類活用和承認詞可兼類，有時是有矛盾的。例如有的書認爲"王"是名詞，《説文》："王，天下所歸往也。"（王是天下歸向的對象）"（文王）遂王天下"（《韓非子·五蠹》）、"陳勝王"（《史記·陳涉世家》）中的"王"是名詞活用爲動詞。[①] 其實"王"可指統治天下的人，也可指統治天下的行爲。在先秦典籍中，"王"的動詞用法既非個別，也非臨時，而且不要什麽條件，很難説就是名詞活用做動詞。在建立古代漢語教學語法體系的過程中，究竟哪些屬於詞的兼類，哪些屬於詞類活用，還有待於進一步研究確定。

三

　　古今句法有所不同，古代漢語教學語法體系不能没有自己的特點。

　　判斷句和名詞謂語句　　王力先生從句法意義出發，把漢語句子分爲三類：判斷句，以名詞或名詞性詞組爲謂語，表示判斷；叙述句，以動詞爲謂語，叙述人或事物的行爲變化；描寫句，以形容詞爲謂語，描寫人物的性質或狀態。在上古漢語中，它們大體上分工明確。"是"是現代判斷句中必不可少的。《暫擬》按謂語的構成分主謂句爲名詞謂語句、動詞謂語句、形容詞謂語句和主謂謂語句。把"是"看作動詞，"是"字句包括在動詞謂語句中。這樣就打破

---

　　① 　郭錫良等《古代漢語》上册，天津教育出版社，285頁。

了古代漢語原有的分工，動詞謂語句既表叙述，又表判斷，而名詞謂語句的範圍大大縮小。上古漢語直接用名詞做謂語，"是"最初祇是代詞，用在句中複指主語。後來複指意義輕化，有了聯繫主語和名詞謂語的作用，所以王力先生稱爲係詞。雖萌芽于戰國，廣泛應用則在東漢以後。顯然上古漢語不能應用《暫擬》的句法分類，而應把判斷句劃歸名詞謂語句。但在上古，判斷句、叙述句、描寫句跟名詞謂語句、動詞謂語句、形容詞謂語句也不能完全等同。名詞謂語句還可表示描寫。如"魴魚赬尾"(《詩·周南·汝墳》)，"牂羊墳首"(《小雅·苕之華》)，謂語"赬尾"描寫魴魚的狀貌，"墳首"描寫"牂羊"的狀貌，它們都是描寫句而不是判斷句。反之，上古判斷句有多種形式，判斷謂語也不一定限於名詞。如：

⑬ 先聖後聖，其揆一也。(《孟子·離婁下》)
⑭ 殺盜，非殺人也。(《荀子·正名》)

例⑬"其揆一也"的謂語是數詞"一"，例⑭謂語是動賓短語"殺人"，它們都表示判斷。古代漢語語法體系中，這兩套術語都可保留，它們劃分的角度不同，用途亦不完全一致。

　　處置式和"把"字句　現代漢語裏這類句子一律用"把"把賓語提到動詞前，動詞有表示處置的意思，或者有處置影響的意味，動詞後面帶補語，表示處置的結果或影響的程度。王力先生最先發現這種句式，稱爲"處置式"，《提要》稱爲"把"字句。唐代開始出現，上古是没有的。但上古有表示處置的句子，它們用"以"引出行爲對象。如：

　　⑮ 齊侯欲以文姜妻鄭太子忽。(《左傳·桓公六年》)

　　⑯ 隱爲桓立，故以桓母之喪告于諸侯。(《公羊傳·隱公
元年》)

　　⑰ 天子不能以天下與人。(《孟子·萬章上》)

這些句子都有對行爲對象進行處置的意思。形式上跟其他帶"以"
的句子沒有區別。"以爾車來，以我賄遷"(《詩·衛風·氓》)，後
一句表示處置，"以"可譯作"把"；前一句表示行爲所用的工具，
"以"祇能譯作"用"。這樣，我們就不能單獨把這類含有處置義
的句子叫作"以"字句。

　　被動句和"被"字句　　表示被動關係的句子，現代漢語用
"被"引出施動者，或者省去施動者，保留"被"字，所以《暫
擬》和《提要》稱之爲"被"字句。上古漢語"被"字句僅僅處於
萌芽的階段，而被動關係有多種其他表達的句式。如：

　　⑱ 憂心悄悄，慍于群小。(《詩·邶風·柏舟》)

　　⑲ 夫堯畜畜然仁，吾恐其爲天下笑。(《莊子·徐
無鬼》)

　　⑳ 年四十而見惡焉，其終也已。(《論語·陽貨》)

　　㉑ 多出兵則晉楚爲制於秦。(《戰國策·秦策二》)

　　㉒ 吾長見笑於大方之家。(《莊子·秋水》)

㉓ 方術不用，爲人所疑。(《荀子·堯問》)

例 ⑱ 用介詞"于"，例 ⑲ 用介詞"爲"引出施動者，例 ⑳ 至 ㉓ 分別用"見""爲……於……""見……於……""爲……所……"表示被動關係。至於表示被動關係的"被"，戰國後期方開始出現，衹能直接附於動詞之前，動詞"遭受"的意味還很濃，直到漢代也没有改變。所以古代漢語有被動句，但不能叫作"被"字句。"被"和"見"屬什麼詞性？《暫擬》和《提要》把"被"歸入介詞，顯然不適用於上古漢語。吕叔湘先生説，這兩個詞"頗有點像一種表示被動性的副詞或詞頭"。[①] 楊樹達先生把"見"歸入助動詞。[②] 愚以爲就上古漢語而言，把"被"和"見"看作助動詞比較合適。六朝以後，"被"轉化爲介詞，"見"的意義也進一步虚化了。

　　賓語前置和倒裝　主語在謂語前，動詞在賓語前，定語、狀語在中心語前，這是漢語的正常詞序，古今一致。顛倒這個詞序就是倒裝。古今漢語都有倒裝的句子。但上古漢語裏，賓語的位置有些特别。否定句和疑問句的代詞賓語置於動詞之前，少數賓語無條件置於動詞之前，如《書·大誥》："天明畏，弼我丕丕基。""天明畏"就是"畏天命"。《詩·小雅·節南山》："赫赫師尹，民具爾瞻。""具爾瞻"就是"具瞻爾"。在西周金文和《詩經》中，"是"做賓語則一律前置。還有一種是賓語前置，用"是（之、斯、

---

① 《中國文法要略》，38 頁。
② 《高等國文法》，169 頁。

焉）"複指。現代學者大都認爲上古漢語的賓語有兩種位置，一在動詞前，一在動詞後，都是歷史發展的結果，屬於正常詞序。倒裝不包括動詞賓語前置在内。有的學者則把古漢語中置於動詞前面的賓語都看作倒裝。馬建忠説："止詞先乎動字者，倒文也。"[1] 這是與現代漢語詞序進行比較的結果。既然古代漢語教學語法是共時性的，不是歷史語法，像《文通》那樣處理前置賓語，就没有什麼不可以。而且像上面引的《節南山》兩句，"瞻"字置於句末，與"岩、惔、談、斬、監"爲韻，未必就是"舊式結構的殘留"，而不是詩人的有意變換詞序。

---

[1] 《馬氏文通讀本》，660頁。

傳統訓詁學與古漢語語法 [*]

一　引言

　　中國傳統語文學叫作"小學"。"小學"包括文字學、音韻學和訓詁學。文字學主要研究漢字的形、音、義及其關係，如《說文解字》《玉篇》《類編》。音韻學主要研究漢語的聲、形、調結構及其演變，如《廣韻》《集韻》《中原音韻》。音韻學著作往往也要解釋字義。訓詁學主要研究古書字句的意義。19世紀以前，其著作可分爲兩類。一類是訓釋某一古書的字詞句，如《毛詩傳箋》《論語注疏》《春秋左傳集解》；一類是匯集詞語分類編次進行詮釋，如《爾雅》《方言》《釋名》《廣雅》。這是傳統的訓詁學。20世紀先後出版了多種訓詁學專著，如胡樸安《中國訓詁學史》、齊佩瑢《訓詁學概論》、洪誠《訓詁學》、許威漢《訓詁學導論》等。這些專著大都能比較全面地介紹訓詁知識，闡述訓詁源流，列舉訓詁方法，歸納訓詁條理。有的還將訓詁學與語義學、語法學結合起來，使訓詁學成爲古籍研究和語文教學的有力武器，實在是一個很大的進步。

*　原載《國學》第五集，2018年。

　　傳統訓詁學中没有專列語法部分。但語法是語言三要素（語音、詞彙、語法）之一，訓詁學要準確訓釋古書詞語的意義，不可能不涉及語法問題。事實上，早在先秦時期，已有學者對漢語句子的構成進行過分析。《春秋·僖公十六年》：“春王正月，戊申朔，隕石于宋五。是月，六鶂① 退飛過宋都。”《穀梁傳》解釋説：“先隕而後石，何也？隕而後石也。于宋，四竟之内曰宋。後數，散辭也。耳治也。……是月也，決不日而月也。六鶂退飛過宋都，先數，聚辭也，目治也。”晋范甯《集解》進一步分析説：“隕石，記聞也。聞其磌然，視之則石，察之則五。六鶂退飛，記見也，視之則六，察之則鶂，徐而察之則退飛。”②《穀梁傳》和范甯《集解》對《春秋》這一段話分析得很正確，可以説開啓了漢語句法分析的先河。

　　唐代開始出現“語法”一詞。《左傳·昭公二十年》：“爾其勉之，相從爲愈。”孔穎達《疏》：“服虔云：‘相從愈於共死。’則服意‘相從’，使員從其言也。語法，兩人相交乃得稱‘相’，獨使員從己語，不得爲相從也。”③王若虚《論語辨惑》：“故凡解經，其論雖高，而於文勢語法不順者，亦未可遽從，況未高乎！”④唐代開始傳入古印度的“聲明”，就是文法聲韻之學。玄奘譯《大唐西域記·印度總述》時説：“七歲之後，漸授五明大論：一曰聲明，釋詁訓字，詮目疏別。”⑤不過聲明之學主要是玄奘這樣的佛學大師所

---

① 鶂，《穀梁傳》作“鶃”。
② 《十三經注疏》，2398 頁。
③ 同上書，2091 頁。
④ 王若虚《滹南遺老》，《四庫全書·集部·别集類》。
⑤ 玄奘《大唐西域記》，《四庫全書·史部·地理類》。

研究探討的，廣大民衆并没有多少人去學習瞭解。

19 世紀末到 20 世紀初，我國開始了漢語語法學的系統研究。中國第一部完整的古代漢語語法專著是馬建忠的《馬氏文通》^①。本書共分十卷。第一卷正名。給語法術語下了二十三條界説（即定義）。第二至六卷討論實字（即實詞）。包括名字（名詞）、代字（代詞）、静字（形容詞、數詞、量詞）、動字（動詞）、狀字（副詞）共五類。第七至九卷討論虚字（即虚詞）。包括介字（介詞）、連字（連詞）、助字（助詞）、嘆字（嘆詞）共四類。第十卷討論句讀。《文通》管句子成分叫"詞"。有起詞（主語）、語詞（謂語）、表詞（名詞或形容詞謂語）、止詞（賓語）、司詞（介詞賓語）、轉詞（間接賓語）、加詞（介詞詞組或同位語）共七類。《馬氏文通》創建了一個完整的古代漢語語法體系，第一次揭示了古代漢語的語法特點，對古代漢語語法進行了全面的分析論述。正如王力先生所説："他開創中國語法學的功勞是很大的，正所謂'不廢江河萬古流'。"^②

歷代訓詁學著作以及筆記隨筆中記有不少有關古代漢語語法的材料。元代開始還有不少研究漢語虚詞的專書問世。本文的目的就是全面收集這些語法資料，分門別類進行研究整理，真實地反映傳統訓詁學者對古漢語語法的認識和研究成果。全文共分：引言、

---

① 馬建忠（1845—1900），江蘇丹徒人。通經史，會英、法、拉丁、希臘文。曾赴法國留學、考察，通游西歐各國。馬氏積二十年之力，撰成《馬氏文通》十卷，分上下兩册，上册六卷出版於 1898 年，下册四卷出版於 1899 年。

② 王力《中國語言學史》第四章，175 頁。

實字虛字、静字動字、代字、連字、助字、嘆字、句讀、倒句倒文、句子歧義、其他共十一個小節進行討論。拙著《簡明漢語史》下册系統介紹了上古、中古、近代各個時期漢語詞類和句法的發展，可以參考。

二　實字虛字

現代語法學把漢語裏的詞分爲實詞和虛詞兩大類。實詞是表示人或事物及其動作變化、性狀等概念的詞，能够獨立充當句子成分。實詞包括名詞、動詞、形容詞、數詞、量詞和代詞。虛詞没有實在意義，衹有語法意義，不能獨立充當句子成分。虛詞包括副詞、介詞、連詞和助詞。《馬氏文通》有狀字一類，相當於副詞，《文通》歸入實詞。傳統訓詁學從宋代開始，就有實字、虛字的分類，但和現代所説的實詞、虛詞不是一回事。

宋元明訓詁學者多次談到實字、虛字，各家并無定説。大體上實字指名詞和用作主語、定語的形容詞，虛字則指動詞、介詞、連詞和助詞。宋周煇《清波雜志》卷七：“東坡教諸子作文，或辭多而意寡，或虛字多，實字少，皆批諭之。”[①] 王觀國《學林》卷五：“《史記·司馬相如封禪書》曰：‘囿騶虞之珍群，徼麋鹿之怪獸，導一莖六穗於庖，犧雙觡共抵之獸。’……詳觀《封禪書》四句。每句首一字皆虛字，非實字。曰囿、曰徼、曰導、曰犧，乃一

---

① 周煇《清波雜志》，上海古籍出版社，1991 年。

類也。其義可見。若以藥爲瑞禾，則其句曰禾一莖六穗於庖，於句法爲無義矣。"① 王氏認爲《封禪書》這四句中的"庖、徵、藥、犧"都作動詞講。《説文·禾部》："藥，禾也。司馬相如曰：藥，一莖六穗。"這裏"藥"是精選（稻米）的意思，所以説"皆虛字，非實字"。張炎《詞源·虛字》："詞與詩不同，詞之句語有二字、三字、四字至六字、七八字者，若堆叠實字，讀且不通，況付之雪兒乎？合用虛字呼唤，單字如'正、但、甚、任'之類，兩字如'莫是''還又''那堪'之類，……此等虛字却要用之得其所。"② 朱熹《朱子語類》卷六七："且如解《易》，只是添虛字去迎過意來，便得。今人解《易》，廼去添他實字，却是借他做己意説了。"③ 明王昌會《詩話類編》一："五言以第三字爲眼，七言以第五字爲眼。凡詩眼要用實字方得句健。五言如'夜潮人到閣，春霧鳥啼山'（張凡），'星河秋一雁，砧杵夜千家'（韓偓）。七言如'風傳鼓角霜侵戟，雲捲笙歌月上樓'（岑參），'朝登劍閣雲隨馬，夜渡烏江雨洗兵'（岑參）。"④ 王氏指出以上所謂詩眼的"人、鳥、秋、夜、霜、月、雲、雨"等字都是實字即名詞。有指明實字虛用的。明費經虞《雅倫》卷十五："楊誠齋云：詩有實字，而善用之者以實爲虛。老杜詩：'弟子貧原憲，諸生老服虔。'老字蓋用趙充國'請行，上老之'之'老'字。按駱賓王'未能槎上漢，詎肯劍游燕'，少陵

① 王觀國撰，田瑞娟點校《學林》，中華書局，1988年。
② 張炎《詞源》，唐圭璋《詞話叢編》，中華書局，1988年。
③ 朱熹《朱子語類》，中華書局，1988年。
④ 王昌會《詩話類編》，明萬歷武林洪文刊本。

'子能渠細石，吾亦沼清泉'，韓翃'星河秋一雁，磣杵夜千家'，皆以實字作虛字用。"① 費氏指出，"貧、老"（形容詞）是實字，用作動詞，則是虛字。"劍、渠、沼、秋、夜"本實字（名詞），此處用作動詞，則是虛字。曾國藩《復李眉生書》討論了實字虛用和虛字實用兩種情況："何以謂之實字虛用？如'春風風人''夏雨雨人'，上'風、雨'實字也，下'風、雨'則當作養字解，是虛用矣。'解衣衣我''推食食我'，上'衣、食'實字也，下'衣、食'則當作惠字解，則虛用矣。'春朝朝日''秋夕夕月'，上'朝、夕'，實字也，下'朝、夕'則當作祭字解，是虛用矣。'入其門無人門焉者''入其閨無人閨焉者'，上'門、閨'實字也，下'門、閨'則當作守字解，是虛用矣。後人或以實者作本音讀，虛者破作他音讀，若'風'讀如'諷'，'雨'讀如'籲'，'衣'讀如'裔'，'食'讀如'嗣'之類，古人曾無是也。何以謂之虛字實用？如'步'，行也，虛字也。然……韓文之'步有新船'，《輿地》之'瓜步'邀'笛步'，《詩經》之'國步''無步'則實用矣。'薄'，迫也，虛字也。然因其叢密而林曰'林薄'，因其不厚而簾曰'帷薄'，以及《爾雅》之'屋上薄'，《莊子》之'高門懸薄'，則實用矣。'覆'，敗也，虛字也。然《左傳》設伏以敗人之兵，其伏兵即名曰覆。如'鄭突爲三覆以待之'，'韓穿帥七覆于敖前'，是虛字而實用矣。"② 以上所謂"實字虛用""虛字實用"都是名詞和動詞互用。清陳奐《詩毛氏傳疏》："（《定之方中》）'終然允臧'，

---

① 費經虞《雅論》，刊江罋處堂藏版。

② 《曾國藩全集·書信類》，嶽麓書社，1992 年。

允，信。信當讀如《論語》'信乎夫子'之信。允謂之信，猶洵謂
之信、亶謂之信。信皆作虛字解，不作實義解，故全詩允字多爲語
詞。"① "信"作虛字解，則是用同副詞，確實、的確的意思。

漢代以來，許多訓詁著作都收集了一些虛字進行解釋。如《爾
雅·釋詁》："爰、粵、于、那、都、繇，於也。""伊、維，侯也。
《詩》曰：'侯誰在矣。'"《説文》："乎，語之餘也。""只，語已詞
也。"《廣雅·釋詁》："曰、欥、惟、每、雖、兮、者、其、各、而、
烏、豈、也、乎、些、只，詞也。"《玉篇》："但，語辭也。""夫，
又音扶，語助也。"

元代以後，更出現了一些專門彙釋虛字的專書。如元盧以緯
《助語辭》②，全書收録 66 組虛詞或與虛詞有關的詞組，共計 136 個
詞條。其中單音詞 68 個，複合詞和詞組 68 個。書後附有魏維新的
《助語辭補》和王鳴昌等的《助語辭補義附録》，共計 200 條。清
袁仁林《虛字説》③，全書分 51 組、141 條，某些條目下涉及多個虛
詞。共計收虛詞 155 條，其中單音詞 80 條，複音詞（二合音、三
合音）75 條。劉淇《助字辨略》④，共收虛詞 476 個，依平、上、去、
入四聲編排，逐一解釋，收材廣泛，考證、辨析也較詳備。王引之
《經傳釋詞》⑤10 卷，收虛詞 160 個，主要取材于周秦兩漢古書，按
喉、牙、舌、齒、唇五音排列。從一聲之轉、互文、異文判斷虛詞

① 陳奐《詩毛氏傳疏》,《皇清經解續編》。
② 盧以緯撰，王克仲集注《助語辭集注》，中華書局，1988 年。
③ 袁仁林《虛字説》，豐城熊氏校刊本。
④ 劉淇《助字辨略》，中華書局，2004 年。
⑤ 王引之《經傳釋詞》，嶽麓書社，1985 年。

的詞義關係，列舉大量書證歸納虛詞義，對後世語法研究頗有啓發作用。吳昌瑩《經詞衍釋》10卷，補遺一卷[①]，共收183個虛詞。其中160個是補充《經傳釋詞》的例證，增加義項，追溯本字，或對《經傳釋詞》略而未釋的虛詞加以解釋。補遺虛詞23個。這些著作都是采用傳統的訓詁方法來注釋虛詞的意義，很少涉及語法特點，所以還不能説是語法著作。

三　静字動字

《馬氏文通》説：“静字，所以肖事物之形者。”静字又分象静、滋静。“象静者，以言事物之如何也；滋静者，以言事物之幾何也。”象静就是形容詞，滋静就是數詞。現代語法學把形容詞和數詞分爲兩個詞類。

傳統訓詁學所説静字動字，其所謂静字與《馬氏文通》不同，包括名詞和形容詞。例如諸侯之長爲伯，寫成霸，是静字，就是名詞。宋黃震《黄氏日抄》：“‘霸諸侯’，注云：‘霸與伯同，長也愚意……諸侯之長謂之伯，此指其定位而名也。……王政不綱，而諸侯之長自整齊其諸侯，則伯聲轉而爲霸，皆有爲之稱也。正音爲静字，轉聲爲動字。’”[②]

一字可以兼有動、静兩種詞性，即一個字可以既是動詞，又是名詞或形容詞。其中有的意義分動静而語音不變。袁仁林《虛

---

①　吳昌瑩《經詞衍釋》，中華書局，1956年。

②　黃震《黄氏日抄》，《四庫全書·子部·儒家類》。

字説》云：“先儒分別動静字，蓋從人意驅使處分之也。同一字也，用爲勉强著力者則爲動，因其自然現在者則爲静。如‘明明德、尊尊、親親、老老、賢賢、長長、高高、下下，俱是上動下静；君君、臣臣、父父、子子、夫夫、婦婦’之類，又是上静下動。止至善之止爲動，知止之止爲静。格物之格爲動，物格之格爲静。動静相因，舉無窮當盡之事，即以本字還之，使意無餘欠，此驅使之妙也。凡此之類，意分而音不轉。若其轉音者，如勞者勞之，來者來之，雖分動静，畢竟其音先轉，自有界限矣。”

有的音隨義轉，動静有別。學者大都以爲起於六朝以後。清袁枚《隨園隨筆·音義繁重》：“古無平上去入之分，可以通讀，自齊梁間四聲譜出，而後之編韻書者以一字分數音，而訓詁亦異，所謂動静音是也。謹按《康熙字典》‘上’字注如上聲，是掌切，爲升上之上，屬動；去聲，時亮切，爲本在物上之上，屬静。”[1]明吕維祺《音韻日月燈》卷首《音辨》記録了形同而動静音異的字例。如“中、重、空、風”都是静平動去，“枕、種、女、好”都是静上動去，“縫、知、分、吹”都是静去動平，“使、吐、掃、守”都是静去動上[2]，等等。清代大學者段玉裁《説文解字注》指出，同一個字因爲具有兩種不同的詞性而讀成兩個音，於古無據。如《四部》：“盛，黍稷在器中以祀者也。”段注：“盛者，實於器中之名，故亦呼器爲盛。如《左傳》‘旨酒一盛’，《喪大記》‘食粥于盛’是

---

① 袁枚《隨園隨筆》，上海著易堂書局印本。
② 吕維祺《音韻日月燈》，崇禎六年刊印，有志清堂本傳世。《四庫全書》有存目。

也。引申爲豐滿之稱。今人分平去，古不分也。"《心部》："惡，過
也。"段注："人有過曰惡，有過而人憎之亦曰惡。本無去入之別，
後人强分之。"[1]

　　肖事物之形的静字，即形容詞。歷代訓詁中往往以"××貌"
的形式來表示。如《詩·周南·葛覃》："維葉萋萋，維葉莫莫。"
《毛傳》："萋萋，茂盛貌。莫莫，成就之貌。"《大雅·韓奕》："爛
其盈門。"《鄭箋》："爛其，爛爛，粲然鮮明且衆多之貌。"《説
文·羽部》："翯，鳥白肥澤貌。《詩》云：'白鳥翯翯。'"《山部》：
"嶢，山高貌。"《論語·鄉黨》："朝，與下大夫言，侃侃如也。與
上大夫言，誾誾如也。君在，踧踖如也，與與如也。"何晏集解：
"孔曰：侃侃，和樂之貌。誾誾，中正之貌。馬曰：踧踖，恭敬之
貌。與與，威儀中適之貌。"《禮記·檀弓下》："文子其中退然如不
勝衣，其言呐呐然如不出諸其口。"鄭玄《注》："退，柔和貌。呐
呐，舒小貌。"

　　形容詞是現代語法學術語。清代訓詁著作中有"形容之
詞""形容之字""形容之辭""形容字""形況字"多種名稱。清王
筠《菉友蛾術編》上："鄭司農注《考工記》引《上林賦》'紛容蕈
參'，《漢書》作'紛溶蒍蓼'，《文選》作'紛溶箾蓼'。司農又
引'倚移從風'，《文選》作'猗狔從風'。偏旁務令齊同，不知形
容之詞在聲不在義也。"[2]阮元《揅經室集》："《尚書·虞書》：'思
曰贊贊襄哉。'贊贊爲叠字，凡叠字皆形容之字。以贊贊形容襄

----

① 段玉裁《説文解字注》，浙江古籍出版社，2006年，511頁。

② 王筠《菉友蛾術編》，《鄂章遺書》本。

字，猶'浩浩滔天'，以浩浩形容滔字。'蕩蕩懷山襄陵'，以蕩蕩形容懷字、襄字也。"[1]王引之《經義述聞》卷六："《詩》：'依其在京，侵自阮疆。'引之按：依，兵盛貌。依其者，形容之辭，言文王之衆，依然其在京地也。依之言殷也。馬融注豫卦曰：'殷，盛也。'……《毛傳》曰：'依，茂木貌。'木盛謂之依，猶兵盛謂之依也。……'有嗿其饁'，'思媚其婦'，'有依其士'，'有略其耜'，皆形容之辭。"[2]王筠《説文釋例》卷六二："委蛇，叠韻形容字也。凡形容之詞，例皆借用，無專字。"[3]朱駿聲《説文通訓定聲·假借》："(《説文解字》)有單辭形況字，如'率爾'原非畢網，'幡然'豈是觚巾。有重言形況字，如'朱朱'狀夫雞聲，'關關'用爲鳥語。……"[4]

　　"乎、其、然、焉、有、爾、如"衹是形容詞的詞頭詞尾，傳統訓詁學也有稱作狀事之詞或狀物之詞的。如王引之《經傳釋詞》："乎，狀事之詞也。若《易·乾文言》'確乎其不可拔'之屬是也。"（卷四）"其，狀事之詞也。有先言事而後言其狀者。若'擊鼓其鏜''雨雪其雰''零雨其濛'之屬是也。有先言其狀而後言其事者，若'灼灼其華''殷其靁''淒其以風'之屬是也。"（卷五）"然，狀事之詞也。若《論語》'斐然''哨然''儼然'之屬是也。"（卷七）"焉，狀事之詞也。與然同義。若《詩·小弁》曰'怒焉如擣'，

---

①　阮元《揅經室集》，《四部叢刊》本。
②　王引之《經義述聞》，鴻文書局石印本，52頁。
③　王筠《説文釋例》，世界書局，1936年，240頁。
④　朱駿聲《説文通訓定聲》，世界書局，1928年，13頁。

《書・秦誓》曰‘其心休休焉’之類是也。”（卷二）“有，狀物之詞
也。若《詩・桃夭》‘有蕡其實’是也。”（卷三）“爾，猶然也。若
《論語》‘卓爾、率爾、鏗爾、莞爾’之屬是也。”（卷七）“如，猶
然也。若《論語・鄉黨》篇‘恂恂如’‘踧踖如’‘勃如’‘躩如’之
屬是也。”（卷七）其實這些字是形容詞詞尾或詞頭，或如劉淇《助
字辨略》所說，“并是語辭”（卷五），不是狀事或狀物之詞。

四　代字

代字即代詞。包括人稱代詞、指示代詞、疑問代詞。傳統訓詁
學沒有代詞的名稱，但對各種代詞都有所討論。

1. 人稱代詞。第一人稱有“我、吾、予、余、朕、台、姎、
卬”等。王夫之以爲自稱之詞。

我、吾　《說文》：“我，施身自謂也。”《詩・邶風・谷風》：
“毋逝我梁，毋發我笱。”孔穎達《正義》：“我者，己所自專之
辭。”《廣韻・哿韻》：“我，己稱。”《說文・口部》：“吾，我自稱
也。”《爾雅・釋詁下》：“吾，我也。”明張自烈《正字通》：“吾，
我自稱也。吾、我一也，古互用之。《左傳》‘我張吾三軍’，又
‘我食吾言’；《莊子》‘吾喪我’，又‘吾無糧，我無食’。”以爲
“吾”“我”兩字用法上沒有差別。宋趙惪《四書箋義》：“吾、我
二字，……就己而言則曰吾，因人而言則曰我。”① 項安世《項氏

---

① 　趙惪《四書箋義》，《叢書集成初編》。

家說》：“換字之法，雖賢聖之文亦然，蓋語勢當然，非必有意也。……以吾、我二字言之，先言我字，則以吾繼之。‘我以吾仁’、‘我善養吾浩然之氣’是也。先言吾字，則以我繼之，‘使吾二婢子夾我’、‘吾喪我’是也。孔子曰：‘吾有知乎哉……有鄙夫問於我’，‘予不得視猶子也，非我也’，此以‘我’繼‘吾’與‘予’也。‘太宰知我乎？吾少也賤’，‘二三子以我爲隱乎？吾無隱乎爾’，此以‘吾’繼‘我’也。”① 項氏以爲吾、我換用是爲使文章錯綜變化。清段玉裁《説文解字注》“我”下：“《論語》二句而我、吾互用，《毛詩》一句而卬、我雜稱。蓋同一我義而語音輕重緩急不同，施之於文，若自其口出。”段氏以爲我、吾或卬、我換用是語音輕重緩急不同。《楚辭·九章·涉江》九用“余”而八用“吾”字，朱熹注云：“此篇多以余、吾并稱，詳其文意，‘余’平而‘吾’倨也。”② 似亦未必。

　　予、余　《詩·周頌·小毖》：“予又集于蓼。”《毛傳》：“予，我也。”《玉篇》：“予者，我也。”王夫之《説文廣義》：“予，借爲自稱之辭。與吾、我通。予者，推之自己，繇己及人之意。對人而言也。”《爾雅·釋詁下》：“余，我也。”邵正涵《正義》：“余，猶予也。”邢昺《疏》：“此皆我之別稱也。”王夫之《説文廣義》：“余自《楚辭》始以爲自稱之詞，世習用之，蓋南楚方言耳。”《説文·八部》段玉裁注：“余之引申訓爲我。《詩》《書》用予不用余，《左傳》用余不用予。”按《左傳》用“余”多達175次，左丘明爲

---

① 項安石《項氏家説》，《四庫全書·子部·儒家類》。
② 朱熹《楚辭集注》，《四庫全書·集部·楚詞類》。

春秋時魯人，王夫之謂余爲南楚方言詞，似不足信。

　　朕　《爾雅·釋詁下》："朕，我也。"郭璞注："古者貴賤皆自稱朕。"《説文·舟部》："朕，我也。闕。"《書·堯典》："朕在位七十載。"蔡沈《集傳》："古人自稱之通號。"《公羊傳·宣公十二年》："寡人無良。"何休注："諸侯自稱曰寡人，天子自稱曰朕。"蔡邕《獨斷》卷上："朕，我也。古者尊卑共之，貴賤不嫌，則可同號之義也。至秦，天子獨以爲稱，漢因而不改也。"[1]唐玄宗《孝經序》："朕聞上古其風樸略。"邢昺《疏》："朕者，我也，古者尊卑皆稱之。……至秦始皇二十六年，始定爲天子之稱。"[2]《廣韻·寢韻》："朕，我也，秦始皇二十六年始爲天子之稱。"

　　台（yí）《爾雅·釋詁上》："台，我也。"《書·湯誓》："非台小子。"蔡沈《集傳》："台，我也。"宋王觀國《學林》卷六："《尚書》凡言台曰'其如台'之類，皆訓我也。"王夫之《説文廣義》："台，和悦也。……古以爲自稱之詞，夏商間方言。"

　　姎、卬　《説文·女部》："姎，女人自稱姎，我也。"段玉裁注："'姎我'聯文，如吳人自稱阿儂耳。"《廣韻·蕩韻》："姎，女人自稱姎我。"《詩·邶風·匏有苦葉》："人涉卬否。"《毛傳》："卬，我也。"馬瑞辰《通釋》："卬、姎聲近通用，亦爲我之通稱。"《爾雅·釋詁下》："卬，我也。"郭璞注："卬猶姎也。"陸德明《釋文》引《説文》曰："女人稱我曰姎。"

---

①　蔡邕《獨斷》，《百子全書》第 6 册，浙江人民出版社，1984 年。

②　《十三經注疏》，2540 頁。

儂 《大廣益會玉篇》："儂，吳人稱我是也。"①《廣韻·冬韻》："儂，我也。"《集韻·冬韻》："儂，我也吳語。"王觀國《學林》卷四："江左人稱我、汝皆加儂字，詩人亦或用之。孟冬野詩曰：'儂是拍浪兒'是也。"

第二人稱代詞。傳統訓詁著作中或名爲"稱人之詞"。有"爾、女、汝、而、乃、若、你、戎"等。

爾 《小爾雅·廣詁》："爾，汝也。"《詩·小雅·天保》："天保定爾。"《鄭箋》："爾，女也。"《論語·季氏》："無乃爾是過與。"皇侃疏："爾，汝也。"《説文·㸚部》段玉裁注："爾，後人以其與汝雙聲，假爲爾汝字。"清黃生《字詁》云："爾，語辭也。……借爲稱人之謂。古或借爾，或借汝，或借乃，或借若，或借而，方土不同，各取其聲之相近者耳。或疑諸聲略近，獨若聲差遠。不知若之上聲即汝也。古人韻緩，故無四聲之別。"②

女（rǔ）、汝 段玉裁《古文尚書撰異》："女者，對己之詞。假借之字，本如字讀，後人分別讀同汝水，非也，因改爲汝字，則更非也。女、乃、爾雙聲，爾古音近禰，今俗用你字。見《玉篇》，即古之爾字也。"③《漢書·朱買臣傳》："女苦日久，待我富貴報女功。"顏師古注："女，讀曰汝。"《詩·鄭風·揚之水》："維予與女。"朱熹《集傳》："予、女，男女自相謂也。"《豳風·九罭》："於女信處。"朱熹《集傳》："女，東人自相女也。"《論語·爲政》：“誨女知之乎？”劉寶楠《正義》：“女者，平等之稱。”《廣韻·語韻》：“汝，尒也。”《正字通·水部》：“汝，本水名，借爲爾汝字。”《詩·大雅·崧高》：“戎有良翰。”《鄭箋》：“戎，猶女也。”孔穎達《正義》：“汝者，相於之辭。”

而　《小爾雅·廣詁》：“而，汝也。”《書·洪範》：“而康而色。”孔安國《傳》：“汝當安汝顏色，以謙下人。”《左傳·宣公十五年》：“余，而所嫁婦人之父也。”杜預《注》：“而，女也。”《吕氏春秋·報更》：“而名爲誰？”高誘注：“而，汝也。”

乃　《廣雅·釋言》：“乃，汝也。”《小爾雅·廣詁》：“而、乃、爾、若，汝也。”胡承珙義證：“而、乃、爾、若四字不獨訓女，字亦皆通作女……蓋四字以聲轉而變，其實猶一字耳。”[1]《左傳·僖公十二年》：“余嘉乃勛。”孔穎達《疏》：“乃，女也。”《書·舜典》：“乃言底可績。”孔安國《傳》：“乃，汝也。”

若　《小爾雅·廣詁》：“若，汝也。”《史記·張儀列傳》：“始吾從若飲。”司馬貞索隱：“若者，汝也。”《考工記·梓人》：“惟若寧侯。”鄭玄《注》：“若，猶女也。”段玉裁《古文尚書撰異》：“若亦對己之詞。古音蓋亦與女、乃雙聲。”

你　這是一個後起的人稱代詞，本作“伱”，後寫作“你”。《玉篇·人部》：“伱，尒也。”《廣韻·止韻》：“你，秦人呼旁人之稱。”《正字通·人部》：“伱，汝也。俗作你。”《周書·異域傳下·突厥》：“你能作幾年可汗？”《廿二史考異·北史·李密傳》：

---

① 胡承珙《小爾雅義證》，《四部備要·經部·小學類》。

“共你論相殺事。”錢大昕按：“你，齊隋人語也。”

　　戎　《詩·大雅·民勞》：“戎雖小子。”《鄭箋》：“戎，猶女也。”朱熹《集傳》：“戎，汝也。”馬瑞辰《通釋》：“戎、女一聲之轉，故箋以戎爲女之假借。”朱駿聲《説文通訓定聲·豐部第一》：“按戎、汝、若、而皆一聲之轉。”

　　2. 指示代詞。傳統訓詁著作中稱爲指示語、指示辭或指辭。有“夫、此、斯、茲、是、之、其、彼、者、所、攸”等。

　　夫　常在句首出現，往往被稱爲發語詞，同時又是指示代詞。郭璞《爾雅序》：“夫爾雅者，所以通訓詁之指歸。”邢昺《疏》：“夫者，發語辭，亦指示語。”清朱孔彰《經傳虛字義説》：“夫字用爲虛字者，如《左傳》‘公嗾夫獒焉’，夫爲實指之詞。”丁守存《四書虛字講義》：“夫，又曰有指辭。如‘逮夫身’類是。”

　　此　近指代詞。劉淇《助字辨略》卷三：“此，是也，茲也。彼之對也。《禮記·禮運》：‘如此乎禮之急也。’……又指物之辭。《左傳·莊公二十二年》：‘陳衰，此其昌乎。’此，謂敬仲也。”《呂氏春秋·貴生》：“彼且奚以此之也。”高誘注：“此，此物也。之，至也。”《爾雅·釋詁下》：“茲、斯，此也。”邢昺《疏》：“此者對彼之稱，言近在是也。”

　　斯　義同“此”。《詩·召南·殷其靁》：“何斯違斯。”《毛傳》：“斯，此。”朱熹《集傳》：“‘何斯’，斯，此人也。‘違斯’，斯，此所也。”《論語·子罕》：“天之將喪斯文也。”劉寶楠正義：“斯、茲同義。”謝鼎卿《虛字闡義》：“斯蓋訓此，而爲指物詞。”清黃生《義府·斯與》：“《論語》中有斯字，無此字。斯者，此字之轉音而借用者也。”

　　兹　《書·大禹謨》：“念兹在兹。”孔安國《傳》：“兹，此也。”《爾雅·釋詁下》：“兹，此也。”邢昺《疏》：“此者，對彼之稱，言近在是也。”《論語·子罕》：“文不在兹乎？”劉寶楠《正義》：“兹者，有所指之辭。”王引之《經傳釋詞》卷八：“兹，猶斯也。《書·酒誥》曰‘祀兹酒’。昭七年《左傳》曰‘三命，兹蓋共’，二十六年《傳》曰‘兹無敵矣’。”

　　是　《論語·學而》：“夫子之至於是邦也。”皇侃疏：“是，此也。”《荀子·禮論》：“人有是，士君子也。”楊倞注：“是，猶此也。”《史記·鄭世家》：“子亹曰：‘齊强而厲公居櫟，即不往，是率諸侯伐我。内厲公，我不如往。’”劉淇《助字辨略》卷三：“此是字謂齊，指物之辭也。”

　　時　《爾雅·釋詁下》：“時，是也。”郝懿行《義疏》：“古人謂是爲時，今人謂時爲是。”《書·湯誓》：“時日曷喪，予及汝皆亡。”《史記·殷本紀》作“是日何時喪，予與女皆亡”。《詩·秦風·駟驖》：“奉時辰牡。”《毛傳》：“時，是也。”

　　之　《詩·周南·桃夭》：“之子于歸。”朱熹《集傳》：“之子，是子也，此指嫁者而言也。”王引之《經傳釋詞》卷九：“之，指事之詞也。若‘左右流之’之屬是也。”劉淇《助字辨略》卷三：“之，又指事之辭。如《論語》‘學而時習之’，之謂其所學；‘老者安之’，之謂老者也。”《說文·之部》段玉裁注：“之有訓爲此者，如之人也，之德也，之條條，之刀刀。《左傳》：‘鄭人醢之三人也。’《召南》毛《傳》曰：‘之事，祭事也。’《周南》曰：‘之子，嫁子也.’此等之字，皆訓爲是。”袁仁林《虛字說》：“之字指物，運用有四：一是句尾倒拍，所指在上。‘學而時習之’，指學。‘聞斯行之’，指聞。一是句尾虛指，聯字見意。《詩·裳裳者華》篇：‘左之左之，君子宜之。右之右之，君子有之。維其有之，是以似之。’六句八之字，憑空虛指，意無不該。一是句中停泊，有上文則指上，有下文則指下。‘事之以禮，葬之以禮，祭之以禮’，指上所孝之親；‘語之而不惰者，其回也歟’，此之字指下者。”

其　王引之《經傳釋詞》卷五：“其，指事之詞也，常語也。”劉淇《助字辨略》卷一：“《易·繫辭》：‘其旨遠，其辭文。’《禮記·月令》：‘其日甲乙。’‘其帝太皞，其神句芒。’其，指物辭也。”吳昌瑩《經詞衍釋》卷五：“其，指事之詞，猶言此也、是也。《孟子》‘求其放心而已矣’，《左傳·襄八年》‘孤也與其二三臣，不能禁止’之類。”王鳴昌《辨字訣》：“其，有所指之辭。凡指事、指人、指物、指理，皆用之。”

彼　遠指代詞。《玉篇·彳部》：“彼，對此之稱。”《說文·彳部》王筠句讀：“彼，與此對文。”王鳴昌《辨字訣》：“彼，他有所指之詞。”劉淇《助字辨略》卷三：“俗謂此曰者箇、曰者樣，謂彼曰那箇、曰那樣。”《呂氏春秋·本味》：“道者，止彼在己。”高誘注：“彼，謂他人。”《詩·曹風·侯人》：“彼其之子。”《毛傳》：“彼，彼曹朝也。”《後漢書·崔駰傳》：“彼采其華。”李賢注：“彼，彼衆人也。”

某　指代不肯定的人物時地。傳統訓詁學或謂之爲無所指明之辭。《玉篇·木部》：“不知名者云某。”《廣雅·釋詁三》：“凡言某者，皆所以代名也。"《書·金縢》："惟爾元孫某。"孔安國《傳》："某，名。臣諱君，故曰某。"《儀禮·士冠禮》："永受保之，曰伯某甫。"賈公彥《疏》引鄭玄云："某甫，且字。以臣不名君且，爲某之字呼之。"劉淇《助字辨略》卷三："愚按：伯某甫者，無所指名之辭。凡無所指名及泛言事物與不知姓名，皆云某也。如《儀禮·聘禮》'反命曰：以君命聘於某君，某君受幣於某宮，某君再拜以享某君，某君再拜'，《漢書·項籍傳》'某時某喪，使公主某事，不能辦'，《成許後傳》'設妾欲作某屏風，張於某所'之類是也。"

者　置於別的字後，構成"者"字結構。《説文·白部》："者，別事詞也。"王引之《經傳釋詞》卷九："者，或指其事，或指其物，或指其人。"袁仁林《虚字説》："者字尾句，乃倒指頓住之辭。用法有二：一是頓住起下，與俗語'這箇'二字相類。猶云某某這箇非他，乃是如此也。如'仁者，人也。義者，宜也'。一是頓住縮上，此等者字與俗語'的'字相類，如《史記》'願從諸侯王擊楚之殺義帝者'。"丁守義《四書虚字講義》："者，又實指其人之辭。書中者字，大約指人指事。大約上加虚字多指事，上不加虚字多指人，乃虚字中較實之字。"

所　放在動詞或動詞性詞組前，表示行爲所及的對象。傳統訓詁學稱"所"爲指事、指物之詞。或以爲助詞。元盧以緯《助語辭》："所，亦指事爲而言，如'所能''所學'之類。……'所'是活字，若曰'所學'，是明指其習學之而爲其事也。"[1]王

---

[1]《助語辭集注》，31頁。

引之《經傳釋詞》卷九："所者，指事之詞。若'視其所以，觀其所由'之屬是也，常語也。"又"所，語助也。《書·無逸》曰'烏乎，君子所其無逸'，言君子其毋逸也。君子，謂人君也。所，語助耳"。劉淇《助字辨略》卷三："所，處所也，借爲語助。然凡云'所'，皆有所在。雖不爲義，要自與'而''以'之屬別。如《論語》'視其所以，觀其所由，察其所安'，'所以''所由''所安'皆有方嚮，故云所也。《大學》'其所厚者薄，而其所薄者厚'，'所厚''所薄'，皆據其人而言也。《中庸》'舟車所至，人力所通，天之所覆，地之所載'，此爲'所至''所通'，所覆載之處而言也……凡此所字，皆有所指目，非空爲助句者也。"劉淇所舉例句，所字都是指事之詞。清丁守存《四書虛字講義》："所，指物之辭。此字之虛而實者，若'居其所''得其所'之類。"[①] 按這兩個"所"字乃是名詞，不是虛字，丁氏之說是錯誤的。

3. 疑問代詞。傳統訓詁學稱爲間詞，計有"誰、疇、孰、何、曷、害、盍、胡、奚、惡、烏、安、焉"等，前人都有過討論。

誰、疇　問人之詞。《說文》《玉篇》并云："誰，何也。"《詩·召南·行露》："誰謂雀無角?"陳奐《傳疏》："誰，孰也。"《小雅·無羊》："誰謂爾無羊? 三百維群。"孔穎達《正義》："'誰謂'是發問之辭，'三百維群，九十其犉'是報答之語。"《爾雅·釋詁下》："疇，誰也。"《史記·司馬相如列傳》："疇逆失而能存?"裴駰《集解》引韋昭曰："疇，誰也。"王昌瑩《經詞衍

---

① 丁守存《四書虛字講義》，退補齋藏本。

釋》卷六："疇、誰一聲之轉，故疇昔之轉爲誰昔也。"

　　孰　問人，誰也。《爾雅·釋詁下》："孰，誰也。"郝懿行《義疏》："孰、誰聲轉字通。"《公羊傳·隱公元年》："王者孰謂？"何休注："孰，誰也。""孰"又問事物，何也。《楚辭·九章·哀郢》："孰兩東門之可蕪？"蔣驥注："孰，何也。"王引之《經傳釋詞》卷九："孰，猶何也。家大人曰：孰、誰一聲之轉，誰訓爲何，故孰亦訓爲何。《晉語》曰：'孰是人斯，而有是臭也。'言何是人而有是臭也。"劉淇《助字辨略》卷五："孰，誰也，何也。如《論語》'孰不可忍也'，《公羊傳·哀公十四年》'孰爲來哉，孰爲來哉'。……此孰字，何也，曷也。如《論語》'君孰與不足'，此爲誰何之辭也。"

　　何　問事物、時地、方式、原因之辭。《文選·張平子·西京賦》："忘《蟋蟀》之謂何？"李善注引何休曰："諸據疑問所不知曰者何也。"又潘岳《射雉賦》："何調翰之喬桀。"李善注："何，疑問之辭。"魏維新《助語辭補》："何，奚也、孰也、曷也。又詰問之辭，如俗語'爲什麼'意。《史記》'莫敢誰何'之類。"[1]

　　曷　《說文》："曷，何也。"《詩·小雅·四月》："曷云能穀？"《鄭箋》："曷之言，何也。"魏維新《助語辭補》："曷，猶何也。《易·損·象》：'曷之用？'陶潛《歸去來辭》：'曷不委心任去留？'而語氣較何字稍振。"[2]王引之《經傳釋詞》卷四："曷，何也，常語也。……《爾雅》曰：'曷，盍也。'《書·湯誓》曰：'時日曷

---

① 《助語辭集注》附，中華書局，150頁。
② 同上。

喪？'《詩·有杕之杜》曰：'中心好之，曷飲食之？'曷皆謂何不也。説者并訓爲何，失之。"陳奐《毛詩傳疏》："曷、盍聲同，故何謂之曷，又何不謂之曷。《釋詞》云：'曷，何不也。'説者訓爲何，失之。"

害（hé）《小爾雅·廣言》："害，何也。"《詩·周南·葛覃》："害澣害否。"《毛傳》："害，何也。"《鄭箋》："我之衣服，今者何所當見澣乎？何所當否乎？"陳奐《傳疏》："古害、曷聲同，故曷謂之何，害亦謂之何矣。曷者本字，害者假借字。"《書·湯誓》："時日害喪？"江聲《集注音疏》："害，讀爲曷，何也。"劉淇《助字辨略》卷五："害、曷音近，故得轉爲何也。"

盍 《左傳·成公六年》："子盍從衆？"杜預《注》："盍，何不也。"又《襄公二十一年》："子盍詰盜？"孔穎達《疏》："鄭玄、服虔皆以盍爲何不也。"劉淇《助字辨略》卷五："盍云何不者，辭之急者也，緩言之，則爲何不耳。"又《廣雅·辭詁》："盍，何也。"劉淇《助字辨略》卷五："盍，猶何也。王褒《聖主得賢臣頌》：'盍令不行？'此盍字，猶何也。"王引之《經傳釋詞》卷四："盍爲何不而又爲何，曷爲何而又爲何不，聲近而義通也。"

胡 《廣韻·模韻》："胡，何也。"《禮記·中庸》："君子胡不慥慥爾？"孔穎達《疏》："胡猶何也。"《詩·大雅·桑柔》："胡斯畏忌？"《鄭箋》："胡之言何也。"《書·大甲下》："弗慮胡獲。"孔穎達《疏》："胡之與何，方言之異耳。"

奚 《廣韻·齊韻》："奚，何也。"《書·仲虺之誥》："奚獨後予。"蔡沈《集傳》："奚，何也。"《文選·左太沖·魏都賦》："奚

遽不能與之踵武而齊其風？”呂延濟注：“奚，猶何也。”王夫之
《說文廣義》：“奚，詰詞也。”劉淇《助字辨略》卷一：“《孟子》：
‘奚而不知也？’奚而不知，言奚爲而不知，省文也。”

　　惡（wū）《莊子·德充符》：“惡用德？”成玄英《疏》：“惡，
何也。”《穀梁傳·定公九年》：“惡得之？”范甯注：“惡，於何
也。”《左傳·桓公十六年》：“惡用子矣。”杜預《注》：“惡，安
也。”《孟子·梁惠王上》：“天下惡乎定？”焦循《正義》：“惡，
猶安也，何也。”王引之《經傳釋詞》卷四：“惡，猶安也，何也。
‘惡乎’猶言‘何所’，不必訓爲‘於何’也。”

　　烏　《漢書·匡衡傳贊》：“烏能勝其任乎？”顏師古注：“烏，
何也。”《呂氏春秋·明理》：“烏聞至樂？”高誘注：“烏，安也。”
《漢書·司馬相如傳》：“又烏能已？”顏師古注：“烏，猶焉也。”
王引之《經傳釋詞》卷四：“惡，字亦作烏。高注《呂氏春秋·本
生》篇曰：‘惡，安也。’又注《明理》篇曰：‘烏，安也。’”

　　安　《漢書·劉向傳》：“若其無知，又安用大？”顏師古注：
“安，焉也。”《論語·先進》：“安見方六七十如五六十而非邦也
者？”劉寶楠《正義》引盧文弨曰：“古焉、安二字通用。”王夫之
《說文廣義》：“安字，安往，何所往而安也；安能，豈能之而不待
勉強也。求其所安而不得，故爲詰詞。”王引之《經傳釋詞》卷二：
“安，焉，亦何也，互文耳。”劉淇《助字辨略》卷一：“《禮記·檀
弓》：‘吾將安仰？’漢文帝詔：‘其咎安在？’愚按：安亦訓爲何，
安得爲焉者，聲相近也。”

　　焉　《廣韻·仙韻》：“焉，何也。”《論語·爲政》：“人焉廋

哉？”皇侃疏：“焉，安也。”朱熹《集注》：“焉，何也。”《詩·衛風·伯兮》：“焉得諼草。”孔穎達《疏》：“何處得一忘憂之草。”李富孫《詩經異文釋》：“安、焉聲相近，義同。”[①]

五　連字

連詞又可分爲并列、選擇、承接、遞進、轉折、假設、讓步、因果等多個小類。訓詁著作中沒有連詞的名稱，不過對連詞亦有討論。

1. 并列連詞。有“與、及、暨、而、以、于”等，或稱爲從同之詞。

與　《論語·子罕》：“子罕言利與命與仁。”邢昺《疏》：“與，及也。”《詩·邶風·擊鼓》：“平陳與宋。”陳奐《傳疏》：“與者，及也，爲從同之詞。”

及　《爾雅·釋詁下》：“及，與也。”《詩·小雅·谷風》：“維風及雨。”陳奐《傳疏》：“及，與也。”《春秋·隱公元年》：“三月，公及邾儀父盟于蔑。”《公羊傳》：“及者何？與也。”又表示連及。《史記·五帝本紀》：“東至於海，登丸山及岱宗。”劉淇《助字辨略》卷五：“此及字，連及之辭也。”

暨　《爾雅·釋詁下》：“暨，與也。”《小爾雅·廣言》：“暨，及也。”《書·堯典》：“咨汝羲暨和。”孔安國《傳》：“暨，與也。”

---

① 李富孫撰《詩經異文釋》，《皇清經解續編》，上海書局石印本。

蔡沈《集傳》：“暨，及也。”《文選·王仲宣·贈士孫文始》：“我
暨我友，自彼京師。”李善注引《爾雅》曰：“暨，與也。”

　　而　王引之《經傳釋詞》卷七：“而，猶與也，及也。《墨
子·尚同》篇曰：‘聞善而不善，皆以告其上。’言善與不善也。
《韓子·説林》篇曰：‘以管子之聖，而隰朋之智。’言管仲與隰朋
也，而、與聲之轉。”

　　以　《廣雅·釋詁》：“以，與也。”《詩·大雅·皇矣》：“不大
聲以色，不長夏以革。”馬瑞辰《通釋》：“聲以色，猶云聲與色也。
夏以革，猶云夏與革也。”[1]王引之《經傳釋詞》卷一：“襄二十年
《左傳》曰：‘賦《常棣》之七章以卒。’言賦七章與卒章也。”

　　于　王引之《經傳釋詞》卷一：“于，猶越也，與也。連及之
詞。《書·大誥》曰：‘大誥爾多邦，越爾御事。’王莽仿《大誥》，
作‘大告道諸侯王三公列侯，于女卿大夫元士御事’。是連及之詞
曰越，亦曰于也。……《多方》曰：‘時惟爾初，不克敬于和，則
無我怨。’于，與也，言不能敬與和也。”

　　2.選擇連詞。有“抑、將、且、亡其”等。傳統訓詁學或以爲
雙折之詞，或以爲轉語詞。

　　抑　清伍兆鼇《虛字淺解》：“《論語》：‘求之與？抑與之
與？’韓文：‘抑不知天將和其聲而使鳴國家之盛耶，抑將窮餓其
身，思愁其心腸，而使自鳴其不幸耶？’此兩條（抑字）是雙折之
辭。”《左傳·宣公十一年》：“抑人亦有言曰。”杜預《注》：“抑，

---

[1]　馬瑞辰《毛詩傳箋通釋》，中華書局，1989 年。

辭也。”又《昭公八年》：“抑臣又聞之。”杜預《注》：“抑，疑辭。”王引之《經傳釋詞》卷四：“抑，詞之轉也。”

　　將　王引之《經傳釋詞》卷八：“將，猶抑也。《楚辭·卜居》：‘將送往勞來斯無窮乎？’《楚策》：‘將以爲楚國祅乎？’將字并與抑同義。”劉淇《助字辨略》卷二：“《楚辭·卜居》：‘吾寧悃悃款款，樸以忠乎？將送往勞來，斯無窮乎？’此將字，亦是抑辭，然是轉語。”吳昌瑩《經詞衍釋》：“將，猶抑也。《孟子》：‘將戕賊杞柳而後以爲栝棬也？’言抑戕賊也。《史記·孟嘗君傳》：‘將受命於戶耶？’……此類將，義并同抑。”

　　且　王引之《經傳釋詞》卷八：“且，猶抑也。《齊策》：‘王以天下爲尊秦乎？且尊齊乎？’……且字并與抑同義。”吳昌瑩《經詞衍釋》卷八：“且，猶抑也。《史記·酈生傳》：‘足下欲助秦攻諸侯乎，且欲率諸侯破秦也？’言抑欲破秦邪也。”

　　亡其　抑或，還是。《莊子·外物》：“抑固窶邪？亡其略弗及邪？”《戰國策·趙策三》：“秦之攻趙也？倦而歸乎？亡其力尚能進，愛王而不攻乎？”《史記·范睢蔡澤列傳》：“意者臣愚而不概於王心邪，亡其言臣者賤而不可用乎？”工念孫《讀書雜志·史記四》：“亡，讀如無，或言亡，或言亡其，皆轉語詞也。”

　　3. 承接連詞。傳統訓詁學或稱承上之辭，或承上起下之辭。有“故、是故、是以、則、則是、是則、然則、肆、茲（滋）、亦越”等多個。

　　故、是故　《禮記·曲禮上》：“故君子戒慎，不失色於人。”孔穎達《疏》：“故，承上起下之辭。”劉淇《助字辨略》卷四：

“故，承上之辭，猶云是以、是故。《國語》：‘故能保世以滋大。’《毛詩·周南召南譜》曰：‘是故二國之詩，以后妃夫人之德爲首，終以《麟趾》《騶虞》。’《正義》云：‘是故者，緣上事生下勢之稱。’”《易·繫辭上》：“是故聖人以通天下之志。”李鼎祚《集解》引六家《易注》：“凡言是故者，承上之辭也。”

　　是以　《詩·關雎序》：“是以一國之事，繫一人之本。”孔穎達《正義》：“是以者，承上生下之辭。”《左傳·僖公十五年》：“三施而無報，是以來也。”劉淇《助字辨略》卷三：“是以，猶云所以。”王引之《經義述聞》卷九：“是故、是以，皆承上起下之詞，常語也。”

　　則　王引之《經傳釋詞》卷八：“則，承上起下之詞。”《論語·學而》：“行有餘力，則以學文。”《孟子·告子上》：“思則得之，不思則不得也。”劉淇《助字辨略》卷五：“則，語辭也，承上趣下，辭之急者也。”

　　則是、是則　《孟子·梁惠王下》：“則是方四十里爲阱於國中。”唐駱賓王《上司刑太常伯啓》：“側聞魯澤祥麟，希委質於宣父；吳阪逸驥，實長鳴於孫陽。是則所貴在乎見知，所屈伸乎知己。”劉淇《助字辨略》卷三：“則是、是則，其義并同，承上文爲斷辭也。”

　　然則，然而　《詩·周南·關雎序》：“然則《關雎》《麟趾》之化，王者之風。”孔穎達《疏》：“然者，然上語，則者，則下事，因前起後之勢也。”《漢書·鄒陽傳》：“淮南連山東之俠，死士盈朝，不能還屬王之西也。然而計議不得，雖諸賁不能安其位，亦明矣。"劉淇《助字辨略》卷一:"此'然而',猶云'然則',承上之辭,非轉語也。"

肆 《爾雅·釋詁下》:"肆,故、今也。"邢昺《疏》:"肆,因上起下之語。"《書·太甲上》:"肆嗣王丕承基緒。"孔安國《傳》:"肆,故也。"《詩·大雅·抑》:"肆皇天弗尚。"朱熹《集傳》:"肆,故今也,猶言遂也,承上起下之辭。"又《綿》:"肆不殄厥慍。"《毛傳》:"肆,故、今也。"陳奐《傳疏》:"凡肆者,皆承上起下之詞,肆兼故、今兩義。"

茲(滋)《左傳·昭公元年》:"勿使有所壅閉湫底,以露其體,茲心不爽,而昏亂百度。"又《昭公二十六年》:"若可,師有濟也,君而濟之,茲無敵矣。"王引之《經傳釋詞》卷八:"此兩茲字,皆承上起下之詞,猶今人言致令如此也。……茲,字或作滋。昭五年《傳》曰:'君若驩焉好逆使臣,滋敝邑休怠,而忘其死,亡無日矣。'滋亦承上起下之詞。"

4. 遞進連詞。傳統訓詁學或稱爲更進之辭、更端之辭。有"矧、况、皇"等。

矧 《爾雅·釋言》:"矧,况也。"《詩·小雅·伐木》:"相彼鳥矣,猶求友聲。矧伊人矣,不求友生?"《毛傳》:"矧,况也。"清謝鼎卿《虛字闡義》卷二:"矧,借爲更進語詞。"俞樾《群經平議》卷十一:"按矧字之義,承上文而進一說也。"

况 《廣韻·漾韻》:"况,矧也。"劉淇《助字辨略》卷四:"義轉而益進,則云况也。"王鳴昌《辨字訣》:"况者,更進之辭。正意已是,而意外尚有可言,則用之。"《左傳·定公九年》:"思其人猶愛其樹，況用其道，而不恤其人乎？"《孟子·公孫丑下》：
"管仲且猶不可召，而況不爲管仲者乎？"

　　皇　義同"況"。《尚書大傳·甫刑》："君子之於人也，有
其語也，無不聽者，皇於聽獄乎？"鄭玄《注》："皇，猶況也。"
《書·秦誓》："俾君子易辭，我皇多有之。"《公羊傳·文公十二
年》作"而況乎我多有之"。王引之《經傳釋詞》卷四："況、皇古
多通用。"朱駿聲《說文通訓定聲·壯部》："皇，假借爲況。"

　　5. 轉折連詞。連接前後不同或相反的兩事。傳統訓詁學或稱
轉語，或稱反折之辭。有"而、然、然而、抑、顧、乃、乃若、
能"等。

　　而　《書·舜典》："直而溫，寬而栗，剛而無虐，簡而無傲。"
蔡沈《集注》："而，轉語辭也。"《論語·季氏》："而謀動干戈於
邦内。"劉淇《助字辨略》卷一："此而字是轉語。"張文炳《虛字
注釋》："句首著而字，亦是承上轉下意，'而謀動干戈於邦内'是
也。"伍兆鼇《虛字淺解》："而，反折之辭。《論語》：'而謀動干
戈於邦内。'"又云："而，句中轉折之辭。《論語》'君子周而不
比'是也。"王夫之《說文廣義》："（而）本訓頰毛也，借爲語助
辭，動轉詞也。"

　　然、然而　《左傳·僖公三十年》："然鄭亡，子亦有不利焉。"
《漢書·高帝紀》："吕后問曰：'陛下百歲後，蕭相國既死，誰令
代之？'上曰：'曹參可。'問其次。曰：'王陵可，然少戇，陳平
可以助之。陳平智有餘，然難獨任。周勃重厚少文，然安劉氏者必
勃也。'"劉淇《助字辨略》卷二云："諸然字，并轉語也。"袁仁

林《虛字説》："然字之聲，承上轉下，別伸一意。"伍兆鼇《虛字淺解》："《左傳》'然故不可誣也'（襄公九年），此然字，反折之辭。"《論語·子張》："吾友張也，爲難能也，然而未仁。"清課虛齋主人《虛字注釋》："然而，反上意而圓轉之詞，一頓一轉，如'然而未仁'之類。"

抑　王引之《經傳釋詞》卷三："抑，詞之轉也。"《左傳·昭公元年》："子晳信美矣，抑子南，夫也。"《論語·子張》："子夏之門人小子，當灑埽應對進退則可矣，抑末也。"何晏《集解》引包咸曰："然此但是人之末事耳。"劉淇《助字辨略》卷五："此抑字，猶云'然而'。"

顧　王引之《經傳釋詞》卷五："顧，猶但也。"《史記·趙世家》："彼非不愛其弟，顧有所不能忍者也。"劉淇《助字辨略》卷四："顧，但也。"《史記·刺客列傳》："於期每念之，常痛於骨髓，顧計不知所出耳。"

乃、乃如、乃若　《書·康誥》："有厥罪小，乃不可不殺。"《詩·邶風·日月》："乃如之人兮，逝不古處。"《孟子·離婁下》："乃若所憂則有之。"王引之《經傳釋詞》卷六二："乃，轉語詞也。乃如，亦轉語詞也。乃若，亦轉語詞也。"

能　同"乃"。《詩·衛風·芄蘭》："雖則佩觿，能不我知。"馬瑞辰《通釋》："能即乃也，乃猶而也。"王引之《經義述聞》卷五："能，乃，語詞之轉，亦非才能之能也。能當讀爲而。言童子雖則佩觿，而實不與我相知。"

6. 假設連詞。傳統訓詁學稱爲設辭、假設之辭。有"假（假令）、借、藉、若、如、設、使、爲、苟、且"等。

假（假令）　劉淇《助字辨略》卷三："假是設辭。"曹操《與王修書》："假有斯事，亦庶鍾期不失聽也。"《史記·管晏列傳》："假令晏子而在，余雖爲之執鞭，所忻慕焉。"王引之《經傳釋詞》卷九："之亦若也，互文耳。《荀子·正名》篇曰：'假之有人欲南而惡北。'《性惡》篇曰：'假之有弟兄資財而分者。'假之，皆謂假若也。"

借　《詩·大雅·抑》："借曰未知，亦既抱子。"《毛傳》："借，假也。"《鄭箋》："假令人云王尚幼少未有所知，亦已抱子長大矣。"

藉　《史記·陳涉世家》："藉第令毋斬，而戍死者固十六七。"裴駰《集解》引服虔曰："藉，假也。"劉淇《助字辨略》卷四："藉與借同，設辭也。"

若　《儀禮·士相見禮》："君若降送之，則不敢顧，辭遂出。"賈公彦《疏》："若者，不定之辭也。"劉淇《助字辨略》卷五："愚按：若，設辭也。"《左傳·隱公元年》："若闕地及泉，隧而相見，其誰曰不然。"又《隱公十一年》："寡人若朝于薛，不敢與諸任齒。"劉淇《助字辨略》卷五："諸若字，并假設之辭也。"

如　《廣韻·魚韻》："如，若也。"清王鳴昌《辨字訣》："如，假設之辭。"[①]《詩·秦風·黄鳥》："如可贖兮，人百其身。"朱熹《集傳》："若可貿以他人，則人皆願百其身以易之矣。"《史記·李

---

① 　王鳴昌《辨字訣》，《助語辭集注》附録，中華書局，1988 年。

將軍列傳》："如令子當高帝時，萬户侯豈足道哉？"劉淇《助字辨略》卷一："《論語》'如不可求'、'如有用我者'，此如字，脱或之辭也。《史記·魏世家》：'有如彊秦亦將襲趙之欲，則君且奈何？有如，亦脱或辭也。'"

設 《史記·魏其武安侯列傳》："此特帝在，即録録，設百歲後，是屬寧復有可信者乎？"司馬貞《索隱》："設者，脱也。"劉淇《助字辨略》卷五："愚按：脱，儻或也，假如也。"揚雄《法言·重黎》："設秦得人，如何？"李軌注："設，假。"課虚齋主人《虚字注釋》："設，假設之辭。如'設言富若可求'之類。"

使 《國語·吳語》："使死者無知，則已矣。"曹操《請增封荀彧表》："嚮使臣退軍官渡，紹必鼓行而前。"劉淇《助字辨略》卷三："《論語》'使驕且吝'，《後漢書·仲長統傳》'使居有良田廣宅'，使，假設之辭也。"

爲 《戰國策·秦策》："爲我葬，必以魏子爲殉。"《史記·宋微子世家》："爲死終不得治，不如去。"王引之《經傳辭詞》卷二："爲，猶如也，假設之詞也。"《史記·商君列傳》："爲私鬥者，各以輕重被刑。"劉向《説苑·君道》："齊桓公曰：筦子今年老矣，爲棄寡人而就世也，吾恐法令不行。"吳昌瑩《經詞衍釋》卷二："以上爲字，并訓假如之如。"

苟 《論語·里仁》："苟志於仁矣，無惡也。"何晏《集解》："孔曰：苟，誠也。"《禮記·中庸》："苟無其德，不敢作禮樂焉。"劉淇《助字辨略》卷三："此苟字，猶言如也，若也。"

且 《莊子·盗跖》："且子正爲名，我正爲利。"陸德明《釋文》："且，假設之辭也。"《左傳·隱公元年》："且如桓立，則恐諸大夫不能相幼君也。"何休注："且如，假設之辭。"

則　《左傳·成公九年》："德則不競，尋盟何爲？"《史記·天官書》："占，則爲天下候，竟正月。"劉淇《助字辨略》卷五："若爲天下占，則以盡一正月爲驗也。此則字，假設之辭，猶云若也。"

7. 讓步連詞。連接兩個有讓步關係的詞組或分句，傳統訓詁學仍稱爲設辭或兩設之詞。有"縱、自、雖、饒、每、就、即、便"等。

縱　《詩·鄭風·子衿》："縱我不往，子寧不嗣音？"《論語·子罕》："且予縱不得大葬，予死于道路乎？"《史記·項羽本紀》："縱江東父老憐而王我，我何面目見之？"劉淇《助字辨略》卷四："縱，設辭，猶云即也。"

自　《史記·平準書》："自天子不能具鈞駟，而將相或乘牛車。"《漢書·周昌傳》："昌爲人强力，敢直言，自蕭（何）曹（參）等皆卑下之。"吳昌瑩《經詞衍釋》卷八："自猶雖也。自訓爲若，若與雖同義。故《吳越春秋·勾踐二十一年》：'吾愛士，雖吾子不能過也。及其犯誅，自吾子亦不能脫也。'自與雖對文，自實雖義也。"

雖、雖使、雖則、雖然　《書·召誥》："有王雖小，元子哉。"《詩·小雅·鴻雁》："雖則劬勞，其究安宅。"《鄭箋》："女今雖病勞，終有安居。"《墨子·節葬下》："厚葬久喪，雖使不可以富貧衆寡，定危治亂，然此聖王之道也。"唐于鵠《題鄰居》詩："雖然在城市，還得似樵漁。"劉淇《助字辨略》卷一："雖者，兩設之辭也。《禮記·少儀》：‘問日之蚤暮，雖請退可也。’疏云：‘雖，假令也。’愚按：假令者，猶云即使如何也。”《玉篇·虫部》：“雖，詞兩設也。”元盧以緯《助語辭》：“雖然，承上文義，固是如此，又別發一段議論。”王鳴昌《辨字訣》：“雖然，頓住前文，另轉下文之辭。”

饒　杜牧《猿》詩：“三聲欲斷疑腸斷，饒是少年須白頭。”陳陶《隴西行》詩：“縱饒奪得林胡塞，磧地桑麻種不生。”歐陽修《鼓笛慢》詞：“便直饒、更有丹青妙手，應難寫，天然態。”劉淇《助字辨略》卷二：“‘饒是少年須白頭。’楊龜山云：‘外邊用計用數，假饒立得功業，只是人欲之私。’此饒字，縱也，任也。……假饒，猶云縱令，設辭也。”

每　《爾雅·釋訓》：“每有，雖也。”郭璞注：“辭之雖也。”《詩·小雅·皇皇者華》：“每懷靡及。”《毛傳》：“每，雖。”《小雅·常棣》：“每有良朋，況也永嘆。”《鄭箋》：“每有，雖也。”王引之《經傳釋詞》卷十：“每有，猶雖有耳。”

就　《三國志·魏書·荀彧傳》：“其子弟念父兄之恥，必人自爲守，無降心。就能破之，尚不可有也。”《蜀書·法正傳》：“亮嘆曰：‘法孝直若在，則能制主上，令不東行。就復東行，必不傾危矣。’”劉淇《助字辨略》卷四：“此就字，設辭，猶云縱也。”

即　宗臣《報劉一丈書》：“即饑寒毒熱不可忍，不去也。”《三國志·魏書·陳思王植傳》裴松之注引《魏略》：“丁掾，好士也。即使其兩目盲，尚當與女，何況但眇。”劉淇《助字辨略》卷五：“即，又假設之辭，猶云縱令也。即得爲縱者，若之轉也。”

便、便是　杜甫《送鄭十八虔貶台州司户》詩：“便與先生應永訣，九重泉路盡交期。”陸叡《瑞鶴仙》詞：“便行雲都不歸來，也合寄將音信。”王充《論衡·儒增》：“便是熊渠、養由基、李廣主名不審，無實也。”劉淇《助字辨略》卷四：“便，又假令之辭，猶云縱也。”

六　助字

助詞没有實義，附着於詞、詞組或句子，表示音節、語氣或某種語法結構。唐劉知幾《史通·浮詞》：“夫人樞機之發，疊疊不窮，必有徐音足句爲其始末。是以‘伊、惟、夫、蓋’，發語之端也，‘焉、哉、矣、兮’，斷句之助也，去之則言語不足，加之則章句獲全。”元盧以緯《助語辭》：“聲隨語發，意不加重，且不訓本字義，此等字多有之，亦語助之類也。”清王鳴昌《辨字訣》：“蓋一句中，必用虛字以爲襯貼，或用於句首，或用於句中，皆曰襯語，先輩所謂助語是也。”古代漢語中有助詞“阿、安（案）、薄（薄言）、不、誕、迪、而、爾、耳、夫、否、蓋、句、侯、乎、忌、謇、近、居、且、來、其、羌、慶、然、如、若、式、逝、噬、誰、思、斯、些、維（惟、唯）、爲、無（毋）、兮、胥、許、焉、言、邪（耶）、也、伊、抑、繄、已、矣、亦、有、于、於、聿（遹）、與（歟）、越、粵、云（員）、哉、載、者、止、只、諸”等 60 餘個。傳統訓詁學先後用了“詞、辭、語詞、語辭、助字、助辭、助語、助語之辭、語助辭”等各種名稱。句首助詞又叫“發語辭、發辭、發語之辭”，句末助詞又叫“語已辭、語末辭、語終辭、句絕之辭”，表示疑問的又叫“疑辭、疑句之辭”，表示肯定語氣的又叫“決辭、決定辭、決定之辭”，很不統一。下面分別舉例説明。

阿　放在單音名詞或代詞等前面，表示稱謂。《三國志·吳書·吕蒙傳》裴松之注引《江表傳》：“至於今者，學識英博，非復吳下阿蒙。”《古詩爲焦仲卿妻作》：“阿母謂阿女，汝可去應之。”古詩《十五從軍征》：“道逢鄉里人，家中有阿誰？”顧炎武《日知録》卷三十二：“阿者，助語之辭。”

安（案）《荀子·榮辱》：“俄則屈安窮矣。”楊倞注：“安，語助也。猶言屈然窮矣。”王引之《經傳釋詞》卷二：“安，焉也，然也。”又《禮論》：“故先王聖人，安爲之立中制節。”郝懿行《補注》：“此云‘安爲之立中’，下云‘安以此象之’，又云‘按使倍之’、‘案使不及’。此二‘案’一‘安’，《禮記·三年間》俱作‘焉’，皆語辭也。鄭注‘焉猶然’，亦語辭。”又《勸學》：“安特將學雜識志順《詩》《書》而已耳。”楊倞注：“安，語助，猶言抑也。或作安，或作案。蓋當時人通以安爲語助，或方言耳。”或以此“安”爲承接連詞。王引之《經傳釋詞》卷二：“‘識’‘志’二字，當衍其一。安，猶則也。言既不能好其人，又不能隆禮，則但學雜識，順《詩》《書》而已也。”

薄、薄言　《詩·周南·葛覃》：“薄污我私，薄澣我衣。”王引之《經傳釋詞》卷十：“薄，發聲也。”又《芣苢》：“薄言采之。”《毛傳》：“薄，辭也。”劉淇《助字辨略》卷五：“薄，辭也。言，亦辭也。薄言，重言之也。《詩》凡云‘薄言’，皆是發語之辭。”
馬瑞辰《通釋》：“《後漢書·李固傳》‘薄言震之’注引《韓詩》
亦曰：‘薄，辭也。’今按‘薄言’二字皆語詞，單言‘薄’者亦
語詞。”

　　不　《玉篇·不部》：“不，詞也。”《集韻·尤韻》：“不，方
鳩切，辭也。”《詩·小雅·桑扈》：“不戢不難。”馬瑞辰《通
釋》：“兩不字皆語詞。”《大雅·思齊》：“肆戎疾不殄，烈假不
瑕。”馬瑞辰《通釋》：“兩不字皆句中助詞。又‘不聞亦式，不
諫亦入’。”王引之《經傳釋詞》卷十：“不，語詞。不聞，聞也。
不諫，諫也。”又《商頌·長發》：“不震不動，不戁不竦。”王
筠《説文句讀》“戁”下云：“不字乃發語詞，猶《清廟》之‘不
顯不承’。”《左傳·成公八年》：“退不作人。”杜預《注》：“不，
語助。”《詩·大雅·抑》：“不遐有愆。”陳奂《傳疏》：“不，發
聲也。”

　　誕　句首、句中助詞。《詩·大雅·皇矣》：“誕先登于岸。”鄭
箋：“誕，大。”馬瑞辰《通釋》：“誕者，語詞。訓大亦語詞也。”
又《大雅·生民》：“誕彌厥月。”朱熹《集傳》：“誕，發語辭。”
馬瑞辰《通釋》：“《詩》中凡言‘誕’者，皆語詞。”《書·多方》：
“須暇之子孫，誕作民主。”王引之《經傳釋詞》卷六：“誕，發語
詞也。”又《大誥》：“肆朕誕以爾東征。”王引之《經傳釋詞》卷
六：“誕，句中助詞也。”

　　迪　句首、句中助詞。《書·盤庚中》：“迪高后丕乃崇降弗
祥。”王引之《經傳釋詞》卷六：“迪，發語詞也。言高后丕乃崇降

不祥也。"又《酒誥》："又惟殷之迪諸臣惟工。"王引之《經傳釋詞》卷六："迪，句中語助也。"

而　語氣詞。《廣韻·之韻》："而，語助。"《左傳·宣公四年》："若敖氏之鬼，不其餒而。"杜預《注》："而，語助，言必餒。"《論語·微子》："已而已而，今之從政者殆而。"邢昺《疏》："而，皆語辭也。"朱熹《集注》："而，語助辭。"《漢書·韋賢傳》："我雖鄙耇，心其好而，我徒侃爾，樂亦在而。"顏師古注："而者，句絕之辭。"劉淇《助字辨略》卷一："愚按，而，語已辭，如兮、只之類。""而"又爲形容詞詞尾。《詩·召南·野有死麕》："舒而脫脫兮。"陳奐《傳疏》："舒而者，狀物之辭，舒而即舒如也。"王引之《經傳釋詞》卷七："而，猶然也。《書·皋陶謨》曰：'啓呱呱而泣。'言呱呱然泣也。"

爾　句末語氣詞。《說文·八部》："尒，詞之必然也。"段玉裁注："後世多以爾字爲之。"劉淇《助字辨略》卷三："辭之必然者，語已之辭，義無可疑；如'也''已'之類也。"《孟子·公孫丑下》："是何足與言仁義也云爾。"趙岐注："云爾者，絕語之辭也。"《禮記·檀弓上》："爾毋從從爾。"鄭玄《注》："從從，謂大高。爾，語助。"《詩·周頌·噫嘻》："既昭假爾。"《鄭箋》："其德已著至矣。"王引之《經傳釋詞》卷七："爾，猶矣也。"陳啓源《稽古編》引錢氏云："爾，語詞。""爾"又表示疑問語氣。《公羊傳·隱公元年》："然則何言爾？"二年《傳》："何記爾？"三年《傳》："何危爾？"王引之《經傳釋詞》卷七："爾，猶焉也。""爾"又爲形容詞詞尾。《論語·子罕》："如有所立卓爾。"何晏《集解》：“卓然不可及。”王引之《經傳釋詞》卷七：“爾，猶然也。若《論語》‘卓爾’‘率爾’‘鏗爾’‘莞爾’之屬是也。”

　　耳　語氣詞。表限止。《論語・陽貨》：“前言戲之耳。”王引之《經傳釋詞》卷七：“耳，猶而已也。”《説文・耳部》段玉裁注：“凡語云而已者，急言之曰耳。”也表肯定。《史記・陳涉世家》：“壯士不死即已，死即舉大名耳。”劉淇《助字辨略》卷三：“耳，語已辭也。《漢書・賈誼傳》‘逐利否耳’，‘以爲是適然耳’。又云‘主耳忘身，國耳忘家，公耳忘私’并與‘而已’相近。‘主耳忘身’者，言所念唯主而已，不及身也。”

　　夫　句首助詞。《集韻・虞韻》：“夫，語端詞。”《易・乾》：“夫大人。”陸德明《釋文》：“夫，音符，發端之字。”《禮記・樂記》：“夫武之備，戒之已久。”孔穎達《疏》：“夫是發語之端。”元盧以緯《助語辭》：“夫字在句首者，爲發語之端。”又爲語中助詞。《易・比》：“後夫凶。”孔穎達《疏》：“夫，語辭也。”又爲句末語氣詞。《左傳・隱公三年》：“命以義夫。”杜預《注》：“夫，語助也。”《論語・子罕》：“逝者如斯夫。”皇侃《疏》：“夫，語助也。”《禮記・檀弓上》：“終無已夫。”孔穎達《疏》：“夫是助語也。”《文選・馬融・長笛賦》：“忽而不贊，悲夫！”吕向注：“夫，助辭也。”

　　否　助詞。《詩・小雅・何人斯》：“還而不入，否難知也。”陳奐《傳疏》：“否，古作不。《釋詞》云：‘不，語詞。’否難知，難知也。言其心孔艱，不可測也。”馬瑞辰《通釋》：“否，猶不也，蓋語助辭。否難知，言難知也。”

蓋　句首、句中助詞。王夫之《説文廣義》一：“發語之端，用一蓋字，即是大凡之意。”《漢書·郊祀志》：“有黄白雲降，蓋若獸爲符。”顏師古注：“蓋，發語辭也。言甘泉之雲，又若獸形，以爲符瑞也。”《漢書·高帝紀》：“蓋聞王者莫高於周文，伯者莫高於齊桓。”劉淇《助字辨略》卷四：“此蓋字，發語辭也。”又《禮樂志》：“神夕奄虞蓋孔享。”顏師古注：“蓋，語辭也。”劉淇《助字辨略》卷四：“愚按：此蓋字在句中，語助辭也。”

句（gōu）　古東夷語助詞。《漢書·地理志下》：“號曰句吳。”顏師古注：“句，夷俗語之發聲也。”《左傳·成公二十八年》：“吳句餘。”清武億《群經義證》卷四：“句，發語辭。亦如句吳、於越之屬。舉‘餘（祭）’一字不成文故也。”[①]

侯　助詞。《廣韻·侯韻》：“侯，辭也。”《詩·大雅·下武》：“應侯順德。”陳奐《傳疏》：“侯爲句中語助，無意義。”《爾雅·釋詁下》：“伊、維，侯也。”邢昺《疏》：“侯，發語辭也。”《史記·樂書》：“高祖過沛詩，三侯之章，令小兒歌之。”司馬貞《索隱》：“過沛詩即《大風歌》也。侯，語辭也，沛詩有三分，故云三侯也。”劉淇《助字辨略》卷二：“侯、兮義既同，則侯亦得爲語已辭也。”

乎　句末語氣詞。表疑問。《語文》：“乎，語之餘也。”王筠《句讀》：“乎，助句辭也。”《禮記·檀弓上》：“其大功乎？”孔穎達《正義》：“乎是疑辭。”《孝經·諫静章》：“可謂孝乎？”邢

昺《疏》：“疑而問之，故稱乎也。”《論語·子罕》：“執御乎？執射乎？”邢昺《疏》：“乎者，疑而未定之辭。”表感嘆。《老子》三十七章：“非乎！”河上公注：“乎，嗟嘆之辭。”劉淇《助字辨略》卷一：“乎有兩義，一是咏嘆之辭。如《論語》‘必也正名乎’，‘其如示諸斯乎’，‘以與爾鄰里鄉黨乎’之類是也。一是不定之辭。如《論語》‘信乎夫子不言不笑不取乎’，《孟子》‘亦將有以利吾國乎’之類是也。”又爲狀事之詞。《論語·泰伯》：“焕乎其有文章。”王引之《經傳釋詞》卷四：“乎，狀事之詞也。若《易·乾·文言》‘確乎其不可拔’之屬是也。”

忌　句末語氣詞。《詩·鄭風·大叔于田》：“叔善射忌，又良御忌。抑磬控忌，抑縱送忌。”《毛傳》：“忌，辭也。”朱熹《集傳》：“忌、抑皆語助辭。”陳奐《傳疏》：“辭當爲詞。己、忌讀聲相似，故并爲語詞。”

近（jì）　語氣詞。“辺”的誤字。《大雅·崧高》：“往近王舅。”《毛傳》：“近，己也。”《鄭箋》：“近，辭也。聲如‘彼記之子’之記。”馬瑞辰《通釋》：“辺者，己之假借，己爲語詞。……辺，近形近易譌。”陳奐《傳疏》：“往近王舅，言王舅往耳。”

謇、蹇　句首助詞。《楚辭·九歌·湘君》“謇誰留兮中洲。”王逸注：“謇，詞也。”張銑注：“謇，語詞也。”又《九辯》：“蹇淹留而無成。”五臣云：“蹇，語詞也。”朱熹《集注》：“蹇，語詞也。”李白《酬岑勛見尋就元丹丘對酒相待以詩見招》：“蹇余未相知。”王琦《輯注》：“蹇，詞也，蓋發語聲也。”

居　助詞。《詩·邶風·柏舟》：“日居月諸。”孔穎達《正義》：“居、諸者，語助也。”朱熹《集傳》：“居、諸，語辭。”《禮記·檀弓》：“何居？我未之前聞也。”鄭玄《注》：“居，讀如姬姓之姬，齊魯之間語助也。”《易·繫辭下》：“則居可知矣。”陸德明《釋文》：“居，王肅云：音基，辭。”清黃生《義府》卷上：“《禮記·檀弓》曰‘何居’，與《詩·小雅》‘夜如何其’，《書·微子》若之‘何其’，皆當讀基字濁音，音在基其之間，蓋語辭之有音無字者。”

且（jū）助詞。《詩·鄭風·山有扶蘇》：“乃見狂且。”《毛傳》、朱熹《集傳》并云：“且，辭也。”陳奐《傳疏》：“且爲語已之詞。”《易·夬·象傳》：“臀無膚，其行次且。”陸德明《釋文》引馬融云：“且，語助也。”《詩·唐風·椒聊》：“椒聊且，遠條且。”孔穎達《疏》：“聊、且，皆助語也。”朱熹《集傳》：“且，嘆辭。”今人高亨《詩經今注》：“且，猶哉，語氣詞。”

來 助詞。《晋書·石勒載記》：“吾幼來在家，恒聞如是。”《莊子·人間世》：“雖然，若必有以也，嘗以語我來。”劉淇《助字辨略》卷一：“來，語助辭。”王引之《經傳釋詞》卷七：“來，句中語助也。《莊子·大宗師》篇：‘嗟來桑户乎。’嗟來，猶嗟乎也。來，句末語助也。《孟子·離婁》篇曰：‘盍歸乎來。’《莊子·人間世》篇曰：‘嘗以語我來。’來字皆語助。”“來”又用於複指前置賓語，與“是”相同。傳統訓詁學亦以爲語助詞。王引之《經義述聞》卷五《詩·谷風·伊予來墍》：“凡《詩》中來字，如此篇之‘伊予來墍’，及《四牡》之‘將母來諗’，《采芑》之‘荆蠻來威’，《桑柔》之‘反予來赫’，《江漢》之‘淮夷來求’，‘淮夷來鋪’，‘王國來極’，皆是語詞。”《詩‧小雅‧車舝》：“德音來括。”陳奐《傳疏》：“來，語詞。”

　　其、期　助詞。放在單音詞前後。《廣雅‧釋詁四》：“其，辭也。”《玉篇‧丌部》：“其，辭也。”《詩‧邶風‧擊鼓》：“擊鼓其鏜。”《毛傳》：“鏜然，擊鼓聲也。”《邶風‧北風》：“北風其凉，雨雪其雱。”王引之《經傳釋詞》卷八：“其，狀事之詞也。”《王風‧中谷有蓷》：“中谷有蓷，暵其乾矣。有女仳離，嘅其嘆矣。”胡承珙《後箋》：“暵其與嘅其、條其、啜其，四其字皆連上一字作形容之詞，非以其乾、其脩、其濕相連也。”又爲句中助詞。《書‧召誥》：“曷其奈何弗敬？”蔡沈《集傳》：“其，語辭。”《詩‧邶風‧綠衣》：“心之憂矣，曷維其已？”陳奐《傳疏》：“維、其，句中語助。”元盧以緯《助語辭》：“其，凡在句中爲助語辭。如‘誰其尸之’。”又爲音節助詞，音 jì。《詩‧王風‧揚之水》：“彼其之子，不與我戍申。”《鄭箋》：“其，或作記，或作己，讀聲相似。”陸德明《釋文》：“其，音記，《詩》內皆放此。或作己，亦同。”陳喬樅《毛詩鄭箋改字說》：“其、記、己三者，同爲語辭。”[1] 又爲疑問語氣詞。音 jī。《魏風‧園有桃》：“彼人是哉，子曰何其？”《毛傳》：“夫人謂我欲何爲乎？”朱熹《集傳》：“其，語辭。”《小雅‧庭燎》：“夜如何其？”朱熹《集傳》：“其，語辭。”《書‧微子》：“今爾無指，告予顛隮，若之何其？”孫星衍注引鄭康成曰：“其，語助也。齊魯之間聲如姬，記曰何居。”[2] 字亦

---

① 陳喬樅《毛詩鄭箋改字說》，《皇清經解續編》。

② 孫星衍《尚書今古文注疏》，商務印書館，1929 年，92 頁。

作"期"。《詩·小雅·頍弁》:"有頍者弁,實維何期?"《鄭箋》:"何期,猶伊何也。期,辭也。"陸德明《釋文》:"期,本亦作其,音基,辭也。"王引之《經傳釋詞》卷五:"其,間詞之助也。或作期,或作居,義并同也。"

羌　句首助詞。《廣韻·陽韻》:"羌,發語端也。"《楚辭·離騷》:"羌內恕己以量人兮。"王逸注:"羌,楚人語詞也。"洪興祖《補注》:"羌,楚人發語端也。一曰嘆聲也。"又:"羌中道而改路。"蔣驥注:"羌,發語辭也。"《後漢書·馮衍傳》:"羌前人之所有。"李賢注:"羌,發語聲也。"

慶(qiāng)　句首、句中助詞。《漢書·敘傳上》:"恐罔蝘之責景兮,慶未得其云已。"顏師古注:"慶,發語辭。"又《揚雄傳上》:"厥高慶而不可虖强度。"顏師古注:"慶,讀曰羌。"唐李賀《上之回》:"天高慶雷齊墮地。"王琦注:"慶,發語聲也。"

然　形容詞詞尾。唐玄宗《孝經序》:"義則昭然。"邢昺《疏》:"然,辭也。"《詩·邶風·終風》:"惠然肯來。"王先謙《集解》:"然,詞也。"王引之《經傳釋詞》卷七:"然,狀事之詞也。若《論語》'斐然''喟然''儼然'之屬是也。"謝鼎卿《虛字闡義》卷二:"然字借爲形容如是語詞。《論語》'望之儼然'是也。"

如　助詞。王引之《經傳釋詞》卷七:"如,詞助也。"《易·屯·六二》:"屯如邅如。"陸德明《釋文》引子夏傳曰:"如,辭也。"《漢書·敘傳下》:"榮如辱如。"顏師古注引張晏曰:"如,辭也。"《史記·孟荀列傳》:"自如淳于髡以下。"劉淇《助字辨略》卷一："此如字，語助辭，不爲義也。"又爲語氣詞，表嘆美。王引之《經傳釋詞》卷七："如猶乎也。《禮記·祭義》：'善如，爾之問也'，《吕氏春秋·孝行》篇作'善乎而問之'，是善如即善乎也。"又爲形容詞詞尾。《詩·邶風·旄丘》："褎如充耳。"《毛傳》："褎然有尊盛之服。"王引之《經傳釋詞》卷七："如猶然也。若《論語·鄉黨》篇'恂恂如''踧踖如''勃如''躩如'之屬是也。"

　　若　形容詞詞尾。《易·觀》："有孚顒若。"孔穎達《疏》："顒是嚴正之貌。若爲語辭。"《易·離》："出涕沱若。"孔穎達《疏》："若是語辭也。"《詩·齊風·猗嗟》："抑若揚兮。"孔穎達《疏》："若，猶然也。"又爲語氣詞。《易·節》："不節若，則嗟若，無咎。"王弼注："若，辭也。"江藩《述補》："若，語辭。"[1]《禮記·禮器》："有美而文而誠若。"朱彬《訓纂》引吳功清曰："若者，句末之助辭。"[2]

　　式　語首助詞。《詩·邶風·式微》："式微式微，胡不歸。"《鄭箋》："式，發聲也。"孔穎達《疏》："不取式爲義，故云發聲也。"朱熹《集傳》："式，發語辭。"《小雅·節南山》："式夷式己，無小人殆。"馬瑞辰《通釋》："兩式字與下章'式月斯生'皆語詞。"

　　逝、噬　語首助詞。《詩·邶風·日月》："乃如之人兮，逝不古處。"朱熹《集傳》："逝，發語辭。"《唐風·有杕之杜》："彼

---

①　江藩《周易述補》，《皇清經解》。
②　朱彬《禮記訓纂》，《四部備要·經部》。

君子兮，噬肯適我。”朱熹《集傳》：“噬，發語辭。”《孟子·離婁上》：“逝不以濯。”朱熹《集注》：“逝，語辭也。”王引之《經傳釋詞》卷九：“逝，發聲也。字或作噬。《詩·日月》曰‘逝不古處’，言不古處也。《碩鼠》曰‘逝將去女’，言將去女也。《有杕之杜》曰‘噬肯適我’，言肯適我也。逝皆發聲，不爲義也。”

誰　語首助詞。《爾雅·釋訓》：“誰昔，昔也。”郭璞注：“誰，發語詞。”《詩·陳風·墓門》：“知而不已，誰昔然矣。”《鄭箋》：“誰昔，昔也。”俞樾《群經平議》：“昔之爲久，常訓也。誰乃語辭。誰昔然矣，猶云由來久矣。”[①]

思　助詞。用於句首。《詩·大雅·文王》：“思皇多士。”《毛傳》：“思，辭也。”孔穎達《疏》：“思，語辭，不爲義。”朱熹《集傳》：“思，語辭。”陳奐《傳疏》：“思，發語之辭。”《魯頌·泮水》：“思樂泮水。”朱熹《集傳》：“思，發語辭也。”《周頌·載芟》：“思媚其婦，有依其士。”陳奐《傳疏》：“思，詞也。蓋此篇‘思媚’與‘有依’對文，思猶有也。”用於句中。《詩·大雅·文王有聲》：“無思不服。”王引之《經傳釋詞》卷八：“思，句中語助也。”用於句末。《詩·周南·漢廣》：“南有喬木，不可休思。漢有游女，不可求思。漢之廣矣，不可泳思。江之永矣，不可方思。”《毛傳》：“思，辭也。”孔穎達《正義》：“以‘泳思’‘方思’之等皆不取思爲義，故爲辭也。”朱熹《集傳》：“思，語辭也。”陳奐《傳疏》：“思，語已之辭。”劉淇《助字辨略》卷一：“凡思字在句

① 俞樾《群經評議》，《皇清經解續編》。

端者，發語辭也，如伊、維之類；在句尾者，語已辭也，如兮、而之類。”

斯　助詞。用於句中。《詩·小雅·小弁》：“鹿斯之奔。”孔穎達《正義》：“此‘鹿斯’與‘鶴斯’‘柳斯’，斯皆辭也。”《小雅·瓠葉》：“有兔斯首。”馬瑞辰《通釋》：“斯乃句中語助。”用於句末。《詩·小雅·小弁》：“弁彼鶴斯。”朱熹《集傳》：“斯，語辭也。”《豳風·鴟鴞》：“恩斯勤斯，鬻子之閔斯。”高亨《今注》：“斯，語氣詞。”《禮記·玉藻》：“二爵而言言斯。”鄭玄《注》：“斯猶耳也。”孔穎達《疏》：“斯，耳也。耳是助句之辭。”劉淇《助字辨略》卷一：“愚按：斯，語已辭也。”

些（suò）　語末助詞。《廣雅·釋詁四》：“些，詞也。”《楚辭·招魂》：“何爲四方些。”洪興祖《補注》引《說文》：“些，語詞也。”《說文新附·此部》：“些，語辭也。”宋沈括《夢溪筆談》卷三《楚方言小考》：“《楚詞·招魂》尾句皆曰些。今夔峽、湖湘及南北江獠人，凡禁咒句尾皆稱些，此乃楚人舊俗。”劉淇《助字辨略》卷四：“些，《廣韻》云：‘楚語辭。’方氏《通雅》云：‘些之助辭，猶斯也。’愚按：些，音䜣去聲語已之辭，猶云兮也。”

維、惟、唯　句首、句中助詞。《詩·小雅·出車》：“王事多難，維其棘矣。”陳奐《傳疏》：“維，發聲。凡言維其，其也；維以，以也；維此，此也；維彼，彼也；維何，何也。維皆發聲。”《漢書·張良傳》：“唯無復立者。”顏師古注：“唯，發語之辭。”《左傳·僖公四年》：“唯是風馬牛不相及也。”又僖公三十三年《傳》：“唯是脯資餼牽竭矣。”劉淇《助字辨略》卷一：“諸唯是，并發語辭也。”《書·皋陶謨》：“惟帝其難之。”《洪範》：“惟十有三年。”《左傳·哀公六年》引《夏書》：“惟彼陶唐。”王引之《經傳釋詞》卷三：“惟，發語詞也。……其在句中助語者，《皋陶謨》曰‘百工惟時’，《大誥》曰‘予維小子’，《召誥》曰‘無疆惟休，亦無疆惟恤’，是也。”宋孫奕《示兒編》卷一：“六經有‘惟、唯、維’三字……皆通作助辭。……《尚書》皆從心，乃盡爲助辭。如‘我則末惟成德之彥’、‘洪惟我幼沖人’是也。《詩》皆從糸，亦多是助辭。《左氏傳》亦皆以‘唯’爲助語，《論語》乃‘惟’字亦助辭。”

爲　助詞。王引之《經傳釋詞》卷二：“爲，語助也。……昭二十八年《傳》曰：‘三代之亡，共子之廢，皆是物也，女何以爲哉？’以，用也。言女何用是物哉？爲，語助。定十年《穀梁傳》曰：‘何爲來爲？’下‘爲’字語助。《論語·顏淵》篇曰：‘何以文爲？’皇侃疏曰：‘何必用於文華乎？’是‘爲’爲語助也。《子路》篇曰：‘雖多，亦奚以爲？’以，用也，爲，語助。……《趙策》曰：‘君何以疵言告韓魏之君爲？’皆是也。”《荀子·子道》：“無此三者，則何以爲而無孝之名也。”劉淇《助字辨略》卷一：“何以爲，即何以，復云爲者，語辭也。”

無、毋　助詞，無義。《詩·大雅·抑》：“無競維人。”《毛傳》：“無競，競也。”馬瑞辰《通釋》：“無，發聲語助。”《墨子·尚賢中》：“古者聖王，唯毋得賢人而使之，般爵以貴之，裂地以封之，終身不厭。賢人唯毋得明君而事之，竭四肢之力以任君之事，終身不倦。”王念孫《讀書雜志》卷九：“毋，語詞耳。本無意義。唯毋得賢人而使之者，唯得賢人而使之也。……其字或作毋，或作無，皆是語詞，非有實義也。"《漢書·貨殖傳》："寗爵無刁。"孟康注："無，發聲助也。"

兮　語氣詞。《説文·兮部》："兮，語所稽也。"《廣雅·釋詁四》："兮，詞也。"《廣韻·齊韻》："兮，語助。"《禮記·大學》："斷斷兮，無他技。"孔穎達《疏》："兮是語辭。"《詩·周南·螽斯》："螽斯羽，詵詵兮。"王先謙《集疏》："兮，語助。"《楚辭·離騷》："不吾知其亦已兮，苟余情其信芳。"劉勰《文心雕龍·章句》："詩人以兮字入於句限，《楚辭》用之，字出句外。尋兮字成句，乃語助餘聲，舜咏《南風》①，用之久矣。"清黄生《字詁》："兮，歌之曳聲也。凡《風》《雅》《頌》多曳聲於句末，如'葛之覃兮'、'螽斯羽，詵詵兮'之類，《楚辭》多曳聲於句中，如'吉日兮辰良'、'穆將愉兮上皇'之類。"

胥　語氣詞。《詩·小雅·桑扈》："君子樂胥。"朱熹《集傳》："胥，語辭。"《大雅·韓奕》："侯氏燕胥。"蘇轍《集傳》："胥，辭也。"朱熹《集傳》引或説："胥，語辭。"劉淇《助字辨略》卷一："愚按，語已辭也。"

許　助詞。用於句末。古樂府《讀曲歌》："奈何許，石闕生口中，銜碑不得語。"韓愈《感春》詩："三杯取醉不復論，一生長恨奈何許！"辛棄疾《賀新郎·賦滕王閣》詞："空有恨，奈何許！"劉淇《助字辨略》卷三："許者，語之餘聲，不爲義也。"清張德瀛

---

① 《孔子家語·辨樂解第三十五》："昔舜彈五弦之琴，造《南風》之詩，詩曰：'南風之薰兮，可以解吾民之愠兮。南風之時兮，可以阜吾民之財兮。'"

《詞徵》卷三：“李太白詩：‘相去復幾許’，賀方回詞：‘試問閑愁知幾許。’許，助辭也。”①

　　焉　助詞。用於句首。《禮記·三年間》：“焉使倍之。”陸德明《釋文》：“焉，一云發聲也。”《荀子·非相》：“焉廣三寸。”王先謙《集解》引盧文弨云：“焉字，古多以爲發聲。荀書或用‘焉’，或用‘案’，或用‘安’，字異語同，皆以爲發聲。”②《管子·兵法》：“無形無爲焉，無不可以化也。”戴望《校正》引《經傳釋詞》：“焉，發語詞。”③用於句中。《楚辭·離騷》：“覽民德焉錯輔。”洪興祖《補注》：“焉，語助。”用於句末。《論語·學而》：“就有道而正焉。”劉寶楠《正義》：“焉，語助之辭。”《禮記·檀弓上》：“勿之有悔焉耳矣。”孔穎達《疏》：“焉耳矣者，助句之辭。”《公羊傳·宣公六年》：“則無人焉。”何休注：“但言焉，絕語辭。”《玉篇·烏部》：“焉，語已之詞也。”又爲形容詞詞尾。王引之《經傳釋詞》卷二：“焉，狀事之詞也。與‘然’同義。若《詩·小弁》‘怒焉如擣’，《書·秦誓》曰‘其心休休焉’之類是也。”

　　言　助詞。《詩·周南·葛覃》：“言告師氏，言告言歸。”朱熹《集傳》：“言，辭也。”《邶風·柏舟》：“静言思之，寤辟有摽。”陳奐《傳疏》：“全《詩》言字，有在句首者，爲發聲，若《漢廣》之‘言刈其楚’之類是也；有在句中者，爲語助，若《柏舟》‘静言

---

①　張德瀛《詞徵》，《詞話叢編》。

②　《荀子集解》，《諸子集成》。

③　《管子校正》，《諸子集成》。

思之’之類是也。”

邪、耶　語氣詞。表疑問。《廣韻·麻韻》：“邪，俗作耶，亦語助。”《集韻·麻韻》：“邪，疑辭。或從耳，俗。”《莊子·逍遥游》：“天之蒼蒼，其正色邪？”陸德明《釋文》：“邪，助句不定之辭。”《易·繫辭下》：“其衰世之意邪？”孔穎達《正義》：“凡云邪者，是疑而不定之辭也。”也表示咏嘆。《易·繫辭下》：“乾坤其易之門邪！”劉淇《助字辨略》卷二：“凡邪、乎、與、哉，并有兩義：一疑而未定之辭，一咏嘆之辭。如‘乾坤其易之門邪’是咏嘆辭也。”又表示反詰。《漢書·翟義傳》：“欲令都尉自送，則如勿收邪？”楊樹達云：“此乃反詰之辭。”

也　語氣詞。在句末。表肯定。《廣雅·釋詁四》：“也，詞也。”黃生《字詁》：“也，語已辭也。”《論語·泰伯》：“君子人與？君子人也。”朱熹《集注》：“與，疑辭。也，決辭。”《孟子·梁惠王上》：“未有仁而遺其親者也，未有義而後其君者也。”劉淇《助字辨略》卷三：“語輕，但爲也，語重，則爲者也，亦語已辭也。”王夫之《説文廣義》：“也字借爲語助詞，句止意盡而云也者，明上文説已終也。以下釋上而云也者，其義止於此也。”在句中，表停頓或延緩。《詩·召南·江有汜》：“不我以，其後也悔。”《禮記·經解》：“其爲人也温柔敦厚。”劉淇《助字辨略》卷三：“此也字在句中，但爲助句而已。”

伊　助詞。在句首。《爾雅·釋詁下》：“伊，維也。”郭璞注：“發語辭。”《詩·小雅·小旻》：“伊于胡底。”陳奐《傳疏》：“伊，發語詞。”《周頌·我將》：“伊嘏文王。”王引之《經傳釋詞》卷三：

"伊,有也,發語詞也。'伊嘏文王'、'思文後稷'、'于皇武王',上一字皆發語詞。猶言'有嘏文王'耳。"在句中。《詩·小雅·都人士》:"匪伊垂之。"《鄭箋》:"伊,辭也。"《儀禮·士冠禮》:"嘉薦伊脯。"鄭玄《注》:"伊,惟也。"賈公彥《疏》:"伊維也者,助句辭,非爲義也。"劉淇《助字辨略》卷一:"愚按:在句端者,發語辭。在句中者,助辭也。"

猗　語氣詞。《書·秦誓》:"斷斷猗無他技。"蔡沈《集傳》:"猗,語辭。"《禮記·大學》作"斷斷兮"。《詩·魏風·伐檀》:"河水清且漣猗。"孔穎達《疏》:"猗,辭也。"朱熹《集傳》:"猗與兮同,語辭也。"劉淇《助字辨略》卷一:"猗猶兮,語已辭也。"

抑、噫　句首助詞。《詩·鄭風·大叔于田》:"抑磬控忌,抑縱送忌。"朱熹《集傳》:"忌、抑皆語助辭。"《論語·子路》:"抑亦可以爲次矣。"邢昺《疏》:"抑,辭也。"皇侃疏:"抑,語助也。"《孟子·梁惠王上》:"抑王興甲兵,危大臣,構怨於諸侯。"趙岐注:"抑,辭也。"朱熹《集注》:"抑,發語辭。"《文選·舞賦》:"天下之至妙,噫可以進乎?"王念孫《讀書雜志》卷十六《餘編下》:"噫,讀爲抑,語詞也。……抑字或作意,又作億,又作噫。"

繄　句首助詞。《說文·系部》段玉裁注:"繄,假借爲語詞。"朱駿聲《通訓定聲》:"繄,發聲之詞。"《左傳·隱公元年》:"爾有母遺,繄我獨無。"杜預《注》:"繄,語助。"洪亮吉注引服虔曰:"繄,發聲也。"劉淇《助字辨略》卷一:"此繄字是發語辭。"李白《贈徐安宜》詩:"繄君樹桃李。"王琦輯注:"繄,發語聲。"

已　句末語氣詞。表肯定。《禮記·檀弓下》："生事畢而鬼事始已。"盧植注："已者，辭也。"又《祭統》："弗可得已。"孔穎達《疏》："已是語辭。"《漢書·宣帝紀》："其德弗可及已。"顏師古注："已，語終辭。"又《張良傳》："濟北穀城山下黃石即我已。"顏師古注："已，語終之辭。"《史記·太史公序》："皆失其本已。"司馬貞索隱："已者，語終之辭也。"王引之《經傳釋詞》卷一："已爲語終之詞，則與矣同義。"

矣　句末語氣詞。表肯定。《説文·矢部》："矣，語已詞也。"《論語·學而》："雖曰未學，吾必謂之學矣。"《微子》："是知津矣。"劉淇《助字辨略》卷三："此矣字，辭氣定，柳子厚所謂决辭者也。"表疑問。《詩·小雅·六月》："侯誰在矣？張仲孝友。"《論語·季氏》："則將焉用彼相矣？"劉寶楠《正義》："矣與邪同。"又爲起下之詞。《論語·里仁》："其爲仁矣，不使不仁者加乎其身。"劉寶楠《正義》："矣者，起下之辭。"王引之《經傳釋詞》卷四："矣在句末，有爲起下之詞者，若《詩·漢廣》曰：'漢之廣矣，不可泳思。江之永矣，不可方思。'矣字皆起下之詞。《斯干》曰：'如竹苞矣，如松茂矣。兄及弟矣，式相好矣，無相尤矣。'第三矣字爲起下之詞。《角弓》曰：'爾之遠矣，民胥然矣。爾之教矣，民胥效矣。'第一、第三矣字爲起下之詞，他皆放此。"

亦　助詞。無義。清朱駿聲《説文通訓·定聲·豫部》："亦，又助語之辭。"《詩·周頌·有客》："有客有客，亦白其馬。"朱熹《集傳》："亦，語辭也。"《小雅·采菽》："亦是率從。"陳奂《傳疏》："亦，發聲。"王念孫《讀書雜志》卷十六《餘編下·文選》："念孫按：班固《述成紀》：'炎炎燎火，亦允不陽。'亦，發語詞。"① 王引之《經傳釋詞》卷三："'亦'有不承上文而但爲語助者。若《易·井·象辭》曰：'亦未繘井。'《書·皋陶謨》曰：'亦行有九德。'《詩·草蟲》：'亦既見止。'是也。"

　　有　音節助詞。在名詞前，如《詩·大雅·文王》："有周不顯。"《毛傳》："有周，周也。"孔穎達《正義》："以'周'文單，故言'有'以助之。"陳奐《傳疏》："有爲語詞。"王引之《經傳釋詞》卷三："一字不成詞，則加有字以配之。若虞、夏、殷、周皆國名，而曰有虞、有夏、有殷、有周是也。"在形容詞前，如《詩·邶風·擊鼓》："憂心有忡。"《毛傳》："憂心忡忡然。"陳奐《傳疏》："有，狀物之詞。"王引之《經傳釋詞》卷三："有，狀物之詞也。若《詩·桃夭》'有蕡其實'是也。"《大雅·常武》："有嚴天子。"陳奐《傳疏》："有，發聲。"

　　于　助詞。無義。《詩·周南·葛覃》："黃鳥于飛。"王先謙《集疏》："于飛，猶聿飛。"《小雅·六月》："王于出征。"《鄭箋》："于，曰。"陳奐《傳疏》："于，語詞。"王引之《經傳釋詞》卷一："王于出征，王聿出征也。于疆于理，聿疆聿理也。于、聿皆語詞。"《魯頌·有駜》："于胥樂兮。"陳奐《傳疏》："于，發聲。"

---

　　① 李善本《文選》卷五十五《述成記》作"炎炎燎火，光允不陽"（第705頁），五臣本及《漢書·叙傳》《漢紀》皆作"亦允不揚"。王氏認爲"後人但知'亦'爲連及之詞，而不知其爲發語詞，故妄改爲'光'。不知此謂火之不揚，非謂其光也"。

於　助詞。無義。《廣韻·魚韻》：“於，語辭也。”《集韻·魚韻》：“於，一曰語辭。”《易·繫辭下》：“於稽其類。”焦循《章句》：“於，語辭。”[1]《書·堯典》：“黎民於變時雍。”又曰：“於予擊石拊石。”王引之《經傳釋詞》卷一：“於，語助也。”《左傳·定公五年》：“於越入吳。”杜預《注》：“於，發聲也。”孔穎達《正義》：“夷言有此發聲。”

聿、遹、欥、曰　語助詞。音近義同。《詩·大雅·文王》：“聿脩厥德。”朱熹《集傳》：“聿，發語辭。”又《文王有聲》：“遹駿有聲，遹求厥寧，遹觀厥成。”朱熹《集傳》：“遹，疑與聿同，發語辭。”馬瑞辰《通釋》：“聿、遹、欥、曰古并通用，皆語詞。”陳奐《傳疏》：“全《詩》多言、曰、聿，唯此篇四言遹。遹，即曰、聿，爲發語之詞。”《左傳·昭公十四年》：“曰義也夫。”劉淇《助字辨略》卷五：“此曰字在句首，發語辭也。”錢大昕《十駕齋養新錄》卷一[2]：“（《七月》）‘曰爲改歲’，《漢書·食貨志》曰作聿。‘見晛曰消’，《荀子》《漢書·劉向傳》并作‘聿消’。‘予曰有奔走’，‘予曰有先後’，王逸《楚詞》注曰作聿。‘曰喪厥國’，考《韓詩》曰作聿。是曰與聿通也。《説文》：‘欥，詮詞也。’引《詩》‘欥求厥寧’，今《毛詩》作遹。遹、聿同音，曰即欥之省文。”

與（yú）、歟　句中助詞。《廣韻·魚韻》“與，同歟。”《國語·周語上》：“其與能幾何？”韋昭注：“與，辭也。”《論語·公

① 焦循《易章句》，《皇清經解》。
② 錢大昕《十駕齋養新錄》，商務印書館，1937 年。

冶長》："於予與何誅？"皇侃疏："與，語助也。"邢昺《疏》："與亦語辭。"《禮記·雜記下》："非爲人喪，問與？賜與？"孔穎達《疏》："與，語助也。"《史記·孝文本紀》："朕之不明與嘉之。"裴駰《集解》引如淳曰："與，發聲也。"又爲句末語氣詞，表疑問或不肯定。《論語·學而》："孝弟也者，其爲仁之本與？"朱熹《集注》："與者，疑辭，謙退不敢質言也。"又"求之與，抑與之與？"皇侃疏："與，語不定之辭也。"《史記·屈原賈生列傳》："子非三閭大夫歟？何故而至此？"《說文·欠部》段玉裁注："歟，今用爲語末之辭。亦取安舒之意，通作與。"

越　句首助詞。無義。《漢書·王莽傳上》："越若翊辛丑。"顏師古注："越，發語辭也。"《詩·陳風·東門之枌》："越以鬷邁。"陳奐《傳疏》："越，讀同粵。"劉淇《助字辨略》卷五："越，發語辭也。"《大戴禮記·夏小正》："越有小旱。越，于也。"孔廣森《補注》："于、越皆發語辭。"①

粵　助詞。無義。在句首。《漢書·翟方進傳》："粵其聞日。"顏師古注："粵，發語辭也。"《文選·王延壽·魯靈光殿賦》："粵若稽古，帝漢祖宗。"李周翰注："粵，語辭也。"《史記·周本紀》："粵瞻雒伊，毋遠天室。"劉淇《助字辨略》卷五："此粵字在句首，發語辭也。"在句中。《漢書·敘傳》："尚粵其幾，淪神域分。"劉淇《助字辨略》卷五："此粵字在句中，助語辭也。"

云、員　助詞。在句首。《詩·周南·卷耳》："云何吁矣。"陳

___
① 孔廣森《大戴禮記》，《叢書集成初編·社會科學類》。

奐《傳疏》："云爲語詞。凡全《詩》云字，或在句首，或在句中、句末，多用爲語詞，無實義。"《小雅·何人斯》："云不我可。"《大雅·雲漢》："云我無所。"王引之《經傳釋詞》卷三："云，發語詞也。"在句中。《詩·大雅·瞻卬》："人之云亡，心之憂矣。"王引之《經傳釋詞》卷三："云皆語助耳。"在句末。《漢書·成帝紀》："乃著令：令太子得絕馳道云。"王念孫《讀書雜志》卷三《漢書第一》："云猶爲也，足句之詞，本無意義。"《大戴禮記·夏小正傳》："蓋記時也云。"《禮記·樂記》："故聖人曰禮樂云。"王引之《經傳釋詞》卷三："云，語已詞也。"字又作"員"。《詩·鄭風·出其東門》"縞衣綦巾，聊樂我員。"孔穎達《正義》："云、員古今字，助句辭也。"朱熹集傳："員與云同，語辭也。"

　　哉　語氣詞。表疑問。《禮記·曾子問》："祭哉。"孔穎達《正義》："哉者，疑而量度之辭。"《孟子·萬章上》："不識此語誠然乎哉？"劉淇《助字辨略》卷一："愚按：哉，疑辭也。"《詩·邶風·北門》："天實爲之，謂之何哉？"王引之《經傳釋詞》卷八："哉，問詞也。"表感嘆。《論語·泰伯》："大哉堯之爲君也！"劉淇《助字辨略》卷一："此嘆辭也。"王引之《經傳釋詞》卷八："哉，嘆詞也。或爲嘆美，或爲嗟嘆，隨事有義也。"

　　載　助詞。無實義。《詩·鄘風·載馳》："載馳載驅，歸唁衛侯。"《毛傳》："載，辭也。"陳奐《傳疏》："辭當爲詞。載者，發語詞也。《載驅》'載驅薄薄'，言驅薄薄也。《傳》不釋載字，凡句首載字無意義者放此。載者，語助詞也。"《詩·周頌·載見》："載見辟王。"朱熹《集傳》："載，則也。發語辭也。"《爾雅·釋詁下》：“載，言也。”郝懿行《義疏》：“載，則聲相轉，亦皆語辭也。”

者　句末語氣詞。表肯定。《玉篇·老部》：“者，語助也。”《集韻·姥韻》：“者，語辭。”《左傳·隱公元年》：“公將如棠觀魚者。”劉淇《助字辨略》卷三：“此者字，語已辭也。”唐李德裕《謝恩不許讓官表狀》：“不要更引故事辭讓者。”韓愈《論變鹽法事宜狀》：“右奉敕將變鹽法，事貴精詳，宜令臣等各陳利害可否聞奏者。”劉淇《助字辨略》卷三：“唐人疏狀，凡引敕旨訖，則以者字足之。……此者字，亦語已之辭。當時體例如此也。宋人亦多用此式。”又表祈使。《史記·商君列傳》：“秦惠王車裂商君以徇，曰：‘莫如商鞅反者。’”

之　助詞。表音節。《孟子·離婁下》：“庚公之斯學射於尹公之他。”朱熹《集注》：“之，語助也。”《禮記·射義》：“又使公罔之裘、序點揚觶而語。”鄭玄《注》：“之，發聲也。”陸德明《釋文》：“之，語助。”《左傳·僖公二十四年》：“介之推不言禄。”杜預《注》：“介推，文公微臣。之，語助。”清陳僅《捫燭脞錄》卷三：“古人聲緩，多用語助，人名亦然。石之紛如、舟之僑、介之推、佚之狐、燭之武、上之登、夏之禦寇、燭庸之越、孟之側、庚公之斯……凡之字皆語助。”[①] 結構助詞。用於偏正結構、主謂結構之間。《禮記·檀弓上》：“南宮縚之妻之姑之喪。”孔穎達《疏》：“之，并是語辭也。”《詩·周南·關雎》：“在河之洲。”王引之《經

---

① 陳僅《捫燭脞錄》，繼雅堂活字版。

傳釋詞》卷九："之言之間也。"劉淇《助字辨略》卷一："《詩·國風》'葛之覃兮'，又云'公侯之事'，《小雅》'之屏之翰'……以上之字，并語助辭。"張文炳《虛字注釋》："之作助語詞，'喜怒哀樂之未發'是也。"句中助詞。無實義。《詩·鄘風·君子偕老》："玼兮玼兮，其之翟也。"陳奐《傳疏》："之爲句中語助。其之翟，其翟也。"《小雅·蓼莪》："鮮民之生，不如死之久矣。"王引之《經傳釋詞》卷九："'不如死之久矣'，言'不如死久矣'也。"

　　止　句末語氣詞。《詩·召南·草蟲》："亦既見止，亦既覯止。"《毛傳》："止，辭也。"朱熹《集傳》："止，語辭。"《周頌·閔予小子》："陟降庭止。"陳奐《傳疏》："止，詞也。"《齊風·南山》："既曰歸止，曷又懷止。"朱熹《集傳》："止，語辭。"劉淇《助字辨略》卷三："止與只同，語已辭也。"

　　只、軹、旨　語氣詞。《說文·只部》："只、語已詞也。"《詩·鄘風·柏舟》："母也天只，不諒人只。"朱熹《集傳》："只，語助辭。"《左傳·襄公二十七年》："諸侯歸晉之德只。"杜預《注》："只，辭。"楊伯峻注："只，語末助詞。無義。"《王風·君子陽陽》："其樂只且。"陳奐《傳疏》："只、且皆語詞也。"《楚辭·大招》："青春受謝，白日昭只。"洪興祖補注："只，語已詞。"王引之《經傳釋詞》卷九："只，字亦作軹。《莊子·大宗師》篇曰：'而奚來爲軹？'《楚辭·大招》句末皆用只字。"又句中助詞。《詩·周南·樛木》："樂只君子。"朱熹《集傳》："只，語助辭。"陳奐《傳疏》："只，詞也。……凡只，或在句中，或在句末，皆爲語詞。"馬瑞辰《通釋》："只，經傳中通用爲語助辭。"又《左傳·襄公十一年》引《采菽》云："樂只君子，殿天子之邦。"《昭公二十四年》引《南山有臺》云："樂旨君子，邦家之基。"馬瑞辰《通釋》引胡承珙云："旨者，皆只字之假借。"

　　諸　助詞。《小爾雅·廣訓》："諸，乎也。"《詩·邶風·柏舟》："日居月諸，胡迭而微。"孔穎達《正義》："居、諸者，語助也。"朱熹《集傳》："居、諸、語辭。"劉淇《助字辨略》卷一："日居月諸之諸，語已辭也。"《論語·學而》："其諸異乎人之求之與。"邢昺《疏》："諸、與皆語辭。"《助字辨略》卷一："其諸異乎之諸，語餘聲也。"

七　嘆字

　　嘆詞是表示贊美、哀嘆、驚奇、痛恨、不滿、應答等感情的虛詞。其特點是大都獨立於句子之外，不與其他詞組合。同一嘆詞在不同語境裏也可以表示不同的感情。傳統訓詁書中多有注釋。

　　唉　表痛恨嘆息。《史記·項羽本紀》："亞父受玉斗，置之地，拔劍撞而破之曰：'唉，豎子不足與謀！'"司馬貞《索隱》："唉，嘆恨發聲之辭。"表應答。《莊子·知北游》："狂屈曰：'唉，予知之。'"陸德明《釋文》引李（頤）曰："唉，應聲。"

　　都　表嘆美。《書·堯典》："驩兜曰：'都，共工方鳩僝功。'"孔安國《傳》："都、於，嘆美之辭。"又《皋陶謨》："皋陶曰：'都，慎厥身，修思永。'"孔安國《傳》："嘆美之重也。"王引之《經傳釋詞》卷六："都，嘆詞也。……《皋陶謨》：'皋陶曰：都。'

《史記·夏本紀》'都'作'於'。"

　　咄　表叱責。《史記·滑稽列傳》："郭舍人疾言罵之曰：'咄，老女子，何不疾行！'"《漢書·東方朔傳》："咄！口無毛！"顏師古注："咄，叱咄之聲也。"劉淇《助字辨略》卷五："此咄字，戲弄之聲，非怒叱之也。"

　　嚇　表示拒絕。《莊子·秋水》："夫鵷鶵，發於南海而飛於北海，非梧桐不止，非練實不食，非醴泉不飲。於是鴟得腐鼠，鵷鶵過之，仰而視之，曰：'嚇！'"陸德明《釋文》："司馬云：'嚇，怒其聲，恐其奪己也。'"《玉篇·口部》："嚇，以口距人謂之嚇。"

　　嘊　表示驚訝。《類編·口部》："嘊，又驚悝聲。"《史記·外戚世家》："武帝下車泣曰：嘊，大姊何藏之深也！"司馬貞《索隱》："嘊，蓋驚怪之辭耳。"《集韻·陌韻》："嘊，驚悝聲。"

　　呼　表示憤怒。《左傳·文公元年》："江羋怒曰：'呼！役夫，宜君王之欲殺女而立職也。'"杜預《注》："呼，發聲也。"《釋文》："呼，好賀反。"《集韻·個韻》："呼，發聲也。"王引之《經傳釋詞》卷四："呼，與吁同，嘆恨之聲也。"又驚嘆聲。《禮記·檀弓上》："曾子聞之，瞿然曰：'呼！'"鄭玄《注》："呼，虛憊之聲。"劉淇《助字辨略》卷一："呼，嘆辭也。"

　　嗟、嗟嗟　表示命令，招呼。《書·費誓》："公曰：'嗟，人無嘩，聽命。'"《詩·周頌·臣工》："嗟嗟臣工。"《毛傳》："嗟嗟，敕之也。"孔穎達《正義》："嗟嗟，嘆聲。"朱熹《集傳》："重嘆以深敕之也。"表示哀嘆，憐憫。《吕氏春秋·知化》："嗟呼！吴朝必生荆棘矣。"高誘注:"嗟,嘆辭也。"《漢書·匈奴傳》:"嗟,土室之人,顧爲喋喋占占。"顔師古注:"嗟者,嘆愍之言也。"表示贊美。《詩·商頌·烈祖》:"嗟嗟烈祖。"《鄭箋》:"重言嗟嗟,美嘆之深。"《文選·何晏·景福殿賦》:"嗟環瑋以壯麗。"吕延濟注:"嗟,嘆美之辭。"表示憤怒。《戰國策·趙策》:"齊威王勃然怒曰:'叱嗟、而母,婢也!'"王引之《經傳釋詞》:"叱嗟、猝嗟,皆怒聲也。"

惡(wū) 表示反對。《孟子·公孫丑上》:"曰:惡!是何言也。"趙岐注:"惡者,不安事之嘆辭也。"朱熹《集注》:"惡,嘆辭也。"《荀子·法行》:"惡,賜,是何言也。"王引之《經傳釋詞》卷四:"惡,不然之詞也。"

於(wū) 表示感嘆,嘆美。《書·大禹謨》:"於,帝念哉!"孔穎達《疏》:"於,嘆辭。"《詩·周頌·清廟》:"於穆清廟。"《毛傳》:"於,嘆辭也。"朱熹集傳:"於,嘆辭。"《史記·夏本紀》:"皋陶曰:於。"張守節《正義》:"於,嘆美之辭。"宋王質《詩總聞》:"《詩》稱文王,多以'於'爲辭。於,嘆聲也。亦見一倡三嘆遺音之意。"[①] 盧以緯《助語辭》:"於字音嗚,爲語中歡辭。"劉淇《助學辨略》卷一:"於又音烏。歡美辭也。《書·堯典》:'僉曰:於,鯀哉。'疏云:'於即嗚字,歡之辭也。'"

於(wū)乎、於(wū)戲 表嘆美。《詩·周頌·維天之命》:"於乎不顯。"王先謙集疏:"於乎,嘆辭。"《荀子·仲尼》:"於

---

① 王質《詩總聞》,《叢書集成初編》。

乎！夫齊桓公有天下之大節焉。"楊倞注："於乎，讀爲嗚呼，嘆美之聲。"表哀嘆。《詩·大雅·雲漢》："王曰：於乎，何辜今之人。"《鄭箋》："王憂旱而嗟嘆。"王觀國《學林》卷五："《詩》曰‘於乎，前王不忘’、‘於乎小子’之類，皆嘆辭也。"王引之《經傳釋詞》卷四："於，嘆詞也。一言則曰於，下加一言則曰於乎，或作於戲，或作烏呼，其義一也。"《史記·三王世家》："皇帝使御史大夫湯廟立子閎爲齊王，曰：‘於戲，小子閎，受茲青社。’"司馬貞索隱："於戲，音烏呼。戲或音羲。"

　　嗚呼、烏呼、烏乎　義同"於乎"。《論語·八佾》"嗚呼！曾謂泰山不如林放乎！"朱熹《集注》："嗚呼，嘆辭。"《左傳·襄公三十年》："烏乎，必有此夫。"陸德明《釋文》："烏呼，本又作嗚呼。"顏師古《匡謬正俗》卷二："烏呼、嗚呼，嘆辭也。或嘉其美，或傷其悲，其語備在《詩》《書》，不可具載。但古文《尚書》悉爲‘於戲’字，今文《尚書》悉爲‘嗚呼’字。而《詩》皆云‘於乎’字。中古以來，文籍皆爲‘嗚呼’字。文有古今之變，義無美惡之別。末代文字，輒爲體例，若哀誄祭文，即爲‘嗚呼’，其封拜册命，即爲‘於戲’。‘於’讀如字，‘戲’讀爲羲。謂‘嗚呼’爲哀傷，‘於戲’爲嘆美。非止新有屬綴，設此二端，乃亦諷讀舊文，分爲兩義，妄爲穿鑿，不究根本。"[1]

　　嘻、譆　表示嘆息。《左傳·定公八年》："從者曰：‘嘻，速駕。’"杜預《注》："嘻，嘆聲。"《大戴禮記·少間》："公曰：

---

[1] 顏師古撰，秦選之校注《匡謬正俗》，商務印書館，1936 年。

'嘻，善之不同也。'"盧辯注："嘻，嘆惜之聲。"又表示贊美。《詩·周頌·噫嘻》："噫嘻成王。"《鄭箋》："噫嘻，有所多大之聲也。"孔穎達《疏》："噫、嘻皆是嘆聲。……謂作者有所哀多美大而爲聲以嘆之。"朱熹《集傳》："噫嘻，亦嘆辭也。"《莊子·養生主》："文惠君曰：'譆，善哉！技蓋至此乎！'"陸德明《釋文》引李云："譆，嘆聲也。"劉淇《助字辨略》卷一："此譆字，嘆美辭也。"表示遺憾。《禮記·檀弓上》："伯魚之母死，期而猶哭。夫子聞之曰：'誰與哭者？'門人曰：'鯉也。'夫子曰：'嘻，其甚也。'"鄭玄曰："嘻，悲恨之聲。"《玉篇·言部》："譆，悲恨之聲也。"表示憤怒。《吕氏春秋·行論》：（楚）莊王方削袂，聞之曰：'嘻！投袂而起。'"高誘注："嘻，怒貌也。"

熙　義同"譆"，表示嘆息。《漢書·翟方進傳》："熙！我念孺子，若涉淵水。"顏師古注："熙，嘆辭。"劉淇《助字辨略》卷一："愚按：噫、懿、熙、譆并通。"

吁（xū）　表示驚詫、懷疑。《廣韻·遇韻》："吁，疑怪辭也。"《書·堯典》："吁！囂訟，可乎？"孔安國《傳》："吁，疑怪之辭。"蔡沈《集傳》："吁者，嘆其不然之辭。"揚雄《法言·君子》："吁！是何言歟？"李軌注："吁者，駭嘆之聲。"[1]又表示招呼。《書·吕刑》："王曰：'吁！來，有邦有土，告爾祥刑。'"孔安國《傳》："吁，嘆也。"孔穎達《疏》："吁，嘆聲也。"

吁嗟、于嗟　表示贊美。《詩·周南·麟之趾》："于嗟麟兮。"

---

[1]　揚雄《法言》，《諸子集成》，中華書局，1978年。

《毛傳》：“于嗟，嘆辭。”陳奂《傳疏》：“美嘆之詞也。”朱熹《集傳》：“于，音吁。”王先謙集疏：“于、吁，古今字。……于嗟二字合訓，是驚嘆辭。”又表示感慨。《史記·伯夷列傳》：“吁嗟徂矣，命之衰矣。”司馬貞索隱：“吁嗟，嗟嘆之辭也。”《文選·謝朓·和王著作八公山詩》：“吁嗟命不淑。”李善注引薛君《韓詩章句》：“吁嗟，嘆辭也。”

啞（yā）　表示嘆息或反對。《韓非子·難一》：“啞，是非君子之言也。”王先慎集解：“舊注：啞，嘆息之聲也。”[1]章炳麟《新方言·釋詞》：“今音轉如牙，或含不然意，或含驚意，俗作呀。”[2]

噫　表示悲痛。《論語·先進》：“顔淵死，子哭之慟，曰：‘噫！天喪予，天喪予。’”何晏集解引包咸曰：“噫，痛傷之聲。”《漢書·董仲舒傳》：“孔子曰：‘噫！天喪予！’”顔師古注：“噫，嘆聲也。”又表示心有不平。《書·金縢》：“二公及王乃問諸史與百執事。對曰：‘信。噫！公命我勿敢言。’”孔安國《傳》：“噫，恨辭。”孔穎達《疏》：“噫者，心不平之聲。”《論語·子路》：“噫！斗筲之人，何足算也！”鄭玄《注》：“噫，心不平之聲。”皇侃疏：“噫，不平聲。”又《子張》：“子夏聞之曰：‘噫！’”何晏集解引孔氏曰：“噫，心不平之聲。”

猗、猗嗟　表示贊嘆。《詩·商頌·那》：“猗與那與。”《毛傳》：“猗，嘆辭。”孔穎達《正義》：“謂美而嘆之也。”朱熹《集傳》

---

① 王先慎《韓非子集解》，《諸子集成》，中華書局，1978 年。

② 章炳麟《新方言》十一卷（浙江圖書館刊《章氏叢書本》），收集方俗異語八百多條，爲中國詞源學研究開闢了新的途徑。

同。陳奐《傳疏》：“嘆謂之猗，下加一言，則曰猗與。”①《齊風·猗嗟》：“猗嗟昌兮。”《毛傳》：“猗嗟，嘆辭。”朱熹《集傳》同。陳奐《傳疏》：“猗猶噫也。單言猗，絫言猗嗟。……此三句皆嘆美莊公之容貌。”馬瑞辰《通釋》：“猗者，美之之辭。嗟者，語詞也。”今人程俊英《詩經注析》：“猗嗟，猶吁嗟，贊嘆之詞。”孔穎達以爲表示傷嘆。《正義》云：“猗是心內不平，嗟是口之暗啞，皆傷嘆之聲，故爲嘆辭。”

咨、訾　表示招呼。《書·堯典》：“帝曰：‘咨！爾羲暨和。’”孔安國《傳》：“咨，嗟。”《詩·大雅·蕩》：“文王曰咨，咨女殷商。”《毛傳》：“咨，嗟也。”孔穎達《正義》：“咨是嘆辭。”《論語·堯曰》：“咨！爾舜。”朱熹《集傳》：“咨，嗟嘆聲。”《文選·王褒·四子講德論》：“夫子曰：咨。”劉良注：“咨，嘆辭也。”字亦作“訾”。《漢書·禮樂志》：“訾，黃其何不徠下？”顏師古注：“訾，嗟嘆之辭也。黃，乘黃也。嘆乘黃不來下也。訾，音咨。”

八　句讀

1. 句讀含義。古人所謂句是指文辭中語意已完語氣可停的一個小語段，讀是語未完但語氣可停的一個更小語段。現在説句子是指用詞或詞組構成、能夠表達一個完整意思的語言單位。口語中每個

---

①　馬瑞辰《通釋》：“按‘猗、那’二字疊韻，皆美盛之貌。通作猗儺、阿難。草木之美盛曰猗儺，樂之美盛曰猗那，其義一也。”則“猗那”爲形容之詞。與毛、孔、朱、陳異義。

句子都有一定的語調，表示陳述、判斷、祈使、疑問、感嘆等不同語氣。書面語句末分別用不同的標點符號。古今劃分句子的標準是不同的。現在不說讀，但標點符號中有逗號，就是從古代的讀演變來的。

先秦一般稱言不稱句。《論語·爲政》："《詩三百》，一言以蔽之曰：思無邪。"孔穎達《正義》："古者謂一句爲一言。《詩》雖有三百篇之多，可舉一句當盡其理也。曰'思無邪'者，此《詩》之一言，《魯頌·駉》篇文也。"[1]《左傳·定公十年》："臣之業，在《揚（之）水》卒章之四言矣。"唐孔穎達云："左氏曰：'臣之業在《揚之水》卒章之四言'，謂第四句'不敢告人'也。及趙簡子稱'子大叔遺我以九言'，皆以一句爲一言也。秦漢以來，衆儒各爲訓詁，乃有句稱。《論語》注云：'此《我行其野》之句，是也。'"[2]

戰國開始稱句。《莊子·駢拇》："駢於辯者，累瓦結繩，竄句捶辭，游心於堅白同異之間。"陸德明辭文引司馬彪云："竄句，謂邪說微隱，穿鑿文句也。"[3]《禮記·學記》："一年視離經辨志。"鄭玄《注》："離經，斷句絕也。"孔穎達《疏》："離經，謂離析經理，使章句斷絕也。"[4]《玉篇·句部》："句，止也。言語章句也。"《文心雕龍·章句》："位言曰句。……句者局也；局言者，聯字以分疆。"

---

① 《十三經注疏》，2461 頁。

② 同上書，274 頁。

③ 陸德明《經典釋文·莊子音義》，1460 頁。

④ 《十三經注疏》，1521 頁。

　　漢代開始句讀連用。漢何休《公羊傳序》："援引他經，失其句讀。"高誘《淮南子注序》："自誘之少，從故侍中同縣盧君，受其句讀。"

　　自後學者對句讀討論甚多。宋毛晃《增修互注禮部韻略·候韻》："讀，句讀。凡經書成文，語絕處謂之句，語未絕而點分之以便誦咏謂之讀。今秘省校書式，凡句絕則點於字之旁，讀分則點於字中間是也。"① 元程端禮《程氏家塾讀書分年日程》卷二："句讀二字，側點爲句，中點爲讀。凡人名、地物名，并長句內小句，并從中點。"② 讀又稱投、斷、逗。宋孫奕《示兒編》卷十二："句讀字自漢有之。……韓愈《師說》云：'彼童子之師，授之書而習其句讀'者也。洪曰：'讀音豆，其字從言從賣。'惟馬融《（長）笛賦》云：'覘法於節奏，察度於句投。'注曰：'……句投，猶章句也。'"③ 清郝懿行《證俗文》卷八："古者，一字爲一言，一句亦謂一言。秦漢以來謂之句。句者，局也。句半而絕之謂之讀，亦謂之投。……投者歇也。詞未終而微絕之，俟再歇也。句竟謂之章，章竟謂之篇，章未竟而句竟者，點之爲斷。"④ 清黃以周《群經說》："古離經有二法：一曰句斷，一曰句絕。句斷今謂之句逗，古亦謂之句投。斷與逗、投皆音近字。句斷者，其辭於此中斷而意不絕，句絕則

---

　　① 《增修禮部韻略》五卷，宋仁宗景祐六年國子監頒行《禮部韻略》，作爲科舉考試官韻，毛晃增入 2655 字，後毛居正又增入 1402 字，謂之《增韻》，明代官修《洪武正韻》，多依據《增韻》。

　　② 程端禮《程氏家塾讀書分年日程》，《四部叢刊》。

　　③ 孫奕《示兒編》，《四庫全書·子部·雜家類》。

　　④ 郝懿行《證俗文》，《郝氏遺書》。

辭、意俱絕也。鄭注離訓斷絕，兼兩法言，云'斷句絕也'者，欲句字兩屬之爾。'離經'專以析句言。孔疏章句兼説，既非鄭義，俗本作'章斷，句絕也'，更失鄭意。"[①]

2. 句的字數。最初提出句子字數的是南朝梁劉勰。《文心雕龍·章句》："若夫章句無常，而字有條數。四字密而不促，六字裕而非緩，或變之以三五，蓋應機之權節也。至於《雅》《頌》，大體以四言爲正。唯'祈父''肇禋'，以二言爲句。尋二言肇於黃世，《竹彈》之謠是也。三言興於虞時，《元首》之詩是也。四言廣於夏年，《洛汭》之歌是也。五言見於周代，《行露》之章是也。六言七言，雜出《詩》《騷》，而雜體之篇，成於西漢，情數運周，隨時代用矣。"（注家用字或異）

孔穎達《毛詩正義》探討了《詩》句的字數："句者，聯字以爲言，則一字不制也。以詩者申志，一字則言蹇而不會。故詩之見句，少不減二，即'祈父''肇禋'之類也。三字者'綏萬邦，婁豐年'之類也。四字者，'關關雎鳩''窈窕淑女'之類也。五字者，'誰謂雀無角，何以穿我屋'之類也。六字者，'昔者先王受命，有如召公之臣'之類也。七字者，'如彼築室於道謀''尚之以瓊華乎而'之類也。八字者，'十月蟋蟀入我牀下''我不敢效我友自逸'是也。其外更不見九字十字者。摯虞《流別論》云：《詩》有九言者，'泂酌彼行潦挹彼注茲'是也。徧檢諸本，皆云《泂酌》三章，章五句，則以爲二句也……句字之數，四言爲多。唯以二、

① 黄以周《群經説》，《儆季雜著》，浙江局刻本。

三、七、八者，將由言以申情，唯變所適，播之樂器，俱得成文故也。"

顧炎武認爲《詩》有一字句。《鄭風‧緇衣》："緇衣之宜兮，敝予又改爲兮，適子之館兮，還予授子之粲兮。"顧氏《詩本音》説："《緇衣》舊作三章，章四句，今詳'敝'字當作一句，'還'字當作一句，難屬下文。當作三章章六句。"① 現代學者大都同意顧炎武的看法，《詩》有一字句。

散文中有的句子字數更多。朱熹《朱子語類》説："《尚書》句讀有長者，如'皇天既付中國民越厥疆土於先王'是一句。"② 宋陳騤《文則》卷下："《春秋》文句，長者逾三十餘言，短者止於一言。如'季孫行父臧孫許叔孫僑如公孫嬰齊帥師會晉郤克衛孫良父曹公子首及齊侯戰於鞌'之類，是長句也。如'螽'之類，是短句也。"③

3. 斷句不一。陸德明《經典釋文序録》云："（漢）承秦焚書，口相傳授，一經之學，數家競爽。章句既異，蹖駮非一。"楊樹達先生説："句讀不易，故前人往往誤讀。"④

有當讀而未讀者。《禮記‧曲禮上》："百年曰期頤。"鄭玄《注》："期猶要也，頤，養也。不知衣服食味，孝子要盡養道而已。""期頤"二字連讀。王念孫《廣雅疏證》卷一上："按期之言

① 顧炎武《音學五書》，中華書局，1982 年，82 頁。
② 《朱子語類》，中華書局，1986 年，2057 頁。
③ 陳騤《文則》，《四庫全書‧集部‧詩文評類》。
④ 楊樹達《古書句讀釋例》，中華書局，1983 年，3 頁。

極也。《詩》言'思無期''萬壽無期',《左傳》言'貪惏無厭,忿纇無期',皆是究極之義。百年爲年數之極,故曰百年曰期。當此之時,事事皆待於養,故曰頤。'期頤'二字不連讀。……朱子云:'十年曰幼'爲句,'學'字自爲句;下至'百年曰期'皆然。此說是也。"《左傳·哀公十六年》:"衛侯占夢嬖人求酒於大叔僖子,不得,與卜人比而告公曰……"杜預《注》:"以能占夢見愛。"以"占夢嬖人"連文。武億《經讀考異》:"'衛侯占夢'直絕句。'嬖人'下屬'求酒于太叔僖子'爲一句,'不得'爲一句。與卜人比而告公云云,情事自見,杜曲解,不可從。"[1]楊樹達《古書句讀釋例》:"樹達按:武說是也。"《淮南子·說山訓》:"文公棄荏席,後黴黑,咎犯辭歸。"高誘注:"晋文公棄其卧席之下黴黑者。"王念孫《讀書雜志》卷十四引王引之曰:"高讀'棄荏席後黴黑'爲一句,非也。'棄荏席'爲句,'後黴黑'爲句。謂於荏席則棄之,於人之黴黑者則後之也。《韓子外儲說左篇》云:'文公反國至河,令籩豆捐之,席蓐捐之,手足胼胝面目黧黑者後之。咎犯聞之,再拜而辭。'是其證。"

　　有不當讀而讀者。《左傳·僖公二十三年》:"夫有大功而無貴仕,其人能靖者與,有幾。"陸德明釋文:"'其人能靖者與'絕句。"[2]"有幾"二字別爲一句。王引之《經傳釋詞》卷一:"與語助也。'與有幾'三字連讀。《釋文》曰:'其人能靖者與,音餘,絕句。'失之。"今人楊伯峻《春秋左傳注》:"《馬氏文通》謂'與'

---

① 武億《經讀考異》,《皇清經解》,上海書局石印本。

② 《十三經注疏》,1814頁。

本在句末，倒在前。是也。"《荀子·儒效》："法後王，一制度，隆禮義而殺《詩》《書》，其言行已有大法矣。然而明不能齊法教之所不及聞見之所未至，則知不能類也。"楊倞注："雖有大體，其所見之明猶未能齊言行，使無纖介之差。"楊氏在"齊"字下斷句，俞樾認爲是錯誤的。《諸子平議》："此（楊）失其讀也。齊讀爲濟，'然而'以下十八字作一句讀，言法教所及，聞見所至，則明足以及之，而不能濟其法教所未及聞見所未至也。……《韓詩外傳》正作'明不能濟法教之所不及聞見之所未至'，無'知不能類'句。"楊樹達《古書句讀釋例》："樹達按，俞説是也。"

有字當屬上句而誤歸下句者。《書·君奭》："弗吊，天降喪于殷。"[1] 清武億《群經義證》卷一："傳言'殷道不至：故天下喪亡于殷'。案此當以'弗弔天'爲句，'降喪于殷'爲讀，若云'天弗弔'也。"今人周秉鈞《尚書易解》云："言紂王不善乎天，降喪于殷。"[2] 又《酒誥》："矧惟若疇圻父，薄違農父，若保宏父，定辟。"[3] 朱熹《朱子語類》卷七十九："人説荆公穿鑿，只是好處亦用還他。且如'矧惟若疇圻父薄違，農父若保，宏父定辟'。古注從'父'字絕句，荆公則就'違''保''辟'絕句，夐出諸儒之表。"《荀子·榮辱》："（詩書禮樂）以治情則利，以爲名則榮，以群則和，以獨則足，樂意者其是耶？"唐楊倞注："知詩書禮樂，群居則和同，獨處則自足也。樂意莫過於此。"王念孫指出"樂"字當屬上

---

① 孔安國《傳》："殷道不至，故天下喪亡於殷。"《十三經注疏》，223頁。
② 周秉鈞《尚書易解》，嶽麓書社，1984年，43頁。
③ 《十三經注疏》，207頁。

句。《讀書雜志》卷十："念孫按，此當讀以'獨則足樂'爲句，言獨居而説禮樂，敦詩書則致足樂也。以群則和，以獨則足樂，樂與和義正相承，則樂字上屬爲句明矣。"

　　有當屬下句而誤歸上句者。《書·盤庚上》："盤庚五遷，將治亳殷，民咨胥怨。"孔傳："自湯至盤庚凡五遷都，盤庚治亳殷。民不欲徙，乃咨嗟憂愁，相與怨上。"[1] 於"殷"字斷句，宋蔡沈《書集傳》同。《史記》以"殷"字屬下句。楊樹達《古書句讀釋例》云："今按《史記·夏本紀》云：'殷民咨胥皆怨，不欲走。'又云：'乃遂涉河，南治亳。'是以'治亳'爲句，以'殷'字屬下。《史記》讀是也。"《淮南子·俶真訓》："孔墨之弟子，皆以仁義之術教導於世，然而不免於儡身，猶不能行也，又況所教乎。"高誘注："儡身，身不見用，儡儡然也。""儡身"連用，屬上句。王念孫《讀書雜志》卷十二："念孫按：高説非也。'儡'字上屬爲句，不免於儡，謂躬行仁義，而不免於疲也。'身'字下屬爲句。《吕氏春秋·有度》篇曰：'孔墨之弟子徒屬，充滿天下，皆以仁義之術教導於天下，然而無所行教者，術猶不能行，又況乎所教？'句法正與此同。"《論語·八佾》："夏禮吾能言之，杞不足徵也。殷禮吾能言之，宋不足徵也。"句中兩"之"字爲動詞賓語。宋王楙《野客叢書》卷三："《禮運》孔子曰：'我欲觀夏道，是故之杞，而不足徵也，吾得夏時焉。我欲觀殷道，是故之宋，而不足徵也，吾得坤乾焉。'讀此，知《論語》'夏禮吾能言之，杞不足徵也。殷禮吾能言

---

[1] 《十三經注疏》，168 頁。

之，宋不足徵也。'蓋於‘之’字上點句。"① "之"的位置變了，而且由代詞賓語變成了動詞。

4.句字衍脱。古書中往往有錯增加的文字，叫作衍文，簡稱衍。也有錯誤脱落的文字，叫脱文，簡稱脱或奪。無論衍文還是脱文，都會影響對句意的理解，所以訓詁學者十分注意。

衍字之例。《左傳·文公十六年》："道之以禮，則使毋失其土宜。"② 唐石經作"道之禮則"。惠棟《左傳補注》云："道之以禮則，案唐石經無‘以’字，俗儒所加，後人遂以‘則’字屬下句。"③ 今人楊伯峻《春秋左傳注》改爲"道之禮則"，云："此‘道’謂教導之。"

《墨子·號令》："鄉長者，父老豪傑之親戚父母妻子，必尊寵之。""及勇士父母親戚妻子，皆時酒肉。"王念孫《讀書雜志》卷十："引之曰：‘父母’二字，皆後人所加也。古者謂父母爲親戚。故言親戚，則不言父母。後人不達，故又加父母二字耳。篇内言父母妻子者多矣，皆不言親戚，下文有親戚妻子，則但言親戚而不言父母，是親戚即父母也。"

《荀子·成相篇》："己無郵人，我獨自美，豈獨無故。"楊倞注："或曰：‘下無獨字。’盧文弨曰：‘無獨字，則與全篇句法合。’"

《淮南子·修務》："禹沐浴霪雨，櫛扶風。"高誘注："禹勞力天

① 王楙《野客叢書》，中華書局，1987年。
② 《十三經注疏》，1844頁。
③ 惠棟《左傳補注》，《四庫全書·經部·春秋類》。

下，不避風雨，以久雨爲沐浴。”王念孫《讀書雜志》卷十五：“案沐下本無浴字，此涉高注沐浴而誤衍也。‘沐霑雨，櫛扶風’，相對爲文，多一浴字，則句法參差矣。《藝文類聚・帝王部一》《太平禦覽・皇王部七》《文選・謝脁・和王著作八公山詩》注引此皆無浴字。《莊子・天下篇》：‘禹沐甚雨，櫛疾風。’此即《淮南》所本。”

《漢書・高帝紀》：“由所殺蛇白帝子，所殺者赤帝子故也。”王念孫《讀書雜志》卷三：“下所字，涉上所字而衍。殺者謂殺蛇者也。則殺者上不當有所字。《文選・王命論》注，引此無所字。《史記》同。《郊祀志》曰：‘蛇，白帝子，而殺者赤帝子也。’‘殺者’上亦無所字。”

脱字之例。《管子・輕重戊》：“則是魯梁不賦於民，財用足也。”王念孫《讀書雜志》卷八：“案‘財用’上脱‘而’字，下文云：‘則是楚不賦於民而財用足也。’即其證。”

《晏子春秋・内篇雜下》：“晏子相齊，衣十升之布，脱粟之食。”王念孫《讀書雜志》卷九：“‘脱粟’上當有‘食’字。後弟二十六云：‘食脱粟之食’即其證。今本脱‘食’字，則文義不明，且與上句不對。”

《荀子・王霸》：“若是則一天下，名配堯禹。”王念孫《讀書雜志》卷十一：“引之曰：‘一天下’上有‘功’字，而今本脱之，則與下句不對。下文‘功壹天下，名配舜禹’，是其證。”

《淮南子・主術》：“故民之化也，不從其所言，而從所行。”王念孫《讀書雜志》卷十三：“案‘民之化也’，本作‘民之化上也’。下句‘其’字，正指‘上’而言，脱‘上’字則義不相屬。

《文子・精誠篇》正作‘民之化上’。”

　　《淮南子・泰族》：“故大人者，與天地合德，日月合明，鬼神合靈，與四時合信。”王念孫《讀書雜志》卷十五：“案此用《乾・文言》語也。‘日月’‘鬼神’上并脱‘與’字。《文子・精誠篇》正作‘與日月合明’，‘與鬼神合靈’。”

　　《淮南子・天文》：“戊子受制，則養老鰥寡。行稃鬻，施恩澤。”王念孫《讀書雜志》卷十二：“念孫案：‘養老鰥寡’，當作‘養長老，存鰥寡’，今本脱‘長’‘存’二字，則句法與上下文不協。《時則篇》曰：‘季夏，存視長老，行稃鬻，仲秋，養長老，行稃鬻飲食。’《開元占經填星占篇》引巫咸曰：‘填星受制，則養（長）老，存鰥寡，行饘粥，施恩澤。’皆其證。”

　　《漢書・徐樂傳》：“身非王公大人，名族之後，鄉曲之譽。”王念孫《讀書雜志》卷六：“念孫案：《史記・主父傳》作‘無鄉曲之譽’是也。此脱‘無’字，則文義不明。”

　　《漢書・佞幸傳》：“文帝嘗夢欲上天不能。有一黄頭郎推上天。”王念孫《讀書雜志》卷六：“念孫案：‘推’下有‘之’字，而今本脱之，則文義不暢。《太平禦覽・人事部》十七及四十引此并作‘推之上天’，《史記》《漢紀》同。”

九　倒句倒文

　　漢語的詞序，一般是主語在前，謂語在後；動詞在前，賓語或補語在後；介詞在前，實語在後；定語在前，中心詞在後。也有詞序倒置的。主謂、動賓、介賓、動補、偏正及其他詞語結構都有倒置的。如此者，或古人約定俗成，習以爲常；或爲詩歌押韻需要；或爲突出重點、修辭需要。傳統訓詁著作中，多有注釋研究。

　　1.主謂倒裝，謂語置於主語之前。

　　《詩·小雅·無羊》：“三十維物。”《毛傳》：“異毛色者三十也。”孔穎達《疏》：“每色之物皆有三十。謂青赤黄白黑毛色別異者各三十也。祭祀之牲，當用五方之色。”[①]“三十”，謂語前置。

　　《小雅·節南山》：“有實其猗。”王引之《經義述聞》卷六：“猗，疑當讀爲阿……有實其阿者，言南山之阿實然廣大也。”《爾雅·釋地》：“大陵曰阿。”“有實”爲謂語。

　　《大雅·桑柔》：“多我覯痻，孔棘我圉。”孔穎達《疏》：“言遇貧困之病多也。……言已守邊之勞甚也。”[②]“多”與“孔棘”爲謂語前置。

　　《大雅·桑柔》：“大風有隧，有空大谷。”王引之《經義述聞》卷七：“言大風之狀則有隧矣，大谷之狀則有空矣。”俞樾《古書疑義舉例》卷一：“今作有空大谷，乃倒句也。”

　　《大雅·雲漢》：“何辜今之人？”孔穎達《疏》：“我何罪乎？我今時之人何罪而爲天所罰？”[③]蘇轍《集傳》：“今之人何罪而罹此禍？”[④]“何辜”，謂語前置。

---

① 《十三經注疏》，438 頁。
② 同上書，559 頁。
③ 同上書，561 頁。
④ 蘇轍《詩集傳》，《三蘇全書》第 2 册，語文出版社，2001 年。

《大雅·崧高》："往近王舅。"陳奐《傳疏》："往近王舅，言王舅往耳。""往"，謂語前置。

《左傳·昭公二十七年》："王可弒也。母老子弱，是無若我何。"杜預《注》："猶言我無若是何。"孔穎達《正義》："古人言有顛倒。故杜以爲'是無若我何'猶言我無若是何。"①楊伯峻注："杜注甚合文意。然此種句法，經傳中實罕見。""我"，主語後置。

《禮記·檀弓上》："伯魚之母死，期而猶哭。夫子聞之曰：'誰與？哭者。'"清姜宸英《湛園札記》："先問誰與，後云哭者，倒裝文法，恰似驚問情狀。"②"哭者"，主語後置。

《孟子·盡心下》："若崩，厥角稽首。"俞樾《古書疑義舉例》卷一："'若崩'二字乃形容'厥角稽首'之狀。蓋紂衆聞武王之言，一時頓首至地，若山冡之崒崩也。當云'厥角稽首若崩'，今云'若崩厥角稽首'，亦倒句耳。""若崩"，謂語前置。

2. 動賓倒裝。傳統訓詁著作已指明古代漢語代詞否定賓語大都置於動詞之前。

《詩·召南·行露》："雖速我訟，亦不女從。"《毛傳》："終不棄禮而隨此強暴之男。""女"，賓語前置。

《周南·汝墳》："既見君子，不我遐棄。"孔穎達《疏》："不我遐棄，猶云不遐棄我。古之人語多倒，《詩》之此類衆矣。"③朱熹《集傳》："喜其不遠棄我也。""我"，賓語前置。

---

① 《十三經注疏》，2166 頁。
② 姜宸英《湛園札記》，《皇清經解》，上海書局石印本。
③ 《十三經注疏》，282 頁。

《小雅·巷伯》:"豈不爾受,既其女遷。"《鄭箋》:"王倉卒豈將不受女言乎? 已則亦將復訕誹女。"[1]王先謙集疏:"言倉卒間豈不受爾之語言而憎惡他人,既而知女言不誠,亦將遷憎惡他人之心轉而憎惡女矣。""爾""女",賓語前置。

《小雅·正月》:"天之扤我,如不我克。"《鄭箋》:"天以風雨動搖我,如將不勝我。"[2]"我克"即克我,賓語前置。

《大雅·雲漢》:"群公先正,則不我聞。"《鄭箋》:"不我聞者,忽然不聽我之所言也。"[3]"我",賓語前置。

《大雅·瞻卬》:"瞻卬昊天,則不我惠。"《鄭箋》:"仰視幽王爲政,則不愛我下民。"[4]"我"者,下民,賓語前置。

《文選·陸機·辨亡論下》:"不恤人之我欺。"吕向注:"我欺,猶欺我也。""我",賓語前置。

傳統訓詁學指出,名詞賓語也有前置的。

《詩·邶風·日月》:"乃如之人兮,德音無良。"《鄭箋》:"無善恩意之聲於我也。"吴樹聲《詩小學》:"此爲倒句法,猶言無甚德音也。必用無良者,趁韻耳。"[5]"德音",賓語前置。

《小雅·節南山》:"式夷式已,無小人殆。"孔穎達《正義》:"無小人之近,猶言無近小人。"俞樾《群經平議》卷十一:"無小人殆,與上文'勿罔君子'義同,猶云無殆小人,倒其文以協韻

① 《十三經注疏》,456頁。
② 同上書,443頁。
③ 同上書,562頁。
④ 同上書,577頁。
⑤ 吴樹聲《詩小學》,同治七年壽光官廨刊本。

耳。"小人",賓語前置。

《商頌·長發》:"帝命不違,至于湯齊。"馬瑞辰《通釋》:"帝命不違,即不違帝命之倒文。詩總括相土以下諸君,謂商先君之不違帝命,至湯皆齊一。""帝命",賓語前置。

有在前置賓語與動詞之間加助詞"焉、之、是、實、來、於、云"的。

《左傳·隱公六年》:"我周之東遷,晉鄭焉依。"杜預《注》:"平王東徙,晉文侯鄭武公左右王室,故曰晉鄭焉依。"清朱亦棟《十三經札記·左傳上》:"芹按:晉鄭焉依,猶云依晉鄭焉。"[1] 又《襄公三十年》:"安定國家,必大焉先。"杜預《注》:"先和大族,而後國家安。"楊伯峻注:"必大焉先,必先大之倒裝句,焉是語中助詞,用於倒裝。"[2]

《詩·邶風·燕燕》:"先君之思,以勖寡人。"《鄭箋》:"戴媯思先君莊公之故。""先君",賓語前置。孔穎達《疏》:"思先君之故,勸勉寡人以禮義也。"又《小雅·大東》:"維北有斗,西柄之揭。"朱熹《集傳》:"斗西揭其柄。""柄",賓語前置。

《小雅·小旻》:"哀哉爲猶,匪先民是程,匪大猶是經。"《鄭箋》:"哀哉今之君臣,謀事不用古人之法,不猶大道之常。""先民""大猶",賓語前置。《魯頌·閟宮》:"戎敵是膺,荊舒是懲。"《鄭箋》:"僖公與齊桓舉義兵北當戎與狄,南艾(討伐)荊及群舒。""戎敵""荊舒",賓語前置。

---

① 朱亦棟《十三經札記》,光緒四年武林竹簡齋重刻本。
② 楊伯峻《春秋左傳注》,中華書局,1981年,1180頁。

　　《左傳·僖公五年》：“鬼神非人實親，惟德是依。”楊伯峻注：“鬼神非親人之倒裝結構。”①“人”，賓語前置。

　　《詩·大雅·江漢》：“匪安匪舒，淮夷來鋪。”《鄭箋》：“不自安，不舒行者，主爲來討罰淮夷也。”“淮夷”，賓語前置。王引之《經傳釋詞》卷七：“來，詞之是也。《詩·谷風》曰：‘不念昔者，伊予來墍。’……言君子不念昔日之情，而惟我是怒也。《桑柔》曰：‘既之陰女，反予來赫。’言我以善言蔭覆汝，而汝反於我是赫怒也。”

　　《詩·小雅·出車》：“玁狁于襄。……玁狁于夷。”《毛傳》：“襄，除也。……夷，平也。”孔穎達《正義》：“征玁狁于是而平除之。……赫赫顯盛之南仲，伐玁狁而平之。”王引之《經傳釋詞》卷一：“于猶是也。《詩·出車》曰：‘玁狁于襄’‘玁狁于夷’，言玁狁是襄，玁狁是夷也。”“玁狁”，賓語前置。

　　《詩·小雅·正月》：“有皇上帝，伊誰云憎？”《鄭箋》：“使王暴虐如此，維誰憎惡乎？”又《何人斯》：“伊誰云從？誰暴之云。”《鄭箋》：“是言從誰生乎？乃暴公之所言也。”王引之《經傳釋詞》卷二：“云猶是也。……言伊誰是憎……伊誰是從也。”“誰”，賓語前置。

　　有用“唯（惟）……是（之）……動”句式表示賓語前置者。

　　《書·盤庚中》：“古我前後，罔不惟民之承保。”清江聲《尚書集注音疏》：“保，安也。言前後無不承安其民也。”②“民”，賓語

---

　　① 楊伯峻《春秋左傳注》，中華書局，1981 年，309 頁。
　　② 江聲《尚書集注音疏》，《皇清經解》。

前置。

《詩·小雅·斯干》："無非無儀，唯酒食是議。"《鄭箋》："婦人之事，惟議酒食爾。""酒食"，賓語前置。又《小旻》："維邇言是聽，維邇言是爭。"《鄭箋》："徒聽順近言之同者，爭言之異者。""邇言"，賓語前置。

先秦典籍中，此類格式的句子甚多。例如《左傳》就有"唯力是視"（僖公二十四年）、"民不見德，而唯戮是聞"（僖公二十三年）、"吾唯子之怨"（文公七年）、"唯好是求"（成公十三年）、"唯吾子戎車是利"（成公二年）、"不唯衛國之敗"（成公十四年）、"余唯利是視"（成公十三年）、"唯敵是求"（宣公十二年）、"唯命是聽"（宣公十五年）、"唯具是視"（宣公三年）、"唯余馬首是瞻"（襄公十四年）、"唯其宗室是暴"（襄公十七年）、"唯無咎與倲是從"（襄公二十七年）、"唯鄰是卜"（昭公三年）、"唯躬是瘁"（昭公八年）、"唯命是從"（昭公十二年）、"唯子是聽"（定公元年）、"唯子是從"（哀公六年）等二十多處。直到現在，"唯……是……"的句式仍經常使用。訓詁學著作不必再作解釋了。

3.動補倒裝。介賓詞組做補語，有時可以倒置於動詞之前。

《書·酒誥》："人無於水監，當於民監。"徐幹《中論·貴驗》："《周書》有言：'人毋鑒於水，鑒於人也。'"[1] 陳喬樅《今文尚書經說考》："民監之言，自古有之矣。又《國語·吳語》申胥諫吳王曰：'王盍亦監於人，毋監於水。'《戰國策》蔡澤說應侯曰：

---

① 徐幹《中論》，《百子全書》，掃葉山房，1919 年，5 頁。

'監於水者，見面之容，監於人者，知吉與凶。'皆本於此誥之文也。"① 王引之《經傳釋詞》卷一："猶言無監於水，當監於民也。"

《詩·大雅·文王》："上帝既命，侯于周服。"王引之《經傳釋詞》卷四："言商之子孫甚衆，而上帝既命文王之後，乃臣服於周也。"曾運乾《毛詩説》："此倒文取韻例，順文當作'侯服于周'。"②

4. 介賓倒裝。介賓詞組通常是介詞在前，名詞在後；也有介詞在後，名詞賓語置於前面的。如《左傳·昭公十三年》："我之不共，魯故之以。"杜預《注》："不共晋貢，以魯故也。"③ "魯故"置於介詞"以"之前。這種倒置的介賓詞組又常常置於動詞之前，形成一種雙重倒裝的結構。傳統訓詁學没有介詞的名稱，通常就稱之爲語詞或助語詞。如劉淇《助字辨略》卷一："《廣韻》云：'（於，）語辭也。'《書·舜典》'肆類于上帝，禋于六宗'，……《論語》'子禽問於子貢曰：夫子至於是邦也'，《孟子》'王如知此，則無望民之多於鄰國也'。此'於'字并助語辭，不爲義也。"儘管如此，傳統訓詁學對於介賓倒裝的結構特點，通常都作了注釋和説明。如：

《詩·大雅·崧高》："申伯還南，謝于誠歸。"《鄭箋》："謝于誠歸，誠歸于謝。"孔穎達《正義》："言謝于誠歸，正是誠心歸于謝國。古人之語多倒，故申明之。"④ "謝于"是介賓詞組倒裝，這一

---

① 陳喬樅《今文尚書經説考》，《皇清經解續編》，1098 頁。
② 曾運乾《毛詩説》，嶽麓書社，1990 年。
③ 《十三經注疏》，2072 頁。
④ 同上書，567 頁。

詞組置於"誠歸"之前又是動詞結構的倒裝。同詩一章："四國于蕃，四方于宣。"王引之《經傳釋詞》卷一："言蕃于四國，宣于四方也。"結構分析同上。

《左傳·僖公九年》："入而能民，土於何有？"杜預《注》："能得民，不患無土。"楊伯峻《春秋左傳注》："土於何有，何有於土之倒裝句。"又《昭公十九年》："其一二父兄懼隊（墜）宗主，私族於謀，而立長親。"又"諺所謂室於怒，市於色者，楚之謂矣。"杜預《注》："言靈王怒吳子而執其弟，猶人忿於室家而作色於市人。"王引之《經義述聞》卷十九："私族於謀而立長親者，私謀於族而立長親也。倒言之則曰私族於謀矣。……諺所謂室於怒、市於色者，言怒於室、色於市也。"又《昭公十一年傳》："王貪而無信，唯蔡於感。"杜預《注》："蔡近楚之大國，故楚常恨其不服順。"王引之《經義述聞》卷十九："唯蔡於感，言唯憾於蔡也。"楊伯峻《春秋左傳注》："感為憾之省，故杜以恨字解之。此句猶云'唯恨於蔡。'"以上"土於何有""私族於謀""室於怒，市於色""唯蔡於感"，其句法結構都與"謝於誠歸"相同。

《墨子·非樂上》："啟乃淫溢康樂，野于飲食。"[①]孫詒讓注："'野于飲食'，即下文所謂'渝食于野'也。與《左傳》'室于怒，市于色'文法正同。"

《大戴禮·用兵篇》："古之戎兵，何世安起。"[②]王引之《經義述聞》卷十三："家大人曰：安猶於也。此倒句也。何世於起，猶言

---

① 孫詒讓《墨子閒詁》，《諸子集成》，中華書局，1986年，161頁。

② 王聘珍《大戴禮記解詁》，中華書局，1983年，209頁。

起於何世。……《墨子·非命篇》'何書焉存'，文義與此同。"

5. 詞語倒文。或複音詞語，古今異序，或語氣詞位置有異，傳統訓詁著作也能注意指出。

有方位詞置於名詞之前的。《詩·周南·葛覃》："葛之覃兮，施于中谷。"孔穎達《正義》："中谷，谷中。倒其言者，古人之語皆然。詩文多此類也。"[①]《國語·吳語》："乃令左軍右軍涉江，鳴鼓中水以須。"韋昭注："中水，水中央也。"[②]

有偏正詞語的修飾成分與中心成分倒置的。《書·禹貢》："雲土夢作乂。"孔安國《傳》："雲夢之澤在江南，其中有平土丘，水去可爲耕作畎畝之治。"又"厥篚玄纖縞。"孔安國《傳》："玄，黑繒。縞，白繒。纖，細也。"[③]"雲土夢"即雲夢之土。"玄纖縞"即纖玄縞，纖細的黑繒、白縞。宋陳騤《文則》上："用纖字不在玄上，土字不在夢下，亦一倒法也。"[④]

有名詞與動詞倒置的。《史記·伯夷列傳》："盜跖日殺不辜，肝人之肉。"唐司馬貞索隱："《莊子》云：'跖方休卒太山之陽膾人肝而餔之。'"清朱亦棟《群書札記》卷一："此乃古人倒字法，猶云肉人之肝，謂以人肝當肉吃耳。"[⑤]句中"肝"與"肉"位置互移。

有句中物名與地名互置的。《史記·樂毅列傳》："薊丘之植，植於汶篁。"唐司馬貞索隱："薊丘，燕所都之地也。言燕之薊丘所

---

① 《十三經注疏》，276 頁。

② 《國語·吳語》，《國學基本叢書》，商務印書館，1935 年，227 頁。

③ 《十三經注疏》，148—149 頁。

④ 陳騤《文則》，有正書店石印文學津梁本。

⑤ 朱亦棟《群書札記》，光緒四年武林竹簡齋重刊本。

植，皆植齊王汶上之竹也。"俞樾《古書疑義舉例》卷十二："此亦倒句。若順言之，當云：'汶篁之植，植於薊丘'耳。"

有并列詞語位置顛倒使用的。"雖然"可以説成"然雖"。清袁枚《隨園隨記》卷二："《晋書·八王傳序》：'然雖克滅權逼，尤足維翰王畿'，是倒'雖然'二字而用之。"陸敬安（以湉）《冷廬雜識》卷四："《漢書》又多倒字，如妃后、子父、論議、失得、貴富、舊故、疑嫌、病利、病疾、并兼、悦喜、苦勤、懼震、柔寬、思心、候伺、激詭、諱忌、稿草之類是也。"①

有句末語氣詞置於句中的。《左傳·僖公二十三年》："其人能靖者與有幾？"② 語氣詞"與"在句中。劉淇《助字辨略》卷一引顧炎武《左傳杜解補正》："邵氏云：'此倒語也。若曰：其有幾人能靖者與！'"俞樾《古書疑義舉例》卷一："古人多有以倒句成文者，順讀之則失其解矣。"亦舉此例。

十　句子歧義

古書没有標點，斷句不易。古書中某些語句，訓詁學者往往有不同的句讀和理解，産生歧義。

1. 句讀不同，産生歧義

《禮記·大學》："大學之教也時教必有正業退息必有居學不學操縵不能安弦。"這段話有兩種斷句。《十三經注疏》本依宋衛湜

---

① 陸以湉《冷廬雜識》，掃葉山房石印本。
② 《十三經注疏》，1814 頁。

《禮記集説》標點爲："大學之教也，時教必有正業，退息必有居學。不學操縵，不能安弦。"今人姚淦銘譯成現代漢語："大學的教學，依照時序進行（如春夏教學禮樂，秋教學詩書等），而且要正規的課業。退下來休息時，還要繼續鑽研。不學調琴的基本動作，就不能調好琴弦。"[①]看起來文從字順。但是鄭玄《注》："有居，有常居也。"孔穎達《正義》："大學之教也時者，言教學之道，當以時習之。……退息必有居者，退息謂學者疲倦而暫休息。有居謂學者退息必有常居之處。……學，不學操縵，不能弦者，此以下并正業積漸之事也。"這樣原文的標點當是："大學之教也時，教必有正業，退息必有居。學，不學操縵，不能安弦。"清人孫志祖《讀書脞錄》評論説："'學'字自爲一句，蓋總下諸目也。《集説》則以'時'字屬下句，'學'字屬上句。然解'居學'爲燕居之學，説究牽强，不如舊讀爲安。"[②]孫氏顯然不同意《禮記集説》的斷句。

《左傳·僖公二十五年》："昔趙衰以壺飧從徑餒而弗食。"短短十二個字，有三種斷句解釋。杜預《注》："言其廉且仁不忘君也。徑，猶行也。"《十三經注疏》本依此於"徑"字下斷句："昔趙衰以壺飧從徑，餒而弗食。"從徑就是隨行，連動結構。陸德明釋文："一讀'以壺飧從'絶句，讀'徑'爲'經'。"孔穎達《正義》："劉炫改'徑'爲'經'，謂經歷饑餒，下屬爲句。""昔趙衰以壺從，徑餒而弗食。""徑餒"，經歷饑餓，也是連動結構。楊伯峻《春秋左傳注》斷爲三句："昔趙衰以壺從，徑，餒而弗食。"

---

① 姚淦銘《禮記注釋》，《白話十三經》，164—166頁。
② 孫志祖《讀書脞錄》，嘉慶己未刊本。

徑，獨行小道也。楊先生説："此謂趙衰爲晋文携帶飯食，隨之而行，有時晋文行大道，趙衰行小道，趙衰雖餓，亦弗食。"這是很有道理的。

《詩·魏風·陟岵》一章："父曰嗟予子行役夙夜無已。"十一個字，諸家訓詁無異義，却有五種不同的斷句。孔穎達《正義》斷爲兩句："父曰嗟予子行役，夙夜無已。"[①]朱熹《集傳》斷爲三句："父曰嗟，予子行役，夙夜無已。"姚際恒《詩經通論》也斷爲三句，但與朱熹不同，於"曰"及"子"字後點斷："父曰：嗟予子，行役夙夜無已。"方玉潤《詩經原始》于"曰""嗟""役"後點斷，分爲四句："父曰：嗟！予子行役，夙夜無已。"吴闓生《詩義會通》斷爲兩句，但在"子"字後點斷，與《正義》本不同："父曰嗟予子，行役夙夜無已。"以上五種斷句，《詩義會通》分爲兩句，與"《陟岵》三章章六句"的要求合。從韻律上看，一章"子、已、哉、止"押之部韻，二章"季、寐、棄"質物合韻，三章"弟、偕、死"押脂部韻，都很和諧。"役"是錫部字，《正義》本於"役"字斷句，不合韻律和諧的要求。

2. 對句法結構認識不同，産生歧義

《詩·齊風·鷄鳴》三章："會且歸矣，無庶予子憎。""無庶予子憎"一句，訓詁學者有五種不同的分析解釋。(1)《毛傳》："無庶予子憎，無見惡於夫人。"陳奐《傳疏》："古本當作'無庶予于憎'。……予，我也，我，夫人自謂也。庶，衆也，衆卿大夫也。

---

① 《十三經注疏》，358頁。

言無使衆卿大夫見憎于我。""庶"是主語，"予子"是倒裝的受事補語。意爲莫使卿大夫討厭我。（2）《鄭箋》："庶，衆也。無使衆臣以我故，憎惡於子。""庶"是主語，"予子憎"，因我而憎子，是倒裝的複雜謂語。"予子"是受事補語。（3）孔穎達《正義》："予子憎"定本作"與子憎"。馬瑞辰《通釋》："'無庶'即'庶無'之倒文。''庶無予子憎'即'庶無貽子憎'。""庶無"是狀語，'予子憎'是動賓關係，"子憎"是雙賓語。（4）嚴粲《詩緝》："無庶，猶庶無，古人辭急倒用也。予子，吾子也，稱其所昵也。"是一個被動結構。"予子"是偏正詞組。（5）姚際恒《詩經通論》："無庶予子憎，謂庶幾無使人憎予與子也。""予子"是并列詞組作前置賓語。

　　《詩·豳風·鴟鴞》一章："恩斯勤斯，鬻子之閔斯。"[1] 訓詁學者至少有四種不同的分析解釋。（1）《鄭箋》："鴟鴞之意殷勤於此，稚子當哀閔之。……以喻諸臣之先臣亦殷勤於此，成王亦宜哀閔之。"依鄭説，這是一個承接複句，斯，此也，指周王室。（2）朱熹《集傳》："以我情愛之心，篤厚之意，鬻養此子，誠可憐憫。"依此這是一個單句。"恩斯勤斯鬻子"是複雜主語，"閔"是謂語，"斯"是語氣詞。（3）馬瑞辰《通釋》："公自言恩勤於王室者，皆惟稚子是閔恤也。"依此，這是一個申説式的複句，前一分句叙事，後一分句申説原因。（4）程俊英《詩經注析》："這二句意爲雖我辛辛苦苦地撫養孩子，可這孩子還是遭到病困。"依程説，

這是一個讓步複句，雖然自己付出了辛苦，孩子還是受到病困。我個人認爲馬瑞辰的觀點最爲合理。

3.對單詞的意義認識不同，影響到句意的分析

《易·震·六二》："震來厲，億喪貝。"①王弼注："億喪貝，億，辭也，貝，資貨糧用之屬也。"孔穎達《正義》："億喪貝，喪其資貨。""億喪貝"只是一個動賓結構，"億"是助詞，不算句子成分。陸德明《釋文》引鄭玄曰："十萬曰億。"清王懋竑《讀書記疑》卷一："億喪貝，十萬曰億，此言喪億貝也。億字在上，偶文倒耳。""億"是數詞定語。今人黃壽祺、張善文《周易注譯》："億喪貝，大失貨貝。億，大也。"②"億"是狀語。

《詩·唐風·葛生》："予美亡此，誰與獨處？"③《鄭箋》："吾誰與居乎？獨處家耳。"嚴粲《詩緝》："我其誰與乎？獨處而已。"陳奐《傳疏》："誰與即獨處。""與"是動詞，作"和……在一起"講。戴震《毛鄭詩考證》："與當音餘。誰與，自問也。'誰與獨處'與《檀弓》'誰與哭者'語同。"馬瑞辰《通釋》："誰與設爲自問之辭，與，語辭也。與《檀弓》'誰與哭者'句法正同。""誰"是謂語，"與"是疑問語氣詞。

《韓非子·外儲説左下》："哀公問於孔子曰：'吾聞夔一足，信乎？'曰：'夔人也，何故一足？彼其無他異，而獨通於聲。堯曰：'夔一而足矣，使爲樂正。'"楊樹達《古書句讀釋例》卷一："如

---

① 《十三經注疏》，62頁。
② 黃壽祺、張善文《周易注譯》，《白話十三經》，51頁。
③ 《十三經注疏》，366頁。

孔子所言，則‘夔有一足’本當作二句讀‘夔有一’爲一讀，‘足’字一字爲一讀也，而哀公之所問，則直讀四字爲一句，故疑夔祇有一足之意，句讀關係於文義者如此。”也是因爲没有注意“足”在句子裏的特定意義而產生的錯覺。

十一　其他

訓詁學討論過的語法問題，還有量詞、介詞、副詞、被動句等方面的内容。

1. 量詞

有表示度量衡的。如《説文・尺部》：“尺，十寸也。人手却十分動脉爲寸口，十寸爲尺。……周制寸、尺、咫、尋、常、仞諸度量，皆以人之體爲法。”《禮記・月令》：“角斗甬。”鄭玄《注》：“丈尺曰度，斗斛曰量。……甬，今斛也。”孔穎達《正義》引《漢書・律曆志》：“十合爲升，十升爲斗，十斗爲斛。”[①]《儀禮・既夕禮》：“朝一溢米，夕一溢米。”鄭玄《注》：“二十兩曰溢。”賈公彦《疏》：“斤爲十六兩。”[②] 有表示個體單位的。如《儀禮・士虞禮》：“俎釋三個。”鄭玄《注》：“个，猶枚也。今俗或名枚曰個，音相近。”[③]《玉篇・木部》：“枚，箇也。”又《竹部》：“箇，數之一枚也。”《詩・齊風・南山》：“葛屨五兩。”孔穎達《疏》：“屨必兩

---

① 《十三經注疏》，1362 頁。

② 同上書，1161 頁。

③ 同上書，1169 頁。

隻相配，故以一兩爲一物。”顏師古《匡謬正俗》卷七：“古者謂車一乘亦曰一兩。”《小雅·瓠葉》：“有兔斯首。”朱熹《集傳》：“有兔斯首，一兔也。猶數魚以尾也。”王質《詩總聞》卷十五：“兔以首言，猶今言一頭兩頭也。”郝懿行《證俗文》卷七列舉量詞甚多，如：“地曰弓……三百弓爲一里。”“畝曰步，六尺爲步……步百爲畝。”“人曰頭……又曰口……或曰個。”“布帛曰幅……布帛廣二尺二寸爲幅，長四丈爲匹。”“馬曰蹄……亦曰匹。”“牛羊曰足。”“錢曰貫。”“禽曰雙……亦曰乘……魚曰尾；猪曰口；羊曰腔矣。”“筆曰床……或曰枝，或曰雙，亦曰管。”“紙曰番……亦曰張。”“衣曰裁……又曰襲，亦曰稱；袈裟曰緣。”等等。

2.介詞

介詞及其賓語合起來表示對象、方位、時間、處所、關係等。訓詁學中沒有介詞之名，多以同義詞轉相訓釋。如《爾雅·釋詁》：“由、從，自也。”郭璞注：“自，猶從也。”邢昺《疏》：“自亦從也，轉互相訓也。”《詩·齊風·東方未明》：“自公召之。”《毛傳》：“自，從也。”《大雅·文王有聲》：“自西自東，自南自北。”《鄭箋》：“自，由也。”《孟子·梁惠王》：“何由知吾可也。”劉淇《助字辨略》卷二：“諸由字，并訓從也。”《春秋·隱公元年》：“公及邾儀父盟于蔑。”《公羊傳》云：“及者何？與也。”《漢書·賈誼傳》：“陛下雖賢，誰與領此？”劉淇《助字辨略》卷三：“此與字，猶共也。”也有把介詞解釋爲助語辭的。《廣韻·魚韻》：“於，語辭也。”又《虞韻》：“于，於也。”《書·舜典》：“肆類于上帝，禋于六宗。”《論語·學而》：“子禽問於子貢曰：‘夫子至於是邦也.'"劉淇《助字辨略》卷一:"此于(於)字,并助語辭,不爲義也。"以上以同義詞互釋介詞,没有觸及介詞的語法特點;將介詞稱爲不爲義的助詞,也是錯誤的。

　　3. 副詞

　　傳統訓詁學也多用同義詞進行解釋。如《爾雅·釋詁》:"僉、咸、胥,皆也。"《釋言》:"孔,甚也。"《廣韻·泰韻》:"最,極也。"《廣韻·寑韻》:"甚,劇過也。"劉淇《助字辨略》卷二:"休,方言莫也。"卷三:"愈,益也。"卷四:"便,即也。更,復也。再也。"也有用"××之辭"表示副詞詞義所屬範圍的。如《禮記·檀弓》"壹似重有憂者。"孔穎達《正義》:"壹者,決定之辭也。"《廣韻·虞韻》:"毋,止之辭。"《皆韻》:"皆,俱辭也。"王夫之《説文廣義》卷三:"勿,借爲禁止之辭,與毋、弗相通。"魏維新《助語辭補》:"勿,毋也,莫也。禁止之辭。"劉淇《助字辨略》卷一:"初者,追原之辭也。"卷二:"多,凡云多如何者,强半之辭也。"卷三:"并,并者,同時相比之辭也。"卷四:"較,比量之辭。"卷五:"決,必辭也。""必,決定之辭。""煞,方言極也,太甚之辭。""益,加甚之辭也。"這樣的解釋,能够較好地揭示不同副詞的語義特點。

　　4. 被動關係

　　古代漢語有多種表達被動關係的方式,傳統訓詁學有所解釋,但不用主動、被動的名稱。"于(於)"字式。《詩·邶風·柏舟》:"憂心悄悄,慍于群小。"朱熹《集傳》:"言見怒於衆妾也。"《論語·公冶長》:"禦人以口給,屢憎於人。"孔安國《傳》:"佞人口辭捷給，數爲人所憎惡。"① "見"字式。如《論語·陽貨》："年四十而見惡焉，其終也已。"鄭玄《注》："年在不惑而爲人所惡，終無善行。"②《史記·蘇秦列傳》："夫破人之與見破於人也，臣人之與見臣於人也，豈可同日而論哉？"張守節正義："破人，謂破前敵也；破於人，爲被前敵破。……臣人，謂己得人爲臣；臣於人，謂己事他人。"劉淇《助字辨略》卷四："凡云見者，加於我之辭也。" "爲"字式。《論語·子罕》："不爲酒困。"孔穎達《疏》："未嘗爲酒亂其性也。"《漢書·趙充國傳》："趙王武臣，爲其將所殺。"劉淇《助字辨略》卷一："此爲字，猶云被也。"白居易《編集拙詩成一十五卷因題卷末戲贈元九李二十詩》："每被老元偷格律，苦教短李伏歌行。"劉淇《助字辨略》卷四："被者，爲其所如何也。" "所"字用在動詞前，表示動作所及的對象。《漢書·高帝紀》："由所殺蛇白帝子，所殺者赤帝子。"王念孫《讀書雜志》卷三指出"'殺者'上不當有'所'字"，因爲"殺者"赤帝子是主動者，不是行爲所及的對象，所以不應用"所"字。

5. 小結

19 世紀以前，中國還沒有漢語語法體系的概念。傳統訓詁學的主要任務是從語義角度對古代文獻進行研究，其中也涉及語法問題。語法概念不太明確，系統性不太强是很自然的。儘管這樣，許多著名的訓詁學者在學術研究上用功極深，熟讀經史典籍，通曉約定俗成的古代漢語句讀規則。他們通過分析比較相關內容，能揭示

---

① 《十三經注疏》，2473 頁。
② 同上書，2326 頁。

古代漢語的虛詞用法和句法特點，很不容易。他們的著作是寶貴的學術遺產，後人應當認真學習體會，在前輩學者研究的基礎上做得更好一些。這就是我撰寫本文的初衷。

方　言

湖南雙峰縣方言 [*]

一　前言

　　雙峰縣，1951 年建立的新縣，從湘鄉縣（今湘鄉市）劃出，地處湖南中部，在潭（湘潭）邵（邵陽）公路的中間，全縣屬丘陵地區。雙峰方言屬於湘語。但不僅與鄰近各縣有語音上的差別，就是縣內方音亦頗複雜，向有"十里不同音"之說。往往一山之隔，口音就有點兒不同。一般地説，雙峰方言語音上的特點是：比較完整地保存了濁聲母系統；單元音化的傾向很强；有豐富的鼻化元音；有五個聲調，入聲消失，平去都分陰陽。

　　本篇所記，是豐瑞鄉（今杏子鋪鎮必家村）語音，和縣城略有差別。發音人就是本文作者。

二　語音描寫

（一）聲母

雙峰方言共有聲母二十八個（不含零聲母）：

---

　　* 原載《語言學論叢》第四輯，1960 年。

閉塞音	p p' b	t t' d	k k' g
塞擦音	ts ts' dẓ	tʂ tʂ' dẓ̣	tɕ tɕ' dẓ̣
摩擦音	s ʂ ɕ	x ɣ	
鼻音	m n ȵ ŋ		
邊音	l		
零聲母	O		

現在分別說明并舉例於下：

p　不送氣的雙唇清塞聲，如：巴 po˥　把 po˩　擺 pa˩　包 pə˥ 幫 paŋ˥　兵 pin˥

p'　送氣的雙唇清塞聲，如：判 p'iẽ˧　捧 p'aŋ˩　品 p'in˩　普 p'u˩　怕 p'o˩

b　雙唇濁塞聲，如：排 ba˧　爬 bo˧　罷 bo˥　平 bin˧　傍 baŋ˧

t　舌尖抵齒齦不送氣的清塞聲，如：低 ti˥　都 təu˥　張 taŋ˥ 擔 ta˥（又 tiẽ˥）　到 tə˧

t'　舌尖抵齒齦送氣的清塞聲，如：聽 t'in˧（文）　托 t'ʊ˧　出 t'y˧　去 t'y˧（又 tɕ'y˧）　土 t'əu˩

d　舌尖抵齒齦的濁塞聲，如：大 da˥　駝 du˧　唐 daŋ˧　動 daŋ˥　圖 dəu˧

k　舌根不送氣的清塞聲，如：哥 ku˥　高 kə˥　古 kəu˩　公 kaŋ˥（又 kən˥）　講 kaŋ˩

k'　舌根送氣的清塞聲，如：孔 k'aŋ˩（k'əŋ˩）　褲 k'əu˧　科 k'u˥　昆 k'uən˥　敲 k'ə˥

g 舌根濁塞聲，如：狂 gaŋ˦ 共 gaŋ˧（gən˧） 葵 gui˦ 櫃 gui˧

ts 舌尖不送氣的清塞擦聲，如：兹 tsɿ˥ 炸 tso˦ 足 tsəu˦ 摘 tsua˦ 鑽 tsuẽ˦（又 tsuã˦）

ts' 舌尖送氣的清塞擦聲，如：咋 ts'ʊ˦ 此 ts'ɿ˧ 擦 ts'a˦ 撞 ts'aŋ˧ 村 ts'uən˥

dz 舌尖濁塞擦聲，如：時 dzɿ˦ 事 dzɿ˧ 柴 dza˦ 床 dzaŋ˦ 鋤 dzəu˦

ʈʂ 舌尖後不送氣的清塞擦聲，如：之 tʂɿ˥ 執 tʂɿ˦ 止 tʂɿ˧ 至 tʂɿ˥

ʈʂ' 舌尖後送氣的清塞擦聲，如：癡 tʂ'ɿ˥ 尺（文）tʂ'ɿ˧ 耻 tʂ'ɿ˧ 直 tʂ'ɿ˦

dʐ 舌尖後濁塞擦聲，如：池 dʐɿ˦ 治 dʐɿ˧

tɕ 舌面不送氣的清塞擦聲，如：雞 tɕi˥ 精 tɕin˥ 江 tɕiaŋ˥ 久 tɕiu˧ 叫 tɕiə˦

tɕ' 舌面送氣的清塞擦聲，如：欺 tɕ'i˥ 清 tɕ'in˥ 秋 tɕ'iu˥ 槍 tɕ'iaŋ˥ 吃 tɕ'io˦（白）

dʑ 舌面濁塞擦聲，如：其 dʑi˦ 强 dʑiaŋ˦ 仇 dʑiu˦ 情 dʑin˦ 橋 dʑiə˦

s 舌尖清擦聲，如：山 sã˥（又 sẽ˥） 思 sɿ˥ 俗 səu˦ 所 su˧ 孫 suən˥

ʂ 舌尖後清擦聲，如：詩 ʂɿ˥ 失 ʂɿ˦ 使 ʂɿ˧ 世 ʂɿ˥

ɕ 舌面清擦聲，如：西 ɕi˥ 想 ɕiaŋ˧ 醒 ɕin˧ 熟 ɕiu˦ 笑 ɕiə˦

x　舌根清擦聲，如：好 xɔˇ　火 xuˇ　瞎 xaˊ　放 xaŋˋ　灰 xue˥　飛 xui˥

ɣ　舌根濁擦聲，如：豪 ɣɔˊ　扶 ɣuˊ　樹 ɣyˇ　橫 ɣuənˊ　紅 ɣaŋˊ（又 ɣənˊ）

m　雙唇鼻音，如：媽 mɔ˥　蠻 maˊ（又 miɛˊ）　猛 maŋˇ（又 mənˇ）　夢 maŋˋ（又 mənˋ）　明 minˊ（文）

n　舌尖抵齒齦的鼻音，如：浪 naŋˋ　林 ninˊ　蘭 nãˊ　懶 nãˇ　嫩 nuənˋ

ȵ　舌面抵硬顎鼻音，如：你 ȵiˇ　娘 ȵiaŋˊ　銀 ȵinˊ　牛 ȵiuˊ　扭 ȵiuˇ

ŋ　舌根抵軟顎鼻音，如：我 ŋuˇ　吾 ŋuˊ　芽 ŋɔˊ　顔 ŋãˊ　硬 ŋiɛ̃ˋ（又 ŋõˋ）

l　舌尖齒齦邊音，如：梨 liˊ　拉 laˊ　流 liuˊ　鹿 ləuˊ　獵 liɛˊ　了 liaˇ

零聲母：衣 i˥　洋 iaŋˊ　温 uən˥　幽 iu˥

關於聲母，我們還可以作以下幾點説明：

1. 清塞聲發音頗軟，實際音值相當於 b、d、g，這和北京話相近而不同於吳語。

2. 濁塞聲保存得很完整，發音很軟，除阻時亦不帶濁氣流，這是和吳語濁音不同的。值得注意的是入聲字的濁音幾乎完全清化（鼻音邊音除外），非入聲字也有清化的傾向，如："跑"不念 [bɔˇ] 而念成了 [pʻɔˇ]，"跪"口語中不念 [guiˇ] 而念成了 [kʻuiˇ]。

3. 濁塞擦聲 dz、dz̧、dʐ，閉塞的成分不很顯著，濁擦聲 z、z̧、ʐ 都混入塞擦聲，濁擦聲只有一個 ɣ 了。

4. 舌尖後音 tʂ、tʂ‘、dʐ、ʂ 只出現在舌尖韻母〔ʅ〕的前面，捲舌的程度沒有北京話的 tʂ、tʂ‘、ʂ 那樣顯著，發音部位也比較前一點。

5. 舌根擦音 x、ɣ 比北京話中的 x 要後一點，但又沒有吳語中的 h、ɦ 那麼後，嚴格一點應該標成 x、ʁ。

6. 鼻音聲母 m、n、ŋ 都有使它們後面的元音鼻化的傾向；ȵ 只在 i 的前面出現。鼻音 n 和邊音 l 出現在不同的韻母前面。開合兩呼，韻母是陽聲韻或鼻化元音時，n、l 都念 n，如："南""蘭"都念 nãɤ，"囊""狼"都念 naŋɤ；韻母是陰聲韻時，n、l 都念 l，如："老""腦"都念 ləʋ，"拿""拉"都念 laɤ。齊齒呼的字，鼻音 n 念成 ȵ，如：你 ȵiɤ。邊音 l 在陰聲韻之前念 l，如：曆 liɤ，列 lieɤ；在陽聲韻和鼻化元音之前念 n，如：令 ninˉ，良 niaŋɤ，鈴 niõˉ（白）等。

（二） 韻母

雙峰方言共有韻母三十三個，另有兩個聲化韻母：

開口音　a o ə ʋ əu a ã (ẽ) õ aŋ (ən)

齊齒音　i ie iɛ io iə iu ĩ iẽ iõ in iaŋ

合口音　u ua ue uɛ ui uã uẽ uĩ uən

撮口音　y yɛ yn

聲化韻　l̩ ɭ̩

現在分別舉例於下：

a　擺 pa˩　搭 ta˥　齋 tsa˥　階 ka˥　揩 k'a˥

o　巴 po˥　遮 to˥　渣 tso˥　瓜 ko˥　誇 k'o˥

ə　包 pə˥　刀 tə˥　糟 tsə˥　高 kə˥　敲 k'ə˥

ʊ　波 pʊ˥　多 tʊ˥　作 tsʊ˥　哥 kʊ˥　科 k'ʊ˥

əu　都 təu˥　土 t'əu˩　阻 tsəu˩　古 kəu˩　苦 k'əu˩

ã（ɛ̃）　班 pã˥（又 piɛ̃）　攀 p'ã˥（又 piɛ̃˩）　斬 tsã˩（又 tsɛ̃˩）傘 sã˩（又 sɛ̃˩）喊 xã˩（又 xiɛ̃˩）

õ　梗 kõ˩（白）　咳 k'õ˩（白）　行 ɣõ˥（白）　創 ts'õ˩　生 sõ˥（白）

aŋ　幫 paŋ˥（又 pəŋ˥）　捧 p'aŋ˩（又 p'əŋ˩）　公 kaŋ˥（又 kəŋ˥）莊 tsaŋ˥　撞 ts'aŋ˩

i　衣 i˥　彼 pi˩　雞 tɕi˥　西 ɕi˥　低 ti˥　李 li˩

ie　二 ie˧　貝 pie˥　斗 tie˩　搜 ɕie˥　來 lie˥

iɛ　熱 iɛ˥　白 piɛ˥　接 tɕiɛ˥　客 k'iɛ˥　黑 xiɛ˥

io　野 io˩　加 tɕio˥　賒 ɕio˥　蛇 ɣio˥　邪 dzio˥

iə　標 piə˥　漂 p'iə˥　少 ɕiə˩　舀 iə˩　巧 tɕ'iə˩

iu　溜 liu˥　周 tɕiu˥　秋 tɕ'iu˥　修 ɕiu˥　憂 iu˥　丟 tiu˥

ĩ　煙 ĩ˥　尖 tɕĩ˥　千 tɕ'ĩ˥　仙 ɕĩ˥　賢 ɣĩ˥　連 nĩ˥

iɛ̃　般 piɛ̃˥　吞 t'iɛ̃˥　根 kiɛ̃˥　爭 tɕiɛ̃˥　生 ɕiɛ̃˥　看 k'iɛ̃˥

iõ　餅 piõ˩（白）　釘 tiõ˥（白）　聽 t'iõ˥（白）　鈴 niõ˥（白）青 tɕ'iõ˥（白）

in　因 in˥　兵 pin˥　清 tɕ'in˥　金 tɕin˥　晴 dzin˥

iaŋ　央 iaŋ˥　想 ɕiaŋ˩　將 tɕiaŋ˥　娘 ȵiaŋ˥　良 niaŋ˥

u 補 pu˅ 普 p'u˅ 布 pu˦ 婆 bu˥ 步 bu˧

ua 挖 ua˥ 刷 sua˥ 摘 tsua˥ 塊 k'ua˅ 乏 xua˥

ue 回 ɣue˥ 灰 xue˥ 彩 ts'ue˅ 改 kue˅ 腿 t'ue˅

uɛ 國 kuɛ˥ 合 xuɛ˥ 絕 tsuɛ˥ 脫 t'uɛ˥ 日 uɛ˥

ui 爲 ui˥ 飛 xui˥ 虧 k'ui˥ 貴 kui˧ 最 tsui˥（又 tsue˥）

uã 灣 uã˥ 翻 xuã˥ 删 suã˥ 還 ɣuã˥ 關 kuã˥

uẽ 碗 uẽ˅（又 uã˅） 管 kuẽ˅（又 kuã˅） 緩 xuẽ˅（又 xuã˅）
鑽 tsuẽ˥（又 tsuã˥）

uĩ 冤 uĩ˥ 軒 suĩ˥ 淺 ts'uĩ˅ 全 dzuĩ˥ 選 suĩ˅

uən 溫 uən˥ 軍 tuən˥ 魂 ɣuən˥ 粉 xuən˅ 昆 k'uən˥

y 魚 y˅ 書 ɕy˥ 朱 ty˥ 吹 t'y˥ 序 dzy˧

yɛ 雪 ɕyɛ˥（又 suɛ˥） 說 ɕyɛ˥

yn 兄 ɕyn˥ 勛 ɕyn˥

ɿ 資 tsɿ˥ 雌 ts'ɿ˥ 時 dzɿ˥ 斯 sɿ˥

ʅ 知 tʂʅ˥ 癡 tʂ'ʅ˥ 池 dzʅ˥ 屍 ʂʅ˥

除此以外，還有兩個自成韻母的鼻化元音：

ņ 口語中稱 "你" 爲 ņ，可以單獨成韻。

m̩ 雙峰稱 "母親" 爲 m̩˧ mẽ˧，也許是從 "媽" 字演化來的。

從音位上分析，雙峰方言共有九個元音音位：

1. 前元音 i 及其變體 ɿ、ʅ。舌尖前元音 ɿ 只出現於 ts、ts'、dz、s 後面，舌尖後元音 ʅ 只出現於 tʂ、tʂ'、dʐ、ʂ 後面，i 則恰恰不在這兩組聲母的後面出現。i、ɿ、ʅ 三個韻母互相排斥，互相補充。所以我們可以把它們歸并成一個音位，把 ɿ、ʅ 看作 i 在不同聲母後面出現的變體。這和北京話 i、ɿ、ʅ出現的情況正好相同。

另外，i 加介音 u 結合成複合元音時，受 u 的影響而開口度稍大，有點近於 ur，但音位上 r、i 并沒有對立的情況，不能算作兩個音位。

i 又可以作爲介音而和別的元音結合成複合韻母，但和北京話的介音 i 不完全相同。北京話的介音 i 音色很顯著，雙峰方言中的介音 i 却和聲母結合得很緊，甚至可以標成〔ⁱ〕，這是應該注意區別的。

2. 圓唇前高元音 y，發音時嘴唇成半扁狀，沒有北京話的 y 那麼圓，嘴唇突出的程度也不及後者那麼顯著。y 用作介音的極少，只有 yɛ 一個韻母。y 後面可以加輔音韻尾 -n 而成 yn。北京的介音 y，應用很廣泛，而雙峰方言中的 yɛ 和 yn 却只和 ɕ 一個聲母結合。另一方面，北京話中的 y 不和舌尖齒齦塞音 t、tʻ 相結合，雙峰方言却完全可能，如：豬 ty˥、區 tʻy˥、柱 dy˦ 等。

3. 前半高元音 e，發音部位和第二號標準元音相近，不單獨成韻，衹和介音 i、u 結合成複合韻母。不過 ie 中的 i，音色很不顯著，如 "貝" 的嚴式標音應爲 pⁱeˊ，"災" 的嚴式標音應爲 tɕⁱe˥，有時甚至念成 tse˥①。我們仍然把它們標成 pieˊ 和 tɕie˥，只是爲了方便，實際上和北京的 pie 和 tɕie 是頗不相同的。

4. 前半低元音 ɛ，比第三號標準元音稍低，和 æ 略近而稍後。ɛ 也只和 i、u、y 結合成複合元音而不單獨成韻。iɛ 嚴式標音也應該是ⁱɛ；yɛ 出現的頻率極少，只和 ɕ 相結合，這在上面已經談過了。

①　莊組字的聲母有些近於 ts、tsʻ 等，爲了簡便，仍然標成 tɕ、tɕʻ……。

還有 iẽ 和 uẽ 是由結合韻母 iɛn、uɛn 鼻化而成的，ẽ 的發音部位和 ɛ 完全相同，衹是帶有鼻音罷了。

5. 低元音 a，比標準元音 ɑ（後 ɑ）要前，略近於 a，音值也隨聲母和介音的不同而稍有差異。和舌根聲母相拼或前面帶有 u 介音的時候，a 的位置較後；和舌尖聲母相拼時，位置較前（a 不和介音 i 相拼），但總沒有達到 a（前 a）的地步。鼻化韻母 ã、uã 是由陽聲韻母 an、uan 演變來的，ã 的部位和 a 相同。此外還有陽聲韻母 aŋ、iaŋ 也多少帶有一點鼻化的色彩；沒有和 aŋ 對立的 uaŋ，北京話中念 uaŋ 的字在本方言中都念成 aŋ。aŋ 往往也可以念成 ən，如"朋""東"，有的人念成 baŋˋ、taŋˊ，也有人念成 bənˋ、tənˊ 這種不同的念法，在雙峰口語中顯得頗爲複雜。

6. 後半高元音 o，比第七號標準元音稍低。o 不和 u、y 兩介音結合，但可以和 i 介音結合成 io。口語中還有鼻化元音 õ、iõ，但是文言中 iõ 念成了 in，õ 一般念成了 iẽ。只有"創""撐"等少數字念 õ。o、io 在鼻音聲母後面因受鼻音聲母的影響而帶鼻化色彩，但這和鼻化音 õ、iõ 不同，它們的讀音并沒有文白的區別。

7. 後次高元音 u，介乎第七、第八號標準元音之間，在雙峰方言裏，u 和 ʋ、o 的界限非常清楚，獨立成一個音位。如"不"（puˋ），"博"（puˋ），"伯"（poˋ）三個字的聲母聲調全同，而韻母 u、ʋ、o 是顯然不同的。ʋ 和介音 i 結合成 iʋ，但不和 u、y 兩個音相結合。

8. 後高元音 u 和第八號標準元音相近，單獨爲韻母時衹和唇音聲母 p、pʻ、b 相拼。u 可以出現於別的元音前面作爲介音，也可以置於ə的後面結合成əu。但韻尾的u和北京話中的韻尾u大不相同，它的音色很顯著，和前面的ə處於同等重要的地位。

9. 央元音ə，稍後稍高，可以說在央元音ə和後半高元音ɤ之間，和元音u結合成əu，但ə的音色并不顯著。ə和介音i相結合時，因受i的影響，位置前移，和前元音e很接近了。

（三）　聲調

雙峰方言有五個聲調。調值如下表：

1. 陰平 ˥$_{55}$　跛 pa˥（白）　披 pʻi˥　機 tɕi˥　研 ɳi˥

2. 陽平 ˨˧$_{23}$　八 pa˨˧　匹 pʻi˨˧　給 tɕi˨˧　尼 ɳi˨˧

3. 上聲 ˨˩$_{21}$　擺 pa˨˩　鄙 pʻi˨˩　擠 tɕi˨˩　你 ɳi˨˩

4. 陰去 ˧˥$_{35}$　拜 pa˧˥　蔽 pi˧˥　祭 tɕi˧˥　逆 ɳi˧˥

5. 陽去 ˧˧$_{33}$　敗 ba˧˧　鼻 bi˧˧　忌 dʑi˧˧　義 ɳi˧˧

平聲分陰陽兩類；上聲包括次濁聲母和清聲母，全濁聲母并入陽去；去聲也分陰陽兩類；入聲消失，大部分并入陽平，小部分并入陰去。

入聲并入陽平，於是陽平中包括清濁兩類聲母的字，濁聲母字是原來的平聲字，清聲母字是原來的入聲字。兩者的實際調值并不完全一致。從入聲變來的字調值似乎要高一點。但是這種差別很小，一般已經不容易分辨，而且另一部分入聲字已并入陰去，我們就沒有必要把入聲另列一類了。

在入聲并入陽平和陰去的過程中，還有一個值得注意的重要事實，就是所有入聲字中的全濁音都變成了清音。如"僕""曝"

"弼""薄"都是並母字，現在聲母不念 b 而念 p'；"迭""牒""獨""敵"都是定母字，現在聲母不念 d 而念 t'。這種事實表明，濁音的清化和聲調的演變是有關的。

（四）　聲韻調的配合關係

1.聲韻的配合

每一方言，聲韻調的配合都有一定的規律。聲和韻的配合，決定於聲母的部位和韻母的開齊合撮，而不同方言又各有不同。雙峰方言聲韻配合的關係如下表：

四呼　聲母	開	齊	合	撮
p p' b	跛（白）拔排	悲胚培	布譜婆	
m	埋	梅		
t t' d n l	搭塌大奶拉	兜偷豆能來	堆胎抬倫雷	舉巨出旅
ts ts' dz s	齋擦柴殺		摘踩罪刷	
tʂ tʂ' dʐ ʂ	知癡池屎			
tɕ tɕ' dʑ ɕ ȵ		金清晴新銀		疽趣聚書女
k k' x ɣ	階揩哈鞋	狗口吼猴	乖快伐懷	
g	共		櫃	
ŋ	顏	偶		
o	娃	兒	挖	魚

唇音聲母 p、p'、b、m 不和 y 相拼，即唇音聲母沒有撮口呼字；m 連合口呼的字也沒有，只有開齊兩呼；p、p'、b 合口呼也只限于 u 單獨作爲韻母的時候。應該説明的是，這裏我們把 u 看作開

口呼，如"木"mu˥、"僕"p'u˥都算作開口呼的字，因爲還有開口度更小的u，如"部"bu˥、"普"p'u˥等。

t、t'、d、l開齊合撮的字都有，如果不算零聲母，這是雙峰方言中惟一具備四呼的一組聲母。但n衹有開合兩呼，t、t'、d有撮口呼字，這是和北京話不同的。

ts、ts'、dz、s，衹有開合兩呼，没有齊齒和撮口字，tɕ、tɕ'、dʑ、ɕ則恰恰相反。

tʂ、tʂ'、dʐ、ʂ，衹出現在韻母ʅ的前面，不和其他韻母相拼，這是和北京話不同的地方。

k、k'、g、x、ɣ，没有撮口呼字。k、k'、x、ɣ齊齒呼衹限於iɕ、ie、iɛ̃三韻。而且介音i和聲母結合很緊，有點像俄語中的軟音。至於g，衹有開合兩呼，没有齊齒和撮口。但是縣城一帶，k、k'、g也可以跟ĩ相拼，如："堅""肩"念kĩ˥，"謙""牽"念k'ĩ˥，"鉗""乾""纏"念gĩ˥，這顯示了雙峰方言内部的差别，k、k'、g在i、y前顎化的過程還没有完成。至於聲母ŋ，只有開齊兩呼，没有合口和撮口呼字。

　2.聲韻調的配合

聲韻與調的配合，和聲母的發音方法有密切的關係。如雙峰方言中，陰平、上聲、陰去中，没有全濁聲母的字；陽去中没有清聲母字；陽平中雖兼清濁兩類聲母，但其中清聲字是由入聲變來的。現將雙峰方音的聲韻調配合關係列表於下（介音算作聲母的形容性的附加成分，同時便於列表，合并於聲母處理）：

聲韻調配合表 ①

聲母	聲調	例字	a	o	e	ɔ	eu	i	e	ɛ	ã	õ	ĩ	ẽ	ən	in	yn	aŋ
p	1①		跛（白）	㕭	包	波					班		鞭	搬				幫
	2		八	伯（白）		剝												
	3		擺	把	保						板		貶					綁
	4		拜	霸	報	鄱					扮	口藏也	變					榜
	5																	
pi	1	跛（文）		壁（白）	標											兵		
	2	必								白								
	3	比			表					□②扁也		餅（白）				丙		
	4	閉							背					半		并		
	5																	

①1、2、3、4、5代表陰平、陽平、上聲、陰去、陽去五個聲調。　②有其音而無漢字可表的以□代之。

續表

聲母	聲調	韻母\例字	a	o	ɤ	ɔ	ue	i	e	ɛ	ã	õ	ĩ	ɛ̃	ən	in	yn	aŋ
pu	1																	
	2	不																
	3	補																
	4	布																
	5																	
p'	1				抛	坡					攀	□迣也③	篇					
	2			拍		頗												
	3		□④		跑													
	4		拔	柏	泡	薄					派		片					捧
	5																	胖

③ 着力□上去。　④ 以棍之一頭挂物置於肩上叫做 p'aʔ。

聲韻調配合表 ②

聲母	聲調	例字	a	o	ə	ɔ	ue	i	e	ɛ	ã	õ	ĩ	ɛ̃	uɛ	in	yn	aŋ
p'i	1	披			漂				胚						潘	拼		
	2	匹		劈（白）						潑								
	3	稽																
	4	疋														品		
	5																	
p'u	1	鋪（動）														聘		
	2	普																
	3	破（白）			漂					□①		剖（白）		叛				
	4				票				配									
	5																	
b	1																	
	2		排	爬	浮（白）	婆							便					朋

① 脚□裏一下。

續表

聲母	聲調	韻母＼例字	a	o	e	u	ue	i	e	ε	ã	õ	ĩ	ẽ	ue	in	yn	aŋ
b	3		敗															
	4			罷														
	5				刨	簿					瓣	口陌也②	便					棚
bi	1																	
	2	皮																
	3				瓢				培			平（白）		爹		平（文）		
	4																	
	5	備							倍			病（白）		伴		病（文）		
bu	1																	
	2	婆																
	3																	
	4																	
	5	部																

②泥太深，兩腳都口進去哩。

聲韻調配合表 ③

聲母	聲調	例字	a	o	ə	ɔ	ue	i	e	ε	ã	õ	ĩ	ẽ	en	in	yn	aŋ
m	1			嬤	貓	摸(文)										蚊(白)		蒙
m	2		埋	麻	毛	木					蠻			瞞(白)		門		
m	3		買	馬	卯	母								滿				猛
m	4		賣	罵	冒	摸					慢			孟		悶		□
m	5			嗎	帽	睦										命		夢
mi	1	眯			貓(白)													
mi	2	迷			苗				梅			明(白)	綿					
mi	3	米			秒				每				免					
mi	4	蜜							妹	滅		命(白)	面					
mi	5	謎(白)			妙													

續表

聲母	聲調	a	o	ə	ɔ	ue	i	e	ɛ	ã	õ	ĩ	ɛ̃	ən	in	yn	aŋ
t	1		遮	刀	多	都				擔（動）		顛					張
	2	搭	隻（白）		脚	督											
	3	打	□握也①	倒	朵	堵				膽	疹（白）	點					漲
	4	戴	蔗	到	斫	嘟				擔（名）	正□恰也②	店					脹
	5																
ti	1	低	多（白）	雕	丟			兜	爹（文）		釘（白）		燈		丁		
	2	的	滴（白）						得								
	3	底		鳥（白）				鬥					等		頂		

①一隻手□一把米。　②□好。

續表

聲母	聲調	例字	a	o	ᴇ	ᴐ	eu	i	e	ɛ	ã	õ	ĩ	ɛ̃	en	in	yn	aŋ
ti	4	帝			掉	(兒)③			鬥			釘（白）		凳		釘（文）		
	5																	
tu	1								堆				追	端	君			
	2									尊								
	3												捲	短	准			
	4								隊				卷	斷	頓			
	5																	

③ 有括號的，表示這一音節祇出現在一部分人的話裏。

聲韻調配合表 ④

聲母	聲調	韻字例字	a	o	e	ɔ	ue	i	e	ε	ã	õ	ĩ	ε̃	en	in	yn	aŋ
ty	1	豬																
	2																	
	3	畢																
	4	局																
	5																	
t‘	1		塔	他	滔	拖					食		天					湯
	2			尺(白)		托	笑											
	3			扯(白)	討	妥	土				坦		舐					統
	4		踢	□①	套	□②壓蓋也	獨				探							痛
	5																	

①雞□土。　②用土□住種子。

續表

聲母	聲調	例字	a	o	e	ɔ	ue	i	e	ɛ	ã	õ	ĩ	en	ẽ	ɛn	in	yn	aŋ
t'i	1	催			挑				偷			廳（白）			吞		廳		
	2			□③ 緯也	□④ 换也					貼									
	3				跳							挺（白）			橙 （白）		挺		
	4									迭		聽（白）			□⑤ 抬也		聽		
	5																		
t'u	1	答							推				努	春					
	2									脱									
	3								腿				犬	蠢					
	4								退	穴			勤		□生 也⑥				
	5																		

③ 把他□起來。　④ 我跟你□張報看。　⑤ 兩個人把石頭□起來。　⑥ 猪婆□哩五隻猪崽基。

聲韻調配合表 ⑤

聲母	聲調	例字	a	o	ɤ	ʊ	ue	i	e	ɛ	ã	õ	ĩ	ɛ̃	en	in	yn	aŋ
t'y	1	匾																
	2	屈																
	3	杵																
	4	去																
	5																	
d	1			茄	桃	陀	途				彈		田					唐
	2			口跨也①	道	柁	度				蛋		殿					動
	3				調													
	4																	
	5		大															
di	1	堤																
	2								頭			提（白）		騰		亭		
	3																	

①溝不覓，一口就過去哩。

續表

聲母	聲調	韻母＼例字	aŋ	yn	in	ue	ẽ	ĩ	õ	ã	ə	e	i	ue	ʊ	e	o	a
di	4	地														口下垂②		
di	5				定		鄧		定			豆						
du	1																	
du	2					群	團	拳				抬						
du	3																	
du	4																	
du	5					鈍	斷	傳（名）				怠						

② 頭髮口下來哩。

聲韻調配合表 ⑥

聲母	聲調	例字	a	o	e	ʊ	ue	i	ə	ɛ	ã	õ	ĩ	ɛ̃	en	in	yn	aŋ
dy	1																	
dy	2	厨																
dy	3																		
dy	4	櫃																	
dy	5																		
n	1										籃（白）							蕈
n	2										南		連					龍
n	3										横		臉					蘢
n	4										纜		練					街
n	5										爛							羊
ni	1											鈴（白）		□①（白）				
ni	2													能		林		良

① □□，奶奶，即祖母。

續表

聲母	聲調	韻母\例字	a	o	e	ɔ	ue	i	e	ɛ	ã	õ	ĩ	ɛ̃	ən	in	yn	aŋ
ni	3											冷（白）		□②		冷（文）		兩
ni	4																	
ni	5													□念也③		令		亮
nu	1																	
nu	2												□④縫也	齉	偏			
nu	3													□⑤卵				
nu	4												□⑥滾也					
nu	5													亂	嫩			

② 把玻璃□碎哩。　③ 心裏常常□着他。　④ 請裁縫□衣服。
⑤ 男性生殖器。　⑥ 牛□泥。

聲韻調配合表 ⑦

聲母	聲調	例字	a	o	ǝ	ɔ	ue	i	e	ɛ	ã	õ	ĩ	ɛ̃	ǝn	in	yn	aŋ
l	1				□狐 脹也	□①	□抱起 ②											
	2		拉	爬 （白）	勞	羅	綠											
	3		乃		老	洛	魯											
	4		耐		勞	那	六											
	5		癩		閘	溜	路											
li	1			□③ 親也	遷	留			來	列								
	2	梨		□④ 勞 累也														
	3	裏		□⑤ 吐 出也	丁	柳			婁									

① □住弟弟莫叫他哭。　② 把石頭一把攄起。　③ 寶寶來，媽媽□！　④ 這樣的勞動太□人了。
⑤ 小孩把吃的東西都□出來了。

續表

聲母	聲調	例字	a	o	ɔ	e	ɔ	ue	i	e	ɛ	ã	õ	ĩ	ɛ̃	ən	in	yn	aŋ
li	4	力								未(陽)	□⑥歪丁								
	5	痢			料					漏									
lu	1																		
	2									壘									
	3									類									
	4									將									
	5									內									
ly	1	□⑦滾也																	
	2	罍																	
	3	淚																	
	4	□⑧小縫也																	
	5	濾																	

⑥桌子放□了。 ⑦盤子在地上□。 ⑧桌上有一條□。

聲韻調配合表 ⑧

聲母	聲調	例字	a	o	ə	ɔ	eu	i	e	ε	ã	õ	ĩ	ɛ̃	en	in	yn	aŋ
ts	1	子①	齋	抓	遭		租				簪	爭(白)						莊
	2	□衹也	雞	□②鯽也	旱	桌	足											
	3	子	債	炸	灶	左	阻				斬							總
	4	做				佐	做(又)				站							壯
	5																	
tsu	1									絕	蹲(白)			鑽(動)	尊			
	2		摘											纂				
	3																	
	4							最	最(又)					鑽(名)	俊			
	5																	

①ts 組聲母此一直行的字，該有韻母₁。　②拿繩子□住這根柱子。

續表

聲母	聲調	a	o	ɤ	ɔ	ue	i	e	ɛ	ã	õ	ĩ	ɛ̃	ue	in	yn	aŋ
ts'	1	擦	差	抄	磋	初				餐	鏒(白)						窗
ts'	2	絮	拆		錯	促											
ts'	3	剗(白)	□③挑選也	吵	挫	楚				鑱							
ts'	4			操	錯	族				燦	創						撞
ts'	5																
ts'u	1							催					攛	村			
ts'u	2								□箕								
ts'u	3	踩(白)						采					鼠	村			
ts'u	4								絕(白)					寸			
ts'u	5																

③ 把茶□乾净。

聲韻調配合表 ⑨

聲母	聲調	例字	a	o	ə	ɔ	əu	i	e	ɛ	ã	õ	ĩ	ɛ̃	ən	in	yn	aŋ
dz	1	時①	柴	查	曹		鋤				蠶							從
	2																	
	3																	
	4																	
	5	事	寨	□②	造	坐	助				漸							狀
dzu	1		篩	沙	驟	梭	梳			罪		生（白）						
	2		殺			索	俗				瞧		全	饌	存			
	3										山		賤					
	4																	
	5																	
s	1	斯																松
	2																	□③討厭也

① 聲母 dz，s 的字 "時、事、斯、死、四" 音有韻母 ɿ。　② 路被樹枝□住哩。　③ 這狗□死哩。

續表

聲母	聲調	韻母／例字	a	o	ə	ɔ	ue	i	e	ɛ	ã	õ	ĩ	ɛ̃	ən	in	yn	aŋ
s	3	死		耍	嫂	所	數（動）				散	省（白）						爽
s	4	四		曬	掃		數				散							送
s	5																	
su	1		刷						衰		删		宣	酸	孫			
su	2		灑															
su	3								甩				選		笋			
su	4								碎				□④丢也	算	遜			
su	5																	

④ 把這本書□了，又拿那一本。

聲韻調配合表 ⑩

聲母	聲調	韻母 例字	a	o	e	ɔ	ue	i	e	ɜ	ã	õ	ĩ	ɛ̃	ue	in	yŋ	aŋ
tʂ	1	知①																
	2	執																
	3	止																
	4	至																
	5																	
tʂ'	1	爨																
	2	尺																
	3	耻																
	4	直																
	5																	
dʐ	1																	
	2	池																
	3																	
	4																	
	5	治																

①tʂ 組聲母的例子應有韻母 ʅ，這裏沒有寫出。

續表

聲母	聲調	例字	a	o	ɤ	ʊ	ue	i	e	ɛ	ã	õ	ĩ	ɛ̃	ən	in	yn	aŋ
ʂ	1	屍							哉					爭				
ʂ	2	失							思	則								
ʂ	3	使																
ʂ	4	世							再					甏				
ʂ	5																	
tɕi	1	雞		加	交	糾						經（白）	尖			斤		將
tɕi	2	急		遐也		粥												講
tɕi	3	擠		姐	走	久						井（白）	剪			井		
tɕi	4	濟		嫁	叫	救							煎			勁		將
tɕi	5																	

聲韻調配合表 ①

聲母	聲調	例字	a	o	ɤ	u	ue	i	e	ɛ	ã	õ	ĩ	ɛ̃	ŋe	in	yn	aŋ
tɕy	1	疽			超	秋			□①			菁（白）	干			清		槍
	2	卒		吃（白）	曲					切								
	3	嘴																
	4	醉																
	5																	
tɕ'i	1	欺				醜						目	歉			請		搶
	2	七			巧													
	3	起		雜		嚼			菜			磬（白）	欠	□② 按住	贈	慶		
	4	集			籤													
	5																	
tɕ'y	1	趨																

①口解小孩的尿。　②兩隻手用力口着蓋子。

續表

聲母	聲調	韻母＼例字	a	o	e	ɔ	u	i	e	ɛ	ã	õ	ĩ	ɛ̃	ən	in	yn	aŋ
tɕ'y	2	□③ 住前 栽倒																
	3	取																
	4	趣																
	5																	
dzɪ	1	其																
	2			邪	橋	仇			才			晴（白）	前	層		晴（文）		牆
	3	忌																
	4																	
	5	忌		謝	轎	舊			任			□④ 禁食	健			陣		象

③ 站不住脚，一下住前□去。　④ 病還冒好，應該□口。

聲韻調配合表 ⑫

聲母	聲調	例字	a	o	e	ɔ	əu	i	e	ɛ	ã	õ	ĩ	ɛ̃	ən	in	yn	aŋ
dzy	1	隨																
dzy	2																	
dzy	3	聚																
dzy	4	西																
dzy	5																	
ɕi	1	習		賒	燒	修			餿			星(白)	先	生		心		香
ɕi	2	善		錫(白)		學				色								
ɕi	3	數		寫	少	守						醒(白)	顯	省		嬸		想
ɕi	4			瀉	笑	獸			瘦	舌		腥(白)	憲			勝		向
ɕi	5	書																
ɕy	1	戌								雪							兄	
ɕy	2																	
ɕy	3	水																

續表

聲母	聲調	例字	a	o	ɤ	u	ue	i	e	ɛ	ã	õ	ĩ	ɛ̃	en	in	yn	aŋ
cy	4	述																
	5																訓	
ɲi	1	呢																
	2	泥			堯	牛										銀		娘
	3	你			鳥	扭												
	4	逆			翹（白）	肉										簷		
	5	義			尿													
ɲy	1	慝																
	2	女																
	3	語（文）		惹														
	4	孽																
	5																	

聲韻調配合表 ⑬

聲母	聲調	韻母＼例字	a	o	ɤ	ɔ	ɔu	i	e	ɛ	ã	õ	ĩ	ɛ̃	en	in	yn	aŋ
k	1		佳	家(白)	高	哥	姑				奸	羹(白)	(兼)		(公)			公
k	2		甲	□①		角	穀											
k	3		解	募	搞	果	古				簡	硬(白)	(檢)		(拱)			拱
k	4		戒	挂	告	個	故						(見)		(貢)			貢
k	5																	
ki	1								勾		謙			根				
ki	2								狗	結								
ki	3								够					梗				
ki	4								該					更				
ki	5																	
ku	1		乖					閩		割	關			官				
ku	2		剖②(白)					骨(白)										

①□他幾下。　②拿刀子□掉身上的毛。

續表

聲母	聲調	韻母例字 a	o	ɤ	ɔ	eu	i	e	ɛ	ã	õ	ĩ	ɛ̃	ən	in	yn	aŋ
ku	3	拐					鬼	改		(管)			管				
	4	怪					貴	蓋		(慣)			慣				
	5																
k'	1	揩	跨	敲	科	枯				□③水淺也	坑(白)	(謙)					空
	2	恰	(客)		確	哭											
	3	卡		考	可	苦				嵌	咳(白)	(歉)					孔
	4		胯	靠	課	庫						(欠)					曠
	5																

③ 塘裏水都□了。

聲韻調配合表 ⑭

聲母	聲調	韻母字＼例字	a	o	e	ɔ	ue	i	e	ɛ	ã	õ	ĩ	ɛ̃	ue	in	yn	aŋ
k'i	1								□①									
	2									客								
	3								口									
	4								扣	傑								
	5																	
k'u	1		塊				昆	虧	開		籠			看				
	2		快					脆	愷	闊				寬				
	3						捆	傀	概					款				
	4						困							勘				
	5																	

① 兩手□住了就不放。

續表

聲母	聲調	a	o	e	ɔ	ue	i	e	ɛ	ã	õ	ĩ	ɛ̃	ue	in	yn	aŋ
g	1																
g	2																狂
g	3			攬（白）													
g	4																
g	5	□②															共
gu	1																
gu	2	□③ 詠也					葵					（件）					
gu	3																
gu	4																
gu	5						櫃										

②這隻牛硬是一條□牯。　③我們來□一下子。

聲韻調配合表 ⑮

聲母	聲調	a	o	e	ɔ	ue	i	e	ɛ	ã	õ	ĩ	ɛ̃	en	in	yn	aŋ
x	1	哈	花	嵩	呵	呼				□以小火熬之①							荒
	2	瞎	嚇	好	霍	福											
	3	哈②	□	好	火	虎				喊							哄
	4	嗽	化	好（動）	貨	付											放
	5																
xi	1							□③					哼④				
	2								黑								
	3												很				
	4							吼									
	5												□⑤				

①菜都□爛了。　②哈吧狗。　③心裏不好過，有點扯□。　④他一天到晚哼聲歎氣的。　⑤恨不得□死你。

續表

聲母	聲調	a	o	ɘ	ɔ	ue	i	e	ɛ	ã	õ	ĩ	ɛ̃	ən	in	yn	aŋ
xu	1						非	灰		翻			歡	分			
	2	法															
	3						毀	海	合					粉			
	4	伐					費	活	(活)	反			緩	憤			
	5									販			漢				
y	1	鞋	華	毫	和	胡											
	2									鹹	行(白)	賢					紅
	3	□⑥ 搞也	畫	號	禍	戶											
	4									限		現					
	5																鳳

⑥把錢□在袋裏。

聲韻調配合表 ⑯

聲母	聲調	a	o	ɤ	ɔ	eu	i	e	ɛ	ã	õ	ĩ	ɛ̃	ən	in	yn	aŋ
ʑi	1																
	2		蛇	肴	仇（白）			猴	孩		成（姓）		恒		行		常
	3	懷					系										
	4		社	效	壽			候	□①勞叨也				根		甚		
	5																上
ʑu	1																
	2						肥	回		還		懸	寒	魂			
	3	壞		□②嬌吵也													
	4						惠										
	5	挨（白）						會		飯		縣	換	混			
ŋ	1										□③張開也						

① 講完就算哩，老□麼子噠！　② 這孩子□得不得了。　③ □開口就見他的心。

續表

聲母	聲調	a	o	e	ɔ	eu	i	e	ɛ	ã	õ	ĩ	ẽ	en	in	yn	aŋ
ŋ	2		芽	熬	吾					顏							
	3	矮	瓦	咬	我												
	4	齧		拗													
	5			傲	餓					雁	（硬）						
ŋi	1																
	2							□④ 笨也	業								
	3							藕									
	4							漚									
	5												硬				

④ 他大□了。

聲韻調配合表 ⑰

聲母	聲調	例字＼韻母	a	o	e	ɔ	ue	i	e	ɛ	ã	õ	ĩ	ɛ̃	ən	in	yn	aŋ
i	1	衣		鴉	腰	幽										英		央
	2	一		爺	謠	油				熱		贏（白）				蠅		洋
	3	以		也	舀	有										飲		養
	4	意		亞	要	藥				頁		影（白）				印		映
	5			夜	耀	右										用		讓
u	1		歪					威	煨	日	彎		冤	安	溫			
	2		挖					為	礙		玩		元		文			
	3		滑					尾	愛	月	晚		遠	碗	永			
	4							畏	外				怨	按	泳			
	5							未			萬		院	岸	問			

續表

聲母	聲調	例字	a	o	ə	e	i	ue	ɔ	ε	ã	õ	ĩ	ε̃	en	in	yn	aŋ
y	1	迂																
	2	魚																
	3	雨																
	4	入																
	5	芋																
o	1			挖				烏	阿				焉					汪
	2							無	惡				然					王
	3							五					演					任
	4							惡	□①				厭					□
	5							務	□②									旺

① 他的腳被開水□（意同燙）哩。　② 有"那"的意思。

（五）變調

在字和字的結合中，前字或後字的聲調可能發生變化。漢語有些方言（如閩語）變調現象複雜而有規律。雙峰方言恰恰相反，五個調二十五種配合中，通常都不産生變調的現象。如：東瓜、家庭、歡喜、蔬菜、瓜棚、前天、日頭、平等、筆墨、玩弄，水兵、頸殼、扯閃、比賽、午飯、月亮、太陽、鏡子、聽見、訓練、父親、問題、自己、罪證、運動等等。一般地说，第二個字的音都有點兒輕化，但仍然保存了原有的字調，不過没有第一個字那麽清楚罷了。個别的字有變調的情况，但没有一定不移的規律。

（六）讀書音和白話音

雙峰方言也和其他方言一樣，存在着文白異讀的現象。如："行"讀書音念成 ɣin˧，口語中説 ɣõ˧；"冷"讀書音念 nin˧，口語中説 niõ˧。顯然讀書音是受了普通話的影響，和普通話比較接近。但有時候同一事物，書面和口頭有不同的名稱，這是詞彙上的差别，不是文白異讀的問題。如書面語説"什麽"，口語中説 mo˧tsɿ˧；書面語説"我"，口語中説 aŋ˧。這些是不同的詞，自然也找不出語音上文白對應的規律。

現在我們把雙峰方言中文白對應的現象略舉數條於下：

1. 讀書音念 in，白話音念 iõ(õ)：

釘子　　　　　　　（文）tin˥ tsɿ˧　　　　　　（白）tiõ˥ tsɿ˧

冷	ninˇ	niõˇ
星子	ɕinˉ tsʅˇ	ɕiõˉ tsʅˇ
醒來	ɕinˇ lieˢ	ɕiõˇ lieˢ
明日	minˢ iˢ	miõˢ iˢ
行	ɣinˢ	ɣõˢ
馨	tɕ'inˉ	tɕ'iõˉ
釘	tinˉ	tiõˉ
鈴	ninˢ	niõˢ

2. 讀書音念 iɛ̃，白話念 õ：

生	（文）ɕiɛ̃ˉ	（白）sõˉ
爭	tɕiɛ̃ˉ	tsõˉ
羹	kiɛ̃ˉ	kõˉ
省	ɕiɛ̃ˇ	sõˇ

3. 讀書音念 i，白話音念 io：

壁	（文）piˢ	（白）pioˢ
劈	p'iˢ	p'ioˢ
錫	ɕiˢ	ɕioˢ
滴	tiˢ	tioˢ
吃	tɕ'iˢ	tɕ'ioˢ

4. 讀書音念 ʅ，白話音念 o 或 io：

隻	（文）tʂʅˉ	（白）toˢ
尺	tʂ'ʅˢ	t'oˢ
扯	tʂ'ʅˇ	t'oˇ

織	tʂʅ˦	tɕio˨
吃	tʂʻʅ˦（文）	tɕʻio˨
石	ʂʅ˥	ɕio˥

5. 讀書音念 ie，白話音念 io、o：

卸	（文）ɕie˥	（白）ɕio˥
白	pie˨	pʻo˥

6. 讀書音念零聲母，白話音念 m：

望	（文）aŋ˨	（白）maŋ˨
蚊子	uən˨ tsʅ˩	min˦ tsʅ˩
晚	uã˩	ma˩

7. 讀書音念 tɕ，白話音念 k：

家	（文）tɕio˦	（白）ko˦
（睏）覺	(kʻuən˦)tɕie˦	(kʻuən˦)ke˦
教（書）	tɕiə˦(ɕy˦)	kə˦(ɕy˦)

讀書音和白話音的差別，祇限於某些特定的詞，并非每一個字都有文白兩套讀音。值得注意的是前四種情況在雙峰方言中爲數頗多，這種現象不僅和普通話相差很遠，和廣韻系統也相差很遠。

三 比較音韻

（一）聲母的比較

1. 唇音 p, p', b, m

雙峰 聲母	p			p'					b		m
廣韻 聲母	幫	並		滂	並				並		明
擬音	p	b		p'	b				b		m
條件	重唇音①	非入聲韻祗魂韻去聲一字	入聲陌韻	重唇音	非入聲韻		入聲韻		非入聲韻的重唇音		重唇音
北京 聲母	p	p	p	p'	p'	p	p'	p	p'	p	
條件									平聲	仄聲	
例字	巴擺 杯班	笨	白帛	披泡 魄僻	排跑 瞟叛	捕	泊辟 僕瀑	勃薄 拔別	蒲皮 盤平	步被 伴病	

①所謂重唇音是指東鐘微虞廢文元陽尤凡等韻的三等合口以外的唇音字。

2. 舌尖音邊音 t, t', d, n, l

雙峰	廣韻聲母	擬音	條件	北京聲母	例字
t	端	t	一四等字，灰泰蕭少數字	t	多 顛 當 掇 得
t	定	d	入聲曷末韻	t	隊 兌 掉 調
t	知	ʈ①	入聲	tʂ	達 奪 詠 迫 轉
t	澄	ɖ②③	知澄藥韻	tʂ	輟
t	章	tɕ②③	入聲月（合口）物燭韻	tɕ	著
t	群	g		tɕ	拘 捲 腳 局
t	見	k		tɕ	折
t'	透	t'	一四等字	t'	拖 添 聽 忐 踢
t'	定	d	除入聲以外的入聲韻	仄聲 t／平聲 t'	敝 獨 讀 鐸 毒；笑 特
t'	徹	t'①	入聲	tʂ'	暢 根 楮
t'	昌	tɕ'②		tʂ'	車 扯 昌 吹 處 出 尺(白)
t'	溪	k'③		tɕ'	去 區 圈 屈 卻 缺 闕
t'	知	ʈ		tʂ'	輟 豬 貯 迫 轉
t'	章	tɕ		tʂ'	遮 章 諸 拙 折
t'	群	g		tɕ'	掘 偪 局 脚
d	定	d	非入聲一四等字	仄聲 t／平聲 t'	待 淡 定 洞 舵；抬 談 亭 同 駝
d	澄	ɖ①		仄聲 tʂ／平聲 tʂ'	苧 住 篆 丈；除 廚 傳 長
d	船	dʑ②		仄聲 tʂ／平聲 tʂ'	船
d	群	g③		仄聲 tɕ／平聲 tɕ'	巨 具 郡 倦；渠 瞿 群 權
n	泥	n	陽聲韻一二等字及鍾韻字	n	南 曉 農 濃
n	來	l		l	林 仲 連 良 籠 龍
n	疑	ŋ	陽聲韻開口三等字	l／○	吟 仰
l	泥	n	陰聲、入聲韻的一二等字	n	拷 諾 納 耨；內 腦 奈 耐 奴
l	來	l	陰聲入聲韻或	l	臘 辣 列 落 捋；羅 犁 雷 離 老

① 麻陽韻的開口三等，魚虞祭脂仙韻的合口三等字，知母都念 t，如爹（麻），張長漲賬帳（陽）豬著（魚）誅駐注（虞），綴（祭），追（脂）轉輟（仙）；徹母念 t'，如暢悵（陽），褚（魚）；澄母非入聲韻念 d，如長腸場丈杖仗（陽），除苧箸（魚）厨柱住（虞），鎚墜（脂）傳篆（仙）；入聲念 t，如著。

② 假攝宕攝咸攝開口三等，止遇蟹山臻五攝的合口三等字，章母念 t，如遮者蔗（假開二），章樟掌酌（宕開三），錐（止合三），諸煮朱誅硃主注鑄（遇合三），贅（蟹合三），占接（咸開三），專磚拙（山合三），淳準准（臻合三）等；昌母念 t'，如車扯（假開三），昌倡廠唱（宕開三）吹（止合三）處樞（遇合三），川穿舛喘串（山合三）春蠢出（臻合三）。這和知組字的念咸舌頭音一樣，是古音的保留。

③ 遇山臻梗四攝合口三等，宕攝開口三等字，見母念 t，如拘俱矩句居車舉據（遇合三），捲眷卷（山合三）均鈞（臻合三），脚（宕開三）；溪母念 t'，如去區（遇合三），圈（山合三），却（宕開三）傾頃（梗合三）。群母非入聲韻念 d，如渠巨拒距具懼（遇合三），權拳倦（山合三），群郡（臻合三），瓊（梗合三）等；入聲韻念 t，如掘橛（山合三），倔（臻合三），劇（梗開三）。

3. 舌尖音 ts, ts', dz, s

雙峰聲母	廣韻聲母	雙峰擬音	雙峰條件	北京聲母	北京條件	例字
ts	精	ts	一等（除蟹開一）、止開三、山攝通合三	ts		左資遭蹲作足
	從	dz	少數入聲字	ts / tɕ	合韻 / 薛韻	雜 / 絕
	莊	tʃ	除梗攝尤侵緝真櫛韻開口字	tʂ		詐阻闒讀斬炸莊槎札肛捉
	崇	dʒ	入聲梗韻及狎洽韻咸江開二字	tʂ		罩站椿札某摘
	知	ȶ	肴咸江開二覃狎洽韻入聲字	tʂ		
ts'	清	ts'	一等韻（除蟹開一）止開三、山攝通合三	ts'		搓粗此寸聰擦錯銼足
	從	dz	入聲（除屋韻字）	ts / ts'	鐸韻	昨鑿 / 族
	心	s	真韻一等字	s		賜
	初	tʃ'	除梗攝尤侵緝真櫛韻開口字	tʂ'		差初鍤創窗插察
	崇	dʒ	入聲梗韻及質韻字	tʂ'		
	徹	ȶ'	麻江開二字	tʂ'	麻韻	詫
	澄	dȶ	入聲覃韻字	tʂ'	覃韻	濁濯鐲
dz	從	dz	一等（除蟹開一）止開三、山攝通合三之非入聲韻	ts' / tɕ'	平聲 / 平聲	坐罪自存 / 瓷慈贅孱存
	邪	z	之開口、仙譚合口字	s / ts'	之去聲 / 之平聲	似杞寺飼 / 辭詞祠
	崇	dʒ	麻佳肴皆之尤刪陽東韻字	tʂ / tʂ'	去聲 / 平聲	乍助築棧狀 / 查鋤柴豺床狀
	船	dʑ	至韻字	ʂ		示助
	常	ʑ	止攝開三字	ʂ		誓是氏視時
	澄	dȶ	麻、止韻字	tʂ / ʂ / tʂ'	去聲 / 止韻 / 麻韻祭	賺 / 雉時 / 茶
s	心	s	一等韻止開一、開三山攝通合三	s / ç	/ 山攝合三	鎖蘇斯孫散州撒速 / 宣迅
	邪	z	鍾韻字	s / ʂ		松俗
	生	ʃ	梗攝尤侵質韻開口字	s / ʂ		所疏 / 沙疏梳杉篩刷
	曉	h	元韻合口和開口個別字	ç		軒喧楦

4. 舌尖後音 tʂ, tʂʻ, dʐ, ʂ

雙峰(擬音)	廣韻聲母	擬音	廣韻條件	北京聲母	北京條件	例字
tʂ	知	t	止攝、入聲質職昔二韻	tʂ		知智致窒帙鐵職
tʂ	澄	d	入聲緝韻	tʂ		執汁佇
tʂ	章	tɕ	止攝、祭韻字	tʂ		制支只脂之止
tʂ	書	ɕ	寘韻一字	tʂ		翅
tʂʻ	徹	tʻ	之開口、入聲職德韻	tʂʻ		癡耻飭
tʂʻ	澄	d	入聲質職昔三韻	tʂ		秩值直擲
tʂʻ	昌	tɕʻ	止攝開口、入聲昔韻字	tʂʻ		侈幟齒赤尺
dʐ	澄	ɕ	祭開止攝開	tʂ / tʂʻ	仄聲 / 平聲	雉稚治 / 滯池踟遲持
ʂ	書	ɕ	止攝開、祭開入聲緝質職昔四韻	ʂ		世施屍詩始試濕失室識釋適
ʂ	常	ʑ	入聲緝昔二韻	ʂ		十拾什石
ʂ	船	dʑ	入聲質職二韻字	ʂ		贖食蝕

5. 舌面音 tɕ, tɕ', dʑ, ɕ, ȵ

雙峰＼廣韻＼北京	廣韻聲母	擬音	條件	北京聲母	條件	例字
ȵ	疑	ŋ	⑤	o		遇齾嚴研銀岸逆
	日	dʑ	假欇攝開三藥韻字	z̩		惹熱弱
	泥	n	三四等陽聲韻	n		女泥念年娘
ɕ	匣	ɦ	齊帖三韻開口字	ɕ		奚兮協俠挾
	曉	x	④	ɕ		許巚喜香瞀吸血
	溪	k'	魚韻一字	ɕ		墟
	常	ʑ	②	ʂ		署涉勺熟蜀屬
	書	ɕ	②	ʂ		奢書收攝設叔
	船	dʑ	薛木燭錫韻字入聲	ʂ		舌術述射贖
	生	ʃ	梗開二流藥深開三	ʂ		搜搜森生虱虱
	邪	z	①	ɕ		習襲席夕
	心	s	①	ɕ ɕ's		些絮仙雪素卹削
dʑ	群	g	③	tɕ tɕ'	仄聲 平聲	奇騎其橋求琴勤
	常	z	尤真蒸清開口字	tɕ'	仄聲 平聲	酬臣承坡成誠
	床	dʒ	尤侵韻非入聲	tɕ'	仄聲 平聲	愁岑
	邪	z	麻尤侵陽開三魚脂合三	ɕ	平聲	謝邪袖尋象隨序
	從	dz	①	tɕ tɕ'	仄聲 平聲	才雜牆曹情淨
	澄	d	宵尤真東等清韻的非入聲字	tʂ tʂ'	仄聲 平聲	召宙朕陣鄭仲
tɕ'	群	g	真臻鹽瀸韻	tɕ'		僅及極
	溪	k'	③	tɕ'		欺起巧欽乞吃曲
	昌	tɕ'	②	tʂ'		醜臭稱充衝觸
	初	tʃ'	真梗開二	tʂ'		襯攙冊柵
	心	s	至質韻字	tɕ' tʂ'		粹隧
	從	dz	入聲葉緝月質藥青錫韻	tɕ' tʂ'		捷集疾截籍借寂
	清	ts'	①	tɕ'		妻翠秋清妾錯七切
	澄	d	入聲陌屋韻	tʂ'		擇擇宅逐軸畜
	徹	t'	宵尤侵真清東鍾韻	tʂ'		超抽深寵拆畜
tɕ	群	g	庚陌韻	tɕ		擎競屐
	見	k	③	tɕ		家競己交急級橘擊
	章	tɕ	②	tʂ		招周針蒸祝粥燭囑
	莊	tʃ	尤藥開梗開二	tʂ		鄒櫛爭
	精	ts	①	tɕ		姐焦進精按節爵積
	知	t	宵尤侵仙真蒸清東鍾	tʂ		朝展珍征竹築窄

①止攝以外的開口三、四等，蟹流臻攝開口一等，遇止攝合口三等字。精組聲母念成了舌面音 tɕ，tɕʻ，dʑ，ɕ。

②效流深臻曾梗攝開口三等，曾通攝合口三等字，章母念 tɕ（入聲除外），昌母念 tɕʻ；麻宵尤侵薛真蒸陽庚九韻的開口三等，魚虞脂薛諄屋六韻的合口三等字，書母念 ɕ；魚支屋燭合口三等，宵藥開口三等字，常母念 ɕ。

③三四等開口、麻肴二等開口字，見母念 tɕ，溪母念 tɕʻ，群母念 dʑ（入聲清化成 tɕ 或 tɕʻ）。

④遇臻梗通攝合口三等，止流咸侵臻宕曾攝開口三等效山攝開口三四等，山攝合口四等，梗攝開口四等字，曉母念 ɕ。

⑤止、流、咸、臻、梗、宕（限入聲）曾攝開口三等，蟹效山攝開口三四等，遇攝合口三等（除魚韻平聲），疑母字念 ȵ。

6. 舌根音 k, k', g, x, ɣ, ŋ

雙峰聲母	廣韻聲母(擬音)	廣韻條件	北京聲母(擬音)	北京條件	例字
k	見 k	除麻肴以外的三四等及三等合口韻一二等合口韻	tɕ	一二等開口	家音膠夾甲角
			k	一二等開口／一二等合口	歌古規耕割各國(白音)
	章 ɕ	入聲薛韻一二字	tʂ		浙
	常 tɕ	入聲薛韻一二字	tʂ'		折
	知 ȶ	入聲薛韻一字	tʂ		哲
k'	見 k	魂平聲	k'		鯁
	溪 k'	除麻肴以外三四等合口韻	tɕ'	一等開口	謙洽給權娥
			k'	一等開口／一等合口	可酷口看渴閣擴客
	群 g	入聲薛月開口字	tɕ		傑竭(跑)
	曉 h	陽開三個別字	x		亨
	匣 ɦ	佳蟹隊少數字	k' / tɕ'		苛諧蟹檻
	徹 ȶ	入聲薛韻字	tʂ'		
	澄 d	入聲薛韻字	tʂ		轍
g	群 g	止通曾合三之字韻入聲	k / k'	平聲	逵葵狂／裙共
x	曉 h	一二等韻(除有韻)止韻合三	x / ɕ	鐺陌韻	火花喚荒喝器霍黑
	匣 ɦ	入聲二等韻根止聲	x / ɕ	很恨合盒／括活核	匣轄
	溪 k'	灰韻平聲	x		恢
	泥 n	緩韻字	n		暖
	幫(非) p	輕唇音	f		夫非反分法發拂福
	滂(敷) p'	輕唇音	f		俘孚泛敷捧峰拂梭
	並(幫) b	輕唇音入聲	f		伐筏罰佛服伏
ɣ	匣 ɦ	一等豬四等校攝三等入聲字	ɕ / x	一二四等開口／一二四等合口	下鞋效肴衡行／何華回含黃芸紅烘
	云 j	東韻三聲字	Ø		雄熊
	船 dz	藥薛合三及非入聲字	ʂ		蛇射舌食神甚佛順乘
	常 z	假效流蟹深山臻合三	ʂ		社裕紹受甚神紐上盛
	並(奉) b	除入聲以外的輕唇音	f / b		符父肥佛袱房鳧盛
ŋ	疑 ŋ	一二等開口果攝合口一等	o		我牙傲偶藕呆咬衙鄂顎鰐咢
	影 ʔ	效攝一二假蟹山臻開口一等	ʔ		挨矮藹愛隘哀埃扼呃厄

7. 零聲母

雙峰＼廣韻	明（微）	日	疑	影	曉	匣	云	以
廣韻　聲母　擬音	m	nʑ	ŋ	ʔ	h	ɣ	j	o
條件	輕脣音合口	三等字	止山江通攝合口麻模魚韻部分字	除假效蟹臻山梗攝二等韻以外的字	佳韻合口一字	夫韻一字	除東韻平聲字	除蒸韻個別字
雙峰　聲母	o							
北京　聲母	o	ʐ	o	o	o	x	o	o
北京　例字	無微晚文亡襪物	如饒任人仍冗入熱日若肉辱	危雅五魚魏額，岳樂嶽玉獄	阿鴉於烏暗因邑挖挖一約握	歪	話	雨衛炎炎雲王越曰域	餘銳以易允異藥躍弋翼亦役

（二）韻母的比較

1. a, ua

雙峰韻母	廣韻韻	開合等	擬音	條件	北京韻母	例字
a	歌①	開一	ɑ	泥定母各一字	a	大挪
a	戈	合一	uɑ	幫母一字	o	跛(白)
a	麻	開二	a	泥母一字	a	拿
a	麻	開三	ia	章母一字	ə	者
a	魚	合三	iwo	見母一字	y	鋸(白)
a	哈	開一	ɒi	端組透定個別字	ai	戴態乃耐
a	泰	開	ɑi	端組泥來字	ai	大帶乃耐
a	皆	開二	ɐi	唇牙喉音莊組字	ie / ai	排理齋
a	佳	開二	ai	唇牙喉舌齒音	ie / ai	佳鞋 / 牌柴
a	夬	開二	æi	唇音莊組字	ai	敗邁寨
a	盍	開	ɒp	舌齒喉音字	a	搭榻臘
a	洽	開二	ɐp	牙齒喉音字	ia / a	甲匣鴨押 / 插呷閘
a	狎	開二	ɐp	牙喉音字	ia	甲匣鴨押
a	曷	開一	ɑt	舌齒喉音字	a	達搭辣擦
a	黠	開二	æt	唇喉舌齒音見組音字	ia / a	軋 / 八拔紮殺
a	鎋	開二	at	喉組舌音字 莊組字	ia / a	鎋瞎 / 剗
a	末	合一	uɑt	並母一字	a	跋
a	庚	開二	æŋ	端母一字	a	打
ua	皆	合三	uɐi	牙喉音字	uai	怪乖塊柺
ua	佳	合三	uai	牙音喉音字	uai	拐歪
ua	夬	合三	uæi	牙音字	uai	夬快
ua	乏	合三	iwɐp	唇音字	a	法乏
ua	月	合三	iwet	唇音字	a	髮發伐襪
ua	麥	開二	æk	知母一字	ai	摘

①舉平以賅上去，入聲另列，下面各表同。

2. u，iu

雙峰韻	廣韻 韻	開合等	擬音	條件	北京 韻母	條件	例字
iu	燭	合三	iwok	照組、日、心母，牙喉音字	y	牙喉音喻母字	曲局玉欲
iu	燭	合三	iwok	照組、日、心母，牙喉音字	u	照組日母字	燭觸束辱
iu	藥	開三	iak	除知組章、日，見四母 溪字	ye	精組來疑影喻字	省略削勺
iu	藥	開三	iak	除知組章、日，見四母 溪字	uo	日母字	弱若藥
iu	覺	開二	ok	疑匣……來母一字	ye		岳學樂嶽
iu	屋	合三	iuk	除唇音莊組來母字	y	牙喉音字	畜菊育
iu	屋	合三	iuk	除唇音莊組來母字	u	精知章組字	逐竹祝叔
iu	幽	開四	ieu	牙喉音字	ieu		糾幽幼
iu	尤	開三	iou	除唇音莊組字	iau	牙喉音精組來字	秋流九牛
iu	尤	開三	iou	除唇音莊組字	əu	知章組日母字	收周柔抽
iu	虞	合三	iu	集韻生一字母	u		鑢
u	藥	合三	iwak	唇牙喉音字	uo	牙喉音字	鑊
u	藥	合三	iwak	唇牙喉音字	ye		钁
u	鐸	合一	uok	牙喉音字	uo		擴郭霍
u	藥	開三	iak	知組章溪、見母、日，四母字	au	知組昌字	酌著鑠
u	藥	開三	iak	知組章溪、見母、日，四母字	iau	見溪字	却脚
u	鐸	開一	ak	舌齒唇牙喉音字	e	牙喉音來母字	閣各鶴
u	鐸	開一	ak	舌齒唇牙喉音字	uo	端精組泥母字	錯作昨索
u	鐸	開一	ak	舌齒唇牙喉音字	o	唇音字（個別字例外）	角薄博膜
u	覺	開二	ɔk	唇音、莊組，知見溪二母字	ye	見溪字	角覺確殼
u	覺	開二	ɔk	唇音、莊組，知見溪二母字	uo	知莊組字	捉桌觀朔
u	覺	開二	ɔk	唇音、莊組，知見溪二母字	o	幫滂母字	剝駁璞
u	屋	合三	iak	明母字	u		牧目睦
u	屋	合三	iuk	唇音字	u		撲僕木
u	術	合三	iuet/iut	裏母字	uo		蟀率
u	沒	合一	uot	並母字	o		勃脖
u	盍	開一	ɑp	溪母一字	e		榼
u	豪	開一	ou	明母一字	au		鼇
u	魚	合三	iwo	生母字	uo		所
u	模	合一	u	明母字	u		摸模墓暮
u	戈	合一	ua	舌齒唇牙喉音	e	部分牙喉音字	課科和臥坐
u	戈	合一	ua	舌齒唇牙喉音	uo	舌齒音部分牙喉音字	妥朵騾坐
u	戈	合一	ua	舌齒唇牙喉音	o	唇音字	波坡婆磨
u	歌	開一	ɑ	舌齒牙喉音	e	牙喉音	可哥俄何
u	歌	開一	ɑ	舌齒牙喉音	uo	舌齒牙喉音	拖多羅左

3. o，io，ə，iə

雙峰	廣韻 韻	廣韻 開合等	廣韻 擬音	廣韻 條件	北京 韻母	北京 條件	例字
o	歌	開一	ɑ	透母一字	a		他
o	戈	開三	iɑ	群母一字	ie		茄
o	麻	開二	a	幫，知，莊組，曉母字	a	舌齒唇音字	巴爬，麻，茶沙
o	麻（同上）	開二（同上）	a（同上）	幫，知，莊組，曉母字（同上）	ia	喉牙音字	牙蝦，嚇，家
o	麻	開三	ia	章昌二母字	ə		遮車蔗
o	麻	合二	ua	牙喉音，生母字	ua		瓜誇花蛙化
o	佳	開二	ai	生母去聲字	ai		曬
o	佳	合二	wai	匣影母字	‘ua		蛙畫
o	夬	合二	uæi	匣母字	ua		話
o	肴	開二	au	莊母一字	uɐ		抓
o	洽	開二	ɐp	崇母字	a		炸
o	鐸	開一	ɑk	并明母各一字	o		莫泊
o	陌	開二	ɐk	滂母個別字	o		拍
o	昔	開三	ĭɛk	章昌字母白話音	ʅ		尺（白）隻（白）
o	麥	合二	wk	匣母一字	uo		劃
io	戈	合三	ĭuɑ	牙喉音字	ye		靴
io	麻	開二	a	牙喉音，曉母，疑見聲平字除外	ia		假加雅下鴉
io	麻	開三	ĭa	精組，智，以船，書禪母字	ə	船書禪日母字	蛇賒舍社惹
io	麻（同上）	開三（同上）	ĭa（同上）	精組，智，以船，書禪母字（同上）	ie	精組喉音字	姐且寫夜也
io	昔	開三	ĭɛk	少數字的白話音	ɿ	精從母字	脊
io	昔（同上）	開三（同上）	ĭɛk（同上）	少數字的白話音（同上）	ʅ	船禪母字	石
io	錫	開四	iek	少數字的白話音	i		滴（白）
ə	豪	開一	ɑu	舌齒唇牙喉音字	au		褒刀勞遭高
ə	肴	開二	au	舌齒唇音，部分牙喉音	au	舌齒唇音字	包茅爪稍吵
ə	肴（同上）	開二（同上）	au（同上）	舌齒唇音，部分牙喉音（同上）	iau	部分牙喉音字	咬敲較窖
ə	宵	開三	ieu	明母一字	au		貓
ə	覺	開二	ɔk	并母字	au		雹
iə	肴	開二	au	部分牙喉音字	iau		交狡巧孝效
iə	宵	開三	ĭɛu	舌齒唇牙喉音字	au	知章組日母字	朝超招少繞
iə	宵（同上）	開三（同上）	ĭɛu（同上）	舌齒唇牙喉音字（同上）	iau	除知章組日母字	標妙焦驕妖
iə	蕭	開四	ieu	舌齒牙喉音字	iau		挑條了澆曉
iə	侯	開一	əu	精母上聲字	ou		走
iə	幽	開四	ieu	唇音字	iau		彪

4. ie，ue

雙峰	廣韻 韻	開合等	擬音	條件	北京 韻母	北京 條件	例字
ie	咍	開一	ɒi	精組，來母	ai		才來災在
ie	泰	開一	ɒi	唇音和精組字	ei		貝沛蔡
ie	灰	合一	uɒi	唇音字	ei		杯胚培梅
ie	皆	開二	ɐi	影母一字	ai		挨
ie	支	開三	ie	幫母平聲字	ei		卑碑
ie	支	開三	i	幫母平聲字	ei		悲
ie	侯	開一	ou	舌齒牙喉音明母字少數字	ou		鬥頭樓口某
ie	尤	開三	iou	莊組和明母字	ou		鄒搜瘦謀某
ie	沒	合一	uet	匣母字	ə		核
ie	脂	合三	wi	莊組，來母上聲字	uai		衰帥
ue	尤	開三	ieu	非上聲，奉平聲字	ou		否浮阜
ue	咍	開一	ɒi	端組和牙喉音字	ai		胎台該開
ue	泰	開一	ai	牙喉音	ai		蓋害蠆
ue	灰	合一	uɒi	舌齒牙喉音	uei（端精組牙喉音字）／ei（泥來二母字）		堆催灰回／內雷
ue	泰	合一	uai	端組牙喉音	uei		兌會外繪
ue	支	合三	iwe	曉母個別字	uei		靡
ue	末	合	uat	來，匣母字	uo		活拶

5. ie, ue, yε

雙峰廣韻韻	ie															ue									yε		
北京廣韻母/開合等	麻開	咍開一	葉開三	業開三	帖開四	薛開三	月屑開三四	末合一	薛合三	錫開三	陌開二	麥開二	德開一	職開二	盍開一	末合一	鎋合二	薛合三	月屑合三四	物合三	陌合三	麥合二	德合一	薛開三	薛合三	屑合四
攝音	ia	ɒi	iɐp	iɐp	iep	iet	iɐt iet	uat	iwet	iɐp	ɐk	æk	ak	iak	ɒp	at	uat iuat	iwet	iwet	iuat	wek	uæk	uak	iet	iwet	iwet
條件	衹有匣母心母一字一平又讀上聲	匣母一字一平上聲	舌齒喉音字	牙喉音字	端組和匣母字部分字	唇舌齒牙音字	牙喉音字見組字	幫滂並明母字	幫滂來母字	生母字一字	唇舌齒牙喉音字	唇音知組牙喉音字	舌齒唇牙喉音字	莊組牙組字	牙喉音一字	端組牙音字	端組牙音字	精從知章組字	曉母字	群母字	牙喉音字	牙喉音字	牙喉音字	心母字	心母審母一字	曉母字
北京韻母	ie	ai	ie / ɔ	ie	ie / ia	ie	ie	o	ie	ɔ	ə / ai,o	ai	ə / ai / ei	ɔ	ɔ	uo	uo / ua	uo / ye	ye	ye	uo	uo	uo	ye	ye ye（書母字）	ye
條件			精組章組字泥來母字影喻四母字		匣母字	幫精見組來母字	幫精知章組字		精組章組字		唇音莊組牙喉組字	莊組牙喉音字	幫明母字曉母字	莊組牙喉音字				知照組字							心精組喻母字	
例字	卸	孩	涉攝讋折	劫怯業脅	貼帖協挾送	哲別列泄迣傑設熱	揭別揭歇謁切結	鉢潑鏺末	瞥氏	澀	白百陌窄	麥脉摘	得特則刻克／北黑／革厄責冊	色側測刻	盍磕喝	脱發奪括闊	刮	説悦絕雪	月掘闕越曰	掘倔	號	嘓	國或惑	薛	雪悦	血

6. i, u, y

雙峰韻母	廣韻韻	開合等	攝音條件	北京廣韻韻母條件	北京韻母	例字
y	職	合三	iwok	喉音字	y	域
y	昔	合三	iwek	喉音字	i	役疫
y	陌	開三	iɐk	群母字	i, y	劇
y	燭	合三	iwok	群、疑母個別字	y	玉局
y	物	合三	iuet	牙喉音	y	屈鬱
y	術	合三	iuet	除莊組字	u 知章、精母字／y 來、心見母字	出術術卒／律戍恤橘
y	沒	合一	uət	精組字	u	卒捽
y	緝	開三	iəp	日母字	u	入
y	脂	合三	wi	精組、來母字	uei	睢醉邃類
y	支	合三	iwe	精章組、來母字	uei	嘴隨髓吹累
y	祭	合三	iwei	精組、精章喉字	uei	歲脆稅主篇
y	虞	合三	iu	來母精知章組牙喉音	u 知照組、日母字／y 來母精組牙音字	住諫主篇／取須拘恕
y	魚	合三	iwo	泥來母精章組喉音字	u 知照組日母字／y 泥來二母精章牙喉音字	豬諸居如／女席居處如
u	屋	合一	uk	幫母一字	u	卜
u	沒	合一	uət	幫母一字	u	不
u	模	合一	u	幫游并三母字	u	補鋪普布
u	支	合三	ua	幫母去聲一字	u	播
i	職	開三	iɐk	唇牙喉音、精組、泥來字	i	逼力即極
i	錫	開四	iek	舌齒唇牙喉音字	i	的壁錫吃
i	昔	開三	iek	唇牙喉音、精組字	i	壁積夕蓆
i	陌	開三	iɐk	唇牙喉音、精組字	i	戟隙屐逆
i	迄	開三	iet	牙喉音字	i	吃乞迄
i	質	開三	iet	唇牙喉音、精泥組、來日母字	i／ɿ 日、照、莊系字	筆栗吉一／日
i	緝	開三	iəp	牙喉音、精組、來母字	i	立集急邑
i	微	開三	iɔi	唇牙喉音、泥、來二母字	i	幾豈希衣
i	之	開三	iɔ	唇牙喉音、泥、來二母字	i	基其你李
i	脂	開三	i	唇牙喉音、泥來二母字	i	梨比器移
i	支	開三	ie	唇精章組、泥來二母字	i	皮離奇移
i	齊	開四	iei	全部舌齒音字	i	閉低妻雞
i	廢	開三	iɛi		i	刈
i	祭	開三	iɛi	除精照系字	i	蔽例祭藝

7. ui, ue, ʅ, ɿ

廣韻韻	等	聲音	聲母條件	北京韻母	北京條件	例字
微	合三	iwei	唇牙喉音	ei / uei	唇音字 / 牙喉音字	飛匪非微 / 開貴揮威
脂	合三	wi	牙喉音，群母字	uei		愧逵匱龜位
支	合三	iwe	牙喉音音字	uei		虧危規
齊	合四	iwei	牙喉音字	ue		圭閨惠 桂
廢	合三	iwei	牙喉音字	ei / uei	唇音字 / 牙喉音字	廢吠肺
祭	合三	iwei	牙喉音字	uei		歲衛銳
灰	合一	uɒi	疑母平聲，曉母上去聲，匣母去聲	uei		傀賄悔
泰	合一	uɑi	精母一字	uo / uei		最
覺	開二	ɔk	影母一字	uo		桯
燭	合三	iwok	精清邪，來母字	u	①	錄足俗
屋	合三	iuk	唇音，來母字	u		服伏福複
沃	合一	uok	端組，牙喉音字	u		篤沃篤督
屋	合一	uk	舌音齒音，牙喉音字	u		穀哭獨讀
物	合三	iuət	唇音字	u		佛拂弗物
沒	合一	uət	牙喉音字	u		窟忽
尤	開三	iəu	唇音上去聲（上聲少數字除外）	u		富複負婦
微	合三	iwəi	唇母字	u		沸
虞	合三	iu	唇音非組字	u		斧數付夫
魚	合三	iwo	莊組字，來母平聲字	u		齟阻初梳
模	合一	u	舌音牙喉音字，精組少數字	u		租粗都奴姑
戈	合一	uɑ	匣母一字	o		禾
職	開三	iək	知章組字	ʅ		織食直值
昔	開三	iek	知章組字	ʅ		衹只石釋
質	開三	iĕt	知章組字	ʅ		窒秩姪質至
臻	開三	iĕn	知章組字	ʅ		十汁執蟄
之	開三	iə	知章組字	ʅ		之蚩癡持
脂	開三	i	知章組字	ʅ		致稚遲至失
支	開三	iĕ	知章組字（除禪母）	ʅ		池智知支施
之	開三	iə	精組字	ɿ		子字慈司寺
脂	開三	i	精莊組字	ɿ		私死四資次
支	開三	iĕ	精組字	ɿ		紫此詞斯
祭	開三	iĕi	禪母字	ɿ		逝誓
模	合一	u	精母一字	uo		做
歌	開一	ɑ	精母一字	uo		做

① 但是 "綠" 在北京話中韻母爲 y。

8. ã, uã, õ(ẽ), iõ

雙峰韻	廣韻韻	開合等	擬音	雙峰條件	北京韻母	北京條件	例字
ã	佳	開二	ai	疑母一字	ai		派
ã	覃	開一	ɒm	舌齒音,唇音平聲字	an		南暗參含
ã	談	開一	ɑm	舌齒音,喉母唇母上聲字	an		擔藍衉喊
ã	咸	開二	ɐm	古齒喉音牙字	ian	牙喉音字	鹼減陷
ã					an	古齒音字	斬站讒杉
ã	銜	開二	am	莊組,牙喉音字	iɑn	牙喉音字	監嵌嚴銜
ã					an	莊組字	攙杉饞
ã	鹽	開三	iĕm	從母一字	ian		漸
ã	侵	開三	iĕm	莊母一字	an		簪
ã	寒	開一	ɑn	古齒音	an		單丹難暖
ã	曷	開一	ɑt	心母字	a		撒
ã	山	開二	æn	唇牙喉音,莊組字	ian	牙喉音字	覯間眼限
ã					an	唇音,莊組字	瓣山盞產
ã	刪	開二	an	唇牙喉音莊組字	ian	牙喉音	奸顏雁晏
ã					an	唇音,莊組去聲	攀班慢棧
ã	桓	合一	uɑn	明母少數字	an		饅漫
uã	咸	開二	ɒm	澄母一字	uan		賺
uã	凡	合三	iwɐm	唇音字	an		帆凡範枕
uã	刪	開二	an	生母平聲字	an		刪
uã	桓	合一	uɑn	匣母疑母少數字	uan		緩宛玩
uã	山	合二	wæn	牙喉音	uan		鰥幻
uã	刪	合二	wan	牙喉音,生母字	uan		頑關還彎
uã	元	合三	iwɐn	唇音字	an		翻反煩晚
õ(ẽ)	庚	開二	əŋ	知組見組部分字的白讀又讀	əŋ		撐生羹
õ(ẽ)	庚	開二	əŋ	來(口語)	əŋ		冷
iõ	庚	開三	ieŋ	一部分字的白話音	iŋ		明平慶影
iõ	清	開三	iaŋ	一部分字的白話音	iŋ		餅井晴頸
iõ	青	開四	ieŋ	一部分字的白話音	iŋ		聽釘星磬

9. ĩ, uĩ, ĩɛ̃, uɛ̃

雙峰韻	廣韻韻	開合等	擬音	條件	北京韻母	北京條件	例字
uĩ	先	合四	iwen	牙喉音	yan		消犬 玄淵
	元	合三	iwɤn	牙喉音（除影上聲）	yan		勸元 冤遠
	仙	合三	iwen	除來母字	yan	牙喉音精組字	選全 卷圓
					uan	知章組字	川專 轉軟
	先	開四	ien	匣母一字	yan		弦
	元	開三	iɤn	曉母一字	ian		軒
	仙	開三	ien	精組少數字	ian		鮮
	脂	合三	wi	知母一字	uei		追
ĩ	青	開四	ieŋ	溁母一字	iŋ		姘
	仙	合三	iwen	來母字	ian		戀
	先	開四	ien	舌齒唇牙喉音字	ian		眠邊 天見
	元	開三	iɤn	牙喉音字	ian		建言 獻掀
	仙	開三	ien	除精組少數字	ian	除知照組日母字	篇連 仙件
					an	知照組日母字	善展 甄然
	添	開四	iem	舌齒牙喉音	ian		甜點 念兼
	嚴	開三	iɛm	牙喉音	ian		欠嚴 醃
	鹽	開三	iem	舌齒唇牙喉組字	ian	除知章組字	貶尖 廉檢
					an	知章組字	沾占 陝閃

續表

	元	刪	桓	寒	談	覃	尤	蒸	登	耕	庚	真(臻)	痕	侵	桓	寒	覃
韻母	uɛ̃						ɛ̃						ɛ̃				
開合等	合三	合二	合一	開一	開一	開一	開三	開三	開一	開二	開二	開三	開一	開三	合一	開一	開一
中古	ĭwen	wan	uɑn	ɑn	ɑm	ɒm	ĭou	ĭeŋ	eŋ	aŋ	aŋ	ĭew	ən	ĭem	uɑn	ɑn	ɒm
聲母條件	影母上聲字	初崇母少數牙喉音字	除唇音匣母少數字	牙喉音(個別例外)	牙喉音字(個別例外)	牙喉音字(除匣母)	生母一字	澄母一字	除并母字	舌齒牙音字	唇音(除明母平上聲)見組字	莊組字	牙喉音透母字／端組字	莊組字	唇音(除明母少數字)	溪母一字去聲字	匣母去聲字
雙峰	uan	uan	uan	an	an	an	u	eŋ	eŋ	eŋ	eŋ	en	en／uən	en	an	an	an
例字	婉宛	篡攥	團端官歡	看乾寒安	甘敢	堪感勘暗	漱	瞪	能朋增肯	甍爭耕耿	烹生更庚	榛觀	根跟很恩／吞	參森	搬般伴滿	看	憨

10. in, uən, yn

北京 in

廣韻 韻	開合等	攝音	條件	北京 韻母	北京條件	例字
侵	開三	iěm	除莊組字	in / ən	除莊組字 / 唇牙喉音精組日母來母字	沉品 / 針枕深
真	開三	iěn	除莊組字	in / ən	除莊組知章組日母字 / 唇牙喉音精組日母來母字	珍嬸近真身因 / 親鄰巾
殷	開三	in	牙喉音字	in		斤近欣殷
魂	合一	uən	唇音字	ən		奔盆本門
諄	合三	iuěn	船母一字	uən	唇	
東	合三	iuŋ	牙喉音見母知章組日母字	yŋ / uŋ	牙喉音(除見母) / 知章組(除見母)日母字	雄融窮 / 中蟲終戎
鐘	合三	iwoŋ	喉音知章組日母字	yŋ[yueŋ] / uŋ	喉音字 / 知章組日母字	凶雍容用 / 重龍鍾冗
庚耕	開二開三	[a]eŋ / [i]eŋ	唇牙喉音字	əŋ / iŋ		兵棚明京英 / 冷幸進
清	開三	iěŋ	唇牙喉音齒音古齒音字	əŋ / iŋ	知章組字 / 唇牙喉音精組來母字	正聲城貞 / 名令精靈
青	開四	ieŋ	唇牙喉音端組精組來母字	iŋ		丁青經并
蒸	開三	iəŋ	唇牙喉音古齒音字	əŋ / iŋ	知章組日母字 / 唇牙喉音來母字	仍徵稱升 / 冰興應凌

北京 uən

廣韻 韻	開合等	攝音	條件	北京 韻母	北京條件	例字
魂	合一	uən	除幫並明三母字	uən		論盾存昆
諄	合三	iuěn	牙喉音精組來母日字	yn / uən	牙喉音精組部分字 / 章組來母精組部分字	均勻俊旬 / 遵倫春銳
文	合三	iuěn	唇牙喉音字(除曉母)	yn / uən	牙喉音(除曉母) / 唇音	軍群云 / 分忿憤文
庚	合二	weŋ	匣母字	uŋ		橫
耕	合二	wæŋ	喉音字	uŋ		轟宏
庚	合三	iweŋ	喻母字	iŋ		榮永詠
清	合三	iweŋ	牙母字	iŋ		傾頃瓊瑩
青	合四	iweŋ	喉音字	iŋ		
登	合一	uəŋ	喉牙音字	uŋ		弘

北京 yn

廣韻 韻	開合等	攝音	條件	北京 韻母	例字
庚	合三	[w]eŋ	曉母字	yeŋ	兄
文	合三	iuěn	曉母部分字	yn	訓
諄	合三	iuěn	麥母字	uən	舜

11. aŋ, iaŋ

雙峰 \ 北京 \ 廣韻	aŋ													iaŋ		
廣韻 韻	東	冬	東	鐘	江	唐	陽	唐	陽	庚	耕	庚	登	江	陽	庚
開合等	合一	合一	合三	合三	開二	開一	開三	合一	合三	開二	開二	合二	開一	開二	開三	開三
擬音	uŋ	uoŋ	iuŋ	iwoŋ	ɔŋ	ɑŋ	iaŋ	uɑŋ	iwaŋ	aŋ	æŋ	waŋ	əŋ	ɔŋ	iaŋ	iŋ
條件	古齒唇牙喉音	古齒牙喉音	唇音來心母崇見母字	唇牙音精心組泥來母字	唇牙喉音知莊組字	唇牙喉舌齒音	知莊組章昌二母字	牙喉音	唇牙喉音	明母字，個別母字	并明母字	見母字	并母字	少數牙喉音字	牙喉音精組泥來母字／書禪日母字	影母去聲字
北京韻母	uŋ	uŋ	uŋ／əŋ	uŋ／uɑŋ	aŋ／uaŋ	aŋ	aŋ／uaŋ	uɑŋ	uɑŋ／uaŋ	əŋ	əŋ	uaŋ	əŋ	iɔŋ	iaŋ／uaŋ	iŋ
條件			精莊組／來母	精組／唇音見牙	唇音／牙喉音		知組章昌二母字／莊組字		唇音／牙喉音							
例字	蒙同聰公夢朧	冬農宗	風鳳嵩崇弓宮	棒封共供從松	棒邦窗雙講項樁橦	幫剛當倉	長張裝床霜	廣光黃汪	方芳房亡逛匡亡狂王	盲猛	棚萌	礦	朋	江降	傷商娘良將央上壤	映

（三）聲調的比較

北京＼廣韻＼雙峰	˥	平聲 濁音	入聲（清濁音）			上聲 清音次濁	去聲 清音	入聲（清濁音）				上聲 全濁	去聲 濁音
廣韻　調	平聲	平聲	入聲			上聲	去聲	入聲				上聲	去聲
廣韻　條件	清音	濁音	清音	全濁	清音次濁	清音次濁	清音	清音	全濁	清音	清音次濁	全濁	濁音
北京　調	˥	˦	˥	˦	˅	˅	˅	˥	˦	˧	˅	˅	˅
北京　條件	清音	濁音	清音	全濁	清音次濁		清音	清音	全濁	清音	清音次濁	全濁	濁音
例字	巴 高	袍 平	七 發	白 達	法 鐵	木 作 普 擋	去 店	作	昨 疾	屬 蜀	魄 抹	緒 盡	岱 淨

（四） 小結

雙峰方言和廣韻系統有明顯的對應關係，根據上面的比較，可以歸結如下：

聲母方面，雙峰方言比較完整地保存了濁音系統。濁擦音并入塞擦音（ɣ 例外）；入聲消失後，全濁音清化。輕唇音并入舌根擦音 x 或 ɣ。泥、來重新分工，尖團大體相混。鼻音聲母，有使韻母鼻化的傾向。一部分知照系字念 t、t'、d，保存了比廣韻更古的語音，少數見組字也念 t、t'、d。

韻母方面，從廣韻到現代，有三種趨向：一是高元音化，元音由低向高，由前向後發展，如果攝中古是 a，雙峰是 ʊ，假攝中古是 a，雙峰是 o；二是單元音化，中古陰聲韻尾 -i、-u 消失，複合元音變成了單元音，雙峰方言的 ə、ɑ 是單元音 u 變化的結果，不是中古 -u 韻尾的保留；三是鼻元音化，中古鹹山兩攝和梗曾兩攝的一部分字，-m、-n、-ŋ 尾都消失了，變成單純的鼻化元音。宕通江三攝相混，都念成 aŋ，合口變開口，收 -ŋ 尾的沒有合口字。陽聲 -m 尾并入 -n 尾，入聲 -p、-t、-k 尾完全消失。

聲調方面，從廣韻到雙峰的演變是：平去分陰陽，濁上（全濁）變陽去，入派兩聲，入濁變清。

四　雙峰方言詞彙的特點

漢語方言的差別，不僅表現在語音上，也表現在詞彙上。漢語各方言的詞彙保存了一部分古代漢語的詞，新詞的構成也往往以古代單音詞爲基礎，所以現代漢語各方言的詞彙具有很大的一致性。但是各方言保存舊詞的情況各有不同，用來構成新詞基礎的古代單音詞也各有不同。因此整個方言詞彙也就有了不同的特點。拿雙峰方言和普通話比較，這種特點也表現得非常明顯。我們可以從兩方面考察：

（一）詞形相同，語義不同

細　普通話中"小"與"大"對，"細"與"粗"對，"細"多指長而不寬大的東西，和"小"的意義不同。"小孩"不能叫作"細孩"，"大小"不能説成"大細"。雙峰方言中的"細"，却幾乎包括了"小"的用法。如可以説"大細""細桌子""細人基"（小孩）等等。這可以説是古義的保留。先秦"細"本有"微小"的意思，如老子"圖難於其易，爲大於其細"，"細"和"大"就是反義對舉。

吃　雙峰話中的"吃"，應用范圍比普通話要大得多。"喝酒""吸煙""吃飯"普通話應用不同的動詞，雙峰話中却都用"吃"字。這種情況和早期白話相同。如水滸第四回："過往僧人買碗酒吃。"

講　普通話中"講話"多半用於比較正式的發言，至於一般談話則多用"說"字，但雙峰方言中"講"却包括了"說"的用法，"說"一般祇在書面語裏用到。

光　普通話不說"天光了"而說"天亮了"，雙峰方言却可以說"天光了"。這也是早期白話中就有的用法，如《西游記》第二回："故將床鋪搖響道：'天光了，天光了。'"

炭　普通話的"煤"和"炭"意義不同，"煤"是地下挖出來的，"炭"是木材燒成的，雙峰兩者都叫"炭"。

伯伯　普通話中"伯伯"就是"伯父"，雙峰方言却可以兼指伯母，用"男伯伯""女伯伯"來分別"伯父"和"伯母"。

蚊子　雙峰方言"蒼蠅""蚊子"統稱"蚊子"（min˩ tsɿ˥）：管"蚊子"叫"囓人蚊子"、"家蚊"叫"飯蚊子"、"綠頭蠅"叫"大糞蚊"。

穀子　普通話的"穀子"指的是小米，雙峰却是指沒有去殼的稻米。

媳婦　普通話管妻子叫"媳婦"，兒子的愛人叫"兒媳婦"，雙峰話中"媳婦"却是指兒子的愛人，管妻子叫"堂客"。

眼珠　普通話指的是眼球，雙峰方言指的却是眼睛，另外管眼球叫作"眼珠子"。

（二）意義相同，詞形不同（這裏又有種種不同的情形）

1. 雙峰方言和普通話采用了完全不同的構詞成分。有着完全不同的構詞形式，如：

冒得——没有　　夜裏——晚上　　長子——高個兒

日頭——太陽　　狗子——跳蚤　　面——臉①

2. 有些古代單音詞，在普通話中祇能用作構詞成分，雙峰方言卻仍能單獨成詞，如：

衣——衣服　　褲——褲子　　凳——凳子

屋——屋子　　行——行走　　咳——咳嗽

與此相反，普通話中有些單音詞，雙峰方言中卻不能單用，例如：

梨子——梨　　鞋子——鞋　　鍋子——鍋

3. 中心成分加詞尾構成的複音詞，雙峰方言也和普通話有所不同，有些詞用的是同一詞尾，意義也完全相同，但中心成分卻不一樣，如：

癲子——瘋子　　蹁子——瘸子　　老倌子——老頭子

有些詞中心成分相同，但詞尾不同，如：

鼻頭——鼻子　　舌子——舌頭　　手指佬——手指頭

有些詞雙峰方言用中心成分加詞尾構成，但普通話裏卻是向心結構。如：

豆子——大豆　　窗子——窗戶　　辣子——辣椒

有些詞相反，雙峰方言是向心結構，普通話卻是中心成分加詞尾構成，如：

頸殼——頸子　　虱婆——虱子　　傘柱——柱子

有些詞在普通話中不能再加詞尾，雙峰方言中卻可以加上詞尾

---

① 橫綫前面的是雙峰詞，後面的是普通詞，以下皆同。

"子"，如：

老鼠子　　辣椒子　　螞蟻子　　大腿巴子

雙峰方言中還有一個"基"（tɕiꜜ）字，意義和"子"相近，如：

細魚基　　細凳基　　點點基　　狗崽基

芽基（小男孩）　　妹基（小女孩）　　貓崽基

但"子"和"基"并不能互相替代，除了表示"小"的意義以外，"子"還可以表示憎稱，而"基"却有點兒表示愛稱的意思。下列例子中詞尾"子"和"基"不能互換，愛憎的意義是很明顯的：

賊牯子　　癲狗子　　叫化子　　老鼠子　　豺狗子

大哥基　　老弟基　　舅母基　　叔基　　嬸基

有趣的是有些詞有了詞尾"子"，後面還可以加詞尾"基"，形成了疊床架屋的情況，這是普通話中所絕沒有的，如：

細鷄公子基　　細桌子基　　細腿巴子基

細老鼠子基　　細兔子基　　細辣椒子基

4. 同是複合詞，但雙峰方言和普通話所用的某一構詞成分不同，構成的新詞也就不同。動賓結構的複合詞，有的賓語部分相同而動詞部分不同，有的動詞部分相同而賓語部分不同，如：

發風——颶風　　打霜——下霜　　落雨——下雨

洗面——洗臉　　講白（pʻoꜗ）話——講故事

向心式的複合詞，有些中心部分相同而修飾部分不同，有些却是修飾部分相同而中心部分不同，如：

中飯——午飯　　夜飯——晚飯　　鎖匙——鑰匙

手板——手掌　　月光——月亮　　眼珠——眼睛

其他結構的複合詞，也有類似的情況，如："天干——天旱"是主謂結構而謂語部分不同，"大細——大小"是并列結構而後一部分不同。

5. 普通話通常把表示性別的詞加在動物名稱前面，構成複合詞，如"公鷄""母鷄"等，雙峰方言却往往把詞序顛倒過來，如：

鷄公　　鷄婆　　鴨公　　鴨婆

牛牯　　牛婆　　猪牯　　猪婆

有趣的是通常在後面還得加上詞尾"子"，有時候"子"後面還要加上詞尾"基"：

狗公子　　狗婆子　　貓公子　　貓婆子

細鷄公子基　　細牛婆子基　　細桌子基

談談老湘語内部的語音分歧[*]

一

湘語是現代漢語八大方言之一。20 世紀 50 年代，北京大學袁家驊教授在中文系開設漢語方言課，著《漢語方言概要》，根據全濁聲母是否保存，分湘語爲新、老兩個層次。新湘語以長沙話爲代表，中古濁塞音、塞擦音聲母一律變爲不吐氣清音；老湘語以雙峰話爲代表，比較完整地保存着“并、定、群、澄、床、從”等中古濁塞音和濁塞擦音聲母。雙峰原屬湘鄉的三、六、七區和二區的一部分，在湘鄉市西南面。1951 年獨立成縣。當時北大中文系研究生中没有湘鄉人，祇有我是雙峰人，所以袁先生以雙峰話作爲老湘語的代表。2001 年《湖南省志·方言志》出版，認爲“湘語内部可以再分爲長沙型、湘鄉型兩種類型。長沙型湘語以長沙、湘潭、衡陽爲代表，位於湘中偏東地區；湘鄉型湘語以湘鄉、新化、邵陽爲代表，位於湘中偏西地區”。可以看出，《方言志》同樣是以中古全濁塞音、塞擦音聲母是否保存作爲兩種湘語類型的標準。不同的是《方言志》不提新湘語和老湘語，而是具體指明兩種類型湘語通行

---

* 原載《湘語研究》第 1 輯，2009 年。

的地區，并以湘鄉話取代雙峰話。

不僅新湘語和老湘語之間有差別，老湘語内部也有這樣那樣的差別，而且不同特點交叉出現，很難劃出一條統一而明確的界限。就湘鄉、雙峰、新化、邵陽四地而言，我們可以看到以下一些情况。

（1）聲、韻、調數目有相同有不同。如下表：

	湘鄉	雙峰	新化	邵陽
聲母	31	30	30	28
韻母	40	33	34	36
聲調	5	5	5	6

當然對四地聲母的分析也還有寬嚴之分。如l、n是合還是分。

（2）全濁塞音、塞擦音聲母，湘鄉、雙峰、邵陽爲不吐氣濁音，新化爲送氣濁音。

（3）湘鄉、雙峰、新化三地有捲舌塞擦音、擦音聲母 tʂ、tʂʻ、dʐ、ʂ、ʐ，邵陽没有捲舌聲母，讀爲舌面音 tɕ、tɕʻ、dʑ、ɕ、ʑ。

（4）中古疑母字“厄、扼、額、牙、芽、莪、鵝、我、藕、偶、嘔、漚”等，湘鄉、雙峰、邵陽都讀爲 ŋ 聲母，新化讀爲零聲母，與普通話一致。又“牛”字，湘鄉、雙峰、邵陽聲母讀 ɳ，新化讀零聲母 in[13]，與《中原音韻》一致。

（5）知、章、見三組聲母，湘鄉、雙峰有讀爲端組的。如：

知〔t〕：輟、誅、株、猪、駐、著、追、錐、張、帳、脹

徹〔tʻ〕：黜、倀、昶、悵、暢、罿

澄〔d〕：住、柱、苧、箸、厨、除、墜、錘、著、丈、杖、長、

場、傳

　　章［t］：遮、者、蔗、斫、隻、朱、諸、煮、鑄、注、贅、專、章、掌、障

　　昌［t'］：車、尺、出、杵、處、吹、炊、川、穿、春、蠢、昌、倡、敞、唱

　　船［d］：船

　　見［t］：拘、俱、居、舉、矩、句、據、蠲、倦、卷、眷、均、軍、鈞、君

　　溪［t'］：區、驅、軀、屈、去、犬、勸、券

　　群［d］：茄、具、巨、拒、詎、渠、瞿、衢、權、拳、顴、倦、群、郡

　　這樣，一些本不同音的字，在湘鄉、雙峰話裏變成了同音。如"當、張、章"都念 taŋ⁵⁵，"湯、倀、昌"都念 t'aŋ⁵⁵，"豬、朱、居"都念 ty⁵⁵，"傳、船、權"都念 duī²³，聲母都讀舌頭音 t、t'、d。新化、邵陽話則分别讀爲舌面音 tɕ、tɕ'、dʑ。

　　（6）湘鄉分尖團音，雙峰、新化、邵陽不分尖團音。尖音指精組聲母的細音，湘鄉話念 tɕ、tɕ'、dʑ；團音指見組聲母的細音，湘鄉念 k、k'、g，兩者不混。如：

津［tɕin⁵⁵］—巾［kin⁵⁵］　　　親［tɕ'in⁵⁵］—欽［k'in⁵⁵］

秦［dʑin²³］—琴［gin²³］　　　尖［tɕĩ⁵⁵］—肩［kĩ⁵⁵］

千［tɕ'ĩ⁵⁵］—牽［k'ĩ⁵⁵］　　　錢［dʑĩ²³］—乾［gĩ²³］

雙峰、新化、邵陽"津巾"都念 tɕin，"親欽"都念 tɕ'in，"秦琴"都念 dʑin，"尖肩"都念 tɕĩ，"千牽"都念 tɕ'ĩ，"錢乾"都念 dʑĩ。

不過雙峰一部分人也分尖團音，內部并不統一。

（7）新化有濁擦音 z、ʐ、ʑ，邵陽有濁擦音 z、ʑ，沒有 ʐ，湘鄉、雙峰沒有濁擦音。上述聲母的字分別并入 dz、dʑ、ɲ 或零聲母。新化、邵陽兩地也有同有不同。如：

新化	邵陽
[z̩] 辭詞祠飼巳	[z̩] 時嗣是氏祀事寺自日
[ʐ̩] 時侍豉是日	[zɛ] 蛇佘惹熱社射
[ʑʕ] 惹熱	[za] 蛇（白）佘（白）惹（白）
[ʑya] 蛇茄鱔（黃鱔）社	[ʑia] 霞瑕遐下夏廈涯衙爺（父親）
[ʑia] 謝霞瑕遐斜邪下	[zən] 辰晨人壬仁神忍認甚
[ia] 涯衙爺（父親）	[zau] 饒韶擾繞
[zən] 旬循巡誦頌訟	[ʑiau] 搖謠窯姚淆效校
[zən̩] 認壬人仁忍任扔	[zəu] 柔揉受壽肉
[ʑiə] 韶淆饒擾繞效校	[ʑiəu] 尤由郵油游猶
[iə] 搖淫窯遙姚堯	[zã] 然蟬禪冉善膳嚷攘尚讓
[ʑiəu] 壽囚仇受肉	[ʑiɛ̃] 賢嫌涎現鹽檐延言顏
[iəu] 尤由郵油游猶	[dʑiã] 牆詳祥
[zɛ̃] 然禪染冉善	[ʑiã] 羊洋楊揚陽瘍降
[ʑiɛ̃] 賢嫌旋縣	[ʑin] 行形刑幸盈寅銀贏
[iɛ̃] 鹽檐嚴延言顏	[ʑy] 殊樹殊入如魚漁餘儒於愚虞娛
[ʑiɔ̃] 像祥詳降	[ʑyɛ̃] 玄弦旋懸縣員圓緣沿鉛元袁援原
[yõ] 羊洋楊揚陽瘍螢	[zã] 上尚讓

〔ʑin〕行形刑尋肫　　　〔dzã〕常嘗

〔in〕寅銀盈贏　　　　　〔ʐyn〕純順蠅營榮雲勻閏孕

〔ʐy〕徐殊樹薯豎入　　　〔ʐyŋ〕茸容庸戎熊雄融濃

〔y〕魚漁余儒于愚虞娛

〔ʐyẽ〕旋玄懸

〔yẽ〕員圓緣沿鉛元袁援原

〔ʐyõ〕上常嘗裳

〔ʐyn〕純熊雄鶉順

〔yn〕勻雲戎融庸榮濃閏

上表所列的字，湘鄉、雙峰話裏分別屬於 d、dz、dʑ、n. 聲母和零聲母。

（8）湘鄉、雙峰、新化、邵陽都有鼻化元音，但數目各有不同。

湘鄉有 ỹ、ĩ、yĩ、ũ 4 個鼻化元音，雙峰有 ã、õ、ĩ、iẽ、iõ、uã、uẽ、uĩ 8 個鼻化元音，新化有 ã、ẽ、õ、uã、iẽ、iõ、yẽ、yõ 8 個鼻化元音，邵陽有 ã、iã、iẽ、uã、yẽ 5 個鼻化元音。

（9）湘鄉、雙峰、新化、邵陽都有自成音節的鼻輔音韻母，但數目不等。湘鄉有 m̩（姆）、n̩（你）、ŋ̍（我）三個，雙峰有 m̩（姆）、n̩（你）兩個，新化有 n̩（你）一個，邵陽有 n̩（你）、ŋ̍（唔）兩個。祇有鼻韻母 n̩（你）是四地一致的。

（10）中古宕江兩攝陽聲韻字，今湘鄉讀 aŋ、uaŋ、iaŋ；雙峰讀 aŋ、iaŋ，合口字如"汪、王、光、廣、匡、狂、黃、謊、窗、雙"都為開口 aŋ；新化變為鼻化音 õ，與山攝混；邵陽念為鼻化元音 ã，也與山攝混。

（11）中古假攝二三等字：湘鄉、雙峰分別讀爲 o、io，主要元音相同。新化讀爲 a、ua、ia，主要元音也相同。邵陽話二等開口舌齒音念 a，牙喉音念 ia，合口都念 ua，三等字念 iɛ。如“巴、爬、媽、茶、沙”（a）、“媧、瓦、瓜、華、花”（ua）、“家、假、嫁、霞、下”（ia）、“嗟、寫、卸、也、邪”（iɛ）。

（12）入聲問題，湘鄉、雙峰相同，没有入聲，平聲、去聲分陰陽，共有陰平、陽平、上聲、陰去、陽去五個聲調，入聲并入陽平和陰去兩聲。新化有陰平、陽平、上聲、去聲、入聲五個聲調，邵陽有陰平、陽平、上聲、陰去、陽去、入聲六個聲調。

（13）聲與韻的配合，湘鄉、雙峰舌頭音有撮口呼，即舌頭音 t、t‘、d 與元音 y 或帶 y 介音的韻母相拼。如：

t　猪諸朱株主煮注鑄追錐專轉眷絹

t‘　吹炊區出廟黜處去川穿圈喘犬串勸

d　除渠儲厨瞿伫錘巨住柱懼墜船傳篆

新化、邵陽話 t、t‘、d 不與 y 相拼，上面所舉的字，聲母都是 tɕ、tɕ‘、ɕ。

二

湘鄉、雙峰雖然在 1951 年以前是一個縣，兩地語音也有不同的地方。

（1）湘鄉有鼻韻 ŋ（我），雙峰念爲 aŋ²¹（我）。“我們”，湘鄉

念 η^{21}li（我俚），雙峰念 aη^{21}ŋã；"你們"，湘鄉念 n̩^{21}li（你俚），雙峰念 n̩^{21}niẽ；"他們"，湘鄉念 t'o^{55}li（他俚），雙峰念 t'o^{55} niẽ。

（2）湘鄉話中古通攝與臻、深兩攝相混，都念 ən，如"東、冬、董、懂、珍、真、診、疹、針、斟、枕"念 tən，"通、桶、痛、趁"念 t'ən，"同、童、動、洞、陳"念 dən；雙峰話通攝大都念 aŋ，與宕攝混，合口字變爲開口，如"東、冬、當、洞、蕩、通、湯、統、倘、宗、從、藏、嵩、桑、宋、喪"韻母都念 aŋ。雙峰內部也不統一，有的將通攝字讀爲 ən，與臻攝混，與湘鄉一致。

（3）中古山、咸兩攝一二等字，湘鄉念 iã，雙峰大都念 ã。如"丹、單、誕、旦、但、憚、灘、檀、彈、炭、難（以上山攝一等字），貪、探、覃、談、男、南、婪、藍、耽、瞻、站（以上咸攝一等字），班、頒、板、辨、盼、蠻、慢（以上山攝二等字）"，以上韻母湘鄉都是 iã，雙峰都念 ã。

（4）流攝一等字如"剖、謀、某、兜、鬥、陡、鬥、偷、透、頭、豆、樓、漏、奏、湊、搜、瘦"，湘鄉韻母都念開口音 ai，雙峰都念齊齒音 ie。

（5）湘鄉咸攝鹽韻三等和山攝仙韻三等開口知、章兩組陽聲韻尾消失，念舌尖後元音 ʅ，與蟹、止兩攝三等開口及臻深梗曾四攝入聲開口等知、章兩組字相混。如：

tʂʅ（陰平）知、支、梔、之、沾、粘、氈、瞻，（上聲）脂、旨、紙、止、衹、展，（陰去）智、至、志、翅、占、顫、戰

ts'ʅ（上聲）恥、齒、侈、闡

dʐʅ（陽平）滯、池、遲、持、雉、纏，（陽去）痔、治、豉、

善、膳、繕

ʂ̩（上聲）豕、屎、始、史、使、閃、陝，（陰去）世、勢、
十、拾、食、式、扇、煽

雙峰話裏，上述陽聲字與陰、入聲字界限分明，絕不相混。

三

雙峰與湘鄉原本一縣，與新化、邵陽相距也不算遠，都是老湘
語，爲什麼方音上還有這麼多差別呢？過去交通不便，不同地區的
人很少往來，固然是原因之一，最主要的恐怕還是歷史上人口不
斷流動的結果。湖南自古爲兵家必爭之區，人口遷徙頻繁，情況
複雜。整個湖南如此，雙峰也不例外。據《雙峰縣志》統計，1987
年雙峰全縣 82 萬多人，402 個姓。有的姓人口多，如王姓有 9 萬多
人。有 44 個姓祇有一兩萬人。有 67 個以上的姓是經唐宋元明以至
1949 年前後從外省或外地遷入的，占全縣人口逾 90%。有 21 個人
口在 1 萬以上的大姓，總人數 63 萬，占全縣人口的 76.6%。他們往
往在不同時期由不同地區先後多次遷入雙峰，情況相當複雜。總地
來説，由江西遷來的人最多，也有從其他地方來的。下面我們舉一
些例子：

王姓　有七支。一支宋代由潭州遷入，稱荷塘王氏；一支元順
帝至正年間由江西江右遷入，稱梽木山王氏；一支元朝末年由江西
安福遷入，稱同德王氏；一支于明洪武初年由石獅江遷入，稱西嶺
王氏；一支于明洪武初年由桂林遷入，稱泉塘王氏；一支于明永樂

四年（公元 1406 年）由江西吉安遷入，稱橫塘王氏；一支于明末由福建汀州遷入，稱藏石王氏。

朱姓　有三支。一支于宋代由湘潭遷入，稱江邊朱氏；一支于明成化二年（公元 1466 年）由江西永新遷入，稱泉壩朱氏；一支于清初由江西遷入，稱沙田朱氏。

李姓　有八支。一支于元英宗至治年間由江蘇淮安遷入，稱唐樓李氏；一支于明洪武初年由江西吉州遷入，稱新澤李氏；一支于明代初年由江西遷入，稱城澗李氏；一支于明永樂十八年（公元 1420 年）由江西遷入，稱土庫李氏；一支于明嘉靖十一年（公元 1532 年）由臨川遷入，稱樂調李氏；一支于明代由武岡遷入，稱測水李氏；一支于明末由江西遷入，稱白羊橋李氏；一支于康熙年間由邵陽遷入，稱萬安李氏。

劉姓　有十支。一支于元泰定年間由湘鄉遷溪口，稱石磴劉氏；一支于元至正年間由江西遷衡陽，又遷雙峰，稱長塘劉氏；一支于元順帝時由吉安遷入，稱懷德劉氏；一支于元代由淮州遷入，稱湘衡劉氏；一支于明初由邵陽遷入，稱小富劉氏；一支于明洪武年間由永州遷入，稱東腰劉氏；一支于明正統二年（公元 1438 年）由江西永新遷入，稱湘田劉氏；一支于明成化十五年（公元 1479 年）由江西盧陵遷入，稱坳頭劉氏；一支于明嘉靖年間由江西三舍（待查）遷入，稱溪品劉氏；一支于明嘉靖年間由江西永新遷入，稱梓喬劉氏。

彭姓　有七支。一支于元世祖時由茶陵遷入，稱青藍彭氏；一支于元順帝至正四年（公元 1344 年）由江西吉水遷入，稱九溪彭氏；一支于明初由江西泰和遷入，稱高沖彭氏；一支于明洪武二年（公元 1369 年）由盧陵遷入，稱約溪彭氏；一支于明洪武初年由泰和遷入，稱龍田彭氏；一支于明宣德九年（公元 1434 年）由江西安福遷入，稱坪壤彭氏；一支于明景泰年間由湘鄉遷入，稱白龍彭氏。

　　胡姓　有兩支。一支于元泰定帝時由江蘇遷湘鄉，又遷雙峰大村，稱桑林胡氏；一支于明洪武初年由江西遷入，稱夏橋胡氏。

　　賀姓　有兩支。一支于五代後唐莊宗同光元年（公元 923 年）由江西泰和遷入，稱白馬賀氏；一支于明末由寶慶遷入，稱寶慶賀氏。

　　陳姓　有四支。一支于元初由江西泰和遷入，稱扶槎陳氏；一支于元泰定帝泰定二年（公元 1325 年）由泰和遷入，稱尚義陳氏；一支于明嘉靖年間由湖北沔陰遷入，稱花家窑陳氏；一支于元順帝至正三年（公元 1343 年）由泰和遷入，稱湘衡陳氏。

　　鄧姓　有三支。一支于元順帝至正三年（公元 1343 年）由泰和遷入，稱長田鄧氏；一支于至正六年（公元 1346 年）由湘陰遷入，稱南岸鄧氏；一支于明崇禎六年（公元 1633 年）由邵陽遷入，稱黃泥鄧氏。

　　謝姓　有三支。一支于宋高宗紹興年間由泰和遷湘，後代遷雙峰，稱扶洲謝氏；一支于明初由湘潭遷入，稱蔣市謝氏；一支于元末由泰和遷入，稱印塘謝氏。

　　趙姓　有一支。于正德四年（公元 1509 年）由潭州遷入，稱深江趙氏。

　　蕭姓　有三支。一支于宋哲宗元祐六年（公元 1091 年）由江西吉州遷入，稱文山武障蕭氏；一支于明嘉靖間由湘潭遷入，稱深扶蕭氏；一支于清康熙年間由婁底遷入，稱婁底蕭氏。

周姓　有五支。一支于宋末由杭州遷入，稱石塘周氏；一支于元順帝元統年間由江西盧陵定居洞口桃花坪，其後人于清同治年間遷至雙峰，稱蔣市街周氏；一支于元順帝至正五年（公元1345年）由長沙遷入，稱大楓周氏；一支于明洪武二年（公元1369年）由長沙遷入，稱鬥鹽周氏；一支于明成化五年（公元1469年）由江西瑞州遷入，稱黃沙州周氏。

黃姓　有三支。一支于明弘治七年（公元1494年）由湘鄉遷入，稱街埠黃氏：一支于明洪武十四年（公元1381年）由武岡遷入，稱石門黃氏；一支于明弘治年間由江西樂安遷入，稱蒿子坪黃氏。

曾姓　有兩支。一支明末由衡陽遷入，稱大界曾氏；一支明末由武岡遷入，稱石堰曾氏。

羅姓　有三支。一支明初由邵陽遷入，稱寶慶羅氏；一支于明洪武初年由江西泰和遷入，稱上湘羅氏；一支于明嘉靖年間由梧州遷入，稱柏林羅氏。

張姓　有三支。一支宋初由吉州遷入，稱歐源張氏；一支于明弘治年間由江右遷入，稱七帳張氏；一支于明隆慶初年由江西永興遷入，稱曾家沖張氏。

戴姓　有兩支。一支于元初由吉安遷潭州後遷居雙峰，稱茶沖戴氏；一支于明崇禎年間由武岡遷入，稱合塘戴氏。

歐陽姓　祖居河南，唐安史之亂遷吉州，再遷雙峰，稱秋月歐陽氏。

　　曹姓　清嘉慶年間由江西南康都昌遷雙峰，稱鬥鹽曹氏。

　　宋姓　明初宋庚九由江西遷湘鄉，其後裔遷雙峰，稱青石宋氏。

　　向姓　明初向庚八由江西泰和遷入，稱琥珀向氏。相傳庚八公與宋庚九本兄弟，以音誤爲兩姓，故有向宋不婚的傳說。

　　譚姓　明洪武三年（公元 1370 年）由茶陵遷入，稱田蕩譚氏。

　　鄒姓　有兩支。一支于明弘治年間由豫章遷入，稱九溪鄒氏；一支于宋代由江西撫州遷入，稱山井鄒氏。

　　龔姓　有兩支。一支元末由江西德安遷入，稱湘鄉龔氏；一支明洪武元年（公元 1368 年）由江西泰和遷雙峰永豐，稱上湘龔氏。

　　郭姓　明洪武四年（公元 1371 年）郭元由江西吉州遷入，子孫繁衍，稱龍返郭氏。

　　萬姓　明洪武八年（公元 1375 年）由徽州遷入，稱小羅萬氏。

　　唐姓　有兩支。一支元時由江右遷衡陽，其子孫于明遷雙峰，稱金坑唐氏；一支于明洪武三年（公元 1370 年）由江西遷梓田，稱梓田唐氏。

　　外地遷入雙峰的各個姓氏，大都聚族而居，靠墾殖務農爲生，經過幾百年的繁衍生息，往往由少數幾個人或幾十人發展成爲成千上萬人的大宗族。他們和原有居民共同生活在雙峰這塊熱土上，相互影響，彼此融合，共同成爲雙峰的主人，語言上也逐漸形成了雙峰話自己的特點。

　　隨着社會的快速發展，交通日益方便，人們交往日益頻繁，思想日益開放，電視廣播日益普及，普通話大力推廣，雙峰話也就跟別的方言一樣，逐漸向普通話靠攏，某些過於土氣的詞語不再使用，不再 aŋŋā（我們）做牛叫了。

四

方言研究，主要有描寫、比較、探源三個方面。

描寫：是對某一方言的語音（聲、韻、調及其配合）進行共時的描寫。

比較：有歷時的也有共時的，前者是方言音系與《廣韻》音系的比較，後者指方言與方言之間的比較。

探源：就是研究方言的來龍去脉，探索方言詞語的歷史來源。

其他：方言文化。

湖南學者對湘語的研究，起步很早，卓有成效。1923 年楊樹達先生就發表了《長沙方言考》（《太平洋》第四卷第四期），1936 年黎錦熙先生發表了《長沙方音字母》（與趙元任合寫，《世界周報·國語周刊》232—236 期連載）。

1960 年唐作藩先生發表了《湖南洞口縣黃橋鎮方言》，我發表了《湖南雙峰縣方言》。二十世紀八九十年代，湘潭大學李永明教授做過很好的研究，出版了《長沙方言》《衡陽方言》《臨武方言》等專著，成績斐然。湖南師大諸先生更爲傑出，由吳啓主、鮑厚星先生主持出版了“湖南方言研究叢書”，包括研究專著和方言詞典，共計二十餘部，在全國高校中首屈一指，絕無僅有。這是湖南師範

大學文學院一大壯舉，值得熱烈祝賀。羅昕如教授的《湖南方言與
地域文化研究》既是方言與文化的研究，也是湘方言内部的比較研
究，別開生面，很有水平。

　　在現有堅實的基礎上，我希望湘語研究更上一層樓。一是在方
言考釋和探源上有更大的突破。婁底師專（今湖南人文科技學院）
彭逢澎教授所著《湘方言考釋》下了很大工夫，很有成績，但還有
許多工作可以進一步去做。例如湘鄉、雙峰有一個詞叫"p‘a²¹"，
意思是以肩膀爲支點，扁擔或棍棒的一頭挂東西，另一頭用手按
住，該寫成什麽字？又《漢語大字典·廣部》："庹，徒何切，音
tuǒ。量詞。成人兩臂左右平伸時兩手之間的距離，約合五尺。"引
《文彙補·廣部》："庹，兩腕引長謂之庹。"楊朔《金字塔夜月》：
"塔身全是一庹多長的大石頭壘起來的。"湘鄉、雙峰此義讀 p‘a²¹，
《湖南省志·方言志》湘鄉方言寫作"遧"，此字不見於字書，是
否有什麽根據？又"do"量詞：拇指和中指伸開的長度，又動詞跨，
該寫成什麽字，是不是"度"或"踱"的方言讀音；又《方言》卷
一："黨曉哲，知也。"論者或以爲"黨"即"懂"的楚音，今雙峰
方言是否可以和楚音聯繫起來？青蛙，湘語許多地方叫"麻拐"，
僮語[①]中也叫"麻拐"，是借用還是古代"蛙"字的複音化？

　　二是比較研究。湘語内部，語音、詞彙、語法上有的相同，有
的不同。如果能一一進行比較，擺出事實，説明其所以然，那就不
僅對湘語的認識深入了一大步，對漢語史的研究也將是一大貢獻。

---

　　① 僮語：即壯語。我國少數民族壯族的壯字原作"僮"。

可喜的湘語研究新成果 *

——評羅昕如新著《新化方言研究》

　　湖南方言複雜，向來有"湖南土地清，十裏不同音"的説法。湖南方言中最有代表性的自然是湘語，它保存全濁音，有自己的特點，但内部并不統一。20世紀30年代趙元任、丁聲樹、楊時逢、吳宗濟、董同龢等先生首次調查湘語，楊時逢先生1974年整理出版了《湖南方言調查報告》（臺灣"中研院"歷史語言研究所印行）。楊樹達先生于30年代撰《長沙方言考》，首次研究湘語方言詞彙。新中國成立後，50年代湖南師範學院中文系普查了湖南80多個縣的方言，出版了石印本調查報告；北京大學中文系唐作藩先生以及本文作者也分别寫了《湖南洞口縣黃橋鎮方言》和《湖南雙峰縣方言》。袁家驊教授的《漢語方言概要》就以這兩個方言點作爲老湘語的代表。80年代湘潭大學中文系（今文學與新聞學院）李永明教授先後出版《衡陽方言》《常德方言》《長沙方言》等書，成績不小。現在湖南師大中文系吳啓主教授主編"湖南方言研究叢書"，更是一項巨大的學術工程，無疑將把湘語的研究推進到一個新的水平。

*　原載《湖南師範大學社會科學學報》第4期，1999年。

　　羅昕如的《新化方言研究》是"湖南方言研究叢書"中的一種，1998 年 7 月由湖南教育出版社出版。該書是老湘語研究中可喜的新成果，我認爲寫得很好，值得向讀者推薦。全書五章，首章導論，簡要介紹新化的歷史沿革和新化方言的概貌。第二章語音，第三章詞彙，第四章語法，第五章語料記音。全書近 30 萬字。

　　語音章全面記錄新化音系的聲、韻、調，列有同音字表，與北京音系及中古音進行了比較。我們從中可以看到新化語音的特點：全濁聲母保存完整，x、f 混讀，n、l 不別義，尖團音不分；沒有韻尾 -i 和 -ŋ，元音鼻化現象普遍，有自成音節的 ṇ 的韻母；聲調 5 個，入聲自成一類，但不保存 -p、-t、-k 韻尾。全濁聲母保存完整是老湘語的共同特點。

　　詞彙章分類記錄了 4 000 多個新化方言詞，同時從構詞理據、構詞方法、詞的源流和詞義等方面跟普通話詞彙進行比較，揭示了新化方言詞彙的特點。有些新化方言詞非常特殊，如"蟮蟲"（蚯蚓）、"果"（蛋）、"蟷翅"（蜻蜓）、"豬屎鳥"（喜雀）、"郎把公"（女婿）、"單身阿嫂"（寡婦）等，不僅其他湘語中沒有，幾乎所有漢語方言中都沒有，這是新化人的獨創，反映了新化人的造詞觀念，值得好好分析。新化方言中保存了一些普通話裏已經消失的古詞古義。如"鼎"（飯鍋）、"鑊"（菜鍋）、"斫"（砍）、"炙"（烤）、"溢"（水溢出）、"清"（涼）、"執古"（固執）、"走"（跑）、"行"（走）、"吃"（吃飯、喝茶、吸煙）、"咸"（都）等。對有些字的字源本書做了一些考證。如："佮，合。結交：佮朋友。"引《集韻》入聲合韻葛合切："佮，《説文》：合也。""鑄，冶補。"引《廣

韻》姥韻郎古切："鏀，釜屬。""澢，用手擋住。"引《字彙》他
郎切："澢，以手推也。""眀，晾。"引《集韻》去聲宕韻郎宕切：
"眀，暴也。"這對讀者是有啓發的。不過，考訂方言字來源并不
容易，漢語詞彙是不斷發展的，方言詞的來源也不止一個，不能
都從古書中找到相對應的字。有的詞祇能以同音字記音，如："潘，
（把鷄鴨鵝等）轟開。""半（把東西）藏起來。""降，使勁搓揉地
踩。""弄，推。""散，摟抱。"這裏的"潘、半、降、弄、散"不是
本字。有的連同音字也沒有，祇能單純記音，如"脚陷在泥中"叫
b'æ˩，"比賽"叫 t'iɛ˩，"（把東西）系起來或捆起來"叫 tɕ'ya˦。在
方言調查中，這是一種實事求是的辦法。

語法章從詞法和句法兩個方面全面描述和分析了新化方言語
法的特點，從中可以發現不少特殊而有趣的内容。例如新化方言
的名詞詞綴多達 12 個。詞綴"子""仔""唧"都可以表人或物而
各有不同。"子"的使用範圍廣，"仔"表示小稱，含有喜愛的感情
色彩。"唧"用於人的稱謂中也表示小稱。數詞中用"炮"表示十，
如"炮個人""數炮下"。量詞"隻"（tɕya˦）可用於人，也可用於
動物或其他東西，如"一隻妹唧""一隻牛""一隻椅子""一隻車
子"。第三人稱代詞用"其"不用"他"。指示代詞分近指、較遠
指、更遠指三類。程度副詞用"蠻"。結構助詞"咯"兼有普通話
助詞"的"和"地"的用法。這些不僅跟普通話差別很大，跟其他
地方的湘語也并不完全一致。

羅昕如有相當深厚的語言學修養，她下大功夫深入調查研究了
新化方言，取得了豐富的方言材料，加上本人又是新化人，對本方

言的種種細緻區别都能深入體會，所以本書記音是準確的，詞彙、語法的分析也很得當。該書全面、系統、深入地研究了新化方言，揭示了新化方言的特點，材料翔實可靠，是一部有較高學術價值的湘語研究專著。該研究成果對於漢語方言比較研究、漢語史研究、語言理論研究都具有重要意義。

在這裏我想談談有關湘語調查研究的兩點想法。

首先，湘語内部有的區别還很大，有深入探討的必要。例如新化話和雙峰話同屬婁邵片，兩者差别却不小。語音上新化話濁塞音和塞擦音聲母吐氣，没有鼻音韻尾 -ŋ，去聲一類，入聲自成一類；雙峰話全濁塞音和塞擦音聲母不吐氣，有鼻音韻尾 -ŋ，去聲分陰陽兩類，入聲消失，并入陽平和陰去。詞彙上兩者差别也不小，如跳蚤，新化叫“狗虱”，雙峰叫“狗子”；鷄蛋，新化叫“鷄果”，雙峰叫“鷄蛋”。所記錄的 4000 多個詞中，不同部分差不多達到六分之一。語法上新化第三人稱代詞用“其”，雙峰用“他”。新化指示代詞分近指、較遠指、更遠指三類，雙峰話衹分近指、遠指兩類。爲什麽兩縣相隔不遠又都是老湘語中同一個片，而差别會如此大呢？恐怕跟湖南歷史上的人口遷徙是分不開的。湘中湘西古爲蠻貊之地，現在的居民，大多是唐宋以後分期、分批從外省遷來的。這種遷徙往往聚族而行，把老家的方言特點也帶來了，形成了現代湘語内部的複雜性。如果能够出版一部湖南歷代人口流動史，對於湘語的深入研究無疑是大有幫助的。

其次，研究方言最爲注重的是它們與衆不同的特點，這當然正確。但是方言不是孤立的。方言與方言之間會互相影響，必然會有不少相同之處。這在詞彙研究上尤其如此。如"鬧"（中毒）、"絆"（跌倒）、"拌"（生氣摔東西）、"盤"（撫養）、"溢"（水溢出）、"潨"（水上涌）、"捱"（拖延時間）、"嘬"（吸）、"行"（走）、"走"（跑）等詞，不僅新化話有，湘語其他地區有，別的方言也有。它們可能是古漢語的共同繼承，也可能有方言之間相互影響，也還可能受別的語言的影響。理清這些詞語的來龍去脉，我們可以看清方言與方言、方言與古漢語以及方言與別的語言的關係。也許這已超出了方言研究的範圍，但從長遠一點看却是必要的。

書　序

許威漢先生主編《古漢語詞詮》序

　　一個國家詞（字）書編寫的水準，在一定程度上反映了這個國家學術水平的高低。中國是一個文明古國，詞（字）書編寫有着悠久的歷史。近幾十年裏更是滿園春色，盛況空前，各種語文詞書、百科詞書、專科詞書和專書詞書，如雨後春筍般涌現出來，呈現一派欣欣向榮的景象。

　　不同詞書有不同的編寫目的和任務，其收詞範圍、釋義詳略、書證引用也都有不同的要求。川鄂兩省學者編纂的《漢語大字典》，收單字五萬六千多個；華東五省一市學者編纂的《漢語大詞典》收複音詞語三十七萬餘條。其規模之宏大，釋義之詳盡，書證之豐富，體制之完備，都無與倫比。這是迄今中國語文詞書編纂的最高水準，自然是我國社會主義文化建設所絕對必要的。但是像《漢語大字典》《漢語大詞典》這樣的鴻篇巨製，一般讀者難以購置，學生更無法携帶。因此出版一批篇幅較小、内容精粹、簡明扼要的中小型詞書，同樣是十分需要的。許威漢教授主編的這部名爲《古漢語詞詮》的中型詞書就是爲了滿足一般讀者的實際需要而編寫的。

　　詞典是"典"，不同于普通的讀物。它要求準確、科學地解釋每一個詞義，以便讀者取法，從而正確地認識和應用祖國的語言。

這就要求詞書編寫者不僅有真才實學，而且要有非常嚴肅的治學態度。威漢教授是我國著名的語言學家，從事高校教學和科研半個多世紀，學識淵博，於文字、音韻、訓詁、詞彙、語法無所不窺，升堂入室，科研成果累累。更可貴的是威漢教授無論治學或做事，無不認真負責，全力以赴，鍥而不捨，精益求精。由威漢教授主持編纂的這部《古漢語詞詮》，實際上相當於《古漢語詞典》，且又變而愈上。

的確，這部詞詮很有自己的特色。收錄單字一萬多個，複音詞語六萬餘條，基本上可以滿足讀者閱讀一般古書的需要；釋義簡明精當，不與同類詞書雷同；義項按本義、引申義等先後排列，井然有序；有些詞條下加"辨"，以辨析同義詞的詞義差別、古今詞義以及某些字形的變遷，切合實用。至於引用書證，可以幫助讀者瞭解詞義，不能説沒有用處。衹是書證多了篇幅就會增大，所以本詞詮一般不舉書證，酌情舉複合詞、詞組或名句爲例，以能幫助説明詞義爲限，而節省下來的篇幅便可大量增收詞條，豐富詞書含量，看來這不失爲一種簡明實用的詞書編纂辦法。

總之，無論從內容到形式，這部《古漢語詞詮》在同類詞書中都可算上乘之作，出版後會受到讀者的廣泛歡迎是毫無疑問的。我有幸先讀到它的樣稿，高興地寫了上面的一些話，算作序言。

2009 年 10 月
于四川大學風雨居

齊沖天教授《窯頭集——齊沖天語文論集》序

　　老友齊沖天教授已有多種著作問世，現在又將出版學術論文集，壯心不減，老而彌堅，精神可欽。論文集收集論文多篇，包括書法研究、人物述評、文字辭書研究、漢語詞彙語源研究等四個方面，内容廣泛，觀點鮮明，凝聚着沖天大半生學術研究的心血，是一部具有學術價值的好書。

　　學生時期，沖天就以擅長書法見稱，篆、隸、行、楷都寫得好，是班上難得的專才。數十年來勤學苦練，精益求精。出版書法理論著作三種和書法集一册，是一位名副其實的書法家。

　　辭書編纂，沖天有自己獨特的理論見解，先後在《人民日報》《中國語文》等報刊上發表了《字典改革之我見》《論字典的改革》《〈現代漢語詞典〉的過失》《〈漢語大字典〉謬誤多》等多篇論文，這些文章大都彙集在這部論文集裏。我國的字典辭書一般按偏旁筆畫或音序排列，内容義項力求全面詳盡，便於讀者檢閱查考，讀者希望從中瞭解他不懂的疑難詞語，并不要求瞭解漢語詞彙的系統性及其流變。一部大型字典或詞典，往往需要許多學者經過多年努力纔能完成，缺點錯誤，仍難避免。沖天關於字典辭書的理論見解，自有其合理性，却未必能够付諸實施。但沖天勇於探索、善於思考、知無不言、言無不盡的精神值得發揚，也是當前學界所需要的。

　　漢語詞彙史和語源詞族研究是沖天一生用力最勤、成績最爲顯著的部分。他認爲，漢語的最大特點是單音節。單音詞由音和義合成，聲、韻、調都可以區別語義。漢語三分之二的單音詞由一個音和義合成，衹有一個語源，三分之一的單音詞由兩個音和義合成，有兩個語源。如《説文》："全，完也。純玉曰全。"全，完叠韻，全、純準雙聲。全有完、純兩義，做名詞，指完而純的玉；做形容詞，指完而純。上古漢語有 753 個語源詞。一個語源詞可以派生出幾個乃至二十幾個派生詞，形成一個詞族。古代漢語有 753 個詞族，9000 個派生詞，構成一個完整的漢語詞彙語義系統。十數年裏沖天"在自己研究的課題上費盡心血、絞盡腦汁"取得了可喜的成果——編成并出版了《漢語音義字典》。這是我國第一部大型的漢語單音詞詞族源流字典，系統疏理闡釋了 753 個語源及其派生詞的流變關係，在字書中別開生面，獨樹一幟。有的内容十分精彩，例如 987 頁"愁"字下釋云："《説文》：'憂也。從心秋聲。'秋字從龝，龝不兆，因之心愁。'愁'字的早期用例大都涉及年景、國計民生、存亡安危之愁，不大指身邊瑣事。故'愁'的本義是憂慮、擔心懸念，引申爲悲傷、痛心、慘淡等。《詩經》《尚書》《論語》《孟子》都没有'愁'字，《詩經》用了近百個'憂'字，没有'愁'字。《左傳》共四個'愁'字……周秦時代的'愁'字，都是憂國憂民之愁，兩漢也大都如此。《史記》9 個'愁'字，而'憂'字用了 173 個，如説'愁勞聖人之所以起也'，是民之安危之愁，而屈原'憂愁幽思而作《離騷》'，更是愁楚國之存亡。《論衡》14

個'愁'字，也大體不離其本義。如《語增》：'夫易而少憂，少憂則不愁，不愁則身體不瞿。'憂與愁的輕重就顯示了出來。憂多了纔有愁，少憂則不愁，這正是憂與愁的區別。……現代憂、愁二字的詞義已很難區別，祇是用法上還有點差異。如'憂'字在口語中已很少單獨用，而'愁'字如口語'愁吃愁穿''不愁没人要'等。而一些固定詞組或成語中的'憂'字，也祇有'憂'字適合。如説'憂心忡忡''先天下之憂而憂'等。"分析深入細緻，決非泛泛者可以寫出來的。

但沖天書中對詞源詞和派生詞的確定，還不够嚴謹，不免引起讀者的懷疑。如詞源詞"弟"有次第、兄弟、小等意義。而派生詞中，"綈"爲厚繒，"鮷"爲大鮎，"剃"爲除去毛髮，與"弟"的語源關係如何解釋？詞源詞"夷"，《説文》："平也。東方之人也。"派生詞"恞"，《玉篇》："悦也。"心平氣和引申爲愉悦，是講得通的。而"胰"，《廣韻》："夾脊肉。"説脊之兩側長起肌肉使背部平坦，故胰字從夷，則未免多了幾分想象。"夷"亦有"小"義。古稱東方之人爲夷，後泛稱四方少數民族爲夷。對中原華夏而言，正有小的意思。《論語·八佾》："夷狄之有君，不如諸夏之亡也。"顯然是對夷狄的小視。派生詞"姨"，亦有小義。《説文》"妻之女弟同出爲姨"，至今仍稱小姨子。又妾亦稱姨，《紅樓夢》中有薛姨媽。沖天書中祇舉了母親或妻的姐妹爲姨。又"荑"，茅之始生也。《爾雅·釋木》："女桑，桋桑。"荑、桋皆有幼小之義，正當爲夷派生詞，却移置於語源詞"第"的下面。同樣語源詞"喜（歡喜）"下有派生詞僖、嘻、嬉、禧。而喜聲的熺（灸）、瞦（目童子精）、饎（酒食）則置於語源詞臣（養）下面，與宧（養，室之東北隅）、姬（黃帝姬水，以爲姓）、茝（白芷，草名）、嫛（悦樂）、熙（曬乾）歸爲同一詞族。其中有的詞義有別，有的另有本義。如“熙”，《説文》：“燥也。从火𤍠聲。”燥是曬乾。火有光，引申爲光明。《詩·周頌·酌》：“時純熙矣。”又火大則勢盛，引申爲興盛。《書·堯典》：“庶績咸熙。”就本義言，與頤養之臣（頤）并非同源。鄙見以爲，不能確定其派生關係的詞，不妨存疑，以待進一步研究。《音義字典附錄》已經這樣做了，還可以補充，如《附錄》中收了“伊”字，却未提及“尹、君”兩字。

　　聽説沖天開始提出自己的觀點時，導師王力先生并不同意。沖天和我一樣，非常尊崇自己的導師，因爲我們的漢語史知識大都是從導師那裏學來的。但在這個問題上，沖天堅持自己的觀點。我想，科學研究是隨時代而發展的，學生總要做一些老師没有做過的事。如果祇是重複老師説過的話，還要學生做什麽？現在沖天實踐了自己的觀點，做出了有價值的成果，没有辜負導師的教育培養，先生九泉之下也是會樂意的。

2015 年 8 月 28 日

游光中、黄代變先生《詩學大典》序

　　我國自改革開放以來，辭書出版事業欣欣向榮，各種類型的工具書如雨後春笋般地涌現出來。游光中、黄代變二君《詩學大典》的問世，又將在我國辭書的百花園裏增添一朵絢麗的鮮花，值得慶賀。

　　這是一部大型的專科辭典，共收詞目一萬四千多條，近五百萬字。凡有關古今中外詩歌體裁、格律、理論、思潮、風格、評論、作家、作品、社團、刊物、詩壇趣事等方面的知識，無不盡力囊括，堪稱大而且全。釋義詳賅，例證豐富，知識性强，切合實用，是這部辭典的特點。它問世的消息，定能不脛而走，受到廣大讀者的熱烈歡迎。

　　毛主席説："人是應該有一點精神的。"一兩個人要在幾年内編寫一部幾百萬字的辭書，在許多人看來是難以想象的。何况游、黄二君還擔負着相當繁重的行政和教學任務，但是他們懷着一種要爲祖國學術事業做出貢獻的强烈願望，知難而進，百折不撓；白天忙，就晚上幹，放棄了一切休息和娛樂的時間，六七年如一日，終於獲得了成功。這種艱苦卓絶、自强不息的精神，實在令人感動，給人啓迪。

　　游、黄二君風華正茂，後生可畏，日就月將，學業前程未可限量。此書甫脫稿，另一編寫任務即將上馬，我熱切地預期二君百尺竿頭，更進一步，取得更大的成功。

2005 年 11 月 1 日于四川大學

俞理明教授《〈太平經〉正讀》序

　　道教是中國本土産生的宗教，具有中國特色。兩千年來，道教對中國人民的思想生活和社會政治都産生過重大影響，是中國傳統文化的重要組成部分，有大量典籍傳世，值得好好研究。

　　道教形成於東漢末年，思想上以黄老爲基礎，包含儒、墨、陰陽、名、法各家的部分内容，古代的巫術、秦漢時期的方術也被它納入自己的體系。神仙方士宣傳不死之藥可以延壽長生，投合上層貴族要求長期享樂的欲望，得到他們的支持；用符水治病，驅鬼去邪，不用醫藥，則爲下層勞苦大衆所歡迎，漢末黄巾起義就是利用了道教的組織形式。早期道教還没有統一的理論和組織，漢末張道陵創五斗米道於蜀，教主爲天師，又稱天師道，信徒崇奉《老子五千文》，而中原地區的太平道，崇奉《太平經》。經晋宋葛洪、陸修静、齊梁等學者整理和發展，包括哲理、神譜、組織、齋醮儀式、符籙禁咒、服食修煉等一套完整的道教體系正式形成。與此同時，道教典籍也越來越豐富了。明代道士白雲霽編《道藏目録詳注》，收道經五千四百八十六卷，按傳統分爲洞真、洞玄、洞神、太玄、太平、太清、正一七部，成爲道教文化的豐富寶庫。

　　《太平經》又叫《太平清領書》，是初期道教的代表性經典之一，成書於東漢安帝、順帝時期，爲于吉、宫崇等人的集體創作。書中講陰陽五行、神仙鬼物、符籙禁咒，又講政治倫理、忠孝仁德、周急救窮，内容龐雜，觀點非一。《後漢書·襄楷傳》說它"以陰陽五行爲家，而多巫覡雜語"，《道藏目録詳注》說它"内則治身長生，外則治國太平"（卷四），是符合實際的。在我們看來，它的龐雜内容恰恰爲研究東漢道教思想，探索漢代哲學、社會意識、風俗習慣和語言特點提供了可靠的材料，是很有價值的。

《太平經》原書一百七十卷，幾經流失，今僅存明正統《道藏》本六十七卷，其中一至十卷爲唐末道士閭丘方遠所録《太平經鈔》，本經僅存五十七卷，而且各卷多有殘缺。二十世紀五十年代，王明教授廣泛搜集、利用有關文獻資料，采取校、補、附、存四種體例，編成《太平經合校》，大體恢復了全書的原有輪廓，爲《太平經》研究做出了重要貢獻。儘管如此，書中大量語言文字上的疑難問題并未完全解決，不少地方仍難讀通，《太平經》的研究遠没有完成。四川大學中文系（今文學與新聞學院）俞理明教授經多年努力，撰成《〈太平經〉正讀》，行將付梓。我有機會閱讀書稿，覺得理明的確下了苦功，成績斐然。主要有以下六個方面：

（1）調整全書編排，使《正讀》更接近於《太平經》原貌。其做法是，本經仍存的依本經，本經已缺的依《太平經鈔》，本經和《太平經鈔》都缺的依《敦煌目録》列出篇目，分部和各篇標題參用《敦煌目録》補充調整。

（2）補正文字脱誤。如"萬物半傷"注："半，當作中。"（卷三十五）"次皇后後宮之象"注："之象，疑當作象之。"（卷二十二）"於其□□成文"注："擬補：校聚。"（卷五十一）異文通

假也一一指明，如"以浮華傳學"注："學，同斅。"（卷三十七）"勤能壹言"注："勤，通僅。"（卷四十）

（3）注釋詞語。《太平經》比較接近當時口語，有的現在很難懂。如"說一負，知四負之說"（卷三十七），"負"有"角"義；"今見天師說，積喜且駭"（卷四十）"積"有"非常"義；"一州有億戶，有億井"（卷四十五），"億"指一百萬，是漢代特有的用法。複音詞的應用更顯複雜。有的詞素不同今語，如"欲樂"（卷三十六）、"樂欲"（卷五十一）作"想要"講，"格法"（卷五十五）作"常法"講，"端首"（卷三十六）作"頭緒"講，"密達"（卷五十）作"深入細緻"講；有的與今語形同義異，如"感動"（卷二十九）作"感應"講，"分別"（卷四十四）作"分析"講，"合同"（卷四十三）作"會集"講，"逃亡"（卷三十五）作"隱匿"講，"七正"（卷八十八）、"七政"（卷三十五）指人的耳目鼻口；有的詞序不同今語，如"何壹"（卷三十六）今語祇作"壹何"（多麼），"似類"（卷四十六）今語祇作"類似"（大致相像）；有的詞素用字不同今語，如"根柄"（卷十一）今作"根本"（事物的基礎）。

（4）分析語法。有關於句序的，如"令人愛之，不能樂禁"注："不能樂禁，樂不能禁，喜得不能自禁。"（卷三十三）有關於句型的，如"'王治且太平，人當貞邪？''當貞。'"注："'當貞邪不'，反復問句，'不'用在句末表示句中的否定項。"（卷三十五）《合校》作"當貞邪不當貞"中間未斷開，忽略了這是兩人的對話。有指明省略的，如"今唯天師，當云何乎？"注："唯天師，是一省略説法，意同‘唯天師開示’。”（卷三十五）有指明使動或意動用法的，如“父母不當隨衣食之也”注：“衣食，名詞使動用法，使穿衣飲食，供給穿衣飲食。”（卷三十五）“不惜難之也”注：“難，意動用法，以爲難。”（卷三十七）

（5）指明音韻特點。《太平經》是散文作品，但也有押韻的部分，《正讀》指明其韻字和所屬韻部，爲研究漢代語音史提供了實際史料。如《師策文》注：“此十三句，每句七言，句句押韻，韻字爲止、使、理、右、紀、久、已、待、殆、市、母、始、士，都是之部字。”（卷三十八）《胞胎陰陽規矩正行消惡圖》注：“各七言句爲韻文，押韻的字是：通、同、封、眸、弘、聾、童、通、上、重、凶，其中眸屬幽部，上屬陽部，其餘字屬東部。”（卷五十二）尤其值得一提的是作者通過《太平經》押韻的特點，并參《敦煌目錄》指出《太平經鈔》癸部第二段原標題“以自防却不祥法”中“以自防”三字實爲上段之末“以拘奸乎以自防”的後半句，糾正了由前人誤抄形成的錯誤。

（6）糾正標點錯誤。《合校》本句讀不當之處頗多，或當斷不斷，或不當斷而斷，《正讀》一一糾正之。如《合校》：“‘不敢不冒過悉道之。願具聞其意何等也？’‘平言。’”（卷三十七）其中“道之”下語意未盡，不應爲句號；“意”下應爲一句，“何等也”乃師言，當屬下，“平”“言”爲兩事，應斷開。《正讀》改作“‘不敢不冒過悉道之，願具聞其意。’‘何等也？平，言。’”是正確的。《合校》：“書辭誤與不前後宜，當以相足。”（卷五十）意思頗爲含混，《正讀》改爲“書辭誤與不，前後宜當以相足。”就詞順意通了。

以上六項總計數千事，縱不能說書中語文問題已全部解決，但是《正讀》將《太平經》研究提高了一大步則是事實。從事古書的整理、注釋和研究，既要有相當深厚的學力，又要有甘於寂寞的耐心，不是容易的事。理明潛心學問，工作勤奮，深通漢語史，撰著甚豐，於佛、道文化亦有研究，所著《佛經文獻語言》頗受學界稱道。《正讀》出版後，相信讀者一定也會歡迎的。我在這裏預祝它成功，并寫了上面一些話，算是序言。

1999 年國慶

楊琳教授《小爾雅今注》序

　　我們現在看到的《小爾雅》是《孔叢子》的第十一篇。《孔叢子》題爲秦漢之際孔鮒撰，但不見於《漢書·藝文志》，朱熹以來的學者都認爲是僞書，作者可能是三國時代的王肅，因此《小爾雅》也被看成僞書。其實它們不是一回事，《小爾雅》并不是僞書。《漢書·藝文志》收《小爾雅》一篇，不著撰人，其時代不應晚於西漢末，不過內容上後代有所增補。在《隋書·經籍志》《舊唐書·經籍志》《新唐書·藝文志》《宋史·藝文志》當中，《小爾雅》一卷與《孔叢子》七卷并存，不同的是《隋書》注爲"李軌略解"，《舊唐書》誤爲"李軌撰"，《新唐書》爲"李軌解"；《宋史》則變成了"孔鮒《小爾雅》"，似乎《小爾雅》在宋代尚有單行之本。但陳振孫《直齋書錄解題》云："《小爾雅》一卷，……蓋即《孔叢子》第十一篇也。"王應麟《漢書藝文志考證》云："《小爾雅》一篇，……見《孔叢子》。"又《太平御覽》卷八三〇所引《小爾雅》內容，祇稱《孔叢子》，不稱《小爾雅》。這些都表明宋代《小爾雅》已并入《孔叢子》。如楊君所言："蓋唐末五代時期戰亂頻仍，單行本《小爾雅》亡於戰亂。"《宋史》所記未必爲實際情況，云"孔鮒《小爾雅》"，也透出了兩書合一的消息。

　　《小爾雅》注本除東晉李軌略解外，宋代有宋咸注，清代注解多達十二家。他們校正文字，訓釋詞義，成績斐然，但問題和謬誤亦復不少。近百餘年裏，除了少數論文，尚無人對《小爾雅》進行全面的注釋研究。楊琳教授這部《小爾雅今注》，可以説填補了一個空白。

在《今注》裏，楊君主要做了四項工作：（1）辨史實。《小爾雅》的書名、作者、成書時代，《小爾雅》與《孔叢子》的關係，古本與今本的異同，前人研究的得失，等等，楊君逐一加以剖析，批判錯誤觀點，提出自己的看法。（2）正文字。今本《小爾雅》文字訛誤不少，殆難卒讀。《今注》一一辨正，還其本來面目。如《廣詁》：“閲、搜、履、庀，具也。”《釋言》：“辨、詰，別也。”“具”爲“算”之訛，“詰”爲“詄”之誤。（3）明通假。《小爾雅》有些通假字，依本義訓釋，往往不得要領。《今注》依通假義訓解，則渙然冰釋。如《廣詁》：“蠲，潔也。”《廣言》：“戚，近也。”“蠲”本百足蟲，“戚”本大斧。《今注》指出，“蠲”借爲“涓”，故有“潔”義；“戚”借爲“促”，故有“近”義。（4）析字義。如《廣言》：“戰，交也。”《今注》指出“戰”有“交合”義。《易·坤》“龍戰于野”即其證。此爲古義。《廣言》：“庸，償也。”或謂“庸”借爲“庚”。《今注》指出“庸”之本義爲使用，引申爲雇傭，雇傭則有酬償，故有酬償之義。此多重引申義。《廣言》：“汩，亂也。”《今注》指出，《説文》“汩”爲“治水”，反向引申則爲混亂。此反義爲訓。還有一些別的，此不贅。

《今注》總的特點是訓釋精當，疏證詳盡，超越了前人。《小爾雅》篇幅不大，而難點不少。經楊君爬疏補苴，提要鈎玄，庶幾可以通讀。楊君不僅有功於《小爾雅》，也爲古籍整理做出了貢獻。

　　古書注釋不是容易的事。它要求注釋者有廣博的知識，比較深厚的學術修養，以及不懈的鑽研精神。例如詞與詞義的斷代，豈泛泛者所能爲？楊君聰穎好學，勤于思考，於文字、音韻、訓詁、詞彙、語法、文化、歷史無所不窺，在四川大學中文系（今文學與新聞學院）攻讀漢語史碩士學位時即已嶄露頭角。畢業後十餘年裏先後出版專著四種，發表論文七十餘篇，多次榮獲政府獎勵。撰寫此書自可得心應手。今楊君年方不惑，春秋正盛，繼續努力，定能於無涯學海中探取更多奇珍異寶。愚于此有厚望焉。是爲序。

2001 年 12 月 10 日

胡繼明教授《〈詩經〉〈爾雅〉比較研究》序

　　《毛詩傳》是我國最早且保存完整的傳注，《爾雅》是我國最早的辭典式訓詁書，雙峰并峙，最爲訓詁學者所稱道。在詞義訓釋上，兩書有一部分是一致的。其關係如何，向來有兩種不同的看法。有的學者認爲"《毛詩故訓》多本《爾雅》"（王國維《書毛詩故訓傳後》），有的則認爲《爾雅》"其言多是《詩》類中語，而取毛氏説爲正"（謝啓昆《小學考》引石夢得《石林集》語），各執所據，莫衷一是。又漢初《詩》有齊、魯、韓三家，爲今文《詩》學；《毛詩》晚出，爲古文《詩》學。東漢大學者鄭玄爲《毛詩》作箋，於是《毛詩》獨盛，三家漸廢。三家《詩》舊注，散見於漢魏六朝群籍中，經清代學者李富孫、馮登府、陳喬樅、王先謙等人的蒐集整理，十存二三，可以略見三家梗概。

　　胡君繼明研究《詩經》有年矣。他的方法是比較《毛詩傳》、三家《詩》舊注以及《爾雅》中的所有例證，以求其相同、相近或不同的數據和比例；又遍考先秦典籍中的訓詁材料，以探求《毛詩傳》和《爾雅》訓詁的來龍去脉，進而說明兩書的關係。用力甚勤，撰成此書，以爲我國先秦時期訓詁學相當發達，可能已有訓詁專著出現。《毛詩傳》和《爾雅》成書時間略近，它們都繼承了先秦的訓詁成果，所以釋義有百分之二十五左右相同或相近。但它們各自成書，大部分并不一致，不存在誰依據誰的問題。全書憑材料説話，不作主觀推斷，雖質勝於文，結論是可信的。

　　在中國學術史上，《詩經》學可謂顯學。從漢代到民國，研究、注釋《詩經》的著作汗牛充棟。1949 年中華人民共和國成立以來，又有新的發展。40 多年來國内出版有關《詩經》的專書近 50 種，論文在千篇以上，有的内容已超出《詩經》本身，涉及我國古代社會、歷史、名物、文化、語言等學科，象徵着我國學術研究的空前繁榮與興旺。與此同時，臺灣學者在《詩經》研究上也取得了巨大的成績。胡君此書，算不上十分輝煌，但它從一個角度對《詩經》進行了新的探討，自有其學術價值在。它的出版，在萬紫千紅的《詩經》學術百花園中又添了一朵小小的新花，我認爲是有價值的，值得高興。有機會先讀到胡君的書稿，寫了以上一些話，算作序言。

1995 年 7 月 15 日

于川大風雨居

黄尚軍教授《四川方言與民俗》序

　　20世紀50年代初，我第一次讀到羅常培先生的《語言和文化》，非常欽佩他那淵博的學識、深厚的功底和新穎的研究方法。到了80年代，我國語言學界沿着羅先生開闢的道路，把漢語和漢民族文化結合起來進行研究的學者逐漸多起來，特別是一批年輕的學者十分活躍，取得了可喜的研究成果，出版了一些專著，黄尚軍這本《四川方言與民俗》就是其中頗具特色的一種。

　　顧名思義，這本書不是單純的四川方言研究，而是把四川民俗乃至歷史和四川方言研究結合起來，着重研究了四川方言詞語反映的四川民俗、四川民俗對四川方言詞語的影響、四川方言的形成，同時考證了部分四川方言詞語的本字，探討了歷史文獻所記錄的四川方言詞語，内容相當廣泛。在方法上，本書既强調語言分析，又注重調查研究；既着力於平面的描寫，又用心於歷史的追蹤和相鄰方言的比較。源流并重，縱橫兼顧，這就使全書具有相應的學術深度和廣度，讀者不僅可以從中瞭解四川方言詞語的面貌，以及它們怎樣受民俗的影響，從而瞭解這些詞語的深層含義，而且叫以瞭解四川方言的來龍去脉以及它爲什麼會成爲今天這個樣子。這本書實際上突破了方言研究的範圍，是一次新的科研嘗試，它是成功的。還有一點值得特別指出，本書可讀性較强，能引人入勝，不像一般方言著作那樣枯燥。因此，廣大讀者會歡迎本書的出版，這是没有疑問的。

　　黄君寫這本書，有他的優越條件。他是成都人，對於成都的方言和習俗，自幼耳濡目染，熟記於心，下鄉、參軍、提幹、教書，積累了相當豐富的生活經驗；在四川大學攻讀漢語史專業，取得碩士學位，培養了較强的語言分析和科學研究能力。更重要的是，黄君有一種鍥而不捨的鑽研精神，目標確定，就全力以赴，不獲成功，決不停止。憑藉這種精神，數年來黄君于工作之餘，放棄了一切休息時間，廢寢忘食，夜以繼日，以從事本書撰寫。爲了全面掌握材料，他遍讀了四川省圖書館和四川大學圖書館所存方志和族譜，終於按時完成計劃，取得學術研究上第一個勝利，這是值得祝賀的。

　　當然，黄君出版這本書，只是初試鋒芒，并非十全十美。學海無涯，有待學習和研究者多矣。黄君風華正茂，來日方長，繼續努力，日就月將，就一定能在學術和事業上取得更大的成就。我于此有厚望焉。謹序。

1996 年 2 月

于四川大學風雨居

吉仕梅教授《秦漢簡帛語言研究》序

　　19世紀末20世紀初，中國文化史上有三大驚人的發現。一是甲骨文。1899年河南安陽小屯村發現殷商時期用於占卜的龜甲獸骨，上有文字。經多次發掘，甲骨多達十萬餘片，文字在4500個以上。二是敦煌文獻。1899年甘肅敦煌千佛洞發現古代遺書四萬多卷，有佛經，也有其他。三是秦漢簡帛（上至戰國）。20世紀初，新疆、甘肅發現漢簡，以後湖北、安徽、江蘇、湖南等省先後發現秦漢簡帛，上有文字，數量極多。以上三種材料，内容涉及面廣，可據以研究當時社會生活的各個方面。從漢語發展史的角度來看，甲骨刻辭是研究商代語言可靠的依據，敦煌文獻是研究中古漢語最爲鮮活的口語資料，而簡帛文書爲研究秦漢語言提供了非常重要的補充。

　　現在甲骨學、敦煌學都已成爲獨立的重要學科，研究成果累累，顯赫中外。秦漢簡帛的研究也方興未艾，大有可爲。已有不少研究論文發表，并出版了若干專著。吉仕梅女士這部《秦漢簡帛語言研究》着重研究秦漢簡帛語言的詞彙、詞類和某些句法問題，内容廣泛，觀察細緻，勇於提出問題，有不少新發現，是同類著作中頗具特色的一部，值得稱讚。例如本書發現秦漢簡帛中有數以百計的複音詞很少在同時期的傳世典籍中出現，也爲《漢語大詞典》等大型辭書所未收。像“羊圈”“母狗”“木器”“鐵器”“石子”“臘肉”“禮物”“急事”“孤單”等十分通俗，現代口語仍然廣泛流行的詞，早在兩千多年前的秦漢簡帛中已經出現了，而《漢語大詞典》或者未收，或者收了而例句晚出許多。又如先秦已有語氣助詞“也”，秦簡中有“也”又有“殹”，兩者如何分布？本書經過詳細調查後指出：“秦時秦地簡用‘殹’，秦時被秦統治區官方文書用‘殹’，而民間雜書用‘也’；漢時原秦地及秦統治區受秦方言影響而民間雜書用‘殹’，但官方文書用‘也’。這説明，‘殹’確實是秦人語詞。而隨着國家趨於統一，方言之間也會互相影響，但是漢代開始，官方文書不再用‘殹’了。”這一論斷無疑是正確的。又如用於處置式的“把”字句，通常認爲産生於中古，本書提出秦簡中已有“把”字句的萌芽，舉《睡虎地秦墓竹簡·法律答問》“甲把其衣錢匿臧（藏）乙室”一句爲例，并指出漢代文獻中也有類似的句子，將“把”字句的出現提前了 500 多年。雖然學者們還有不同意見，但仕梅這種細心閱讀語料，勇於提出新見解的精神是可貴的，應當肯定。書中此類例子甚多。我認爲本書無論對辭書編撰還是對漢語詞彙、語法史研究都是有價值的。它的出版一定會爲業内讀者所歡迎。

仕梅勤勉好學，思維敏捷，專業扎實，知識廣泛，上進心强，勇於承擔任務。她當研究生是攻讀漢語史專業，在高校却先後擔任了古代漢語、邏輯學、計算機等多門課程的教學任務，都能得心應手，效果很好。她也没有放鬆科學研究，在《中國語文》《語言研究》《古漢語研究》《四川大學學報》《中國語文通訊》（香港）等刊物上發表學術論文多篇，并完成了專書的撰寫。與此同時，仕梅還先後擔任了中文系副主任、黨總支書記，工作繁忙。她真正做到了教學、科研、工作三不誤，很不容易。仕梅還較年輕，風華正茂，以她的勤奮和毅力，相信以後還會寫出更有水平的學術著作來，這是應當肯定的。謹序。

2004 年 8 月 12 日于成都

劉志生博士《東漢碑刻複音詞研究》序

　　刻石記事紀功，古已有之。秦文公時期有《石鼓文》，秦始皇時期有《泰山刻石文》《琅邪立石刻文》《會稽立石刻文》等。到了漢代，尤其是東漢，立碑刻文的風氣大盛，數量很多，內容十分廣泛，涉及軍國大事、社會生活、宗教信仰等各個方面，尤以悼念死者的墓葬類碑刻爲最多。碑刻文體有自己的特點，語言比較接近口語。碑刻眞實保存了原文的面貌，無後人改動之嫌，是研究古代社會歷史的重要史料，也是研究漢語詞彙史的重要史料。

　　我國學者集錄、整理、考證、研究碑刻的著作和文章不少。但運用現代語言學理論和方法對碑刻語言進行系統深入研究的著作，則當以劉志生博士這部《東漢碑刻複音詞研究》爲第一部，可以說具有開創的意義。志生從 167 篇近 10 萬字的東漢碑刻語料中，切分出複音詞 5167 個，逐一考證其意義，分析其結構，總結其特點，并與《漢語大詞典》進行比較，全面細緻，甚見功力。本書發現了大量《大詞典》未收或舉例較晚，而東漢碑刻中已經出現的新詞和新義。如"長期、道長、功夫、時期、世界、體質、晚年、心寒、叙述、招工"等詞，現在仍覺得口語性很強，却原來在東漢碑刻中已經出現了。有些詞先秦已經出現，東漢碑刻中增加了新義，如"丁寧"有"反復囑咐"義，"回顧"有"顧念、眷念"義，"辛酸"

有“痛苦悲傷”義，“宇宙”有“天下國家”義等。這些不僅表明作者有相當深厚的學術功底，而且在本書撰寫中確實花了大力氣，用功極勤。無論對漢語詞彙史研究，還是辭書的編寫和修訂，本書都很有參考價值，它的出版一定會受到讀者的歡迎。

　　志生曾就讀於湖南有 100 年歷史的名校春元中學。該校注重語文教學，歷史上不乏名師，對學生要求甚嚴。志生勤勉努力，中學階段即已打下較爲紥實的語文基礎。讀大學，考漢語史研究生，攻讀博士學位，十數年間，志生一步一個脚印前進，終於學業有成，值得祝賀。但這祇是志生第一部學術專著，可商之處，在所難免。志生風華正茂，來日方長。假以時日，定會寫出質量更高更好的著作來。付梓之前，志生讓我讀了書稿，我寫了上面一些話算作序言。

2006 年元宵節於成都

胡繼明教授《〈廣雅疏證〉詞彙研究》序

三國魏張揖撰《廣雅》，在《爾雅》基礎上彙集先秦兩漢幾乎所有的詞和詞義。"其自《易》、《書》、《詩》、三《禮》、三《傳》經師之訓，《論語》《孟子》《鴻烈》《法言》之注，《楚辭》、漢賦之解，讖緯之記，《倉頡》《訓纂》《滂喜》《方言》《說文》之說，靡不兼載。蓋周秦兩漢古義之存者，可據以證其得失，其散逸不傳者，可藉以闚其端緒，則其書之爲功於訓詁也大矣。"（王念孫語）《廣雅》未列書證，不少內容讀者無法理解。清代訓詁大師王念孫著《廣雅疏證》，大量采用各種古籍語料匯注《廣雅》，又用《廣雅》解讀古籍文字。就古音求古義，引申觸類，不限形體，取得巨大成功，被譽爲訓詁研究的典範，也是現代學者研究古漢語詞彙語義的豐富語料庫。

胡繼明教授等所著的《〈廣雅疏證〉詞彙研究》，以現代語義學理論爲指導，以王力先生所定聲、韻系統爲古音標準，就《廣雅疏證》所列語料，分爲同義詞、反義詞、同源詞、動植物名詞"異名同實"現象四個方面的內容進行研究，并且評述了《廣雅疏證》的有關研究理論、方法、成就與不足。本書歸納統計《廣雅疏證》的同義詞632組，用義素分析法深入辨析了其中100組，并揭示了同義詞構成的語義特徵。歸納統計了《廣雅疏證》反義詞178

組，細緻分析了其中100組，并揭示了對文、連文、否定結構、正反同詞四種反義詞構成形式。同源詞是來自同一語源，上古讀音相同或相近、意義相同或相關的詞。本書在前人研究的基礎上，運用比較互證、義素分析、系統貫通、數理統計等方法，清理了同源詞之間多種複雜的語音關係、語義關係和音義關係，歸納統計出《廣雅疏證》同源詞413組，深入討論了其中100組，并追溯其音義根源、構詞理據和語源意義。動植物名詞"異名同實"現象是詞源學研究的重要内容，《廣雅疏證》有非常豐富的動植物"異名同實"的語料。構成動植物異名同實有多種原因，構詞理據（詞的内部形式）不同是重要原因之一。本書歸納《廣雅疏證》動植物名詞異名同實的理據有形體理據、習性理據、紋色理據、時空理據、功用理據、感官理據、質地理據、綜合理據八種之多。此外，單音複音詞不同、詞語同義替換、語音流變、方言差異、雅俗不同、時代不同、風格有別等也都容易造成動植物名詞異名同實。書中一一舉例論證分析，全面而深入。書末附有"《廣雅疏證》同義詞表"，録同義詞632組，依音序排列；"《廣雅疏證》反義詞表"，録反義詞178組，按音序排列；"《廣雅疏證》同源詞表"，録同源詞413組，依古韻30部排列。便於查閱，很實用，對讀者大有幫助，也可以看出作者心思縝密，用功匪淺。

學術研究總是隨時代發展而不斷進步的。前修開路，功不可没，理當受到尊重，後人站在前輩學者的肩膀上，有所創新和前進是自然的。繼明教授等以現代語言學理論方法為指導，結合其他典籍，對《廣雅疏證》深入進行考察研究，重新歸納分析，形成一個以同義詞、反義詞、同源詞、動植物名詞"異名同實"現象爲重點的新的古代漢語詞彙研究體系，內容翔實，論證充分，綱舉目張，條理清楚，與研究《廣雅疏證》的其他成果相比，有自己的特色，達到了一個新的水平，無疑很有學術價值。

　　十餘年來，繼明教授擔任高校領導，工作繁忙。但他没有忘記教學科研是教授的基本任務，堅持給學生上課，帶研究生，承擔國家社會科學研究項目，取得不少成績，這種精神值得贊賞。《〈廣雅疏證〉詞彙研究》即將付梓，繼明教授讓我看一看書稿，於是寫了上面一些話，算作序。

2014 年 8 月 10 日

黄尚軍教授等《巴蜀牌坊銘文研究》序

　　人類文化遺産，無論是物質的還是精神的，也無論範圍大小，我們都應該認真地進行研究，好好地加以保護。牌坊是一種門洞式的建築物，多建於廟宇、陵墓、祠堂、衙署、園林門前或道路口，上有銘文題字，用以表彰某人德行，張揚社會美好風尚，是中國傳統文化的重要內容之一。

　　黄尚軍教授等著的《巴蜀牌坊銘文研究》，全面介紹了巴蜀牌坊的歷史沿革、建造年代、數量、質地、形制、構造、種類，考察了二百二十余座巴蜀牌坊上的銘文，闡述了牌坊銘文的體制、特點和類型，探索了銘文所反映的巴蜀歷史、方言、民俗、清代表彰制度，最後提出了巴蜀牌坊的保護問題。全書內容豐富，材料翔實，論述透徹，圖文并茂，具有相當高的學術價值和欣賞價值。

　　巴蜀牌坊銘文內容多種多樣，或表彰婦女貞孝節烈（占銘文總數的三分之一以上），或表彰孝子敬奉父母，或表彰和睦家庭五世同堂，或表彰忠臣烈士爲國捐軀，或褒揚有德之人樂善好施，或贊美地方官員清正廉明。總之，都是當時大家所敬重的德人美行。現在看來，爲國捐軀、孝敬父母、家庭和睦、樂善好施、清正廉明，是任何時候都應當大力提倡的美德。至於所謂貞節，則應當一分爲二地看待：統治階級用它來壓迫婦女，甚至自下而上地剝奪婦

女享受夫妻平等生活的權利，十分反動，應當批判；而妻子死了丈
夫，爲撫育孤兒幼女，堅守節操，不願再嫁，則是難能可貴，值得
尊敬。

　　本書闡述了巴蜀牌坊銘文所記載的一些重要歷史事實：一是巴
蜀移民的情況。自元至清，四川歷經各種天災人禍。"四川人民大
減，祇有 70 多萬人……至清初，祇有 60 萬人左右。"（孫曉芬《清
代前期的移民填四川》）於是，"湖廣填四川"的傳說應運而出。據
本書分析，外省移民之所以大量涌入四川，是因爲四川地廣人稀，
清政府制定了優惠的移民政策，而移民自身有求生存的需要。移
民方式可以是單人、多人、一家、一村或一族，多種多樣。移民來
源可分南北兩綫：北綫來自中原，人數少；南綫來自湖廣，數量多，
占移民總數的百分之八十以上。這些在巴蜀牌坊銘文中可以得到證
實。二是四川農民起義和暴動的情況。其中有清嘉慶元年（1796）
至嘉慶九年（1804）的白蓮教起義，清咸豐九年（1859）的李永和、
藍朝鼎雲南大關起義。他們北上入川，6 天之内，連破筠連、高
縣、慶符 3 縣縣城。不久圍攻綿陽，殺四川提督占泰。至咸豐十一
年（1861）才被清軍鎮壓下去。太平天國將領石達開入四川之事，
巴蜀牌坊銘文亦有記載，可以補正史之未及。三是記述清代土司制
度和改土歸流政策，主要有天全土司和屏山土司等的有關情況。

　　本書還論述了巴蜀牌坊銘文所反映的明清時四川方言情況，
如"曾祖"寫成"尊祖"，"曾""尊"同音，與今成都話相同，鼻
音韻尾〔-ŋ〕讀成了〔-n〕；山攝字與咸攝字通押，〔-m〕都讀成
〔-n〕；等等。

本書還指出，巴蜀牌坊運用雕、塑、刻、鑿、琢、磨等雕刻手段，進行圓雕、透雕、高浮雕、淺浮雕、平浮雕、凸浮雕和陰綫刻以塑造形象，題材廣泛，内容豐富，涵蓋宗教、神話傳説、歷史故事、戲曲表演等，雕刻有各種人物、動物、植物及裝飾花紋。它們可以單獨成像，也可以群像生輝，還可以組圖叙事。所刻戲曲故事如“穆桂英挂帥”表現古代忠烈義節的巾幗英雄，“目蓮救母”宣揚百善孝爲先，“三英戰吕布”歌頌義字當頭，“空城計”褒揚大智大勇，“十八學士”表達人們期盼福禄壽喜的願望，既富有理想性，又爲大家所喜聞樂見，有很高的藝術性，不愧爲我國雕刻藝術中的一朵奇葩。

本書還探討了巴蜀牌坊的保護問題。半個多世紀裏，或因天災，或由人禍，巴蜀牌坊遭到嚴重毀滅。雖有 70 餘座已被政府列爲各級文物保護單位，但更多的巴蜀牌坊則已蕩然無存。如民國 21 年（1932）《綿陽縣志》所載綿陽地區 40 座牌坊，今僅存 7 座；清同治十三年（1874）《隆昌縣志》記載，隆昌城鄉僅明清時期修建的牌坊即有 42 座，今隆昌境内僅存牌坊 17 座。由此可見，提高廣大群衆對保護巴蜀文化遺産重要性的認識，避免人爲破壞，運用現代科技，大力維護與修復巴蜀牌坊，非常重要。

我認爲本書的上述觀點都是正確的。

尚軍在學習、工作和教學、科研中，一向都是“拼命三郎”。在研究四川方言、民俗和巴蜀文化中，他總是全力以赴，幾乎所有節假日都在西南各地進行調查，搜集有關方言和民俗的第一手資料，迄今爲止，不下數百萬字，拍下民俗照片幾萬幅，録下了 1000

餘小時的方言録音、録像。他出的幾種著作，包括這本《巴蜀牌坊銘文研究》都很實在，没有憑空推論，經得起檢驗。1999 年尚軍因過度勞累而病倒了，腰痛厲害，不能坐、立，更不能走路，送去醫院，脊柱開了刀，我很擔心他的健康。多虧他愛人費國華女士的細心照顧，兩個月後，他堅强地站起來了，仍然拼命地工作與科研。他出過幾本書，反映不錯。他説還有好幾本書要寫，我相信他會做到，因爲他有理想，有追求，更有毅力。

　　是序。

2013 年 10 月 1 日

寫于四川大學

黄尚軍教授等
"巴蜀瀕危文化遺産研究叢書"序

　　文化遺産是人類在歷史長河中流傳下來的物質財富和精神財富，前者叫作物質文化遺産，後者叫作非物質文化遺産。不論是物質的還是非物質的，古代文化遺産總是從不同方面反映了先民不同時代的生活、習俗、思想、技藝、希望或顧慮。後人可以觀賞，更應當尊重，并認真研究，好好保護。

　　不同地區有不同的文化傳統。同一民族的不同地區，由於歷史條件或社會環境不同，文化上也會有差異。四川古爲蜀地，重慶古爲巴地，兩者均處於長江上游，中國的西南。三星堆、金沙遺址的發現，蠶叢、柏灌、魚鳧、杜宇、開明的傳說，表明遠古巴蜀文化與中原文化有着不同的來源。秦漢以後，巴蜀文化與中原文化、荆楚文化、吳越文化、客家文化逐漸融合，又受到了佛教、道教文化的影響，漢、藏、羌、彝、苗等民族相鄰的地區，文化上亦不無交融，但巴蜀文化仍然有着自己的特點，民間文化尤其如此。

　　隨着時代的發展，人民的生活習俗、思想觀念也會發生變化。一些大型的文化遺産，如山東孔廟、陝西秦陵、北京故宫、武漢黄鶴樓，每年有千萬游客參觀，有經濟來源，同時還得到國家支持，偶有損壞，即可修復，自然能够保存下去。而民間文化遺産，尤其是散落在邊遠地區的小型文化遺存，無人管理，自生自滅，甚至遭到人爲破壞或盜竊。如何保護和挽救這些文化遺存，實在是擺在國人尤其是學術界面前的一項嚴肅而刻不容緩的任務。

四川師範大學黄尚軍教授、肖衛東教授、袁雪梅教授，四川民族學院張筠教授，四川大學游黎博士、李國太博士等歷時二十餘年，帶領他們的青年團隊，跋涉于川渝全境，調查研究，對散落在諸多偏僻鄉鎮、深山老林的牌坊、墓碑、石刻、壁畫以及民間文書等進行了認真、扎實的實地調查，搜集資料五千余萬字，拍攝照片十五萬余張，并在此基礎上，融合歷史學、民俗學等學科知識與方法，對這些寶貴的第一手資料展開多學科的綜合研究，凸顯其“立體活史書”的珍貴價值，撰寫編集成這套“巴蜀瀕危文化遺産研究叢書”。其内容不僅包括婚喪習俗、巫道信仰、祭祀文化等非物質文化遺産，而且包括巴蜀牌坊、墓碑、石刻、壁畫等物質文化遺産。可以説，該叢書涵括了巴蜀文化尤其是明清以來形成的巴蜀民間文化的諸多方面，是對巴蜀民間文化的一次相當全面、系統的搜集、整理和研究。不僅如此，他們還充分認識到巴蜀地區的多民族性和巴蜀文化的多元一體格局，將《康定魚通民俗文化研究》《康定木雅藏族文化研究》等納入本叢書中，試圖通過對當地居民日常生活所藴含的文化傳統的研究，尋找巴蜀文化的多元同構特徵，這對於長期從事巴蜀文化研究的學者來説，尤爲可貴。

在巴蜀歷史文化的研究中，新史料的發現近年來倍受關注，大量檔案類文獻的搜集、整理已經成爲學術熱點，但散落在鄉野，與檔案資料同等重要的牌坊、碑刻銘文等却鮮有人問津。“巴蜀瀕危文化遺產研究叢書”中的不少材料是當時社會生活的物化象徵，作爲文本文獻之外的實物史料，對深入細化中華文化的研究具有重要價值，尤其能將學界較少關注的牌坊、清墓、民間用書等作爲研究對象，在視角上有獨到之處，不但拓展了傳統史料的研究範圍，而且繼承了以羅常培先生爲代表的前輩專家、學者開創的“語言與文化”等方面研究的學術傳統，在巴蜀語言、歷史與文化研究上，具有重要意義。

“巴蜀瀕危文化遺產研究叢書”在資料搜集上有開創之功，在研究中不僅采用文獻學方法，更能結合歷史學、口頭傳統（歌謠、故事）以及藝術學等學科的理論與方法，從而全面呈現出該叢書的學術價值，在方法論上這類探索值得大力提倡。

“巴蜀瀕危文化遺產研究叢書”洋洋數百萬字，圖像數千張，規模浩大，内容宏富，圖文并茂，印製精美，堪稱巨著。毫無疑問，在全國民間文化學術研究中，它正昂首闊步走在最前面。尚軍教授爲此付出的勞動最爲艱苦而巨大。他是有名的“拼命三郎”。二十多年來，他夜以繼日，全力以赴地研究巴蜀方言和民俗文化，放棄一切節假日，於繁重教學之外，還經常外出調查訪問，拍攝照片，足迹遍及巴山蜀水，取得了大量原始材料，經過全面整理和深入研究，終於結出了累累碩果。之前已出版的《四川方言與民俗》《巴蜀牌坊銘文研究》兩部專著，共計160萬字。現在“巴蜀瀕危文化遺產研究叢書”又將問世，這是黃尚軍教授與他的團隊取得的最大學術成果，也讓巴蜀文化研究上升到一個新的水平。我向他們表示熱烈祝賀，也爲巴蜀學術研究有了新的突破和强大生力軍而感到高興。

　　謹序。

2015 年 9 月

寫于四川大學

唐智燕教授《漢語商貿詞彙演變研究》序

　　近些年來，隨着中國經濟建設不斷發展，科學文化不斷提高，漢語研究也有了很大的進步，其中尤以漢語詞彙研究的成果最爲豐富，出版了大量研究專書和詞典。舉凡斷代詞彙、專業或主題詞彙、專書詞彙、文化語詞等等，都有研究專書問世，呈現出一派欣欣向榮的景象。這些著作大部分出自中青年學者之手，其中不少是年輕博士的學位論文。他們年富力强，朝氣蓬勃，思想活躍，有遠大抱負，善於接受某些新的理念和新的研究方法，電腦操作熟練，事半功倍。雖或經驗不足，比起老輩學者一切都靠手工去做，無疑有着巨大的優勢，在他們身上總是寄托着全面提高我國學術水平的最大希望。

　　唐智燕教授的《漢語商貿詞彙演變研究》是衆多青年學者詞彙研究專書中相當優秀而富有特色的一種。從選題看，本書帶有填空補缺的性質。我國有關文學、政法、醫藥、農業、動植物等許多方面的專業詞彙，大都有學者進行過研究，且有專書或辭典問世。我們却似乎還沒有見到研究商貿活動詞彙的專書，更不用説研究其歷史演變。商貿活動是人類社會生活的重要組成部分，現代如此，古代也不例外，程度不同而已。商貿詞彙傳達了不同社會商貿活動的信息，在漢語詞彙中占有重要的地位，是不應當在研究中缺席的。

智燕的書從雇賃、借貸、典當、買賣四個方面對商貿詞彙詳細、深
入地進行考察，探其源，索其流，總結其發展規律，填補了前人研
究的不足，無疑是很有意義的。從内容看，本書的研究比較全面而
深入。既有對商貿詞彙基本面的綜合描述、複音詞構成機制的探
討、新詞和舊詞替代歷程的歸納分析，又對歷史上出現過的 600 多
個商貿詞語的詞義、語體屬性、應用範圍、興衰歷程，一個一個地
進行了細緻的梳理和闡釋，充分利用統計、對比、圖表等方法，展
現其歷史演變的軌迹。材料上除傳世典籍，還蒐集了有關出土文
書和民間文契，超出了現代辭書的收集範圍，從而在某些點上能
够發前人所未發，正前人之所失。如"夏"有"租賃"義，爲吐魯
番出土文書所特有。現代辭書都未收，賴智燕此書得以補正。至於
甲骨文已經出現的字，如"市、易、貿、典"之類，因爲没有"交
易""買賣""典當"之類的意義，本書不曾提及，并非遺漏。總之
我認爲智燕這本書是有學術價值的，值得一讀。

　　智燕是四川大學文學與新聞學院畢業的博士，思維敏捷，很有
專業功底，學術研究上亦頗有抱負。本書初試鋒芒，相信她會繼續
努力，再接再厲，不斷做出新的成績。本書即將付梓，我寫了上面
一些話，算作序。

2010 年春

劉興均教授《訓詁學原理方法與實踐》序

　　劉興均教授歷時五年，撰成《訓詁學原理方法與實踐》一書，我有幸讀到書稿，覺得此書觀點鮮明，有完整的體系，理論與實際緊密結合，很有特點。

　　第一，本書明確地提出與衆不同的訓詁研究任務。認爲“真正意義的訓詁是要再現先王（堯舜禹湯）由水登山、田獵農耕的歷程，平治洪水，降丘宅土，經緯九州的史實”。爲此，訓詁研究“要做詞義系統的整體貫通工作，并把它同成體系的上古歷史文化相溝通”。

　　第二，本書對訓詁學的發展、訓詁學的基本理論和方法、名物訓詁與義理推求、訓詁與古書校勘、訓詁與古文教學等方面進行了全面探討，理論框架完整，條理清楚，分析深入。

　　第三，理論和實際緊密結合。作者在理論闡釋中列舉了大量例證，增加了作品的生動性，使讀者更容易接受。早年劉君就讀于四川大學中文系，師從宋永培教授，即以勤勉好學著稱；工作以後堅持科研教學兩不誤，進步更快。書中例句，大都是他平時讀書積累所得，從中可見他相當深厚的學術功底。

　　我有一個想法，現在我們國家興旺發達，正在構建和諧社會。學術研究上既要堅持百家爭鳴，各抒己見，又要群策群力，互相尊重。門戶之見，有害無益，應當屏棄。真正的學者定能海納百川而不孤芳自賞。漢代今文經學和古文經學爭論激烈，而許慎、鄭玄等學者今文、古文兼長，超越於兩派之上，所以能成爲享譽千古的學問大家。就訓詁學而論，自二十世紀三十年代胡樸安的《中國訓詁學史》、四十年代齊佩瑢的《訓詁學概論》問世以來，迄今已先後出版同類著作四十多種。這些著作的水平有高有低，影響有大有小，但作者都有自己的心得，他們都爲中國學術事業添磚加瓦，做出了貢獻，他們的勞動都應得到尊重，不能抹殺。劉君這部著作即將出版，我國學術叢林中又將增添新的成員。相信會有許多讀者表示歡迎，也有讀者會從不同的角度進行欣賞和評議，都是好事。我在這裏表示衷心祝賀。是序。

2006 年 11 月 25 日

《張清源語言學論文集》序

　　張清源教授不幸于 2020 年 2 月駕鶴西游，龔翰熊先生與清源伉儷情深，悲痛之餘，在四川大學文學與新聞學院的支持下，彙集、整理了清源生前撰寫的論著，準備出版《張清源語言學論文集》。我和清源是北大的老同學，後來我們又都在川大工作，同事數十年，有幸在文集付梓前得讀原稿并爲它作序，感慨係之。

　　清源的父親是出身寒門的著名數學家張鼎銘先生，她從小就受到良好的家庭教育。1954 年秋，她由四川大學保送至北大中文系研究生班深造，攻讀現代漢語專業。當時北大中文系漢語專業大師雲集，清源的導師是魏建功先生，除魏先生的指導外，她還聆聽了王力、高名凱、袁家驊、周祖謨、岑麒祥等先生的課程。她天資聰慧，學習刻苦，堅强而又謙和，與同學親密無間。在大師們的教育熏陶下，奠定了扎實的專業基礎，堅定了往後的學術道路。1959 年回到四川大學中文系後，她勤勤懇懇教書育人，先後爲本科生、研究生、外國留學生開設了現代漢語語法、現代漢語詞彙、語言理論以及應用語言學等近二十門課程。她嚴格要求學生而又熱情關懷，在許多學生眼中，她既是好老師，又是可以信任、可以傾心交談的好朋友。她當年的學生如今有的已成長爲語言學領域的著名學者。1993 年她調入川大海外教育學院，專教外籍學生，同樣深受中外學生的敬重、愛戴。

　　與此同時，她於學術研究孜孜不倦，筆耕不輟，成就喜人，這部文集就是見證。早在北大求學期間，清源即開始了對漢語外來詞的研究，本文集的第一篇論文《從現代漢語外來語初步分析中得到的幾點認識》發表於 1957 年，即反映了她作爲一個青年學者的廣闊的學術視野、專業水平和她對一些重要學術問題的深入思考。在川大，她參加了《漢語大字典》的編寫工作，擔任編委，長達九年，貢獻頗多，本書收錄的《談義項的建立與分合》《〈漢語大字典〉應該收列詞素義》寫作於編寫工作的早期，都是針對當時編寫工作中發現的問題而作的。之後她主編了《現代漢語知識辭典》及《同義詞詞典》《現代漢語常用詞詞典》，它們釋義精准，要而不繁，體現了學術性與知識性的很好的結合，特別是其中的《現代漢語知識辭典》，廣泛收集了有關現代漢語學科的重要術語，對每個術語的闡釋都體現了作者廣博、深厚的學術教養，頗獲好評。此後，她學術研究的重點逐漸轉向了漢語方言語法和漢語方言詞彙研究，在《中國語言學報》《中國語文》《方言》等刊物上發表了多篇論文。在《成都話中的語氣助詞“得（在、嘞）”》《成都話的動態助詞“倒”和“起”》《成都話動態助詞“過”的一個用法——“VO 過”》等論文中，她借鑒了“描寫語法”“比較語法”等現代語言學的精神和研究方法，對成都方言中一些助詞的意義、音變、體貌、所在句式的特點，做了深入、細緻的探析，并理清了這些語言現象和近代漢語的關聯。可謂大處着眼，小處着手。清源治學嚴謹，她的研究都立腳于豐富的語料（包括近現代一些文學作品提供的語言材料,甚至當年來華傳教的傳教士記錄的方言材料)和國內外的重要學術文獻,決不草率立論,從文末的注釋和參考文獻即可見一斑。她謙遜、誠懇,凡給她提供方言材料的年輕同事和學生,都有記錄和注釋說明,體現了她一貫扶持、獎掖青年學者的風範。20世紀80年代前期開始,清源還應北京大學中文系語言學教研室之邀參加了《漢語方音字匯》及《漢語方言詞彙》有關成都方言部分的修訂工作。

清源在調入海外教育學院後,在教學的同時還結合教學實際探討了教學中一些重要問題,以期有助於提高我國漢語國際教學的水平。她的《偏誤分析與中介語研究的關係》從中介語研究入手,對外國留學生學習漢語中常見的偏誤做了詳細的分析并提出了解決問題的思路;《漢語複合詞語素分解釋義法和整合釋義法的得與失》對十多年中的有關討論做了詳盡的梳理,結合教學中的所見、所聞和自己的長期思考闡述了自己的觀點,很具啟發性。它們都是她的教學經驗的升華和總結。

總的說來,研究方向明確、學風嚴謹、理論性強而又緊密聯繫實際,是這部文集的重要特點。清源一生淡泊名利,為人低調,而為國家培育人才鞠躬盡瘁,科學研究成績斐然。如今她走了,國家失去了一位優秀教師、學者,我失去了一位親密的同事、戰友,這是無可奈何之事。這部文集的出版,除了文集自身的學術價值,對我們也是一種最有意義的紀念和安慰!

2020年12月

紀　　念

王力先生逝世三十年祭 *

先師王力先生於 1986 年 5 月 3 日駕鶴西游，到今年已經三十年了。哲人遠往，遺範長馨。

先生從一個農村青年成長爲北京大學一級教授、中國科學院哲學社會科學部委員、學貫中西的一代宗師、世所景仰的教育名家，靠的是心懷祖國、自强不息的精神和艱苦奮鬥的毅力。先生曾經說："我這一生是奮鬥的一生。"

先生在漢語語法學、音韻學、詞彙學、漢語史、中國語言學史、詩律學、古代漢語、方言學等各個方面都有深入的研究，都有系統的開創性的成就。在文字改革、漢語規範化、推廣普通話、制定中文拼音方案方面，做出了重要貢獻。先生創作了大量詩詞、小品文，翻譯了大量法國小説和戲劇作品。

先生高風亮節，是真學者。獻身祖國教育事業；尊師重友，誨人不倦；謙虛謹慎，嚴於律己；永遠是我們學習的榜樣。

* 原載《國學》第四集，四川人民出版社，2017 年。

一　奮鬥一生

王力先生 1900 年 8 月 10 日出生於廣西博白縣岐山坡一個小知識分子家庭。父親王炳如公曾考取過秀才，教過私塾，當過小職員，又到印度尼西亞做過小生意，都沒有太多收入，家庭人多，經濟比較困難。王力先生七歲進私塾讀書，十四歲高小畢業，無法上中學，輟學在家。十七歲教弟弟和村中幾個兒童讀書，當起了私塾教師。他決心努力奮鬥，創造新的人生。一邊認真教書，一邊刻苦自學。一個偶然的機會，他從一位李姓學生的家裏得到十七箱古籍，日夜攻讀，學問大進。二十一歲轉爲高中教師。他寫的一手好文章，又會做詩填詞，教學效果特好，待人真誠，謙恭有禮，爲大家所器重，在當地很有名氣。但他不甘心窩居村裏，想尋求新的生活，創造新的天地。

1924 年王力先生二十五歲。在友人的資助下，隻身來到上海，考入南方大學。因參加反對校長江亢虎搞封建復辟的學生運動，被學校開除，轉入上海國民大學就讀。他十分刻苦，在一年多時間裏，除了完成本科課程，還開始研究先秦諸子，撰成《老子研究》一書①，又寫了一些小說之類的文藝作品。②王力先生沒有上過中學，沒有學過英文。初上大學，英語課聽不懂。最初幾次測試，成

---

① 王力《老子研究》，商務印書館，1928 年版。
② 1924—1925 年，王力先生在《小說世界》上發表過一篇短篇小說。計劃創作長篇小說《王鸞珠》，未寫成。

績祇有幾分甚至零分，受到老師的嚴厲批評。他不泄氣，決心突上去，背熟所有的課文和單詞，期終考試居然得了一百分。一年之後就能看英文報刊，寫英文文章，連老師也吃了一驚。王力先生的語言天賦是許多人無法想象的。

1926 年底，王力先生考上北京清華大學國學研究院。[①] 給這一屆研究生上課的老師是梁啓超、王國維、趙元任、陳寅恪四位國學大師。梁啓超主講中國通史，王國維主講《詩經》，趙元任主講音韻學，陳寅恪主講佛教文學。名師出高徒。四位大師學貫中西，高瞻遠矚，對王力先生的學術成長產生了極大的影響。清華國學院的學制通常是三年畢業。他選擇漢語研究方向，一年就完成了畢業論文《中國古文法》。[②] 導師梁啓超非常欣賞，評爲"精思妙想，可爲斯學闢一塗徑"。導師趙元任則針對論文中出現的問題，寫了許多眉批，專挑毛病。其中一條批語說："未知某文，斷不可定其無某文法。言有易，言無難。"并在"有""無"二字下加了着重符號。兩位名師一褒一貶，看似矛盾，其實都是着眼學生的培養。梁看重文章的創新精神，趙則要求文章論證嚴謹，一絲不苟，不可草率。"言有易，言無難"一語尤爲重要，成爲工力先生的座右銘。他後來多次對人說："趙先生這句話，我一輩子受用。"論文評審得

---

① 當年清華國學院研究生入學考試的試題是要求學生回答"四個一百"：一百個古人名，要寫出古人所處的朝代和他的主要著述；一百個古地名，要寫出它們是今天的什麼地方；一百部著作，要寫出每部著作的作者；一百句詩詞，要寫出每一句出自哪一首詩詞。

② 《中國古文法》原計劃寫十章。因時間不夠，祇完成頭兩章《總論》《詞之分類》。

到通過，祇學了一年王力先生就從清華大學國學研究院畢業了。

王力先生決心再向前進。1927 年他接受導師趙元任先生的建議，赴法國留學。不懂法文，還用老辦法，突擊學習。不到半年，他就能聽、能寫、能說、能閱讀法文報刊書籍，從初級、中級班跳到高級班。進巴黎大學攻讀語言學，師從貝爾諾教授和福敏教授。要交學費，要吃飯穿衣，錢没了，家裏生活困難，父母移居印度尼西亞同樣困難。怎麼辦？他決定半工半讀，自力更生。課業之餘，先後將二十幾部法文小説、戲劇翻譯成中文。通過葉聖陶先生幫忙，在商務印書館出版。他的文筆好，很受歡迎。既取得了稿費，解決了自己和老家的經濟問題，又促進了中法文化交流，王力先生還把自己培養成了著名的法語翻譯家。留法五年，博士論文《博白方音實驗錄》順利通過 ①，王力先生成爲一位名副其實的語言學家。

1932 年王力先生回國，任教於清華大學。他教學認真負責，又努力進行科學研究，提陞爲教授。到 1936 年先生出版《中國音韻學》等專書 5 部 ②，發表學術論文十四篇。

1933 年《倫理學》《希臘文學》《羅馬文學》相繼由商務印書館出版。這都是他在清華時應商務印書館之約而撰寫的。

1937 年盧溝橋事變發生，日本軍國主義大舉侵略中國，北平危急，華北危急。王力先生隨學校南遷，經長沙抵達昆明，任教於西

---

① 王力《博白方音實驗錄》（法文本），巴黎大學出版社，1931 年版。此書未出版中文本。

② 王力《中國音韻學》，商務印書館，1936 年。1956 年改名《漢語音韻學》，中華書局出版。

南聯合大學，直到 1945 年日寇投降，中國抗戰勝利。這期間，先生在教學、科研和文學創作三方面都做得很出色。先後出版《中國現代語法》《中國語法理論》等學術著作四部[①]，發表學術論文三十六篇，還發表大量小品文。1939 年按學校規定可以休假一年，王力先生藉此偕夫人夏蔚霞到越南河内遠東學院進修。半年之內他掌握了越語，并撰成《漢越語研究》[②]，他一天也没有放鬆過學術研究工作。

1945 年抗戰勝利，西南聯大師生分批北返京津。王力先生却應邀到達廣州，先後任中山大學、嶺南大學教授兼文學院院長。1949 年廣州解放，王力先生被任命爲廣東省第一屆人大代表和廣州市人民政府委員、華南文學藝術界聯合會副主席。1952 年高校院系調整，先生任中山大學教授兼語言系主任。儘管社會事務多，工作繁忙，他還是出版了四部學術著作、一部小品文集，發表了學術論文二十八篇。

1954 年王力先生調到北京大學，在北大度過了三十二年的漫長歲月。他擔任過中文系副主任、全國政協委員、科學院學部委員、文字改革委員會副主任、教科書編委會委員等七八個社會工作職務，教學科研任務十分繁忙。他都全力以赴，盡職盡責，雖經坎坷，决不稍懈。1954 年招收首屆漢語史研究生，編寫《漢語史

---

① 王力《中國現代語法》，1939 年印發講義；重慶商務印書館 1943、1944 年版；中華書局 1954 年版。王力《中國語法理論》，1939 年印發講義；商務印書館 1944、1945 年版；中華書局 1954 年版。

② 王力《漢越語研究》，《嶺南學報》1948 年 9 卷 1 期發表。

稿》；1959 年領導古代漢語課改，接着主編文選、常用詞、通論三結合的《古代漢語》新課本，使全國古代漢語教學面貌爲之一新。"文革"中王力先生和其他許多老先生一樣，遭遇極大衝擊。被戴上各種政治帽子，受批判鬥争，抄家挨打，凍結工資存款，罰做重體力勞動，備遭人格侮辱。就是在這種萬般無奈的條件下，他也没有放棄自己的人生追求，堅持科學研究。有幾種學術著作竟是他白天接受批鬥，晚上回到家裏偷偷地寫成的。他把學術研究和生命看得同等重要，不可中斷。在北大的三十二年裏，王力先生總共發表學術論文一百二十七篇，出版專書三十種，其中許多種是重量級的學術著作。其中《漢語語法史》《漢語詞彙史》《清代古音學》《康熙字典音讀訂誤》是先生生前已經寫就，去世後纔出版的。1984 年先生已八十五歲高齡，還滿懷信心與中華書局訂約，編寫一部新型《古漢語字典》，没想到病魔正悄悄向他襲來，精力難支，祇好將任務交給學生去完成。1986 年 5 月 3 日，先生撒手人寰。爲祖國文化事業奮鬥一生，死而後已。1991 年《王力文集》二十卷，約一千萬字，由山東教育出版社出版。這是王力先生一生的心血結晶，也是他留給中國學林的一份寶貴遺産，值得永遠珍惜。

二　學術豐碑

王力先生在中國語言學各個方面都有巨大成就，碩果累累。他又是著名翻譯家、詩人、散文家，揚名中外。他就是一座學術豐碑。

（一）語法學

　　王力先生創建了新的漢語語法體系。我國古代没有語法學的名目。漢語語法的系統研究開始於 18 世紀後期，大都是模仿西洋語法的框架。^① 從 19 世紀末到 20 世紀中期新中國成立，漢語語法研究可以分爲兩個階段。第一階段（1898—1936）是語法研究興起階段。代表學者是馬建忠、黎錦熙先生。特點是模仿西洋語法建立漢語語法系統。馬建忠的《馬氏文通》是我國第一部古代漢語語法著作。^② 它用拉丁語法的間架來描寫古代漢語語法。馬氏説："此書係仿葛郎瑪而作，先後次序，皆有定程。"^③ 又説："斯書也，因西文已有之規矩，於經籍中求其所同所不同者，曲徵繁引以確知華文之義例之所在。"^④ 黎錦熙（1890—1978）先生的《新著國語文法》是我國第一部現代漢語語法著作，影響極大，前後印刷過二十四次，二十多年，學校教學語法大都以此書爲標準。它模仿英語語法，用圖解法分析漢語句子。黎先生自己也説："《新著國語文法》的英文面貌頗濃厚，頗猙獰。"^⑤ 當然這兩部書都是有價值的，不能否定。王力先生評價説："《馬氏文通》可以説是富有創造性的一

　　① 19 世紀有幾位西方人寫過漢語語法書。英國人艾・約瑟（Joseph Edkins）著有《上海話文法》，1868 年。美國人高第丕和張儒珍（中國人）合著《文學書官話》，1869 年。德國人甲柏連孜（Gabelentz）著《漢文經緯》，1881 年。

　　② 馬建忠（1845—1900），字眉叔，江蘇丹徒人，留學法國。積十餘年勤學探討之功，模仿拉丁文法，撰成《馬氏文通》，於 1898 年出版。

　　③《馬氏文通・例言》。

　　④《馬氏文通・後序》。

　　⑤《新著國語文法》第 14 版《自序》。

部語法書，它開創中國語法學的功勞是很大的，所謂不廢江河萬古流。"① 又說："黎書作爲教科書來看，是一部好書，條理分明，分析詳盡。"②

　　第二階段（1936—1949）是語法研究發展階段。代表學者是王力、吕叔湘、高名凱三位先生。他們的共同特點是，用西洋語言學理論作指導，從漢語實際歸納分析，建立新的漢語語法體系。③ 王力先生 1936 年撰《中國文法學初探》，1937 年寫了《中國文法中的繫詞》。他說："從民國二十六年我在《清華學報》發表《中國文法中的繫詞》的時候起，我開始覺悟到空談無補於實際，語法的規律必須從客觀的語言歸納出來的，而且隨時隨地的觀察遠不夠，必須以一定範圍的資料爲分析的根據，再隨時隨地加以補充，然後方能觀其全。"④ 王力先生的《中國語法理論》和《中國現代語法》正是從漢語實際出發，建立以句法爲中心的現代漢語語法的新體系，成爲 19 世紀到 20 世紀漢語語法學發展階段的代表作。這兩部書章節完全相同，但各有重點。《中國語法理論》着重於理論研究，它將漢語同英語的語法差別、古代漢語同現代漢語的差別進行了比較，還涉及漢語同梵語、希臘語、拉丁語、德語、越語的比較，以及同蘇州方言、廣州方言、長沙方言、昆明方言的區別，簡直可以算作

---

①　王力《中國語言學史》，175 頁。

②　同上書，181 頁。

③　吕叔湘先生的代表作《中國文法要略》，商務印書館 1942 年初版，1956 年修訂重版。高名凱先生的代表作《漢語語法論》，上海開明書店 1948 年初版，科學出版社 1957 年修訂本。兩位先生的著作本文從略。

④　王力《中國現代語法・自序》。

一部比較語法學。《中國現代語法》則着重於現代漢語語法規律的歸納和例句的分析。它把漢語句子分爲叙述句、描寫句、判斷句三大類，把漢語語法上的特殊結構分爲能願式、使成式、處置式、被動式、遞系式、緊縮式、次品補語、末品補語八大類，把副詞的範圍縮小爲一般不能修飾名詞的詞，把"了""着"等字看作情貌的記號。全部内容，都是根據漢語本身的特點而確定的。他認爲語法是一個民族語言的結構方式，漢語語法就是漢民族語言的結構方式，不能以西洋語法作爲漢語語法的標準。語言學界普遍認爲王力先生這兩部著作反映了當時漢語語法研究的最高水準，産生了巨大而深遠的影響。後來先生又出版了《中國語法綱要》①，這其實是《中國現代語法》的簡寫本。中華人民共和國成立以後，王力先生還發表了《詞和短語的界限問題》(1953)、《漢語語法學的主要任務——發現并掌握漢語的結構規律》(1953)、《語法的民族特點和時代特點》(1956)、《關於漢語有無詞類的問題》(1955)、《漢語實詞的分類》(1959)等論文，對漢語語法的認識更加深入而全面，至今仍有重要的指導意義和參考價值。

(二) 音韻學

王力先生在中國音韻學研究方面有多種重要著作，貢獻巨大。傳統音韻學缺乏語言學理論指導和適當的記音工具，術語、内容

---

① 王力《中國語法綱要》，上海開明書店 1946 年初版，上海新知識出版社 1957 年再版，更名爲《漢語語法綱要》。

大都晦澀難懂，學者往往如墜五里霧中。[1] 王力先生於 1936 年出版
《中國音韻學》（1955 年改爲《漢語音韻學》），用現代語言學理論
詮釋音韻學的有關問題，并用國際音標注音。這就把神秘的傳統音
韻學變成了比較容易理解和掌握的科學。《中國音韻學》分爲四編。
第一編前論，介紹有關語言學知識，漢語音韻學名詞，等韻學内
容。第二編本論上，研究《廣韻》，講了《廣韻》的歷史，《廣韻》
的聲母、韻母、反切、高本漢的擬音。第三編本論中，由《廣韻》
上推古音，介紹了古韻二十六部（夏炘二十二部加谷、鐸、瑞、没
四部）和高本漢的擬音。第四編本論下，由《廣韻》下推今音，講
了《廣韻》以後出現的韻書和現代音。本書既能適當吸收前人研
究成果，又多有創見。内容豐富，語言通俗，附有多種參考資料，
便於學者閱讀。出版之後，得到學界的廣泛贊揚，影響深遠。不
過書中某些觀點，王力先生以後有所改變。他在 1955 年《新版自
序》中説：“這部書祇代表我二十年前的意見，并不代表我現在的
意見。”《詩經韻讀》（1980），分四部分：總論、《詩經》韻例、《詩
經》入韻字表、《詩經》韻讀（標出三百零五篇韻脚，注明上古
音）。這是瞭解《詩經》用韻最好的參考書。《楚辭韻讀》（1980），
也分四部分：《楚辭》三十部韻表、上古聲母表、《楚辭》入韻字
表、《楚辭》韻讀。《韻讀》標出《楚辭》十篇全部韻脚，注明上古
音。這是瞭解《楚辭》韻讀最好的參考書。《康熙字典音讀訂誤》

---

[1]　如不送氣塞音和塞擦音，勞乃宣《等韻一得》稱爲“戛類”，江永《律吕
闡微》稱爲“發聲”，錢大昕《十駕齋養新録》卷一稱之爲“出聲”，等等。

（1988）^①，這是訂正《康熙字典》音讀錯誤的書。康熙四十九年張玉書、陳廷敬等三十餘人參照明代梅膺祚《字彙》、張自烈《正字通》而編成《康熙字典》，收字四萬七千零三十五個，影響很大。以書出衆手，錯誤不少。清王引之曾作《康熙字典考證》，訂正錯誤四千二百多條。王力先生於 1981 年寫成的這本《音讀訂誤》，專門訂正《康熙字典》音讀上的錯誤，多達六千五百條，包括反切錯誤、直音錯誤、一音歧爲二音或二音混爲一音、張冠李戴、方音亂正音、避諱、叶音等等，對讀者正確認識《康熙字典》的注音錯誤大有幫助。王力先生的《漢語語音史》非常重要，我們放在下面再討論。此外，先生還出版了《漢語音韻》（1963）、《音韻學初步》（1981）兩本通俗讀物。發表了《類音研究》（1935）、《南北朝詩人用韻考》（1936）、《上古韻母系統研究》（1937）、《古韻分部異同考》（1937）、《上古漢語入聲和陰聲的分野及其收音》（1960）、《古韻脂微質物月五部的分野》（1963）、《先秦古韻擬測問題》（1964）、《古無去聲例證》（1980）、《玄應〈一切經音義〉反切考》（1980）、《朱熹反切考》（1982）、《朱翱反切考》（1982）、《范曄劉勰用韻考》（1982）、《漢語語音史上的條件音變》（1983）、《〈經典釋文〉反切考》（1984）等一系列有分量的音韻學論文，在不少問題上提出了新穎而精闢的見解，爲學界所贊揚。

---

① 王力《康熙字典音讀訂誤》，中華書局 1988 年版。夏蔚霞師母在寄給我的書的扉頁上留有如下附言："王力先生這本遺著是 1981 年就交給中華書局了，直到去年 8 月纔印出來，而且一直沒有給我知道，直到今年 3 月我知道後，并且看見印得很差，也難以贈人，幸虧你是王先生的高足，不管怎樣也要送給你做紀念的。蔚霞附記。"今師母辭世亦已十年。歲月忽忽，思之悽然。

（三）詞彙語義學

王力先生在詞彙語義研究上做出了特殊貢獻。中國傳統小學中有訓詁學，主要任務是解釋古代文獻的詞語意義。齊佩瑢説：“訓詁學也可以叫作古語義學。”[①] 訓詁學取得了很大成績，但也有不足。王力先生發表了論文《新訓詁學》（1947）、《訓詁學上的一些問題》（1962）。他説的“新訓詁學，其實就是語義學，爲了顯示和傳統訓詁學方法上有所不同，纔稱之爲新訓詁學”。先生認爲新訓詁學有六個方面的特點：一是要有明確的歷史觀念，把語言歷史的每個時代看作有同等的歷史價值，不能祇注重漢以前的材料。二是用西洋語言學的擴大、縮小、轉移三種方式來説明語義演變，不限於傳統訓詁學本義、引申義的説法。三是既要注意語義和語音的關係，也要注意語義和語法的關係。語法也可以證明語義，語法的不同也會影響到語義的不同。四是語義的產生和演變不要受字形的限制。漢代有糖，而“糖”字始見於六朝；先秦已有“搶”字，而“搶劫”的意義近代纔出現。五是觀察詞義，要特別注意其細微的變化。利用前人收集的資料，另換一副頭腦去研究，也可以多有收穫。六是語義和文化有密切關係，語源研究有認識歷史的價值。“治”字從水，本義就是治水，太古時期確有洪水爲災。王力先生從理論上闡明了新訓詁學即語義學應當遵循的原則和方法，給語義研究指明了新的途徑，有着重要的指導意義。

---

① 齊佩瑢《訓詁學概論》，第1頁。

王力先生於 1982 年出版《同源字典》，并於此前發表《同源字論》（1978），是漢語語源學研究的一大貢獻，它把漢語語源學研究提高到一個新的水準。[1] 章炳麟《文始》是我國近代第一部詞源學著作[2]，它引進西方語根學說，建立漢語詞族，開創了現代詞源學的研究新路。從聲韻通轉去考證字義的通轉，擺脱了字形的束縛，讓人看到詞與詞之間往往有某種聯繫，詞彙不是一盤散沙，也有條理，這是了不起的成果。但是章氏的"成均圖"語音通轉過於寬泛，幾乎無一部古音不可轉入他部。再則章氏過於信奉《説文》，以所謂"初文"或"准初文"作爲語根，排斥地下出土的古文字材料，也就局限了他的學術研究成就。王力先生《同源字典》批判地繼承了前人的研究成果，確立了判別同源詞的嚴格標準：要求同源詞語語音上必須韻部和聲母都相同或相近，并要以先秦古音爲準；語義上字與字之間要互有聯繫，或實爲一詞，或爲同義詞（但同義詞不一定同源），或有其他各種聯繫。《字典》以韻部爲綱，聲母爲目，編排成書，收録同源詞四百三十九組，包括單字三千零五十九個。方法科學，内容豐富，審察謹嚴，結論可信，1986 年獲北京大學科學研究一等獎。《同源字典》是 20 世紀具有里程碑性質的漢語語源學著作，實至名歸，當之無愧。

《古漢語字典》，編寫一部理想的古漢語字典是王力先生的夙願。早在 1945 年先生就發表了《理想的字典》一文，提出"明字

---

① 王力《同源字典》，1978 年完稿，商務印書館 1982 年版。
② 章炳麟《文始》，1910 年在日本《學林》雜志上陸續刊登，後單獨出版。全書九卷，以韻部系統爲分卷依據。

義孳乳""定時代先後""儘量以多字釋一字"等編寫字典的原則。1946 年在《了一小字典》中做了部分編寫嘗試。20 世紀 60 年代曾與商務印書館訂約編寫《古漢語字典》，因"文化大革命"風暴而中斷，寫成的 50 多頁稿紙也被抄家抄走。1984 年先生應中華書局之約，決定編寫一部新型《古漢語字典》，按地支分爲十二集。他雄心勃勃，開始工作，打算四年寫成。他設計了一個完整的體系，在序言中概括了這部字典的八個特點。如强調字義的概括性、重視本義和引申義的聯繫、注意詞義的時代性、强調求證的重要性、正確地確定字的形音義、注明古韻韻部等等，許多見解非常精闢。這不是一部普通的字典，而是一部具有高度學術價值的著作。如果先生能夠親自完成編寫任務，當是中國字典編寫史上一個重要標志。當時先生已八十四歲高齡，仍每天堅持工作七八個小時。到 1985 年底，書稿已完成子、丑、寅三集和卯集的大半。不幸的是先生動脉硬化，夜不能眠，四肢乏力。預感到字典編寫已無法按期完成，遂於 9 月將編寫工作交給他的學生唐作藩、郭錫良、曹先擢、何九盈、蔣紹愚、張雙棣六人繼續做下去。1986 年 3 月，先生病情惡化，醫生診斷爲急性單粒細胞白血病，於 5 月 3 日溘然長逝。1988 年字典編寫按計劃完成，定名爲《王力古漢語字典》，2000 年由中華書局出版。釋義精確，義項合理，舉例恰當；按部首排列，每部開頭有總論；釋義之末大都附有"備考""按""辨"，或列舉同源字，提示讀者。基本上體現了先生所訂編寫原則和要求，極有特色。

（四）漢語史

在中國，王力先生第一個開設漢語史課程，出版《漢語史稿》，後來又出版《漢語語音史》《漢語語法史》《漢語詞彙史》，開創了漢語歷史研究的新道路，是他在中國語言學史上作出的不朽貢獻。[①]1954 年，王力先生任北京大學中文系古漢語教研室主任，招收漢語史研究生，開設漢語史課程，撰寫漢語史講義，幾年内完成了《漢語史稿》，分上、中、下三册先後出版。上册講漢語語音發展史，中册講漢語語法發展史，下册講漢語詞彙發展史。1980年合爲一册，"緒論""結論"之外，分爲"語音的發展""語法的發展""詞彙的發展"三章。80 年代王力先生把這三章分別改寫的《漢語語音史》《漢語語法史》《漢語詞彙史》三部書出版，又有了新的面貌。

《漢語史稿》第二章"語音的發展"，以中古《切韻》音系爲基礎，上推古音，下聯今音，研究漢語聲母系統、韻母系統、聲調系統從上古到中古、中古到現代的發展變化。雖然祇有十五萬字的篇幅，描寫不太細緻，但各個時期的語音面貌及其變化綫索是清楚的。1985 年改寫的《漢語語音史》出版，擴大爲五十萬字，提出了新的框架，分爲上下兩卷。上卷"歷代音系"，分漢語音韻發展爲

---

① 王力《漢語史稿》，上、中、下三册，上册由科學出版社 1957 年出版，中、下册 1958 年出版。合訂本由中華書局 1980 年出版，2005 年第 10 次印刷。王力《漢語語音史》，中國社會科學出版社 1985 年版。王力《漢語語法史》，商務印書館 1989年版。王力《漢語詞彙史》，見《王力文集》十一卷，山東教育出版社 1990 年版。

先秦、漢代、魏晉南北朝、隋至中唐、晚唐五代、宋代、元代、明清、現代九個音系。每個音系都是根據當時的韻文、韻書、韻圖、反切而建立的，從聲母、韻母、聲調三個方面聯繫上下音系，討論其繼承、發展、變化，并評述古今學者的有關研究，從而作出適當的歷史性總結。下卷“語音的發展規律”，分九章討論：（1）語音無變化、漸移、分化、合流四種發展情況。（2）語音的自然變化：包括輔音變化、母音變化、聲調變化。（3）語音的條件變化：包括聲母對韻母的影響，韻母對聲母的影響，等呼對韻母的影響，聲母對聲調的影響。（4）語音的不規則變化：包括文字影響、方言和普通話相互影響、偶然性變化。本書概述了漢語語音的歷史面貌，清晰地勾畫出漢語語音發展的基本路綫，概括了漢語語音發展的規律，歸納出符合漢語語音發展的若干條例。它代表着王力先生研究漢語語音發展史最新和最後的巨大成果。

《漢語史稿》第三章“語法的發展”，分兩部分。第一部分：歷史形態學。分別論述名詞、單位詞、數詞、代詞、動詞、形容詞和副詞、介詞、連詞的發展。第二部分：歷史句法學。分別論述結構詞法、繫詞句以及詞序的發展，使成式、處置式、被動式、遞系式等結構的發展，語氣詞的發展，省略法的演變，“五四”以後的新興句法和句法的嚴密化。本書第一次全面勾畫出漢語語法發展的輪廓，是漢語語法史的開山之作，具有很高的學術價值。1989年《漢語語法史》單獨出版，調整了部分框架，增加了部分章節，改變了某些説法。如《史稿》以爲行爲單位詞（動量詞）“唐代以後，逐漸出現”。《語法史》則改爲“大約起源於南北朝時代，盛行於唐

宋以後”，提前了幾百年。補充了大量書證。《史稿》語法部分共
引書證二千六百零六條，而《語法史》引書證四千九百五十九條 ①，
內容更爲完備，更加豐富。

《漢語史稿》第四章“詞彙的發展”，共分八節，即：漢語基本
詞彙的形成及其發展；鴉片戰爭以前漢語的借詞和譯詞；鴉片戰爭
以後的新詞；同類詞和同源詞；古今詞義的異同；詞是怎麼變了意
義的；概念是怎樣變了名稱的；成語和典故。王力先生用現代詞彙
學觀點闡述了漢語詞彙發展的基本情況，討論了漢語詞彙發展的
一些問題，總結了漢語詞彙發展的許多規律，提出了不少新的見
解，以史帶論，以論促史，爲以後漢語詞彙史的研究奠定了基礎，
開闢了新路。20 世紀 80 年代先生將《史稿》的詞彙部分補充修改
成《漢語詞彙史》單獨出版。增加了“同源詞”“滋生詞”兩章，
將“漢語悠久光榮的歷史”一節擴充爲三章，即“漢語對日語的影
響”“漢語對朝鮮語的影響”“漢語對越南語的影響”。其他章節也
有增加，全書內容更加充實全面。

總之，王力先生的《漢語史稿》和《漢語語音史》《漢語語法
史》《漢語詞彙史》開闢了漢語語音、語法、詞彙研究的新路，奠
定了漢語語音、語法、詞彙歷史研究的基礎，促進了漢語語音、語
法、詞彙歷史研究的發展，是漢語語言學史上具有里程碑意義的
貢獻。繼《漢語史稿》之後，不少漢語史著作相繼出版。如史存
直先生的《漢語音韻學綱要》(1985)、《漢語語法史綱要》(1986)、

---

① 董琨《〈漢語史稿〉到〈漢語語法史〉》，載《紀念王力先生九十誕辰文
集》第 92 頁。

《漢語詞彙史綱要》（1989），潘允中先生的《漢語語法史概要》
（1982）、《漢語詞彙史概要》（1989），孫錫信的《漢語歷史語法要
略》（1992），向熹的《簡明漢語史》（1993，2010）。不少漢語斷代
史著作也相繼出版。這些都離不開王力先生的開創之功。

（五）語言學史

　　王力先生十分注重批判繼承歷代漢語語言文字的研究成果。出
版了《中國語言學史》（1981）和《清代古音學》（1990）兩部專書，
發表了《中國語言學的現狀及其存在的問題》（1957）、《中國語言
學的繼承和發展》（1962）、《略論清儒的語言研究》（1965）、《黄侃
古音學述評》等論文。

　　《中國語言學史》是我國第一部研究中國語言學歷史的專著。
它將中國語言學研究史分爲四個時期：先秦兩漢是訓詁爲主的時
期。重點論述了識字課本《急就篇》、故訓彙編《爾雅》、方言著作
《方言》、字書《說文解字》、聲訓之書《釋名》。六朝到明代是韻
書爲主的時期。着重評述了反切的興起和應用，《切韻》系統等韻
等多種韻書、韻圖的情況。還評述了這一時期出現的《玉篇》《字
林》《五經正義》《正字通》等文字學、訓詁學著作。清朝是文字、
聲韻、訓詁全面發展的時期。《說文》研究有段玉裁、桂馥、朱駿
聲、王筠四大家。① 古文字研究有羅振玉、王國維、郭沫若等甲骨

---

　　① 段玉裁（1735—1815）有《說文解字注》三十卷，桂馥（1736—1805）有
《說文解字義證》五十卷，朱駿聲（1788—1858）有《說文通訓定聲》十八卷，王筠
（1784—1854）有《說文釋例》二十卷、《說文句讀》三十卷。

文學者，有吳大澂、容庚、王國維、郭沫若等金文學者。^①他們都有大量學術專著問世。古音學起自明代學者陳第^②，他提出"時有古今，地有南北，字有更革，音有轉移，亦勢所必至"的論斷，爲古音學定下了原則。清代古音學家有顧炎武、江永、戴震、段玉裁、孔廣森、王念孫、江有誥等七家。顧炎武（1613—1682）著《音學五書》，分古韻爲 10 部。他是第一位離析《唐韻》爲古韻分部的學者。^③江永（1681—1762）著《古韻標準》，分古韻爲十三部，區別侈斂，以入聲兼配陰陽。戴震（1724—1777）是江永弟子，著《聲韻考》《聲類表》，分古韻爲九類二十五部。以入聲分立，祭、泰、夬、廢四韻獨立爲一部。段玉裁（1735—1815）著《六書音韻表》，分古音爲十七部，支、脂、之分立，創同聲必同部理論，主張古無去聲。孔廣森（1751—1786）著《詩聲類》，分古韻爲十八部，主張冬、東分立，合部從侵部分出，主張古無入聲。王念孫（1744—1832）著《詩經群經楚辭韻譜》，分古韻爲二十一部。^④主張至、

---

① 羅振玉（1866—1940）有《殷墟書契前編》二十卷、《殷墟書契後編》二卷、《殷墟書契續編》六卷、《殷墟書契菁華》《殷墟貞卜文字考》《殷墟書契考釋》。王國維（1877—1927），甲骨文著作有《戩壽堂所藏殷墟文字考釋》一書，有金文著作多種，都收在《觀堂集林》中。郭沫若（1892 1978），有甲骨文著作《甲骨文字研究》《殷契餘論》《卜辭通纂》《殷墟粹編》，金文著作《殷周青銅器銘文研究》《兩周金文辭大系考釋》《金文叢考》《金文續考》等。吳大澂（1835—1902），有《愙齋集古録》《恒軒所見所藏吉金録》《説文古籀補》等。容庚（1894—1983），有《金文編》《金文續編》《商周彝器通考》等金文著作。

② 陳第（1541—1617），字季立，著有《毛詩古音考》《讀詩拙言》《屈宋古音義》。

③ 顧炎武（1613—1682），江蘇無錫人。所著《音學五書》包括《音論》《詩本音》《易音》《唐韻正》《古音表》。

④ 王念孫《古韻二十一部》見王引之《經義述聞》卷二十九引《古音二十一部表》。

祭、緝、盍四部獨立。江有誥（1773—1851）著《音學十書》①，也主張二十一部，比王念孫的二十一部少了至部，多了冬部。王念孫、江有誥都將閉口韻分爲侵、談、盍、緝四部。夏炘著《詩古韻表廿二部集説》，把王、江二氏的古韻學説融爲一爐。② 章炳麟（1869—1936）初分古韻爲二十二部，後改爲二十三部。③ 他是第一個用漢字古韻 23 部音值的學者。黄侃（1886—1935）著《音略》④，定古韻爲二十八部，分古聲爲十九組。主張陰、陽、入三聲分立，是其優點。清代訓詁學的代表學者有王念孫、王引之、郝懿行、俞樾、章炳麟等人。王念孫著《廣雅疏證》，主張“就古音以求古義，引申觸類，不限形體”，考證精確，貢獻巨大。王力先生認爲，段玉裁在清代文字學上坐第一把交椅，王念孫在訓詁學上應坐第一把交椅。段玉裁、王念孫的著作是中國語言學走上科學道路的里程碑。王引之（1766—1834）著《經義述聞》《經傳釋詞》，也主張就古音以求古義，他的許多解釋牢不可破，但“鹵莽滅裂處亦多”（章炳麟語）。郝懿行（1757—1825）著《爾雅義疏》和《山海經箋疏》。《爾雅》已有晋郭璞注，宋邢昺疏，清邵晋涵《爾雅正義》。

---

① 江有誥《音學十書》現在流傳的有《詩經韻讀》《群經韻讀》《楚辭韻讀》《先秦韻讀》《唐韻四聲正》《諧聲表》《入聲表》七種。另有《等韻叢説》附於《入聲表》之後。

② 夏炘，生卒年不詳，清安徽當塗人，江有誥的朋友。著《景紫堂全書》十七種八十一卷。音韻學著作有《詩古韻表廿二部集説》二卷。

③ 章炳麟（1869—1936），號太炎，通稱太炎先生，著《章氏叢書》。其音韻學著作大都收在《叢書》中的《國故論衡》和《音論》裏。

④ 黄侃（1886—1935），《音略》見《黄侃論學雜著》，上海古籍出版社 1980年版。

郝氏《爾雅義疏》後來居上，遵循"凡同聲之字，古多通用"的原則，不拘泥字形，注釋精確。俞樾（1821—1907）著有《群經平議》《諸子平議》《茶香室經說》《古書疑義舉例》等書，有校刊也有義疏。王力先生認爲其學識功力不及王氏父子，有的地方說服力不強。但《古書疑義舉例》很有價值，影響甚大。章炳麟有《文始》《新方言》《小學答問》《說文部首韻語》等語言方面的著作。其中《文始》探求由初文、准初文孳乳而生其他的字，是一本語源學著作。清末到中華人民共和國成立以前是西學東漸時期，主要特點是語法學興起和發展。馬建忠、楊樹達、黎錦熙是語法學興起時期的代表。[1]王力、吕叔湘、高名凱三位先生是語法學發展時期的代表。以上諸家，《中國語言學史》都作了全面系統的分析，總結了他們的優點，也指出了他們的不足，實事求是，對後學者很有啓發意義。

《清代古音學》（1992）是王力先生逝世後纔出版的。評述顧炎武、江永、戴震、段玉裁、孔廣森、王念孫、江有誥、朱駿聲、夏炘、章炳麟、黄侃等學者的古音學成就和缺點，實事求是，十分精準。論文《黄侃古音學述評》原載 1978 年《〈大公報〉在港復刊三十周年紀念文集》上卷，文章認爲黄侃的古音學說有兩大貢獻，"第一是照系二等和照系三等分屬不同的古紐；第二是入聲韻部的獨立"。[2]

---

① 楊樹達（1885—1956），湖南長沙人。語法學著作有《高等國文法》（1930）、《馬氏文通刊誤》（1931）、《詞詮》（1928）等書，其語法學特點是將新興的語法觀念與訓詁學相結合。

② 所謂"入聲的獨立"，指黄侃把錫、屋、鐸、沃、德五個入聲韻獨立起來，讓它們和陰聲、陽聲鼎足三分。

但是批評了黃氏"以古本紐證明古本韻，又以古本韻證明古本紐"的錯誤。文章引起了強烈的反響。直到現在，也還有餘波存在。[①]

（六）詩律學

王力先生的《漢語詩律學》是我國第一部從語言學角度研究詩詞格律的專著，開闢了詩詞研究的新園地。先生精通詩詞，在西南聯大任教時開設過《詩法》的課程，1947 年完成《漢語詩律學》專著，1958 年正式出版。[②]書中全面闡述了詩、詞、曲的格律，系統講述了詩、詞、曲的語言特點，成爲全國第一部從語言學角度研究古典詩詞特點的專著，令人耳目一新。以後先生又出版了《詩詞格律》（1962、1977）、《詩詞格律十講》（1962、1978）、《詩詞格律概要》（1979）三種通俗讀本；發表了《中國格律詩的傳統和現代格律詩的問題》（1959）、《詩律餘論》（1962）、《略論語言形式美》（1962）、《中國古典文論中談到的語言形式美》（1962）等有關詩詞語言的學術論文。這些作品分析詩詞語言的煉字及其不同於散文的語序，研究了詩詞的形式美：包括用韻的回環美、平仄的抑揚美、對仗的整齊美。這些都出自王力先生的研究心得，無論對我國語言學界還是文學界都有着重大的啓發意義。

---

① 2015 年在湖南長沙的一個學術討論會上，郭錫良教授的論文《上古閉口韻的分部問題》提到 1936 年《制言》雜志發表的黃侃遺作《談添盍帖分四部説》和王力先生的《黃侃古音學述評》，立即引起某教授的激烈爭辯。

② 王力《漢語詩律學》，上海新知識出版社，1958 年；上海教育出版社，1962、1979 年版。

（七）古代漢語

王力先生主編三結合的《古代漢語》，影響極大。新中國成立以後，我國高校大都開設了古代漢語課程，教學內容各不相同。有的講成歷代文選，有的講成文言語法，有的講成文字音韻訓詁，有的講成漢語史。1959 年王力先生主持北大的教學改革，建立新的古代漢語教學體系，編寫成一部文選、常用詞、通論三結合的《古代漢語講義》。他親自給北大中文系學生上大課，效果很好。1961 年教育部召開高校文科教材編寫計劃會議，決定以北大《古代漢語講義》爲基礎，由王力先生主編一部國家級的《古代漢語》教科書。① 這部《古代漢語》把文選、常用詞、通論三部分結合起來。"文選"包括古文、辭、賦、詩、詞、曲各類體裁的作品；"常用詞"包括常見於古代典籍中的 1200 個單詞，每個單詞按本義、引申義、通假義的次序排列其義項，要求學生掌握；"通論"包括文字、音韻、訓詁、語法、古代文化常識、古代文體、古代漢語修辭、詩詞曲格律等多方面的知識。全書規模宏大，內容豐富，解釋精闢。按此進行教學，自可大大提高學生學習古代漢語的效果。《古代漢語》由中華書局出版後，重印二十餘次，暢銷數十年，1980 年榮獲全國高校優秀教材特等獎，影響巨大。王力先生從草擬計劃、主持編寫，到徵求意見、組織討論、修改定稿，都全力以赴，任勞任怨。配合古代漢語

---

① 《古代漢語》，王力主編，蕭璋、許嘉璐、郭錫良、祝敏徹、吉常宏、趙克勤、劉益之等先生參加編寫。1962 年中華書局出版，1982 年出第二版，先後重印二十餘次。

教學，王力先生又編寫了《古代漢語常識》（1979）、《談談學習古代漢語》（1984）兩本通俗讀物；發表了《〈古代漢語〉編寫中的一些體會》（1963）、《關於古代漢語的學習和教學》（1980）、《論古代漢語教學》（1980）、《爲什麼學習古代漢語要學點天文學》（1983）、《研究古代漢語要建立歷史觀點》（1983）、《漫談古漢語的語音、語法和詞彙》（1983）系列論文。王力先生主編《古代漢語》，爲促進古代漢語教學改革傾注了大量心血，功勞巨大，無與倫比。

（八）方言

　　方言研究不是王力先生學術研究的主攻方向，但他有不少方言著作問世。他的博士論文《博白方音實驗錄》（1931）用實驗語音學的方法，翔實地描寫了博白方言的語音系統，很受稱贊。《兩粵音説》（1928）、《東莞方言》（1949）、《名山方言》（1950）、《珠江三角洲方音總論》（1950）①，都是研究粵方言的學術成果。先生還出版了《江浙人怎樣學習普通話》（1955），表明他對吳方言也有研究。此外，他還研究過漢藏語系的其他語言。他的《漢越語研究》（1948），發表之後很有影響；與錢淞生合作撰寫的《海南島白沙黎語初探》（1948），也受讀者歡迎。

（九）文改活動

　　20 世紀 50 年代，中國積極實行文字改革，推廣普通話，漢

---

① 後三種是王力先生與錢淞生合作寫的。

語規範化，訂制中文拼音方案。王力先生早在解放前就寫過《漢字改革的理論與實踐》（1936）、《中國文字及其音讀的推比法》（1947）等論文。1954 年被任命爲中國文字改革委員會副主任，後又擔任推廣普通話工作委員會委員（1956），與陸志韋、黎錦熙先生一起成立三人小組，負責擬訂《漢語拼音方案（修訂草案）》。王力先生兢兢業業，積極參與。提出采用拉丁字母的方案，使中國文化容易與西洋文化接軌，得到大家采納，表明先生的確是一位具有遠大現代眼光的專家學者。在以後的歲月裏，先生繼續努力，出版了《廣東人怎樣學習普通話》（1955）、《江浙人怎樣學習普通話》（1955）、《談談漢語規範化》（1956）、《漢族的共同語和標準音》（1956）等有關通俗讀物，并發表了多篇論文。關於文字改革的有《漢字改革的必要性和可能性》（與魏建功、周祖謨等先生合作，1956）、《文字改革筆談》（1957）、《關於文字改革問題應該經常展開辯論》（1957）、《文字改革的三大任務》（1960）、《親自看到的文化革命事迹》（與周有光先生合作，1960）、《漢字和漢字改革》（1980）等。關於推廣普通話的有《在推廣普通話的宣傳工作中應該注意掃除的一種思想障礙》（1955）、《論推廣普通話》（1956）、《談談在高等學校裏推廣普通話》（1956）、《爲推廣普通話和推行漢語拼音而努力》（1978）、《推廣普通話的三個問題》（1980）。關於漢語規範化的有《論漢語規範化》（1955）、《語言的規範化和語言的發展》（1959）、《現代漢語規範化的問題（總論）》（1959）等。關於拼音方案的有《方言複雜能不能實行拼音文字》（1957）、《漢語拼音方案的優點》（1957）、《沒有學過注音字母和沒有學過外國文的人怎樣學習拼音字母》(1957)、《進一步發揮〈漢語拼音方案〉的作用》(與周有光先生合作，1983)、《慶祝拼音方案公布二十五周年》(1983)。20世紀50年代政治運動頻繁，這些專家也要配合發表文章。王力先生忙着撰寫《漢語史稿》，出版《漢語詩律學》，主編《古代漢語》等大部頭著作；教學任務又忙，還能寫出這麼多有關文字改革、推廣普通話、漢語規範化、拼音方案的文章，其精力之旺盛，用功之勤奮，效率之高，速度之快，不得不令人敬佩。

(十)《老子研究》和其他

《老子研究》(1928)一書是王力先生在清華時撰寫的。[①]對《老子》書中"道""自然""虛""靜"等哲學概念，儘量從各章的文字脈絡中探尋其真正含義，糾正某些曲解。他在附記中説："今人喜言歸納，實則恒用演繹。凡得己説者，則搜羅務盡；不利己説者，則絕口不提。舍其不利己説者而觀之，誠乎其不可拔矣，然自欺欺人，莫此爲甚。余爲是篇，於《老子》全書，幾無一語未經道及，宜無片面觀察之嫌。顧彼此相較，則吾術爲拙；往往一語齟齬，全章改作。非不知棄全取偏之易爲力，羞而不屑爲也。"這是王力先生第一部學術著作，已有深邃的見解，用功獨勤，鋒芒畢露，非草草者可比，至今仍爲《老子》研究者所重視。

---

① 王力《老子研究》，商務印書館1928年版。

（十一）詩詞小品

王力先生又是詩人。著有《龍蟲并雕齋詩集》和《王力詩論》。①他在年輕時即已顯露出詩詞創作的才華，中年以後，馳騁詩壇，尤見功力。1965年《讀陳毅副總理對中外記者談話有感》的七律組詩，陳毅讀了，覺得很好，轉交《人民日報》發表，并寫信給王力先生說："你現以寫七律上陣，形式是舊的，內容是新的。你寫得很好，十分欽佩。"王季思先生在《王力詩論序》中說："他'文革'以前的詩詞已勇於探索新路。但在意境、聲律的結合上，尚有未盡融圓之處。'四人幫'粉碎後，新的時代風雲，激發了他前所未有的豪情壯志，創作上也達到了自由揮灑，左右逢源的新境界。正像他自述的'情景交融神韻在，不須修飾自風流'。"（"情景"兩句見王力《題中國歷代詩話選》詩）王季思先生這個評價是公允的。

王力先生又是小品文作家。出版了小品文集《龍蟲并雕齋瑣語》②，1942年到1944年先後爲《星期評論》《中央周刊》《生活導報》《自由論壇》《中央日報增刊》《獨立周報》開闢專欄，寫了大量小品文。題材廣及抗日戰爭時期社會生活的各個方面，文詞優美，議論持平，語言生動，諷諭巧妙，喜笑怒罵，皆成文章，具有

---

① 王力《龍蟲并雕齋詩集》，收詩詞九十首，北京出版社1984年版。《王力詩論》，張毅編，廣西人民出版社1988年版，收王力先生有關詩詞的論文十篇和詩詞六十六首。

② 王力《龍蟲并雕齋瑣語》，上海新觀察社出版社1949年版；中國社會科學出版社1981年版。收小品文五十八篇。

很高的思想性和藝術性。有的内容揭露了社會的黑暗面，痛斥時弊，對腐敗政治進行了尖鋭的諷刺。費孝通曾稱贊之爲“表演精彩”，群衆也喜歡閱讀。

（十二）譯著

王力先生是著名的翻譯家。他從 1929 年到 1936 年先後翻譯出版法文小説和劇本二十一種。小説有莫洛亞《女王的水土》，紀德《小女的夢》，左拉《屠槌》（也叫《小酒店》）、《娜拉》，喬治桑《小芳黛》，都德《小物件》等；劇本有小仲馬《半上流社會》，嘉禾《我的妻》《賣糖小女》，拉維當《伯遼賽侯爵》，米爾博《生意經》，波多黎史《戀愛的婦人》，巴依隆《討厭的社會》，佘拉第《愛》，埃克曼、愛洛《佃户的女兒》，巴達一《婚禮進行曲》，以及《莫里哀全集》（改編劇本六種：《丈夫學堂》《情仇》《斯加拿爾》《裝腔作勢的女子》《嘉爾西爵士》《糊塗的人》）；還譯有傳記《巴士特》（1933），用舊體詩譯有法國詩人波特賴爾的詩集《惡之花》（1940）。王力先生譯作文字優雅，詞意信達。葉聖陶先生曾評價説：“信達二字，鈞不敢言，雅之一字，實無遺憾。”陳毅元帥曾讀過王力先生許多著作和翻譯作品，特別喜愛他翻譯的《莫里哀全集》，就是在戰争年代，形勢緊張，戎馬倥偬中也把此書帶在身邊。陳毅元帥逝世後，其生平展覽中，仍然展出了他一直保存着的王力先生這部譯著。

以上是王力先生學術研究、詩文創作和譯著的大體情況。共計著作四十餘種，其中重量級學術專著十幾種，論文一百多篇。許多著作被譯爲英、法、俄、日、德等文字。1980 年在王力先生八十壽誕紀念會上，教育部長蔣南翔指出："王力教授是我們文教界既篤於教學又勤於著述的教學與科研相結合的典範。"朱德熙先生説："在治學方面，先生的特點是方面廣，舉凡語言學的各個門類如音韻、訓詁、詞彙、語法、詩律都曾涉獵過，而且都有成系統的專著。先生之學，證古論今，融會貫通，博大與精微兼而有之，所以能夠蔚爲大家。"① 先生留下的《王力文集》20 卷是珍貴的文化財富，我們應當認真學習研究，進一步發揚光大。

三　高風亮節

王力先生不僅學術上著作等身，是一代宗師，他一生熱愛祖國、尊師重友、虛懷若谷、誨人不倦的精神，同樣是我們學習的榜樣。

王力先生是一位忠誠的愛國學者，他把一生貢獻給了祖國的文化教育事業。年輕時，他看到列强入侵，國家山河破碎，就發出過 "一甌百缺，支那現象最傷心"的感嘆。他到歐洲留學，是爲了學習西洋科學知識，報效祖國，決不崇洋媚外，甘當西崽。在西南聯大，他寫了許多小品文，痛斥時弊，揭露社會黑暗，希望國家政治清明，百姓家給人足。1945 年他撰有七律一首，"書生漫詡澄清志，六合而今萬里霾"，憂心國家政治混亂，前途可憂，而知識分

---

① 《紀念王力先生九十誕辰文集・序》，山東教育出版社 1992 年版。

子空有報國之心，無可如何。解放前夕，由於敵人宣傳，廣州人心動蕩。有人勸王力先生出國，説是憑他的聲望和學問，完全可以在國外當教授，拿高薪，還能繼續著述。王力先生的確在國外有許多關係，但他和當時也在廣州的陳寅恪先生一樣，從來沒有想過離開祖國到外國去謀生。他決心留在大陸，因爲大陸是父母之邦，是中國學人的根！ 1949 年廣州解放，王力先生對前途充滿希望和信心。"神州石破上天驚，海内喁喁望治情。欲使全民追大禹，龍門能鑿水能平。"[①]他努力學習革命理論，參加土改，還學習俄文，進步很快。他説："我學了唯物辯證法，終身受用，把它用到治學上，就能科學分析研究問題。"此後三十多年中，他全身心投入教學和科研工作，堅決完成領導交來的每項任務，每天工作十小時，堅持不懈。他常對家人説，人生在世，不是爲了吃喝玩樂，而是要對國家和人民有所貢獻。在"文化大革命"的腥風血雨中，王力先生受盡折磨，有過絕望的念頭，但還是挺過來了，他捨不得自己的祖國，捨不得用來爲祖國服務的學術研究和教育事業，也捨不得自己那個温馨的家。他白天挨批鬥，晚上仍然偷偷撰寫學術著作。如果先生沒有一顆對祖國、對人民、對學術事業無比深摯的愛心，怎麼可能這樣做呢？粉碎"四人幫"以後，神州雨過天晴，前途似錦。先生精神振奮，壯志滿懷。1978 年參加全國政協五届一次會議期間，他萬分激動，賦詩舒懷："心紅不怕朱顔老，志壯何妨白髮多。相期報國争朝夕，高舉紅旗奏凱歌。"1980 年又在《庚申元旦遣興》

---

① 　王力《贈朱光》詩，1949 年。

中説：“漫首古稀加十歲，還將餘勇寫千篇。”先生這種愛國熱情和強烈的事業心，曾受到《人民日報》和新華社記者的讚揚。年逾八旬，他仍然積極參加全國政協活動，領導國家文字改革工作，孜孜不倦撰寫學術著作，直到 1986 年駕鶴西游，實現了把一生貢獻給祖國學術教育事業的夙願。

在這裏我還要向夏蔚霞師母致敬。半個多世紀裏，師母與王力先生琴瑟和同，相親相愛。師母承擔了一切家務，在“文革”那些災難性的日子裏竭心盡力幫助先生安度難關，完成學術偉業，教育子女都成人才，做出了巨大貢獻。師母對於學生同樣十分關心愛護。師母也是我們學習的榜樣。

王力先生尊敬師長。他在清華國學院師從王國維、梁啓超、趙元任、陳寅恪四位國學大師。對於大師們的教誨，都能深入領會，身體力行，終生不忘。王國維博古通今，學識見解、教書講課都是一流。他在課堂上卻往往説：“這個我不懂。”王力先生開始覺得奇怪，細細體會，就認識到這正是導師治學態度嚴謹的表現。《論語》上説：“知之爲知之，不知爲不知，是知也。”做學問的人，不懂就是不懂，不能不懂裝懂。王國維《人間詞話》説：“古今之成大事業大學問者，必經過三種之境界。‘昨夜西風凋碧樹，獨上高樓，望盡天涯路’，此第一境也。‘衣帶漸寬終不悔，爲伊消得人憔悴’，此第二境也。‘衆裏尋他千百度，回頭驀見，那人正在燈火闌珊處’，此第三境也。”做學問，就是要獨立思考，艱苦操勞，百折不撓，纔能求得正確的認識，達到最高的境界。導師梁啓超認爲王力先生的畢業論文《中國古文法》有創新精神，十分欣賞，評爲"精思妙賞，可爲斯學闢一途徑"。導師趙元任則注重論文的細節，加眉批指出"言有易，言無難"，論文還有毛病。王力先生從梁的批語中受到鼓舞，從趙的批語中受到鞭策。體會到做學問既要有創新精神，又要有求實態度。求新而不務實近於妄，務實而不求新近於迂。他謹記導師的教導，一生拼搏，終成大家。他不忘導師教誨之恩。王國維在昆明湖投水自殺，他悲痛難禁，賦詩哀悼："似此良師何處求，山頹梁壞恨悠悠。一自童時哭王父，十年忍淚爲公流。"[1] 梁啓超爲他寫的條幅，一直挂在書房裏，作爲紀念。80年代趙元任先生從美國來華，師生兩人白首相聚，無限高興，幾多感慨。王力還當面感激導師當年給他"言有易，言無難"的教誨，"一生受用，永志不忘"。

王力先生對朋友肝膽相照，坦誠相待，歷久彌堅。聞一多、朱自清學問淵博，品德高尚，都是王力先生的好朋友。在西南聯大時，王力先生給助手安排工作不當，助手有意見，作爲代理系主任的聞一多即把助手撤去。王力先生冷靜想一想，認識到聞先生不是有意讓自己難堪，而是爲了愛護人才。事實正是如此。王力先生撰成《中國現代語法》，後來分成《語法》和《理論》兩部書出版，就是聞一多出的主意。聞一多還給王力先生講解革命道理，王力先生說："這是我第一次受到革命教育。"1946 年聞一多在昆明被特務殺害，王力先生悲痛不已。後來寫詩懷念，稱讚聞一多先生"橫眉拍案鬼神驚，……激發群倫萬古情"。[2] 朱自清是王力先生的另外

---

[1]　王力《哭靜安師》詩，1927 年。

[2]　王力《懷一多》詩，1979 年。

一位摯友，性格溫和，但他很講原則。王力先生初到清華，爲了還債，忙於翻譯，寫小册子，放鬆了重點的科學研究，兩年未提升教授。他向系主任朱自清詢問，朱笑而不答。這等於無言的批評，王力先生反省自己，知道了原因，努力出版專著，很快就解决了教授問題。在昆明，朱自清主動給《中國現代語法》和《中國語法理論》寫了一篇五千字的長序，稱讚這兩部著作奠定了中國新語法基礎，爲别人所不及。王力先生後來談到這篇序説："這簡直是一部書的'提要'。這真是不尋常的友誼，我一輩子忘不了它。"1948年，朱自清寧可餓死，也不吃美國的救濟麵粉，顯示了他的崇高愛國主義精神和民族氣節，受到毛澤東主席的讚頌。1981 年王力先生還寫詩懷念這位情深義重的朋友。① 葉聖陶先生曾經任商務印書館負責人，幫助王力先生出版過許多著作。兩人從此成爲好朋友，交往密切，王力先生十分尊重葉聖陶，主編《古代漢語》時將全部書稿請他審閱。葉一一審讀，十分認真，無一頁遺漏，可以説《古代漢語》也凝聚着葉聖陶先生的心血。王力先生八十壽辰，葉聖陶在會上滿懷激情朗誦了賀詞《水龍吟》"祝君八十陳詞，非徒文字因緣久。燕南昔訪，鴻光吳語，宛逢鄉舊。割膽前年，聯肩問疾，親情何厚"云云。王力先生也熱淚盈眶，朗誦了答詞《水龍吟》，并説："我是葉老栽培的，葉老對我的恩很深。"老舍、翦伯贊、吳晗、周予同、劉盼遂都是著名學者，王力先生的好朋友，"文化大革命"中都被迫害致死。王力先生滿懷悲憤，寫了一首《五哀

---

① 王力《憶佩弦》詩，有句云："同心思我金蘭誼，知己蒙君琬琰章"，"荷塘月色今猶昔，秋水伊人已渺茫"，表達了先生對舊友的深切思念之情。

詩》①,表示悼念。可以看出王力先生和老一輩學者之間的朋友深情以及他們所處時代的坎坷。

王力先生從教半個多世紀,弟子三千,桃李滿天下,是我國教育界的典範。先生誨人不倦,認真負責。每教一課,都要先寫好講義,内容充實,觀點新穎,語言明暢,條理清楚。這是因爲他所講的,都是他研究過的成果。略加修改,就是一部完整的專書。他講課不快不慢,生動準確,容易聽懂。50年代講《漢語史》,每講完一課都要定時輔導。大家提出問題,進行討論,必要時先生作出解答。他要求學生獨立思考,不能衹滿足於老師課堂上講的内容。研究生更要寫讀書報告、學年論文,交老師審閱。寫得好的,他會當衆贊揚;不滿意的,他會提出意見。青年老師講課講錯了的,他也會當堂糾正,嚴格要求。他常常對學生說:"科學研究并不神秘,第一要有時間,第二要有科學頭腦。有時間纔能充分占有材料,有科學頭腦纔能對所占有的材料進行科學的分析。古今中外有成就的科學家都是具備這兩個條件的。"要充分占有材料就必須珍惜時間,打好寬廣的基礎,知識範圍不能窄,不能孤陋寡聞,鑽牛角尖。科學研究要從大量材料中歸納出結論,不能憑空推演想象。先生寫的作品語言明白曉暢,化艱深爲平易,也教育我們,著書寫文章要注意語言表達,切忌佶屈聱牙,辭不達意,糊弄讀者。先生的教育既是嚴格要求,也是關懷,聽了如沐春風,一生受用。對校外的人,不論幹部還是工人農民,先生都是有問必答,從不拒絕,没有大學

---

① 王力《五哀詩》,作於20世紀80年代。

者的架子，真正做到了有教無類，爲大家所尊重。

先生謙虛謹慎，海納百川，長者風度，爲世人所景仰。他著作等身，影響巨大，名揚中外，但從不自詡高明。無論會上會下，都不議論別人。作爲《古代漢語》主編，他組織大家反復討論，發揚民主，聽取各種建議，決不獨斷專行。還向校外徵求意見，遇到好的見解，不管認識不認識，他都公開贊揚，校外來信，都親自回信，表示感謝。郭紹虞先生曾贊揚説：先生"不矜己長，不攻人短。是真學者，是好風格。威儀棣棣，是法是則"。這對王力先生的評價無疑是正確而真切的。

科學是發展的。前人開路有功，自應尊重，但不能墨守成規。章炳麟初定古韻爲二十二部，後將隊部從脂部分出，定爲二十三部。黃侃是章氏的得意門生，則定古韻爲二十八部，將入聲錫、鐸、屋、沃、德五部從陰聲支、魚、侯、宵、之五部獨立出來，與章説不同，是正確的。王力先生在《中國語法理論》和《中國現代語法》中采用葉斯泊森的"三品説"，認爲"詞在句中，居於首要地位者，叫作首品；地位次於首品者，叫作次品；地位不及次品者，叫作末品"。楊聯陞教授於 1947 年著文批評。[①]先生覺得有理，在1955 年《中國語法理論·新版序言》中對"三品説"作了批判，以後棄而不用。先生曾説："我應該鼓勵我的學生持不同意見。如果墨守成規，學術就沒有發展了。近來有一種很壞的風氣，凡不肯墨守師法的人叫作'叛師'。我認爲'叛師'的説法是妨礙學術發展

---

　　① 楊文登在《哈佛報》10 卷 1 期，王均譯文登在 1948 年《中山大學文史集刊》第一册 141 頁。

的。"① 這充分表現了先生的高風亮節和博大胸懷。

　　王力先生的學術成果滋潤着一代代學子，先生的精神是不
朽的。

<hr>

　　① 王力《中原音韻音系序》，見楊耐思《中原音韻音系》，中國社會科學出版社 1981 年版。

先生之風，山高水長[*]

——寫在周秉鈞先生誕辰一百周年

　　秉鈞先生大名，五十年代即已耳熟，但我們真正認識則在七十年代中期。那時"文革"尚未收場，學校沒有復課。除了勞動，我無事可做，一度想回家鄉碰碰運氣。這件事不知爲什麼讓許多熱心的朋友知道了。一天，兩位操湖南口音的先生來到我家，寒喧之後，知道就是秉鈞先生和王大年先生。他們特意來訪，希望我去湖南師大中文系工作。深情厚誼，令我感動。此後我和秉鈞先生多次一起開會，成爲忘年的朋友。秉鈞先生年長我一紀，德高望重，但從不以長輩自居。他胸懷寬廣，平易近人，虛心聽取別人的意見。其實他見多識廣，學問淵博，也很健談。有時我們在一起，往往海闊天空，古往今來，無所不談。他稱揚前輩，獎掖後進，從不議論別人的短處。葉聖陶先生曾經寫詩稱贊王力先生"不攻人短，不矜己長"，秉鈞先生同樣具有這種長者的風度。

　　惟楚有材，於斯爲盛。近代芙蓉國裏確實出了一大批知名學者。就語言訓詁學而論，如王闓運（1833—1916）、郭慶藩（1844—1896）、王先謙（1842—1917）、皮錫瑞（1850—1908）、章士釗

　　* 原載《周秉鈞先生誕辰100周年紀念文集》，2015年。

（1881—1973）、符定一（1877—1958）、曾運乾（1884—1945）、楊樹達（1885—1956）、黎錦熙（1890—1978）、駱鴻凱（1892—1955）、舒新城（1893—1960）、馬宗霍（1897—1976）、曹伯韓（1897—1959）、楊伯峻（1909—1992）等先生，都成就斐然，有大量著作傳世。秉鈞先生繼承前輩學者的優良傳統，誠誠懇懇，教書育人，孜孜矻矻，筆耕不輟，爲我國教育和學術事業做出了貢獻，同樣可以傳世。他的《尚書易解》撰於四十年代，曾得到楊樹達先生的高度評價。當時秉鈞先生剛過而立之年，而學術上已有了成就。

《尚書》可能是傳世古籍中最難讀懂的一種。從漢代起，注家蜂起，而衆說紛紜，莫衷一是，連王國維這樣的大學者也説："於《書》所不能解者殆十之五。"（《與友人論〈詩〉〈書〉中成語書》）而青年時期的秉鈞先生知難而進，"既廣覽先儒之述作，復采擷曾（運乾）、楊（筠如）之善説，其前此未及明者，便下己意，綜合爲此編。於是先儒所稱詰詘聱牙號爲不易讀者，得君爬梳而整比之，庶幾乎人人可讀矣"。（《楊遇夫先生序》）

《易解》的最大特點是明白曉暢，深入淺出，容易爲讀者所接受。有人以爲，祇有繁征博引，考證周詳，纔算高水準的學術著作。其實這是誤解。真正能够在浩繁的前人著作中披沙揀金，化艱深爲平易，由博返約，深入淺出，那是很需要真功夫的。《易解》可以説做到了這一點。據錢宗武君統計，《易解》引書一百四十餘種，難道不算宏博？但是作者惜墨如金，陳言務去，行文力求精練，而書中勝義紛呈，絲毫不比繁征博引的宏篇巨著遜色。例如《甘誓》"有扈氏威侮五行，怠棄三正"，舊以"三正"爲"建子、建丑、建寅"，指曆法，《易解》讀"正"爲"政"，"三正"即"三事"，《左傳·文公七年》晉郤缺引《夏書》說："正德、利用、厚生，謂之三事。""怠棄三正"就是不重視正德、利用、厚生三大政事。此以《夏書》證《夏書》，顯然比舊注更有説服力。《皋陶謨》"亦行有九德，亦言其人有德"，《正義》讀"亦"如字，孫星衍讀爲扶掖之"掖"，似皆未諦。《易解》讀"亦"爲"迹"，作"檢驗"講，舉《墨子·尚賢中》"聖人聽其言，迹其行"，《楚辭·九章·惜誦》"言與行其可迹兮"，《論衡·答佞》"以九德檢其行，以事效考其言"，以證明"亦（迹）"爲動詞"乃漢人之舊詁"，"亦（迹）行"爲動賓結構，可謂信而有征。又《益稷》"百獸率舞"，舊注謂"鳥獸化德，相率而舞"，這是誤解。前人已疑"舜作樂廟堂，不應有野獸率舞"，但未得解。《易解》指出這是"扮演百獸之舞隊則順樂聲而舞"，既符合歷史真實，又合情理。秉鈞先生説他的研究方法是"覈之以訓詁，衡之以文法，求之以史實，味之以文情"。揆諸實際，誠非虛語。《易解》於注釋之外，常有串講；每篇前列解題，依次劃分段落，有時分析句與句之間的相互聯繫，"俾讀者易瞭，以導夫先路"。例如《堯典》"欽明文思安安"以下接"允恭克讓"等十句。這些句子之間有什麼關係呢？《易解》指出，"允恭克讓"句釋"欽"（鄭玄云："敬事節用謂之欽"）；"光被四表"句釋"明"（馬融云："照臨四方謂之明"）；"格於上下"句釋"文"（馬融云："經緯天地謂之文"），指度量天地之事；"克明俊德，以親九族；九族既睦，平章百姓"四句釋"思"（鄭玄云："慮事通敏謂之思"），謂堯能自明大德，團結同族，族人既親，又辨明其他各族；“百姓昭明，協和萬邦，黎民於變時雍”三句釋“安安”（鄭玄云：“寬容覆載謂之晏”），謂族衆昭明，又協調四方諸侯，民衆遞變至於和善，此言堯之德大，所化者廣也。這類分析非常有利於讀者對《尚書》的深入瞭解，可見《易解》是一部既有提高又能普及的好書，受到讀者的歡迎是理所當然的。

秉鈞先生出版的另一著作《古漢語綱要》，凝聚了他多年的教學經驗，在同類書中頗具特色；他主編《古漢語學習叢書》，爲古漢語的教學和自學提供了一套完整的參考書，很有實用價值。而秉鈞先生負責整理出版曾運乾先生的遺著《毛詩説》，我認爲和他自己出版一部專著同樣重要。星笠先生學術造詣極深。他的《喻母古讀考》，於古聲母研究可與錢大昕媲美，而《尚書正讀》，“於經文糾結難明之義剖肌析理，能道其所以，勝義繽紛，獨爲卓絶”（楊樹達先生語）。可惜曾先生辭世過早，他爲教學而寫的十幾種著作大都未能最後完成。《毛詩説》乃是當時受業弟子整理老師講稿、《毛詩》眉批和學生筆記而成的書稿。四十年後，經秉鈞先生再次認真整理，於 1990 年由嶽麓書社正式出版。後學者終於有機會讀到星笠先生關於《詩經》的不少精闢見解，這不得不感謝秉鈞先生。没有他的努力，《毛詩説》很可能永遠湮滅無聞，那將是多大的遺憾啊！秉鈞先生的書，八十年代末期才出版，似乎晚了一點。其實這是中國的特殊國情。我們這一代知識分子，恐怕絶大多數都衹是“文革”後的十幾年裏才可能踏踏實實做一點學術工作。秉鈞先生誠誠懇懇，嘔心瀝血，爲古漢語的教學和科研鞠躬盡瘁，死而後已。歷經坎坷，終得成功。他的學生遍及三湘四水和祖國各地，他的事業後繼有人，秉鈞先生可以無憾矣。先生之風，山高水長。
我想中國學術史上將有秉鈞先生一席之地，後學者永遠不會忘記
他，這是可以肯定的。

悼念甄尚靈先生 *

　　2012 年 3 月 31 日下午，聽説甄尚靈先生病重住院，我立即趕赴華西醫院探視，到達第二住院部十二樓時已是五點半鐘。甄先生安詳地躺在病床上，插着輸氧管，蓋着白被單，没有醒來。我怕驚動她，影響老人的休息，没敢招呼她，在病床邊静静地站了半小時。一位年輕醫生進來看了看，走了。負責護理的何大姐悄悄告訴我，甄先生有時昏睡，有時醒來，吃東西很少，怕是一時醒不來了。於是我决定回家，明天再來看望她老人家。4 月 1 日上午，我正準備起身去醫院，忽然龔翰雄教授來了電話，説："甄先生已經走了，今天早上。"簡直是晴天霹靂。昨天還安静地睡着，怎麼今早就走了呢？我不禁百感交集，十分難過。從 1958 年到現在，我與甄先生相識已 54 年。她是四川大學中文系漢語教研室的老主任，一位和藹可親的長者，一位關心我的好老師。雖然先生壽近期頤，突然離去，我仍難適應。

　　甄先生是一位熱愛祖國的知識分子。20 世紀 40 年代，甄先生遠游重洋，到美國留學，先就讀於弗吉尼亞大學英語系，後轉學到哈佛大學比較語文系和東亞語文系，獲得碩士學位，接着進入耶魯

* 原載《漢語史研究集刊》第十五輯，2012 年。

大學遠東語言系，攻讀博士學位。正當甄先生即將登上學術巔峰的時候，神州各地發生了翻天覆地的變化，中華人民共和國成立了。百廢待舉，急需人才。甄先生中斷學業，於 1951 年與丈夫張紹英先生一起回到祖國，全心全意投入工作，先後擔任華西大學和四川大學中文系副教授、教授。在教學和科研上都取得巨大成績。世事無常，人生難料。也許因爲甄先生解放前擔任過《兒童月刊》編輯，而那個刊物爲成都基督教協會所創辦。"文化大革命"中她受到有關部門的監控和審查，教學和科研工作都被中斷。精神上受到嚴重打擊，80 年代纔又恢復正常。事實證明，甄先生當年放棄美國的舒適生活和無限前程，毅然回到祖國，完全是出於對祖國的熱愛。她是一位真正的愛國學者，一生中沒有做過任何不利於祖國的事情，也沒有說過任何不利於祖國的話。相反，甄先生工作勤勤懇懇、任勞任怨，她對川大中文系漢語教學和科研、對青年教師培養所作的貢獻，都是有目共睹，無與倫比的啊。

甄先生是一位博古通今、學貫中西的真學者，她年輕時曾師從李仁甫、趙少咸先生學音韻學，師從鍾稚琚先生習《說文解字》，師從聞在宥、呂叔湘先生學習文字學、語法學，師從李方桂先生學習語言學，甚得諸先生學問精髓。留學美國多年，就讀多所名校，英語更爲嫻習。她長期擔任四川大學中文系漢語教研室主任，主講現代漢語，培養了大批本科生和研究生；與此同時，她還抓緊時間撰寫了一系列高質量的學術論著。如《成都語音的初步研究》（1958）是我國第一次全面系統研究成都語音的著作。《四川方言音系》則是 50 年代末期甄先生主持四川方言調查，領導方言工作小組，分析整理全省 250 個調查點原始材料而成的著作，長達數十萬字。這部著作全面記錄了四川官話的語音，仔細分析歸納了四川官話的語音特點，提出了四川官話分區的標準，爲四川方言的深入研究鋪平了道路。80 年代甄先生已年屆古稀，仍然奮發工作，在《中國語文》《方言》等權威雜志上不斷發表論文，如《"虧"的"多虧""幸虧"等義及其出現的句型》（1982）、《四川方言代詞初探》（1983）、《古漢語中與"語"和"言"帶賓語有關的句式》（1984）、《〈西蜀方言〉與成都語音》（1988）、《〈蜀語〉詞語的記錄方式》（1992）等等，表現了甄先生在學術研究上鍥而不捨的精神。但在別人面前甄先生從沒有誇耀過自己的學術成就，總是那麼謙虛謹慎，虛懷若谷。面對先生，我就有一種"高山仰止"的感覺，無形中鞭策自己應當努力，把教學和科研做得更好一些纔對。

甄先生宅心仁厚，助人爲樂，關心群衆，獎掖後學，有長者風懷，深受大家愛戴。有幾件事我不妨在這裏談一談。1973 年我正在"牛棚"中，父親去世，我不可能回老家奔喪，甚至連安葬費也無法寄一點回去。當時我們夫婦的工資合起來 150 元，除去 8 個人的生活開支，所剩無幾。我一個大學教師，父母生前不能奉養，死後連奔喪也沒有條件，到這種地步，真是走投無路，白活了。幸虧甄先生和張先生二位借給我 60 元人民幣，纔算解了我燃眉之急。別以爲錢不多，甄先生當時也在受監控和審查，患難見真情啊！1986 年我的第一本書《詩經詞典》出版，送一本給甄先生，請她指正。甄先生很高興。她沒有說什麼溢美的話，而是希望我不斷努力，"再多出一些研究成果"。近十年來甄先生年事已高，眼睛欠佳，不能出門走動，仍然關心中文系的人和事。在電話中，老人總要問問我家的情況。我愛人身體不好，甄先生特別關心。每次叮囑我："一定要好好照顧她，她帶大那麼多孩子不容易！"現在甄先生走了，再也聽不到先生那慈祥的聲音了。但先生在困難中對我的幫助，對我的希望和叮囑，我是決不會忘記的。

尊敬的尚靈先生，安息吧。

情深義重的朋友石安石教授 *

　　人生得一知己可以無憾。我和大家一樣，有安石這樣情深義重的朋友，算是三生有幸。曾寫過四句小詩，是給他的，但沒有寄出，如今抄在下面，算作補償吧：

　　　　六載同窗學，相知五十秋，人生得摯友，餘事復何求。

　　我和安石認識於 1952 年院系調整。那時他長得眉清目秀，一副書生模樣，但兩道劍眉顯示了他的堅强和精明。文章寫得漂亮，成績優秀，會拉二胡，非常活躍，對人熱情，胸懷坦蕩，能推心置腹，講真心話，大家都喜歡他，我們很快成了朋友。

　　1954 年畢業，安石留系任助教，學習工作都忙，仍以極大的熱情爲原班同學服務，與外地的同學聯繫。在沒有任何經費的條件下，他負責辦班上的《通訊》，自己寫稿、刻臘紙、油印、寄送，毫無怨言，理所當然地成爲全班聯絡站站長，爲初到外地工作的同學增添了一分溫情和力量。他和高名凱先生聯合主編了《語言學概論》，出了名，却沒有絲毫自滿。

------

　　*　原載《文教資料》第 5 期，2000 年。

1958 年我分配到成都，這裏是安石故鄉。通過他我認識了他的一些親戚，我們的友情也深了一層，他每次回來，我們都有機會在一起。"文革"期間，我進"牛棚"，勞動檢查，沒完沒了，似乎失去了做人的尊嚴，心情苦悶。安石是和我保持通信聯繫的幾位老同學之一。我們交流情況，互相鼓勵，使我感受到真正的溫暖。患難見真情，這纔是可以信賴的朋友啊！

80 年代以後，我有多次機會回北大，總是住在安石家裏，他們全家沒有把我當作外人，我也覺得像在家裏一樣，我從心底感激安石和他的一家。安石得病以後，我曾擔心他思想上是否受得了。出乎意料的是他表現得那樣堅強。每次信中都充滿自信，説他的科研項目有信心完成。果然，在他患病期間先後出版了《語義論》（商務印書館）、《語義研究》（語文出版社）兩部專著，還在《中國語文》等雜志上發表了多篇論文，深入探討了語義單位及其組成成分，語義的聚合和組合，歧義、模糊、蘊涵、寓意和預設等問題，尤其在模糊語言學方面做出了重要貢獻。如果安石不是對祖國的教育和學術事業懷有高度的責任感和獻身精神，怎麼能在身患絕症的時候如此拼搏呢？ 1995 年我在一篇文章裏引了他的書，他很高興。因爲這證明他的書是有價值的。

安石在病中還再一次擔任全班聯絡站長，負責組稿、編排、電腦刻印、發行班上的《通訊》。經過幾十年動盪，同學們都想知道彼此的情況，《通訊》起了橋梁作用。安石做了一件功德無量的大好事。安石利用才華和經驗，登載大家來稿的同時，或加按語，有批評、有鼓勵，還辦了一些引人入勝的小欄目。他以滿腔熱情來做這件事，有時還動員全家來做。

安石有病，可他更關心別人。裴斐住院期間，他常去慰問，爲他祝生日。裴斐不幸去世，安石滿懷深情地寫了追悼文章，又一次表現了安石爲人的實在和真情。安石病中懷念家鄉。1995年在夫人周真傳的陪同下回到成都，我們約定他們在我家好好盤桓一些時候，再游重慶三峽。不料去醫院檢查，安石血沉驟升，於是第二天即飛回京，竟然没能在我家住上一天，至今仍感遺憾。

今年北大一百周年校慶，我在京期間仍住安石家中。5月4日我作爲全班的代表陪同安石家人將他的骨灰送歸大自然。安石啊，永遠休息吧！